大周武則天時期疆域圖
（久視元年，西元700年）
圖例
都城
省級駐所
府級駐所
其他居民點
國界
省界
地區界
京師 今首都
鄭州 今直轄市、省、自治區政府駐地
今市政府駐地
今其他居民點
邏些城
波吒厘子城
室利差呾羅

武則天傳

雷家驥 著

正體版序

這本書因緣意外而寫，卻自二〇〇一年發表以來即獲好評，並先後收入「中國文庫」及「人民文庫」，真是無心插柳柳成蔭。此次之所以授權其他書局再版，主要是因港臺的師友親戚希望能看到正體字版，而又值與北京人民出版社的期約已屆，故而委由臺灣商務印書館出版正體版本，其他出版社出版簡體本。

本書既是改版，一些平時即已注意到可能有錯誤的小地方，當然再予查證、修訂或補充，不在話下；不過有些讀者的意見，則似宜在此作一總回應，以免辜負他們的善意和指教。

第一是關於武則天本人及其家屬的名字問題。筆者思考再三，仍然以為原來之研究結論可以成立，並為此而分別在《中國中古史研究》創刊號與第七期，發表了〈武則天外家及其生母的名諱〉、〈從唐人命名取字習慣論武則天及其親戚的名字〉兩文，以回報善意指教。其中有一佚名人，於網路指教筆者，謂太平公主之名不應是令月，認為筆者的駢文解讀標點有誤。筆者亦為之思考再三，竊意若從文體論而言，該讀者的高見實可成立，本人對之致上敬意！但若從則天為其自己與親子的命名習慣，以及用駢體書寫表奏時起首未必就須講究駢儷整齊的慣例言，則筆者仍宜維持原來的判斷，僅在第六章提及公主的名諱處，補充一個較長的腳註以為說明。

第二是一位同行學者在《唐研究》發表一篇正式書評，文中對本書內容謬賞有加，但亦指出一個數據有誤。不過，該同行稍後電郵給我，說明是他弄錯了。對此同行閱讀之仔細以及不吝賜教，筆者亦區區致上敬意！

如今正體字本即將發行，竊思宜對此次出版有所說明，以奉告於讀者，是用略為之序。

雷家驥

自序

武則天是一個富有傳奇性和爭議性的歷史名人，以我拙筆，實難論述得淋漓盡致，恰如其分，然而我卻有兩次機會撰寫她。

早在二十世紀八〇年代，電視劇「一代女皇」在臺灣掀起了一股熱潮，斯時也，文友雅集，街談巷議，幾莫不以則天為話題，而對她訛傳神化者亦眾。與朋友談辯之餘，慨歎迄今無人專文討論她的精神心理，致使她的某些面目行為終未讓人得以充分理解，於是繼我在博士論文探討武則天的政治問題之後，草成《狐媚偏能惑主——武則天的精神與心理分析》一書。該書撰寫時，我懷疑則天是一個權威人格者，可能有妄想心理，甚至已出現了迫害、誇大、宗教、色情等妄想症狀；不過經研究以及與醫生朋友討論過後，我的結論趨於保守，認為儘管她可能有某些心理問題，但可資證實的史料嚴重不足，充其量僅能判斷她是一個人格失調者，也就是人格具有異常的傾向。回首我下此論斷，已經是二十年前的事了！我以為則天與我的緣分已到此為止，揮手與別，再也不寫她了。

世事常有出人意外者，一九九八年春，陳鵬鳴博士突然捎來一簡，代表北京人民出版社特約我撰寫《武則天傳》。由於多年沒有接觸則天，研究興趣和教學範圍亦已移轉，且大陸唐史高手如林，不假外求，所以躊躇久之，未便遽允。該年秋冬，我赴北京大學歷史系及中古史研究中心遊訪，鵬鳴博士專程來邀，並詳告以理由，意懇拳拳，令我感到的確有用另一種角度研究則天，促進兩岸學術交流之必要，於是甘從驅使。大鵬不鳴，鳴則動人，鵬鳴博士是一個成功的遊說者！及至我在北京蒙榮新江教授師生協助收集資料，赴西京（西安）又蒙史念海、馬馳兩先生惠贈《全唐文補遺》等多種書籍之後；始知接受稿約無異「上了賊船」。蓋大陸在此二十年間，為武則天召開過幾次國際學術研討會，拍過電視劇，發表專書論文之多，出土文獻之富，掀起熱浪之大，實非臺港島隅昔日可比。文章彬彬焉，人才濟濟焉，要消化他們的大作高見已非短期可就，遑論如期撰寫，是以不免自責無知而輕諾！

我將文獻資料帶回臺灣，課餘全力研讀，然後動筆撰寫，期間幾乎足不出門，日夕對著電腦，孜孜然如老僧面壁，中遇兩次大地震，屋牆撕裂，架閣傾毀，整理重修耽擱了一些時間。如是者兩年，終於在她被推翻一千二百九十七年後的當月，我的《武則天傳》終於能與讀者見面了，而心力也幾乎為之耗盡。

這次寫則天與二十年前不同，這次的構想是寫全傳。我所讀的彬彬文章，主題多有偏好，立場常顯鮮明，或為精微的研究，或作高明的評論，要之對則天的成長過程與心理發展，婚姻關係與家庭角色，行為模式與掌權經過，國際戰略與國家安全，以至內政——包括政策措施、財政經濟、人口流動、社會變遷、文化教育以及宗教關係等，多欠深入而全面、系統而中觀的論述。當然，這牽涉到「致廣大而盡精微，極高明而道中庸」的問學境界，宏觀研究與微觀研究如何調和，的確是知之非艱、行之惟艱之事，曲學如我，益感困難。另外，傳記史學對傳主的通盤思考特別重要，此指導思想若掌握不當，則對所寫人事尤易失中。學者們對武則天是一個人，一個有多重角色的女人，一個開國皇帝也同時是亡國皇帝的認知，似乎猶未予以足夠的重視，遂使眾多鴻文產生了各是其是，各非其非之見。於今我撰寫她的全傳，對此都作過一番思考，努力以求周延。

文哲家常說追求真善美，但是善美屬於道德和藝術層次，文哲家事實上已經不易臻至。對史學而言，善美屬於後續思維與探求，而史家則以求真——研求事實真相、探求變化真理——為首務，及其至也，即臻善美的境界。因此，我在書中不逞文詞之美，不取怪力亂神「可讀性高」的傳說，卻因則天早期史料極少而不免多所考證，或見於正文，或附於腳注，如考證則天原名約，一度名明空，享壽八十一歲等等，編輯部亦認為有保持冗考贅注的必要，以示有徵可信。或許令讀者覺得質木無文，或者讀來有點累，但余豈好辯哉，不得已也，尚請見諒！

傳記史學求真之後猶須能傳真，拙筆如我，且非要寫傳記文學，故誠是一大考驗。我的文筆和論述方式或許不能盡滿人意，但已在傳述真相的原則之下，盡量深入淺出，避免過分的經院派或小說家寫法。不過，為了傳真，本書引用詔令奏疏時，仍然全依或節錄原文，以傳真相；而引述時人談話時，則為了使讀者易懂，故在忠於原文的原則之下，有時作了一些點竄潤飾。這是太史公的長技，邯鄲學步，固亦有因。此書之所以不能全為白話文，蓋亦不得已也。

無論如何深入淺出，本書事實上仍屬學術性的論述，因此讀者對當時的歷史可能需要有一定的背景知識，纔易於完全掌握本書所論述的武則天種種問題。讀者讀後或許會有一個疑問，為何我不給則天作一個總評？這個問題事實上連唐人也做不到，而近今不少武則天研究者則更是立場明顯，對她愛恨分明，不免有失史家的價值中立。前面我說則天是一個富有傳奇性和爭議性的人，她一生行事甚多，角色複雜，你從某種角度看就會有某種角度的評價，甚至評價可以完全相反，例如從太平公主角度看，則天是一個寵她的慈母，從她嫡二哥廢太子李賢的角度看，則天則是嚴母乃至苛母，而從她的庶兄姊角度看，則天更是不折不扣的虐母。同是母親，慈愛、嚴苛與虐待集於一身，要如何評論？作為一個君主，類似的爭議和評價將更複雜，有誰能簡約地告訴讀者，則天威權獨任、縱橫捭闔一生，她是因何被推翻的？為何覆亡於親生子女以及親自提拔的高幹手上？這群人之反叛僅是因權利熏心、富貴自保嗎？我看事有蹊蹺，理不盡然，蓋歷史人物與事件的背後常有複雜的因果關係網，不宜一言概之，化而約之。我既然已從各方面給則天作了論述，因此對這樣一個爭議性巨大而又不易總評的人，思考良久，認為實無必要為她作總評，勉而為之亦將吃力不討好，並且剝奪了讀者獨立思考的空間。春秋批判是經學家的思維，朝野月旦是名士的能事，創造人物是小說家的故技，我非經家，也非名士，更非說者，只是嚮往太史公「欲網羅天下放失舊聞，考之行事，稽其成敗興壞之理」的學者而已。假如能考明則天的行事，重建其真相，從而解釋出她成敗興壞之真理，則是任務已完成，固所願也。總評，就讓它如乾陵無字碑一樣，成為空白篇吧！

雷家驥（躍之）

導讀

唐太宗李世民目睹隋朝二代亡國的慘劇，又鑑於自己啟動兵變取得帝位引發皇子的野心，因此在他死前念念不忘，無非希望皇位傳承順利，國家長治久安。於是大唐的第三任皇帝高宗在父親妥善的安排下即位，但不到五年、十年，太宗為兒子所娶的皇后，以及兩位接受遺詔託付的資深大臣先後被廢。在政治舞臺上，反而意外出現了一位身分地位只算中上的入宮女子武則天，竟然絕地逢生、峰迴路轉，從尼觀到後宮到朝廷逐步掌握越來越大的政治權力，最後纂奪大唐。當我們回顧這個中國史上僅此一例的歷史時，不禁要問她究竟緣何開創此一局面？中國史上不曾有女性出身一介宮人，最後竟然登上政治權力的頂峰。一路上多少凶險、障礙與反對者，竟然都被化解。難道這一切單憑她個人的手腕與心機，就能輕易找出最佳的策略與手段，加以執行，達成目標？

在唐朝，人們常從漢高祖之妻呂后執掌朝政，扶植本家勢力的歷史前例來看待武則天的崛起。實際上，兩漢太后在皇帝死後臨朝稱制、任用外戚的事例很多，除了呂后差點危及劉氏政權，真正纂奪成功者是王莽。但從來也不曾像武則天這樣由皇后成為太后，然後自己稱帝。而且，武則天在她邁向權力頂峰的路途上，剛開始反而沒有充分借助本家男性的力量，所以武則天走出來的權力之路與過去的歷史不同。

相較於唐朝人多比附武則天為漢代的呂后，現在學者比較注意北朝以來女主握有大權的現象，比如北魏孝文帝之祖母文明太后，以及北方家族中「一家之婦」舉足輕重的角色，從這兩點論證武則天的權勢來自胡人家風的影響。李唐皇室確實頗有胡人風格。但漢代以外，即便是被認為具有漢人本色的宋朝，同樣也有皇后、太后影響政局的現象。總之，在帝制時代的政治構造中，皇后、太后具有相當程度的地位，所以晚清末年還出現了慈禧太后這個著名的例子。即使在帝制結束之後，讀者依然可以在中國共產黨與中國國民黨的歷史上，看到最高領導人的妻子在政壇中舉足輕重，甚至掀起政爭的權能。所以，雖然中國政治被認為一向由男性掌控，但女性在許多地方或明或顯扮演重要的角色。

從當時家庭的風俗來看，喪夫的主婦主持家政，培養子女，同時照顧本家的父母與兄弟姊妹等，兩個家庭維持良好的關係，彼此照應扶持，這其實是唐代一般士大夫家庭的常態。但隨著子女成長，開啟了家庭的世代轉換，原本辛苦撐持門戶的主婦交棒給下一代的兒子和媳婦來主家。如果把這個家庭史的常態放進武則天的處境中，有兩個特殊之處：一是這個家庭擁有整個天下，即唐帝國。二是武則天在喪夫之後成為整個家族最高的領導者，但此時她已經六十歲了，卻依舊牢牢掌握權力。任何違逆她意思的人，都將遭到處罰。

皇帝與其後宮、子女，在許多方面和一般臣民的家庭有非常大的差異，但也有和一般普通家庭的共通性。所以本文作者花費了許多篇幅，嘗試從一個家庭、家族的角度來呈現唐高宗、武則天與其子女之間的關係。透過這樣的解說，我們不會只把他們當作特殊情境下的皇室家庭，而是北朝以降一般家族生活的型態與親子關係來理解。從而讀者將更深刻感受到，帝制時代的許多政治現象，看似費解，但其實應從家庭、家族的角度來理解。在本質上，帝國的某些層面仍然只是個家。因此武則天掌權之路的基礎，究竟是鋪在「嫡妻」之權（即皇后）或太子的「母權」（即太后）

上？還是訴諸廣大臣民對「女權」的支持？還是她直接掌握的「皇帝」之權？

武則天從皇后到皇帝，都不可能獨理眾務，必須透過選用人才，即調整領導集團（宰相班子）的組成與運作方式來執行她的旨意。武后首先憑籍丈夫高宗對她的信任和依賴，扶植、收編中低階官員來抗衡反對她的力量，分散其他大臣的權力。從過去到現在，總是有人會選擇依附在掌權者之下，成為打手，享受榮華富貴。此外，她還仰賴兩種人來協理國政，一是宮中有才學的女性，比如上官婉兒或她自己的女兒太平公主，二是從科舉考試選拔出來，具有文學才華的文士提供參謀。最後，她在司法系統中起用酷吏，摧毀政敵，並在意識型態、禮儀祭典與文化象徵等層面上進行各種佈置，提昇自己的地位。

當我們細覽本書，可能會悚然心驚。因為中國史上，儘管改朝換代不免引起流血衝突，但很少在四十年間，發生如此頻繁的政治鬥爭與迫害。鬥爭的範圍從皇帝的后妃到舅舅，甚至不只李唐宗室，被整肅的對象包括她自己的親生子女與內外姻親，一直到朝廷的功臣與文武官員，一個又一個的家庭、家族都陷入被懷疑、投獄、刑求、流放、甚至處死的命運。過去稱此為酷吏統治，用現在的話來說即「白色恐怖」。雖然皇帝擁有至高無上的生殺大權，從太宗、高宗以降陸續都因為政爭而有所株連，而真正擴大到濫刑濫殺則是起於武則天。許多案件往往無中生有，小事化大，最後不但精確打擊目標，更牽連許多無辜的人。

不過，進行政治鬥爭難道是容易的事？大唐帝國以律令格式的法制體系來運作，許多事務都必須按照規章來辦事。理論上，律令格式的法定程序有相當程度的嚴格性。上至皇帝、皇后，乃至大臣，都無法輕易隨心所欲以個人好惡來決定人事物的安排懲處。既然如此，武則天如何在律令法制的框架中進行恐怖統治？尤其帝制中國的政治文化向來強調傳統、慣例，尊重制度。但另一方面，理論上與實質上，皇帝也擁有絕對權力來打破慣例、創造傳統與建立新制度。當我們反省到法律體制與白色恐怖的共存時，不禁要問：是整個法制的結構原本就比較鬆散？還是剛硬的權力具有無比的切割與破壞力？否則，白色恐怖如何施行？無論如何，武則天設法在政治機關與法制體系中找到管道和間隙來施展意志，鞏固政權，實為其最了不起、也最可怕之處。

為什麼武則天的恐怖統治沒有引起許多反抗？她果真牢牢掌握宮城禁軍的向心力？只要最高統治者下令，不論內外文武官員與各級軍人對女皇是否心悅誠服，但命令就是命令，即便討伐的對象是興復唐朝的李唐宗室，或有功於國的忠臣名將，透過這個缺乏個人意志與判斷、但功能與運作良好的官僚系統與軍隊組織，女皇輕易啟動鎮壓機器，輾碎任何不服從的反抗者。這並非理所當然之事，也並非不會重演的歷史。因為在歷史上有許多獨裁權力引起眾多反抗而瞬間覆滅的例子，但也有高度集中的政治權力徹底迫害、撲滅任何微小、甚至沒有威脅的異議者。武則天的白色恐怖之所以成功，難道是內建於中國皇帝制度或中央集權這個操作系統的強大功能嗎？

武則天邁向最高權力的路上，之所以一路履險為夷，沒有出現真正有力的反對者，或許是因為朝野士民久已習慣她作為政治權威的地位與形象。從西元六五五年她立為皇后；隔年舉行皇后專屬的盛大禮儀「先蠶禮」，強調皇后統領天下婦女；六六〇年開始為身體不適的高宗提供政治意見；六六四年，武后在朝廷上垂簾，隱身於高宗身後，更進一步涉入朝政；隔年，高宗、武后前往泰山封禪，武后領導由女性組成的命婦群體，在封和禪兩大典禮中主持次要但不可或缺的儀式。六七四年，武后本人領銜提出十二項重大政策的建議書，獲得高宗採納並施行。還有其他許多正式盛大的場合，武后或與高宗一起，或她單獨一人，接見百官與各國使節。總之，直到六八五年高宗過世，武后這三十年來已逐漸成為高宗一人以下，遠高於宰相與萬人之上的至尊者。

因此，儘管在皇帝制度的政治體系中，從來沒有為皇后安排如此突出的角色，但武則天長期以來已經在朝野士民的心中烙下她也是至尊的印象。這就是被統治者對掌權者的習慣與順服，信任與尊崇，以致於最後只能被權力擺佈，無法形成集體的抵抗能力。

本書作者雷家驥教授，以其對中國中古史的深厚學養，除了全面性地掌握武則天一生所處的時空背景之外，更用心深入古人的精神與心理，探討人情與義理的範圍、常情與異理的極限，然後層層辨析，逐步帶領讀者進入武則天的內在世界，提出個人的獨到之見，精彩呈現一個女人如何創造七世紀中國的歷史。

導讀者簡介

廖宜方，臺北淡水人，一九七三年生，男。國立臺灣大學歷史學博士，二〇一一年起任職於中央研究院歷史語言研究所。著有《圖解台灣史》（易博士，二〇〇四）、《唐代的母子關係》（稻鄉，二〇〇九）、《唐代的歷史記憶》（臺大出版中心，二〇一一）。

目次

第四章　皇后之路

第五章　從皇后到二聖：武后個人權威的發展

第六章　武后的家庭角色和母儀

第七章　天皇晚年局面與太后臨朝

第十六章　神龍政變與大周覆亡

附　錄　

第一章　武氏家世

文水武氏的家世

平林漠漠煙如織，長安京城籠罩於黃昏冥色之中，使者一行來至應國公宅。應國夫人楊氏率其家人拜舞接旨。使者展開詔書宣讀：

「於戲！惟爾武士彠第二女，幼習禮訓，夙表幽閑，冑出鼎族，譽聞華閫，宜遵舊章，授以內職，是用命爾為才人。往欽哉，其光膺徽命，可不慎歟！」[1]

這年是大唐貞觀十二年（六三八），武士彠第二女明空，行年十四歲。[2]她奉詔入宮，使大唐國祚改寫的命運，正悄悄地步上了歷史的舞臺，中國歷史也展開了空前絕後的一頁。唯一的女皇帝——是開國皇帝，同時也是亡國皇帝，而且是一個迄今仍有爭議的女皇帝，將從此揭開她自己乃至國史的新里程。

---

1. 武則天的冊文已失，今參考《唐大詔令集．冊蕭鏗女為才人文》易名而寫，二五：八一（前碼是卷數或冊數，後碼是頁數，下同）。臺北：鼎文書局，一九七八．四，再版。
2. 武則天的名字、生卒年齡、入宮時間等問題，請參本書第二章第一節，於此不贅。

大唐開國至今已經二十一年，王室婚姻，皆取當世勳貴名臣的子女為對象。[3]武明空的父親故利州都督．應國公武士彠是十六位「太原元謀勳效功臣」——唐朝開國功臣——之一。武士彠於隋朝煬帝大業十三年（六一七）追隨太原留守李淵起兵反隋，一路攻入關中，占領西京長安，建立了唐朝，年號武德。武德元年（六一八）八月六日，皇帝論功行賞，分太原起義幹部為兩等功臣，均賜以「太原元謀勳效功臣」的勳號。其中第一等功臣只有兩人，第二等功臣則有十四人，武士彠名列二等功臣，當時他的職官是中央最高行政機關尚書省兵部的庫部郎——亦即兵部四司之一庫部司的司長。[4]庫部司職掌全國武器軍備設施的政令，司長位列正五品，屬於政府的清要官。當時國家初建，群雄并列，戰爭方殷，士彠掌管全國的武器軍備設施，位任可謂重要。

武士彠是功臣，當然有「勳」；但是庫部郎位任縱然重要，卻也還算不上是「貴」。直至武德三年（六二〇），士彠昇為正三品部長級的工部尚書，同年武德皇帝將軍隊作了一次調整，把關中的主力部隊劃分為十二軍，各給予軍號，原駐在醴泉道的改稱為井鉞軍。武士彠大約在這時曾經一度兼統此軍為軍將，稍後又以本官檢校右廂宿衛的禁軍。[5]唐朝官僚制度，三品以上就是國之大臣，掌握大權的行政中樞是尚書省，由尚書令、僕射和六部尚書組成權力核心，世稱八座，

3.《新唐書．高儉傳》，九五：三八四二。本書所引正史皆據臺北：鼎文書局，一九八五．二，四版。

4.《唐會要．功臣》（臺北：世界書局，一九六八．十一，三版）說他官庫部郎中（見四五：七九九），其實唐初沿用隋制仍稱為庫部郎，至武德三年纔改稱郎中。

5. 參《冊府元龜．環衛部．忠節》（六二六：三三一九中；臺北：大化書局，一九八四．十），又十二軍詳《新唐書．兵志》。

而工部尚書即是尚書八座之一，可見武士彠已經躋身政府高層。十二軍是唐朝政權的核心武力，士彠兼統其中一軍，甚至又指揮右廂禁軍，更見武德皇帝對他的信任與重用。也就是說，從武德三年以後，武士彠已經名符其實的是「當世勳貴」，所以其女日後被召納入宮，應不至於意外。

不僅如此，武氏在太原附近的文水縣聚族而居，士彠的兄弟和宗人對唐朝的開國也有一定的功勞，而成為「太原元從」。

他的長兄武士稜原來務農，追隨起義，官至司農少卿，封宣城縣公，武德皇帝利用他的專長，令他常居苑中，主持農圃之事。士稜之子君雅襲爵，官至鎧曹參軍，其子希玄後亦襲爵，為貞觀皇帝的右勳衛。[6] 次兄士逸也有戰功，武德初為齊王府戶曹，封安陸縣公，後來累授益州行臺左丞。[7] 又有文水宗人武恭，也是唐朝元從，制授諫議大夫。[8]

6.《新唐書．宰相世系表．武氏》（七四上：三一三六—三一四四）所列士彠兄弟輩均以字行，近今出土〈大唐故右勳衛宣城公武君墓誌〉（見周紹良編《唐代墓誌彙編》，頁一三一。上海：上海古籍出版社，一九九二．十一，第一版），應是士彠長兄士稜之孫武敬道之碑，因為其祖孫三代字行、籍貫、官爵皆與士彠家族相及。據此誌，士稜應名稜，官至司農卿，贈潭州都督，兒孫皆襲其爵。子名雅，〈宰相世系表〉作君雅，疑是其字。孫名希玄，字敬道，〈宰相世系表〉未列其人，但謂武士雅有敬真、敬宗二子，疑漏列敬道。敬道死於貞觀二十年，葬於長安，今姑附述於此。

7. 二人附見兩《唐書．武士彠傳》，《新唐書》謂士逸封六安縣公。〈攀龍臺碑〉則謂士稜封宣城郡公，士逸封安陸郡公，授行臺左丞相；當時無行臺左丞相之官，故應是誤。

8. 參梁恒唐〈談武氏家族的起源與繁衍〉，及其所引武客與武則兩碑，見趙文潤等編《武則天與偃師》（天津：歷史教學社，一九九七．十二）；同文又收入趙文潤等編《武則天研究論文集》（太原：山西古籍出版社，

可見文水武氏可能有一批人，因為武士彠之故，追隨武德皇帝李淵太原起義，立有大小不等的功勳，至此都已做官。是則文水武氏在唐初政壇，應有一定的分量。後來李敬業起兵反武，駱賓王為他撰寫〈討武氏檄〉，聲討當時臨朝武太后之罪，竟至說她「地實寒微」，實際上是政治文宣的因素居多。

不過就社會的角度看，駱賓王的說法事實上也頗有他的根據，不至於完全誣蔑武家。中國從魏晉南北朝以來，社會上出現了一種新階級，他們世代做官，依照他們世代官位的高低，高的形成了大士族，或者稱為世族、大姓、高門，次者成為小姓，先世沒有做官的則是寒素。[9]世族高門掌握，甚至壟斷了社會和政治的資源，即使到了南北朝後期和唐朝前期，他們的家人已經很久沒有做官，但是其社會地位也還沒有消失，僅只是政治上的衰敗門戶而已，一般人仍然不惜花大錢和他們的子女結婚，攀附他們的門第。這種現象世稱「賣婚」——就是買賣婚姻。中國人好面子重身分，只要能力所及，對婚喪二事大都極盡奢華鋪張，自古已然。唐朝人選擇婚姻有三個標準——門第、財富和功名，而以門第為第一優先。[10]如今為了抬高自己身分，不惜慕人祖宗，攀

一九九八・十二）。

9. 筆者以為貴族地主、庶族地主之類分法似不盡宜於中古的社會觀念，或許士族、小姓與寒素的分法比較接近當時的情實，其分法可參毛漢光《中國中古社會史論》（臺北：聯經公司，一九八八・二），三一－五〇。

10. 參李樹桐師〈唐人的婚姻〉，收入其著《唐史索隱》（臺北：臺灣商務，一九八八・二，初版），二一四－二六二。又牛志平《唐代婚喪》（西安：西北大學出版社，一九九六・八）謂條件有四，加「注重禮法」，實質門第之能長久不衰即與禮法有關，故不必另為一條件；至於又謂重資色、才藝、情愛、品德等，應只是一

附他人門戶，所以武德皇帝之子貞觀皇帝——也就是著名的唐太宗——在即位後對此風氣極為痛惡，予以嚴厲批評，說是無禮和無恥，下詔修《氏族志》，必須以尊「崇我唐朝人物衣冠」作為評定門第的標準，書成頒行於天下；然而社會觀念植根已深，風尚依舊，也沒有為之改變。[11]這一年正是明空奉詔入宮之年。

依照這種社會觀念與標準，武家的確不是高門大姓。

根據後來李嶠奉大周女皇敕令所寫的〈攀龍臺碑〉[12]和《新唐書》卷七四上的〈宰相世系表〉所述，武氏係并州太原郡文水縣人，出自姬姓，是周平王少子之後。因為周平王少子生時手上紋理有一「武」字，後代遂以武為姓氏。降至武明空第八代祖武念，官拜北魏洛州刺史．歸義侯。七代祖武洽，官至北魏平北將軍、五兵尚書、晉陽公，別封大陵縣。此下五代祖武克己、高祖武居常，皆曾襲繼壽陽公之爵。大陵在隋朝改稱為文水，故成為文水縣人。

又據〈宰相世系表〉，武明空從七代祖武洽以下，直系均有任官的記錄：

六代祖神龜為祭酒，

五代祖克己為本州大中正、司徒．越王長史，

高祖居常為北齊鎮遠將軍，

般條件，甚至因論證不足而僅是泛論而已，二五—二〇。

11. 《唐會要．氏族》，三六：六六四。

12. 見《全唐文》（臺北：大通書局，一九七九．七，四版），二四九：三一八三—三一九一。

曾祖儉為北周永昌王諮議參軍，
祖父華為隋東都丞，
父士彠為唐工部尚書，封應國公。

基本上，除其父親以外，即使所載是真的，武明空自第五代祖以降，所任都是幕佐之官，算不上是顯宦之家，因此也算不上是閥閱高門。不過，除非有史料可以推翻〈宰相世系表〉的記載，否則文水武氏儘管不屬於高門大姓，但是也不至於如〈討武氏檄〉所說的「地實寒微」。武明空「革命」當了大周皇帝後，曾於聖曆元年（六九八）八月，命令侄孫武延秀入突厥和親，突厥可汗默啜告訴來使說：「我世受李氏恩，欲以女嫁李氏，安用武氏兒？」並且移書說：「我可汗女當嫁天子兒！武，小姓，罔冒為婚，我為此起兵，欲取河北耳！」[13]外國元首罵武周王室為「小姓」。小姓的社會門第不及大姓，但卻也不至於寒素，或者可以反映文水武氏當時社會地位的真相。無論如何，文水武氏在當時傳統社會中，僅能屬於小姓等級的門第；但是在她入宮之後，則因是新貴而屬於甲族，不過猶未獲得社會的廣泛認可。

武士彠傳奇性的發跡和發展

武士彠是武華的第四子，鄉里民間傳說他是一個經營林業的木材商人；[14]不過〈攀龍臺碑〉

13.《唐會要．北突厥》，九四：一六九○。

卻說他出生時就有帝王之象，才兼文武，人格如何高，學識如何優，材幹如何好，這麼多優點令他名動當世，使到隋文帝屢加辟召，司徒楊雄、左僕射楊素、吏部尚書牛宏、兵部尚書柳述等公卿大臣，爭相向他抗禮求教。李嶠奉命寫〈攀龍臺碑〉之時已經是大周王朝的時代，此碑是女皇為頌揚其父武士彠——這時已追尊為「大周無上孝明高皇帝」——人格功德之碑，後來唐朝史臣修撰國史之時，懷疑它和舊史有「過為褒詞」和「虛美」之嫌，不足予以深究，不免對武士彠的事跡大加刪削，以至也有過為刪削之嫌。

事實上，文水武氏是地方上的小姓，子弟們也不一定都出仕做官。根據史書的記錄，南、北朝以降，高門子弟窮哈哈或無仕者，所在多有，不算稀奇。青年時期的武士彠，經營木材很可能即是他的生意之一，所以史書說他「家富於材，頗好交結」。近世有些學者據此推論武士彠以鬻賣木材為業，是木材商人，值隋朝屢興鉅大土木工程，因而致富，因此判斷他是投機善賈之流。[15] 經商致富之說，大抵可信。筆者以為，投機是善賈之能事，好交結應酬也是商場的常習，根據士彠的發跡事跡看，他的確是能觀時通變之人，這也正是他的長處所在，使他所以能成為唐朝的開國功臣。

武士彠經商致富與隋煬帝即位後大興土木以事建設有關，其中重大工程之一是營建洛陽為東京。大業元年（六〇五）營建東京既是重大的工程建設，遂由尚書令楊素、納言楊達兩位宰相分別擔任營建的正、副使——楊達後來就是武明空的外祖父。大約明空之父武士彠販賣木材入東京，

---

14. 參《太平廣記・徵應類》（揚州：江蘇廣陵古籍刻印社，一九九五・十二），一三七：二七九。
15. 參兩《唐書・武士彠傳》及陳寅恪〈李唐武周先世事蹟雜考〉，《陳寅恪先生文集》（台北：里仁書局，一九八二・九），二七六—二七七。

利用關係與財富，常與權貴交結，一時傾動當朝。其間，他曾招致楊素的猜忌，想構以禍端，幸虧他經商的優點適時發揮作用，因為交結廣、神通大，得到楊雄、牛宏等權貴的營護而免於禍，從此深自隱匿，以求自保。無獨有偶，後來女皇的情夫張易之兄弟，也曾利用他們的權勢販賣木材及其他買賣，為時人所側目與批評，給女皇帶來了危機。[16]

楊素向來負冒財貨，營求產業，在東、西二京和諸方都會處，置有物業以千百數，素為時議所鄙。[17]是則士彠因為經商應酬而得罪了楊素，應有可能。總之，武士彠曾經得罪楊素而逃隱，極可能是一個事實，因為女皇革命之後，曾下制禁錮楊素及其兄弟的子孫，不許他們擔任京官和侍衛，[18]也許與此事有關。

武士彠逃隱後開始注意局勢的變化，及至隋煬帝大業七年（六一一）對高麗用兵失敗後，國內亂局開始擴大，反隋起義逐漸蜂起。在這種環境氣氛之下，士彠遂想到要出山，決定往事功方面發展。不論他的真正動機究竟如何，這時煬帝實行廣募驍勇、掃地為兵的政策，士彠參與隋軍，可見他是有志從軍立功，以求仕宦的。

武士彠在此之前沒有任何資歷，出山後當上了鷹揚府隊正。隊正統領五十人，是府兵制的最低常制長官。〈攀龍臺碑〉對武士彠在隋末的軍事表現著墨極重，用以表彰父親的軍功，其目的是透過頌揚先人的積德累功，作為武周早有天命的論述依據，遂使此碑所述有過為褒詞和虛美偽

16. 參詳本書第十六章第一節。
17. 參《隋書．楊素傳》，四八：一二九二。
18. 表面理由是因為他們是逆臣的子弟，見《唐大詔令集．楊素子孫不得任京官敕》，一一四：五九七。

冒之事。碑誌在中國一向是用以諛美死人的，只要不過分相信，也就無傷大雅。

鷹揚府隊正只是一個小軍官，而太原留守李淵則系出隴西李氏，是今上（隋煬帝）的表弟，身分官爵俱高，武士彠怎樣結交上他，以致成為唐朝開國功臣？

根據〈攀龍臺碑〉的說法，士彠要出山時，諸兄素聞李密——當時反隋群雄之最有實力者——之名，乃勸他前去投靠。「李密雖有才氣，未能經遠，欲圖功業，終恐無成」，士彠告訴他們。顯然他的出山不是要自立山頭，而是要投靠明主，以「圖功業」。適逢此時（大業十一年，六一五），李淵奉詔往山西討捕起事人民，撫慰地方。他行軍於汾、晉之間，休止於士彠之家，因蒙士彠顧接，乃得以結交。至十三年（六一七），李淵奉詔坐鎮太原為留守，於是引用士彠為行軍司鎧，成為留守府主管軍事裝備的幕僚。所以後來攻入長安，他就順理成章地官拜庫部郎，掌管全國的武器軍備設施。

武士彠雖為留守李淵所引用，卻是副留守王威之黨，不是李淵的心膂之託。士彠觀察李淵，以為此人「雄傑簡易，聰明神武，此可從事矣」，於是攀附不遺餘力；李淵也常往武宅「樂飲經宿，恩情逾重」。[19]長官與部屬之間有信任和默契，有遊樂和享受，應是常有之事；只是士彠與李淵兩人身分地位懸殊，結交也不久，關係卻如此快速的發展，應是士彠刻意奉迎的結果，所以後來李淵對武士彠說，「嘗禮我，故酬汝以官」，[20]正是指此而言。這時的李淵，對武士彠來說可能只是可居的奇貨，全力投資以期日後獲得鉅大的報酬。反之，李淵一方面因為得人款待，另一方

19. 參〈攀龍臺碑〉。
20. 參《新唐書．武士彠傳》。

面又鑑於他曾是成功的商人，想借用他的經營長才以協助處理軍事裝備，所以也就引用士彠為行軍司鎧。事實上，李淵在太原廣結豪傑，史載當鄉長的晉陽（即太原）富人劉世龍就曾因人引見於他，李淵「雖知其細微亦接待之，以招客」。[21]

由於武士彠原非李淵的心膂之託，因此李淵沒有讓他參與起兵及進攻關中的任何重大決策。不過，武士彠對大唐的「太原起義」另有貢獻。

大業十三年，李淵鑑於群雄競逐之局已成，隋室終不可挽救，於是也想策馬參與逐鹿。猶豫之間，一時不能遽定。武士彠某晚夜行，聽到空中「有稱唐公（李淵）為天子者」；又夢到「從高祖（李淵）乘馬登天，俱以手捫日月」，於是具狀告訴李淵。這事雖事涉迷信，但在相信天命的當時，無異是勸李淵起義，可以增強其信心，所以「高祖大歡，益以自負」。另外又呈獻所撰兵書給李淵，等於教李淵用兵作戰。李淵請他幸勿多言，許以將來成功之後，「當同富貴耳」。[22]

除此以外，當李淵祕密進行起兵部署時，武士彠還有以下兩件功勞。

第一件是當李淵以另一起事集團劉武周進據汾陽宮為藉口，命令二郎李世民和劉文靜、長孫順德、劉弘基等各募兵集結之時，副留守王威、高君雅對此懷疑，尤其因長孫順德、劉弘基二人原是逃兵，故欲予以逮捕審判。武士彠勸告兩位副留守，說二人是唐公之客，逮捕審判他們則必與唐公大起糾紛，使王威等不敢行動。其次是留守司兵田德平想建議王威等審按募兵的狀況，士彠

---

21. 見温大雅《大唐創業起居注》（山右叢書初編）卷上大業十三年三月條，頁四下。按劉世龍書作劉龍，蓋避李世民之諱。

22. 參〈攀龍臺碑〉，這兩件事兩《唐書．武士彠傳》也略有記載。

又勸止他說：「討捕兵馬的兵權總隸於唐公，王威、高君雅等不過只是寄主罷了，他們又能怎樣？」所以田德平也停止了行動。這兩件事的擺平，使李淵能順利進行募兵和集結，尋即舉兵起事。

十三年五月李淵起兵，逮斬王威和高君雅，建大將軍府，用士彠為鎧曹參軍。接著隨軍進攻關中，期間以功拜壽陽縣開國公，食邑一千戶；從平京師，遷光祿大夫，賜宅一區於長安。同年十一月，李淵扶立隋恭帝後，又錄前後功效改封為義原郡開國公，增邑一千戶。翌年——隋恭帝義寧二年，唐武德元年（六一八）——五月，煬帝死訊傳至，李淵廢恭帝自立，開建唐朝，此即武德皇帝，後來的唐高祖。武士彠稍後被任為庫部郎，賜以「太原元謀勳效功臣」銜。至武德三年更遷拜工部尚書，躋身「當世勳貴」之列。不僅如此，武德皇帝除了履行「當同富貴」的諾言之外，為了答謝當年受到武士彠的盛待，更另封其兩兄為郡公，聲言「欲使卿一門三公」云云。[23]

唐朝史臣說武士彠「首參起義，例封功臣，無戡難之勞，有因人之跡」。[24]也就是說他只是因為從龍首義，故依例封為功臣而已，這評價就武士彠上述的表現來說，顯然甚不公平。縱使不論武士彠在李淵起兵前夕所立的功效，單從他在《大唐創業起居注》的確名列於少數幕僚的名單中，一直為李淵管理和供應軍備之事來看，顯然也是甚為稱職的，因此也就不能說他當時不重要。如果缺少他在軍備後勤的有效策劃和支援，李淵的部隊能如此順利攻進關中嗎？中國人論戰一向

23.《新唐書》本傳從〈攀龍臺碑〉之說作義原，《舊唐書》本傳則作封太原郡公。又〈攀龍臺碑〉對士彠功勳語多虛美，不採。

24. 參《舊唐書・武士彠傳・論曰》。

著重戰場表現，「戡難之勞」指的是指揮若定的統帥，和衝鋒陷陣的將士，後勤支援常遭忽視，就如同看打球只注視前鋒攻進一樣；不知有效的後勤支援，也常是致勝的關鍵。武士彠勝任鎧曹參軍之職，可以從李淵平定京師後，即起用他為兵部庫部郎一職看得出來，三年後昇遷他為工部尚書，應當也與借重此才幹有關。就是說李淵始終借重武士彠的經營管理長才，這也是他所以成為開國功臣的原因之一。

武士彠從武德三年至八年左右擔任工部尚書，中間曾因參與令典的編修，因此進爵為從一品的應國公。唐初慣例上常用武人為都督、刺史，是則位為尚書、曾任軍將的武士彠，外放為都督而出掌方面，應是遲早之事。

隋末占有淮南地區的是杜伏威、輔公祏集團，武德二年（六一九）杜伏威請降入朝，所部由輔公祏統領。公祏於武德六年（六二三）八月反唐，武德皇帝命趙郡王李孝恭為行軍元帥，李靖為副，率領李勣等七總管往討，至翌年三月平定，遂授孝恭為東南行臺左僕射，李靖為行臺兵部尚書。其年行臺廢，孝恭轉為揚州大都督，李靖檢校揚州大都督府長史。丹陽連罹兵寇，百姓凋弊，李靖鎮撫之，吳、楚以安。不過，尋因突厥入侵，李靖於武德八年（六二五）八月改任安州都督，奉命率軍北上抵抗，[25]遺缺由武士彠接任。士彠在八月以後以權檢校揚州大都督府長史的官銜，赴任接替李靖。所謂「權檢校」就是暫時代理的意思，〈攀龍臺碑〉說皇帝約武士彠「期以半年」，即指此而言。不料士彠此去，就再也沒有回任中央的機會了。

---

25. 參《舊唐書．李孝恭傳》，六〇：二三四九；《舊唐書．李靖傳》，六七：二四七七；《資治通鑑》（臺北：宏業書局，一九七三．四，再版；以下簡稱《通鑑》）繫李靖北上在此年八月。

士彠的留任揚州，和他在任上的政績有關，碑文說他「降北海之渠，未踰期月；盡南山之盜，詎假旬時。然後商旅安行，農桑野次，化被三吳之俗，威行百越之境」，使管區日漸安定、經濟日漸恢復。因此，當武德九年半年約期屆滿之時，調回中央的不是武士彠而是李孝恭，揚州大都督則由襄邑郡王李神通繼任。原因是因為有當地「父老數百人，詣闕上表，乞更留一年」，所以璽書褒美，讓士彠留任。同年下半年，武士彠協助李神通遷移州府及居民自丹陽遷於江北，使廣陵從此成為州治，得以專揚州之名，[26]這也是武士彠的一種政績。士彠的經營長才，也應由此作觀察。

就在同一年——武德九年（六二六）——六月，天策上將・尚書令・秦王李世民發動玄武門兵變，逼其父皇交出政權。至八月，世民以皇太子身分即位，是為唐太宗。世民以太子執政期間，中樞高層換了一批人，主要由秦府人馬出任要職。所以此時徵召武士彠入朝，對他僅是止於寵賜頻繁，事以殊禮，以安撫父皇舊部罷了；尋而卻另以鎮守戰略要地的理由，將他改授為豫州都督。

翌年——貞觀元年（六二七）——十二月，因利州都督李孝常謀反伏誅，[27]督區政情不穩，乃改授武士彠為利州都督。士彠赴任後迅速將餘黨撫平，故又得璽書褒美，增邑五百戶。也就是說，貞觀皇帝實際上亦是看重他的經營長才。貞觀五年（六三一）底，士彠以利州朝集使的身分

26. 《通鑑》該年十二月條並胡注，一九一：五九九九。

27. 兩《唐書・太宗紀》作義安王孝常。按：兩《唐書・羅藝傳》，藝降唐後賜姓李，封燕王，黨故太子建成，故太宗即位，乃勒兵反，尋敗亡，復其本姓羅氏。弟壽，時為利州都督，緣坐伏誅。是則李（羅）壽應即是李孝常，或孝常是其字。

回京述職，並在十二月領銜上表，奏請封禪泰山而不獲允許，可見他在政壇仍然相當活躍。[28]武士彠的奏請雖然不獲許，不料卻在三十五年後，由他的二女兒——大唐天后——推動並完成了此盛舉，真是天意！是月稍後，武士彠改任為荊州都督，[29]直至九年（六三五）五月，太上皇（李淵）死訊傳至荊府，武士彠悲慟萬分，乃嘔血而死。士彠死狀馳奏朝廷，貞觀皇帝聞之，嗟悼說：「可謂忠孝之士！」[30]乃追贈為禮部尚書，諡號為「定」。

武德九年秦王世民兵變逆父，改朝換代之際，秦府班底當道，這是他不能回任中央官的原因。不過，事有焉知非福者，他一再外放為都督，而且都是有危機或戰略之地，所以纔有機會發揮他的經營管理之才，大抵以維持社會治安為主，恢復經濟為次，政績不錯。[31]依照唐朝諡法：「大慮安民曰定，安民法古曰定，追補前過曰定，安民大慮曰定，純行不爽曰定。」[32]可見士彠因為歷任都督，有安民之功，所以被有司建議諡為定。如果不因人廢言，武士彠不失為一個幹材。他的發跡雖然頗富傳奇性，但是絕非僅因從龍首義而例封功臣，一個平庸的馬屁精而已。

貞觀皇帝對武士彠並無特別的恩遇，贈官不是最高級的三公官，也不列他入「凌煙閣功臣」

---

28. 見《通鑑》唐太宗貞觀五年十二月己亥條，一九三：六〇九〇。
29. 碑文作大都督，據《舊唐書．地理志．荊州江陵府》條，荊州大都督府在貞觀二年降為都督府，至高宗時再昇為大都督府，三九：一五五一－一五五二。
30. 參〈攀龍臺碑〉。
31. 參〈攀龍臺碑〉。
32. 《唐會要．諡法上》，七九：一四五九。

名單之內。武士彠後來一再被追尊，與其女武明空被貞觀皇帝之子——後來的唐高宗——寵愛有關。追贈并州都督是在明空為昭儀之時，[33]追贈司空、司徒・周國定公是在明空為皇后之後。及至武后與高宗並稱「二聖」，更被追崇為太原郡王，食邑五千戶，以文水縣三百戶充奉陵邑，置令、丞以下諸官，他的廟諱和祖先名諱皆禁止冒犯。武后以太后身分臨朝以後，又追崇其父為魏王，食邑一萬戶。降至大周革命前夕，更追尊為忠孝太皇。革命後，於天授元年（六九〇）尊為孝明高皇帝，廟號太祖，陵墓稱為昊陵，聖曆二年（六九九）改昊陵署為攀龍臺，即是〈攀龍臺碑〉的由來。

武、楊家族與婚姻

明空生母應國夫人楊氏，名諱為「真」，[34]是武士彠的繼室。士彠的原配是相里氏——可能是汾陽地區門第不高的胡人之後，為他生了四個兒子。武德三年以後，士彠統領井鉞軍，官拜工部尚書，躋身新貴，照理一家從此可以同享富貴榮華；可惜天公不作美，兩兒相繼病死，士彠的心情自是沉痛。當他們病重之時，武士彠因為軍職在身，無暇照顧，甚至連前往探問也沒有，仍然勉力從公，沒有聲張。一年之後，相里氏也因病亡故，中年喪偶，武士彠的心情更是哀悼。由於武士彠這時的爵位是義原郡開國公，故相里氏的身分就是外

33.《唐會要・功臣》，四五：八〇二。
34. 請詳拙著〈武則天外家及其生母的名諱〉，《中國中古史研究》一，二〇〇二・九。

命婦，她的死訊不得不奏報朝廷。聽了所司啟奏，武德皇帝深受感動，下敕褒揚說：「此人忠節有餘，去年兒夭，今日婦亡，相去非遙，未嘗言及，遺身徇國，舉無與比！」[35]

相里氏死後，士彠帶著兩個兒子元慶、元爽鰥居。士彠在京有宅，前後封賜不少，兄弟及宗人在京做官者也常有來往，生活原也不愁。但是，中國經過南、北朝的長期分裂，南、北的社會文化明顯出現了差異：原來從商鞅改革以來，秦漢流行小家庭制度，晉朝以降漢人避難渡江，故南方保存了此風習，仍然以小家庭居多，即使聚族而居也是各自異炊，婦女甚少步出閨庭，交際往來也少，在家以管中饋為主；北方則不然，北方因為民族之間長期互相征戰，漢族是被征服者，所以他們常是聚族營生和自衛，以幾代同堂的大家庭為盛，文水武氏就是其中之例。因此，北方的社會風俗專以主婦持門戶，家庭裏主婦的地位甚為重要，她們爭訟曲直，造請奉迎，車乘填街衢，綺羅盈府寺，代子求官，為夫訴屈，人事多由內政，社會生活極為活躍。南朝一個名人顏之推來到北方，就立刻發現和驚訝這種差異，認為是受到鮮卑遺風的影響，將之寫在他的名著《顏氏家訓》裏。[36] 如今武士彠喪失主婦，對他的家庭乃至家族事務，就因失去重心而產生不便。武德皇帝對這位功臣的狀況極為關心。

士彠這時正以工部尚書參與修訂令典。此時國家所修的令典應即是《武德律》和《武德令》，《令》的部分於武德七年（六二四）三月先定，至四月《律》、《令》全部完成，遂將此《武德律令》——唐朝第一部法典——正式頒行全國。所謂《律》，就是一般人所知的法律，《令》則是政府

35.《冊府元龜．環衛部．忠節》，六二六：三三一九中。

36. 詳參《顏氏家訓》（臺北：世界書局《新編諸子集成》，一九七八．七，新三版）〈兄弟〉、〈治家〉諸篇。

組織法。唐朝後來所修的《律令》，皆以此為因襲的源頭。唐朝《律令》屬大陸法系，對東亞的大唐文化圈極有影響。這是唐政府首次的重大修撰工程，依例，重大修撰之後必有進爵或物質等賞賜，故武士彠得以進爵為應國公。[37]士彠可能僅參修《令》的部分，所以他的進爵最晚不至於四月。[38]這時，武德皇帝為他物色了一個婚姻對象——高門大族宏農楊氏之女——名字叫楊真。

楊真在革命之後被追尊為「大周無上孝明高皇后」，女皇之侄武三思，奉制撰有〈大周無上孝明高皇后碑銘〉，又稱為〈望鳳臺碑〉。[39]此碑說楊氏是宏農仙掌人，出自周朝唐叔虞之後。垂拱元年（六八五），為避仍為太后的女皇祖（武華）諱，將當時名為華州的宏農郡改為太州，又改太州的華陰縣為仙掌縣，[40]亦即楊真實是華陰縣人。

魏晉南北朝至唐朝是一個門第社會，高門大姓掌握了極大的社會資源和政治優勢。當時全國的最大世族計有：因避晉朝戰亂而渡過長江稱為「僑姓」的，以（琅琊）王、謝、袁、蕭四姓為最大；原籍在江南稱為「吳姓」的，則以朱、張、顧、陸四姓為最大。在北方，漢人高門都稱為「郡姓」，山東以（太原）王、崔、盧、李、鄭五姓為最大，關中則以韋、裴、柳、薛、楊、杜六姓

---

37. 據〈攀龍臺碑〉士彠是因參修令典而進爵，但未明指是修《武德律令》，不過武德朝重大令典的修撰只有此典，故斷為此事。
38. 兩《唐書・刑法志》只重視《律》的部分，參撰者名單不見士彠之名，故作此推論。《令》的部分先定，請參《唐會要・定格令》（三九：七〇一），及《通鑑》該年三月條（一九〇：五九七八—五九八〇）。
39. 碑見《全唐文》，二三九：三〇五九—三〇六五。
40. 見《唐會要・諸府尹・興德府》，六八：一一九一；《唐會要・州縣改置上・華州》，七〇：一二四五。

為最大。至於源出代北鮮卑集團的大姓都稱為「虜姓」，以元、長孫、宇文、于、陸、源、竇等七姓為最大。[41]無論如何，宏農楊氏是關中六大郡姓之一，門第之高連唐朝王室隴西李氏也不能比。

宏農楊氏從漢朝就興起，至南、北朝末出現了楊堅，建立隋朝，統一中國，是為隋文帝。女皇之母楊真，和楊隋王室同宗不同房，她系出宏農楊氏觀王房。所謂觀王房，是指隋朝「四貴」之一的司徒·雍州牧·觀王楊雄一房而言。楊雄是當紅的權貴，其弟楊達也累任尚書、納言（侍中），並曾以營東都副監官職和尚書令楊素主持洛陽宮闕的建設，封為遂寧公。楊真即是楊達的女兒。[42]楊雄和楊達兄弟兩人貴為隋朝宰相，降至唐朝，楊雄之子楊恭仁是武德皇帝的宰相，另一子楊師道則是貞觀皇帝的宰相，他們的侄子楊執柔也因女皇有「我令當宗及外家常一人為宰相」的意思而拜相，[43]一個外孫女——即是後來參與封禪大典而行終獻禮的越國太妃燕氏——則是貞觀皇帝的妃子，[44]家世非常顯赫。

---

41. 《唐會要·氏族》，三六：六六三。
42. 參《新唐書·宰相世系表》，七一下：二三四六—二三六〇；兄弟二人之傳見《隋書》卷四三。有人懷疑楊氏可能非楊達之女（參黃正建〈關於武則天身世的一點猜測〉，收入趙文潤等主編《武則天研究論文集》，四二—四五，太原：山西古籍出版社，一九九八·十一，第一版），理由是高宗與武后都未大力宣揚楊氏的家世，及楊達後人之碑誌也無提及武后之母，且以國戚之貴也任官不高。按：觀王房子弟的奏章碑誌事實上有提及是國戚之事（詳正文後面章節），而武后為皇后時武氏子弟事實上也任官不高，此與銓敍制度和武后教誡外戚之事有關，故此推測殆不成立。
43. 語見《舊唐書·楊恭仁傳·楊執柔附傳》（六二：二三八二）。按恭仁是女皇母親的堂兄，執柔是恭仁的侄子。
44. 《全唐文補遺·大唐故越國太妃燕氏墓誌銘》（西安：三秦出版社）第二輯，二四〇—二四二。

這時是門第社會，故武德皇帝即曾以開國集團門第之高貴為榮，認為他的開國集團皆系出高門世族，比漢朝開國集團的出身低微優越很多。[45] 在門第觀念如此濃郁的時代，婚姻講求門當戶對，若非「賣婚」，文水武氏如何攀得上宏農楊氏這門婚姻？因此有人認為武士彠當年以販賣木材之故，所以有機會結交負責營建工程及東京建設的楊達。[46] 及至達死隋亡，而士彠變成唐朝新貴，遂娶楊達之女為妻。[47] 此說僅是推測之詞。因為武士彠是否曾與楊達認識，無證可考；而根據〈攀龍臺碑〉和〈望鳳臺碑〉，武士彠與楊氏的結婚，事在士彠進封應國公之後，且由武德皇帝親自撮合。

當時的情況是這樣的：由於士彠先缺中闈，武德皇帝親為這位功臣求偶，知道楊真尚待字閨中，乃告訴士彠說：「隋納言、遂寧公楊達，纔為英傑，地則膏腴，今有女賢明，可以輔德，秦晉之匹不能加也！」於是特降綸言，俾成婚對。武德皇帝並且親自為士彠的婚主，另遣桂陽公主做女家的婚主，禮聘所須，皆由官方供給。婚禮完畢，立即依班例拜楊真為應國夫人。桂陽公主是武德皇帝之女，也是楊真堂兄弟楊師道之妻。[48] 因此，他們的婚姻決非山東衰落門第的買賣婚

45. 《唐會要．氏族》武德諸條並蘇氏議曰，三六：六六三─六六四。
46. 《隋書．楊雄傳．楊達附傳》謂楊達當過工部尚書和將作大匠，參預隋文帝夫婦的山陵營造及營建東都。四三：一二一八。
47. 參陳寅恪〈李唐武周先世事蹟雜考〉，《陳寅恪先生文集》，二七六─二七七，臺北：里仁書局，一九八二．九。
48. 《新唐書．長廣公主傳》說長廣公主始封桂陽，八三：三六四三。《舊唐書．楊恭仁傳．師道附傳》說師道尚桂陽，超拜吏部侍郎，累轉太常卿，六二：二三八三。

姻。士彠也因此婚姻的緣故，與李唐王室多少也沾上了一些親戚關係。

士彠原本家富於財，如果〈攀龍臺碑〉所述是真的，則他任官以來前後賞賜甚多，封壽陽縣開國公時食邑一千戶，改封義原郡開國公時增邑一千戶，武德元年又賜田三百頃、奴婢三百人，別食實封五百戶，進封應國公時又加實封八百戶，從平京師時曾賜宅一區，表示在長安有家宅，即使後來外放為都督，回京報告政情時，也不必像其他朝集使般「賃房與商人雜居」[49]。也就是說，武士彠除了門第條件之外，財富和功名這兩條件俱佳，所以皇帝纔為他媒合主婚，相里氏來不及享受的從一品夫人和榮華富貴，如今皆由楊氏來坐享。後來相里氏所遺二子對此後母不禮，很可能這是原因之一。

根據〈攀龍臺碑〉，說武士彠死於貞觀九年（六三五），享年五十九歲。以此推算，士彠生於北周建德六年（五七七），武德新律令修成時（六二四）是四十八歲。至於楊真，根據〈望鳳臺碑〉說死於咸亨元年（六七〇）八月二日，春秋九十有二。以此推算，她生於北周宣政二年（五七九），比士彠小兩歲，及至士彠四十八歲為應國公後，與她結婚之時，她已經四十六歲。唐朝女性通常在十三至十八歲之間結婚，而以十五歲最多，[50]是則楊真嫁給士彠之時，早已過了

49. 各州每年回朝報告政情，入朝的人或是都督，或是刺史，或是他們的上佐，這些入朝者稱為朝集使。唐初各州朝集使在京原無官邸，至貞觀十五年正月，太宗聞悉各州朝集使「至京師，皆賃房與商人雜居」，感到對他們禮遇不足。至十七年十月一日，乃下詔「就城內閑坊，為諸州朝集使造邸第三百餘所」，並親臨參觀。《唐會要．諸侯入朝》，二四：四五八–四五九。

50. 參前引李樹桐師之文。又據毛漢光〈唐代家庭婦女角色的幾個重要時段——以墓誌銘為例〉（《國科會研究彙

適婚年齡。為什麼會有這種情況發生？

根據〈望鳳臺碑〉的說法，楊真出身高門，對女紅並不重視，而卻明詩習禮、閱史披圖，頗能屬文，其父楊達許為「隆家之女」。可能因為她的門第過高，或佛教信仰，而又教育良好的關係，故不易找到匹配的對象。及至隋煬帝大業八年（六一二），楊雄、楊達先後死於遠征高麗的途中，[51]這時她已經三十四歲。碑文說她哀於父喪，希望憑託佛教，「永奉嚴親，長棲雅志」，表示已索性不願婚嫁，祈福父靈。若非皇帝撮合，楊氏恐怕即如此度過一生，歷史上遂無武則天其人其事了。

兩人婚後生活情況良好，楊真顯然是賢內助，甚至武士彠的仕宦順利，也與楊真「實資陰助」有關。[52]貞觀九年武士彠死於荊州都督任上，遺囑歸葬文水，家人乃將他送回故鄉安葬。都督是三品職事官，唐朝舊制：三品官喪禮皆給鹵簿，墓前豎立一定高度的碑碣及一定數目的石人石獸，而由鴻臚丞監護喪事。[53]武士彠由於是歸葬，故官造靈轝送達故鄉，墳墓則因山而建，穿足容棺，斂以時服，喪費由官方提供。喪禮舉行時，委由本州大都督李世勣監護，朝廷另遣郎中一人馳驛

刊：人文及社會科學》一卷二期，一九九一．七，一八六－一九五）的統計，唐朝三千餘例中，女子婚年最小者十歲，最大者二十四，而以十五者最多，睿宗以前平均婚年是十五．六歲。其統計可供參考，然武后之母應未列入統計。

51. 《隋書．煬帝下》載楊雄死於二月，楊達死於五月，四：八二。

52. 參〈望鳳臺碑〉。

53. 《唐會要．葬》，三八：六九一。

前往弔祭。依喪事的規格看，表示武家雖然富有，但是還算相當的節約。

楊真先後為士彠生了三個女兒：長女後來嫁給越王府功曹賀蘭安石，[54]季女嫁給郭孝慎，明空則是次女。及至士彠死，楊氏時年五十七歲，痛不欲生，再度「方祈淨業，敬託良緣。憑慧炬于幽途，艤慈舟于覺海。于是心持寶偈，手寫金言，……將佛日而長懸，共慈燈而不滅」，願長伴夫墓；然而「特以聖上（武則天）年居膝下，愛切掌中；理藉劬勞，方資顧復」，因此纔打消主意。根據〈望鳳臺碑〉此說法，楊真是因為明空尚小，需要母親的照顧，所以纔改變憑託佛教、長伴夫墓的念頭的。此年明空已十一歲。

及至永徽六年（六五五）明空正位六宮，其年十一月楊真被冊為正一品的代國夫人，後來又轉拜榮國夫人，位在王公母妻之上。死時贈魯國太夫人，謚曰忠烈，尋又下制贈太原郡王妃。武后臨朝，追尊為魏王妃，改其咸陽園陵寢曰順義陵。革命前夕追尊為忠孝太后，革命後又追尊為孝明高皇后，陵曰順陵。後來又加「無上」二字，改順陵曰望鳳臺，故其碑又稱為〈望鳳臺碑〉。

表一 · 文水武氏家族[55]：

54. 《新唐書·宰相世系表》及同書〈武后傳〉、《舊唐書·武承嗣傳》、《通鑑》皆謂武后大姊嫁賀蘭越石，今據〈賀蘭敏之墓誌〉實為賀蘭安石，說詳第六章第一節。

55. 本表據《新唐書·宰相世系表》武氏表而製（七四上：三一三六─三一四四）。武后兄弟輩以下未見官爵者不錄，諸侄及侄孫的官爵多是大周所封拜，於此也不錄，但存其名。該表謂士逸封鄭國公，據傳與其兄士稜俱為縣公，今改；又武后大姊嫁賀蘭安石，原表及同書武后傳、《舊唐書·武承嗣傳》、《通鑑》皆作越石，今據〈賀蘭敏之墓誌〉改。又拙著〈從唐人命名取字習慣論武則天及其親戚的名字〉（《中國中古史研究》七，亦可供參考。

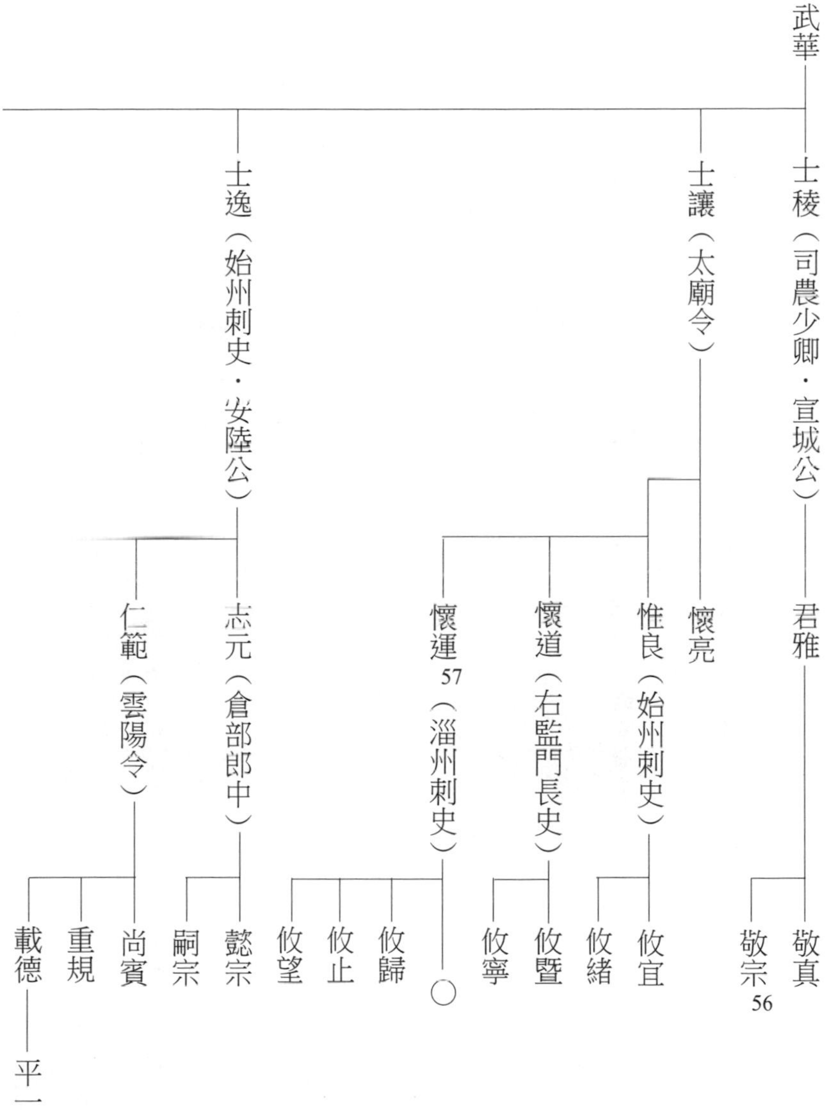

56. 士稜疑尚有一孫字敬道，參第一章第一節並注。

57. 武懷運名弘道，《新唐書》不知為同一人，故復出其傳，詳岑仲勉《唐史餘瀋・武弘道異名復傳》（臺北：弘文館出版社，一九八五・三）條，一：三五—三六。

- 安業（零陵令）
  - 求己
- 士彠（工部尚書・應國公）
  - 元慶（宗正少卿）
    - 審思
    - 再思
    - 三思
      - 崇訓
      - 崇謙
  - 元爽（少府監）
    - 承嗣
      - 延基
      - 延義
      - 延安
      - 延壽
      - 延光
      - 延秀
    - 承業
      - 延暉
      - 延祚
      - 延嘉
  - 長女（嫁賀蘭安石，韓國夫人）
  - 武后
  - 季女（嫁郭孝慎，早卒）

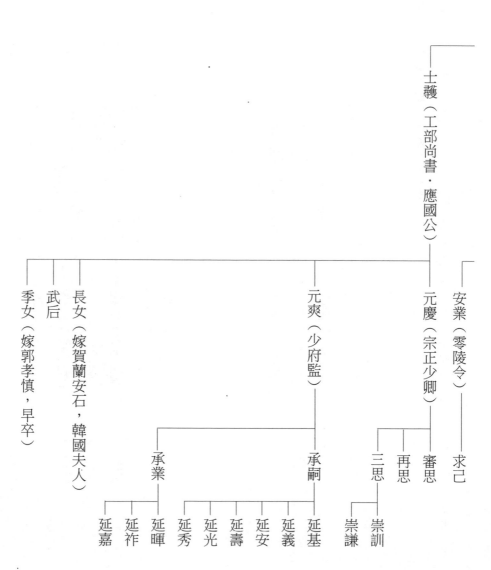

第二章　武氏的人格與初入宮

武氏的生卒與名諱

武氏卒日諸書記載頗不一致，應以神龍元年（七〇五）十一月壬寅二十六日——即被推翻後第十一個月——為是。[1]

由於她生前曾當皇帝，故死後不久——神龍二年（七〇六）五月九日，左散騎常侍武三思、中書令魏元忠、禮部尚書祝欽明，及史官太常少卿徐彥伯、祕書少監柳沖、國子司業崔融、中書舍人岑羲、徐堅等，遂奉敕修《則天實錄》二（或作三）十卷，《文集》一百二十卷，而奏上之。但因武三思等人當時反政變，政潮洶湧，且左右史局，故所修不能令人滿意，到了開元四年（七一〇）十一月十四日，修史官劉知幾、吳兢等奉敕修撰《睿宗實錄》二十卷，又重修《則天實錄》三十卷、《中宗實錄》二十卷，書成以聞。這時開元皇帝已經清除太平公主和武、韋之黨，表示

1.《唐會要．皇后．天后武氏》條作十二月二十六日。《舊唐書．則天紀》謂死於神龍元年十一月壬寅，但在同書〈中宗紀〉則謂死於神龍元年十二月壬寅。《新唐書．則天紀》記死月為長安五年（即神龍元年）十一月，但於同書〈中宗紀〉則明謂神龍元年十一月壬寅。《通鑑》以據《則天實錄》為主，而記於神龍元年十一月壬寅。按：神龍元年十一月壬寅即二十六日，故以此日為確。

重修本內容必有所增删，也不在武三思等人的壓力下完成。

《則天實錄》和重修《則天實錄》今已佚，《通鑑》記武氏事多據《則天實錄》（應是重修本），據其記載，武氏死年為八十二歲；但此說也與他書的記載甚不一致，然則她的卒歲究竟為何？似乎要從她生年、父母結婚之年甚至入宮之年作綜合考察，纔能得出較能令人滿意的答案。

諸書記載武氏的卒歲紛紜，可能與她曾改用周正——即以十一月為正月，而又頻頻改元等事情有關。關於她的年壽，正式的史書起碼有三說：

第一是《唐會要．皇后．天后武氏》條和《新唐書．武后傳》的八十一歲說；

第二是《資治通鑑》的八十二歲說；

第三是《舊唐書．則天紀》的八十三歲說。

按照第一說，她生於武德八年（六二五），第二說是武德七年（六二四），第三說則是武德六年（六二三）。

何者為是，要先從她的父母婚年推看。

首先要問武士彠何時喪妻——前妻相里氏，及何時娶繼室楊氏？

前章提到武德三年至武德八年左右士彠擔任工部尚書，中間曾因參與令典的編修，因此進爵為應國公，然後再婚。八年八月以後，以權檢校揚州大都督府長史的官銜，赴揚州接替李靖的遺缺；而至九年八月唐太宗即位後，纔徵召他入朝。又據《冊府元龜》的記載，謂武德三年以後統領井鉞軍，其間兩兒相繼病死，士彠因軍職在身，無暇照顧，後在「武德中，檢校右廂宿衛」時，妻相里氏亦死，他也沒請假出看，故被武德皇帝稱讚「忠節有餘」。復據《新唐書．兵志》，武德三年至六年將關中十二道改建為軍，醴泉道改為井鉞軍。是則相里氏之死當在六年（六二三）

以前，士彠時任工部尚書，兼領兵檢校右廂宿衛。另外，該章又論及武士彠參修之令典應即是《武德令》，於武德七年（六二四）三月二十九日先成，因此進爵為應國公，並由高祖撮合主婚，而與楊氏結婚。所論若是，則武、楊聯婚應在此年四月左右，亦即在相里氏死後一年以上。

那麼，新婚夫婦何時生武氏？

假定二人於武德七年（六二四）四月前後結婚，並且不久懷孕，則要到翌年初始能生下長女；武氏是次女，因此她的出生更不應在武德七年，而應在武德八年年底或九年年初——端看姊妹倆是否有人為早產兒而定。

據此推論，武德七年（六二四）的八十二歲說應不可能成立；至於武德六年（六二三）的八十三歲說，也就更不用說了。假如武氏生於武德八年年底，則死年是八十一歲；假如生於武德九年年初，則是八十歲。無論如何，她是在武士彠任權檢校揚州大都督府長史之時出生。由於唐高祖與武士彠有權檢校半年之約，所以家屬——尤其有孕在身的楊氏——不見得隨行，因此，武氏的出生地，仍應在長安武宅。

上面推論武氏若生於八年年底則死年是八十一歲，若生於九年年初則是八十歲，究竟如何纔能確定？這裏要從她入宮之年去考察。

兩《唐書．則天紀》都無載她入宮的時間，僅說她十四歲入宮。《唐會要．皇后．天后武氏》則說「貞觀十年，文德皇后崩，太宗聞武士彠女有才貌，召入宮」。長孫皇后在該年六月死，十一月葬，按理貞觀皇帝纔新喪妻，不太可能立即就選美女入宮；尋其語氣，應指貞觀十年妻喪後，纔召武氏入宮而已，真正的時間不確。《通鑑》將入宮之年繫於貞觀十一年（六三七）十一月，是諸書中較為明確的記載；但是司馬光的《考異》是如此寫的，他說：

「《舊則天本紀》崩時年八十三，《唐曆》、焦璐《唐朝年代記》、《統紀》、馬總《唐年小錄》、《聖運圖》、《會要》皆云八十一，《唐錄》、《政要》貞觀十三年入宮。據武氏入宮年十四，今從吳兢《則天實錄》為八十二，故置此年。」[2]

是則，司馬光是基於《則天實錄》而肯定武氏八十二歲死的前提，纔如此推算的。如果按照《舊唐書．則天紀》的八十三歲說，則她十四歲時應是貞觀十年，而生於武德六年，此說不可能成立已如上述。如果依照《唐錄》、《政要》貞觀十三年入宮，此年十四歲，則她死年應為八十歲，生年應為武德九年，但是上述三說皆無說她死於八十歲，所以此說可以存疑。要之，筆者上面所作若武氏生於武德九年年初則是八十歲的推論，此二書應可存為旁證，以俟更堅強的證據出現。

筆者以為，司馬光對所引諸書皆無批判，只是同意吳兢《則天實錄》的八十二歲說，可能認為其書是第一手史料的緣故。此說被人採納最多，[3] 但是卻有兩個盲點：第一，武氏於十四歲入宮若是確定的事實，則司馬光顯然格於她死年八十二歲之說，而將之繫於貞觀十一年；又由於武士彠死於貞觀九年五月以後，至此年十一月正是民間剛滿三年之喪——二十七個月——的時候，故遂繫於此月。然而，妻死有杖期之喪，皇帝或許以日易月，但是貞觀皇帝對長孫皇后之死號稱哀痛甚深，也終身不再立后，他會在喪妻之翌年，就急不及待地選父喪剛滿的美女武氏入宮嗎？

---

2. 《通鑑》太宗貞觀十一年條並注引《考異》，一九五：六一三五。
3. 筆者曾撰《狐媚偏能惑主——武則天的精神與心理分析》（臺北：聯鳴出版社，一九八一．一）一書，當時亦採八十二歲說。

第二，十四歲入宮若確實在貞觀十一年發生，則她生於武德七年，上述的武、楊聯婚和長女出生的時間問題，皆將無適當的解釋。據此，貞觀十一年十一月武氏十四歲入宮之說，顯然不易成立。

假設武氏十四歲入宮時應是貞觀十年、貞觀十一年或貞觀十三年皆不成立，則只剩下《唐會要・皇后・天后武氏》條和《新唐書・武后傳》的八十一歲說——即第一種說法，可堪思索推究。

武氏死年若是八十一歲，則她生於武德八年（六二五），十四歲正是貞觀十二年（六三八）——三年父喪已滿之年。也就是說，武氏十一歲喪父（貞觀九年，六三五），三年之喪滿後，於十四歲——貞觀十二年——被召入宮。此與她的父母在武德七年結婚，翌年生她之推論相吻合；而貞觀皇帝喪妻亦已兩年，較有可能再召美女入宮。

因此，筆者以為武氏生於唐高祖武德八年（六二五）底，死於唐中宗神龍元年（七〇五）底，依中國生即一歲的傳統算法，享年八十一歲。她於貞觀十二年（六三八）十四歲時，被貞觀皇帝唐太宗召入宮中。第一種說法應可成立。

接下來要問，武氏的名字究竟是什麼？

古代女性有名也有字，漢朝取名常是不分男女而可通用的，例如班固和班超之妹名叫班昭，蔡邕之女名叫蔡琰，即是其例；但亦自東漢以降則漸有分別，女性之名多以花草嬌美、貞柔明媚等陰性文字取名。甚至從南北朝以來，南、北名字習慣也有差別，南朝風氣名與字分得很清楚；北朝則全不辨別，字固然是字，但是名亦呼為字。[4] 不過，史書諸〈列女傳〉則常常不寫女性的

4.《顏氏家訓・風操》，六：九。又劉增貴對東漢以降女性取名此趨勢有說明，詳其〈漢代婦女的名字〉，《新史學》七卷四期，三三—六二。

姓名，卻常冠其夫家之姓而曰某氏，雖皇后、公主之貴亦然，《新唐書‧諸帝公主‧贊曰》說，「婦人內夫家，雖天姬之貴，史官猶外而不詳」，就是這個意思。所以，除了根據一些殘留的碑誌之外，唐朝官文書或史書中，諸公主多闕名字。玄宗以前，有名或有字的公主，據《新唐書‧諸帝公主傳》的記載僅有下列數人：太宗女清河公主名敬字德賢，蘭陵公主名淑字麗貞，晉陽公主字明達；中宗成安公主字季姜；睿宗代國公主名華字華婉，涼國公主字華莊，玉真公主字持盈。其中清河公主名敬字德賢，是名字不像女性化之例，與晉陽公主字明達，玉真公主字持盈，取名則都頗有道德或宗教的味道。

兩《唐書‧則天紀》都說武氏之名為「曌」。「曌」是她革命前夕所創造的新字，在此已前並無此字，故不應以此次為名。有人以為武氏名「照」，俟「曌」字創造出來後，纔改用「曌」，以取代「照」，但是卻無實證。[5] 若兩者皆非，那麼她的名字究竟叫什麼？這裏有一條資料提供了極寶貴的線索。

《舊唐書‧孫處約傳》記載：

「孫處約者，……與李勣、許敬宗同知國政。尋避中宮諱，改名茂道。」[6]

然則武氏原來之名，必與處、約、茂、道諸字有關。不過，《新唐書‧孫處約傳》未記避諱

5. 如梁恒唐〈武則天的父親——武士彠〉（《武則天探秘》太原：山西古籍出版社，一九九七‧二，頁一一八）即主此說，但無實證。
6. 孫處約因避諱而改名茂道，見《舊唐書‧孫處約傳》，八一：二七五八。

之事，說法也與此不同，謂「孫處約，始名道茂。」[7]二說究竟孰是？今據〈唐故司成孫公（處約）墓誌銘〉所述：「公諱處約，字茂道。」[8]是則孫處約既非「改名茂道」，也非「始名道茂」，而是原名處約，字茂道。他在拜相之後，為了「避中宮諱」之故，而以字行，符合北朝以來名與字互用的習慣。孫處約於麟德元年（六八四）十二月，宰相西臺侍郎．同三品上官儀因廢后事件失敗被殺，天下自此稱帝、后為「二聖」之時，[9]接替上官儀所遺之缺，故當時的「中宮」，正是武家的二千金——後來的大周女皇武曌。

當武氏稱二聖之前，宰相有劉祥道、辛茂將，而未聞避諱；及至為太后以及稱帝，先後所用七十餘宰相，其中裴居道、李遊道、蘇味道、李道廣，亦未聞避諱。是則道、茂或茂道均應非武氏原名，故不須避；「中宮諱」宜往處、約或處約諸字上根究。

然而武氏稱二聖後，曾有宰相郝處俊，帶頭激切地反對天皇讓她「攝政」，[10]故處字也應不是她的名諱，是則僅剩「約」字最為可能。

根據《舊唐書．韋思謙傳》記載：「韋思謙，……本名仁約，字思謙，以音類則天父諱，故稱字焉。」[11]《新唐書．韋思謙傳》亦謂「韋思謙名仁約，以近武后父諱為嫌，遂以字

7. 見《新唐書．孫處約傳》，一〇六：四〇五六。
8. 全誌詳《全唐文補遺》第四輯，三六九—三七一。
9. 詳第五章第三節。
10. 詳第七章第一節。
11. 見《舊唐書．韋思謙傳》，八八：二八六一。

行」。[12]《新唐書》常刪潤《舊唐書》而成其作，世多知之，故此傳所述亦應本於前傳而來。韋思謙任憲曹以正直見稱，曾彈劾宰相褚遂良贓罪，使遂良罷相貶出，而自己也不免被貶。[13]然後來武氏臨朝，拜為宰相，二子承慶及嗣立，也先後在武氏為女皇時拜相，可謂一門三相。然而，韋仁約為何以字行？兩傳皆說是因音近武氏父諱之故。按武氏之父士彠，〈攀龍臺碑〉不提其名與字，《舊唐書》本傳直稱士彠而不說是其名或字，至於《新唐書》本傳則云：「武士彠字信。」[14]《新唐書》的說法大有疑問，因為取名字的習慣，通常是以單字為名，雙字為字的，所以武氏之父應名信，字士彠；與其兄名稷（或稜），字士稜的方式正同，而他們兄弟皆以字行。不過，不論武氏之父的名諱是信也好，是士彠也好，都難以說「音類」或「近」於仁、約二字，所以必是《舊唐書．韋思謙傳》有誤，而《新唐書．韋思謙傳》本之亦誤。因此，韋仁「約」以思謙之字行世，正確的解釋應是避武后之名諱，其例如同孫處「約」「尋避中宮諱」，改以茂道之字行世一般。

筆者上面所推若成立，則大周女皇原來之名應是「約」字，亦即武約。

至此，還有一個問題必須注意，據《太平御覽》引《唐書》曰：「則天皇后武氏諱明空。」[15]此書例不避忌各帝的名諱，其說應有所據，不知依據哪一本《唐書》？參與修撰《則天

12. 見《新唐書．韋思謙傳》，一一六：四二二八。
13. 詳第四章第三節。
14. 見《新唐書》本傳，二〇六：五八三五。
15. 見該書〈皇王部．武氏皇后〉，一一〇：五二九。

實錄》的名史官吳兢，鑑於史官在宰相監修之下不能直筆，就曾別撰《唐書》九十八卷，可見《太平御覽》所引《唐書》不一定就是《舊唐書》。其實《太平御覽》之說確實有所本。史謂武氏以太后臨朝的第六年底——永昌元年（六八九，即載初元年）十一月一日——始用周正，在所頒的〈改元載初敕〉中，她宣稱：

「朕又聞之，人必有名者，所以吐情自紀，尊事天人。是故以甲以乙，成湯為子孫之制；有類有象，申繻明德義之由。朕今懷柔百神，對揚上帝；三靈眷佑，萬國來庭。宜膺正名之典，式敷行政之方。朕宜以『明空』為名！……特創一十二字，率先百辟。上有依於詁體，下有改於新文。庶保可久之基，方表還淳之意！……布告遐邇，咸知朕意。」[16]

值得注意的是，對此一二個特創的「革命樣板字」及武氏自名，《新唐書‧則天紀》提也不提，而於同書〈武后傳〉則謂「載初中（不是改元的正月一日），又大享萬象神宮，……作曌……十有二文。太后自名曌。改詔書為制書」。《舊唐書‧則天紀》亦簡單地說此年此月用周正，改元載初，「神皇自以『曌』字為名，遂改詔書為制書」云云。然而根據《通鑑》的記載，這十二個字是由潛勸武氏革命的武氏堂甥鳳閣侍郎宗秦客所改造獻上的，[17] 其中第一個即為「曌」字；

16. 詳《唐大詔令集》，四：一九－二〇。
17. 宗秦客附見《新唐書‧宗楚客傳》（一〇九：四一〇一－四一〇二），而兄弟倆於《舊唐書》則皆附見〈蕭至忠傳〉（九二：二九七一－二九七三），均不提造字之事。

而且是在此月丁亥（八日）宣佈「行之。太后自名『曌』，改詔曰制」。[18]若是，則武氏在此月一日頒〈改元載初敕〉宣佈「朕宜以『明空』為名」時，此十二個字恐怕還未敲定，而只是預先宣佈有此一事；稍後宗秦客奉敕改成並獻上，纔於同月八日頒行，此後遂以「曌」字取代「明空」，成為武氏的新名諱。

武氏為何不等十二字改成頒行，然後取名為曌；反而因為「人必有名」，故先行宣佈「朕宜以『明空』為名」？她難道以前沒有名字嗎？

筆者認為武氏以前必有名字，其名為「約」，上面已作推論；那麼她為何又「宜以『明空』為名」？按「約」之為義，有預期、節省、簡要、窮乏等意，「明空」二字亦正有此意。古人取字皆與名的意義相配合，如諸葛「亮」字「孔明」，岳「飛」字「鵬舉」，清河公主名「敬」字「德賢」，蘭陵公主名「淑」字「麗貞」等是也，因此武氏原名若是「約」，則以「明空」為字，自屬適當。後來武后夫婦為其第三子取名「顯」，以應道讖，又在滿月時，讓玄奘法師為他剃度出家，而另賜號為「佛光王」；[19]此舉與武士彠夫婦當年為武氏命名取字，具有宗教意味，實有同工異曲之妙。因為武氏生母楊氏是虔誠的佛教徒，生父應也是，[20]故他們為這個「幼小時已被緇服」的女兒命名為「約」，取字為「明空」，以取佛教明四大皆空、明色即是空之義，應是極有

18. 見《通鑑》則天后天授元年（即載初元年）十一月條，二〇四：六四六二。
19. 詳第六章第四節。
20. 〈攀龍臺碑〉記載士彠任荊州都督時，曾因大旱，乃親往長沙寺迎阿育王像，祈雨行道七天，果然大降甘雨。唐朝王室此時以道教為尊，都督以佛教方式祈雨，可見士彠應是佛教信徒。

可能之事。蓋能「明」此「空」，正是約之而又約也，所以「明空」二字，極可能原就是武氏的字。由於「約」有節省、簡要、窮乏之義，意涵消極的名諱「不宜」於正圖積極「革命」的武后，而文水武氏家族素有以字行的習慣，[21]這也符合北朝以來名與字互用的風習，因此武后遂毅然降詔，宣佈「朕宜以『明空』為名」。

當然，「明空」也可能原是她「幼小時已被緇服」或出家感業寺時的法號，如今將借佛教革命，遂逕以當日法號為名；又或者，武氏既能為長子取名為弘，以應「李弘當王」之讖；[22]又為三子取名為顯，以應「老君當出」之讖，則這時她將要借日月光天子以女身為王的授記，故決定「宜以『明空』為名」，以應此佛讖或其他佛讖，[23]事情亦有可能；但不如名「約」，字「明空」般來得有徵可信。無論如何，她在革命前曾自名明空，故《太平御覽》遂直書此諱，不得謂無據。

武后既已自名明空，不過「明空」畢竟仍有明四大皆空、明色即是空的意義，積極的意志仍不能彰顯，而「明」字加「空」字的結合即是「曌」字，讀為「照」，名字彰顯光亮，正符合她此時的意圖。因此，武明空於八日頒行新字後，乃改以「曌」字為名。依避諱之例，遂改詔書為制書，而其孫李重照也得改名為重潤。

由此可以推斷，武明空的原名不是名「照」或其他同音字，而是以「約」為名，以「明空」為字，並曾短暫地以字為名，最後纔以「曌」字為終身之名。

---

21. 除了前面所舉武后之父及伯父兩例外，他們的下兩代也多以字行，參第一章第一節註6。
22. 參第四章第一節。
23. 詳第九、十兩章的第一及第二節。

新造的「革命樣板字」俱有神道愚民及政治作用的目的，[24]在當時武氏姨、甥潛謀革命，大肆裝神弄鬼和政治張力之下，傳播迅速而普及。[25]他們將武氏「明空」之名字結合成為一個新字——「曌」，而其音義皆與「照」字同，決非要表明四大皆空、明色即是空，而是要取義「日月當空」之意。因為「日月當空」呈獻的是大放光明及光明普照之象，所以她以太后臨朝時，親自應用的第一個年號即為「光宅」，正是要取〈廣武銘〉瑞石所謂「光宅四天下」的意象，[26]並欲應其讖。

由於武氏曾以明空之字為名，為此，筆者就順著其意，援用北朝以來名與字互用的習慣，以「明空」的名字來稱呼童小時期的則天武氏吧！

---

24. 詳董作賓、王恒餘〈唐武后改字考〉，中研院《史語所集刊》三十四期，一九六三，四七五－四七六。

25. 武周新字據考證似不止十二個，流傳之迅速普及，西至西域，東達日本，詳張靜〈武則天改字與日本骨藏器銘文中的曌字〉（《文物天地》一九八七年四期，三六－三七）及李志賢〈標新立異別有意圖——論武則天的「改制」〉（趙文潤等編《武則天論文集》，九七－一〇〇）。

26. 杜斗城〈關於武則天與佛教的幾個問題〉（《宗教學研究》一九九四年一－二期，二六－三三）謂取名曌，與應《大雲經》之淨光天女及《寶雨經》之日月光天子有關，可備一說。但筆者以為，武氏取名「明空」時與此關係似乎較大，然而取名曌則應與「光宅天下」的關係較密切。蓋佛教聖王統治則光宅天下，玄奘及朝臣即曾以此語稱頌太宗和高宗的統治，事詳第十章第二節。

武氏的早期經驗與人格發展

唐初定令，人之始生至三歲為黃，四歲以上至十五歲為小，十六歲至二十歲為中，二十一歲至五十九歲為丁，六十歲以上為老。明空的一生，在「黃」毛丫頭時的情況不詳，「小」時候則是十一歲喪父，至十四歲入宮，「中」年在宮中渡過。此前發展，留下史料稀少，以至不能詳論。及至「丁」年二度入宮後，開始發跡，成為皇后。「老」年以後成為臨朝太后，不久又成為皇帝。由於明空丁、老之年與政局產生關係，從此史料乃漸漸多起來。

明空在武德八年出生於京城長安，其時父親正臨時派赴揚州為長史，及至父親在武德九年被召回京師之時已經有兩歲。接著武士彠短暫調任豫州都督，尋於貞觀元年（六二七）改任利州都督時，明空時年已經三歲。此次父親正式外放為方面大員——不是權檢校，故楊氏母女隨同赴任的可能性非常之大。利州都督府治在綿谷（今四川廣元市），該地至今仍有一些以「則天」、「天后」為名的地名、古跡和傳說，引起後世的興趣與辯論。武士彠都督利州的任期從貞觀元年至五年，也就是明空從三歲至七歲的童小階段。作為一個小孩，明空何德何能被當地人如此仰慕懷念？可見只是出於該地區後人的附會與傳說。至於其中有一則廣為諸書記載，甚至被採進兩《唐書・方技傳》的事情，即是益州名相士袁天綱曾為時在襁褓的明空看相，驚為天人，預言此人長相非凡，若是女子，日後當為天下之主云云，更是經不起考驗。[27] 中國古人相信天命，歷朝開國皇帝

27. 此說沒有確定的時間，明空也已非襁褓之年，在中國傳統社會裏預言女子日後當為天下之主，尤其超出當時的經驗常識，故應是神乎相術和袁天綱妙技的傳說附會而已。

多有類似的神怪傳說，於是出於民間的傳說附會，由於史官的好奇或史識不清楚，遂採入正史以訛為真。[28]

貞觀九年明空十一歲喪父之時，母親楊氏行年五十七歲。由於隋末喪亂之大，在中國歷史上甚為罕見，人民大量死亡，戶數只剩下約三百萬戶——是全盛時的三分之一。因此貞觀皇帝即位後，乃於貞觀元年（六二七）正月頒發詔令說：「庶人男女無家室者，並仰州縣官人以禮聘娶，皆任其同類相求，不得抑取。男年二十、女年十五已上，及妻喪達制之後、孀居服紀已除，並須申以婚媾。」這道詔令無異鼓勵地方官催促和安排人民盡量結婚，並且以此作為他們政績考核的依據。但是這道詔令也有例外，即是六十已上鰥夫、五十已上寡婦、有兒女的少婦及立志守貞者，並任其情，無勞抑以嫁娶。[29]是則根據此詔，五十七歲的楊氏是外命婦而非庶民，即使是庶民也得援用此例外之法，可以不必夫死再嫁。

楊氏無意改嫁，又為了照顧年幼的明空姊妹而決定不禮佛而長伴夫墓，如此選擇焉知是福是禍？因為依照前面所說北方的家庭風習，社會交際、內政人事等事情都由主婦操持。楊氏是關中大姓，是武士彠的繼室，若以此風習而論，她在士彠生前，應該是主持武氏家族門戶的主婦；然

---

28. 例如唐人劉肅所撰《唐新語》（四庫本），即說袁天綱在貞觀初遍為士彠家人看相，皆預言他們日後會如何貴，對明空更然，甚至要她試行幾步，纔確定「若是女，當為天子」云云。此說當為史官所本，只是史官說成是明空襁褓時之事，則更為神奇而已。見一三：六—七。

29. 《唐大詔令集．令有司勸勉庶人婚聘及時詔》，一一〇：五六九—五七〇；及《唐會要．嫁娶》，八三：一五二七。唐初婚喪風氣請詳本書第十四章第三節。

而夫死之後，對著亡夫前妻之子和武氏親戚，楊氏在武家應該怎樣自處，是否要或應如何調整原來的角色，似乎已經是她逼近眉睫必須面對的問題。

無論如何，根據《舊唐書・武承嗣傳》的記載，說「士彠卒後，兄子惟良、懷運及元爽等，遇楊氏失禮」；而《新唐書・武士彠傳》則更說「諸子事楊不盡禮，銜之」。表示士彠死後，他的兒子與侄子，最少包括二哥士讓之子惟良和懷運在內，都與楊氏之間已經存在某些人事矛盾或者衝突。「失禮」或「不盡禮」究竟指什麼？史未明言。若照前述北方的家庭制度和風氣看，可能與家人相處不和，甚至與爭奪門戶主持權有關。

顏之推曾經指出當時一般人的性情習慣，即是繼室皆愛己子，然而「前妻之子，每居己生之上」，故「後妻必虐前妻之子」。[30] 楊氏在士彠生前有否虐待相里氏之子？乏證可稽。不過，依照先世也是從南方搬到北方的褚遂良說法，他嚴厲批評北朝以來惡劣的嫡庶觀念和風氣，或許也可以窺見一些問題。褚遂良在永徽元年（六五〇）上表說：「（西晉）永嘉以來，王塗不競，在於河北，風俗頓乖：嫡待庶若奴，妻御妾若婢，廢情虧禮，轉相因習，構怨於室，取笑於朝，莫能自悛，死而無悔。」[31] 嫡庶妻妾之間如此，則母子兒女之間，顯然也會有問題。或問：楊氏是士彠繼室，不是庶妾，武氏子弟對她當不至於如此。事實上，北朝以來子弟對後母、庶母不好，亦已隱然成風，甚至父祖亡沒，「便分其妓妾，嫁賣取財」；而朝廷大臣之間，平生交舊情若兄

30. 《顏氏家訓・後娶》，四：三一四。
31. 見《唐會要・十二衛・左右千牛衛》，七一：一二八六。

弟，一旦其中有人死亡，於是「朝聞其死，夕規其妾，方便求聘，以得為限」。[32]因此，隋文帝曾經於開皇十六年（五九六）六月下詔，禁止「九品已上妻，五品已上妾，夫亡不得再嫁」。煬帝更於大業三年（六〇七），重申「九品妻無得再醮」的禁令。雖經一再禁止，然而此風仍不能絕。[33]武士彠死後，楊氏無子，襲爵當家的應是他與前妻相里氏所生的長子元慶，在這種社會環境和風氣之下，武氏子弟對楊氏「失禮」或「不盡禮」——雖未必至於待她若奴若婢，但也不免廢情虧禮——忽視或蔑視這位繼母，實有很大的可能。

事實上，他們母子之間的矛盾和衝突似乎還相當的嚴重，所以後來楊氏向武氏子弟表示，他們官位的得來與妹妹當了皇后有關；但是他們馬上回應，表示自己是「功臣子弟，早登宦籍」，故以獨立進取為榮，不以沾皇后妹妹的裙帶關係為榮。[34]他們的不領情、不買賬顯示了當年矛盾的嚴重，也同時顯示了心結的長期纏糾和不可解。

或許他們之間的矛盾和心結是複雜因素累積所造成，即是元慶、元爽兄弟的生母相里氏出身不高，未及與父親共享富貴則已先死，他們已經為生母叫屈。及至出身高門的繼母楊氏入門，夫婦婚姻生活越良好，就越會分去他們的父愛，因此內心不能平衡。這時楊氏若越愛她所生的女兒，則可能就會忽視丈夫前妻之子，甚至待他們不很好；相對的，這使武氏子弟對此繼母，甚至她所生的妹妹們都不很好。等到父死之後，他們染習得當時的社會風氣，遂對楊氏「失禮」或「不盡

32. 詳《隋書．李諤傳》，三二：一五四三—一五四四。
33. 詳《隋書．高祖紀》開皇十六年六月辛丑條（二：四一）及〈劉炫傳〉（七五：一七二一）。
34. 《通鑑》繫此事於唐高宗乾封元年（六六六）八月，二〇一：六三四九。

禮」，而惟良和懷運等堂兄弟也加入此同一陣線，導致楊氏對他們銜恨在心。不管怎樣，楊氏的確覺得丈夫死後，他前妻之子和侄對她「失禮」或「不盡禮」，有被薄待欺負之感。接下來的問題是，武氏兄長有沒有以同樣的態度和行為，對待楊氏所生的異母妹妹？

不幸的是，這種可能性顯然甚大。上引《新唐書．武士彠傳》說楊氏對武氏子弟「銜之」，又根據同書〈武后傳〉的記載，說武氏子弟「遇楊及后（武后）禮薄，后銜不置」云云。此言若真，則是兄長們不但對母親楊氏禮薄，兼且對她這個異母妹妹亦然，只是明空時尚年幼，銜恨忍隱不發罷了。童少時的早期經驗，在兒童心理學上已經證實對一個人的人格有極大影響，一個人的人格常奠定於早期經驗。因此，母女倆對武氏子弟的長期銜恨，對明空的人格成長，及其與武氏家屬的感情和關係，有著極大的負面影響，而且後果嚴重。

後來武后和楊氏母女就假借藉口，誣賴這些兄弟而除之，甚至在他們死後，武士彠的爵位改由士彠的外孫、武后大姊之子賀蘭敏之承繼，而不讓士彠的孫子——元慶之子或元爽之子——來繼承。更有甚者，唐人流行夫婦合葬於先塋的習慣，但是楊氏遺囑不歸葬於武氏文水先塋，而要葬於其父楊達的墓旁。武后對武氏親屬顯然也仍懷惡感，故遵從遺囑，「割同穴之芳規」，將母親遷座於雍州咸陽縣楊達舊塋之左。其後又鑑於父母「陵塋眇隔，長懸兩地之悲；關塞遙分，每切百身之痛。遂命大使備法物，自昊陵（士彠墓）迎魂歸於順陵（楊氏墓）」，[35] 即是寧願迎父魂來陪於母墓，決不歸母魂而陪於父墓，可見母女銜恨武氏親屬之情。後來女皇不立武氏子弟為大周王朝的繼承人，使武氏皇統及其身而絕，也應由此體會理解。

35. 詳〈望鳳臺碑〉。

士彠死後，楊氏原本想以長期禮佛為夫祈福的方式渡此餘生，但是很可能就是基於這種家庭情況，深感對「年居膝下，愛切掌中」的明空姊妹負有養育保護之責，所以纔打消主意。從另一方面來看，楊氏之所以能忍隱，應該與她篤信佛教有關。宗教讓她精神上獲得寄託，情緒上有所消解，而她的宗教信仰也從小就影響了武明空。明空後來革命的意識形態來自佛教的《大雲經疏》，該書就明言「神皇（武氏）幼小時已被緇服」。[36]後來女皇也承認「朕爰自幼齡，歸心彼岸」，「朕幼崇釋教，夙慕歸依」，[37]可見母親的宗教，自小對她影響之深。可是明空雖然幼小時即曾被緇服，歸依佛門，卻只是隨母學習，未必能真悟慈悲之理，故對兄長們顯然仍然「銜不置」！種下日後報復的因果。

楊氏對她的影響不僅如此。楊氏對女紅素不重視，而卻明詩習禮、閱史披圖，頗能屬文，被父親楊達許為「隆家之女」。她這種習慣和興趣，亦將有以影響於武明空。《唐會要・天后武氏》說貞觀皇帝聽聞明空「有才貌，召入宮」，就表示她不僅有貌，而且有才。她當年纔十四歲，其才來自母親的薰陶調教，理應無疑。《舊唐書・則天紀》又說她「素多智計，兼涉文史」，是則文史的基礎理應在這時候奠定；並且因為有此才學的基礎，加上家庭的矛盾，乃使她變得有城府而又聰明多計。這是史書對她的人格所作的正面陳述。

《新唐書・武后傳》的陳述則比較負面，它如此描述明空青少年時的人格特質：「才人有權數，詭變不窮」；又說「后（武后）城宇深痛，柔屈不恥，以就大事」。揆諸明空的早期經驗，

---

36. 參〈武曌與佛教〉轉引，《陳寅恪先生文集》二，一四六。
37. 前句見〈方廣大莊嚴經序〉，後句見〈三藏聖教序〉，《全唐文・武皇后文》，九七：一二五三及一二五四。

在這樣一個有矛盾衝突的大家庭裏，一直承受來自部分親屬的壓力，忍受他們的不禮或失禮，使她變得較為早熟和更有城府，甚至能權變、能忍恥，具有鬥爭性的人格，應該是不希奇之事。

所謂人格，是指個人對自己、他人、事物等各方面適應時，於其行為上所顯示的獨特個性——這種個性是經由遺傳、環境、成熟、學習等因素交互作用下，表現於身心各方面的特質所組成。因此，在正常的情況下，一個人的人格具有相當的統整性和持久性。

據此，我們大概可以瞭解童小時期武明空所表現出來的人格特質：她可能承受了遺傳，貌美是她的特質之一。由於十一歲父死之前，她生活於富裕的新貴家庭，蒙受母親的良好照顧和教養，因此具有佛教的宗教信仰和文史的才學根柢，舉止優美而又聰明多計；但是從父死之後，由於親屬關係和家庭環境丕變，促使她變得早熟而有城府，具有忍辱、狡猾和鬥爭性的特徵。正面和負面的人格特徵都可能已經潛伏或出現於少年武明空的身上，能否在人格上得到調和，抑或變成失調，端看她在青年時期如何面對更大的環境改變——入宮——的遭遇和適應。

入宮後的人格成長與成熟

明空十四歲入宮，至二十五歲而貞觀皇帝死，在當時法令中已是經歷了小、中和丁的三個年齡階段，依照現代的說法則正是青少年的時期。這段時間，有關明空的資料非常之少，所以不得不借助她的回憶和其他資料來幫助分析，以便略窺她的情況。

十四歲在法令尚是「小」的時候，但卻是唐人女子結婚的高峰年齡層。這年武明空被召入宮時，有一條史料記載了她當時的表現，非常難能可貴，值得注意。

《新唐書・武后傳》記載明空入宮說：

「太宗聞士彠女美，召為才人，方十四歲。母楊慟泣，與訣，后獨自如曰：『見天子庸知非福，何兒女悲乎?!』母韙其意，止泣。既見帝，賜號『武媚』。」

這段記載不見於他書，不知宋祁等有何根據？假如其事為真，則可見明空對入宮的前途並不悲觀；相反的，隱然有家裏也不見得比宮中好之意。亦即大有與其留在家裏受氣，倒不如入宮，即使深閉宮庭，但也可以賭賭運氣，或許能夠開拓出新天地的心態。此推論若能成立，就反映了少年時期的武明空，對武氏親屬和家庭生活有厭惡的心理，有以積極的態度面對現實人生，以冒險的精神面對未來的進取人格。

這條資料彌足珍貴，它保存及描述了少年武明空入宮時的心理狀態和行為反應。這種狀態和反應的表現方式是含蓄的不滿和厭惡，應與上述的早期經驗有密切關係。然而，若武氏子弟「遇楊及后禮薄，后銜不置」是真的事實，則明空的心理發展應不僅止於此。所謂「銜不置」，應是指銜怨或銜恨不已，只是抑制不發或未發罷了，這在心理學上稱為壓制作用。時年十一至十四歲的武明空，由於年幼，無力反擊其兄長們，以保護自己和母親，因此有此心理作用是可能的。

根據神經科學和心理學的研究，一個人的暴力傾向存在於基因，謀殺動機存在於大腦前葉。經驗會為大腦重新配線，而早期經驗似乎特別強而有力。因此，孩子如果經常遭受諸如虐待、忽視、恐怖的傷害，腦子就會起物質變化，緊張的化學物質源源湧入，會使腦子裏「攻擊/逃避」的荷爾蒙重組，讓它們一觸即發，容易起犯意。還有一種孩子，因為經常暴露在痛苦和暴力中，緊張荷爾蒙的系統因而變得沒有反應，會出現反社會人格，害怕受到傷害的敏感度高，往往會虐待動物。

唐朝學校和醫療系統置有「醫學」，其中有「咒禁科」此一部門，類似今日的精神心理醫學，而明空始終沒有向此科求醫的記錄。不過，明空後來以劇烈甚至非法手段當了皇后，殺人甚多，精神心理似乎經常處於敏感和緊張狀態，所以曾經求助於術士的巫祝符術，則是為研究唐史者眾所周知。時人浮休子張鷟曾經指出：當時下里庸人多信厭禱，小兒婦女甚重符書。可能武后因精神心理紓解的需要，故也依風俗一再求助於此。[38]今天已經不能檢測明空青少年時期的精神心理，只能根據稀少的史料，對她作一些推測。

不論武氏子弟對楊氏母女是「失禮」也好，「不盡禮」或「薄禮」也好，起碼表示她們受到了被忽視、輕視甚或可能被虐待的遭遇，生活不愉快，情緒緊張乃至可能痛苦，因此纔會銜怨或銜恨，產生了心理上的壓制作用。童少年的武明空雖然無力反擊兄長，但是不能就此斷定她有無暴力傾向或謀殺動機的潛伏。這裏另有一條資料——是她七十六歲時的回憶——提供了我們一個分析的依據。

這年是大周久視元年（七〇〇）正月某日，女皇的心腹宰相吉頊與皇侄河內王武懿宗爭論軍功，吉頊對懿宗聲色俱厲，讓女皇極為不悅。又某日，吉頊援古引今地奏事，女皇又不悅。生氣之餘，女皇乃舉她青少年時期和太宗文皇帝談馴驄之事為例，向吉頊提出了嚴重警告，竟警告說：「卿豈足污朕匕首邪?!」是則此警告本身就已經含有暴力傾向。

---

38. 見張鷟《朝野僉載》（四庫本），三：六—十。

不過，我們需要分析的，是她青少年時期和文皇的那段談話內容，及其背後所蘊含的意義。女皇當時是這樣說的：

「太宗有馬名師子驄，肥逸無能調馭者。朕為宮女侍側，言於太宗曰：『妾能制之，然須三物，一鐵鞭，二鐵檛，三匕首。鐵鞭擊之，不服，則以檛檛其首；又不服，則以匕首斷其喉！』太宗壯朕之志。」[39]

師子驄是千里馬，據說前朝隋文帝時西域大宛國曾進獻一匹，無人能制服牠，後來纔為將軍裴仁基所制服。隋末喪亂，此馬不知所在，文皇下令天下訪求，終於在邑市麵家找到，然已成老馬。後來此馬生了五匹小駒，也都是千里足，不知此驄是否牠的兒子。總之，一匹寶馬身價連城，通常人不會因為牠不受調馭，就將牠殘害或者殺死。生命最貴，珍物次之，皆不可能輕易亂毀亂用，文皇生前就曾經說過：「人有明珠，莫不貴重；若以彈雀，豈非可惜？況人之生命，甚於明珠！」[40]史載文皇有一匹特愛的駿馬，常養於宮中，卻無病而暴死。文皇因此怒責養馬宮人，將要殺之，幸長孫皇后勸諫，提醒他人命貴於駿馬，文皇怒意纔解，[41]可見這的確是文皇的價值觀。

現在，武媚——從此我們就跟著文皇稱她為武媚吧——說要如此馴馬，不僅展示了她的大膽

39. 此事不見載於兩《唐書》吉頊本傳，《通鑑》則天后久視元年正月條收入之，亦見《鶴林玉露》乙編卷之六，疑為司馬光所採。
40. 《貞觀政要．貪鄙》（臺北：臺灣中華書局，一九七九．七，臺三版），六：二三。
41. 《貞觀政要．納諫》，二：二九–三〇。

和勇氣，也顯示出她的價值觀大大不同於文皇；相對的，卻也透露了武媚此時已有暴力傾向的可能，起碼是虐待動物傾向的訊息，表示了有反社會價值的人格傾向。為了方便對日後武媚殺戮政策的分析，姑名之為「馴驄心理」。這種心理，顯示了武媚在貞觀朝，人格上似乎已經發展成某些特質：在性情上，有暴烈、攻擊及敵視不順從她的人與物的傾向；在能力上，對自己處理問題的態度和方式，有極大的自信和果斷；在動機上，喜歡表現自我，有很強的自尊心；在價值觀上，不重視事物之是否珍貴名貴，以能滿足自我為最大的價值所在。武媚的侄子武三思後來也貴為宰相，能力遠不如姑姑，他曾經說過：「不知何等名作好人，唯有向我好者是好人耳！」[42]可見他的猜忌心、性情與價值觀直似其姑姑。吉頊是女皇的心腹宰相，故對她如此的人格特質必然清楚認識，所以史傳記述他對此警告的反應是「惶懼流汗，拜伏求生」。

在心理分析上有所謂第一印象，對瞭解個人的人格心理具有重大的意義。女皇經過了半個世紀後，猶對此事有如此深刻的印象，而且引以為豪，可見此事對她的心理影響必然很大。這件事情，蘊含著青少年武媚在心理上有很大的成就需要，具有支配、自主、暴力的性格傾向，亦即具有權威人格的特徵。

這裏再舉一件事情作觀察。

武媚以太后身分臨朝稱制時，李（徐）敬業起兵討伐她，以裴炎為首的一些宰相大臣也對她或反對或忤意，都被她先後平定或殺害。《唐統紀》對此記載說：

---

42. 見《舊唐書・武三思傳》，一八三：四七三五。

「既而太后震怒，召群臣謂曰：『朕於天下無負，群臣皆知之乎?!』群臣曰：『唯。』太后曰：『朕事先帝二十餘年，憂天下至矣！公卿富貴，皆朕與之；天下安樂，朕長養之。及先帝棄群臣，以天下託顧於朕，不愛身而愛百姓。今為戎首皆出於將相群臣，何負朕之深也！且卿輩有受遺老臣、倔強難制過裴炎者乎？有將門貴種、能糾合亡命過徐敬業者乎？有握兵宿將、攻戰必勝過程務挺者乎？此三人者，人望也，不利於朕，朕能戮之。卿等有過此三者，當即為之；不然，須革心事朕，無為天下笑！』

群臣頓首，不敢仰視，曰：『唯太后所使！』」[43]

《通鑑》將此事繫注於則天后光宅元年（六八四），這年武后六十歲。不過，司馬光不相信此事為真，說「恐武后亦不至輕淺如此，今不取」。他對武后的殘酷整肅瞭解甚深，為何獨對此事不能置信？大概他以為武后身為一個女性，母儀天下，莊重沉厚，所以纔作此常理性的判斷；也或許他對武后的人格未有深入的瞭解，以至作出如此的否定吧。

然而在論斷之前，筆者認為應該注意：第一，武后此時正處於權力鬥爭，什麼言行都可能出現，不宜以常情常理而論。第二，要看武后此言行所展現的人格，是否與上面分析的人格特徵相一致。

根據上面分析，十四歲以前的武明空，具有進取人格的特徵；入宮後青少年的武媚則已具有

43.《新唐書．武后傳》載有此文，而其文稍澀；今據《通鑑考異》所引《唐統紀》之文，見《通鑑》則天后光宅元年條，二〇三：六四三一。

支配、自主、暴力的性格傾向，亦即具有權威人格的特徵。假若果真如此，則上述怒罵的態度和內容，正是支配、自主、暴力的思想行為的表現。這時武后的年齡已「老」，人格也已經成熟定型，並且掌握了君權，所展現的思想言行，正屬於權威人格型。因此，《唐統紀》這段記載，其實也一樣彌足珍貴，讓後世可據以分析她的人格，最起碼可以比較清楚地分析出她的人格特徵，作為她是否有可能殘殺情敵、子女和武氏家屬，以至大批將相群臣的判斷基礎。

根據上述臨別表現、馴驄心理和威脅群臣三段記載分析，可知從武媚至武太后，她的人格基本上是一致的，發展大抵如下：

她生長在一個新貴的佛教家庭，童幼時期教育與生活環境均屬良好，而且相貌舉止美麗，乃至於媚，是其先天人格特質之一。十一歲喪父後，家庭環境發生變化，母女起碼均受到武氏子弟的薄待，在有矛盾衝突的大家庭裏，漸漸培養出少年武明空有才學、有城府的人格特質。又由於長期的銜怨銜恨，使少年武明空變得早熟，能權變和能忍恥，並且產生了壓制心理，因此有向外——入宮——發展的進取人格傾向。

第一次入宮是在她的青少年時代。其實宮中妃嬪眾多，武媚只是五品才人之一，非有突出的自我表現，不足以讓皇帝注意到。於是她乃力求表現，充分展現了她的旺盛企圖心，顯示了她在心理上有很大的成就需要，具有支配、自主、暴力的性格傾向，亦即漸漸具有權威人格的特徵。

父亡後受到兄長薄待，是武明空的第一次環境變故，因而使她的人格發展受到影響，形成進取人格。入宮之後，環境更特殊更複雜，因此武媚進一步發展出權威人格，支配和暴力的性格傾向已經表現出來，謀殺動機也隱隱欲現。筆者認為，此時的武媚，人格基本上已經成熟。及至二度入宮之後，經歷對內的爭寵、對外的鬥爭，人格特徵展現無遺。臨朝稱制時對群臣的整肅威脅，只是支配、暴力、謀殺等特徵的明白展示，權威人格的充分表現而已。[44]當然，此後的環境就更加複雜特殊了。因此，不論作為一個篡位者或者開國者，她必須發展並形成這種權威人格，纔能開創以及掌握其政權。

根據上面的分析推論，武氏的權威人格因為遺傳、成熟與學習，隨著環境的變動而有一定的發展軌跡，有一定的統整性和持久性。也由於她在人格上有如此的獨特個性，所以在女性中她是一個怪傑，纔可以成為中國歷史上惟一的女皇帝。

文皇的情感世界及其與武才人的關係

長孫氏十三歲嫁給李世民，武德九年（六二六）八月世民發動兵變而即位，是為太宗文皇帝，唐人也習稱為文皇。同月二十一日，二十六歲的長孫氏被冊立為皇后，此即文德皇后。她先後為文皇生了長子李承乾、四子李泰、九子李治三男；及長樂、晉陽、新城三公主，死於貞觀十年五月二十六日，十一月葬，享年三十六歲。[45]民間喪禮的習慣，夫必須為妻齊縗杖期一年，但是此習慣不適用於皇帝。從漢文帝以來，皇帝另有居喪的單行制度——即是以日易月制，文皇對皇后

---

44. 筆者所撰《狐媚偏能惑主——武則天的精神與心理分析》第二章即對她作過如此分析，迄今仍覺得所見合理。

45. 《舊紀》、《舊后妃傳》、《通鑑》均作六月己卯，今據《唐會要．皇后》，三：二三。所生公主據《新唐書．諸帝公主傳》，八三：三六四五—三六四九。

之死哀痛甚深，從喪期過後，終身不再續弦立后。他選武媚入宮，已經是兩年（中國虛歲算法是三年）之後的事了。

皇帝喪妻而不續弦，並不表示他就旁無姬妾。

唐朝舊制：[46]皇后與皇帝匹齊，母儀天下，統領六宮。這六宮即是尚宮、尚儀、尚服、尚食、尚寢、尚功六個宮官組織。它們比照外朝尚書省六部的架構，各轄四司，分掌宮中各種事務。另有一個稱為宮正的監察機關，則相當於外朝的御史臺。在這六個宮官機關工作的人員，就稱為「宮人」。隋末煬帝求采無已，宮人甚多。武德皇帝有鑑於宮中深閉宮人太多，乃前後放出三千餘人，使她們與家人團聚，各從聘娶。文皇更鑑於無用宮人仍然動有數萬，不但影響財政，而且有傷天和，於是又在貞觀二年先後放出宮人三千餘人，任求伉儷，各遂其性。[47]

宮人眾多，工作繁雜，皇后勢必不能獨理，因此由皇帝的其他妃嬪協助之。這些身分為妾的妃嬪，在制度上屬於「內官」，又稱為「內職」。內官由四妃（正一品）、九嬪（正二品）、九婕妤（正三品）、九美人（正四品）、九才人（正五品）、二十七寶林（正六品）、二十七御女（正七品）、二十七采女（正八品），凡八級一百二十一人所組成。除了貴、淑、德、賢四妃佐皇后總理宮中事務以外，其餘嬪御則分掌各種事務。

妃嬪入宮大約有三種途徑，一是功臣及大臣子女隨例入宮，二是從群臣及良家子女中采選，

---

46. 舊制詳《唐會要．內職》，但不載職掌，《舊唐書．職官志．內官》所記為玄宗制度，載職掌，所引職掌皆據之。
47. 《唐會要．出宮人》三：三五一－三六。太宗放出人數見《貞觀政要．仁惻》（六：八）及《通鑑》該年九月丁未條（一九三：四〇五七）。

三是罪犯子女配沒入宮。第一種方式如恆安王武攸止之女武氏——武媚的堂孫女，於攸止死後，「尚幼，隨例入宮」，後來成為開元皇帝唐玄宗的惠妃。[48]第二種方式如學者官員徐孝德之女——徐惠——有才學，被文皇選為才人，後贈為賢妃。[49]又如越王李貞之母燕德妃，出自涿郡高門，是武氏的表姊，六歲喪父，十三歲召入秦王世民後庭，個性純孝，弱不好弄，沉靜幽閑，喜愛纂組詩文，後由貴人累遷至德妃。[50]紀王李慎和臨川公主之母韋貴妃，出自京兆大姓，天資秀麗，性情莊簡，幼受師教，飛筆能文，亦以良家子入選秦王後庭，貞觀元年冊為貴妃。[51]又如鄭仁基之女因「容色絕姝，當時莫及」，長孫皇后訪求得之，請備嬪御，文皇乃聘為充華。[52]第三種方式如玄武門兵變後，文皇的弟媳婦楊氏——齊王李元吉之妻——被沒入宮中，後為文皇生下了曹王李明。文皇的堂兄弟廬江王李瑗也因謀反被殺，其妻沒入宮為美人。[53]又如上官婉兒在祖父和父親被殺後，與母親一起被配沒入宮，後被復辟皇帝唐中宗拜為昭容。[54]

---

48. 惠妃不知何時入宮，死於開元二十五年，四十歲，亦即武后被推翻之年僅有十四歲。《唐會要．皇后》，三：二七。惠妃在兩《唐書．后妃傳》中有傳，或作死年四十餘歲。
49. 參《舊唐書》本傳，五一：二一六七；《新唐書》本傳，七六：三四七三。
50. 參《全唐文補遺．大唐故越太妃燕氏墓誌銘》（第二輯，二四〇—二四二）及同書〈大唐越國故太妃燕氏（下缺）〉（見第一輯，二四—二七）。
51. 參《全唐文補遺．大唐太宗文皇帝故貴妃紀國太妃韋氏墓誌銘》第二輯，一—二。
52. 此為貞觀二年事，後因鄭女已先許人而止，見《貞觀政要．直諫》，二：三四—三六。
53. 《貞觀政要．納諫》，二：二六。李瑗事見《舊唐書》本傳六〇：二三五一—二三五二。
54. 婉兒祖父為宰相上官儀，嬰兒時即隨母配入宮中，兩《唐書．后妃傳》中有傳。

約在武媚入宮年間，出身微賤之族或刑戮之家的女子，入宮有日多的趨勢，曾經引起尚書省的討論。據貞觀十三年——武媚入宮後一年——二月二十五日尚書八座之議，說「近代以降，情溺私寵，掖庭之選，有乖故實。或微賤之族，禮訓蔑聞；或刑戮之家，怨憤充積。而濫吹名級，入侍宮闈。即事而言，竊未為得。臣等伏請今日以後，及東宮內職員有闕者，皆選有才行充之；若內無其人，則旁求於外，采擇良家，以禮聘納」。[55]顯示大臣們已經注意此事，並且作了改善，這便伏下了日後褚遂良以「微賤之族」為由排斥武媚為后的藉口。

然則，武媚被召入宮的原因究竟是什麼？

《新唐書》和《通鑑》成於宋人之手，他們的述說都是單以美色為焦點；不過《舊唐書．則天紀》則謂她「美容止」——容貌美和舉止美，而《唐會要．天后武氏》則指她「有才貌」。因此，武媚的相貌、儀態和才學俱美，應是其人格特質之一。也就是說，經過楊氏的教養，十四歲的武媚天生麗質，教育良好，舉止優美，已經成為一個大家閨秀。她的父親是開國功臣，曾任三品大臣，似乎符合「隨例入宮」之例；[56]不過史書對此沒有明載，所以應該是以上述人格特質被召入宮的。正因她美而有才，所以太宗纔命她為才人。

55.《唐會要．內職雜錄》，三：三三—三四。

56. 當時功臣之子也有入宮養育之例，如太宗女臨川公主嫁給譙郡公周範之子周道務。「初，道務孺褓時，以功臣子養宮中。範卒，還第，毀瘠如成人。復內之，年十四乃得出」。見《新唐書．臨川公主傳》，八三：三六四六。

才人是內官之一，位正五品，職「掌敘宴寢，理絲枲，以獻歲功」，[57]也就是安排宮中宴會和休息，處理宮中女性蠶絲紡織政令的妃嬪。此職既然與宴樂有關，正宜由美而有才的人來充任。武媚處理事情的才幹及支配、自主的性格，很可能就是從官職中磨練出來。

另外，文皇重視讀書和教育，宮中也的確有文學館、教坊等讀書習藝的教育環境，為司儀的職掌之一。女性在宮中學識增長的，則有幾個顯著之例。例如兩《唐書．后妃傳》記載長孫皇后，少好讀書，十三歲嫁給文皇，經常觀書，雖容櫛不少廢，曾採古代婦人善事著《女則》十卷，以作自我警惕之用，死後纔由宮司奏聞；又撰論說文批評漢代馬皇后不能約束外家，使外家干預政事。她死後被諡為「文德」，應與此表現有關，而這兩件事後來也都被武后所模仿。另如上官婉兒，在襁褓時隨母配入宮庭，及長，適值武后好文，每與文臣遊宮觀，幸山河，歡歌賦詩，婉兒常侍從學習，故也有文詞。[58]年十四，武后召見，愛惜其才，後來百司表奏多令參決。此皆表示如果肯用心，宮中實有學習進步的環境和機會。

武媚後來經營權力以至革命稱帝，表現了過人的學識才幹，應當不僅是入宮以前學習的結果，長期的宮中學習和磨練，理應纔是主因。然而，有才學而能幹的她，在文皇生前卻並不得志。論者多從武媚在宮中一直沒有昇遷、與文皇性格不合、沒為文皇生子女等等因素來作證實和解釋，大抵上是可以接受的。但是，這裏應該詳加說明，以使情況更加清楚。

57.《舊唐書．職官志．內官》，四四：一八六七。此志謂才人正四品，《唐會要．內職》謂舊制正五品，從之；三：三一—三二。

58. 見張說〈唐昭容上官氏文集序〉，《全唐文》二二五：二八七七。

文皇一共有十四個兒子和二十一個女兒，凡三十五個子女。女兒除長孫皇后所生外，其餘均不詳生母的姓氏，至於兒子則記載清楚。根據兒子的生母，得悉文皇曾經有過五個妃，即吳王恪之母楊妃，庶人祐之母陰妃，越王貞之母燕德妃，[59]紀王慎之母韋貴妃，及趙王福之母另一個姓楊的貴妃。前面提到舊制只有四妃，如今為何有五？可能文皇原來只有四妃，第五子李祐與他的母舅在貞觀十七年兵變，兵敗賜死，貶為庶人，[60]其母大概也因此坐罪，皇帝乃改立他妃取代之，仍然維持四員之數。吳王恪是第三子，武德三年封王，其母楊妃是隋煬帝之女；越王貞是第八子，紀王慎是第十子，皆在貞觀五年封王。至於楊貴妃所生的趙王福則是第十一子，生於貞觀三年，[61]後來出繼文皇的大哥隱太子李建成的香火。可見楊妃、陰妃、燕德妃、韋貴妃和楊貴妃，年齡都比武媚大，也都在武氏入宮之前即已為妃。因此，武媚入宮前四妃之數已齊滿，約與武媚同時期入宮的徐惠，後來由才人昇至九嬪，顯然已是昇到內官的頂點。從徐惠的際遇情況，可以對武媚作一側面的考察。

徐惠出身學術家庭，生五月而能言，四歲誦《論語》、《毛詩》，八歲就能作文，而且文詞

---

59. 〈燕妃墓誌銘〉說她先為秦王世民的貴人，貞觀初冊為賢妃，後來又冊為德妃。
60. 李祐生於武德時代，因此陰妃應在李世民即位前即已嫁給世民。事詳《舊唐書．庶人祐傳》（七六：二六五七—二六五八）及《新唐書．庶人祐傳》（八〇：三五七二—三五七六）。
61. 《新唐書．太宗諸子傳》將李福排在第十三，並謂貞觀十三年始王；然據〈大唐故贈司空荆州大都督上柱國趙王墓誌銘〉（《全唐文補遺》第二輯，一三八—一三九），則說是第十一子，為楊貴妃所生，三歲封王。又李福若在貞觀十三年三歲時封王，則是生於貞觀十年。

典美，為文皇所聞，於是召為才人，再昇為充容，曾上疏諫文皇不要耽於物質享受，以免勞民傷財，大為文皇所贊賞。貞觀二十三年（六四九）文皇駕崩，徐充容追思哀慕而病倒，卻不願醫治，願意早死，隨侍文皇園寢。不久，於永徽元年（六五〇）病死，時年二十四歲。新皇帝李治詔贈她為賢妃，讓她陪葬於昭陵的石室。

由此看來，徐惠小武媚兩歲，文皇召她入宮而拜為才人，是因為聞其有才學之名。入宮後她仍然手不釋卷，文辭更見贍蔚，所以再昇為充容。充容是九嬪之一，「掌教九御四德，率其屬以贊導后之禮儀」[62]，表示文皇也很欣賞她的賢德，情況類似文皇之愛長孫皇后、燕德妃和韋貴妃，表示他偏愛知書達禮、賢淑嫻靜這一類型的女性。武媚的人格既如上面的分析，在宮中工作的磨練中，又已呈現出主見鮮明、處事辛辣的特徵，大有女強人的姿態形象。文皇是英雄之主，曾經自述青少年時個「性本剛烈，若有抑挫，恐不勝憂憤，以致疾斃之危」，[63]而所交也非益友。[64]及至即位後，「卻思少小時行事，大覺非也」，纔大歎「為人大須學問」，[65]從此折節讀書，克己復禮；但是與群臣議論時，仍然不時流露出英氣，令人戰兢不敢爭辯。他後來的克己復禮，一方面出於自我反省和修養，另一方面則是多因魏徵等臣的規諫匡輔而成，《貞觀政要》對此類言

62.《舊唐書．職官志．內官》，四四：一八六七。
63.《貞觀政要．論忠義》貞觀六年條，五：六。
64.《貞觀政要．杜讒邪》貞觀十年條，六：一六—一七。
65.《貞觀政要．悔過》貞觀二年條，六：一九。

談事跡記載甚多。[66]文皇的價值觀原就大不同於武媚，性格又改變如此，因此武媚的思想言行，恐怕與他的格調不同，應是他不欣賞喜愛武媚的主因，所以一直沒有昇遷她。

其次，徐惠年齡和武媚相當，才行為文皇所欣賞，但也沒為他生下子女，因此不能用此作為解釋武氏失寵的充分理由。

其實長孫皇后死後兩年武媚入宮之時，這時文皇的最愛應是另一個楊氏——曹王李明的生母。楊氏原是文皇同母親弟弟齊王李元吉之妃，也就是他的弟媳婦。文皇當年兵變殺死其兄弟，連帶將這兩家的兒子也一併殺光，楊氏則被沒入宮中。由於有這種倫理上的顧忌，楊氏在宮中不見有任何名分，卻是文皇喪妻後的最愛，並且與她生了兒子，很想立她為皇后。幸得魏徵諫阻，說「陛下方比德唐虞，奈何以辰嬴自累？」文皇乃止，[67]從此也就索性不再立其他妃嬪為皇后了，顯示了文皇極愛楊氏，乃是實情。

大唐雖然是性開放的社會，但是文皇仍格於倫理禮教，不敢立弟媳婦楊氏為皇后。後來他的曾孫開元明皇帝極愛楊玉環，卻也始終因為她原是兒媳婦，不便立她為皇后，情況差堪與之相比。

---

66. 如自省與他論事者多有怖慴而要改過，見〈求諫〉（二：一四）、〈納諫〉（二：三三）；人諫之而不悅不平，見〈直諫〉（二：四七）、〈誠信〉（五：二七）；爭辯而驕人，見〈慎言語〉（六：一四）、〈悔過〉（六：二〇），不詳贅。

67. 唐史官可能隱諱此事，《新唐書．曹王明傳》（八〇：三五七九）及《通鑑》（貞觀二十一年八月丁酉條並注，一九八：六二四九）並記之。按貞觀十六年，文皇可能因良心不安，追封元吉為巢王，而以己與楊氏所生子曹王李明過繼給他為後。「曹王」過繼給「巢王」，此意可知。

至於文皇之子新皇帝李治，則不顧一切立父妾——武媚——為后，其實是讓愛情沖昏了頭腦，令他產生了超過父親和孫子（明皇）的巨大勇氣。不過無論如何，既然情有獨鍾，必然會使其他妃嬪承寵的機會大減，因此徐惠即使再有才學，仍只是得到他的欣賞和敬重而已，而武媚即使再美媚，也仍得不到他的寵愛。自從武媚入宮以後，文皇除了與楊氏生下曹王李明之外，就再也沒有與其他妃嬪生育子女的記錄了[68]——情況與武媚承新皇帝李治之寵後，新皇帝就不再與其他妃嬪生育子女的情況相若。

因此，在上述的情況和因素之下，說武媚在文皇宮中受到冷落，應該是可以成立的；至於說她失寵則不然，實際上她未必被寵過，因此也就談不上失了。

武媚這時正當青少年，卻遭此環境與際遇，對一個原想入宮發展，具有進取和權威人格的她來說，不免大失所望！更不幸的是，在宮中虛度春秋十一年之後，文皇撒手西歸。她不能如徐惠般殉死，卻以二十五歲壯盛之年，必須隨例入寺為尼，長伴青燈梵唱，真是情何以堪！

68. 唐朝皇子常在出生後不久封王，文皇第七至第十二子皆在貞觀五年——武氏入宮前——冊封，第十三子趙王福在十三年冊封，此時武媚入宮纔一年。第十四子曹王明在二十一年——太宗死前兩年——冊封。可見從十二年以後，文皇已沒有與楊氏以外其他妃嬪再生兒子。又據《新唐書．諸帝公主傳》記載，如果文皇的公主們是依出生先後排列的，則新城公主是他——也是長孫皇后——的最幼女，皇后死於貞觀十年，可見此年以後文皇也沒有再生女兒。

第三章　二度入宮及初期發展

二度入宮的原因與背景

文皇在隋文帝開皇十八年（五九八）十二月生於武功，[1] 武德九年（六二六）——武媚兩歲那年——六月四日，與妻舅長孫無忌等發動玄武門兵變，殺死太子——嫡兄建成、母弟齊王元吉，逼父親武德皇帝交出政權，於是在同月七日成為皇太子，並以太子實行監國。延至同年八月九日，新太子即位於東宮顯德殿，年齡纔二十九歲，是為貞觀皇帝。及至貞觀二十三年（六四八）五月二十六日，病死位於終南山的翠微宮含風殿，享年五十二歲，同年八月葬於昭陵。

文皇未及「老」年而死，其實頗有徵兆。他早年患有氣疾，又在貞觀二十一年二月，因風疾——可能是俗稱中風的血管疾病而不是一般的風寒——而加重，公卿考慮到皇帝需要休養，於是奏請修復終南山的太和廢宮，以作為文皇避暑之用，乃由將作大臣閻立德負責，改營為翠微宮。[2] 此病一直到同年十一月纔痊癒。其間在七月，鑑於翠微宮狹隘，風疾又未好，復下詔於宜

---

1. 其舊宅於武德元年改為武功宮，六年改為慶善宮，見《唐會要．慶善宮》，三〇：五五〇。
2. 武德八年造太和宮於終南山，貞觀十年廢，二十一年因太宗風疾加重，公卿請修復改名為翠微宮。其視朝殿命名為翠微殿，寢殿名含風殿。參《唐會要．太和宮》，三〇：五五〇—五五一。

君縣鳳皇谷建玉華宮以養病。[3]至八月，有人善體時變，竟然上封事請文皇致政於太子李治，可見病情之嚴重，國內可能已經有很多人知道。年底病癒之月，文皇下詔每三日一視朝，又於翌年——貞觀二十二年正月下詔長孫無忌檢校中書令，知尚書、門下二省事，表示皇帝尚需長期的休息調養，所以委託無忌攝理三省的政事。這年的九月，王玄策奉使天竺而還，帶回一胡僧，延入宮中為文皇造延年藥，結果不成功。[4]及至二十三年文皇再次發病，乃於三月敕令太子聽政，並於四月扶疾再幸翠微宮休養，太子隨行。不久，文皇苦利——通常指腹痛下瀉的腸道疾病——增劇，太子晝夜不離側，或累日不食，頭髮也有變白了。

文皇在翠微宮病危，自知不起，乃召宰相長孫無忌和褚遂良進入臥內，託以後事，仍令遂良起草遺詔。文皇既死，無忌處分內外，先要太子回京預作準備，他們跟著護靈回到長安，然後正式向全國發喪。六月一日，太子李治即位於太極殿。新皇帝就是武媚的後夫——後來尊稱為天皇，死後尊謚為高宗天皇大帝的人。

文皇之死，天皇之立，是武媚才人人生的另一大轉機，這年才人纔二十五歲。

武才人在丈夫——太宗文皇帝——死後，立即面臨的問題是如何安置後半生。先帝妃嬪內人有子女的，都會出宮依靠子女；沒有子女的，都將會被安排進入寺觀為尼或女道士，或者安排進入先帝別廟安享餘年，這是北朝以來常見的慣例。從隋朝開始，禁止官員的妻妾在夫死後改嫁，是則皇帝的妻妾更不在話下，所以武媚勢必不能放出宮外任求伉儷。武媚生長於佛教家庭，從小

---

3. 《唐大詔令集・建玉華宮於宜君縣鳳皇谷詔》，及〈玉華宮成曲赦宜君縣制〉，一〇八：五五九。
4. 《唐會要・醫術》貞觀二十二年九月十六日條，八二：一五二二。

穿過尼服，因此她選擇隨例入寺為尼，毋寧是相當自然之事。但是，對於一個對入宮抱有憧憬，具有進取和權威人格的她來說，入寺為尼，青燈梵唱，固非所願也，卻也不得不在無奈之餘，必須耐心等待可能的轉機，以求擺脫命運的桎梏。大唐此時有一實例：有一個幼年入宮而不知名的內職，在儀鳳三年死，葬於城西，墓誌題為「大唐故亡尼七品大戒」，顯然生前是文皇的七品嬪妾，因無子女而在皇帝死後隨例為尼，長伴青燈，至死仍不知名。[5] 武才人則等到了機會，顯然比她幸運多了。

一個轉機——有舊緣的嗣皇帝今上李治來訪——竟然讓她在有意或無意之間等到了。為什麼說他們有舊緣？

根據《唐會要》的記載，武媚已入宮為才人，卻與太子李治發生了一段因緣，情形是這樣的：「時，上（李治）在東宮，因入侍，悅之。太宗崩，隨嬪御之例出家，為尼感業寺。上因忌日行香見之，武氏泣，上亦潸然。時，蕭良娣有寵，王皇后惡之，乃召入宮，潛令長髮，以間良娣之寵。」[6]

關於此事，諸書記載大體相同，只是文字略有不同；不過《新唐書・高宗廢后王氏傳》所述則明顯有差異，說「武才人貞觀末以先帝宮人召為昭儀」。於是引起學界的考證與辯論。筆者不

---

5. 儀鳳三年（六七八）是高宗皇帝——武媚後夫——的年號，亡宮墓誌例寫「不知何許人也」，顯然武媚比她幸運多了。見《唐代墓誌彙編・大唐故亡尼七品大戒墓誌銘並序》（上海：上海古籍出版社，一九九二，十二），六四三。
6. 《唐會要・皇后》，三：二三—二四。

願在此加入煩贅的論戰，不過仍然要指出一些問題，以便確定武才人究竟有否入寺為尼。因為她有否入寺為尼，關係到以後發展的歷史解釋。

首先，筆者必須指出，《新唐書》的列傳部分由宋祁負責，本紀部分由歐陽修負責。歐陽修在《新唐書・則天本紀》說武才人入寺為尼，後來「高宗幸感業寺，見而悅之，復召入宮」，說法與同書宋祁在〈武后傳〉的「它日，帝過佛廬，才人見且泣，帝感動。（王皇）后廉知狀，引內後宮」大體相同。如果這兩篇說法為真，則宋祁在〈高宗廢后王氏傳〉的說法應為誤。宋祁的「武才人貞觀末以先帝宮人召為昭儀」說法，不但與歐陽修矛盾，抑且也與自己在〈武后傳〉的說法嚴重矛盾。

其次，上面已說明從北朝以來后妃在先帝死後有出家為尼或女道士的慣例，隋朝以來又有官員妻妾在夫死後不許改嫁的禁令，所以沒有為太宗文皇帝生育兒女而有佛教信仰的武才人，既不能依例夫死從子，也沒有外命婦封誥以出宮別居，更不能以先朝嬪妾身分長留於嗣皇帝的宮中，除非她像徐惠般殉夫或者出居太宗別廟，否則較佳的選擇就是隨例入寺為尼。因此，她在先帝死後隨例入寺為尼，應是可能成立的敘述。

再次，武媚是「內官」（內職）之一的才人，具有先帝嬪妾的身分，絕非如宋祁所說是「先帝宮人」。她的今上新丈夫是前夫先帝之子，後來要立她為皇后時，詔書竟說先帝「以武氏賜朕，事同政君」（詳下章），乃是天大的謊言。試想一個父親，不論從親情、倫理或法律的角度看，都不可能將自己的嬪妾送給自己的兒子；即使李唐王室薰染所謂的「胡風」，而胡人實行的收繼婚制度，也只是在父兄死後纔娶其庶母和嫂嫂。因此，新皇帝李治是公開向全國臣民說謊。事隔半個世紀以後，已經改朝換代許久，七十六歲的女皇說出馴驄馬之事時，仍然自謂是先帝的「宮女」，不免是圓謊到底。所以駱賓王的〈討武氏檄〉指控武太后「昔充太宗下陳，嘗以更衣入侍。洎乎晚節，穢亂春宮。密隱先帝之私，陰圖後庭之嬖」，雖然是政治文宣，但是的確有事實的根據。宋祁在同一句話中，既然知道武媚是先帝才人，卻又說她「以先帝宮人召為昭儀」，如果不是出於疏忽——寫的疏忽或者不明內官和宮人有別的疏忽，則是上了武媚和其後夫說謊的當。

無論如何，宋祁的「武才人貞觀末以先帝宮人召為昭儀」之說法不足採信。武媚不是先帝宮人而是嬪妾，如果她是先帝宮人而早就賜給了太子，則她實在不須在先帝死後出宮，然後再「以先帝宮人召為昭儀」。她與身為前夫之子的新皇帝「密隱先帝之私」，以掩飾他們違反倫理和法律的行為。

武才人既然已經出宮入寺為尼，那麼她在什麼情況和理由之下，如何再度進入宮中？比較《唐會要》、《舊唐書》（《太平御覽》引用此書）、《新唐書》和《資治通鑑》的記載，所述各有相同之處，也各有差異之處。

首先，試以上面成書最早的《唐會要》記載為準，可以確定它們相同之處的計有：

（一）太宗文皇帝死後，武才人曾入寺為尼。

（二）新皇帝李治曾會女尼武氏於寺中。

（三）新皇帝之妻王皇后知道二人會面之情事。

（四）武氏二度入宮與王皇后有關，皇后是要利用她來離間蕭良娣之寵。

至於差異之處，則是：

（一）《唐會要》說新皇帝為太子時已經「悅」武才人，似乎早已有一段感情，所以纔在寺裏見到已為尼的武媚後，有相對而泣的激情表現，《新唐書．武后傳》和《通鑑》所說與此相同；

但是《舊唐書》卻無先認識太子之說。

（二）《唐會要》說太宗文皇帝死後武才人隨嬪御之例出家，為尼感業寺，《舊唐書》和《通鑑》同之；而《新唐書》則無「隨例」之說。

（三）《唐會要》和《通鑑》說新皇帝因忌日行香之時見到武氏；而兩《唐書》卻無忌日行香之說。

（四）《唐會要》說王皇后召女尼武媚入宮後，潛令長髮；而《通鑑》則說王皇后先令武媚陰長頭髮，然後纔勸皇帝納她入宮。至於兩《唐書》和《太平御覽》，俱無陰令長髮之說。

（五）《唐會要》和《新唐書．武后傳》說王皇后召武媚入宮，《通鑑》則說王皇后勸皇帝納她入宮，《舊唐書．高宗廢后王氏傳》更說是「（王皇）后及左右數為之言，高宗由是復召入宮」。不過，兩《唐書．則天本紀》卻有不同的說法，均說是新皇帝於感業寺見武媚，復召入宮。

上述關於武媚有否入寺為尼及如何二度入宮等問題，事涉繁複的考據，請容在本書裏隨事附論，這裏暫不冗贅。總之，依照北朝以來的宮庭風俗與慣例、政府禁令和武才人當時無子女的實情看，她在太宗文皇帝死後，如果不是隨例入寺為尼，則必會隨例出居太宗別廟崇聖宮。當她黯然揮別宮闕之時，十一年前想入宮發展的意圖，至此可以說再無希望了。不過福兮禍所伏，禍兮福所倚，人生常有危機，但也常變成轉機，端看當事者如何掌握利用罷了。

大唐民間以親亡之日作為忌日，每年至該日，家屬通常用以悼念親喪。皇帝是國之元首，因此他的忌日就是國忌日。每至該日，除了軍國要緊之事以外，其餘則政府機關不再辦公，由皇帝會集百官，至所皈依的佛、道二教寺觀中設食行香，這是大唐近代以來的風俗習慣，並且已經列入禮部令典。[7]大唐自開國以來，即尊奉老君為祖先，因此也尊奉道教，將道教地位提昇於佛教之上，歸由九卿之一的宗正寺——掌管皇族屬籍的機關——管理。不過，大唐皇帝也沒有因此而「滅佛」，甚至尚有捨宅建寺之舉。例如位於京城豐樂坊的隋文帝別廟——仙都宮，是煬帝用來安置文帝內人宣華夫人之所。大唐高祖皇帝當年為了女尼明照，而在武德元年將它廢宮，改置為證果寺，到了太宗文皇帝貞觀九年則廢寺立為高祖別廟，號「靜安宮」，用以安置宮中內人——極可能是高祖皇帝的內官，及至今上李治當了皇帝後，又廢宮立為開業寺，將內人移就高祖皇帝的獻陵。又如高祖皇帝龍潛時在通義坊的舊宅，在他即位的元年名為通義宮，後來太宗文皇帝在貞觀元年則將它改立為興聖寺，以處女尼；另外在觀善坊的另一處龍潛舊宅，太宗文皇帝也在貞觀六年將它立為天宮寺。[8]不過，不能就這種行為，遂將他們父子都視為佛教信徒。

同樣的道理，儘管今上為太子時曾經在貞觀二十二年十二月，為了給已故的母后文德皇后追福，將位於京城晉昌坊的隋朝無漏廢寺改建成新寺，取名「慈恩」，但是他卻仍然不是一個虔誠的佛教徒。情況與父皇——太宗文皇帝——早在貞觀五年於武功縣出生地，為已故母后——太穆皇后——建「慈德」寺，又於八年為她祈在京城修德坊建「宏福」寺一樣，均只是祈福追遠的孝心表示而已。[9]

---

7. 見《通典．禮．忌日議》，一〇〇：五三五；《唐大詔令集．廢國忌日行香敕》，七八：四四七。
8. 高祖死於貞觀九年，諸寺分見《唐會要．寺》，八四五及八四七；《增訂唐兩坊城坊考．豐樂坊》（西安：三秦出版社，一九九六．二），頁一六三。
9. 宏福寺後改名興福寺，三寺詳《唐會要．寺》，四八：八四五及八五〇。

太宗文皇帝有將先朝內人集中安置於某宮某寺之先例，有關機關現在就是援用此例，將武才人等安置於感業寺。大唐制度，由官方認可的佛教道場稱為寺，否則則稱為蘭若等其他名稱。根據記載，大唐全國之寺有定數，據載貞觀二十二年（六四八）玄奘法師曾建議太宗文皇帝度僧以樹功德，當時海內共有寺三千七百一十六所；[10]女皇稱帝後更增至五千三百五十八所，其中僧寺有三千二百三十五所，尼寺有二千一百二十二所。[11]至於在京城長安，可考僧寺有六十四所，尼寺則有二十七所之多。[12]京城裏的佛教道場，有些未見記載，有些則寺額屢改，因此不可考知，感業寺就是其中之一，但是後來仍有人想確知武才人究竟入了何寺為尼。

首先是北宋宋敏求在所撰《長安志》的卷九中，指出崇德坊有隋朝秦王楊俊捨宅所立的兩寺，東是道德尼寺，西是濟度尼寺。貞觀二十三年太宗皇帝死後，遷道德尼寺於修祥坊，原址改為「崇聖宮」，當作太宗別廟；又遷濟度尼寺於安業坊，原址改為靈寶寺，「盡度太宗妃嬪為尼以處之」。因此乃有武才人為尼於崇德坊靈寶寺（即搬遷前原濟度尼寺）之說。

其後南宋程大昌在其所撰《雍錄》的卷十，卻認為貞觀二十三年濟度尼寺遷於安業坊，「其年即以安業坊濟度尼寺為靈寶寺，盡度太宗妃嬪為尼以處之」。故遂有武才人為尼於安業坊靈寶寺（即搬遷後的新濟度尼寺）之說，因為此寺位於安業坊，故概稱為安業寺，胡三省即取此說以

10. 見玄奘門人慧立、彥悰撰《大唐大慈恩寺三藏法師傳》卷七，收入光中法師編《唐玄奘三藏傳史彙編》（臺北：東大圖書公司，一九八九．九），頁一五六。

11. 見《舊唐書．職官志．禮部祠部司》，四三：一八三一。

12. 詳韋述《兩京新記．外郭城》（曹元忠輯本，附於《唐兩京城坊考》，臺北：世界書局，一九六三．十一），頁八。

注《通鑑》。徐松《唐兩京城坊考・安業坊》條未言安業坊濟度尼寺即是靈寶寺，故逕謂武氏為尼於安業坊的濟度尼寺。[13]

綜上所述，武才人為尼之寺名，遂有不知位置的感業寺、崇德坊靈寶寺、安業坊靈寶寺（概稱安業寺）和安業坊濟度尼寺四說。按此四說中，程大昌顯然誤解了宋敏求的敘述，以為原濟度尼寺遷至安業坊後改為靈寶寺；實則宋敏求是說原濟度尼寺在崇德坊的舊址改為靈寶寺，「盡度太宗妃嬪為尼以處之」，其東鄰即是太宗別廟的崇聖宮。不過，宋敏求之說不知何本，在沒有確證之下，仍然不能確定武才人當年進入何寺為尼，也不能謂感業寺就是崇德坊的靈寶寺或安業坊的濟度尼寺。

感業寺的位置究竟在哪裏？

上面諸說都似乎受了出宮入宮之說的影響，逕往宮外的京城諸坊裏找。近有學者指出，感業寺舊址即在今西安北城外的感業寺小學。[14]據考唐朝大內宮城之北就是範圍廣大的禁苑，位於西漢長安城北牆遺址南側的感業寺小學，即包括在唐朝禁苑裏。[15]禁苑雖屬禁中，但卻在大內宮城之外，武才人若離開宮中而為尼於此，理應就可以算作出宮。這裏筆者姑舉當時禁中確有尼寺內

---

13. 參《通鑑》唐高宗永徽五年三月胡注（一九九：六一八四），及《增訂唐兩坊城坊考》安業坊及崇德坊條（一六三—一七三）。
14. 胡戟《武則天本傳》（西安：三秦出版社，一九八七・十一，二刷），頁一三。
15. 張維慎〈武則天出家為尼之寺院名稱及其方位考〉，收入《武則天研究論文集》，頁二三八—二四五。又禁苑之廣大及其內之殿閣亭樓，詳《增訂唐兩坊城坊考・三苑》，三九—四四。

道場之例，以為說明。

根據玄奘法師的門人彥悰在當時所撰的《大唐大慈恩寺三藏法師傳》，其卷八是這樣記述的：

「（顯慶元年）二月，有尼寶乘者，高祖皇帝之婕妤，……薛道衡之女也。……父既學業見稱，女亦不虧家訓，妙通經史，兼善文才。大帝（唐高宗李治）幼時，從其受學，嗣位之後，以師傅舊恩封河東郡夫人，禮敬甚重。夫人情慕出家，帝從其志，為禁中別造鶴林寺而處之，並建碑述德。又度侍者數十人，並四時公給。今進具戒，至其月十日，敕迎法師（玄奘），將大德九人，各一侍者，赴鶴林寺，為河東郡夫人薛尼受戒。……既到，……為寶乘等五十餘人受戒。……其鶴林側，先有德業寺，尼眾數百人，又奏請法師受菩薩戒，於是復往德業寺，事訖辭還。……鶴林後改為隆國寺焉。」[16]

薛婕妤與禁中德業寺之例學者皆未有注意者，據此可知：

（一）薛婕妤家學甚佳，故在高祖皇帝死後既未出宮，又未出家，奉太宗文皇帝之命在宮中教育年幼的皇子李治。

（二）及至李治登基，纔以師傅舊恩封為河東郡夫人，至此乃請求出家為尼。當時禁中已先有德業寺，尼眾有數百人之多，而新皇帝李治卻不居河東郡夫人於此寺，反而於其側別造鶴林寺而處之，並延至顯慶元年（六五七）二月——新皇帝即位八年、武媚為皇后兩年之後——纔正式

---

16. 此傳為玄奘門人慧立、彥悰合撰，因慧立撰至五卷而卒，後五卷由彥悰續成，故此卷實為彥悰所撰，見光中法師編著《唐玄奘三藏傳史彙編》，頁一八五—一八六。

讓她出家，迎玄奘等入宮給她具戒。

（三）德業寺數百尼眾也隨後奏請玄奘法師給她們受菩薩戒。

注意，德業寺是皇家內道場，與感業寺只有一字之差，是後來武昭儀埋葬其暴卒長女的尼寺（詳下章）。依照唐朝的慣例，官度僧尼通常每寺僅度幾個人，若至十幾人即為多，五十人則已是規模龐大，然則此寺的數百尼眾，若非是先朝妃嬪或宮人，則果從何來？因此，武才人是否有可能出宮（大內太極宮）為尼於此？筆者以為唐朝寺廟常有改名之風，故懷疑此時已有尼眾數百人的德業寺，或許就是幾年前武才人曾經出家的感業寺，只是寺額已改了一字，大概想掩人耳目罷了。是耶非耶，將待更多的證據。

無論如何，如今不能確證武才人在先帝死後「隨例出家——復召入宮」之說為非，而且她又晚至新皇帝即位三年後纔生下長子李弘，故仍應暫時依本史書的記述，說她曾經離宮出家，為尼於感業寺，後來復召入宮為是。

皇帝出行，後宮妃嬪和將相大臣通常要隨行，因此掌理皇帝宴寢的武才人應該也侍從文皇帝至終南山的翠微宮。不過文皇帝死於貞觀二十三年五月二十六日——此日即是他的忌日，這日，太子李治還未即位，不可能以嗣皇帝的身分至寺行香；而武才人也未回京入寺為尼——即使她此次沒有隨行，但此時也應未在京入寺為尼，故兩人相見於寺絕不會是這天。第二天二十七日，宰相長孫無忌等請太子立即統兵先行還京，部署國喪事宜。二十八日太子入京，並於翌日——二十九日——發喪於正衙太極殿，宣遺詔即位，而迅速在六月一日正式登基。此後一直至八月葬大行皇帝於昭陵，嗣皇帝可說忙於喪事和國事，理應無暇顧及武才人等先帝妃嬪。不久，先帝妃嬪們不是隨例入寺為尼則是出居崇聖宮，就更無私見的可能了。因此，一週年國忌日，嗣皇帝依例至寺行香，同時探視先帝妃嬪，應是符合情理法之事，也為嗣皇帝與女尼武氏的相見製造了機會。

唐朝國忌行香有一定的規格：「凡國忌日，兩京大寺各二，以散齋僧尼。文武五品已上、清官七品已上皆集，行香而退。天下州府亦然。」[17]官方這種國忌行香，皇帝未必親臨，常常僅是遣官行禮而已。由於感業寺不是京城大寺，可能坐落於禁中，故新皇帝就近選擇在此寺行香；不過國忌日皇帝至寺行香，仍應有大批隨員陪同參加，可以無疑。這時即使女尼武氏也在參與之列，應該不致於、也不敢當眾與皇帝戲劇性的對泣；很可能是皇帝行禮完畢之後，主動和武氏相見。那麼，新皇帝果真是在感業寺行香時與武氏相見的嗎，抑或是先至寺行香，然後再到武氏住處與她相見？是普遍探視先朝妃嬪，抑或專門探視武氏？這裏存有很多疑竇，也保留了很多想像的空間。

如果新皇帝是行香後普遍探視先朝妃嬪，則即使見到她們，也未必就會一見鍾情而悅其中一人，並且召她入宮。如果新皇帝是私下專門到女尼武氏的住處探視她，則兩人先已認識，甚至太子悅之的說法，就應得到肯定。

因此，新皇帝當年為太子時與武才人的關係情感，和他至今仍然對她保持了愛悅，沒有始亂終棄，纔是這個轉機的關鍵。

新皇帝之納武氏而又寵愛她，情況有一點兒像他父皇當年之愛弟媳婦——原齊王妃楊氏。他父皇先要楊氏連坐其夫謀反之罪，沒入掖庭為奴婢，然後就寵幸她，和她生子，並且欲立她為皇后。太宗文皇帝是否先與楊氏有一段情不易考知，要之他非常顧慮輿論的批評，而最終不敢立她為后則是事實。父皇的表現是理性抑或是缺乏勇氣，一時不易論定；但是兒子則明顯的勇氣十足，

17. 見《舊唐書．職官志．禮部祠部司》，四三：一八三一。《新志》略同，但作「行香於寺觀」。

愛情的感性勝過一切。武氏遇到這種庶了，終不免於亂倫之譏。不過，她卻因此而行大運，當年入宮時所說的「見天子庸知非福」正將要被應驗，只是讓她有機會應驗的人不是前夫皇帝，而是既是庶子、也是後夫的新皇帝今上。

「穢亂春宮」如何說

今上當年為太子時和武才人的關係情感，被〈討武氏檄〉說成是「穢亂春宮」，這究竟是怎麼回事，要如何解釋？欲要瞭解事實的真相，則必須重建當年的情境，這裏有兩個問題需要優先注意和解決：第一，太子在宮中是否有機會和環境認識武才人，並且與她發生感情，發生了何種程度的感情？第二，太子的人格如何，為何悅武才人，而武才人有何特質能被他所悅？武才人有沒有勾引他？

關於第一個問題，若從薛婕妤之例看，答案是肯定的，但須從李治被冊為太子的發展上去觀察。

李治在貞觀二年（六二八）——武明空依中國年齡算法是四歲時——六月十三日生於東宮麗正殿，五年封晉王，稍後拜并州都督・右武侯大將軍，十七年四月七日為太子，時年十六歲。二十三年六月一日即位，時年二十二歲。

他是長孫皇后所生的第三子，在全部兄弟中排行第九，所以最初並非皇太子的法定人選。在父皇即位之前，他已有五個兄長先後出生，即母后牛嫡長兄李承乾和四哥李泰，庶母——不知名的後宮生二哥李寬（出繼叔父楚王智雲，早夭），楊妃（隋煬帝之女）生三哥李恪，陰妃生五哥李祐，前面四個哥哥皆在武德三年封王，五哥也在武德八年——明空出生那年封王。

嫡長兄承乾在父皇即位時即被冊為皇太子，時年八歲，性情聰敏，甚為父皇所愛；但是長大以後，卻變得好聲色，而又慢遊無度，因此父皇漸漸不愛他，將愛移給四哥魏王李泰。李泰有才學，貞觀十五年曾撰有歷史地理名著《括地志》，大蒙贊譽，所以也就自負才能，陰懷奪嫡之計。父皇當年玄武門兵變對他的兄弟子孫來說是一個身教，對大唐以後的政局來說也是一個揮之不去的夢魘。自負才能的李泰想效法父皇當年，陰懷奪嫡之計；而大哥則也遙想當年，害怕變成第二個大伯父，於是兄弟各樹朋黨，互相競爭，勢如水火。此時父皇對李泰，可以用「寵溺」二字來作形容，即使大臣們一再勸諫，終於無效。貞觀十六年，五哥齊州都督．齊王李祐造反，亂事旋被敉平。翌年，太子被人告發欲趁齊王之反而謀反，父皇乃命宰相會同三司對他進行審判，定罪，廢為庶人，流放黔州。

按照大唐《戶婚律》第九條規定，「嫡妻之長子為嫡子」，「無嫡子，及有罪疾，立嫡孫。無嫡孫，以次立嫡子同母弟。無母弟，立庶子」；而且必須依長幼以次立，否則犯法。[18] 如今嫡長兄承乾犯了十惡不赦的謀反罪，依律全家坐罪，因此四哥李泰以同母弟依次當立，父皇也在案發之初答應了立四哥為太子。然而大哥承乾之謀反，事因四哥所逼成，誠如大哥向父皇申辯時所說：「臣貴為太子，更復何求？但為泰所圖時，與朝臣謀自安之道，不逞之徒遂教臣為不軌之事。

18.《貞觀律》已失傳，長孫無忌等所修的《唐律疏義》（臺北：臺灣商務印書館，一九七三，臺二版）成於高宗永徽四年，是依據《貞觀律》而修的，其中之《戶婚律》當修改不大，可參考之。

今若以泰為太子，所謂落其度內！」父皇聽後，深知自己當年的「身教」對子弟影響深遠，所以向侍臣說：「承乾言亦是。我若立泰，便是儲君之位，可經求而得耳！」表示同意大哥的說法。基於政治考慮，經過一番內心沉痛和掙扎，父皇決心堵塞亂源，乃以「潛有代宗之望」的政治理由責罪四哥，與大哥兩從廢黜；並且下詔申明理由，勒為禁令說：「自今太子不道，藩王窺伺者，兩棄之。傳之子孫，以為永制！」[19]四哥既然因政治理由被廢為郡王，尋流放至均州，晉王李治乃得援律以母弟身分，依次冊立為皇太子。

李治在貞觀十年母后死時纔九歲，極為哀慕，所以父皇對他特深寵異，遂留他在宮中，薛婕妤應在此時前後奉詔教育他。此後，他與幼妹晉陽公主甚至皆蒙父皇親加鞠養，時時教導。小兄妹倆幼年喪母，感情深厚，晉王有時短暫出閤，公主必送出虔化門，涕淚而別。父皇經常擔心皇子們生在深宮之中、長於婦人之手，長大後不能成材，所以等到諸王年齡稍長，即令出閤居於王府，接受師傅的教育。貞觀十六年七月，李治已滿十五歲，進入「中」年階段，依法要離宮出居王府。此月三日，父皇敕令他以晉王的身分班於朝列，公主乃傷感地問父皇：「兄今與百官同列，將不得在內耶？」言訖，哽噎不自勝。父皇聽後，也感動得為之流涕。[20]李治班於朝列不到一年，即因大哥和四哥被廢而被立為皇太子。十六歲的新太子雖依法是東宮的主人，卻仍然經常入侍宮闈。黃門侍郎劉洎深覺不妥，上言諫論，父皇纔命新太子至東宮與劉洎、岑文本、褚遂良、馬周

19. 關於太宗從政治考慮，不從法律考慮，處理此本案諸問題，拙著《隋唐中央權力結構及其演進》（臺北：東大圖書公司，一九九五）曾有分析，請參頁二八五—三〇四。

20. 《唐會要・公主》，六：六三及六八。

等人遊處論學。[21]

太子與諸王的教育不同。太子位居儲君，東宮的組織猶如中央政府的具體而微，讓他平日就學習政府的運作機制，有利他日即皇帝位後立刻就能進入狀況。不過，李治原非太子，父皇也年近五十歲，故父皇對他的培養就極為費心，而採取了兩種重要措施：一方面以宰相長孫無忌為太子太師，房玄齡為太子太傅，蕭瑀為太子太保，李勣為太子詹事，其他宮寮如褚遂良為太子賓客等，都是朝廷一時之選的人物，用以夾輔李治。另一方面則仍然親自教育他，並且隨時作機會教育，例如見他吃飯，就告訴他稼穡艱苦的道理；見他乘馬，就告訴他不竭其力的道理；見他乘舟就告訴他水能載舟、也能覆舟的道理等等。[22]《舊唐書．高宗本紀》說李治為太子後，「太宗每視朝，常令在側觀決庶政，或令參議，太宗數稱其善」，這就不止教他為人的道理而已，並且親自指導他處理國政。

親自指導他理政後兩、三年，父皇主持了兩次親征——貞觀十九年親征高麗和二十年親征薛延陀。親征期間，父皇已開始讓十八、九歲的太子監國。當出發親征高麗前，「太子悲泣數日」，父皇乃鼓勵他努力表現，勉勵說「悲泣何為」！[23]及至征戰回來，父皇因病調養，仍然授權他隔日在東宮處理軍國機務。史謂處理機務完後，特准他「入侍藥膳，不離左右。上命太子暫出遊觀，

---

21. 李治在貞觀十七年四月為太子，劉洎的上言《通鑑》繫於五月，一九七：六一九八。
22. 《貞觀政要．教誡太子諸王》繫於貞觀十八年（四：一〇一一一），《通鑑》繫於貞觀十七年閏六月（一九七：六一九九）。
23. 《通鑑》貞觀十九年三月條，一九七：六二一八。

太子辭不願出。上仍置別院於寢殿側，使太子居之」。[24]可見這時的李治是一個有孝心，而不好動，不太喜歡與人相處，具有依賴性的內向青年。有人遂推測他有戀母情節。[25]

由於李治長期住在宮中，所以先有劉洎上書，批評他的父皇自己能勤勞用功、訪問群臣，而卻讓太子優游不學、久趨入侍、不接正人，因此建議「陛下不可以親教」，也應讓宮寮有與太子談政論學的機會。[26]後來又有褚遂良上疏諫說：「比聞周家問安，三至必退；漢儲視膳，五日乃來。《禮》曰：『男子十年出就外傅。』出宿於外，學書計。……伏願遠覽殷周，近遵漢魏，常許旬日半月遣還宮，專學藝以潤身。」父皇覽疏，始勉強令他出宮遊處。[27]這種情況，是一般為太子者所沒有的。不僅如此，父皇在行宮也給他準備了寢殿，例如貞觀二十一年四月修復太和宮為翠微宮之同時，並為太子構別宮，殿名為喜安殿；[28]同年七月為了避暑造玉華宮於坊州宜春縣之鳳凰谷，又於正門南風門之東，為太子所居建造了暉和殿。[29]可見太子自貞觀十九、二十年以

---

24. 見《通鑑》貞觀二十年三月條，一九八：六二三五。
25. 參勾利軍、汪潤元，〈武后之立與唐高宗的「戀母心理」〉，《學術月刊》一九九五年第十期，六三—六五。按：其說證據不足，然可備一說。
26. 詳見《貞觀政要．尊敬師傅》，繫於貞觀十八年（四：一一〇）；《通鑑》繫於貞觀十七年五月（一九七：六一九八）。
27. 《唐會要．儲君雜錄》作貞觀二十年，四：四四—四五。
28. 《唐會要．太和宮》，三〇：五五〇—五五一。
29. 《唐會要．玉華宮》作宜君縣，三〇：五五五；造玉華宮之理由，見《通鑑》是月條，一九八：六二四八。

後，的確是日夕陪侍父皇的。後來武太后在夫皇死後，親撰〈高宗天皇帝諡議〉，述說天皇有九德，其中之一便是孝德，即「迨入膺儲副，養德春闈。恆侍禁中，問安之道斯極；長居膝下，候色之誠逾勵」，不但可以為證，甚至可以證實從貞觀十七年李治成為太子以來即是如此。[30]

處理皇帝宴寢是才人職掌之一，所以〈討武氏檄〉說武才人「昔充太宗下陳，曾以更衣入侍」。文皇的寢殿是承慶殿，位在大內宮城內的西北邊，附近有山池廊閣，環境幽美，[31]太子李治既然入侍藥膳，不離左右，長日陪在父皇之側，因此與專管父皇食宿的武才人相見相處的機會可多了。兩人從認識而進一步相處，只要有意，應是極有可能的；至於是否生情，這屬於上面所說的第二個問題，要看雙方的性格和相處的情況，纔能加以論定。

根據上面的說明，太子與武才人有機會和環境從認識進而相處，不但是極為可能之事，其實也是甚為自然的事。現在的問題是，他們認識相處到何種程度？從兩人的性格和其他情況看，事情的發展有此可能嗎？

史書提到「時，上（太子李治）在東宮，因入侍，悅之」。「悅」之為義，有愉快、喜好的意思。用在男女關係上，通常指喜愛之意，如「女為悅己者容」，所以若一下子就將它解釋成「戀愛」是值得置疑的。

《全唐詩》收錄了一首記於則天皇后名下的樂府，一般論者大都認為是武才人寫給太子李治的，但是多提不出合理的解釋。這首名為〈如意娘〉的商調曲是這樣寫的：「看朱成碧思紛紛，

30.《唐大詔令集》，三：七五。
31. 參《增訂唐兩京城坊考》頁六和附圖。

憔悴支離為憶君。不信比來長下淚，開箱驗取石榴裙！」[32]筆者無法證明此詩不是武才人所作，但是讓她相思憔悴、淚溼羅裙的對象究竟是誰？似乎先要作一個確定。這首詩寫相思寫得極為深情真摯，應該不是武才人後來大權在握，嬖寵環繞的老年時期所寫，而且她的情夫薛懷義、張易之等人也隨時可以召入宮中，不必相思痴候，因此他們決不是此詩的相思對象。那麼，她青年時代生命中主要的兩個男人——李世民和李治父子，必有一人是此詩的對象。大體上看，她「小」時奉召初入宮，能會如此情竇大開，對一個既陌生、且威嚴而又大她三十多歲的皇帝李世民如此深情嗎？儘管後來兩人能夠長期相處，但是從馴驄事件中，她記憶文皇只是「壯朕之志」罷了，談不上有「愛朕之情」。事實上根據前面的分析，文皇也的確沒有深愛她。從這首詩表示要請戀人來開箱驗取石榴裙上的淚痕一事看，此人不是她的單思對象，而是互戀且相對有情意的雙思人。因此，太子李治是此詩所訴的意中人，也就呼之欲出了。

武才人與李治實際上有母子的關係，他們的相戀簡直震人心弦！那麼，這首詩是在怎樣情況或何時寫的？

筆者以為武氏二度入宮後，未幾即蒙新皇帝大幸，這時他們的戀情已經是半公開化，理應已無此相思需要；即使二度入宮之初，也因前景樂觀，應該不會如此相思憔悴、哀怨下淚。如果說她作於在寺為尼時，則又決不會在尼寺裏穿著石榴裙。是則這首樂府不是作於太子居住於大內宮中日夕陪伴父皇之時，則是父皇死後武氏出居感業寺或崇聖宮，日夕盼念新皇帝之時。不論二者

---

32. 武后詩文頗為文士所代做，然此詩描述兒女情懷，似乎不至於無聊文人代為之。此詩見《全唐詩‧則天皇后》（清聖祖御撰，北京：中華書局，一九九〇‧二，四刷），五：五八。

孰是，皆對太子當年「因入侍，悅之」的記載，益發可以確定；而且顯示兩人由於長期的相見相處，已經從「悅」變成了「愛」。

前面初步分析太子是一個孝順、好靜、有依賴性而內向的青年，他為何悅一個性格完全不同而又年齡比他大的女人？在這裏應該要對此作進一步的說明。

《舊唐書．高宗本紀》描述李治的性格，說他「幼而岐嶷，寬仁孝友。」所謂岐嶷，是指聰明特異之意，觀察他上述的學習和領悟能力，大致可以相信他的聰明，是否聰明到特異則不易判斷。從他對母后之死表示極為哀慕的表現，父皇生病時侍奉的情況，甚至父皇病癰——一種毒瘡——不良於行時，他為之吮癰，並且扶輦步從數日諸事來看，[33]他應該稱得上孝。又從他與晉陽公主的感情，對兩個嫡兄的痛惜諸事來看，[34]他也應該稱得上友。這是他的人格特質。不過他另外有一種廣為人知的特質，就是「仁懦」——稱皇帝為「仁懦」或「仁弱」，是史官表示皇帝懦弱的筆法。

史稱承乾、李泰兩廢後，文皇猶向長孫無忌說：「公勸我立雉奴（李治小字），雉奴仁懦，得無為宗社憂，奈何？」[35]這時三哥李恪也有文武才，母親是隋煬帝之女，身分尊貴，名望素高，甚為物情所向，故父皇常稱李恪「類己」。父皇既然懷疑太子「仁弱」，恐怕不能守社稷，因此

---

33. 見《通鑑》貞觀十九年十二月辛丑條，一九八：六二三二。
34. 承乾、李泰被廢黜流徙，李治擔心他們衣服不夠，飲食不適，精神幽憂，故上表請求太宗優加供給。事見《通鑑》貞觀十七年五月，一九七：六一九八。
35. 《新唐書．濮恭王泰傳》，八〇：三五七一。

曾怪無忌勸他立李治，而有廢立之意。無忌固爭，力言李治「仁厚」，是守文之主，而且儲位不可屢易，文皇乃止。[36]後來文皇又曾向無忌說：「吾如治年時，頗不能循常度。治自幼寬厚，諺曰『生狼猶恐如羊』，冀其稍壯自不同耳！」[37]大歎十六、七歲的李治大大比不上自己當年的剛猛和敢作敢當，期望他將來有所改善。父皇在冊立李治為太子後三個月——十七年閏六月——詔令太子「知左、右屯營兵馬，大將以下並受處分」，[38]應該就有要他接觸軍旅，以培養健武之氣的意思。知子莫若父，既然擔心他的性格懦弱，未來當不好皇帝，這恐怕也是父皇感到有必要親自教他的原因。

綜合上述分析，青少年的太子李治，似乎有下面的人格特質：聰明好學、孝順友愛、安靜內向和依賴懦弱。這種人格特質，並不是父皇的最愛。父皇本身是一個性情剛烈的人，青少年時期不能循規蹈矩，即位後纔折節讀書、克己復禮，但是與群臣議論時，仍然不時流露出英氣，令人戰兢。這種性格的他，喜愛的兒子是要聰明好學、循規達禮或剛毅英果的那一類型，所以對三子李恪、四子李泰與及童年時期的長子李承乾，皆有喜愛，甚至於寵溺；對成長後的承乾、五子李祐、六子李愔和七子李惲等，由於他們多不能循常度，故各予以廢黜、處死、處罰的懲罰。因此，

---

36. 李恪因此深為長孫無忌所嫉，永徽四年因事誅之，以絕眾望。事見《舊唐書・吳王恪傳》，七八：二六五〇；《新唐書・鬱林王恪傳》，八〇：三五六六；《通鑑》太宗貞觀十七年、高宗永徽四年二月條，一九七：六二〇六及一九九：六二八〇。
37. 《通鑑》繫此事於太宗貞觀十八年四月，一九七：六二〇八。
38. 《唐會要・儲君雜錄》，四：四四。

諸子之中，父皇對李治只有耽心和照顧，並沒有特別的寵愛，也沒有特別的討厭。

李治幼年喪母，母死時極為哀慕，令太宗對他印象深刻，特深寵異，所以纔將他交給學養俱佳的薛婕妤來教育，長年養於深宮之中。他不僅親承嚴父教育，而且也長於婦人之手，這種環境對他形成安靜內向和依賴懦弱的性格應有一定的影響。懦弱內向的李治依戀其父，但是父皇卻日理萬機，一再親征，因此給他關愛的時間其實不多；薛婕妤則是有學問家教的女人，依賴她，但未必就是依戀她。此時，一個有才貌而性格剛強、主見鮮明、處事積極果斷的武才人，適時出現在他的眼前，基於性格互補相吸的理由，太子被武才人吸引或者兩人互相有了吸引，應該是有可能的。要對這段背景與原因有所瞭解，纔能對「時，上在東宮，因入侍，悅之」的記載，作出較合理的解釋。

太子如何「悅之」，甚至變成互戀?宮闈幽閉，文獻不足徵，應不宜妄猜。然而，一般人受〈討武氏檄〉「穢亂春宮」、「陷吾君於聚麀」之詞影響，多往他們在文皇生前就已亂倫的方向推想，似乎於事理有所不盡然，宜略為探討。

首先，武氏後來為新皇帝李治生育了六個子女，長子李弘生於永徽三年（六五二）[39]——此年武氏二十八歲，李治二十五歲——亦即文皇死後的第四個年頭。許敬宗在武氏成為皇后後，上疏建議廢太子李忠，改立代王李弘，所持的理由是「永徽爰始，國本未生」，所以纔從權立李忠為太子，表示永徽三年七月李忠冊為皇太子之時，李弘還未出生。依此推算，李弘應生於永徽三年的下半年，而武氏懷他則應在永徽二年十月之後，而且生下未到半年——永徽四年正月——即

---

39. 見《唐大詔令集．孝敬皇帝哀冊文》，二六：八八及《舊唐書．孝敬皇帝弘傳》，八六：二八三〇。

被封為代王。因此，可以斷定懷孕李弘決不會在文皇的生前。假如文皇生前，太子李治在父皇宮中已與武才人亂倫，則一方面難以長期掩人耳目，另一方面則以當時避孕術之不發達，理應不會晚至文皇死後兩年多纔懷孕。

其次，皇帝天威在近，宮廷規矩森嚴。太子別院在父皇寢宮之側，以李治的性格，是否有膽量敢干冒被廢的危險，進行犯法亂倫的造次？在他以前有些先例可供參考。例如隋文帝寢疾，太子楊廣（煬帝）為謀奪嫡，早與宣華夫人有聯繫。一人同侍文帝養病，楊廣乘父皇病危逼夫人，為文帝所察知，楊廣索性以兵幽死其父皇，並且烝了宣華夫人。待楊廣即位，夫人出居仙都宮——就是上面所說的證果寺，不久復召入宮中。[40]此例與太子李治頗有些相同，只是太子李治無當年太子楊廣的勢力和膽量。又如秦王世民——李治父皇——兵變前，就是誣告大哥太子建成和四弟齊王元吉「淫亂後宮」，待二人奉詔入宮說明時，伏兵玄武門而殺之。[41]鑑於此例，所以父皇曾因寵愛魏王李泰，而令他從延康坊宅移居武德殿昔日太子建成在宮中的舊院時，遂為魏徵引用前例所諫止，始免於有事態發生。[42]前車可鑑，在父皇生前，太子李治即使對武才人有意，兩人也未必就敢發生亂倫之事。

因此，太子因入侍父皇，見武才人而「悅之」，不見得初時就一見生情。他最初很可能是悅於她的才貌和性格。但是武才人除了正面的人格特質之外，也有忍辱屈己、委曲事人的特質——

40. 文帝之死與此有關，見《隋書．宣華夫人陳氏傳》，三六：一一一〇。
41. 《通鑑》唐高祖武德九年六月己未條，一九一：六〇〇九。
42. 參《貞觀政要．悔過》，六：一九；《舊唐書．濮王泰傳》，七六：二六五三—二六五五。

她後來對新皇帝李治和王皇后兩夫婦，乃至對能讓她收買的宮人，都曾如此，可以為證。太子的朋友不多，內向好靜而又懦弱依賴，在宮中與武才人相處日久，由喜悅變質成愛情，是極有可能之事。至於從武才人方面看，她原就有「見天子庸知非福」的主意，但卻不是文皇之最愛，意圖可算落了個大空。後來察知太子對她有悅意，希望復燃，於是全力奉迎，以她的性格而言，也是極有可能、甚至很自然發生之事。〈如意娘〉表示的是相思哀怨，其實也是一種情挑誘惑。儘管不宜將「穢亂春宮」一句，解釋成二人這時已經亂倫；但是若說他們這時已經精神出軌，應該是可以成立的。

筆者根據武媚日後奪后和權力發展的事跡看，推測她這時不免視太子為可居之奇貨，利用自己的吸引力和奉迎術作投資工具——就如同她父親當年利用財富和奉迎術投資於太子的祖父一般，以圖謀個人的富貴和利益。甚至，〈如意娘〉所表示的真情到底有多真和有多深也值得懷疑，因為天皇李治死後，六十歲高齡的她以大唐皇太后，或者以另一個身分——大周皇帝，就陸續公開地找了一群情夫以縱情享樂，完全不理會李治父子和其他王室親屬的感受和面子，這可能是她抑壓已久的男女情慾，來一次崩潰宣洩吧。

二度入宮的真相

武氏儘管從小信佛，但是有進取性格，寄望入宮「見天子庸知非福」，而又知道太子對她有情意，因此她是不會甘心在先帝死後，終其餘生在寺為尼的。原已互有深情的新皇帝，利用國忌行香之便私下會見她，並且表現了激動，沒有始亂終棄之意，對她來說真是莫大的安慰，也是莫大的希望！不過，如何能再度進宮，則是困擾著他們的一個問題。

現在，幸運之神終於來臨，她就是大唐的新皇后王氏。

王皇后是武氏鄰縣——并州祁縣人，系出山東郡姓太原王氏高門，她的父親王仁祐當到縣令，後因女兒成為太子妃纔昇為陳州刺史。由於她的從祖母是高祖皇帝之妹同安長公主，長公主「以后有美色，言於太宗，遂納為晉王妃」。[43]李治在貞觀五年四歲時封晉王，貞觀十七年十六歲時冊為太子，大概王氏也如文德皇后長孫氏和武氏一般，十三、四歲就因有美色而被選為王妃。及至李治為太子，王氏乃相對地被冊為太子妃，至永徽元年正月立為皇后。年輕美麗的王皇后，既出身高門，又是今上的表妹，前途似錦，為何引納武氏入宮？

根據《唐會要》的記述，「時，蕭良娣有寵，王皇后惡之，乃召入宮，潛令長髮，以間良娣之寵」。諸史所述大體相同。只是王皇后以她的身分、地位和美色，為什麼要與蕭良娣爭寵而又爭不過她？

良娣是東宮嬪御之職，也就表示蕭氏在李治為太子之時，已經成為東宮的嬪御。唐朝帝王選妃嬪以門第和美色為優先條件，因此太子妃王氏可能僅是東宮美女之一罷了，加上蕭良娣出身的門第也不比太子妃差，所以太子妃在東宮未必獨占美色和門第的優勢。蕭良娣出身南朝的僑姓——蘭陵蕭氏齊梁房昭明太子支，是後梁帝室的後裔。此支在隋朝出了一個隋煬帝蕭皇后，在大

43.《舊唐書・高宗廢后王氏傳》，五一：二一六九。

唐開國出了一個宰相蕭瑀，也是今上當太子時的太子太保，家勢顯赫。[44] 更令太子妃感到不幸的是，蕭良娣為太子生了一子二女，而自己卻不育。

就子胤而言，太子在即位之前即已經生了四個兒子，分在永徽元年正月和二月間封王：李忠、李孝、李上金分由三個地位不高的「後宮」所生，第四子李素節和兩位公主則為蕭良娣所生。在封建宗法之下，無子構成「七出」的首項，是為人妻者最嚴重的問題。王皇后無子，乃是她一再敗於情敵——蕭、武二氏，導致最後被廢的關鍵所在。由此看來，原就獲寵的蕭良娣，在太子即位後又因子而貴，昇為淑妃，威脅到王皇后的夫愛與地位，因此纔想到利用他人以使新皇帝疏離蕭淑妃。《新唐書・武后傳》所述，「王皇后久無子，蕭淑妃方幸，后陰不悅，……引（武氏）納後宮，以撓妃寵」，應該得其情實。值得注意的是，蕭淑妃的次女生於貞觀二十三年，[45] 此年正是李治嗣位登基之年。也就表示新皇帝即位前後，正是蕭淑妃最獲寵之時。

如果新皇帝至寺行香，遇見曾為先帝嬪妾的女尼武氏，互道問候，談起當年宮中之事而至互相感泣，應是正常的反應，而且也是極平常的事情，不足以大驚小怪。但是，宮中何事竟令今上

---

44. 兩《唐書》皆未提到蕭良娣的身世，今據一九二八年在洛陽附近出土的〈唐故朝散大夫滁州別駕蕭府君墓志銘〉（見《洛陽出土歷代墓誌輯繩》，頁五一八，北京：中國社會科學出版社，一九九一・六。又見《唐代墓誌彙編》，一四四六—一四四七），知墓主蕭謙是蕭瑀堂弟蕭球之孫，天后朝坐姻戚之累——即蕭良娣之事。蕭瑀在兩《唐書》有傳，蕭球輩分見《新唐書・宰相世系表》，七一下：二二八—二二八八。

45. 此女先封宣城，後徙封高安，依蘇頲〈高安長公主神道碑〉所書之卒年推知其生年，見《全唐文》，二五七：三二九五—三二九六。

如此失態？這纔是問題所在。或許王皇后知道二人相見互泣，內有不可為人知的祕密，故決定加以利用，以疏離夫皇對蕭淑妃之愛，則此事此舉顯然極不尋常。大凡不尋常之事必有不尋常之因——即王皇后知道夫皇與武氏此會，其實是不尋常的男女之會，內有不可告人的不尋常之情，所以纔想要加以利用；否則她為何甘冒天下之大不韙，想到要利用一個過氣的先帝嬪妾、也是夫皇的庶母，來對付自己的情敵——夫皇的妃嬪？由此可證當年太子愛悅武才人的說法應是真實的。

不僅如此，王皇后明知武媚是先帝嬪妾，是丈夫的庶母，無論直接或者間接勸丈夫召她再入宮，其目的都是為了利用二人之情，以離間丈夫對情敵之寵。這表示了王皇后不但深知夫皇對武媚有深情，而且也容忍他們的關係繼續存在與發展，甚至同時相信接納武媚也不至於對自己有危害，否則絕不會做出這種決定。她的決定犯了兩個嚴重的大錯：

第一，她不但使丈夫犯了「和姦父祖妾」之罪，也同時犯了「和姦女冠尼」之罪，前罪依《雜律》第二十五條處絞刑；後罪依同律第二十七和二十八條則李治徒一年半，女尼武氏徒二年半，王氏是「媒合姦通者」徒二年。又「和姦父祖妾」依《名例律》屬於十惡罪之「內亂」罪，由於十惡罪是「虧損名教，毀裂冠冕」的大罪，通常罪在不赦之列。[46]這樣看來，新皇帝與女尼武氏固然犯下滔天大罪，不過王皇后卻也是共犯，當初可以瞞人於一時，久之則是紙包不住火，後來成為宰相反對立武氏為皇后的重要理由，而且也是〈討武氏檄〉強烈指控的依據。

第二，王皇后此舉無異是前門拒狼，後門進虎。不知虎比狼還要兇猛毒辣，不但將狼吃了，連帶也將開門迎納者也一併給吞了。由於王皇后是共犯，因此她後來被廢被殺，史官對她遭到的

46. 依次參考《唐律疏議》二六：三三三—三三五，一：一四—二二。

惡報一點兒都不寄予同情，可謂自貽伊戚。

學歷史的人都知道，歷史不談如果。但是在這裏卻也不妨試作一個假設：假如王皇后不引武氏入宮，她的夫皇會不會自行召她入宮？依筆者的看法，這答案應是肯定的，而且王皇后不可能不引武氏入宮，而武氏則不可能因有顧慮遂不入宮。其理由如下。

首先，從北朝以來，家中女主人有相當高的地位，社會活動也活躍。她們不容許別的女性有威脅此地位身分的機會，所以婦女妒忌成風，隋唐尤盛。[47]在王皇后之前，歷史上著名的妒皇后厥以隋文帝的獨孤皇后為最。她不僅嚴厲控制丈夫，使他不敢碰別的女人，甚至連正眼也不敢一看，因此文帝五子都是同母所生；更有甚者，她的妒性推及太子楊勇和其他將相大臣，使他們最後因男女關係而被廢被殺。至於王皇后之後，武后則是另外一個歷史之最。在這種婦女風氣之下，王皇后對蕭淑妃「陰不悅」，其實就是妒忌的表現。她自己不能挽回夫皇的寵愛，又不能雍容寬厚如婆婆文德皇后當年，主動訪求美女以備文皇嬪御，是則在妒火中燒的情況下，如果不是恰巧利用武氏，也將可能培養或利用其他適當的人選。

其次，如果〈如意娘〉所示是真的，則新皇帝的心應該早已寄繫於武氏這個情人的身上，可能格於公論、國喪或皇后等因素，故遲遲沒有行動罷了。如今皇后要讓武氏入宮，真是正中下懷，樂得順水推舟。

復次，〈如意娘〉已顯示了武氏正向情人作大膽的傾訴和情挑，故這事對武氏而言，更是千載難逢的機會。不論新皇帝是否可居的奇貨，至少王皇后則是一個名符其實的笨賈，真是要善加

---

47. 詳牛志平《唐代婚喪》第九章，一〇三—一一五。

利用！所以後來〈討武氏檄〉罵武氏狐媚陰險和晚節穢亂，應該都是實情；至於罵她「踐元后於翬翟，陷吾君於聚麀」——即是說將王皇后踐作徒有美麗羽毛的野雞，陷新皇帝為聚淫母鹿的公鹿，則其實與她無關，那是帝后伉儷自作孽之事。隋唐原就是性開放的社會，婦女貞節觀念淡薄，而成就需要則相當強烈，對美滿婚姻尤敢大膽追求。[48] 作為寡婦的女尼武氏，本來已無前景可言，不料此時峰迴路轉，若不切實掌握這機會，則更待何時？武氏的善於創造和掌握機會，表現了她的聰明果斷、城府甚深和反社會價值的人格特徵，正與前面的分析相一致。

現在，要進一步揭開武氏再度入宮的真相，則必須要確定女尼武氏被誰召入，何時被召入，及如何解決比丘尼身分的問題？

關於武氏被誰召入宮，史書有三種不同的說法：第一種說法是被王皇后召入，如上引的《唐會要・武皇后》和《新唐書・武后傳》即是其例。第二種說法是王皇后建議新皇帝召入，《舊唐書・高宗廢后王氏傳》和《通鑑》皆主此說。第三種說法是新皇帝至寺見武氏，乃召她入宮，兩《唐書・武后紀》都主張此說。

我們知道，大唐入宮須經皇帝的許可，再由有關機關出旨宣命，新皇帝是內向懦弱的人，即位不久，且在長孫無忌等人輔政之下，個人是否膽敢於寺逕召先朝妃嬪入宮，應值懷疑；如果他有此膽量，早就不讓武氏出宮或者先前就主動召她入宮了。他後來寵愛武氏，卻因宰相反對而不

---

48. 參牛志平《唐代婚喪》第八章，他另有〈唐代婚姻的開放風氣〉（《歷史研究》一九八七年四期）與〈唐代妒婦述論〉（《人文雜志》一九八七年三期）兩文專述此風。高世瑜《唐代婦女》（西安：三秦出版社，一九八八・六）第三章第八節亦有專述。

敢強硬地昇她為宸妃，冊她為皇后時也是猶豫遷延，可見他的膽量和態度。因此，第三種說法比較不可信。不過入宮既須皇帝的許可宣召，是則必然出於皇帝的敕旨，故以第二種說法較為符合官方的制度。然而根據前面的分析，事情因王皇后而起，是則應是由王皇后以某種理由主動提出，建議夫皇將武氏召入；而皇帝則順水推舟，以皇后此要求宣下有司，令其奉命施行。如果所推無錯，真相的確應是第二種情況。

那麼，她是在什麼時間，以什麼身分被召入宮的？

論者懷疑武才人未曾隨例入寺為尼，她只是在先帝死後短暫出宮，等八月埋葬先帝以後，即於同年稍晚被復召入宮；而入寺為尼之說，是出於武后時代史臣的揑造。[49]有人則反對武氏未曾入寺為尼之說，但卻主張人有入尼寺，而其實並未削髮。[50]他們的基本證據，都是以《新唐書．高宗廢后王氏傳》為主。

其實武氏何時再入宮，兩《唐書．則天紀》均無記載。《舊唐書．高宗廢后王氏傳》說「初，武皇后貞觀末隨太宗嬪御居於感業寺」，是追記為尼時間之詞；但是這段文字在《新唐書．高宗廢后王氏傳》裏，則轉變成「武才人貞觀末以先帝宮人召為昭儀」，說成是太宗死後還沒改元，

49. 詳業師李樹桐先生〈武則天入寺為尼考〉（收入其《唐史考辨》，臺北：臺灣中華書局，一九六五．四）。按：莘陽師雖論證史官有竄改之事，可成一說，但未能證實史官恰對此事作了竄改。其實高宗既已公開說武氏是先帝生前所賜，則武后不必竄改謂她曾出家為尼，否則自相矛盾，更引人起疑。

50. 參寧志新〈武則天削髮為尼一事考〉（《華中師範大學學報》，一九九〇年第一期）。按：如果武氏隨例入寺而不削髮，是則入寺何為？

也無為尼，即以先帝宮人被召入宮中，與同書〈武后傳〉所述先為尼，後被王皇后引入之說，有自我矛盾之嫌。筆者在前面曾經根據當時慣例和實際情況作分析，判斷武氏應曾入寺為尼，所以在這裏就不再贅辯了。

武氏復入宮後，於永徽二年（六五一）十月以後為今上懷了第一胎，翌年——永徽三年（六五二）——七月以後，長子李弘降生，這年武氏是二十八歲，今上是二十五歲。因此推測武氏二度入宮，大抵不晚於永徽二年（六五一）十月。此前當未發生性關係。因為此前女尼武氏尚未入宮，二人若在寺裏幽會，以至於懷孕生子，實為駭人聽聞之事！[51]雖然此寺或在禁中，禁中事祕多不外傳，然而一寺之內仍有眾多女尼，且是先朝妃嬪或宮人，他倆有此膽量如此妄為嗎？

太宗文皇帝葬於貞觀二十三年（六四九）八月，昭陵葬禮完畢的前後，也應就是先帝妃嬪出宮，而原東宮妃嬪搬入宮中之時。第二年正旦，新皇帝依法令應該舉行大朝會，不過今上卻不接受朝賀，僅下詔改元為「永徽」；直至三日，今上纔臨御太極殿，受朝而不會。正月六日以後，太子妃王氏被立為皇后，接著並陸續分封李忠等四子為王。新皇后甫立之初，當不至於立即建議召武氏入宮。此年五月是先帝的忌月，今上遣使獻於昭陵，[52]第二年從四月訖於五月，也詔令有司不要進肉食。[53]表示天子居喪雖然以日易月，但今上在遵守遺詔服喪之後，卻仍然不能免於心

51. 趙文潤、王雙懷所著《武則天評傳》（臺南市：世一文化公司，一九九五・一）即謂武氏長子李弘生於感業寺（見頁二六），並無實據。
52. 見《舊唐書・高宗上》（四：六八），《新唐書・高宗紀》不載。
53. 見《新唐書・高宗紀》（三：五三），《舊唐書・高宗上》不載。

喪三年的習慣。因此上述活動，都應與太宗文皇帝的國喪和忌月有關。依照民間習俗，父母三年之喪其實只須守制二十七個月，所以從永徽三年以後即較少再見到這類活動的舉行。

李弘既然生於永徽三年七月以後，是則武氏懷他則應在永徽二年十月之後，這時新皇帝三年心喪已滿，王皇后建議正式立武氏為嬪妾——昭儀，將不至於另外招來非議。[54] 是則新皇帝忌日赴寺行香、會見武氏之事，應該發生於永徽元年或二年的五月二十六日，而她的再入宮則不會早於二年八月今上心喪已滿之時。

皇后若要召一個比丘尼入宮禮佛講道，是不需要她長頭髮的，長髮之事兩《唐書》各本紀和列傳都不見載，但見於《唐會要》和《通鑑》。《唐會要》說王皇后聞知二人相見，乃將女尼武氏「召入宮，潛令長髮」——即先以女尼身分入宮，然後纔令她祕密長髮；不過《通鑑》則相反，說皇后「陰令武氏長髮，勸上內之後宮」——即先令她祕密長髮，然後纔建議夫皇召她入宮。兩說以何者為是？

筆者以為，王氏纔新立為皇后不久，她會如此明目張膽，不怕被人揭發，干冒被廢的危險，逕行將現為女尼的先帝嬪妾「召入宮，潛令長髮」，要她長住宮中，以便日後讓她和丈夫亂倫，向情敵爭寵嗎？這種事情恐怕連新皇帝也不敢為，否則就不會「潛令長髮」了；相對的，武氏即使以比丘尼奉皇后之召入宮論道，卻能以何身分長期留在宮中，並且暗中長髮？因此我想《唐會要》之說是不可靠的，應以《通鑑》的記載為是。也就是說王皇后先密令女尼武氏長髮，然後纔

54. 據《戶婚律》第三十條：「諸居父母及夫喪而嫁娶者，徒三年；妾減三等，各離之。」指在二十七個月喪服期內嫁娶是犯罪的行為，李治夫婦不見得敢公然犯之。見《唐律疏議》一三：一七九。

建議夫皇召她入宮。皇后為夫納妾，文德皇后當年即有先例，只要將武氏當年的身分掩飾得好，一下子是難以被識破的。

頭髮生長的疏密和速度因人而異，長至可以梳髻或者著假髻，大約需要一兩年時間。早先在北魏時，婦女受西域的影響，衣髻流行危側；[55]及至北齊末，從宮內開始，婦人皆剪剔以著假髻，而危斜之狀如飛鳥，此髻式於是廣被至全國。[56]隋朝名文人薛道衡——薛婕妤之父——曾經有一首詩〈和許給事善心戲場轉韻〉，描述京城佳麗去看戲時的衣著，說「高高城裏髻，峨峨樓上妝；羅裙飛孔雀，綺帶垂鴛鴦」，可見一時風尚。降至唐初，其風猶未改變，宮人騎馬者依齊、隋舊制，多著冪䍦——用以防風防塵的帽子，但是也與流行高髻有關；至於皇后乘車隨皇帝謁陵時，則更規定必須「改服假髻」。[57]既有著假髻之風，故也未必需要等頭髮成長至能梳髻，武氏纔會被召入宮。因此，假如身為女尼的武氏，於永徽元年五月忌日以後，奉皇后密令長髮，則至永徽二年的下半年，頭髮應已長到可以梳髻或者著假髻了。

一個女尼不論在大內或者尼寺裏暗中長髮，除非隔絕保護嚴密，否則終究是不便或是易暴露之事。武氏在哪裡長髮，史未明言，或許太宗別廟崇聖宮是一個好去處。此宮供奉太宗文皇帝，可能也隨例安置了一些先帝內人。女尼武氏是先帝嬪妾，由尼寺遷入此宮不易引人注意；等到髮長之後離開，也不必給仍留於此處的人說明去處。根據《通鑑》的記載，今上在永徽五年三月加

55.《通典．樂二．歷代沿革下》（杭州浙江古籍出版社，一九八八．十一），一四二：七九三上。

56.《北齊書．幼主紀》，八：一一四。

57.《新唐書．禮樂志》，一四：三六一。

贈武士彠等十三人官，並謂此次加贈是因為武昭儀得寵之故。但是這事卻被〈攀龍臺碑〉說成是在永徽元年舉行，實有冒偽之嫌，目的是為了說明女皇早在此年已經是今上的昭儀。不過，依據上面的分析，武氏頂多在此年的太宗文皇帝忌日與新皇帝相見，然後奉王皇后密令暗中長髮而已，並未再入宮成為今上的昭儀。因此，若非女皇年老健忘，則是另有蹊蹺，故意說錯給撰碑人知，誤導他將再入宮的時間記於此年。筆者認為女皇這時仍精力過人，因此以後一種可能比較大。

現在不妨來作一次綜合與重建吧。

貞觀二十三年八月先帝葬禮前後，武才人隨例入寺為尼，此感業寺可能即在禁中。這年蕭良娣生了後來被封為宣城公主的么女，正深獲嗣皇帝今上之寵愛。永徽元年正月六日，太子妃王氏立為皇后，翌月蕭良娣之子李素節被封為雍王，蕭良娣大約也在此前後昇為淑妃。雍州是京城所在之地，依照大唐慣例，雍王常是封給太子以外皇后其他的皇子當的，較少封給妃嬪所生的兒子。如今王皇后無子，雍王封給了素節，而他的母親近又生女，昇為位次於皇后的淑妃，與其他皇子之母身分地位不能比，因此王皇后感到極大的威脅，益發引起她的妒忌之心。及至這年的先帝忌月，新皇帝遣使獻於昭陵，而自己沒有親赴陵寢行禮，但是卻也依例在忌日就近至感業寺行香，並且會見了為尼的武氏，互訴衷曲而且相對感泣。這時王皇后正強烈妒忌威脅她地位的蕭淑妃，因此得悉此情此事之後，遂不顧後果地想加以利用，密令女尼武氏暗中重新長髮。這轉機對女尼武氏極為重要，立即予以掌握，並暗中長髮，因此後來遂被她說成是再入宮為昭儀之年。大約到了第二年——永徽二年下半年，新皇帝心喪期滿之後，武氏的頭髮也已長得可以梳髻或者著假髻，王皇后乃建議夫皇召她入宮，以疏離夫皇對蕭淑妃的寵愛。三年之喪為期二十七個月，是則新皇帝的心喪最晚應在永徽二年七月左右期滿，如果上面所推成立，則武氏應是在此年七月以後再度入宮的，並且十月以後就懷了她的長子李弘。

　　武氏二度入宮之時，由於已長頭髮，因此不會以比丘尼的姿態入宮，而應在王皇后夫婦的掩飾下，另以其他身分入宮。有些記載說她復入宮後即為昭儀，當是概略之說，頗不可信。因為一個具有先帝妃嬪身分的女人，一入宮即成為今上的昭儀——位次於妃的九嬪之首，實在過於聳人聽聞，不僅是皇后所不敢為，恐怕連今上也不敢為，否則就不會「潛令長髮」了。因此，《新唐書·武后傳》和《通鑑》說納她入「後宮」之言，比較上可信。宮中分為內職（即內官）和宮人（即宮官）兩類，前者是皇帝的妃嬪，後者是宮中的工作服務人員，這裏所謂的「後宮」，應指前者而言。「後宮」除了皇帝的妃嬪之外，恐怕尚有一些沒有官品或者官品很低，不列於八級一百二十一員妃嬪之內的女人。今上前三子皆為「後宮」所生，她們似乎不是妃嬪，沒有名分，地位卑微，故史書不寫她們的職銜，僅謂「後宮」而已，可以為例。也就是說，武氏復入宮之初，為掩人耳目，故僅納入後宮，並未正式成為今上的一百二十一員妃嬪之一，更不是立即成為昭儀，《唐會要》說武氏「既入宮，寵待踰於良娣，立為昭儀」只是概略的陳述。然則武氏何時被立為昭儀？

　　關於此事，《新唐書·武后紀》僅說「久之，立為昭儀」，而同書〈武后傳〉則說「才人有權數，詭變不窮。始，下辭降禮事后，后喜，數譽於帝，故進為昭儀」，至於《通鑑》，則在永徽五年三月庚申條追記武氏入宮後，「未幾大幸，拜為昭儀」。[58] 是則武氏入宮之初，的確有一段時間是沒有妃嬪身分的後宮；但以武氏的聰明權變，深知自己的處境，因此下辭降禮以事王皇后，顯

58.《通鑑》本於《唐會要·功臣》記述加贈武氏父親之官（四五：八〇二一）；至於先入後宮，然後拜為昭儀之說，則《通鑑》本於《新唐書·武后紀》和〈武后傳〉。

然成為皇后派的人。在這種情況之下，她獲得了皇后的信任和歡心，並且讓皇后一再給她美言於今上，所以未幾即獲大幸，直接昇為正二品的九嬪之首——昭儀，地位直逼淑妃。武氏既在永徽二年七月以後再度入宮，並在十月以後即懷了身孕，而在三年七月以後產子，是則這一段所謂「未幾」或者「久之」的時間其實並不久，約在懷孕之時她應已獲「大幸」，並且在懷孕生子之間，應即已昇為昭儀。

第四章　皇后之路

狐媚偏能惑主，蛾眉不肯讓人

女尼武氏最晚在永徽二年（六五一）七月以後再度入宮，未幾就獲今上大幸，懷了李弘，並於三年七月以後將他生下來，這時她已經成為昭儀。武昭儀不久又懷孕生下一女，可惜尋即暴夭；不過幸運之神的腳步沒有因此停止，她在永徽五年一月左右第三度懷孕，並於同年十二月陪同今上前往昭陵的旅途中，在謁陵的路上再為今上添了一個小皇子，取名叫李賢。一個新的嬪御，在三年半之中連為夫皇懷孕三胎，而其他妃嬪則相反的從此再無生育記錄，其間顯示了某種不尋常的意義。更不尋常的是，李賢生後十個月——永徽六年十月十二日，原來拉攏收納武昭儀的王皇后被廢為庶人，而十一月一日武昭儀竟被立為新的皇后！這五年——其實整整只有四年——之間，宮廷變化極大，究竟是怎麼一回事？

首先要確定的是，王皇后納武氏在後宮，要她分蕭淑妃之寵，這個任務武氏最晚在永徽二、三年間應已達成。接下來的問題是，武氏不惜下辭降禮以事王皇后，讓她向今上美言，使自己躍昇為昭儀，當武昭儀寵待超過蕭淑妃以後，王皇后能不妒忌她嗎？趙孟之所貴，趙孟能賤之，武昭儀會不防著皇后的忌害；且以她的性格，會甘願一輩子做昭儀，委屈事這個年輕美麗而權計不足的皇后嗎？

《新唐書・武后傳》記載說，昭儀「一旦顧幸在蕭右，寖與后不協」，不但正顯示了武昭儀不甘長居人下的實況，也同時反映了王皇后「前門拒狼，後門進虎」的窘況。自此以後，遂展開了「良娣、王皇后協心謀之，遞相譖毀」的局面。[1]后妃爭寵原是歷代宮庭常見的宿命，何況社會上流行著婦女妒忌的現象。今上原本寵愛蕭淑妃，所以王皇后纔拉武氏進宮當自己人，以分蕭淑妃之寵；不料情敵之寵已衰，而自己人反成新情敵，故不得不聯合舊情敵來對付新情敵。

武昭儀年齡應該比王皇后和蕭淑妃都大，此一新情敵何以讓她們害怕到結成統一陣線以對付她？

蕭淑妃的性格不詳，但是王皇后則是一個「性簡重，不曲事上下」之人。[2]筆者認為今上的人格有依賴的特質，故王皇后的性格可能非他所愛。相對的，武氏之獲寵則有三種可能因素：一是對今上有致命的吸引力和當年互戀的深情；二是復入宮後王皇后的一再稱譽；三是武氏不僅能「下辭降禮事后」，而且更能以此事帝，所謂「柔屈不恥以就大事，帝謂能奉己」是也[3]——表示她能不顧委屈，刻意地迎合奉承今上。基於此故，所以《通鑑》說武氏復入宮後，「未幾大幸」的說法是正確的描述。這種「大幸」，甚至可用「專寵」二字來作形容。

按照官方的記錄，今上共有八男三女（武氏暴夭之女不算），為太子時已經分由蕭良娣和其他三個後宮生有四男二女。他十六歲——貞觀十七年四月七日——為太子，同年十一月二十八日

---

1. 《唐會要・皇后》，三：二四。
2. 《新唐書・武后傳》，七六：三四七四。
3. 《新唐書・武后傳》，七六：三四七五。

後宮劉氏為他誕生皇太孫李忠，當他宴請宮寮於東宮宏教門廣場時，文皇帝也來參加。[4] 此後鄭氏生次子李孝，楊氏生第三子李上金，在他十九歲——貞觀二十年八月——皇太孫李忠四歲封陳王那一年，蕭良娣為他生下第四子李素節。[5] 另外，蕭良娣所生的義陽、宣城二公主，也在素節之前後誕生，義陽不知是姊或是妹，宣城生於二十三年則是其妹。[6] 從此以後，因為文皇親征回來之後經常生病，太子常在大內陪伴父皇，所以其他妃嬪遂再無生育的記錄，僅有蕭良娣仍然得寵。

太子長期滯留於大內宮中，難得回東宮，很可能已與武才人發生感情，及至太子即位後，新皇后和蕭淑妃還未知狀況，尚且互相爭寵。等到新皇帝今上與武氏寺中相會，王皇后偵知此情，遂想利用她以分蕭淑妃之寵，因此建議今上召武氏入宮，真是正中二人下懷。具進取人格而有權變的武氏重新入宮後，利用時間瞭解狀況，先委屈事后以對付蕭淑妃，及至寵遇超過蕭淑妃後，再與皇后不協，並且與王、蕭二人展開鬥爭。長期的畸情是武氏得寵的基礎，加上她在永徽二、三年以後連續懷孕三胎，顯示今上之愛情，的確已經獨注於她，也就難怪原被寵愛的蕭淑妃在短短的時間之內失寵，不再被行幸而懷孕了。

---

4. 《唐會要．皇太孫》，四：四九；《唐會要．詹事府》，六七：一一六八。

5. 《舊唐書．許王素節傳》謂年六歲，永徽二年封雍王，又謂被則天殺時年四十三歲。據《通鑑》素節死於則天后天授元年（六九〇）七月，若四十三歲死則應生於貞觀二十年，永徽二年應是六歲；但兩本紀皆謂永徽元年二月封王，故封王時應是五歲。

6. 《全唐文補遺．唐故袁州刺史右監門衛將軍駙馬都尉天水權君墓誌銘》說義陽是高宗之長女，確實年齡不詳（第五輯，二一三—二一四）；但宣城公主則小於素節，是其妹。

武氏在寺裏不管怎樣得到今上的思念或暗中的照顧，終歸是地下的關係。重入為後宮，纔是二人關係正常化的開始；及至立為昭儀，位次諸妃，更是取得了正式的名份。王、蕭二人和史官不知此情，纔誤以為武氏是「未幾大幸」。不論幸與大幸，在永徽二、三年間，武昭儀已經是最被今上寵愛的女人。

武氏在昭儀時期為今上生二男一女：永徽三年（六五二）下半年生今上第五子李弘，五年（六五四）十二月生第六子李賢，其間又生了一女而暴夭。在皇后時期也生二男一女：顯慶元年（六五六）十一月五日生第七子李顯，龍朔二年（六六二）六月一日生第八子李旦，最後生太平公主。不但由永徽三年至五年前後三、四年間為今上連生三個子女，此下子女也通通是武后所生，從她的肚皮為她爭氣的情況看，顯示她已因大幸而專寵，甚至專房了。

在這種情況之下，武昭儀的身價已經今非昔比，具有權威而進取人格的她，必然想要進一步發展。其方法一方面是要抬高家族的地位，另一方面是要向后座邁進。當年與母訣別時所說的「見天子庸知非福，何兒女悲乎」的話，這時已經醞釀發酵。

《唐會要》記載永徽五年二月四日追贈屈突通等十三人官，其中武士彠被追贈為并州都督，並且說明是「時，武昭儀用事，贈其父，故引功臣以贈之」。[7] 按王皇后之父死後贈以三公之一的司空，唐初一代功臣名將如李靖、李勣等，死後纔贈以三公‧并州都督，因此這次贈其父以并州都督之官，有提昇昭儀門第的作用。並由此事，可知昭儀得勢用事，最晚不會晚過永徽五年的春天，是在已懷李賢之時。同年的季夏六月，王皇后的母舅——中書令兼吏部尚書柳奭，就因皇

7.《通鑑》敍加贈的理由與此書相同，但時間則繫於三月庚申。

后寵衰而內不自安，自請解除相職，罷為吏部尚書。

從永徽二、三年至永徽五、六年間，宮中有何事情發生，為何有如此巨大的轉變？

按永徽二、三年間，武昭儀已經是今上最寵愛的女人，因此如《唐會要》所言，「良娣、王皇后協力謀之，遞相譖毀，上終不納」。至於武昭儀，既已打敗了蕭淑妃，其主要敵人就變成是王皇后。事實上她也用相同的手段對付皇后，甚至更為高明，史謂「后性簡重，不曲事上下，而母柳見內人、尚宮無浮禮，故昭儀伺后所薄必款結之，得賜予盡以分遺。由是后及妃所為必得，得輒以聞，然未有以中也」，[8] 可以說是對其他內官和宮官進行拉攏收編和間諜情報戰，以取得優勢。宮廷妃嬪爭寵相譖，乃是司空見慣之事，故在這段期間，今上對兩造保持著平衡關係，雙方譖毀都不能入。

平衡關係的破壞，據說與兩件事件——皇后厭勝和公主暴死——有關。這兩件事件即《唐會要》扼要所說的「俄，王皇后與母柳氏求厭勝之術。昭儀所生女暴卒，又奏王皇后殺之。上遂有廢立之意。」既稱「又奏」，無異暗示這兩件事都是武昭儀所幹的，因此應試加分析，以探究真相。

首先，應考察關於皇后厭勝之事。

《舊唐書・高宗廢后王氏傳》記載較為詳細，說王皇后譖昭儀之言不被高宗所納，而又鑑於昭儀日益獲寵遇，「懼不自安，密與母柳氏求巫祝厭勝。事發，帝大怒，斷柳氏不許入宮，后舅中書令柳奭罷知政事」。至於是誰發其事，則未明言。《通鑑》不相信《舊唐書》說王皇后「懼

8. 引文見《新唐書・武后傳》（七六：三四七四）。《通鑑》繫於永徽五年是歲條（一九九：六二八六—六二八七），應為追記之詞，並說柳奭也對六宮不禮。

不自安，密與母柳氏求巫祝厭勝」和「柳奭罷知政事」的說法，根據《實錄》，直謂「武昭儀誣」她們母女，並明確將此事繫於永徽六年（六五五）六月，而母舅柳奭則因此事在七月由吏部尚書貶出為遂州刺史。[9]至於《新唐書．高宗廢后王氏傳》所述與《舊唐書》略同，但卻明指昭儀「誣」皇后母女，所誣罪名則是更嚴重的「挾媚道蠱上」。

雖然宮禁事祕，但是「厭勝」或「挾媚道蠱上」都是十惡的死罪，為之者必然縝密，不會被人察知；至於皇后位尊，誣告皇后也是十惡死罪，誰敢輕易為之？這時有能力和有可能誣王皇后的人，可謂呼之欲出，故連稍後修《實錄》的史臣和民間流傳也認為是武昭儀所誣告。[10]也就是說，王皇后母女本無「厭勝」之事，這是武昭儀為宮庭鬥爭而製造出來的誣告案。今上與後來修《舊唐書》的撰者都信以為真，坐實其事，甚至解釋是由於王皇后懼不自安之故。

其次，要考察昭儀所生女暴卒之事。按《舊唐書．高宗廢后王氏傳》沒有記載此事，《新唐書．武后傳》則大加記載，說「昭儀生女，后就顧弄，去，昭儀潛斃兒衾下，伺帝至，陽為歡言，發衾視兒，死矣。又驚問左右，皆曰『后適來』。昭儀即悲涕，帝不能察，怒曰：『后殺吾女，往與妃相讒媚，今又爾邪！』由是昭儀得入其訾。后無以自解，而帝愈信愛（昭儀），始有廢后意」。《通鑑》與此大意相同而略簡，繫之於永徽五年是歲條，表示月份不詳。既然《舊唐書．高宗廢后王氏傳》沒有記載，且虎毒不食子，因此近人頗有不相信者。其實《唐會要》早已有「昭儀所生女暴卒，又奏王皇后殺之」的說法，也就不能說此事出於宋人的編派，反而更應究明真相。

9. 參《通鑑》是年六和七月並考異，一九九：六二八八。
10. 《通鑑》所述即據實錄，民間流傳見《唐新語》，一二：五。

筆者以為，《唐會要》僅謂此女「暴卒」，是極為謹慎之詞。當時沒有嬰兒猝死症的名詞，故「暴卒」如果是嬰兒猝死症的敘述式寫法或古代不明死因的代名詞，則此症迄今仍不少見，並且真正原因仍是一個謎，而頗與嬰兒睡軟墊、蓋被子的方式有關。假如此嬰死於此症，則被指控的王皇后當然「無以自解」——因為她的確剛才曾來「顧弄」過她，而在她走後此嬰纔死。王皇后自己既然「無以自解」，則他人尚能何據以解？不過，儘管王皇后涉有重嫌，但是仍然不能坐實她就是殺嬰兇手。這就是今上沒有因此而立刻廢她的原因。

相對的，如果女嬰真的是猝死，則武昭儀也是　個受害者。她感到喪女之痛，但女嬰死因卻不明，真是無語問蒼天！在此情況下，她只知道王皇后——與她情場上有緊張關係的人——剛才適曾來「顧弄」過她，所以不歸咎於她還能歸咎於誰？武昭儀有否「潛斃兒衾下」，大概僅有她自己知道而已，史官不知何據而書？既然史官如此記載，則或許果真有據，後人若無確證則不宜輕易予以推翻。因為昭儀後來之所以能成為曠古女主，正因為她的確「有權術，詭變不窮」；另外，以她不惜殺寶馬，不顧庶母身分而勾引李治，以至後來為鞏固權位而進行連串殺戮，遂及子弟親屬的行為看，她的人格始終是一致的，應是一個不折不扣為達目的而不擇手段之人，這種事為何不能或不敢為？如果用常情常理來推論這樣一個特殊的人，正犯了司馬光以「恐武后亦不至輕淺如此」為理由，不信她竟曾如此威脅怒罵群臣，而逕予否定的疏忽了。「暴卒」，不管是指突然病發而死，抑或偶然為衾被窒息而死，或者真的是為武昭儀所「潛斃」，總之武昭儀有一女暴卒，則是一個事實。這個武昭儀的長女，約在十二年後——麟德元年（六六四）三月——被追封為「安定」公主，謚號為「思」，顯然有深意焉。這時武昭儀已為皇后，且已參決政事，表示她可能因為此女之死而獲安定，故思念不已！她若不早夭，十二歲已可出閣，也算適婚年齡，何況父母從去年起已移居東內，難道留她一個靈魂獨居西內嗎？遂正式予以追封，並以親王的規格舉行遷葬禮，隆重地將她由禁中的德業寺遷葬於朱雀門東二街北五坊靖安坊的崇敬寺。[11] 總之，安定公主之死是一個事實，而這個事實確曾被武昭儀所運用，利用來打擊對手王皇后。

依《唐會要》的說法，這兩案是皇后厭勝發生在前，而公主暴卒發生在後，於是「上遂有廢立之意」。《新唐書．武后傳》則相反，謂公主暴卒發生在前，事發後「昭儀得入其訾，……而帝愈信愛，始有廢后意」；也就是說，今上對兩造的平衡關係失衡，偏向了武昭儀，甚至有廢后之意，較早發生的公主暴卒案是直接的關鍵因素。不過，兩書皆不交代公主暴死的明確時間，《通鑑》則繫之於永徽五年是歲條，意示月份不確；但另根據《實錄》，繫厭勝事發於永徽六年六月，是則也無異表示公主暴死在前，而厭勝事發在後，兩事相隔約一年。

接下來要問的是，這兩案的發生究竟孰先孰後？立即的影響是什麼？

筆者以為有兩個方向需要加以思考：第一，兩案的性質輕重分別如何？第二，兩案在時序上如何安置纔合理？

11. 遷葬不詳原因，所述為筆者的推測，見《舊唐書．高宗上》麟德元年三月條，四：八五。按：崇敬寺是尼寺，在朱雀門東二街北五坊靖（或作靜）安坊之內，或謂是高祖為長安公主所立（然依時間排則應是高宗時之事，見《唐會要．議釋教下》，四八：八四六），或謂是高宗為高安公主所立（《增訂唐兩京城坊考》頁七一），查《新唐書．諸帝公主傳》高宗以前無長安公主，高安公主則是蕭淑妃次女徙封之號，時在掖庭（詳本書第六章第三節），高宗無理由為她立寺，故兩說未知孰是。恐怕為安定公主之誤，即高宗此時重修此高祖別廟為寺，以安置安定公主也。

關於第一個問題，假如是妻王氏殺夫妾之女，這在民間只是一般的謀殺罪，罪不至於死，但可能觸犯《戶婚律》出妻的「義絕」條款；[12]至於皇后殺一個未有公主封爵的嬪御之女，則律無明文。何況皇后離去時此女未死，而其死因不明。在這種情況下，皇帝因其女之死，不論對皇后生氣也好厭惡也好，似乎都難據以廢后出妻，所以不了了之。但是厭勝則不然，會違犯《賊盜律》的十七條。

厭勝是指因憎嫌某人而作圖畫形像，或刻作人身，刺心釘眼，繫手縛足等方式情事，欲令此人疾苦及死者，一般以謀殺論減二等；但若對象是期親尊長，及外祖父母、夫，或夫之祖父母、父母，則不能減，依律合斬。即使所為只是為了向尊長及主人求愛媚，也須流刑二千里；如果以此方式求愛媚的對象是皇帝者，則斬。[13]至於《新唐書》所謂的「挾媚道蠱上」則更為嚴重。蠱是指集合諸蟲於一器，養而成蠱——如蛇蠱、貓蠱等——以害人者，依《賊盜律》第十五條，造者和教唆者一律處絞；造者同居家口雖不知情，比照里正、坊正、村正知而不糾者，皆流三千里。[14]

造蠱和厭勝甚至列屬十惡罪的第五罪——不道——其中的一款，是不赦之罪。由此可知，誣王皇后以厭勝罪，就是要取她的性命；而誣她造蠱，則更是要罪及其全家，都是非常狠毒的行為。觀皇后之母只是不許入宮，母舅僅是貶官的情況看，《新唐書》「挾媚道蠱上」之說似乎過為其辭，武昭儀應是誣皇后以「厭勝」之罪。不過這已很不得了，今上在四個月後決心廢后，應以此事為

12. 參《唐律疏義．戶婚律》第四〇及四一條，一四：一八四—一八五。
13. 參《唐律疏義．賊盜律》第十七條，一八：二三三。
14. 參同上律第十五條，一八：二三〇—二三一。

其關鍵。至此，大約可以對殺女案和厭勝案作一個判斷，即是：殺女案較輕，屬於一般謀殺罪，武昭儀若利用此案誣皇后，其目的是要今上以義絕為由出妻廢后。此計因為缺乏直接證據而不果，昭儀乃索性誣她以厭勝，使她陷入不赦的十惡罪，目的是要取皇后的性命。

關於第二個問題，這裡有幾個時序數據可以作思考基準：

（一）李弘在永徽三年（六五二）七月以後出生；

（二）永徽五年二、三月之前，武昭儀已經得寵用事，故其父也獲加贈官位；

（三）永徽五年六月柳奭罷相為吏部尚書；

（四）李賢在五年（六五四）十二月出生；

（五）永徽六年（六五五）六月厭勝事發；

（六）永徽六年七月柳奭貶為刺史。

如果李弘在永徽三年七月以後生，而李賢在五年十二月出生，則武氏之女在四年底至五年初出生是有可能的，反而生於五年六月柳奭罷相前後是不可能之事。假如永徽五年初其女來不及被封為公主而暴卒，武昭儀利用此事打擊王皇后，皇后不能自明，今上遂認為「后殺吾女」，由是昭儀得入其訾，使平衡關係嚴重傾斜，因此武昭儀更為得寵用事，故其父也獲加贈官位，這也是有可能的。不僅如此，皇后既對此事「無以自解」，別人也應無確證證明她是否謀殺。由於女兒確實死去，因此今上為此而更加憐愛昭儀，遂「始有廢后意」。有廢后意不表示就決心或立即廢后，只是后舅柳奭已知皇后失寵，因此不安，乃於五年六月請求罷中書令而任吏部尚書；否則今上這時若已決心廢后，柳奭焉能僅止於罷相，而仍能專任吏部尚書？

及至五年十二月李賢出生，經已失寵而又從未生育過的皇后，地位益被昭儀所威脅。這時昭儀更思進一步發展，一方面再度打擊王皇后，以徹底摧毀其力量和地位，遂誣皇后母女為「厭勝」。厭勝案發於六年六月，今上大怒，斷其母魏國夫人柳氏不許入宮，母舅吏部尚書柳奭也因此在翌月貶為遂州刺史，中途又使人誣以「漏洩禁中語」之罪，復貶為更遠的榮州刺史。[15]另一方面武昭儀則要今上持續提昇其地位，所以在追贈其父為并州都督之後，又要今上在法定四妃之外特置「宸妃」一職，以武氏自己為之。當此之時，今上尚未有立即廢后而改立昭儀的決心，昭儀也無立即而直接地躍昇為皇后之意，二人只是想先昇為妃罷了。

值得注意的是，武昭儀此時無立即而直接地為皇后之意，並不表示她無意為皇后，因為她生李弘之時已獲得今上的大幸，大幸到夫婦倆為其愛情結晶取名為「弘」。「老君當治」、「李弘當出」以及李弘是老君轉世為人主的化名，如此諸般道教預言讖語，從南北朝以來一直就在社會上廣泛流傳，假「李弘」之名以起事的也曾發生過多起。[16]現在昭儀夫婦為他們第一個兒子取姓名為李弘，顯然有深刻的意義，而非一般的取名。他的深刻意義在預期李弘將來必應讖為皇帝！[17]武昭儀既然生長子時即已有此子將來為皇帝的意圖，則她當時豈能無當皇后的野心？她若

15. 《通鑑》記厭勝事於永徽六年六月，七月則記貶柳奭和二相諫止立武氏為宸妃，一九九：六二八八。又《唐會要．內職雜錄》繫諫止宸妃於十月，但九月貶褚遂良，十月廢后，故立宸妃之事不應晚於九月，今從《通鑑》。
16. 詳唐長儒〈史籍與道經中所見的李弘〉，《魏晉南北朝史論拾遺》（版本不詳，一九八二），二〇八—二一七。
17. 參唐長儒前引文已疑武后為子取弘之名，是為爭取太子之位製造依據，王永平在此研究基礎之上，肯定李弘之生與死皆有應讖的意義，詳其〈論武周朝政治與道教的繼續發展〉，趙文潤等編《武則天研究論文集》，二四八—二四九。

當不成皇后，其子能當得上皇帝嗎？因此，必須要將王皇后扳倒！王皇后很快地與昭儀交惡和競爭，可能即與發現昭儀此野心有關。根據上面數據顯示，武昭儀與王皇后的恩寵聲勢，一長一消，短短時間內已經變化很大，至永徽五年初皇后已明顯出現頹勢，此應與昭儀的女兒暴夭之事有關。此後昭儀見一計不成，遂又在六年中誣她以厭勝，目的就是要徹底扳倒皇后。故先有公主暴夭，尋有厭勝之誣，應為可信之事；只是王皇后一時未倒，昭儀遂想先昇為妃，然後纔進圖皇后，以免過快躐等，為人所怪。

按舊制：昭儀為正二品「九嬪」之首，再上一級就是位次皇后而居正一品「夫人」級的妃。妃只有四員——貴妃、淑妃、德妃、賢妃——而無宸妃之號。如今要在法制之外特置一個宸妃，無異即是特別妃，與當年高祖皇帝以秦王世民平定東都有大功，再無官爵可昇，遂特置「天策上將」以酬之一般，俱有異曲同工之妙。不料此事為兩省宰相——侍中韓瑗和中書令來濟——所諫止，他們反對的理由是「妃嬪有數，今立別號，不可」。[18]大概當時除了蕭淑妃之外，其他三妃應已有人，所以今上纔想特立宸妃之號以處他所最寵愛的武昭儀。宰相依據法制而反對，雖然一時阻止了武昭儀的晉妃意圖，但是卻反而加強了她索性更進一步打擊王皇后，以直接追求更高的夢——進取后座——之決心。

永徽六年六、七月是王皇后完全失寵，喪失外戚援助的時間；不過，營求宸妃的失敗，也讓武昭儀產生了一個深刻的認識：到達皇后之路，除了掌握宮中優勢之外，尚須尋求外朝的支援，尤其需要爭取宰相的支持而排除其障礙。這個認識是改寫武昭儀一生和唐朝一代歷史發展的認識，

18.《新唐書・武后傳》，七六：三四七五。

於是從七月開始，以至同年十月十二日王皇后被廢，十一月一日她終於被冊為皇后，武昭儀對外朝展開了拉攏與鬥爭的工作，也就是她干預朝政的先聲。

後貞觀時代——永徽政局的危機

今上繼承大統後第一個年號是「永徽」，徽有標幟和美好之意，故永徽意謂著永遠繼承貞觀之治的美好時代，也就表示這六年實際上是進入了「後貞觀時代」。

事實上，「後貞觀時代」以宰相團為主的領導班子，都是由文皇生前就安排好的，而且都任過太子李治的東宮官。貞觀十七年四月，李治以并州人都督、右武侯大將軍・晉王被冊立為太子時，文皇尋即為他安排東宮重要輔助官員如下：

太子太師：司徒長孫無忌兼
太子太傅：司空房玄齡兼
太子太保：特進・同中書門下三品蕭瑀兼
太子詹事・兼左衛率：特進・同中書門下三品李世勣兼
太子賓客：諫議大夫褚遂良兼
少詹事：刑部侍郎張行成兼
左庶子：前太子詹事于志寧、中書侍郎馬周兼
右庶子：吏部侍郎蘇勗、中書舍人高季輔兼

文皇曾經當面評價過其中一些人的優缺點，說長孫無忌善避嫌疑，應對敏速，求之古人，亦當無比；而總兵攻戰，非其所長。馬周見事敏速，性甚貞正，至於論量人物，直道而行，對朕近來所任使，多能稱意。褚遂良學問稍長，性亦堅正，既寫忠誠，甚親附於朕，譬如飛鳥依人，自加憐愛。[19]李世勣（文皇死後避諱為李勣）則在從開國以來屢立戰功，貞觀元年拜并州都督，後改為晉王李治任并州大都督時的幕僚長，素為突厥所畏懼，故文皇許為當世三大名將之一，稱讚他勝數千里長城。

無忌位居三公，玄齡、蕭瑀和世勣都是現任宰相，而翌年——十八年——親征高麗前，文皇又昇馬周為守中書令，以褚遂良為黃門（門下）侍郎參預朝政。也就是說，十個東宮重要官員中，有五個是現任宰相，用以挾輔和過渡未來的政權。

貞觀二十三年五月文皇死前，蕭瑀、玄齡和馬周已先他而去。太子即皇帝位後，逐漸調整宰相團班子，基本上是由原東宮僚屬繼起接管中樞，都先後成為了宰相，至永徽元年初的宰相團名單大體是：

太尉．同中書門下三品長孫無忌
左僕射．同中書門下三品李勣
侍中于志寧
侍中張行成
中書令褚遂良

19.《舊唐書．長孫無忌傳》，六五：二四五三。又《通鑑》貞觀十八年八月條亦有載述，一九七：六二一〇。

兼中書令高季輔（以檢校刑部尚書兼）。

可以說是清一色東宮班底。由於宰相死亡和任免頗為頻繁，至永徽六年今上欲立武昭儀為宸妃之前後，宰相團已經調整為：

太尉．同中書門下三品長孫無忌

司空．同中書門下三品李勣

左僕射．同中書門下三品于志寧

右僕射．同中書門下三品褚遂良

侍中韓瑗

中書令崔敦禮

中書令來濟（今上東宮舊僚）

七員宰相之中仍有五員是當年的東宮舊僚。事實上，不論宰相團如何調整，他們都有一些共同的特徵：（一）他們大都是今上當年的東宮舊僚；（二）他們都是貞觀時代的大臣或其他清要官；（三）他們大都出身門第貴族；（四）他們基本上都以長孫無忌為首。因此，在無忌以功臣、首相和元舅的身分領導下，他們繼續奉行貞觀之政，毋寧是正常的現象；相對的，今上對無忌的輔政，所言也無不嘉納。

史謂今上尊禮和委任無忌與另一顧命宰相褚遂良二相，恭己以聽，二相也同心輔政，故永徽之政，百姓阜安，有貞觀之遺風云云。[20] 事實上今上是以尊委無忌為主，因此他和武昭儀都需要設法

20.《通鑑》永徽元年正月條，一九九：六二七〇—六二七一。

說服無忌，皇后的廢立纔有可能完成。不料在無忌堅決反對廢立皇后之際，卻因另一宰相李勣輕輕的一句話，而出現了峰迴路轉。這與高層人事之間的關係和矛盾有關，正好被武昭儀所善加利用。

所謂高層人事之間的關係和矛盾，其實是相當複雜的，不過這裡僅作扼要的說明。

首先，今上的父皇以發動兵變的方式，拘逼其父皇（高祖武德皇帝）、弒害其兄弟（太子建成和侍中・齊王元吉），取得帝位，因此對其子弟和大臣都不放心。政治上對權力的不放心是一種適當的警覺，但是過分則會有害，文皇帝的施政風格有兩項特色與此頗有關係：一是他努力治國，甚至兼行將相之事，並引以自豪；[21]二是他始終忌諱朝貴專權或結朋黨，中期以後猜忌尤甚，連宰相房玄齡、高士廉、魏徵、王珪等也曾被譴責或按驗，張亮、劉洎的被殺則更是顯例。因此，將相大臣或如房玄齡、高士廉般兢兢業業，畏慎謙退；或如李靖、李世勣、尉遲敬德般闔門自守，杜絕賓客。不過，文皇對一個人始終極為寵信，他就是長孫無忌。

長孫氏是北魏帝裔十姓之一，郡望一向被視為「虜姓」。他的家族在北朝以武功見著，「一箭雙雕」的著名外交戰略家長孫晟就是其父，長孫皇后即是其妹，高士廉則是在長孫晟死後撫養他們兄妹長大的母舅。無忌年齡與文皇相若，兩人自少年時即相友善，長孫皇后十三歲（隋煬帝大業十年，六一四）就嫁給文皇，可能與他們是通家之好有關。當太原起義文皇統兵進攻京師時，無忌來投，從此成為文皇的重要幹部。後來協助文皇發動玄武門兵變，成為文皇的第一功臣，稍後並拜相為右僕射。這時無忌以佐命元勳而兼為外戚，故文皇對他禮遇尤重，常令出入臥內。其間曾有密表批評無忌權寵過盛，文皇不但不信，反而召見百官說：「朕今有子皆幼，無忌於朕實

21.《舊唐書・張行成傳》，七八：二七〇四。

有大功，今者委之，猶如子也。疏間親、新間舊謂之不順，朕所不取也！」可見寵信之深。不過無忌卻也因此深以盈滿為誡，懇辭相職，而皇后又為他陳請，所以文皇纔准他罷相，改拜開府儀同三司，為最高的文散官，此後又從司空遷拜司徒，是朝廷的三公。貞觀十七年晉王李治冊為太子，乃以司徒兼為太子太師。

史官對立晉王之事有一段戲劇性的描寫，說當原太子承乾被廢時，文皇本來面許立其四哥魏王李泰為新太子；但是考慮到魏王也是此案的當事人，若不依次序而立晉王則是違法。因此猶豫再三，獨召無忌、房玄齡、李世勣於兩儀殿商議，表示子弟所為如此，內心極為痛苦，甚至在他們面前涕泗交下，一度要引刀自刎。幸得無忌等及時抱住，奪刀交給在旁的晉王。「聖上所欲為何?!」無忌問。

「我欲立晉王。」

「謹奉詔，」無忌答：「有異議者，臣請斬之！」

文皇立即對晉王說：「汝舅許汝，宜拜謝！」晉王下拜。文皇於是御太極殿召見六品以上文武官員，宣告立晉王為太子。[22]

由此看來，文皇除了法律與政治的考慮之外，似乎也有履行先前所言，將兒子委託無忌照顧，要他視如己子之意。就無忌而言，他這時不僅是兩朝的擁立元勳，此後更是要視太子猶如己出，善加照顧。因此，他隨即接受了太子太師之官，甚至在五年之後——貞觀二十二年正月二十五日——也是文皇死前的一年半，他更改變一向的態度，不避嫌疑地再度拜相，而且是以破壞三省分

22.《唐會要．諸王雜錄》，五：五七－五八；《舊唐書．長孫無忌傳》，六五：二四五二－二四五三。

權制衡的方式，以司徒兼檢校中書令・知尚書、門下二省事，也就是文皇當過尚書令以來大唐的第二個實際總理。

貞觀二十三年五月二十六日，文皇病危，召無忌和中書令褚遂良入臥內，「朕悉以後事付公輩，」皇帝說：「太子仁孝，公輩所知，善輔導之！」「無忌、遂良在，汝勿憂天下！」皇帝告訴太子。跟著，皇帝向遂良說：「無忌盡忠於我，我有天下，多是此人之力。汝輔政後，勿令讒毀之徒損害無忌；若讓如此之事發生，汝則非復我臣！」23

由此可知，文皇遺令二人輔政的同時，知道在防範大臣專權和朋黨的政風之下，新天子懦弱優柔，無忌則位高權重而又果於決斷，容易引起別人讒間，所以特別交付遂良以保護無忌的任務。國喪和嗣皇帝即位均在無忌指揮安排下進行，四天之後——六月四日，朝廷改調疊州都督李勣為特進・檢校洛州刺史・洛陽宮留守。

李勣是太子舊僚，又以宰相擔任太子詹事，更是當日擁立太子的參預人之一，為何這時卻不是宰相，而且也不在受遺輔政之列，是否內中有政治隱情？

李勣原來姓徐，門地寒素而富有，是山東豪傑，十七歲即投入瓦崗軍反隋。由於善戰而又夠義氣，所以很快就崛起成為名將。後來領袖李密兵敗降唐，李勣並未乘機自立，稍後將李密原有的地盤和部隊，交還李密而隨之降唐。高祖皇帝大為感動，稱讚他感德推功，實在是純臣！於是封他為國公，賜姓李氏，列入大唐宗屬。論功勳，他不下於無忌，文皇曾稱讚他是當世三大名將

---

23. 參《舊唐書・長孫無忌傳》，六五：二四五四；和《通鑑》該日條，一九九：六二六七。

之一，又稱讚他與李靖二人是「古之韓（信）、白（起）、衛（青）、霍（去病）豈能及也」的人，後來和無忌等二十四人成為文皇的凌煙閣功臣。論關係，他是大唐宗屬，文皇對他極為器重，尤其從以下兩件事情可以看見：

第一件是，某時李勣突遇目疾，醫方說鬚灰可以治療此病。事情讓文皇知道了，乃自剪鬍鬚為他和藥。李勣頓首見血，涕泣懇謝，皇帝卻慰勉他說：「吾為社稷計耳，不煩深謝！」[24]

第二件是，李勣以正二品特進．同中書門下三品擔任新太子李治的正三品太子詹事．兼左衛率時，文皇給他解釋說：「我兒新登儲貳，卿是他并州都督之舊長史，今以宮事相委，故有此授。雖然屈就階資，可勿深怪！」其後閒宴，又再勉勵他說：「朕將屬以幼孤，思之無越卿者。公往年不遺棄李密，今豈負於朕哉！」李勣聽後，雪涕致辭，因而噬指流血，俄而沉醉，皇帝乃解下御服為他覆蓋。[25]

由上面兩事來看，文皇真的極器重李勣，由於知道總兵攻戰非無忌所長，因此有意同時托孤於此名將，以補無忌之短。李勣為人嚴整，約束子弟甚嚴，惟恐他們在外胡作非為，招致破家之禍。不過文皇還是有些不放心，因為他戰功彪炳，出將入相，昇遷顯然是應該的事，太子無恩於他，所以文皇顧慮日後這個夠義氣的功臣不會為太子效死，於是決定對他運用一些權術手段。貞

---

24. 諸書作得暴疾，〈李勣墓誌銘〉（《全唐文補遺．大唐故司空太帥贈太尉揚州大都督上柱國英國公勣墓誌銘》，第一輯，五五—五八）謂是目疾，今從之。

25. 事見〈李勣墓誌銘〉，及唐高宗御撰《全唐文．大唐故司空太子太師上柱國贈太尉揚州大都督英貞武公李公碑》（一五：二一一—二一四），後廣為諸書所引述。

觀二十三年四月，文皇自知病重，前往翠微宮養病之時向太子說：「李世勣才智有餘，然汝與之無恩，恐不能懷服。我如今將之貶黜出京，若其即行，俟我死後，汝復用為僕射，親而任之；若其徘徊觀望而不行，當將他殺了。」五月十五日，李勣奉到調任疊州都督之詔，不明所以，但是有了警覺，立即離京赴任，竟不至家而去。[26] 文皇訓令太子復用和親任李勣，對以後的政局和廢立皇后影響極大，這時無忌總理三省。

太子於六月一日即位，進拜無忌為太尉・兼揚州都督，仍然知尚書及門下二省事。無忌固辭知尚書省事，同月十日獲得今上許可，改為太尉・同中書門下三品，雖然不再總領三省，但仍是首相，官階比其他宰相高出甚多。到了二十日，李勣奉調回京，拜為從一品的開府儀同三司，並同中書門下三品，位階僅次於正一品的太尉。一個月之間，李勣從宰相貶出為都督，稍後改調留守，然後又調回京為次輔，甚至到了九月，改拜為左僕射・同中書門下三品，真是戲劇性的變化！明眼人一看，就知事有蹊蹺，何況李勣？李勣出身寒素，不易被出身高門大姓、以無忌為首的宰相團看得起；更況且左僕射是最高行政長官，遲早會與專攬大權、負責決策的首相起矛盾。所以聰明機警的他，乃於翌年固求解職，在永徽元年十月回任為開府儀同三司・同中書門下三品，並從此不輕易表態，韜光養晦。

根據上面所述，無忌與今上父子不論從友誼、親情、功勳、權位和顧命受託，以至深知今上生於深宮之中、長於婦人之手，養成優柔懦弱的性格等各方面來看，他一改「善避嫌疑」的態度，以母舅、元勳（擁立兩代）、首相的身分，毅然負起輔政的全責，應該是可以理解而不會被攻擊

26.《通鑑》貞觀二十三年四月條，一九九：六二六七。

的，所以當永徽元年正月洛陽人李弘泰誣告無忌謀反時，今上命立斬之。[27]今上此為其實已經違反了正常的司法制度，這是走向人治的警信，可惜法司與宰相團卻沒有阻止或封駁，播下了無忌濫刑和更進一步武后推行恐怖統治的先聲。李勣就是在這種情勢之下固請解除左僕射的。實際上，與無忌同受顧命而合力輔政的，只有被先帝描述為「飛鳥依人」、位望遠遜於他的褚遂良。

遂良的性格讓他善於依附權威。他早先依附先帝，現在依附無忌，努力配合無忌繼續奉行貞觀政策，使今上「恭己以聽」。尤其當永徽元年十月李勣回任開府儀同三司，從此韜光養晦的同月，遂良被御史大夫李乾祐、監察御史韋思謙彈劾抑買土地一案，而被貶為同州刺史時，他唯一的救星就是無忌。直至三年正月遂良以同州刺史復拜為吏部尚書．同中書門下平章事後，他更是依附無忌，與新拜宰相王皇后的母舅——中書侍郎．同中書門下三品柳奭，共同對付彈劾他的人。遂良當年進狀說宰相劉洎專權，使劉洎被先帝賜死，這時他依附無忌，連結柳奭，對付政敵，讓韋思謙貶出為縣令，李乾祐貶出為刺史，而且再貶至更遠的甄闓。[28]這是從宰相團內部有心結，發展至外朝政府有矛盾的階段。

當年先帝評論諸相時，也同時評論劉洎性最堅貞，有利益；然其意尚然諾，私於朋友則是缺點。然而先帝賜劉洎死的情況是怎樣的？

史謂貞觀十八年文皇親征高麗，侍中劉洎等奉詔留在定州協助太子監國。勇於負責任事的他，

27.《通鑑》永徽元年正月條，一九九：六二七〇。

28. 參《全唐文補遺．大唐故銀青光祿大夫守司刑大常伯李公墓誌銘》（第一輯，四六－四八）及《全唐文補遺．大唐故納言上輕車都尉博昌縣開國男韋府君墓誌銘》（第二輯，六－八）。

在文皇失利師旋，又值生病，心情不穩期間，被遂良告他專權，因此賜死。〈賜劉洎自盡詔〉說得明白：

> 「小人在列，為蠹則深；巨滑當樞，懷惡必大。……茲朕行履小乖和豫，凡百在位，忠孝纏心。每一引見，涕泗交集。洎獨容顏自若，密圖他志。今行御進狀，奏洎乃與人竊議，窺窬萬一，謀執朝衡，自處霍光之地；竊弄兵甲，擅總伊尹之權。猜忌大臣，擬皆夷戮。朕親加臨問，初猶不承。傍人執證，方始具伏。此如可恕，孰不可容！且皇太子治，春秋鼎盛，聲溢震方。異漢昭之童幼，非周成之襁褓。輒生負圖之望，是有無君之心。論其此罪，……賜其自盡。」29

原來被稱許為性最堅貞、有利益的劉洎，因褚遂良向文皇「飛鳥依人」的進狀，竟一下子被打成了輒生負圖之望、是有無君之心的權奸，變化也未免太快了一點！李勣焉得不謹慎。

現在的局面隱然有一個發展的新趨勢：無忌雖然的確是先帝授意統掌三省，以他為執政班子之首，受遺輔政的；然而他已漸漸有、或被人視為有「自處霍光之地……，擅總伊尹之權，猜忌大臣，擬皆夷戮」的專權作為。以他馬首是瞻的其他宰相——可以視為無忌集團吧，亦有貪污、縱容、關說、鄉愿、朋黨和排除異己的傾向。「春秋鼎盛，聲溢震方」的今上，能忍受他多久？這是新局面的危機，可以從某些層面發生的事情和現象看得出來。現在就讓我們考察一下所謂「永徽之治」的陰暗面，和武昭儀如何利用朝廷的矛盾，以走上她的皇后之路吧！

29.《全唐文》七：九六。

永徽政局的陰暗面和皇后廢立的賄賂關說

首先，要考察執政班子的政風，可由中書令褚遂良被彈劾案開始。遂良在此案是以宰相身分，被兩位著名的御史彈劾「抑買中書譯語人地」。[30]此罪涉嫌長官枉法求財於所屬——大唐法律稱為枉法受財於所監臨。若僅是官員枉法求財，應犯了《雜律》第一條「贓罪」，依律應處三年以下徒刑，並另依《名例律》第三十三和三十四條追還贓物；假如情況更嚴重，涉嫌犯了《職制律》第四十八條的「監臨主司枉法受財」罪，則最高刑為絞刑。[31]大理少卿張叡冊判斷此案無罪，而韋思謙則堅持遂良涉及枉法，奏稱叡冊附下罔上，其罪當死。因此，即日就將遂良和叡冊貶出為刺史。由此看來，遂良可能真有此事，故長孫無忌快速處理，讓遂良外出暫避風頭，以免根究之下獲罪更深，牽累更多人，是則無忌隱然有縱容貪污、鄉愿朋黨之意。

筆者為何這樣說？現在讓我們觀察一個事情：在遂良外放期間，今上某次與無忌交談，問說：「朕聞所在官司，行事猶互觀顏面，多不盡公？」「顏面阿私，自古不免；」無忌竟然這樣回答：「至於肆情曲法，實謂必無。小小收取人情，恐陛下尚亦不免，況臣下私其親戚，豈敢頓言絕無。」[32]君臣這樣的問答，顯示了朝廷已有縱容、徇私、關說或鄉愿之風，連「恭己以聽」的皇

---

30. 事詳《通鑑》唐高宗永徽元年十月條，一九九：六二七二—六二七三。崔行功〈李爽（乾祐）墓誌銘〉僅謂「中書令褚遂良貿易之間，交涉財賄」，范履冰〈韋仁約墓誌銘〉則謂「中書令褚遂良尤執樞要。或有告其贓賄者，便以正法劾之」，參同註26。
31. 參《唐律疏議・雜律》，二六：三二一三；《名例律》，四：六六—六九；《職制律》一一：四八—四九。

帝也已經知道，而專權輔政的首相竟然對此輕描淡寫，平常處之。無忌後來大剌剌地接受今上與武昭儀為了關說廢立皇后的鉅額賞賜，其實表示官場接受賄賂和關說之風已經形成。相應的，今上兩人也正是要利用這種風氣——即用賄賂走後門關說的風氣——以圖謀達成廢立皇后的目的。這種風氣竟然由「永徽之治」的實際領導人帶動和縱容起來，簡直匪夷所思！

其次，褚遂良在三年正月重新回朝，以吏部尚書・同中書門下平章事拜相，無忌讓他切實掌握了國家的人事行政權，因此當年彈劾他的人不旋踵被貶出為刺史，無忌對此未有二言。同年七月，新拜宰相中書令柳奭——褚遂良任中書令時的副長官——與外甥女王皇后謀，為了化解武昭儀的威脅，建議立今上庶長子陳王李忠為皇太子，所據的理由是李忠之母劉氏微賤，若立其子為太子，則劉氏理應親附於自己，可以抵消昭儀的威脅，鞏固皇后的地位。謀定，柳奭接著諷喻無忌等人，使他們向今上提出建議，獲得今上同意，乃於同年七月立他為太子。

按《戶婚律》規定：妻五十歲無子，乃構成「出妻」要件之一。但是這時王皇后年正青春，尚不能斷定將來無子，因此如果無忌等人是為了國家安全起見而權立李忠為太子，則是非得失一時還難以論定；不過他們的出發點並非如此，所以他們的計謀與行為，實有涉嫌朋黨自固之嫌。尤其無忌，這是他繼擁立先帝和今上之後，第三度擁立太子，真是史無前例，威勢無比，何樂而不為？也就是說，今上的輔政班子，繼養出縱容、徇私、關說與鄉愿之風後，此時正謀圖長期鞏固其權勢。無忌某次宴會朝貴，於酒酣時不經意的談話，洩露了一些端倪。

「無忌不才，幸遇休明之運，因緣寵私，致位上公，人臣之貴，可謂極矣！」無忌顧視群臣問：

---

32. 參《舊唐書・無忌傳》，六五：二四五四；《通鑑》繫於永徽二年閏九月條，一九九：六二七五—六二七六。

「公視無忌富貴，何與越公（指隋朝尚書令·越國公楊素）？」

朝貴們或回答不知，或說超過越公。

「自揣實在不羨越公，」無忌聽後徐徐地說：「所不及越公一而已：越公之貴也老，而無忌之貴也少！」[33]

情形的確也是如此。無忌年齡與先帝相若，青少年時即追隨先帝打天下，先帝即位就為首相，妹妹是皇后，長子長孫沖娶了親外甥女長樂公主，[34]最小的親外甥女新城公主則嫁給了堂兄弟長孫詮，非親外甥女的新興公主則又嫁給了另一堂兄弟長孫曦。身為首相，官居朝廷第一人凡二十餘年，一門又出了一個皇后和四個駙馬，[35]當然是自少富貴；不過那種富貴逼人、躊躇滿志之情，不但一時溢於言表，而且驕態咄咄逼人。權力使人腐敗，富貴使人傲慢，他這時已經忘了妹妹當年以漢朝外戚之禍所提出的警誡，言行也不再「善避嫌疑」，這就是他後來大剌剌接受今上與武昭儀鉅額賞賜，而不表態支持他們的原因，也就是遂良貪贓和排擠異己的原因。其實遂良的排擠

---

33. 劉餗，《隋唐嘉話》（四庫本），卷上。
34. 參《新唐書·諸帝公主傳》，八三：三六四五—三六四九。按長樂公主名麗質，太宗第五女，高宗之姊，生於武德四年，貞觀七年降嬪於無忌之長子宗正少卿長孫沖，貞觀十七年八月十日死，年二十三歲，事見《全唐文補遺·大唐故長樂公主墓誌銘》，第一輯，四八五—四八六。
35. 連堂叔長孫雅正尚高祖女高密公主，則共有四駙馬，詳汪籛〈唐太宗樹立新門閥的意圖〉，該文並對唐初的后族有分析，且附有長孫氏尚主的世系表，參其《汪籛隋唐史論集》（北京社會科學出版社，一九八一·一），一五〇—一六四。

異己，應該得到無忌的支持，否則他不敢或不易為之；不過無忌的排擠異己，則有比遂良更甚者，永徽時期最大的案——房遺愛案——即發生於三年底至四年初。

此案之起最初相當簡單。

房遺愛是協助先帝兵變五位第一功臣之一，也是長期擔任首相、今上為太子時的兼太子太傅房玄齡之次子。他因為娶了先帝寵愛的女兒高陽公主，所以夫妻倆特承恩遇，而公主則因此驕恣特甚。公主的性生活極開放，一再與僧道多人和姦，並教遺愛設計奪取房玄齡留給長子房遺直繼襲之梁國公爵位，其行為早已被先帝一再痛斥和處罰；但是她不但不反省收斂，反而變得更怏怏怨望。今上即位後，公主又與僧人和宦官以占星卜筮之術窺伺宮省，此舉在當時可是可大可小之事。永徽三年十一月，被安置於均州的今上四哥濮王李泰死，公主適於此時為了實行奪爵，誣告遺直對她無禮，今上遂令無忌審理此案。這是此案之所由起。[36]

公主原告夫兄「無禮」，不料此案經無忌審理之後，她夫婦倆反而變成了被告，被坐以十惡之首的「謀反」罪——指「謀危社稷」之滅門大罪。[37]此案如此發展，可能與公主素驕恣而被無忌所厭惡，且推審中又暴露了以占星卜筮之術窺伺宮省的情事有關。不過，筆者以為可能還有一因，即是遺愛原為李泰當年陰謀奪嫡時的腹心，事情不果反而使李泰被黜，這時又自行重演奪嫡——奪自家之嫡——的行為，於是勾起無忌的舊仇新恨，故坐實他們夫婦倆謀反之罪。

無忌可能一不做二不休，索性將此案嚴重化和擴大化，陸續牽連出另一些李泰當年的腹心和

---

36. 詳《新唐書・諸帝公主傳・合浦公主傳》，八三：三六四八；《舊唐書・房玄齡傳》，六八：二四六七。
37. 參《唐律疏議・名例律》，一：一五。

與自己、遂良素所不協的人。他們是：

今上姑祖父，李泰腹心寧州刺史．駙馬都尉薛萬徹（尚高祖女丹陽公主）

今上姊夫（或妹夫），李泰腹心寧州刺史．駙馬都尉柴令武和巴陵公主夫婦

今上六叔司徒．荊王李元景

今上三哥司空．吳王李恪

薛萬徹是先帝許為當世三大名將之，被控有怨望，曾罵當權者為鼠輩，聲言若國家有變當奉荊王元景為主；元景被告曾自言夢中手把日月；柴令武則被告與房遺愛謀議相結。吳王李恪更是無辜，他因為英果像先帝，名望素高，為物情所向，故先帝曾有易太子之意，後因無忌固爭乃止，從此與無忌相惡，深為無忌所忌，早已有因事誅之之意；遺愛知道此情，乃自誣與李恪同謀，希望因此能獲免死。審理到翌年正月，結果是遺愛、萬徹、令武三個駙馬被處斬，元景、李恪二王和高陽、巴陵二公主被賜死。萬徹臨刑，大歎竟然是為了房遺愛而死，不是為國家效力而死；李恪則更是大罵：「長孫無忌竊弄威權，構害良善，宗社有靈，當族滅不久！」

此案到此尚未結束，稍後無忌仍然趁機株連：現任宰相侍中兼太子詹事宇文節，今上堂叔父、另一三大名將特進．太常卿．江夏王李道宗，和今上姑祖父左驍衛大將軍．駙馬都尉執失思力（尚高祖女九江公主），並坐與房遺愛交通，流放嶺南；吳王李恪的母弟蜀王李愔，則被廢為庶人，軟禁於巴州。宇文節之罪僅是與房遺愛親善，日頗左右其獄而已；李道宗則更只是因為素與無忌、遂良不協，因此獲罪，病死於配流象州的途中。[38]大唐舊制：「凡反逆相坐，沒其家為官奴婢」；

38. 兩《唐書》各本傳對此案皆有記述，不贅引；《通鑑》則自永徽三年十一月至四年二月，對全案更有扼述，

亦即他們的家屬中「男年十四已下者配司農，十五已上者，以其年長，令遠京邑，配嶺南為城奴」。[39]事實上這些人的家屬也的確是如此。

有人認為濮王李泰之死使無忌除去一個心腹大患，他又藉房遺愛之案乘機羅織李泰黨羽和異己，[40]其實並不盡然。根據史書所載，今上一直對已被貶黜軟禁的四哥甚好，生活供給更是特加優異，無忌對此親外甥也素無厭惡之意。因此，無忌在李泰死月趁機興起大獄，誅鋤他當年的腹心，似乎有痛惜此外甥、而殺死教壞他的惡友之意；只是他擴大羅織，乘機誅鋤他和遂良的異己，則是早已超出了排斥異己的範疇，手段不免黑暗毒辣。這種「自處霍光之地……，擅總伊尹之權，猜忌大臣，擬皆夷戮」的作為，專權朋黨，濫用刑法之風氣，是大唐開國以來所僅見，無忌當日對今上所謂的「肆情曲法，實謂必無」云乎哉？可謂一大諷刺！古語有云：「自作孽，不可活。」他的心態和手段，後來為武后所效法，以夫子之道還治夫子之身，甚至比他發揮得更淋漓盡致，因此當無忌、遂良等人被殺後，史臣乃評論說：「永徽中，無忌、遂良忠而獲罪，人皆哀之。殊不知誣陷劉洎、吳王恪於前，枉害道宗於後，天網不漏，不得其死也宜哉！」[41]真是自貽伊戚！

大案鋤去了幾個名王和名將，而結束於四年二月，這時無忌和遂良的權勢已攀臻至巔峰狀態，卻有一宗人事案埋下了福兮禍所伏的因子。就是今上在大案結束的同月，冊拜李勣為司空，仍同

一九九：六二七九—六二八一。

39. 《唐會要・奴婢》，八六：一五六九。

40. 參方志強《長孫無忌與初唐政治》（臺北：文化大學史學研究所碩士論文，一九八三・六），一四六—一五〇。

41. 《舊唐書・宗室列傳・史臣曰》，六〇：二三五七。

中書門下三品。

大唐制度太尉、司徒和司空是正一品的三公之官，由於三公位階在職事官系統中居於最高，故不負責任何實際職務，只與天子坐而論道，慣例上由皇帝親自冊命。開國以來，曾拜司空的先後計有侍中・齊王李元吉、左僕射裴寂、開府儀同三司長孫無忌、左僕射房玄齡、吳王李恪五人，他們要不是宗室名王則是皇帝最信任的元勳重臣，如今今上冊拜李勣為之，其實頗有深意。

今上性格雖然優柔懦弱，但是從小被先帝教育，學習過怎樣做個好皇帝。先帝為太子所寫的《帝範》，就是一本教太子如何當好皇帝的教科書。此書的〈後序〉指示太子說：「當擇哲主為師，毋以吾前為鑑。」[42]就是要今上做一個可以檢討他的前非的哲主。因此今上即位改元後，尋即召見各府州朝集使宣示說：「朕初即位，事有不便於民者悉宜陳奏，言而不盡者可更封奏。」自是每天引刺史十人入閣，問以百姓疾苦以及施政情況。[43]這是今上檢討先帝猜疑大臣、躬行將相之事的不妥，表示要作一個關心政情而勤政，且又「恭己以聽」、禮重大臣的哲主。不過，儘管今上甘願扮演垂拱而治的角色，但是隨著無忌集團權勢的漲盛，今上揮洒的空間卻越來越縮小。

例如他聽說近來官方有「互觀顏面，多不盡公」的政風，因此關心詢問於無忌，不料卻被無忌輕描淡寫地反駁，甚至說出「恐陛下尚不能免」的話。又如六叔元景等被無忌判處死刑，今上泣謂宰相侍臣們說：「荊王，朕之叔父，吳王，朕之兄長，朕欲免其死，可乎?!」皇帝欲行使特赦權，向大臣泣請，卻被兵部尚書崔敦禮以為不可，乃殺之。敦禮在同年的十一月被昇為宰相，

42. 見《全唐文》，一〇：一三二。
43. 見《通鑑》永徽元年正月條，一九九：六二七〇。

可能即與協助無忌完成此案有關。[44]稍後，今上已經感到有被架空的情況，因此他問五品以上——唐朝慣例列為通貴——的官員：「頃在先帝左右，見五品以上論事，或仗下面陳，或退上封事，終日不絕；豈今日獨無事邪，為何公等皆不言也？」[45]這種情況與即位初年每天引刺史十人入閤問以政事的情況大相迥異，當與無忌的專權壟斷有關，由此可見他的作為已經被今上警覺。要作一個上述角色的哲主，並不是要什麼事都不過問，或者也都不能過問。以無忌為首的領導班子，顯然已經侵犯了皇帝權。

就在這時候，今上拜李勣為司空，仍同中書門下三品，顯然有意抬高李勣位望之意。今上又特命再度為他寫真，並親筆作序，提到：「朕以綺紈之歲，先朝特以委公，故知則哲之明，所寄斯重！自平臺肇建，……茂德舊臣，唯公而已，用旌厥美，永飾丹青！」[46]其實曾被先帝寫真於凌煙閣的二十四功臣，這時除了李勣以外，尚生於世的還有尉遲敬德、唐儉、程知節和無忌四人。前二人早已在先帝朝閒退尋樂、明哲保身，程知節則以武將向來不過問朝政，迄今仍為宰相的只有李勣和無忌兩人。今上此時僅為李勣寫真，並且作序特申「所寄斯重」，甚至竟然聲言「茂德舊臣，唯公而已」，是則明顯示以重寄，勉勵李勣繼續積極襄助；隱然有無視長孫無忌這位當年擁立元舅、太子太師和顧命功臣在眼內之意。可惜無忌被權勢沖昏了頭腦，並未察覺此微妙的變化。

---

44. 見《通鑑》永徽四年二月和十一月條，一九九：六二八一及六二八三。
45. 見《通鑑》永徽五年七月條，一九九：六二八六。
46. 見同註25之墓誌銘。

當無忌忙於處理大案時，宮庭裡也起了新變化，武昭儀已經成為今上的新寵。大案結束的明年——永徽五年三月，今上加贈昭儀之父武士彠等十三人官，以示其寵。此案當然經過無忌、遂良、柳奭等相處理和同意。只是稍後發現情況有異，王皇后已經失寵，因此柳奭開始感到皇權的壓力而內不自安，乃於六月自請解除中書令，專任吏部尚書，以避嫌疑而求自保。一年以後，今上欲立昭儀為宸妃不果，反而有了廢王皇后而改立武昭儀之意，恐怕大臣不從，乃利用當時已經興起的貪污關說之風，首先向無忌賄賂疏通。

今上與昭儀專程臨幸無忌在崇仁坊的府第，置酒酣飲極歡，席上拜無忌寵姬之子三人為朝散大夫，以聯絡感情。依大唐銓敘之法，散官分為九品三十階，以科舉出身的，進士最多只能由從九品上起敘，明經最多只能由從八品下起敘，以門蔭出身而有國公封爵的也不過由正六品上起敘，計階至從五品下的朝散大夫，就必須奏取進止，每年量多少進敘。[47]妻妾給無忌生了十二個兒子，[48]這三個兒子不知原來是否已經敘官，不論如何，朝散大夫以上屬於通貴之官，今上特恩授之，賄賂攏絡之意相當明顯。席間，今上從容向無忌說「皇后無子」，以暗示無忌；然而無忌答以他語，竟不順旨，因此今上和昭儀不悅而散。

不久，今上又命畫師為無忌寫真，並親作畫贊以賜給他，再向他攏絡；但是到了將立昭儀為皇后之前，無忌猶屢言不可。今上為了獲得無忌的支持，乃祕密遣使賜贈給他金銀寶器各一車、綾錦十車，以博取他的歡悅，但是無忌仍無退讓之意。昭儀看著無忌接受了重賞而不助己，銜恨

47.《舊唐書．職官志》，四二：一八〇五—一八〇六。
48.《新唐書．宰相世系表》，七二上：二四一三—二四一七。

在心，但是為了達到目的，也只好忍隱不發，改請母親出馬。楊氏前往無忌府第，屢加祈請，無忌始終不許。[49]暗中的賄賂和多次的疏通關說均告無效後，今上和昭儀遂無計可施；然而朝中突然發生了另一宗人事案，頓使事情又有了峰迴路轉。

皇后的廢立

系出小姓門第的李義府，在今上為晉王時，即以監察御史兼侍晉王，及至今上昇為太子，乃改任太子舍人，與當今中書令來濟在東宮俱以文翰見知，當時稱為來、李。今上繼位後，昇遷為中書省的中書舍人，負責草擬聖旨。其人貌狀溫恭，與人講話必面帶怡悅的笑容；而其實內心狹忌陰險，稍忤其意則輒加傾害。故人稱義府之笑，「笑中有刀」，又因他柔而害物，所以也呼為「李貓」。李貓為無忌所厭惡，要外放他為壁州刺史，敕旨還未送至門下省審駁，就已經被他祕密知道，於是問計於同僚王德儉。王德儉是許敬宗的外甥，脖子上長有一個贅瘤而多智，時人稱他為「智囊」。

智囊告訴李貓：「武昭儀甚承恩寵，今上欲立為皇后，之所以猶豫未決者，直恐宰相有異議罷了。」跟著又教他說：「君能建策立之，則可轉禍為福，坐取富貴！」當天，義府代德儉在中書省直宿，於是劍及履及地叩閣上表，請廢王皇后，立武昭儀，以滿足兆民之心云云。今上大悅，

49.兩《唐書》和《通鑑》敘述賄賂數目與關說先後頗不同，今依《舊唐書．無忌傳》，六五：二四五四。

召見面談，賜珠一斗，並留任原職。[50]昭儀也非常高興，派遣密使勞勉他。原來今上和昭儀想廢立之事，只在祕密中進行，知道的人極少，他們不知外朝已經有人知道此事，經無忌拒絕之後以為已無希望。至此，他們知道朝中已經有人知道此事，甚至有潛在的支持者，只是在無忌等威權之下，聲音發不出來，真是柳暗花明又一村！李義府是第一個告知此事的人，也是第一個態度鮮明支持的朝官，因此不但予以重賞，而且不久——永徽六年七月，更不降反昇，超拜他為中書省的副長官中書侍郎。

義府是今上和昭儀投到外朝官僚湖中的第一顆石子，要讓廢立皇后的消息與影響，隨著石子引起的波紋，一波一波地向外擴散。波紋出現的第一圈是由衛尉卿許敬宗、御史大夫崔義玄、中書舍人王德儉、大理正侯善業、大理丞袁公瑜等人所組成。他們贊成廢立皇后，皆潛布腹心於武昭儀，可以說是昭儀打江山的第一批功臣，後來被武后視為「翊贊之功」。[51]廢立皇后的消息逐漸傳播，八月，長安縣縣令裴行儉聽到將立武昭儀的消息，憂心忡忡，認為國家之禍必自此始，乃與無忌、遂良私議其事。事為袁公瑜所聞，遂告知昭儀之母楊氏，使行儉坐事貶出為西州都督府長史，效力於西域邊陲，不料卻造就了一代名將的產生。[52]這是昭儀對外朝不服從者的第一次

---

50. 義府事見兩《唐書．李義府傳》，王德儉事則見《唐新語》，一二：六。
51. 《通鑑》只謂有義玄和公瑜二人，又謂公瑜時官御史中丞，今據《舊唐書．李義府傳》，八二：二七七〇。
52. 袁公瑜墓誌為狄仁傑所撰，說他是陳郡人，曾任晉陽（太原）令，亦提及他早知天命，「首建尊名，保乂王家（指武氏），入參邦政」之事。他因翊贊而累遷中書舍人、刑部侍郎，但後亦因被讒猜而一再外貶，也曾貶至西州和庭州，最後在武氏以太后稱制時死於白州。詳《唐代墓誌彙編．大周故相州刺史袁府君墓誌銘並序》，

打擊，事實上也頗有向無忌和遂良示警或示威之意。

九月一日，翊贊集團中，許敬宗被昇為部長級的禮部尚書。

就在這一天的退朝後，今上決定於內殿召見宰相，正式公開和他們協商廢立皇后之事。對於無忌來說，今上對此事一直不死心，該來的事情總是要來的。大唐自先帝以來已經建立了一個慣例：宰相退朝後齊到門下省的國政議事堂——政事堂——議政。這時的宰相共有七人，今上僅宣召太尉無忌、司空李勣、左僕射于志寧和右僕射褚遂良四人，而沒召侍中韓瑗、中書令來濟和崔敦禮，事有蹊蹺。

諸相先交換意見，都猜說「當緣昭儀之事」。

「長孫太尉當先言之。」有人提議。

遂良說：「太尉，上之元舅，脫事有不如意，使上有怒舅之名，不可。」

「英公勣，上之所重，當先言之。」

「司空，國之元勳，若有不如意，使上有罪功臣之名，不可。遂良躬奉遺詔，若不盡其愚誠，何以下見先帝！」表示有責任要先回應今上。[53]

九七五—九七六。

53.《舊唐書·褚遂良傳》說無忌與遂良先約好，由遂良先諫，然後無忌接繼，其說與《唐曆》同。《通鑑》認為此說有無忌出賣遂良之嫌，故不取。（見永徽六年九月戊辰條並注，一九九：六二八九—六二九〇。）筆者以為《通鑑》謂遂良自知反對「必死」而爭著要先發言，也是無稽或誇張之談，故也不取；對話的引文今本於《唐會要·忠諫》永徽五（六？）年條，五二：九〇五—九〇七。

這樣的交談，無異已先達成了反對廢立的共識。在這種情況下，李勣稱疾不入。及入，皇帝難於發言，再三看著無忌說：「莫大之罪，絕嗣為重，皇后無嗣息，昭儀有子，今欲立為皇后，公等以為何如？」

遂良回奏：「皇后出自名家，先朝所娶，伏事先帝，無愆婦德。先帝疾甚，執陛下手以語臣曰：『我好兒、好新婦今將付卿！』陛下親承德音，言猶在耳，皇后未有愆過，恐不可廢。臣不敢從，上違先帝之命！」于志寧則顧望不敢講話。今上不悅而罷。

第一天協商中，今上一開始就顯示出軟弱的性格，且又引用法律「七出」為由，商量性質為出妻再娶的可能性。殊不知大唐《永徽律》和其法律解釋合成的《唐律疏議》正好在兩年前修成，並在此四相領銜之下，已經於四年十一月十九日進上。今上對該法的理解，何能與他們相比？就法律而言，遂良引用阻擋「七出」的「三不去」原則，本就可以輕易駁回今上對皇后的指控，何況又提出先帝的遺命。今上可謂自取不悅！無忌本來私下已經一再表示過不支持廢立的態度，這時也就不須多說。值得注意的是，今上為何不以皇后殺死小公主或厭勝為由？遂良為何逕謂「皇后未有愆過」？可見這兩件事僅是宮庭中的風波，王皇后起碼尚未被坐實此二罪。

儘管無忌專權，二輔輔政，今上「恭己以聽」，但是今上從即位以來即有非常勤政的表現，每天上朝視事。第二天——九月二日——退朝後，今上又召見宰相，重提此事。

遂良回奏說：「陛下若必須別立皇后，伏請妙擇天下令族，何必要在武氏？且昭儀經事先帝，眾所共知，陛下豈可蔽天下耳目？使萬世之後，何以稱傳此事？陛下儻虧人子之道，自招不善之名，敗亂之端，自此始也！臣上忤聖顏，罪合萬死，倘得不負先帝，則甘從鼎鑊！」遂置笏於殿階，又叩頭流血說：「還陛下此笏，乞放歸田里！」今上大怒，命引出之。

昭儀在簾中聽到，大聲說：「何不撲殺此獠！」無忌隨即說：「遂良受先朝顧命，有罪不可加刑！」[54]

今上昨天碰壁，今天又提，表示他的個性雖然軟弱，但是在愛情的魔力和昭儀的要求和監視之下，儘管硬著頭皮，也變得意志堅強起來。今上態度的轉變，可能反而使遂良退縮，不能堅持昨天的原則和理由，故退而求其次，表示即使要立新后也不必選定武昭儀。他的退縮而不能堅持，正是「飛鳥依人」性格的流露，這次不僅不能令權威者「自加憐愛」，反而招來了無限殺機，並且連累了支持他的人。其理何在？

筆者以為：王皇后當年主導今上與武昭儀和姦亂倫，其實皆在黑暗中進行，見不得陽光。如今因為王皇后失寵和面臨被廢，當日醜聞竟然在諸相面前被遂良所公言，且謂已被「眾所共知」，不能再「蔽天下耳目」，則今上與昭儀的難堪可知！亂倫固是事實，然而遂良的道德訴求只指向他們，卻無一言責備於王皇后，反而昨天說她「無愆婦德」、「未有愆過」，此氣怎麼能夠吞得下？罵他們還不夠，尚且波及昭儀的祖宗門第，流露了出身士族的自我優越感，這對權威進取的武昭儀來說，只能招致她極大的厭惡和反感，這正好是一匹待殺的「師子驄」！所以纔在簾中大言：「何不撲殺此獠！」這時她僅是三十一歲的昭儀，已經過問皇帝與大臣的議政——廢立皇后當然是國之大政，並且顯露出「逆我者死」的姿態，其後權勢在握，則尚復何言！

遂良被引出後，原來不是協商對象的侍中韓瑗知道此情事，因入內奏事之便，涕泣諫說：「皇

54.《唐會要．忠諫》不載武氏之罵和無忌之言，今從《通鑑》（永徽六年九月戊辰條並注，一九九：六二八九—六二九〇），及《唐新語》（一二：六）。

后是陛下在藩府時先帝所娶，今無愆過，即便廢黜，四海之士，誰不惕然！且國家屢有廢立，非長久之術也，願陛下為社稷大計。」韓瑗所持仍為「三不去」的原則，另加政治理由，今上也不接納。

第三天——九月三日，韓瑗又入諫，悲泣不能自勝。今上大怒，促令引出。[55]李勣入見。「朕欲立武昭儀為后，遂良固執以為不可，」今上問道：「遂良既是顧命大臣，事若不可，當就此停止也乎？」

李勣答道：「此是陛下家事，何須更問外人！」[56]於是上意遂決。

韓瑗被引出之後，又上疏說：「臣聞王者立后，以作配天地，比德日月。若日月並明，則臨照四海；若日月薄蝕，則天地昏矣。且匹夫匹婦，尚相簡擇，況天子乎？夫皇后母儀萬國，善惡由之。故嫫母輔佐於黃帝，妲己傾覆於殷王，……赫赫宗周，褒姒滅之。……不謂今日，塵黷聖世。……伏惟陛下詳之，無為後人所笑；若使殺身以益國家，葅醢之戮，臣之分也！昔吳王不用子胥之言，……荊棘生於闕庭，宗廟不血食，期有日矣！」

他的意見得到另一宰相來濟的支持。來濟採用密表的方式上諫：「臣聞王者之立后也，……主承宗廟，母臨天下，匹配后土，執饋皇姑，必擇禮教名家，幽閒淑令，副四海之望，稱神祇之意。是故周文造周，姒氏興關雎之化，百姓蒙祚；漢孝成任心從欲，以婢為后，遂使皇統中絕，社稷

55. 《舊唐書·韓瑗傳》，八〇：二七四〇。
56. 李勣此語和下引許敬宗語均本於《唐會要》（三：二四）、《通鑑》及《唐新語》（一二：七），但《唐會要》謂是李勣的密奏，繫於五年，殆誤。

淪傾。有周之祟既如彼，大漢之禍又如此，惟陛下詳察！」

兩相其實都以昭儀身分門第的不當為由，認為皇后必須慎重選擇，相對的直指立武氏為不當，甚至以妲己、褒姒和趙飛燕影射之。[57] 於是，禮部尚書許敬宗前往他們的龍頭——太尉府屢申勸請，反遭無忌厲色所折。[58] 勸請不果，敬宗乃擴張李勣的談話，宣言於朝說：「田舍翁積得十斛麥，尚欲換卻舊老婦，況天子富有四海，立一皇后有何不可，關諸人何事，妄生異議！」昭儀令左右將敬宗之言奏聞今上，讓他感到除了李勣之外尚有其他奧援。即日，今上遂以忤旨之罪，貶遂良為潭州都督。[59]

這場非武力的政治鬥爭，從武昭儀在六月當不成宸妃後展開。如果說昭儀派是權力爭取的左派，則無忌派是權力保守的右派。左派在鬥爭中採取主動，從六月至八月底，昭儀利用當時的某些不良政風，挾持最寵愛她而又軟弱的夫皇，用行賄、重賞、關說和貶黜等手段，以拉攏和收編的方式，迅速組成自己的翊贊班子——包括宮女左右，乃至母親。並在外朝密佈線眼，建立情報和監視網，而且親自監聽君相的密談。充分展現了她強烈的權力企圖心、進取人格、組織能力和

57. 兩相之疏不詳月日，《通鑑》載於九月三日。

58. 《通鑑》繫此事於永徽五年，其時敬宗未任尚書，殆誤。《舊唐書．無忌傳》繫於六年，不詳何月。按敬宗於六年九月一日任禮部尚書，故應在此日以後。

59. 《通鑑》於九月二日後謂李勣入見之時在「他日」，《舊唐書．褚遂良傳》則說是「翌日」。按後傳將遂良一日和二日的談話合述在一起，故這裡所謂的「翌日」應即是三日。該日因李勣的談話，及敬宗引用他的談話，使唐高宗下定了決心，並貶出遂良。

靈活的鬥爭技術。相對的，右派在無忌自恃身分、地位、權勢之下，似乎無視於此年僅三十一歲、深居內宮的小昭儀。雖然已知皇后因為此女而失寵，后舅也因此而罷相貶黜，本身樹有政敵或潛在政敵，猶無警覺意識，於是令右派完全處於被動狀態。及至九月一日至三日，左派發動決戰，右派遂迎戰得極為辛苦，而蒙受重創。

決戰進行中，除了無忌、遂良、韓瑗和來濟力爭之外，未見其他朝臣的加入或聲援，再怎樣也看不出來有所謂「關隴集團」的存在。群臣可能厭倦了無忌、遂良朋黨小圈圈的專權壟斷，也可能在李勣和敬宗的心戰談話之下，樂得事不關己、明哲保身，置身事外看兩派相鬥，宰相于志寧和崔敦禮即是其例。右派以四相力拼君、相（李勣）、寵嬪（武昭儀）和寵嬪的翊贊集團，其輸也是想像中之事。左派戰勝的第二個月，永徽六年十月十二日，今上下詔：「王皇后、蕭淑妃謀行鴆毒，廢為庶人。母及兄弟並除名，流配嶺南。」十八日，百官上表請立中宮。詔下，武氏「可立為皇后」。60

今上指控「王皇后、蕭淑妃謀行鴆毒」，實是羅織之罪，不免有一點寡情負心；可是右派一點聲音動作也沒有，若不是表示鬥志盡失，則是表示已經放棄此戰場。揆諸史實，無忌在折翼之後、昭儀在立為皇后之前，韓瑗和來濟已漸漸憂懼，及至昭儀立為皇后，憂懼彌深。右派這時的最急是要修補其翼，希望像上一次般重找遂良——主力戰將——回朝。故一年之後，由韓瑗出面，上疏為遂良申理說：「遂良竭忠公家，親承顧託，……無聞罪狀。斥去朝廷，內外氓黎，咸嗟舉錯！」今上召見他，問道：「遂良悖戾犯上，以此責之。朕豈有過耶！卿言何若是之深也？」

60.《通鑑》該年月日條，二〇〇：六二九三－六二九四。

瑗又懇求說：「遂良可為社稷忠臣，伏願違彼覆車，救以往過！」今上不納。表請歸田里，也不許。[61]韓瑗無計可施。可見在此一年之間，右派已無復鬥志，也沒有再決戰之力，所以廢立皇后的聖旨能依大唐法定程序，輕易通過中書、門下二省的處理，順利頒發下來。當此之時，身為元舅、功臣、首相的長孫無忌在哪裡？所謂的「關隴集團」在哪裡？[62]為何不再力爭了？

61. 此疏見同註45所引《唐會要·忠諫》，《通鑑》載於顯慶元年是歲條，二〇〇：六三〇〇。

62. 無忌代表關隴集團，此說始由陳寅恪先生提出。汪籛於其〈唐高宗王武二后廢立之爭〉（《汪籛隋唐史論稿》，一六五－一八八）引伸此說以論此次廢立事件，認為此集團雖有一百五十年歷史，卻只是憑著武力以維持政治優勢，在文化上、社會上並無鞏固而雄厚的基礎，故無忌一失地位便趨於瓦解。筆者認為，一個發展了一百五十年的集團，竟然僅有這幾個宰相能活躍，且在文化上、社會上無鞏固而雄厚的基礎，誠屬不可思議；抑或他們只是一個以無忌為首，權力來自皇帝授予的「朋黨」？一旦皇帝收回授權，則輕易趨於瓦解。

第五章　從皇后到二聖：武后個人權威的發展

初馴師子驄：清除內宮隱憂

永徽六年（六五五）十月十三日王皇后與蕭淑妃被廢為庶人，六天之後——十月十八日，百官上表請立中宮，今上下〈立武昭儀為皇后詔〉說：「武氏門著勳庸，地華纓黻。往以才行，選入後庭。譽重椒闈，德光蘭掖。朕昔在儲貳，特荷先慈，常得侍從，弗離朝夕。宮壼之內，恒自飭躬。嬪嬙之間，未嘗迕目。聖情鑒悉，每垂賞歎，遂以武氏賜朕，事同政君。可立為皇后。」1

到了十一月一日，司空李勣齎送璽綬，正式冊立三十一歲的武昭儀為皇后。當天，百官朝新皇后於肅義門。百官朝皇后，是大唐開國以來第一次新創的典禮，後來遂被引為慣例。儘管反對宰相聲言「昭儀經事先帝，眾所共知，陛下豈可蔽天下耳目？使萬世之後，何以稱傳此事？陛下儻虧人子之道，自招不善之名，敗亂之端，自此始也」！但是今上和新后的態度是說歸你說，做歸我做，毫不在意此事；甚至向全國臣民公然撒謊，說先帝生前即「以武氏賜朕」，並且大張旗鼓接受百官朝見，看你怎樣！

就在宣佈立武昭儀為皇后的第三天——十月二十日，也同時宣佈大赦天下。這時武昭儀尚未

1.《全唐文》，一一：一五七。

被正式冊立，卻意外地上表說：「陛下前以妾為宸妃，韓瑗、來濟面折庭爭，此既事之極難，豈非深情為國？乞加褒賞！」[2]今上將此表出示給二相看，二相不看便罷，看了更加憂懼。古語說「無功不受祿」，他們當日反對立武昭儀為宸妃，如今不但未見責備，反而蒙受褒賞，不知她葫蘆裏賣什麼藥，焉得不懷疑憂懼，於是屢請去位，今上不許。

武后這時葫蘆裏賣什麼藥，如今已經不易考知。不過，接下來的五年中，以下幾件事情明顯地與她有關，葫蘆裏的藥似乎將一一倒出：

一、宮中有兩匹師子驄——王皇后和蕭淑妃——等著她調馴。

二、她要安排兒子成為太子和提昇本家的政治地位，以鞏固自己的位望。

三、她要安排腹心進入宰相團，以便插手朝政，建立自己的勢力。

四、外朝也有四匹師子驄——韓瑗、來濟、褚遂良和長孫無忌——等她進一步調教。

這四件事都急須處理，而以第一和第二件最為優先。

對武后來說，鞏固后座不能單靠夫皇之愛，這是不智之舉。因為夫皇個性優柔懦弱，耳根也軟，會有一時的感情衝動。今天他愛自己，說不定哪天他對廢后和廢妃又舊情復熾，或者愛上了別的女人，屆時趙孟之所貴，趙孟能賤之，廢立皇后之事將會重演。因此，鬥爭失敗的情敵必須作最後的處理，兒子必須為太子，如此可免後顧之憂，又能母以子貴，鞏固后座。因為這樣做既能使夫皇對前妻死心，且又讓他日後即使要「出妻」也不容易，后座之穩固莫甚於此。

武后怎樣處理情敵？根據史書記載，王皇后和蕭淑妃廢為庶人後，被囚於別院。武昭儀已為

2.《通鑑》永徽六年十月丁巳條，二〇〇：六二九四。

皇后後某日，今上想念她們，閒行至此所，但見囚室封閉極密，暗無天日，惟開一孔以通食器的出入，不禁惻然，呼叫：「皇后、淑妃安在？」

「妾等得罪，廢為宮婢，何得更有皇后尊稱？」王庶人哭泣回答說：「至尊若思念昔日恩情，使妾等能再見天日，出入院中，希望將此院改名為『迴心院』，則是妾等再生之幸！」

「朕即有處置。」今上答應說。

後宮左右本已被武后收編，故有人將此事告知武后。武后聞知後，大怒，令人前去各杖二人一百下，截去她們手足，投於釀甕中，聲言要讓此二嫗骨醉！二人如是者歷經數日纔死，武后又令斬其尸。[3]稍後，武后又用諧音改廢后姓為「蟒」氏，廢妃為「梟」氏，以洩其妒恨。

有人懷疑此事的真實性，說恐怕是出於史家對武后的歧視，故將她所為比於漢朝呂太后之虐殺戚夫人，並且懷疑她們之死是今上下詔令她們自縊的。[4]

筆者以為不盡然。因為妒忌是人類天性，女性因妒忌殘殺情敵而放過另一半，有時更甚於男性，尤以宮闈之中為然，呂后殘殺戚夫人只是 個著名之例。前面指出南北朝以至唐朝婦女妒忌之風甚盛，史謂宋世諸公主莫不嚴妒，明帝使近臣虞通之撰《妒婦記》，孝武帝曾使人為尚主者

3.《舊唐書．高宗廢后王氏傳》說永徽六年十月「武昭儀令人皆縊殺之」，但尋又記武后對二人用刑之事，並無死後又斬之之說，記頗矛盾，不取；《唐新語》則謂截去手（一二：七）；今據《通鑑》（二〇〇：六二九四）與《新唐書．高宗廢后王氏傳》（七六：一四七三－一四七四）。《通鑑》繫其事於立武后之後，《新唐書．高宗紀》則僅謂「是冬」。

4. 詳趙文潤、王雙懷《武則天評傳》，四八－四九。

作〈讓婚表〉云云；又謂北魏劉輝尚蘭陵長公主，而劉輝嘗私幸公主侍婢有身，「主笞殺之，割其孕子，節解，以草裝實婢腹以示輝。輝忿憾疏公主。」太后敕治其事，判兩人離婚。[5]唐世，武后孫女宜城公主「下嫁裴巽。巽有嬖姝，主恚，刵耳劓鼻，且斷巽髮。帝怒，斥為縣主，巽左遷」。[6]而且，此事以後，武后後來也因妒忌今上寵幸其甥女賀蘭氏，乃有將她毒死之舉；不但因妒忌而毒殺賀蘭氏，且在非妒忌的情況下殘殺她的媳婦們，甚至死後不知死所。因此，對著意圖勾起今上舊情的王、蕭二人，前仇今妒，且對她有莫大的威脅，焉能不殘忍地將之置於死地？

諸書都說武后令人殺死王、蕭二人。的確，即使假詔敕的方式為之，也應是武后向優柔懦弱的今上「促詔」而成。王、蕭二人深知夫皇的性格，知道非其所願為，因此纔會在宮人宣旨之後，王庶人再拜說：「願大家（宮中稱皇帝為大家）萬歲，昭儀承恩，死自吾分！」蕭庶人則咒罵說：「阿武狐媚，翻覆至此，願我來生為貓，阿武為鼠，吾扼其喉以報今日，於願足矣！」[7]她們都沒有咒罵今上，情況與吳王恪被賜死時只咒罵長孫無忌差不多。據說武后聞言，從此以後就禁止宮中養貓，也頻頻見到二人披髮瀝血如死時之狀來作祟，於是乃開始事巫祝以解謝。甚至傳說她後來遷居東內蓬萊宮，和終身多在東都，也是因祟作不解之故。其實這些都僅是傳說，因為武后

---

5. 《太平御覽．公主中》，一五三：七四五—七四七。
6. 《新唐書．諸帝公主》中宗宜城公主條，八三：三六五三。
7. 「促旨」是《新唐書．高宗廢后王氏傳》所言。罵語則據《舊唐書．高宗廢后王氏傳》所說，並說是二人「初囚」時所罵，而且謂二人僅罵為貓為鼠一句，恐失實，今不取；至於《通鑑》所記罵語則過於文雅，乃至語意欠明，亦不採；今從《唐新語》，一二：七—八。

當了皇帝之後，史載她有次訓練貓，讓它與鸚鵡共處，然後得意地出示給百官看，不料傳觀未遍，貓就將鸚鵡搏食了，害她為之大慚，[8]可見她後來也曾親自養貓。至於遷居東內，則與今上避暑養病有關。

王、蕭二人被指控「謀行鴆毒」而坐廢。如果「鴆毒」指「厭勝」而言，則僅有王皇后涉嫌其罪，對蕭淑妃而言則是莫須有，何況「鴆毒」畢竟不同於「厭勝」。二人涉嫌莫須有之罪，未經審判而被廢，群臣不能阻止，已是一奇。如今二人又在無罪情況之下被殺，甚至累及兩人親屬均被配流嶺南，宰相和兩省官員對詔敕也未見任何封駁或諫諍，更是一奇。至於今上，當年在無忌專權之下，泣求侍臣寬免叔父和兄長一死而不能得；如今在武后掌握之下，欲讓二人重獲一些自由，卻反而害其速死，始終表現出一付優柔懦弱的性格。就此而言，說他既懦且昏實不為過——他的昏其實因於懦。這時，武后干政、威權統治已初見端倪；不過，她的地位尚需要經過太子的廢立，纔能完全穩固無虞。

廢太子李忠生於貞觀十七年（六四三）十一月，永徽三年（六五二）七月十歲時，由廢后和宰相柳奭商議，透過柳奭聯同褚遂良、韓瑗說服長孫無忌和于志寧，遂被糊里糊塗地擁立為太子，[9]以圖鞏固廢后的地位。他們此舉的目標，是衝著新得寵的武昭儀而來，因此使他成了對付武昭儀的第一著棋子。為此，永徽六年十一月一日武后初立，尋即部署廢立太子。李弘若應讖當為皇帝，則必須先扶正為太子，這是必然的步驟，也是新后對無忌等人反攻的先聲。就在同月三

8. 事見《朝野僉記》（五：一一二），《通鑑》繫此事於則天后長壽元年七月。
9. 《舊唐書・燕王忠傳》，八六：二八二四。

日，禮部尚書許敬宗希新后之旨，首先發難上奏，奏文說：

「臣聞元儲以貴，立嫡之義猶彰，……既而皇后生子，合處少陽，……乃復為孽奪宗，降居藩邸。臣以愚誠，竊所未喻。且今之守器，素非皇嫡。永徽爰起，國本未生，權引彗星，越昇明兩；近者元妃載誕，正胤降神，……安可以濫茲皇統，叨據大器！……臣既分職文昌，典司嘉禮；位陪宗伯，不敢曠言。」

大意是說新皇后已經產生，新后有子，其子就是正胤；太子是國本，須依立嫡以貴的原則成為太子。如今的太子是後宮所生，身分是庶孽之子，當日只是因太子未生，故從權而立，現在應退位讓還給正嫡。他的說辭是正面的，符合封建的情理法。於是今上召見他問話，今上問：「卿，朕之伯夷！立嫡之義，在禮如何？」

「正國本則萬事理。皇太子，國之本也。本猶未正，萬國無以繫心。東宮者，所出甚微，今知國家已有正嫡，必不自安，竊位而懷疑，恐非宗廟之福也。願陛下熟計之。」敬宗回答。

「阿忠已表示自讓。」今上告訴敬宗說。

「太子明智，能為太伯（比喻吳太伯讓國之事），願速從之！」敬宗建議今上。此事遂定。[10]

永徽七年（六五六）正月六日——亦即武后立後第二個月，〈降太子忠為梁王詔〉正式頒下：

「昔泰伯（即太伯）高讓，載昌姬宗；東海之藩，克隆漢祚。……皇太子忠……屢陳撝挹，論嫡庶之分，辨貴賤之禮；以貴則皇后有子，以賢則不敢當仁。前後數四，情辭懇惻。義高曠古，道

10. 奏文與對話見《唐會要》（四：四一－四二），《通鑑》則繫其事於十一月三日。

邁前修。宜遂雅懷，以成厥美。可封梁王」，出為梁州都督。[11]

同日另頒詔說：「代王弘道居嫡胤，……思隆正緒，宜昇上嗣。」並即日冊立李弘為太子，冊文復強調「固本垂統，允歸正緒」云云。[12] 第二天，下詔大赦天下，改元「顯慶」，以示公開的慶祝。到了二十三日，今上因為新皇后篤信佛教，遂就玄奘法師主持譯經的大慈恩寺——今上當太子時為母后追福所建——舉辦無遮大會，為新太子設五千僧齋，每人施捨布帛三段，敕遣朝臣行香。[13]

這年李忠纔十四歲，他是否能有如此敏銳的政治觸覺，而首先自我表示讓位；抑或有人教他，或是敬宗後來竄改國史實錄，以圖推卸希旨逼宮之事？真相不易考知。總之，當太子忠被降之日，原來的太子少師宰相于志寧，以及當日擁立他的韓瑗與長孫無忌，此時皆未見表示支持他的態度；相反的詔書頒下時，宮寮不等李忠回來，都懼罪逃亡躲藏，可見氣氛之嚴峻，哪有大赦顯慶之意！顯示東宮的宮寮們，意識到這不是普通的易換太子事件，而是一件在表面理由之內，別有嚴重政治隱情的事件。[14]

對廢太子李忠而言，當王皇后被廢之時，無忌等人既然不能保住她，自然也就無力幫他。他

11.《唐大詔令集》，三一：一二一—一二二。
12.《唐大詔令集．立代王為皇太子詔》（二七：九三）和〈冊代王為皇太子文〉（二八：九八）。
13.《大唐大慈恩寺三藏法師傳》卷八，《唐玄奘三藏傳史彙編》頁一八三。
14. 除少師于志寧外，宰相兼少傅張行成、兼少保高季輔已死，兼太子詹事宇文節也已坐房遺愛案流配嶺南，宮寮之中只有右庶子李安仁等候李忠回來纔泣別離去。事見《唐會要》（四：四一—四二），和《通鑑》顯慶元年正月辛未條（二〇〇：六二九六）。

似乎已經知道地位不穩，故曾經向父皇表示過讓位。顯慶元年正月，當他降為梁州都督．梁王之時，宮寮既然害怕到逃匿不敢相見，十四歲的他自然也就感受到這種嚴峻的氣氛。他既是廢后和無忌等人利用來阻擋武后的第一著棋子，所以也就成為武后的眼中釘，故同年稍後，就被轉遷為房州刺史，真是名符其實的落難太子。後來李忠年漸長大，日漸懂事，於是常因此事而內心恐懼，有時害怕到穿著婦人之服，以防備刺客行刺；有時又屢有帝王或菩薩等夢想，故常自占卜，也派人至京都打聽情報。這些因恐懼心理而表現出來的異常行為，日後就成為武后使人進一步誣告他的口實，終被賜死。[15]

封建禮教妻以夫為貴，夫死以子為貴。大唐的命婦制度，除非有特別封誥，否則是以該婦人之夫或子的爵位來決定其品位的。武后之夫是皇帝今上，嫡子是儲君太子，從此地位穩固。不但如此，而且又在同年的第二個月——即顯慶元年（六五六）二月，今上追贈她的父親為司徒，賜爵「周國公」，後來武后實行「大周革命」，其國號始建於此。所以今年對她而言，是當年「見天子庸知非福」理想的實現，真是值得大大「顯慶」的一年！

再馴師子驄：外朝初整肅

武后鞏固了母子在宮廷中的地位後，現在可以進一步往外看，看看如何調馴反對她為后的那

15. 李忠兩《唐書》有傳，其異常心理行為及被誣告，請詳下文。

幾匹外朝師子驄。

這時她唯一進入宰相團的腹心——中書侍郎．同中書門下三品李義府，已在外朝恃寵用事。他的恃寵枉法可以從發生於顯慶元年八月的一件事情窺見：他看上了一個坐牢的美婦人，乃枉法從大理獄中將她放出，想納以為妾。事情被大理卿奏聞。義府恐怕事洩，逼死幫他枉法放人的大理寺丞，以圖滅口。今上知悉而原諒了他，原本也不打算追究。侍御史王義方認為不能就此不了了之，堅持要提起彈劾。今上不能阻止彈劾，當殿聽完彈文之後，仍然捨義府而不問，反責義方毀辱大臣，言辭不遜，將他貶出為萊州司戶。這種事情比當年褚遂良被告贓罪更為嚴重，卻如此捨義府而不問；反過來責罪於可以風聞彈劾的侍御史，甚至在半年之後又讓義府昇為正宰相——中書令。可見今上因武后的緣故，對此翊贊功臣極為縱容，這是義府敢在外朝恃寵用事的原因。他的恃寵不法，甚至已經到公然蔑視今上規勸的地步。[16] 一葉知秋，今上對其他的翊贊功臣也不會差到哪裡去，史謂早在永徽六年十二月，今上已遣禮部尚書許敬宗「每日待詔於武德殿西門」，[17] 這是後來以北門學士分宰相權的先聲。帝后如此縱容他們，因此他們纔敢恃寵用事，放手一搏；相對的，他們既非帝后期功強近之親，又非元勳重臣，以其人之聰明，必知帝后縱容他們的原因，富貴所趨，故也甘願效以死力。

宰相為滅口而逼死一個幫他枉法的六品官，皇帝不但不將他交付審判，且又貶黜依法進行彈劾的御史，這絕非政府的小事！當此之時，長孫無忌等對此案也不見有力爭的言行，稍後且由韓

---

16. 其恃寵不法之事，請參兩《唐書．李義府傳》。
17. 《舊唐書．高宗上》，四：七五。

瑗出面為褚遂良申理，希望今上原諒他，並將他召回朝廷。這表示君相都有私心，都不能奉公守法！先帝曾在貞觀六年指令宰相侍臣：「朕比來臨朝斷決，亦有乖於律令者，公等以為小事，遂不執言。凡大事皆起於小事，小事不論，大事又將不可救，社稷傾危，莫不由此。隋主殘暴，身死匹夫之手，率土蒼生，罕聞嗟痛。公等為朕思隋氏滅亡之事，朕為公等思（關）龍逄、晁錯之誅。君臣保全，豈不美哉！」[18] 無忌等身為宰相，雖不能阻止武氏為皇后，也無法理阻止新后之嫡子為太子，但是對此關乎朝廷綱紀的大事，應該是要執言的；如今對此不爭，將來更大的事情就更難以爭，甚至不可爭。這種不幸終於來臨，事情發生於第二年——即顯慶二年（六五七）的八月。

這年的閏正月，不知是否真的為了帶武后避祟，今上一行首次離開京師，行幸洛陽。二月抵達洛陽宮，並在十二月提昇洛陽的政治地位為東都。就在三月，一道詔令將已貶為潭州（治今湖南長沙市）都督的褚遂良改貶得更遠，為桂州（治今廣西桂林市）都督。九天以後，即昇李義府為中書令。這是一個警訊，武后似乎已著手佈下陷阱，開始要鞭撻這幾匹師子驄！

稍後，許敬宗和李義府希武后之旨，誣奏侍中韓瑗與褚遂良「潛謀不軌」，以桂州是用武之地，故改授遂良為桂州都督，意圖引為外援；中書令來濟則與遂良「朋黨構扇」。於是在八月將韓瑗貶為振州（治今海南三亞市）刺史，來濟貶為台州（治今浙江臨海市）刺史，終身不許入朝；原已貶為榮州刺史的柳奭則坐韓瑗改貶象州（治今廣西象州縣），褚遂良則改貶愛州（治今越南清化），俱為刺史。韓、來兩相罪名不同，[19] 可能是因韓瑗當日公然反對廢立皇后，而來濟則是

18. 《貞觀政要》，一：一五。
19. 《通鑑》俱作「潛謀不軌」（二〇〇：六三〇三），《新唐書・韓瑗傳》只說瑗「潛謀不軌」，與《舊唐書・

用密奏的方式，故分開處理。

遂良之貶，內心憂禍，於是上表自明與求憐，大意說他當日堅決反對立濮王李泰為太子，卒與無忌等四人定策立陛下。及至先帝臨終，獨與無忌二人受遺詔，陛下當時哀慟，臣加以寬慰，而陛下手抱臣頸。臣與無忌處分眾事，奉陛下還京即位，內外寧謐。臣力小任重，動罹愆過，螻蟻餘齒，乞陛下哀憐！表奏，今上不省，當與「牽於武后」有關。[20] 遂良經此一再打擊，翌年遂死於貶所。

許敬宗因立此功，故於四天之後昇為侍中正宰相，取代了韓瑗的位子。至此，武后已在門下省安置了許敬宗，於中書省安置了李義府，聖旨可經中書、門下順利發出，阻力已小。時人認為李義府和許敬宗居中用事，連起大獄，誅鋤將相，入則諂諛，出則姦宄，賣官鬻獄，海內囂然，皆因武后之故，而百官畏憚二人也一如畏武后云云。[21]

這次今上和武后東行，事有蹊蹺。慣例皇帝巡狩，除了在京留守官員之外，其他文武百官依例要從行。這次行幸洛陽，並將它昇為東都，至翌年二月纔回京師。在這段期間之內，帝后對現任兩相和前任兩相進行了有效的誣告整肅，卻不見首相無忌加以挽救，所以說事有蹊蹺。或許是

韓瑗傳》同；但《舊唐書．來濟傳》則僅謂濟「朋黨構扇」（八〇：二七四三）。按韓瑗後被殺，而來濟沒有，故從《舊唐書》。

20. 《舊唐書》本傳不載此表，《通鑑》和《新唐書》本傳則均有潤飾，而後者尤加「牽於武后」一語，應為合理的推論。

21. 詳《唐新語》，一一：一〇。

無忌因不能阻止皇后的廢立，故灰心於朝政，轉而全心投入國家的撰述大業，這三年間他領銜先後完成了武德、貞觀兩朝《國史》八十卷，梁、陳、周、齊、隋《五代史志》三十卷，和《顯慶新禮》一百三十卷，所以無意或不敢力爭；也可能是他當時在京留守，因未從行，所以未能就近挽救。無論如何，帝后此次還京，是武后最後以匕首斷師子驄之喉的開始，不因李義府因案貶出而稍止。[22] 顯慶四年（六五九）四月，結局終於展開。這時的宰相團是太尉長孫無忌、司空李勣、太子太師于志寧、侍中辛茂將、中書令許敬宗和此月新拜的宰相黃門侍郎．參知政事許圉師。志寧、茂將、圉師都不是無忌的人，無忌明顯已經孤立。先帝死前耽心無忌日後會被讒人所間的憂慮，而無忌從武氏為皇后以來一直內心不安的夢魘，此時終於到來。

該月，有李奉節者告太子洗馬韋季方、監察御史李巢交通朝貴，有「朋黨」之事。今上敕令敬宗和辛茂將鞫按此案。敬宗按問甚急，季方自殺不果。敬宗素怨廢立皇后之時無忌曾面折於己，又知武后也對他受賄而不相助有怨，且惡其掌權，遂藉此案誣奏季方欲與無忌構陷忠臣近戚，使權歸無忌，俟隙「謀反」，如今事發，所以自殺。於是案情急轉直下，直指無忌。[23]

22. 兩《唐書》本傳謂義府回京後貪贓驕縱，與同僚宰相杜正倫不協爭訟，被今上兩責之，於三年十一月均貶出為刺史。

23. 《新唐書．無忌傳》謂敬宗「陰使洛陽人李奉節上無忌變事」，《舊唐書．無忌傳》則謂「敬宗使人上封事稱監察御史李巢與無忌交通謀反」，即是指敬宗直接主動教唆此誣告無忌謀反之案，殆是刪略歸惡之辭，今從《通鑑》（二〇〇：六三一二）。《唐新語》則謂奉節是櫟陽人，不言他是敬宗所教唆，且謂敬宗因知武后怨無忌不附己而又惡其權，故希旨利用此事興起大獄（一二：八）。

「豈有此邪！」這是今上聞奏後的第一反應，接著驚質：「阿舅為小人所間，小生疑阻則有之，何至於反?!」接著表示不相信。

「臣始末推究，反狀已露，陛下猶以為疑，恐非社稷之福。」敬宗回答。

「我家不幸，親戚間屢有異志，往年高陽公主與房遺愛謀反，今阿舅復然，使朕慚見天下之人！」今上泣，又問說：「此事若實，如之何？」表示已經開始相信了。

「遺愛乳臭小兒，與一女子謀反，豈得成事。無忌與先帝謀取天下，天下服其智；為宰相三十年，天下畏其威；可謂威能服物，智能動眾。臣恐無忌知季方自殺不果，事情敗露，即為急計，若一旦竊發，陛下遣誰當之？今賴宗廟之靈，皇天疾惡，因按小事，乃得大姦，實天下之慶也！」接著舉隋末煬帝姻親宇文化及在江都兵變，隋室因此滅亡之例，催促今上說：「前事不遠，願陛下速決之，立即收捕。」但是今上沒有同意，仍命敬宗更加審察。

明日，敬宗復奏：「昨夜再審韋季方，季方已承認與無忌同反，並謂韓瑗曾與無忌語，言柳奭、褚遂良勸公（無忌）立梁王（李忠）為太子，今梁王既廢，上亦疑公，故貶出高履行（無忌舅父高士廉之子，原為太常卿），由是無忌不安，漸為自安之計；後見長孫祥（原為刑部尚書）又被貶出，韓瑗（無忌堂侄媳之父）也得罪，故日夜與季方等謀反。臣參驗辭狀，咸若符合，請準律收捕！」

今上聞奏，又泣說：「阿舅若果如此，朕決不忍處分與罪，否則天下、後世道朕不能和睦親戚，使至於此！」

然而敬宗舉漢文帝為例，說文帝因其舅薄昭殺人，基於國法，故令朝臣喪服就舅宅哭而殺之，天下至今以為明主。因此促請說：「今無忌忘先朝之大德，捨陛下之至親，聽受邪謀，謀移社稷，若比薄昭罪惡未可同年而語，案諸刑典，合誅五族。今幸姦狀自發，逆徒引服，陛下何疑，猶不早決？臣聞『當斷不斷，反受其亂』，安危之機，間不容髮。陛下若少遲延，恐即生變，悔無及矣！」[24]

今上至此已經完全相信敬宗之言，因此同意他的意見，竟不引問無忌謀反所由，下詔削其太尉官爵，流放至黔州（治今四川彭水縣）安置，仍準一品官的待遇供給。

接著敬宗又奏，說此次無忌謀逆，是由褚遂良、柳奭、韓瑗構扇而成，柳奭且潛通宮掖，謀行鴆毒，于志寧亦黨附無忌，表示連中立派的于志寧——因為他曾擁立太子李忠——也不放過。於是再下詔追削遂良官爵，除柳奭、韓瑗之名，免志寧之官，沿途發兵援送無忌至黔州。連帶的，無忌子弟祕書監·駙馬都尉長孫沖等皆除名，配流嶺南，高履行累貶洪州都督；遂良二子則於流配途中被殺。翌月，駙馬都尉長孫銓的外甥、韓瑗的姨甥涼州刺史趙持滿也坐罪，敬宗懼其武勇作難，將他驛召至京師，誣與無忌同反，屈獄考訊，持滿不服，獄吏竟代為招供結奏而殺之；長孫銓則在配流之地為縣令希旨所殺。

到了七月，今上再命李勣、許敬宗、辛茂將與新拜相的兵部尚書任雅相、度支尚書盧承慶五相共同覆按無忌之事。敬宗卻差遣翊贊功臣之一的中書舍人袁公瑜等前往黔州，再鞫無忌反狀，至則逼令無忌自縊，遂快速地了結此案。武后雖然始終隱身於幕後，但是時人仍認為無忌之死，其實是被武后指使人所逼殺的。[25] 同月，詔令柳奭、韓瑗所至斬決，因韓瑗已死，故發棺驗屍而

---

24. 此對話《通鑑》與《舊唐書·無忌傳》、《唐新語》詳略輕重不同，今酌用之。
25. 參《唐新語》，一二：八。

還，而長孫祥則處絞刑；籍沒長孫、柳、韓三家，近親皆流嶺南為奴婢。總結長孫、柳二家貶降者十三人，于志寧貶為榮州刺史，于家被貶者也有九人。至於來濟，因當初只被告「與褚遂良朋黨扇構」，與無忌案無關，故倖免一死，第二年改徙為庭州刺史，調至西域效力。兩年後——龍朔二年（六六二）——突厥來犯，來濟對部下慷慨說：「我嘗掛刑網，蒙赦生命，當以身塞責，特報國恩！」於是不釋甲冑赴戰，殉於陣中，朝廷追贈為楚州刺史，官給靈輿送還故鄉，[26] 算是最好的下場。

這件大案是今上即位以來繼房遺愛案的第二件大案，其規模牽連則更甚於房遺愛案。許敬宗敢向以無忌為首的現任和前任諸相下此毒手，當然有武后作為後盾，纔敢如此為之。他處理本案的手法極似無忌當年處理房遺愛案：首先有一件一般的他案發生，遂利用此案以誣告的方式轉移為謀逆大案，又以司法審判為手段牽連一群人，分別坐實其罪，處以死刑、流配、貶降不等的懲罰，把敵對者和不悅者一起連根拔掉。由於本案以六位現任（無忌、志寧、韓瑗、來濟）和前任（遂良、柳奭）宰相為目標，茲事體大，故全案前後拖延了五個月的時間，不能太快速俐落。若從先貶遂良一事開始，再牽誣韓瑗、來濟而解除其相職，使無忌孤立；復經一年多的觀察，未見無忌或其他朝臣的強烈反應，再以他案誣連最後的目標——長孫無忌，連帶把中立而令她不悅的于志寧也一塊兒拔掉，則先後經歷了兩年之久。精心佈局，謹慎處理，被唐朝史臣歸惡的許敬宗在主動被動間首先發難作出此案，甚至最後假手李勣等互相覆審，其實他們都是武后的打手或棋子；他們也順勢利用此案鏟除政敵，以長保富貴權勢。

26.《舊唐書．來濟傳》，八〇：二七四三。

學界一直有將此事解釋為關隴集團和山東集團，或者說是貴族地主階級和庶族地主階級之間的鬥爭，最後關隴集團或貴族地主集團被武后摧毀的說法。其實大哉此說！筆者不願牽入這種概括式的二分法思考和爭論，只願意就事實及其發展指出，這是先帝忌諱「朋黨」的政策之下，今上即位以來最顯著和最重要的朋黨出現與鬥爭，原因相當複雜，論其性質是政治高層的權力鬥爭，且是少數權力高層人物之間的內部鬥爭。失敗的一方和成功的一方，都只是與極少數的高層權力人物有關，與極大多數的百官無關，更與社會力量無關——純就此案而言。因此，成功的一方解決了這六位現任和前任的宰相，就不見再有失敗的一方團體性的或階級性的後動，所以史書說「自是政歸中宮矣」[27]——政歸一個不出戶庭、新為皇后而又權謀多智，年齡纔三十五歲的少婦。

幾個五、六十歲的宰相——包括元舅、功臣和首相的長孫無忌，鬥不過另外一個宰相（李勣）和一批翊贊功臣，那些成功者的背後支柱是誰，確實不言而喻。武后在此次權力鬥爭之中，假手他人排除異己，自己仍能保持良好形象，展現出高度的智慧和靈活的技巧，不過只是初試啼聲罷了！往後的日子纔是大展身手的時刻。

在此大案中，今上的表現耐人尋味。他沒有像父皇般親自過問此類大案——如故太子承乾案和故宰相劉洎案等；反而像對房遺愛案一樣，沒有引他的貴戚宰相親加審問，全由無忌決定了就算數，甚至向侍臣泣求叔父與兄長免死也不果。他在此案中，也沒有引問無忌等相，由許敬宗和李勣等希武后之旨處分了就算。他在廢立皇后一事中被武昭儀所支配，在此兩案中則分被無忌和武后、許敬宗牽著走，人格表現始終一致，是昏是懦，或兩者俱是，讀者自可判斷，不須贅辯。

---

27. 見《通鑑》高宗顯慶四年八月條，二〇〇：六三一七。

從皇后到二聖：三馴師子驄的結果

李義府和許敬宗如果沒有遇到像今上這種人格的皇帝，是否會因緣際會地當上宰相，事不可知。不過，武媚若未遇上這種皇帝，則肯定不可能由其庶母變成其妻，而成為其皇后，也不可能讓她輕易鏟除異己，為日後干政鋪下了路。假如今上像其父皇太宗文皇帝，這種事情能夠發生嗎？是的，今上這種人格對她的生活和發展實在太有利了，應該要善加調教利用。從北朝以來，社會上不是教婦女們以善妒御夫、主持家門為能事嗎？權謀機智的她，可不會笨到像她的蠢三媳婦——後來的中宗韋皇后——一般，權勢未固即害死親夫，最後也身死他人之手，成為笑話。

除了昏庸之主，自古皇帝謹守刑、賞二柄不可假人的法家教訓，否則則是大權旁落。現在武后還沒有站上第一線，就已經能操弄君權，輕易地用賞柄在外朝布下腹心，形成勢力；也輕易地用刑柄鏟除了那一小撮內宮與外朝的競爭者、反對者和不悅者，這樣配合的夫皇太可愛了，值得珍惜愛護！

武后從顯慶四年鏟除了長孫無忌等人以後，此下的主目標不是要乘勝追擊，擴大打擊面。畢竟她長期在宮中生活，與外朝恩怨關係不深，這時政敵其實不多。聰明機智而又是權威進取型人格的她，這時以建立「母儀天下」的形象和權威為優先。

例如，她早在被立為皇后的半年前，已效法大唐模範皇后、今上生母——文德皇后長孫氏——寫了一篇《內訓》，大概是訓誡婦女之類的文章。[28] 當了皇后掌握事權之後，她又陸續召集了一

---

28. 史謂文德皇后曾撰古婦人善事十卷，名為《女誡》（見《舊唐書》本傳，五一：二一六六），武后是學於她的，

些文學之士，先後以她的名義，為她撰寫《古今內範》一百卷、《青宮紀要》三十卷、《少陽政範》三十卷、《維城典訓》二十卷、《鳳樓新誡》二十卷、《孝子傳》二十卷、《孝女傳》二十卷、《列女傳》一百卷、《保傅乳母傳》一卷等書，其性質或屬於女訓（妻訓），或屬於教育太子、諸王，乃至天下為人子女、師傅者之書，所以書成後皆分別送給子女乃至有關人等研讀。她要著書立說如此訓誡子女和臣民，顯示她想扮演一個權威型的母儀角色，這是極值注意的一件事。顯慶六年（六六一）初，因益、綿等州皆奏稱見龍出現，故改元為龍朔，今上似因此瑞的呈現而欲親征高麗，武后乃抗表上諫，請勿親征，詔從之。[29]稍後又上表請禁天下婦人為俳優之戲，詔也從之。[30]前者是效法故賢妃徐惠之諫太宗文皇帝不要窮兵勞民、息民節儉，後者是不欲女性再成為他人娛樂戲弄的對象。農業社會男耕女織，國家禮典中有皇帝親耕之禮，以示國家重農，皇帝率身勸農；而作為與皇帝匹齊的妻子皇后，禮典也有先蠶之禮，以為天下婦女勸蠶的榜樣。武后以前，僅有文德皇后曾行此禮兩次。永徽三年三月七日，高宗下制以先蠶為國家中祀，皇后不祭，則派官員享之。顯示出身貴族的王皇后從未親行此禮。武后為皇后後，先後於顯慶元年、總章二年、咸亨五年、上元元年及二年，親行此禮五次。[31]從這個角度看，武后對如何作好一個母親和妻子，以及如何母儀天下，始終極為重視而又努力。這時，她想自我定位的角色是：做一個賢妻嚴母，關

事見《舊唐書・高宗上》永徽六年三月條（四：七四）。

29. 《通鑑》繫於該年四月，二〇〇：六三二四。

30. 《舊唐書・高宗上》繫於該年五月，四：八二。

31. 《唐會要・皇后親蠶》，一〇：二六〇—二六一。

心和改善女性形象與地位的皇后。

可是，武后努力想做好一個母儀天下的皇后，著眼點似乎以建立她的個人形象和拉抬她的個人聲譽為主要目標，這是她追求和掌握權威的關鍵所在。她對權威的追求，在殺掉長孫無忌等人的同年——顯慶四年（六五九）閏十月以後——即已有極重要的發展。

她和今上見政潮已過，局面穩定，於是興起再赴東都，衣錦還并州故鄉之心，乃於是月出發，首次詔令太子監國。太子雖然聰明誠孝，但是畢竟還只是一個八歲的小孩，不但不能處理監國大事，而且對遠行的父母思慕不已。今上於途中聞知，立即召赴行在，一同前往東都。五年正月，又從東都出發至并州，直至六月纔回東都。一家快樂旅遊回來後四個月，三十三歲的今上突然生病，史謂「上初苦風眩頭重，目不能視，百司奏事，上或使皇后決之。后性明敏，涉獵文史，處事皆稱旨，由是始委以政事，權與人主侔矣」。[32]今上首次發病，太子年齡亦小，所以纔在病情不佳時「或使」皇后決百司奏事，「由是始委以政事」。此年因今上首次發病短暫不能視事，而實行「君權部分委託」——即部分政務委託；委託對象不是太子或親王，而是妻子武皇后，使她有機會正式「代行部分君權」，這纔是武后「權與人主侔」的契機，是她權威發展的重要關鍵。

中風是唐人常見的血管疾病，也是他父皇致死的病因。今上死年五十六歲，根據〈大帝（今上）遺詔〉說：「往屬先聖（先帝唐太宗）初崩，遂以哀毀染疾。久嬰風瘵，疾與年侵，近者以來，

---

32. 兩《唐書．高宗紀》是月不載發此病，《唐會要》但謂「苦風眩」（三：二四），今據《通鑑》，二〇〇：六三二一。

忽焉大漸」。[33]表示他認為此病是因哀慟先帝之喪而染得。在中國醫學裡，風是風，常指中風而言；[34]瘵是瘵，常指肺病，也是諸病的泛稱。〈大帝遺詔〉之言似乎告訴臣民說，他早年不僅染上風病，而且還可能同時染上了肺病，綿延二十餘年，日益沉重。真相是否如此，不易考知。

風病和瘵病都是慢性病，以現代醫學來看，此二病迄今仍為中國人十大死因之病，當年則更是無藥可治。病人需要長期服藥和調養休息，不能過度勞累，故也是「富貴病」。根據史書記載，今上從此的確是經常服藥的，例如今上後來仍多次往來兩京之間，崔融就曾上〈代皇太子請停幸東都表〉加以勸諫，說明東都固是「市朝之邑，天地所中；四方樞會，百物阜殷」。但是此時東幸，實則不宜。因為此時仍屬亢陽，天氣炎熱，「天皇（今上）昔常服餌」，近因勤政，更是憔悴，所以不宜暴露於旅途蒸薰之下。[35]甚至，今上一度效法先帝，要延請東天竺胡僧合金丹而餌之。宰相郝處俊為此上諫，以當年太宗文皇帝也曾令婆羅門僧合長生神藥而服之，不但無效，而且病篤，名醫不知所為作例子，請今上察之。該年今上四十一歲，接受其諫，乃不服其藥。[36]那種不耐炎熱、勞累憔悴、經常服藥，以至尋求金丹的病情狀況，躍然於言。

是的，今上因為染上風疾，可能也同時染上了肺病，所以除了經常服藥之外，尚且要搬離低

---

33. 《唐大詔令集》，一一：六七。
34. 如中唐名相杜佑記述突騎施領袖蘇祿晚年因風病，一手攣縮，部下因而攜離，見《通典．邊防十五》，一九九：典一〇八〇上。
35. 參《全唐文》，二一七：二七七五—二七七九。
36. 參《唐會要．識量上》總章元年（六六八）十月七日條，五一：八八七。

濕的宮城大內，擴建新宮和離宮。

今上首次發病時在東都，這次在東都前後住了兩年半，因病情稍好，故於龍朔二年（六六二）四月打道回京，同月遂下詔作蓬萊宮。史謂「高宗（今上）染風痹，以宮（太極宮）內湫濕，乃修舊大明宮，改名蓬萊宮；北據高原，南望爽塏」。此宮原是太宗文皇帝修建給太上皇（高祖皇帝）的暑宮，位在宮城東北隅禁苑內的龍首原上，地勢高而能俯瞰京城，後面且有一個大湖名蓬萊池。全宮面積廣大，環境適宜養病居住和聽政辦公，所以修成之後，今上乃在三年二月移仗遷入。從他開始，以後的大唐天子遂常居此宮，當時稱之為東內蓬萊宮，而原來的太極宮則改稱為西內。[37]

至於離宮的修擴建，也有多例可以證明與今上的休息養病有關。

原來大唐開國之初，高祖皇帝鑑於隋代離宮別館和遊憩所太多而又奢侈，已於武德三年七月八日敕令並廢，及至太宗皇帝時纔再有所營建，用以養病避暑。今上於顯慶已後，乃廣作涼宮，明顯的是為了養病避暑之用。例如顯慶五年（六六〇）四月八日，於東都苑內造八關涼宮，五月二十二日改為合璧宮。乾封二年（六六七）二月十日將萬年宮復名九成宮，於三年四月命將作大匠閻立德營造新殿。新殿成，今上謂侍臣說：「朕性不宜熱，所司頻奏請造此殿；既作之後，深懼人勞。今既暑熱，朕在屋下尚有流汗，匠工暴露，事亦可愍！所以不令精妙者，意祇避炎暑耳！」五年三月又因此宮「涼冷宜人」，乃親製〈萬年宮銘并序〉。儀鳳三年（六七八）正月七日，又

37. 參《唐會要·大明宮》（三〇：五五三），與《增訂唐兩京城坊考·大明宮》（一—三五）。

於藍田縣新作涼宮，名為萬全宮。[38]今上之病是怕熱之病，故上述諸「涼宮」的修擴建，其為避暑養病之用可知。

敘述至此，有一些事情就可以得到澄清或者初步的澄清。

第一，武后因為害怕廢后廢妃厲鬼的作祟，故從此遷居東內大明宮或東都之說是值得存疑的，即使實有其事也不是主因。武后與今上之所以營建和遷居東內，目的是為了今上的長期避暑養病。他們兩次至東都則是另有目的，第一次與離京後方便整肅韓、來諸相有關；第二次則與武后衣錦還鄉有關。自此以後，據國史明顯的記載，他們還有五次至東都：

第三次是麟德二年（六六五）二月至乾封元年（六六六）四月，與封禪泰山有關。

第四次是咸亨二年（六七一）正月至三年十一月，因關中饑乏，往東都逐食。

第五次是上元元年（六七四）十一月至儀鳳元年（六七六）閏三月，應與封禪嵩山有關。

第六次是調露元年（六七九）正月至永隆元年（六八〇）十月，與封禪嵩山有關，因突厥反，不果。

第七次是永淳元年（六八二）四月至弘道元年（六八三）十二月今上死，因關中饑旱，往東都逐食。

前後大約七次前往東都，占了今上在位時間的三分之一。所謂因關中饑乏，往東都逐食，其實大都與關中地狹人稠，又時有天災，京師物資供應不足有關；相對的，東都位居天下之中，交通方便，物資流通充裕，故當此之時，皇帝常率百官前往就食。民間稱呼這種情況為就食天子或

---

38. 參《唐會要．諸宮》各宮條，三〇：五五六—五六一。

逐食天子。例如第六次至東都原訂在儀鳳三年（六七八）初，故二年十月下〈幸東都詔〉說：「咸京（長安）天府，地狹人繁，百役所歸，五方胥萃；雖獲登秋之積，猶虧洊歲之資。睠言於此，思蠲傜役。夫以交風奧壤，測景神州（洛陽），職貢所均，水陸輻湊。今茲豐熟，特倍常時。事貴從宜，實惟權道，即以來年正月幸東都。」[39]又如前面提到的崔融〈代皇太子請停幸東都表〉，應是第七次前往時所上。該年春天關中嚴重饑旱，一斗米值三百錢，故表中說東都固是「市朝之邑，天地所中；四方樞會，百物阜殷」，但是此時不宜東幸。因為扈從隊伍程期逼迫，而資糧尚未周辦；何況關輔百姓頗多飢餒，朝廷已曾下令賑濟，甚至允許「求轉徙者任其逐糧」，故勸以延至秋涼動身為宜，俾百姓較能從容安頓休息云云。今上不納，仍倉促東幸，從行之士頗有餓死於途中者；稍後兩個月，關中天災更嚴重，人民或死於疫癘，或因飢餓而相食。[40]據此可見當時逐食的主因和情況。可知武后與今上常至東都，除了逐食的因素外，亦與其他因素——或政治的，或財經的，或交通的，或典禮的，或天災的——有關。論者解釋後來武后東幸不返，或謂與廢后、廢妃鬼魂為厲有關；或謂是要離開「關隴集團」地盤以便放手奪權改革；或謂與其負罪意識有關，[41]皆為推測之言，但也可備一說。

第二，今上既有此富貴病，則武后勢必要陪他遷居或出幸，甚至在發病的必要時代行君權，

39. 見《唐大詔令集》，七九：四五〇。
40. 詳《舊唐書・高宗下》和《通鑑》永淳元年四月至六月條。
41. 第一種推測見兩《唐書・王皇后傳》，第二種是陳寅恪先生及其引申者的成說，第三種參馬良懷〈傳統文化與武則天的負罪意識〉（收入鄭學檬等編《唐文化研究》，上海：上海人民出版社，一九九四・十一）。

參決朝政。顯慶五年只是首次，代行也不久；不過這種情況若發生多次以後，情況則會有變。《唐會要》說「顯慶五年十月已後，上苦風眩，表奏時令皇后詳決。自此，參預朝政幾三十年，當時畏威，稱為二聖。咸亨五年八月十五日稱天后」，[42]當作如是解。換句話說，武后即使在顯慶五年一度權倖人主，但只是因暫代君權而來，不是常態性的。她之所以能常態性的權倖人主，實是此下二十餘年今上不時發病和日益沉重，與武后乘機刻意發展的結果。

然則，顯慶五年武后首度參決朝政以後，她如何發展佈局，乃能更進一步發展至麟德二年（六六五）史無前例的「二聖臨朝」，和咸亨五年（六七四）的被尊為「天后」？

首先值得注意的事，是今上得了風瘵之病，不時要武后在內宮幫他參決朝政，而卻非要她站上第一線——臨朝聽政。這時的今上，考慮的是如何在外朝佈局，逐漸訓練太子監國或理政。自從顯慶四年（六五九）閏十月那次因赴東都而命年僅八歲的太子首次監國外，此後又有十次命太子監國或理政。根據《通鑑》所載，次數和情況如下：

第二次在龍朔二年（六六二）十月，今上幸驪山溫泉，詔太子監國，年十一歲。

第三次在龍朔三年（六六三）十月，詔太子弘每五日於東內正殿的光順門內視諸司奏事，小事皆委太子裁決，年十二歲。翌年武后稱「二聖」。

第四次在乾封二年（六六七）九月，今上因久疾，命太子監國，年十六歲。

第五次在咸亨二年（六七一）正月，二聖赴東都就食，詔太子監國，年二十歲。

第六次在咸亨三年（六七二）十月，二聖由東都還京，行前詔太子監國，年二十一歲。

42.《唐會要．皇后》，三：二四。

第七次在咸亨四年（六七三）八月，今上因久瘧疾，令太子弘於延福殿受諸司啟事，年二十二歲。翌年武后稱「天后」。

第八次在調露元年（六七九）五月，命新太子李賢監國。

第九次在開耀元年（六八一）閏七月，今上因服餌，命新太子李哲監國。

第十次在永淳元年（六八二）四月，今上赴東都前詔太子哲監國。

第十一次在弘道元年（六八三）十一月，今上疾甚，詔太子哲監國。翌月駕崩。

由第一次的顯慶四年（六五九）至第三次的龍朔四年（六六四，即麟德元年），其間僅僅相差五年，也是長孫無忌等被殺後五年，武后即以「二聖」姿態站上臨朝聽政的第一線，顯然太子李弘年小是其中最重要的原因，但也別有他因。

大唐制度，東宮組織仿照朝廷制度具體而微，總管機關詹事府比照尚書省，左春坊比照門下省，右春坊比照中書省。當太子監國或理政時，例由一府二坊會同朝廷三省宰相共同協助太子處理政事。[43]以武后稱「二聖」前的第三次為例，雖然右相（中書令）李義府因恃武后之勢非法胡為而在龍朔三年四月下獄配流，但是李勣仍以司空．同三品為首相，許敬宗仍以太子少師．同三品知西臺（中書省）事掌握出旨權和東宮，加上太子李弘年小，所以即使由太子監國理政，均對武后無所妨礙。這時，武后因門第上昇、母親和兒子地位顯著提高等因素，故地位日隆；加上處理宰相上官儀案，則更使權威日盛，因此順利成為「二聖」。上述這些發展，於此有進一步說明的必要，以見武后的安排和發展。

43. 詳參郭鋒〈試論唐代的太子監國制度〉，《文史（京）》，一九九五．四四，一〇一－一一四。

前面提到先帝——太宗文皇帝——曾於貞觀十二年（六三八）因為不恥魏晉南北朝以來山東衰敗門第賣婚附勢的風氣，指示禮部尚書高士廉等人以「崇我唐朝衣冠人物」為標準，整齊全國士族，修成《氏族志》一百卷頒示天下。這在朝廷修撰固然是一件大事，而事實上對士族的社會觀瞻和政治聲望更是影響重大。在廢立皇后的爭辯中，由於廢后系出山東大姓太原王氏，故支持的宰相均以「皇后出自名家」為由，反對廢后；相對的，由於武后系出太原鄰縣之文水，原來屬於小姓門第，如今雖為新貴家族，但也不算是第一等門第，故反對的宰相可能仍依傳統觀念將之視為小姓等級，力爭「若必須別立皇后，伏請妙擇天下令族，何必要在武氏」？氣得武氏在簾中大罵「何不撲殺此獠」！由此事例可知門第等級之被社會重視，和對其族人發展的重要性。

《氏族志》修成前武后之父只是已故正三品大臣，所以未敘武后本望，這當然影響文水武氏的社會聲望和觀瞻。及至武氏成為皇后，已為宰相的許敬宗就以此為理由，加上另一宰相李義府也因出身低微，恥其家族於書上無名，於是奏請修改。重修的書取名為《姓錄》，標準是「以皇朝得五品者書入族譜」，分為九等。依照原則，皇后與皇帝匹齊，故后族列為第一等之首；許、李兩人是正三品宰相，故得列入第二等；甚至連只因軍功而獲得五品以上勳者，其族也得列入書中。由於此書所訂標準太寬濫，因此不為縉紳士大夫所接受，鄙稱為《勳格》；但是對社會上的一般小姓寒素，則未必如此。[44]無論如何，顯慶四年（六五九）誅貶長孫無忌等人之同時所重修的此書，在政府重定士族門第時，可說給武后出了一口怨氣，也使文水武氏成為全國第一等的士

44. 詳《唐會要．氏族》，三六：六六四—六六五。

族門第。因此，武后就在同年閏十月安排第一次至東都，並在翌年正月由東都還并州故鄉。

當此之時還并州，對武后而言真的是衣錦還鄉！史載帝后和五品以上官員一行在二月抵達并州（太原），今上首先忙著大宴從官、諸親和并州官屬、父老，各賞賜有差，又曲赦并州都督府內人犯。由於并州是大唐太原起義的根據地，今上乃令所司致祭當年的陣亡將佐，普賜功臣子孫及元從僚佐將士官階或財物，又賜酒會三日；最後祭祀祖父高祖皇帝的舊宅，而僅以武后之父、殷開山、劉政會三位功臣配享。武后則等官方儀式結束後，在三月親宴親屬、鄰里、故舊於朝堂，又會命婦、婦人於她所居的內殿，各賞賜有差，並賞及從行的五品以上官。甚至皇帝因并州是武后故鄉，所以特別給并州幕僚長——長史和司馬——各加勳級，又版授八十歲以上城內及諸婦女各為郡君，給足武后面子。[45]如是者擾攘兩個月纔打道回東都。此行也，不但文水武氏社會聲望大增，連帶地武后的個人威望也隨之水漲船高；只是對今上則是不幸，因為回都後四個月他就首次發風瘵了，可能與他早已有發病因子，而因此行勞累和暴飲暴食，促使其爆發有關吧。

在政治場合裏，不論個人或近親，武后的姿態都擺得很高。在她舉行皇后冊禮那天，她就破例的以大唐皇后的身分駕臨肅義門，接受文武百官和外國君長的朝見，一點都不以曾被人批評為出身低或是先帝之妾而自慚自卑。稍後，她讓父親被追贈為司徒・周國公，又讓母親楊氏改封為代國夫人。大唐制度，命婦有內、外兩類，內命婦指皇帝妃嬪及太子嬪妾，至於公主、王妃以至其他誥命夫人皆是外命婦；誥命夫人則或從夫或從子而貴，誥命須與夫、子相配應。如今武后之

45. 諸書以《舊唐書・高宗上》記載此事最詳，四：八〇。

父追封為周國公而其母卻另封為代國夫人，這也是破例之舉，[46]無異向全國臣民宣佈：其母不是因其父而貴，而是因她本人而貴。更有甚者，國夫人從國公之品秩原為從一品，就在今上首次發病、她首次參決朝政的那個月，她又讓母親改封為榮國夫人，品第一，位在王公母妻之上。[47]這是有意要讓楊氏成為外命婦中的第一夫人，更是破例中的破例。可見武后不怕批評，自我作古，急著和盡量地提昇她自己與本家的政治地位。

至於武后的親生子當然也作了很好的安排。長子（皇五子）李弘在顯慶元年（六五六）正月四歲之時，武后就幫他取得了皇太子的地位，不在話下。次子李賢這年纔三歲——他生於永徽五年十二月，故實際上只有一歲半——也已經在同年六月封為潞王，官拜京師所在地的雍州牧。此年十一月第三子李顯出生，亦於明年（顯慶二年，六五七）二月封為周王，並在同年年底官拜東都所在地的洛州牧。三個兒子皆年在沖幼，甚至還在襁褓，卻已都在她成為皇后後一兩年之間分據要職。第四子李旭輪，要晚至龍朔二年（六六二）六月纔出生，同年十月即封為殷王。就在此年十二月，今上又命李賢為揚州大都督，李顯為并州大都督，旭輪則遙領冀州大都督，這時兄弟們仍然年在沖幼或在襁褓之中，這是武后首次參決朝政後兩年所發生的事。

武后不完全遵照傳統的「妻從夫貴、母從子貴」方式行事，而是硬扭過來，以「妻從夫貴、子從母貴、父（母）從女貴」的方式來墊高自己，使自己能在極短時間之內，身分日高而位望日隆。她的親生子既在沖幼或襁褓之齡分據要津，則他們的庶出兄長們自然要退居次要，這時最慘的是

46. 詳《唐會要．命婦朝皇后》，二六：四九二—四九五。
47. 見《舊唐書．高宗上》顯慶五年十月條，四：八一。

曾經當過太子的庶長兄李忠。李忠的慘事與上官儀案關係密切。

前面提過李忠曾被利用為阻擋武后的第一著棋了，使他成為武后的眼中釘，讓他陷入心理恐懼之中而有異常行為。顯慶五年（六六〇）七月，今上和武后一行遊并州回至東都後不久，就有一個服侍李忠的婦人阿劉，遠從房州來陳告李忠的罪狀，遂被父皇廢為庶人。他的罪狀和處分情況，據〈黜梁王忠為庶人詔〉是這樣說的：

> 「房州刺史・梁王忠居庶孽之地，在髮丱之辰，柳奭、遂良，上結無忌，頻煩進說，勸立東朝。朕以副宮之位，宜遵周道，苟非其人，不可虛立。正以宗臣之寄，仰在諸公；旦夕勤懇，難為其意！及正嫡昇儲，退居列屏。樂善之事，早紊於賓僚；窺怨之詞，日盈於床第。婦女阿劉，遠有陳告；跡其罪狀，蓋非一途：乃偽作過所入關，云欲出家逃隱；又令急使數詣京都，覘候兩宮，潛問消息；自說妖夢，戴通天冠，喜形於色，以邀非望；每召巫師，祀龍祈福；畫千菩薩，願昇本位；每於晨夕著婦人衣，妄有猜疑，云防細作；又嗟柳奭，稱其為我；悼傷韓瑗，情發於詞。朕初見此言，疑生怨謗，故遣御史大夫理及中書官屬，相監推鞫，證見非虛。……懷姦匿怨，一至於斯；擢髮論罪，……應從極罰。皇后情在哀矜，興言垂涕，再三陳請，特希全宥。朕戚屬之中，頻虧國典，……尤深愧歎！特宜屈法，降為庶人。」[48]

顯示今上當年立李忠為太子是格於宗臣「旦夕勤懇，難為其意」之下同意的，如今有人陳告，

48.《唐大詔令集》，三九：一七九。

審問又屬實，若非武后在旁求情，則論罪「應從極罰」。李忠步長孫無忌這位「宗臣」後塵被徙居黔州，囚禁於大伯父故廢太子李承乾的舊宅。可憐的李忠，雖已遜位而為親王，但是猶不得安穩。如果這道詔書所述屬實，則他在被黜後的生活，已是活於極度緊張和焦慮之中，甚至感到極不安全，以至有宗教妄想和迫害妄想的心理狀況。陷李忠生活於如此地步，孰令致之？是他個性柔弱的父皇嗎，還是嫡母武后？但是武后在此事件中，起碼表面上卻是從旁扮演了「情在哀矜，興言垂淚，再三陳請，特希全宥」的慈母角色，而非「燕啄皇孫」的嚴母角色！

被逼得精神心理已經發生問題的李忠，事情至此並未完了，四年之後——麟德元年（六六四）——天降橫禍，武后使許敬宗誣告上官儀等與他謀反。李忠百口莫辯，於是在囚所被賜死，年僅二十二歲；且因無子，故直至第二年纔因五弟太子李弘之請求而被收葬，有關的史書都是這樣記載。如此看來，孰令致之的人已經不言而喻！武后對這個無辜涉入她權力鬥爭的庶長子，一直記恨而不能忘懷，必欲置之死地而後甘。揆諸她後來對其他庶子女的情況，益發可以證明此判斷是真的。武后作為一個嫡母，她對庶子女們已經展開了家庭暴力的迫害。怨恨會使人喪失理智，所以她不顧先前所要扮演的角色，而對庶子女們實施家庭暴力，可以說已從嚴母變成虐母。

上官儀是武后繼長孫無忌之後第二波要逼害的宰相，是另一匹她要殺死的師子驄，原案本與李忠無關。根據史書說法，此案起因於今上與武后的感情不協。

原來武后當年不恥委屈地侍奉今上，目的只是為了爭寵奪位。如今目的已達成，她就一改常態，專作威福，不但施施然無憚於今上，而且反過來實行「御夫」，監視及控制今上的行為。監視配偶的行為，在當時社會不算是什麼大了不起的事情；但對當代而言，已經構成一種精神虐待，屬於婚姻暴力的現象。久了之後，今上遂忿忿不能平。降至麟德元年（六六四），武后曾經召請道士郭行真進入東內為蠱祝厭勝之事，事情被宦官王伏勝揭發，[49]遂引發事端。

厭勝是嚴重的案件，是當年王皇后被廢的主因，武后決不會不知道。她冒險為此事，是因為夫妻琴瑟違和而請道士巫祝解困，抑或是因為廢后廢妃鬼魂為厲而請道士巫祝解謝，更或是因為姊姊韓國夫人母女這時已被今上所寵，因怕失寵而事蠱祝厭勝？無論如何，前二者只是作法解困或解謝罷了，不致於咒害別人。假如武后蠱祝厭勝之事是真的，則必有咒害的特定對象。依照常理判斷，武后這時仍需今上支持，應不致於僅為夫妻失和而咒害夫皇，所以為了姊姊和甥女得寵而作蠱，實有極大的可能。史謂韓國夫人母女因武后之故，得以出入禁中，並且皆得寵幸於今上。不知何時韓國夫人死，其女則被封為魏國夫人，更被寵，今上且想納她為嬪，而礙於武后，久未能決，故武后則對此甥女甚為內忌。[50]武后的寵愛有被分或被奪的可能，這恐怕是她請道士入宮蠱祝厭勝的原因，對象應是其姊和甥女或其中一人。今上得悉此事，大怒，密召宰相西臺侍郎・同東西臺三品上官儀來商議。這時門下省和中書省已改名為東臺和西臺。

上官儀善為文章，尤工五言詩，成名很早。他早年系出武后堂舅楊恭仁的門下，為楊恭仁所禮遇，舉進士出身。先帝聞其名，召他入宮為弘文館直學士，常與他作文相和，甚至要他批改草稿，由此屢次昇遷，至今上乃拜他為宰相，仍兼為弘文館學士，是典型的文學侍臣。不過上官儀也有典型的文人性格，頗恃才任勢，故為當代所嫉。當今上與他商議武后蠱祝厭勝之事時，上官

49.《新唐書・武后傳》說「為蠱祝」（七六：二四七五），《通鑑》說「為厭勝之術」（該年十月條，二〇一：六三四二），俱未說明作蠱的原因。

50.《新唐書・武后傳》，七六：三四七六。

儀附和上意，說皇后專恣，失海內之望云云，與今上意見相合，[51]於是今上即令他起草廢后詔書。武后早已在宮中線眼密佈，故左右奔告於她。武后聞訊，馬上往見今上自訴。今上對著武后，羞縮不已，待她如初，還怕武后怨恨他，乃騙她說：「是上官儀教我！」頓時使上官儀成為武后要殺的下一匹師子驄，可說是武后三馴師子驄。

武后整肅上官儀的方式如同整肅長孫無忌等人一般，執行者也是許敬宗。由於上官儀曾經當過李忠為陳王時的諮議，王伏勝也曾服侍過李忠，於是武后使許敬宗誣奏，說他們三人暗通謀大逆。麟德元年十二月，上官儀被捕下獄，與其子周王府屬上官庭芝、王伏勝皆被殺，家屬籍沒。他的孫女上官婉兒時在襁褓，就是因為此案而沒入宮中。兩天之後李忠也被賜死，並且牽連宰相劉祥道等朝士多人，皆坐與上官儀交通之罪而被流貶。

51.《舊唐書》諸紀、傳對上官儀的態度缺記，皆謂許敬宗誣之；而《新唐書》儀及武后傳，與《通鑑》（麟德元年十月條，二〇一：六三四二）皆謂上官儀請帝廢后。劉健明以為《新唐書》、《通鑑》之說本於《唐新語》，甚是；但他認為此說可信性很高，肯定高宗有廢后之意，儀也有贊同廢后的想法，則可再商榷。筆者以為《唐新語》、《新唐書》、《通鑑》皆未說高宗召上官儀時即已有廢后之意，儀何敢主動建言廢后？且廢后大事，上官儀應不致於如此魯莽，恐怕僅止於附和上意，趁機反映輿論，以批評武后罷了，而高宗既已大怒，遂有廢后之意，故即令儀草詔，《新唐書》、《通鑑》說他與帝意相合，應指此而言。因此廢武后之意殆出自高宗，而後來竟因懼內，遂諉過於儀。對武后來說，上官儀即使沒有主動提議廢后，但卻也是一匹師子驄，不得謂是無辜犧牲，故除了族沒其家外，尚藉機除掉廢太子忠等人以絕後患。她晚年請三官除罪（詳第十四章第四節），起用儀之孫女婉兒，或許與自覺誅絕上官儀一家太慘有關吧。劉健明之說詳其〈上官儀謀廢武后事件考析〉，見《武則天與偃師》，三九—四八。

武后利用此案除掉對儲君有潛在威脅的廢太子，又藉機再度殺貶對她不利或她所不悅的宰相朝臣，威權於是又大大增高了。從此以後，今上每次上朝，武后都垂簾於後，政無大小皆與聞，天下大權悉歸中宮，臣民黜陟、生殺決於其口，今上拱手而已，中外稱之為「二聖」。[52]

史書批評今上如此受武后控制，是他昏懦或懼內的結果；也有近人為此大加反辯，以為武后干政與今上是否昏懦或懼內無關，也無事實證明今上確實如此。[53]筆者以為知子莫如父，先帝早就認為今上性格懦弱而曾有廢立之意。當房遺愛案發生時，今上不敢親問其叔父、兄長等人的涉案情狀，更不敢挽救他們，應該是他不敢拂逆長孫無忌，不敢與無忌衝突的懦弱表現。同樣的表現一再重複出現於無忌等相被誣謀反，乃至上官儀和其親子李忠被誣謀反諸案，這時他不敢拂逆的是武后，甚至當武后來質訴時他表現得「羞縮，待之如初」，而且更怕她怨恨，故騙她說是上官儀教我。在此案中，武后明顯地扮演時下「悍妻」的角色，而今上則是扮演「懦夫」的角色，可見今上性格懦弱是千真萬確之事，不得說無證。懦弱是缺乏勇氣的表現，這種人容易被人控制支配，卻與他是否聰明能幹無絕對的關係。懦弱的人可能是聰明人，也可能是能幹者，只是他沒有勇氣與別人衝突，缺乏向別人大聲說「不」的膽量。今上基本上就是這種人，所以先前受制於舅父無忌，此後受制於妻子武后。

至於懼內，確實是有些男人的特質，也是唐人頗普遍的社會現象；其實懼內也與懦弱無絕對

---

52. 《新唐書．武后傳》等書說她與皇帝「偶坐」，《通鑑》則據《實錄》說她「垂簾於後」，今從後者，見麟德元年十二月條及胡注，二〇一：六三四二—六三四三。

53. 詳《武則天評傳》，六六—七一。

的關係，因為儒弱的人不一定懼內。不過，武后是強悍而權威的女人，儒弱的今上在宮中動輒受制，長期不勝其忿，卻不敢衝撞武后，甚至還怕了她，正是儒弱和懼內兼而有之的表現，可以無疑。武后不僅在宮中控制今上，迫害她的庶子女，也同時嚴厲管教她的親生子女，以至於支配今上在外朝所管的朝政。試想若無強力的後臺支持，許敬宗敢連誣大案整肅幾個元老宰相和其他朝臣嗎？敢逼死皇帝的親舅舅和庶長子嗎？這些整肅大案其實都與背後的武后有關。今上面對這些大案連問都不敢問，也不敢赦免他們，任由別人來幹，其為儒弱或者昏庸，抑或兩者皆是，讀者可以自作判斷。只是當妨礙拔除後，武后仍不放心，遂以二聖的姿態與皇帝臨朝聽政。根據上面列舉太子監國的狀況看，這時與今上生病無關，因此正是他懼內和受控的公開表現；只是武后此後似乎也避免過分刺激今上，以免廢后之事再度發生。帝后共同臨朝是史無前例的創舉，大唐歷史自此進入了一個新里程。

從二聖到天后

皇后臨朝垂簾與皇帝聽政，是史無前例的變局，在傳統的男性社會裏稱為「牝雞司晨」，為何沒有朝臣反對？大概今上既因懼內而不阻止此事，臣民的黜陟生殺又決於武后之口，支持她或甘為她打手的宰相如李勣和許敬宗尚在，群臣安敢以身試法反對此事。

事實上，當時的政局政風相當微妙。自從長孫無忌等相被整肅之後，相權以李勣和許敬宗最為重，當年與無忌、遂良不合的人或被平反起用——如韋思謙和李乾祐，或被重用拜相——如李義府和盧承慶，其他公卿已不敢正言，及至上官儀獲罪後情況更糟。[54]例如二聖臨朝的第二年——麟德二年（六六四）二月，今上曾問侍臣說：「隋煬帝拒諫而亡，朕常以為戒，虛心求諫，而竟無諫者，何也？」李勣在旁回答說：「陛下所為盡善，故群臣無得而諫！」阿諛人君之情、阻塞他人逆言之意可見。又過了三年——乾封二年（六六七）二月，今上責備侍臣不薦進賢才，大家不敢回答，只有司列少常伯（吏部侍郎）李安期回答說：「天下非無賢才，群臣亦非敢遮蔽賢才。只因近來公卿一有推薦，即被讒言者指為朋黨，被薦者未獲伸用而推薦者先已獲罪，所以各務杜口！陛下若果推至誠以待賢，其誰不願舉所知？此關鍵在陛下而非在群臣也！」[55]這種情況大約與無忌和遂良秉政時，今上怪問百官不言事的情況相當，顯示他又被另一批權貴所包圍，只是由無忌、遂良朋黨換成李勣、敬宗朋黨而已。

這種政局政風粉飾了一些太平無事的假象，武后則要更進一步大事粉飾，這就是要舉行封禪大典——歷代封建王朝最大的典禮。

天子待天下太平而後至泰山封禪，告成功於天，源出於方士之說，自秦漢以來常為好大喜功之主所嚮往；但也常以天下未臻太平，故歷朝帝王極少敢舉行此禮。像秦始皇、漢武帝之流先後舉行此禮，司馬遷遂在其名著《史記》中，特撰〈封禪書〉一篇，對二帝極盡揶揄諷刺的能事。先帝——太宗文皇帝——平定天下，推動「貞觀之治」，早就議論過要舉行此禮很多次了，只因

---

54. 盧承慶曾被遂良所構而一再遭貶，見《舊唐書·盧承慶傳》（八一：二七四九），無忌等被殺後公卿不敢正言，見《新唐書·上官儀傳》（一〇五：四〇三五）。李義府則一度被貶，無忌被黜後復相。

55. 分詳《通鑑》各該年月條，二〇一：六三四三及六三五一。

他為人謙虛或時機不對，所以一直沒有舉行。及至今上繼位後的顯慶六年二月，益州等地皆言龍見。天示禎祥，龍出太平，故下詔改今年為「龍朔」，群臣又數請封禪，武后也密贊此事，本來已下詔要在龍朔三年（六六三）正月舉行，尋因討伐高麗和百濟的軍事行動而下詔停止。56 同年九月，唐、新羅聯軍大破百濟、倭國（日本）聯軍於白江口，百濟盡平，除了留下劉仁軌部鎮守百濟之外，主力凱旋班師。這年十月，有司奏稱東內正殿含元殿前麟趾見。麒麟是瑞獸，它的出現也具有致太平的象徵，於是改明年年號為「麟德」。戰爭的勝利加上麟見，讓朝廷再度興起封禪的念頭，乃於麟德元年（六六四）七月一日下詔，宣佈將在三年正月至泰山封禪，各州都督、刺史須在明年十二月集合於山下，諸王十月集合於東都，官方進入籌備狀態。

麟德二年（六六五）正月，今上一行啟程往東都，命司空李勣、太子少師許敬宗等為檢校封禪使。十月，武后和司禮太常伯劉祥道先後奏請封禪，於是車駕從東都出發，六宮妃嬪、百官兵士及儀仗法物，浩浩蕩蕩相繼幾百里。東自高麗，西至波斯，包括突厥、于闐、天竺、烏萇、昆侖、倭國、新羅和百濟等諸國元首酋長，各率部屬扈從，穹廬氈帳及牛羊駝馬填塞道路。時人以為古來帝王封禪，從來沒有過如此的壯盛。十二月到達齊州，留住十日，在行宮牙帳朝見隨行及來會的群臣，然後再出發進抵泰山之下。

武后一再力贊舉行封禪大典，其實有她個人的動機：一方面要藉此彰顯她參預大政以來致天下太平的成就，另一方面則要藉此突出她的個人政治地位。封禪大典主要由兩部分典禮構成，即祀昊天上帝的封禮和祭皇地祇的禪禮，皆由皇帝首先行初獻禮，然後分由公卿行亞獻和終獻禮。

56. 參《唐會要．封禪》（七：九八）及《通鑑》龍朔二年十月和十二月條（二〇一：六三三二—及六三三三）。

因此她在十月奏請封禪時，曾上表批評封禪舊儀之中，祭皇地祇典禮部分以太后配享而卻以男性的公卿行禮，至為不當，於禮未安，要求到時要由她率領內外命婦行禮奠獻。今上對此表示同意，下詔在社首山舉行禪禮時，由皇后主持亞獻，越國太妃燕氏主持終獻。檢校封禪使當然配合武后之意，擬定皇后亞獻的儀注。女性參與國家最高級的祭祀天地大典，實為前所未聞之事，也是空前的創例，由此可見武后之用意。

三年正月元旦，今上祀昊天上帝於泰山南山下的封祀壇，以高祖皇帝和太宗皇帝配享。第二天登山，又封玉冊於山上的登封壇。三日，祭皇地祇於社首山之降禪壇，以太穆皇后（今上祖母）、文德皇后（今上生母）配享。今上初獻完畢，執事者皆趨下，宦官執帷而上，由武后登壇亞獻，越國太妃為終獻。史官說武后率六宮登山行禮時，歌舞者皆用宮人，帷帳皆錦繡為之，群臣瞻望，多竊笑之。你們的竊笑歸你們的竊笑，我自我作古歸我自我作古，總之，中國歷代舉行封禪大典，我是唯一主持亞獻的皇后，對我現在的政治地位和歷史地位，無疑有極大的提昇和突破作用！因此，群臣的嘲笑我會在乎嗎?!

大典舉行完畢，正月五日，今上御朝覲壇接受朝賀，改元「乾封」以示慶祝，跟著賜三品以上官員爵昇一等，四品以下官員位加一階，其餘獎賞各有差，大赦天下，賜酒會七天，至同月十九日纔從泰山回駕。途中經曲阜縣，幸孔子廟，追尊為太師；經谷陽縣，幸老君廟，追尊為太上玄元皇帝；然後經東都，直至四月纔還抵京師。這年武后四十二歲。

武后參贊封禪，從籌備到還京，隆隆重重、熱熱鬧鬧凡約兩年。她經此大典而使位望獲得空前提高，除了突破女性不參與大祀的禁忌之外，尚且打破了官員須憑考績進階的制度，開創了「泛階」之局面，及至今上晚年，朝廷穿緋服的四品官幾乎滿朝都是，可見其氾濫。[57]不但如此，她另有一個副收穫，就是藉此機會除掉了她的情敵外甥女魏國夫人。

前面說到武后之姊韓國夫人及其女賀蘭氏皆得幸於今上，這時韓國夫人已死，其女則被封為魏國夫人，居於宮中，今上一直想收她為妃嬪，但難於武后而不敢決。武后是善妒之人，心裏厭惡魏國夫人得緊，只是忍隱未發。這次堂兄弟——始州刺史武惟良和淄州刺史武懷運——依例會集泰山封禪，並且從駕來到京師。大唐百官有向帝后獻食的習慣，當惟良等在京獻食之時，武后密置毒於食中，使魏國夫人食之，因而暴死。武后歸罪於惟良兄弟，盡殺之，並將他們改姓為「蝮」氏。[58]蝮是一種毒蛇，與武字諧音；情形如同改王皇后為「蟒」氏，改蕭淑妃為「梟」氏，皆取其姓氏諧音的毒惡之物以詆毀之，一洩心頭之怨恨。

至此，武后已坐穩二聖臨朝的格局，內無情敵，外無強爭，但是她還是要提昇自己的位望。權威對權力慾旺盛的人來說，總是永遠有強大無比的吸引力！這時的大唐，事實上也進入了興盛的局面：戶口比貞觀初增加了一百萬戶，物價便宜，文治鼎盛，武功強大，聲教遠播。因此封禪之後的第二年，二聖命百官商議建造明堂。漢儒傳說明堂是上古聖王聽政佈教之堂，但是歷來誰也弄不清楚它的制度，而致聚眾紛紜，莫衷一是。先帝也想建造明堂，但其結果則仍是因百官久

57.《唐會要．階》及兩《唐書．高宗紀》敘述此次泛階不明朗，今從《通鑑》該年月條，二〇一：六三四六。

58.《舊唐書．武承嗣傳》說賀蘭氏時居宮中，但卻謂武后安排今上至其母之邸，因惟良等獻食而毒死賀蘭氏，並諷百官抗表請改惟良等姓，頗富傳說色彩。《新唐書．武后傳》不取此說，但言之甚略。《通鑑》依本《實錄》，今從之，見《通鑑》乾封元年八月條並注，二〇一：六三五〇。

議不決而停止。乾封三年（六六八）三月，二聖因朝廷議明堂制度略定，下詔大赦天下，改元「總章」。明堂的另一名稱為總章，二聖為了宣示興建決心，所以改元，並且將京師所在的長安和萬年二縣分析，增加為長安、萬年、乾封和明堂四縣。不過，因為明堂的構室應該有幾、功能為何仍然引起爭議，加上京師、山東、江淮等地天災饑荒，所以興造之事也就不了了之。二聖繼效法前代聖王封禪泰山，而欲再度效法聖王佈政明堂之盛舉，這時也就成為遺憾，需待今上死後，武后纔能單獨毅然為之。

總章三年（六七〇）初，明堂雖然不能建成，但是國內外情勢基本上仍能維持興盛的局面。不過就在這年中，大唐傳來了國防軍事上的重大噩耗：先是於四月，吐蕃攻陷大唐西域十八州，安西四鎮撤守；後來於七月，大唐西征軍在薛仁貴統領之下，又被吐蕃大敗於大非川，全軍覆沒，屬國吐谷渾淪陷。[59]這是大唐自開國以來未曾有過的喪敗！是二聖臨朝統治之下國勢走下坡的先聲。二聖本來已在四月赴九成宮避暑，這時急急回京坐鎮。更糟的是，八月回至京師，又適逢關中久旱饑饉，不得不於九月下詔任由百姓往諸州逐食，並且宣佈於明年正月出幸東都。

屋漏常會逢夜雨，高齡九十二歲的武后母親楊氏，此行也陪同至九成宮，卻在旅遊中間染上疾病，藥石無效，於八月二日死於九成宮的山邸。這時二聖已回至京師，凶聞傳至，武后因不能請安侍病而悲痛不已，今上恐怕妻子不勝其悲，安慰有加，改封楊氏為衛國夫人。閏九月二十一日，武后遵照母親遺囑，將她葬於咸陽縣的洪瀆原外祖父舊墳之左。是日之後，今上廢朝三日，下制追贈楊氏為魯國太夫人，謚號「忠烈」，仍令司刑太常伯（刑部尚書）盧承慶監護喪事；又

59.《通鑑》繫此敗於八月，兩《唐書．高宗紀》繫於七月，今從之。

特令宰相戴至德持節弔祭，九品以上文武京官及諸親命婦並赴宅弔哭，送葬至渭橋，葬禮規格依同王禮，官方所立之碑且由今上親筆御書。

閏九月一日是辛丑日，就在三日，武后以久旱請避位，今上不許。同月十二日，今上反而下詔追贈武后之父——司徒·周忠孝公——為太尉·太子太師·太原郡王，楊氏為太原郡王妃，並於官方備禮冊命時親御橫門開軒悲哭。到了二十一日，今上遂如上述，極盡隆重其事地舉行楊氏的喪禮。[60]這年是二聖統治情況開始下降的一年，對武后來說尤其是內憂外患。因此武后透過母親的高規格喪禮，不但轉移了臣民的視線，兼且也因此再度抬高了自己的位望，真是善於利用者可以逢凶化吉！

又過了兩、三年，今上因去東都或生病，一再讓太子李弘監國視事；而太子則因多病及入侍，力有未逮，其實此時大權已由武后所掌握。降至咸亨五年（六七四）的上半年，武后從嶺南召回哥哥武元爽之子武承嗣，讓他襲爵周國公，並且昇遷他為宗正卿。宗正卿職掌皇家的屬籍，通常由李氏任之，如今由武氏子弟來掌管，是則一葉可以知秋。就在武承嗣出掌宗正卿後的三個月——咸亨五年八月十五日中秋節那天，二聖追尊今上祖宗：遠祖宣簡公李熙為獻祖宣皇帝，其子懿王李天賜為懿祖光皇帝，今上高祖父太祖景皇帝李虎和曾祖父世祖元皇帝李昺不追尊，祖父高祖大武皇帝李淵為高祖神堯皇帝，父親太宗文皇帝李世民為太宗文武聖皇帝，他們的妻子都追尊以相應的皇后位號。如此追尊今上的六代祖宗，名義上是為了避先帝和先后之稱，其實目的是為了武

60.《新唐書·高宗紀》不述楊氏死葬之事，《通鑑》及《舊唐書·高宗紀》述事及時間則與〈望鳳臺碑〉頗異，今從〈望鳳臺碑〉。

后要自我尊大：從此時起，今上稱為「天皇」，武后稱為「天后」。皇帝和皇后同時改稱為天皇和天后，這似乎與「二聖」的稱謂更名符其實。同時為了表示紀念之意，將此年改元為「上元」，並且大赦天下。61

武后的位望已經提昇到史無前例之高，權力慾至此已經表示得很清楚。這年她五十歲。今後她需要面對的問題是：如何掌握權力和如何主導朝政。今後二聖臨朝的局面，又將進入新的里程。

61.《通鑑》上元元年八月條並注，二〇二一：六三七二－六三七三。

第六章　武后的家庭角色和母儀

武后與本家親戚

武后在永徽六年（六五五）成為皇后以後，扮演的是相夫教子，母儀天下的角色。及至顯慶五年（六六〇），三十六歲的她開始參決朝政，與聞國家大事，這是歷朝皇后極少有的機會，自此她所關心的就不再拘限於皇族。由於政務的參決，她的權力慾、控制慾和強悍性格遂得以逐漸顯現出來，上官儀案、二聖臨朝和封禪大典諸事就是最佳的例證。北朝以來主婦持門戶和丈夫懼悍妻，原本在社會上就隱然成風，司空見慣，因此巨民們也就見慣不怪。不過，依據封建禮法，武后畢竟是皇后，雖然有時會接受群臣命婦的朝見或宴聚，但是卻也不便隨便與朝臣交往密商。依照漢朝以來外戚政治的慣例，這時候她最需要的是外戚幫助。

讀者應該注意到，武后諸父雖然一門三公，但是只有她的父親官至尚書、國公，至於兄弟輩任官也不算很高。根據大唐銓敘制度，任官途徑有封爵、勳庸、資蔭、秀孝（即科舉考試）和勞考五種。除了嗣親王、郡王及親王之子封郡公者外，其餘皆從六品以下依次遞減敘官，應入三品、五品者，皆須待別制進任。因此，武氏子弟們或可依資蔭，或因繼承父親的封爵而銓敘任官。大唐對太原起義的元從人員向來重視和照顧，例如太宗皇帝臨死之前，就立下遺詔，命令「太原元從人見在者，各賜勳官一級」。[1] 第一章第一節提到具有「太原元從」身分而制授諫議大夫的武恭，他的兒子武客也以資蔭做官，授王府隊正，位階正七品上。武后的伯父們也是太原元從，所以他們的子弟們任官起碼也與武客相當；至於武后的親兄長，由於父親列為「太原元從功臣」，故起階會更高。

武后在當皇后的第二年撰寫過〈外戚誡〉一文，[2]似乎想效法婆婆文德皇后長孫氏之戒慎外戚；但是當今上與她衣錦還太原而大加賞賜的那年——顯慶五年（六六〇），今上即命所司分別致祭元從官員的墳墓，對后父更是待以殊禮，配食於高祖皇帝的舊宅，並對佐命功臣子孫賜階有差，量才處分，顯示武后在誅除了婆婆的外戚長孫無忌的勢力後，隱然也有扶植自己外戚之意。總之，太原元從的子孫原來依法就可以做官，不過也確實因為武后之故而進階。就在這年十月，武后初參朝政，將母親楊氏改封為榮國夫人之後，當年薄待她們母女的武氏子弟也跟著昇官：惟良從始州長史超遷司衛少卿，懷運從瀛州長史遷淄州刺史，元慶從右衛郎將遷司宗少卿，元爽從安州司戶參軍事遷內府少監。[3]所謂超遷，是指他們從六、七品官連昇幾階遷為四品官，或從地方幕佐遷入中央為官。新外戚前景看好之時，不料卻出現了意外。

某日，榮國夫人置酒歡會。酒酣，夫人問惟良等人：「汝等記得昔日之事乎，今日之榮貴復

1. 《全唐文》，九：一一六。
2. 見《舊唐書．高宗上》顯慶元年九月條，四：七六。
3. 內府少監即少府少監，均見《通鑑》乾封元年八月條，二〇一：六三四九。又按：武懷運即武弘度，蓋因唐人有北朝遺風，名字常互用，且避太子李弘之諱；《新唐書》誤為二人，岑仲勉有糾正，參其《唐史餘瀋》（臺北：弘文館出版社，一九八五．三），頁三三五—三三六。

如何？」因裙帶關係而使他們昇官，夫人顯然感到頗為得意，等待他們的奉承！

「惟良等以功臣子早登宦籍，自揣才分不高，不求貴達；」不料他們卻不領情地回答說：「豈意因皇后戚屬之故，曲荷朝恩，進階昇官，正引以為憂，不引以為榮！」夫人聞言不悅，不歡而散。

舊恨新怨使夫人憤怒不已，諷喻武后上表給今上，教唆她將惟良等趕出為外職，外示謙讓無私，內裡其實惡之。記得武后曾臨朝怒罵公卿的話嗎？「公卿富貴，皆朕與之；天下安樂，朕長養之。……不利於朕，朕能戮之」！武后的心態如此，於是娘家親屬頓時成為武后的新一批師子驄。武元慶出為龍州刺史，元爽為濠州刺史，惟良為始州刺史，都是偏遠之州。元慶至州後不久憂死，元爽至州後復坐事改流振州，不久亦死。[4]

諸武子弟的噩運並未結束，封禪大典之後，武后趁惟良、懷運兄弟來京獻食之際，將外甥女魏國夫人賀蘭氏毒死，嫁禍於兄弟倆而殺之，將他們改姓為「蝮」氏，開除他們的屬籍。他們的大嫂——懷亮之妻善氏當年尤不禮於榮國夫人，因此也坐罪沒入掖庭，夫人要武后因他事鞭打其至肉盡見背而死。[5]母女倆可謂已報了當年之恨！但是年輩較大、任官較高級的諸武子弟，這時也幾乎可以說死喪殆盡。武后連喪兩個親哥哥後，她不將父親周國公的爵位交給哥哥的兒子們來繼承，反而交由外甥賀蘭敏之來繼承，並將敏之改姓武氏，跟從母姓。

---

4. 本段對話《舊唐書．武承嗣傳》不載，今據《新唐書．武后傳》和《通鑑》乾封元年八月條潤色而成。又《舊唐書．武承嗣傳》先說元爽流振州而死，後在述武后殺惟良等人時又謂「元爽等緣坐配流嶺外而死」，易讓人誤會其死與武后殺惟良等有關，今據《新唐書．武后傳》和《通鑑》而知其不然。
5. 善氏之死見《通鑑》乾封元年八月條，二〇一：六三五〇。

賀蘭部落當年是代北拓拔鮮卑集團之一，世為豪帥大官，也是北魏初期的后族，到了道武帝時期，此部落被強迫解散定居，逐漸脫離了牧族生涯。[6]孝文帝遷都洛陽，大批人馬隨著南遷，因此賀蘭敏之的籍貫是在洛陽。他是武后大姊韓國夫人與賀蘭安石的兒子。賀蘭安石襲爵應山縣開國男，官至越王府幕佐而早死，故敏之可謂出身「鼎族公門」。[7]賀蘭氏門第也算顯赫，因此不但應國公將女兒嫁給此家族，連他任揚州都督府長史時的頂頭上司河間王李孝恭，也將十九歲的季女嫁給了賀蘭氏。[8]由於賀蘭敏之生前沒有事功，其死又與武后有密切關係，故兩《唐書》無傳，晚近出土了〈賀蘭敏之墓誌〉，對他所知纔多了一些。該墓誌力稱敏之「沖襟朗鑑，……不雜風塵，鸞章鳳姿，居然物外」，又說他孝慈忠義，學博文麗，「風情外朗，神彩內融。……飛文染翰，為伯為雄」，故得妙年莅職，弱冠昇朝，歷任尚衣奉御、左庶子、左侍極、太子賓客、檢校蘭臺太史、秘書監諸官，且為弘文館學士，封周國公。諛墓之文不免吹捧，而《舊唐書．武承嗣傳》則直說敏之「年少色美，烝於榮國夫人，恃寵多愆犯，則天頗不悅之」，故他的仕途順

---

6. 參田餘慶〈賀蘭部落離散問題〉，《歷史研究（京）》，一九九七．二，三二—三九。
7. 敏之父子兩《唐書》無傳，諸書皆說其父名越石，或謂任功曹（《舊唐書．武承嗣傳》），或謂任法曹（《通鑑》乾封元年八月條）；至於其名，則從〈賀蘭敏之墓誌〉改為安石。此誌為敏之之子在開元時所立，或有隱惡揚善的可能，詳《全唐文補遺．大唐故賀蘭都督墓誌》第二輯，四〇二—四〇三。又賀蘭越石另有其人，似是賀蘭務温的父親，詳《全唐文補遺．唐故正議大夫使持節相州諸軍事相州刺史上柱國河南賀蘭公墓誌銘》第一輯，一〇四—一〇五。
8. 《全唐文補遺．大唐皇從四姑故正議大夫使持節鄴郡諸軍事鄴郡太守上柱國賀蘭君夫人金城郡君隴西李氏墓誌銘》第四輯，四〇—四一。

暢和能繼承周國公爵，應與楊氏的寵愛有很大的關係；事實上他的母親和姊妹這時也被今上所寵，故也應與她們的關係有關。或許敏之也確實頗有才學氣質，所以同傳說他奉令鳩集學士李嗣真、吳兢之徒於蘭臺從事刊正經史并撰著傳記。吳兢就是重修《則天實錄》的史官之一。

總章元年（六六八）三月六日武后之父獲贈司徒，昇為「太原元從」的首席，列為第一功臣的同時，又詔這些功臣「其家見在朝無五品已上官者，子、孫及曾孫擢一人授五品官；若先有四品、五品者，加授子、孫等一人兩階；若三品已上，加爵三等」，史謂當「時皇后欲崇其父特在功臣之上故也」。[9] 雖然武后欲崇其父，但是得益者同時也是武敏之，因為他所任左侍極（原門下省散騎常侍）以下諸官其實都是三品官。大唐制度由六品跳昇五品是仕途的一道重要關卡，由四品跳昇三品又是另一道重要關卡，因此行年二十幾歲的武敏之跳昇得如此之快，應與得武后照顧，和援用這道詔令有關。正當此時，武后最重要的兩個腹心宰相李勣和許敬宗已老，李勣且在總章二年（六六九）死去，敬宗則於翌年（咸亨元年，六七〇）退休，故「朝陪紫極，……夕宴青宮，……坐為師友，入作腹心」的武敏之，極有機會成為武后所要培養的權貴外戚。不過「既而時移代易，木秀風摧。……大廈不申，小年俄謝。以咸亨二年（六七一）八月六日，終於韶州之官第，春秋廿有九」，要至景龍三年（七〇九）其子賀蘭琬纔能請准讓他歸葬於雍州咸陽縣，墓誌且稱他「非辜獲罪，命矣長嗟」！墓誌所述隱約，究竟發生了何事？

這事要從他的姊妹魏國夫人賀蘭氏之死說起。

當乾封元年（六六六）封禪泰山之時，敏之的年齡為二十四歲，魏國夫人的年齡也應相當，

9.《唐會要．功臣》，四五：八〇二—八〇三。

而此年武后卻已四十七歲。武后感覺愛情受到賀蘭氏的威脅，因此妒嫉此妙齡而又有國色的外甥女，乃利用武惟良等獻食的機會而將她毒殺，並且一箭雙鵰地除掉當年不禮她母女的堂兄們。賀蘭氏之死，敏之入弔，今上慟哭著對他說：「今早朕上朝時猶無恙，退朝已不能救，何蒼猝如此？」敏之則號哭不答。深沉的武后聞知此情況，說：「此兒疑我！」由此惡之。[10]

或許武敏之平常有些不法之事，故時人傳說他恃寵驕盈而預測必會敗事。[11]武后則只是抓住他的小辮子而忍隱不發，等到四年（咸亨元年，六七〇）之後榮國夫人死，翌年乃採取行動，上表訴說武敏之前後罪狀，請予懲罰。這些罪狀根據史書記載，包括：（一）烝於外祖母榮國夫人，（二）將武后交給他為榮國夫人造佛像追福的瑞錦私自挪用，（三）逼淫未婚太子妃——楊思儉之女，（四）在榮國夫人喪內私釋衰絰而穿吉服奏妓樂，（五）在榮國夫人宅逼淫太平公主的隨行宮人。[12]

這些為武后親自上奏的罪狀，單是第（一）和（四）條就已涉嫌十惡罪的「內亂」和「不孝」兩罪，若經證實定讞，就足以置敏之於死地，但是〈賀蘭敏之墓誌〉則對此一字不提，反而說他「非辜獲罪，命矣長嗟」！由於此案的雙方訴訟人身分極為特殊，故當時未見有經審判的記錄，是否也是冤錯假，如今已無直接證據來判斷。總之，武后以生母和未來媳婦的名節等事來指控外甥武

---

10. 《新唐書·武后傳》和《通鑑》咸亨二年四月條所述武后「惡之」的原因相同，《舊唐書·武承嗣傳》但述武后因敏之烝於其母楊氏而恃寵多愆，故「不悅」，對惡其哭弔之事則無述。
11. 見《唐新語》所載李嗣真之言，八：六。
12. 《新唐書·武后傳》對此無述，《舊唐書·武承嗣傳》和《通鑑》咸亨二年四月條所述則相同，武后既敢以生母和未來媳婦的名節為詞，恐怕上表之事為真，罪狀有否誇大則未能遽定。

敏之，的確是極為嚴重之事，因此今上在咸亨二年六月十二日降敕流敏之於雷州，恢復他的本姓。當賀蘭敏之被押解途至韶州時，卻於八月六日死於該州官第，一說他是「以馬韁自縊而死」；一說則謂他「以馬韁絞死」，朝士坐與他交遊而流配嶺南者甚眾云云。[13]

武后犧牲母親名節而除掉賀蘭敏之，有人認為是因敏之與今上過從甚密，代表了與武后對立的思想和政治派系；也有人認為是因楊氏以武后專權霸道，故與敏之偏向今上這一邊，以防萬一武后出事而仍有退路。[14]兩說雖無不可能，但前說未免泛政治化，而後說則未免太有機心。其實楊氏當年參與廢立皇后之事，其有智有識的確如〈望鳳臺碑〉所言，至於該碑說她常對女婿今上有建設性的獻言，可能也是事實；然而，儘管貴為第一外命婦，她卻無任何官方資格可以參預朝政。她活躍於佛教界，想為佛教講話則要透過武后建言；想以同宗的理由提拔楊武，亦需以稱薦的方式而為；[15]想提拔或貶逐武氏子弟，則更是要透過武后而使今上為之，是則在女兒參決朝政之下，又焉能有多大的政治空間？該碑說她秘言密啟符「合為臣之道」，深「得事君之要」，恐怕與女兒「御夫」時偏向女婿——何況他兼愛她的大女兒及孫女兒——的情事有關。當然經常如

---

13. 前說見《舊唐書．武承嗣傳》，後說見《通鑑》該年月條，至於《新唐書．武后傳》則更保留地說武后「惡之，俄貶死」。
14. 前說詳張鴻杰〈武則天與賀蘭敏之〉（收入《武則天與乾陵》，西安：三秦出版社），後說詳趙劍敏〈楊氏與武則天的人倫關係〉（收入《武則天研究論文集》）。
15. 楊武即弘武，避太子弘諱而改，隋尚書令楊素之侄。因榮國夫人以同宗「稱薦」，俄遷西臺侍郎，並在乾封二年拜相，以當時情況看，應是向武后稱薦的，事詳《舊唐書．楊纂傳》，七七：二六七三。

此，肯定母女之間就會產生不愉快。

楊氏當年為了照顧諸女，故放棄了夫死之後長年禮佛的念頭，愛女之心可想而喻。她對武氏親屬的態度，只是對當年不禮她母女的子侄甚為怨恨，甚至波及他們的兒子——即她的孫子們，故寧願日後不歸葬於武氏先塋；至於對親生女兒及親外孫則疼愛有加，何況敏之有上述的人品氣質，且又繼承夫爵，傳夫之香火，因此也就更得她的寵愛！老祖母對孫子之愛是可以想像的，然而孫子卻懷疑二姨（武后）毒殺其姊妹——也是楊氏的親孫女，遂使姨甥關係緊張。母親深知武后有「不利於朕，朕能戮之」的心態，因此也就可能因保護孫子而偏袒之，纔與女兒（武后）感情發生了變化。

武后早已厭惡外甥女賀蘭氏之爭寵，故藉機加以毒死，而嫁禍於武氏兄弟，楊氏對此僅能無奈，但同樣事情決不能再發生於敏之身上。由於母親保護她的愛孫，故武后纔延至她死後纔下手，恐怕與避免過度刺激母親有關。〈討武氏檄〉批評武后「殺姊屠兄」，大姊韓國夫人諸書都無記載死因，但是她的兩個兒女則的確因武后而死；至於武惟良等兄長們，也的確是直接或間接地死於武后之手。在武后一再誅鋤武氏親屬的手段之下，文水武氏外戚在朝廷可謂毫無勢力可言，這是她「殺姊屠兄」的結果。

然而在門第社會裏，宗族歸屬感原本就極為濃厚，武后對武氏親屬似乎有所不安，因此稍後乃命大使備法物，把父親靈魂從家鄉的墳墓迎歸於母親楊氏之墓；又在敏之死後三年——上元元年（六七四）的三月，奏請從振州召還二哥元爽之子武承嗣，讓他承襲祖父周國公的爵位，並且任用他為掌管皇帝衣服的尚衣奉御。殿中省尚衣奉御秩正五品下階。依照大唐制度，五品官屬於通貴之官，由宰相薦進，皇帝制授；又國公出身或皇后周親出身，例由六品官起敘，因此武承嗣以一個流放的皇后親屬，還京即由五品官起用，明顯是一種超擢。更有甚者，承嗣很快地在第二個月就昇遷為從三品的宗正卿，[16]這是武后被尊稱為天后四個月前所發生的事。

這種昇遷方式和速度，無疑是武后要重新培養和重用武氏外戚的訊號，當然會令臣民注目。宗正卿掌管皇家親族，包括太后和皇后親屬的事務。皇族動態被武后侄子掌握，這纔是他們噩夢的開始，難怪〈討武氏檄〉批評她「賊之宗盟，委之以重任」。或謂武氏子弟此時位任尚低，駱賓王言過其詞。其實官場上任事權者不必官大，何況武承嗣如此迅速官拜三品大臣而又付予掌控皇族的事權，豈能不算委以重任？

武后在夫家的母權伸張與母儀

對實行宗法制度與皇帝制度的中國而言，皇帝的直系親屬、兄弟姊妹、叔伯姑姑是他的王室，超過此親等的就是宗室。在這種親屬關係裏，武后對皇子的態度似乎與對其他皇族不同。對其他皇族而言，武后是他們的宗婦，互相之間依禮來往，較少利害關係，因此也較少衝突。這時武后與夫皇的兄弟、叔伯或其他宗親相處平順，甚至有些還極為良好，不像她與武家親屬關係一樣糟糕。

武后喜歡熱鬧出風頭，除了不時朝見諸親命婦之外，同時也喜歡宴樂，常找藉口歡宴，諸親命婦也習以為常，有時竟要安排在正殿進行。例如永隆二年（六八一）正月十日，王公以下以太

16. 承嗣召還與任官時間，見《通鑑》上元元年三月及四月條，二〇二：六三七二。

子李哲（即皇七子李顯）初立，紛紛獻食。二聖於是敕令於東內的二進大殿宣政殿宴請百官及命婦，引九部伎和各種散樂百戲由正門宣政門進入，使人側目。太常博士袁利貞看不過去，上疏指陳「前殿正寢非命婦宴會之處，象闕路門非倡優進御之所」，建議請命婦會於別殿，九部伎從旁門進入；至於散樂百戲不是朝廷正式的娛樂，除非在別殿進行，否則盼能停止。二聖從之，改在太液池旁的別殿麟德殿進行。[17]的確，武后透過這些娛樂應酬，拉近了她與諸親命婦的關係。

例如與武后相處極為良好的人物之一，就是在封禪大典的禪皇地祇典禮中，次於武后而行終獻禮的越國太妃燕氏。燕太妃是今上八哥越王貞之母。由於為太宗皇帝生子的后妃中，長孫皇后已死，李祐生母陰妃、李恪生母楊妃，皆因兒子事涉謀反被殺而情況不詳，她們縱不被廢，也應已喪失了皇室的影響力。今上十弟紀王慎之母韋貴妃——即紀國太妃，也死於麟德之歲了，因此身分最尊的就是燕太妃。太妃系出名門，〈燕太妃墓誌銘〉說她的母親即是隋太尉．觀王楊雄之第三女，也就是武后母親的堂姊妹。依輩分算，燕太妃是武后的堂姨，都曾侍太宗皇帝為妃嬪。她在先帝死後從子赴藩，治家似甚嚴謹，今上在冊她為太妃的冊文中，說她「嬪訓夙彰，母儀載闡；自臨藩闈，無遺嚴誨。……不肅而成，自家形國」，可謂妃嬪的模範，因此墓誌也稱她「用為家範」。由於她有這種關係，加上個性溫恭退讓而又母儀可風，對武后又好，所以二聖也對她甚為尊敬，在京則常有聚會，隨子赴任則歲時念賜有加。另一張碑則說她後嬰痿痹——中醫通常指風濕，西醫則常稱為關節炎，所以曾有參謁，則命乘輿直至御所，止宿彤闈，奄留紫禁。每降手敕都必說咨，而不以敕令為詞。武后母親榮國夫人死時，太妃掛念武后，遠赴忌辰，將申感慰，

17. 參《唐會要．大明宮》條（三〇：五五四）及《通鑑》開耀元年正月條（二〇二：六三九九）。

不料途中病死於鄭州傳舍——即咸亨二年七月二十七日，享年六十三歲，而武后當年是四十七歲。今上對她的喪禮舉行得特別隆重，特給鼓吹，送還昭陵陪葬，並令寺觀設齋行道，為她度二十七良人；武后也特別為她造繡無量壽像，親筆製銘繡於座下。至她百日之時，今上又敕就京宅設七百僧齋，武后再為她造釋迦牟尼繡像一鋪，復親製銘繡於其座下——內有「弟子緬懷平昔，姻好特隆。今古忽殊，追愴何極」之句！[18]可見二人感情之篤，相處之好。

又如紀國韋太妃所生的今上第十一姊臨川長公主，由於她工於書法，先帝因書聖王羲之的女兒字孟姜，所以也給她取字叫孟姜，嫁給了功臣之子周道務。當韋太妃死時，她自後年別手寫報恩經一部、自畫佛像一鋪，是個有儀有則、多藝多才的人，也時與武后相聚。榮國夫人死時，〈臨川郡長公主墓誌銘〉說「公主創題嘉頌，光贊坤規。援筆斯成，排閽進上。……天后覽奏興哀，披文警慮。親紆墨令，獎喻殷勤。聖札冠含章之文，英詞助王姬之德。求之遂古，乃絕其倫。又天后曲降陰慈，載隆□澤。翰垂八體，詩備五言，裝成錦部，特賜公主。闡揚嬪則，盛述穠華。密勿承恩，皆此類也」。可見二人關係也甚為良好。公主在調露元年隨夫入京，於途中病重，暫留於幽州，延至永淳元年五月二十一日死，享年五十九歲，武后時年五十八歲。十二月二十五日還歸京師，陪葬昭陵。墓誌說公主聰敏明慧，雅好經書，尤善詞筆，也擅於音樂和組紃；而且處貴能約，居榮以素。研幾釋典，游刃玄門，所撰文筆及手寫諸經，又畫佛像等，並流行於世，故

---

18. 見《全唐文補遺・大唐故越國太妃燕氏墓誌銘》第二輯，二四〇—二四二；及《全唐文補遺・大唐越國故太妃燕氏（下缺）》第一輯，二一四—二一七。

推崇她是九族婦德、千載女師。[19]大約公主的年齡、宗教、興趣和專長都與武后相同，所以兩人既是知心的教友，也同時是文友，難怪交情甚篤。

武后在李唐王室的母儀事蹟可見不多，從這兩個例子和她留意寫書教育皇子們等事情來看，皇后時期的武后應是相當重視她在皇族中的角色，而且重視與皇族相處的。

今上是留意風俗改良，頗為節儉的人，雖然皇帝要儉也儉不到哪裏去，不過還是可以與他帝比較得出來的。在他死後，武后乃以太后身分親撰〈高宗天皇帝謚議〉，文中歷述高宗天皇帝有九德，其中之一是廉德，即「卑宮菲食，土簋茅簷；身好弋綈之衣，手無金玉之玩」等事，可見武太后對其亡夫生前的節儉甚為推崇。[20]今上尚儉，其實早在顯慶二年四月就曾頒發〈停諸節進獻詔〉，要諸王、妃、主及諸親等節儉。該詔命令他們說：「朕撫育黎庶，思求正道，欲儉以訓俗，禮以移風，菲食卑宮，庶幾前軌。比至五月五日，及寒食等諸節日，并有歡慶事，諸王妃主及諸親等，營造衣物，雕鏤雞子，競作奇工，以將進獻，巧麗過度，糜費極多，皆由不識朕心，遂至於此。又貞觀中已有約束，自今以後，並宜停斷。所司明加禁察，隨事糾正。」[21]另外，他對其他仕女命婦穿著行止也曾有過要求，如所頒〈禁帷帽敕〉說：「百官家口，咸預士流。至於衢路之間，豈可全無障蔽？婦人比來多著帷帽，遂棄羃羅；曾不乘車，別坐檐子。遞相仿效，浸成風

19.《全唐文補遺．大唐故臨川郡長公主墓誌銘》（第一輯，六六—六七）說她是高宗的第十一姊，《全唐文補遺．貞觀十五年封臨川郡公主詔書刻石》（第一輯，一）則說是太宗的第十二女。

20.《唐大詔令集》，一三：七五。

21.《唐大詔令集》，八〇：四六一。

俗。過為輕率，深失禮容。前者已令漸改，如聞猶未止息。又命婦朝謁，或將馳駕車；既入禁門，有虧肅敬。此並乖於儀式，理須禁斷。自今已後，勿使更然。」[22]

面對如此態度和要求的夫皇，作為他的皇后，她需要扮演率先配合實踐的母儀角色，根據調露二年（六八〇）正月今上向雍州長史李義玄的談話，知道這時已稱天后的她的確也如此做到了。該次談話說：「朕思還淳返樸，示天下以質素，天后，我之匹敵，常著七破間裙，豈不知更有靡麗服飾，務遵節儉也！」他是宣示天后節儉的懿德來勉勵群臣。前面提到她當才人時所作的〈如意娘〉，知道當年她穿的是石榴裙。石榴裙和孔雀裙都是佳麗的盛裝，唐詩多有詠述，如當時名詩人杜審言〈戲贈趙使君美人〉詩云：「紅粉青娥映楚雲，桃花馬上石榴裙。」[23]天后此年五十五歲，她可能改穿質素的服飾已經很久了，所以今上向朝臣引以為榮。帝后夫妻均履行樸素節儉，並互相推崇誇獎對方，這也是少見之事。

事實上武后生活節儉，似乎也非虛偽造作。例如她為太后時，崔融曾撰〈代宰相上尊號（聖母神皇）表〉，盛稱她的生活檢樸，說她穿「澣濯之服、大帛之衣」，食「藜藿之羹、粢糲之飯」，住則「宮垣不葺，廊宇莫修」。[24]又如她當皇帝時，某天告訴秋官員外郎李敬仁，說去年口中生一齒，今年又生一齒。敬仁上表，說入宮時「見陛下所御湛露殿三間兩閒，雨漏無所修葺」。因

22.《全唐文》，一四：一八八。
23.《全唐詩》，六二：七四〇。
24.《全唐文》，二一七：二七七二。

而推崇她「抑嗜欲而省煩勞，恤飢寒而甘弊陋。宜其延貺宗社，受報黎元」，得享長壽云云。[25]他們或許有誇張之詞，但是在群臣眼中，她此時的生活算是儉樸的，與晚年耽於宴樂博戲大不相同。從當皇后、太后以至當皇帝皆能保持如此，真是難能可貴！

封建王朝時代，天子皆表彰以孝治天下。今上當皇子時就頗有孝名，武后在那篇〈高宗天皇帝謚議〉文中就將此推崇為亡夫的首德。不過，今上在父皇死後，將已出家為尼的庶母納為嬪妾，不知是否算得上孝？或許他對孝的觀念僅及於親生之母吧。因為妾在大唐法律中的身分如同貨物，是可以贈送和買賣的，所以今上與武后並不以他們的婚姻為恥，並在婚後第三年——顯慶二年（六五七）——下詔命令僧尼必須遵守儒家禮教，致拜於父母及尊長。該詔說：「釋典冲虛，有無兼謝。……豈自遵崇，然後為法？聖人（指佛）之心，主於慈孝。父子君臣之際，長幼仁義之序，與夫周、孔之教，異轍同歸。棄禮悖德，朕所不取！僧尼之徒，自云離俗，先自尊高。父母之親，人倫以極，整容端坐，受其禮拜；自餘尊屬，莫不皆然。有傷名校，實斁彝典！自今已後，僧尼不得受父母及尊者禮拜。所司明為法制，即宜禁斷。」[26]詔文所謂的父母，明顯指親生父母為言。降至龍朔二年（六六二）六月，更進一步推及於道教，首次命令僧、尼、道士、女官致敬父母。[27]也就是基於父母是人倫之極的儒家禮教，今上想整齊風俗，故勒令佛、道二教的教士必須接受此規範，不僅不能受父母的禮拜，而且反過來要致敬於父母。這就是實踐「天子以孝治天

25.《全唐文．（李嶠）為秋官員外郎李敬仁賀聖躬新牙更生表》，二四三：四一一三。
26.《唐會要．議釋教上》，四七：八三六。
27. 女官即女冠，見《通鑑》該年月條，二〇〇：六三二九。

下」的一種措施。

　　武后篤信佛教，對夫皇的措施有何表現？

　　其實父親死時武后纔十一歲，當年只能短暫的承歡膝下，以後也無盡孝的機會。她十四歲揮，別母親入宮，在當皇后以前也難得母女相見，遑論盡孝。上述兩道詔書的頒發，第一道應與她無關，第二道則是在她參決朝政之後，將原本只規範佛教的命令推及於佛、道兩教，使兩教待遇平等，或許與她的信仰和權力有關。以後不斷追贈她的父親，改封她的母親，乃至抬昇母親的地位為第一外命婦；甚至死時風光大葬，史無前例的加贈父親為太原郡王，母親為王妃。除了武后有意透過此事抬高自己的門第外，或許多少尚有孝思的補償心理吧。不過，她稍後指控外甥武敏之烝於其母，無異公開指斥母親與外孫和姦。除非這是史官篡偽之詞，否則此事不論是否屬實，當時如何性開放，都顯示行事會不擇手段的她，正在敗壞亡父亡母的名節。讓亡父亡母蒙羞，似乎莫此為甚！她這麼嚴重的指控，有違儒教的「父為子隱，子為父隱」之道，說她孝於父母，好像又不盡然，故向所表現是否僅是表面文章，為了配合夫皇提倡孝道而表演，則未之知矣？

　　文水武氏是皇家外戚，對武后父母的一再封贈追尊，已經引起別人的非議。就在許敬宗退休的同月、榮國夫人死前的半年，也與皇家有姻親關係的西臺舍人徐齊聃——先帝故賢妃徐惠之弟、今上徐婕妤之兄——乃於咸亨元年（六七〇）二月二十一日上奏說：「齊獻公（無忌之父長孫晟），陛下外氏，雖子孫有犯，不合上延於祖，今周忠孝公（武后父）廟甚修，而齊獻公廟毀壞，不審陛下將何以垂示海內，以彰孝治之風？」[28]使提倡孝治的二聖不得不受理此事。四年之後，二聖

28. 參《新唐書．徐賢妃傳》（七六：三四七三）及《唐會要．中書舍人》（五五：九四三二）、《通鑑》咸亨元年

追尊皇家六代祖妣而自稱天皇、天后的翌月，為了表示寬大，讓夫皇彰顯孝理之風，下詔追復長孫晟和無忌父子的官爵，以無忌的曾孫長孫翼承襲無忌的齊國公爵，並允許十九年前被殺於黔州的長孫無忌歸葬於昭陵先前所預造的墳墓。[29]至於褚遂良等人，則不在追復允許之列。

子女要對父母盡孝、對尊長致敬，從僧尼開始推動，逐漸向全社會普及推展，頗有成為風俗改良運動的傾向。自武后稱天后後的第四個月——上元元年（六七四）十二月二十七日，她上表提出一系列的改革意見，包括：政治意見十二條，教育意見一條，風俗改良意見一條，及京官加薪意見一條。應該都與她的「天后新表現」有關。

別的暫不說，且以風俗改良意見為例。天后的主旨，是請父在為母終三年之服。這是今人認為頗有女權意味的提案。天后的提案是這樣的：

> 「夫禮緣人情而立制，因時事而為範，變古者未必是，循舊者不足多也。至於父在止為母服一期，雖心喪三年，服由尊降，竊謂子之於母，慈養特深，生養勞瘁，恩斯極矣！所以禽獸之情，猶知其母，三年在懷，理宜崇報。若父在為母止一期，尊父之敬雖同，報母之慈有缺。且齊、斬之制，足為差減，更令周以一期，恐傷人子之志。今請父在為母終三年之服。」[30]

三月條（二〇一：六三六三）。

29. 見《通鑑》上元元年九月條，二〇一：六三七三。長孫無忌早已在昭陵封內先造墳墓，見《唐會要．陪陵名位》，二一：四一四。

30. 見《唐會要．服紀上》，三七：六七五－六七六。

中國傳統的封建宗法社會以父系為主，雖然於禮是夫妻匹齊，但是卻以父系的家長獨尊。父親去世，子女如喪所天，須服斬衰——不縫邊緣的粗麻布喪服——三年，母親去世亦然；但是母親去世時若父親尚在，則子女為了表示尊父，只須服齊衰——縫邊整齊的粗麻布喪服——一年。天后表疏的首段就表示了改革之意，認為父在止為母服一年之喪，不符人情道理，不合時宜；而且喪服的斬衰、齊衰已足以表示父母之喪有尊卑的差別，因此請求父在為母終三年之服。由此可見，天后之意不在爭取男女平等，而是要為天下母親爭取與父親大致平等的地位。她的表疏被今上同意，下詔依行，卻直至天后以太后臨朝時纔正式編入法令。

天后提議的動機在四十餘年後遭到質疑，開元五年（七一七）左補闕盧履冰首先發難，認為這僅是則天皇后「權行」之制，有紊彝典。稍後履冰二度上疏，以為依禮：「女在室以父為天，出嫁以夫為天。又在家從父，出嫁從夫，夫死從子，本無自專抗尊之法」；又說「天無二日，民無二王，國無二君，家無二尊，以一治之也。所以父在為母服期者，避二尊也」。因此，請正禮法，無須顧念兒女之情，否則「恐後代復有婦奪夫政之敗者」。等不及回報，他又第三度上表，補充及提醒說：「原夫上元肇年，則天已潛秉政，將圖僭篡，預自崇先，請昇慈愛之喪，以抗尊嚴之禮，雖齊衰之儀不改，而几筵之制遂同。數年之間，尚未通用，天皇晏駕，中宗蒙塵，垂拱之初，始編入格，垂拱之末，果行聖母之偽符；載初之元，遂啟易代之深釁。」直指天后此議是為了預圖僭篡的佈局。自是百官議論不決，卿士之家，父在為母行服不同，要到二十年蕭嵩等改修五禮，建議依從上元元年敕令，父在為母齊衰三年之喪禮始定，大家皆依此禮而行。[31]

31. 詳《唐會要．服紀上》，三七：六七六－六七八。

天后為何被人懷疑此時有「婦奪夫政」，「已潛秉政，將圖僭篡，預自崇先」的意圖？這要從她在夫皇死前，有意或無意地對夫家親屬的迫害說起。這裏各有一個她對夫皇手足、侄子迫害之例。

天皇的么弟曹王李明，原本歷任都督刺史。永隆元年（六八〇）武后親生次子太子李賢因與母后關係惡化被廢，事連曹王。曹王坐與廢太子通謀，降為零陵郡王，徙於黔州安置。兩年之後，黔州都督謝祐希天后之旨，逼令李明自殺，他的兩個兒子稍後亦被臨朝武太后所害。天皇知悉曹王死訊，深感哀悼，將黔府官僚咸予免職；雖然如此，但是天皇仍然不敢拂逆天后之意，下詔讓李明喪柩歸藏京師。他的喪柩要等到大唐復辟後，纔能歸於京師，陪葬昭陵。[32]與曹王同時坐罪的還有嗣蔣王李煒——天皇七哥蔣王李惲之子。蔣王李惲為王氏所生，不知與廢后王氏是否有親屬關係？他和李煒兩父子早在上元元年（六七四）就已被部屬誣告謀反，朝廷遣使往按其事，未到，李惲已因惶懼自殺而死。天皇知其非罪，斬殺誣告者，由李煒嗣蔣王，此事不了了之。[33]如今事過六年，李煒又坐太子賢之黨，除名送道州安置，最後也不免被臨朝武太后所害。

權位已經穩固的天后，隱然展開了「燕啄皇孫」之事，便令人不得不有上述的懷疑。如果再從她此時的親子關係來作考察，情況可能更清楚。

32. 李明是否與李賢通謀，所通何謀，史書未言，參《舊唐書．曹王明傳》（七六：二六六六）；《新唐書》本傳僅謂坐李賢事，餘同。《通鑑》永隆元年十月條則謂坐李賢之黨（二〇二：六三九九），永淳元年五月條又直謂謝祐希天后之意（二〇三：六四一一）。據《朝野僉記》則是謝祐嚇李明，說親奉天后旨賜他自盡，故李明恐怖而自殺（二：八）。

33. 李惲兩《唐書》有傳，又見《通鑑》上元元年十一月條（二〇二：六三七四）。

家庭虐待：武后與她的非親生子女

今上的八個兒子依次是：李忠、李孝、李上金、李素節、李弘、李賢、李顯和李旦，前四人是武后的庶子，後四人則是武后所親生；另有三個女兒：義陽公主、宣城公主和太平公主，太平公主也是武后所親生。如果將武后、今上夫婦和他們的子女當作一個普通的核心家庭來看，則這個家庭顯然是一個關係緊張的家庭。這與一個富有權力慾、善妒忌、多心計、好勝、剛強而又能幹的主婦有關。

顏之推指出過，後妻虐待前妻之子，是當世常見的社會現象。在這裏，不妨考察一下武后是否也如此。先看她如何以嫡母身分對待她的庶出子女，尤其昔日情敵所生的子女。

廢太子李忠之遭遇最慘，其死已如前說，他的母親後宮劉氏則下落不明。次子許王李孝初拜并州都督，後遷為遂州刺史，算是一種較輕微的貶降，在武后被稱二聖前七個月死亡，母親後宮鄭氏也情況不明。三子杞王李上金最初也遙領益州大都督，後來轉為刺史。由於上金生母後宮楊氏為武后所嫉，所以上金連帶也被武后厭惡。二聖時期的武后對上金隱忍不發。及至太子李弘死，新太子李賢冊立後的翌月，所司希揣天后的意旨，多方求索上金的罪失以奏聞，於是判定有罪，免官而削封邑，於上元二年（六七五）七月流放至澧州安置。他是繼大哥李忠之後第二個遭軟禁的庶子。[34]

---

34. 高宗諸子兩《唐書》有傳，《新唐書》所記太略，今據《舊唐書・高宗諸子傳》（八六：二八二三—二八二四）。又《舊唐書》說武后惡李上金，故所司誣告之；然《新唐書》則說是因武后嫉上金之母，或是因

四子雍王李素節和義陽、宣城兩公主是武后的情敵廢妃蕭氏所生。素節童年即聰明強記，師事徐齊聃，誦書日千言，母親沒有失寵前最為今上所愛，故在永徽元年五歲時一開始就封為雍王，稍後接替大哥李忠為雍州牧。及至母親被武后殺害，素節遂被外放為刺史，雍州牧一官後來遂被三歲的五弟潞王李賢所取代。從此以後，他和大哥李忠、三哥上金、義陽、宣城姊妹就面臨坎坷的命運。

不過早期武后對這些庶出子女只是歧視和排斥，表面上仍然維持著嫡母的角色，甚至以慈母的姿態挽救過被廢為庶人的李忠。二聖封禪之後，今上突然下詔說素節有病，詔令他無須入朝。素節其實無病，當然知道事出有因，也很無奈何。降至儀鳳元年（六七六），素節由於已經很久沒有入京朝覲父皇，乃著〈忠孝論〉以自明。此文被他的王府幕僚——倉曹參軍張柬之知悉，乃因使者赴京之便，秘密向今上封奏，希望今上瞭解真相，知道素節被人所誣。不幸的是，〈忠孝論〉被天后見到，更加不悅，乃進一步誣素節以贓罪，同年十月將他由親王降封為鄱陽郡王，安置於袁州。儀鳳二年（六七七），又進一步將他禁錮終身——即終身軟禁，改於岳州安置。[35]

至於義陽和宣城姊妹倆也不見得好到哪裏去。她們因為生母的關係，一直被幽禁於掖庭。咸亨二年（六七一）二聖去東都，命二十歲的太子李弘監國。太子在掖庭見到這兩位姊姊，感到驚惶慘惻，立即奏請讓她們出嫁，獲父皇允許，然而卻令武后大怒，即日以公主許配給當值翊衛權毅和王勗。[36] 史書或說兩位公主被幽禁至「四十不嫁」，或說「年踰三十不嫁」，均是欲將此事

嫉其母而惡及其子耶？安置上金之年本於《通鑑》。

35. 素節首次被安置的時間據《通鑑》在儀鳳元年十月，禁錮終身據《舊唐書．高宗諸子傳》是翌年之事。

與太子弘之死相連，而歸罪於武后所作的誇張之詞。[37]其實義陽公主名下玉，是今上的長女，宣城公主則是今上的次女，咸亨二年時行年纔二十三歲，因此民間說兩位公主「垂三十年不嫁」反而近真。雖然如此，但是二、三十歲而未嫁，當時也的確算是大女了。翊衛屬親、勳、翊「三衛」部隊之一，皆由官員子弟充當。權毅是天水略陽人，母親辛氏，故應是羌裔。從他的高祖以降，世為周、隋、唐的都督、刺史以上官，其祖弘壽且為太宗在藩時的秦府系統要員，封盧國公，其父則官至桂州都督。他是在父死以後，「頃因門閥，入衛天廊」的。王勗則系出太原，祖為監門將軍，封平舒公，父為歙州司馬。[38]可見兩人門第身分都不低，足堪匹配兩位公主。

武后讓人覺得她虐待兩位公主，一是因為她幽禁她們在掖庭——類似宮女勞改的地方十幾年，至她們已成大女猶不讓她們出嫁，違反當時女性十五而婚的法令和習慣；二是因為太子啟奏時，她又憤怒地即日隨便找兩個正當值的衛士來作匹配，曾無慎重的挑選，舉行隆重的婚禮。且翊衛是「三衛」中資蔭最低的級別，權毅和王勗顯然不是公侯嫡子，而是「無資」的官員子弟而充三

---

36. 宣城公主後封高安，所嫁夫婿《通鑑》作王遂古（高宗上元二年四月條，二〇二：六三七七），今從《唐會要．公主》及兩《唐書》兩公主本傳。

37. 前說見《新唐書．孝敬皇帝傳》（八一：三五八九），後說見《通鑑》高宗上元二年四月條（二〇二：六三七七）。

38. 民間說法見《唐新語》（一二：一一），兩公主情況分詳周司〈權毅墓誌銘〉（《全唐文補遺．唐故袁州刺史右監門衛將軍駙馬都尉天水權君墓誌銘》第五輯，二三—二四）及蘇頲〈高安長公主神道碑〉（《全唐文》，二五七：三二九五—三二九八）。

衛者，故須在尚主之後纔解褐任官。[39]其實權毅因為尚主，所以拜駙馬都尉，並解褐任官，遷至袁州刺史；王勗亦以駙馬出為潁州刺史，兩家仕宦未被刻意壓抑，婚姻生活也尚稱和諧。不過，大唐「近代降姻，例加顯號；晚來尚主，多總禁兵」，[40]然而權毅和王勗當了駙馬之後卻沒有提昇軍職，反而很快地外調為刺史，革命以後又置兩人枉法而死，令兩位公主守寡，不免顯示武后仍然含恨在心，對他們先加排斥，最終仍要予以迫害，如同她對上金和素節一般。她只是在今上生前有所顧忌，又為了維持母儀風範，而不至於立刻動手罷了。

永隆二年（即開耀元年，六八一）二月——太子李賢被廢、新太子李哲冊立後的半年，天后矯情抗表，請求赦免上金和素節之罪，並允許他們同朝集之例每年來京，義陽、宣城兩公主從夫在外做官也請授以官職。今上遂以上金為沔州刺史，素節為岳州刺史，但是仍不准來京朝集。

筆者注意到，上金和素節的不准來朝及遭到軟禁都在太子異動之時，或許與事涉皇位繼承的敏感問題有關。天后可能為了保護自己的親生兒子，所以不惜對庶子們狠心地羅織誣告，加以軟禁，甚至禁錮終身。及至繼承情勢穩定後，纔矯情地請求赦免其罪，重新任官，但是仍然不准來朝，以免另生事端。至於對昔日情敵之弱女，也不免有長期將她們幽禁於掖庭，不讓她們重見天日的意圖。武后讓她的庶子女們做外官或出嫁，讓他們保持親王、公主的封號，其實無異是流貶之和

39. 三衛以資蔭高低而分，有些初任者是無資的，詳《舊唐書．職官志》尚書省兵部兵部司條（四三：一八三三），及《新唐書．百官志》尚書省吏部司勳司條（四六：一一八九）。

40. 參《全唐文補遺．大唐故使持節歙州刺史駙馬都尉王君墓誌銘》第一輯，四八—五〇。墓主王大禮以千牛備身尚太宗第四女遂安公主後除象池府果毅，後來纔為綏州刺史。

軟禁之，又阻絕他們親子手足之間的交通來往，顯然是不人道的虐待，是一種典型的家庭暴力。她的心態與措施，其實顯示了她對倖存的庶子女內忌極深，遲早仍會加以迫害，所以稍後就成為〈討武氏檄〉批評她「燕啄皇孫」的口實；二十餘年後，當日素節幕僚張柬之首謀政變，倒周復唐，也應與他對此事懷抱不平和反感有極密切的關係。

武后支配慾下的親子關係

如此說來，武后對非親生子女的行為態度是否也用於對待親生子女？

武后除了參與夫皇的工作之外，她還經常陪同大皇接見賓客，周旋應酬，以至旅遊觀光，問佛訪道。在家裏，她掌控內務，支配後宮，甚至主導兒女的教育，直接編寫或間接督導編寫兒女們的教科書。在日常生活中，內向柔弱的夫皇不能保護妃妾所生的庶子女，對他們而言父親是沒有盡到慈愛的親職責任的；不過對嫡子女們則不盡然，不管他能否保護他們，基本上他的確是扮演了慈父的角色，而讓主婦扮演了嚴妻的角色。

身為主婦的武后，儘管對她的親生子女疼愛，讓他們的食邑超越常制；[41] 但是管教他們卻相當嚴厲，要他們接受傳統的儒家教育，讀書要用功，居家要孝悌，待人要有禮，行為要檢點。從多道對武后親生子封拜的詔書顯示，他們是自成行第的，不與庶兄們排行。首先看看武后

41. 參《唐會要．諸王》，五：五一。

的嫡長子——也就是皇五子——太子李弘的情況。

李弘取名有應讖之意，故武后不擇手段爭取為后，事成後又立即為他爭取太子之位，煞費苦心而又見母親愛子的心情。他四歲立為太子，從此就接受太子的養成教育。今上在他二十四歲死時，親自為他撰寫〈孝敬皇帝睿德記〉，說他字宣慈，力稱他有至孝、至仁、至明、至儉、至正、至直、至通等美德，不免有誇張虛美之嫌。不過，李弘確實從小就聰明孝順，除了母后為他編撰的讀本之外，他尚且從經學以至文學，涉獵甚廣，曾經與侍臣宮寮博採古今文集，編寫過一本五百卷的英辭麗句的類書，取名為《瑤山玉彩》。他本著上述的教育原則被教養成人，他們的親子關係原來也甚良好。例如二聖第二次去東都時，原留年纔八歲的他在京監國，但因他思慕雙親不已，故中途乃召他一起同行。〈孝敬皇帝睿德記〉也提到李弘的至孝，說「朕及天后攝衛微乖，則色不滿容，行不正履。出青宮而視膳，輟寢通宵；入紫庭而扇枕，纏憂永日。豈止衣□□（不解？）帶，藥必親嘗而已哉」！可見雙親生病時，李弘內心之憂慮和侍候之細心，顯示他是一個封建時代的典型孝子。民間用「仁孝英果」來形容他的人格特質。[42]

由於太子弘首次監國之年就是今上首度發生風病之年，以後遂不時要武后參決朝政。在健康的考慮下，今上很早就想交棒給他，於是加快他的政治養成教育，例如敕令有司寫李延壽所撰《政典》兩本付祕書，其中一本賜予太子閱讀。[43]又多次令太子監國或聽政，以培養他的經驗，例如在他十二歲時——龍朔三年（六六三）十月一日，今上在無病狀態下竟然下詔說：「皇太子宏

42.《唐新語》，一二：一一。
43.《全唐文．賜李延壽家物詔》，一三：一八〇。

（弘）……以年在幼沖，未從監撫。雖調護方勤，叨琢磨之器；而稼穡靡喻，爽德教之途。然為教之方，義資素習。宜令皇太子宏每日於光順門內坐，諸司有奏事，並啟皇太子。」[44]今上想盡早培養他接班，殷切之情可見。從此以後，他就經常監國理政。〈孝敬皇帝睿德記〉也談到他處理君臣人際之間的態度，說他行為端正，能廣延端士，博採正人，並且柔而能匡諷；乃至稱讚他的至直，許為諍子，至謂「朕所惡者，有片善而必揚；朕所好者，無纖微而不舉。父有諍子，是之謂歟」！由此可以略窺太子弘的待人處物和政治性格，也顯示他是有立場和有主見的人。

太子弘早習政治，有自主性，能夠持正諫諍的人格特質值得注意，史書也略記他此類行為，以示他的恤民行善；不過母后好權，這種人格特質適足以引起他母子的關係緊張，即所謂天「后將騁志，弘奏請數佛旨」是也，《新唐書》本傳且謂是李弘「遇酖薨」的主因。太子弘受儒家教育，故同時有另一種特質——就是孝悌，所以他曾經不忍心讓大哥廢太子李忠暴屍，奏請將他收葬，也同情和呵護兩位被幽禁的姊姊。他的孝悌前後一致，雖然這些行為表現足以讓母后一再感到被佛旨。

他對兩位姊姊的表現，只是母子緊張關係公開的導火線，情況是這樣的：當他第五次奉詔留京監國時，見到長期幽禁於掖庭，尚未出嫁的義陽和宣城兩位公主姊姊，大為「驚惻」，立即奏請讓她們出嫁。所謂「驚惻」，意指吃驚和惻隱。去年母后以他的表哥賀蘭敏之逼淫他的未婚妻楊思儉之女作為藉口之一而殺之，使太子的婚禮因此告吹。此事對太子而言應該不僅止於遺憾而已，在心理上也應有所刺激影響。如今看到姊姊遭受迫害，已成大女而標梅未嫁，因此產生同情

---

44. 見《全唐文．命皇太子領諸司啟事詔》（一三：一七八），《通鑑》作每五日聽政，小事就由他決定。

和惻隱之心是可想而知的；他馬上上奏請求讓姊姊出嫁，似乎也與反抗母親誤人婚姻的心理有關。相對的，武后閱奏後的反應是大怒，即日將她們嫁與兩個無資的衛士，應是感到她的權威已被冒犯。史稱太子弘「由是失愛」，[45]母子的緊張關係頓時呈現。

以武后的馴驄心理而論，太子弘無疑又是一匹拂逆的師子驄，換作別人必死無疑。武后會不會因他「數佛旨」而就除掉他？這牽涉到政治環境問題，需要放在下一章對整個大環境的發展來作觀察，這裏只關心他們的家庭和親子關係。

的確，太子弘的「數佛旨」對武后的母權是一種嚴重的冒犯。權威人格型而又年屆停經生理轉型期的武后，因為夫皇多病休養而讓數佛旨的太子視事，令她頗不如意，心理似乎陷入了焦慮、緊張或恐懼——指恐懼權力可能失落的心理狀態。武后或許因為有這種心理狀態，於是引起了反向心理的作用，這可由以下事情觀察得出來。

她開始引用了一批資淺位低的文學之士，入宮為她著書立說，訓戒兒子和臣民；以至於要他們密參表奏，瓜分宰相之權——因為他們協助太子監理政事。這些人被人稱為「北門學士」。另外，她在太子弘這次視事的翌年——上元元年（六七四）八月——尊稱為天后，並在稱為天后後的第四個月上表提出十二條政見。這十二條政見之中，有一條是主張兒女縱使在父親健存之下，仍要為死去的母親服三年之喪。顯示她要繼勒令僧道致敬於父母之後，此時更要進一步伸張母權，要爭取父母平權。如果瞭解武后此時的心理狀態，則這種要分兒子之權、要抬高母權、要兒女盡

45.《舊唐書》本傳對其母子關係的緊張沒有記載，今據《唐新語》（一二：一一）、《新唐書．孝敬皇帝傳》及《通鑑》上元二年四月條。以李弘母子的性格看，因此而導致他們關係緊張是有可能的，故可信。

孝種種措施行為，可以不難理解。

甚至，她這時對兒子和媳婦們的管制開始加嚴。

例如上面所說上元二年（六七五）七月流放皇三子杞王李上金至澧州安置，儀鳳元年（六七六），誣皇四子鄅王李素節以贓罪，將他降封為鄱陽郡王，安置於袁州，翌年又進一步將他禁錮終身，改於岳州安置。此二事雖說與太子李賢新立而警戒有關，不過也可以視作她要確立母后權威的行為措施。這時最無辜不幸的是她的七媳婦——周王李顯之妃趙氏。

趙氏之祖趙綽是開國有功將軍，父親趙瓌官至太子貼身侍衛的左千牛將軍，母親則是高祖皇帝第七女常樂長公主。論輩分公主是今上的姑姑，趙氏是今上的姑表妹，故周王李顯可以說是與表姑母結婚。常樂長公主因為有此不尋常關係，所以頗為今上所厚，但正因如此而為天后所惡。天后之惡常樂長公主應該不是出於妒忌，像她妒忌廢后、廢妃和其姊與甥女一樣，她的厭惡應與常樂長公主接近權力核心有關。上元二年（六七五）四月，常樂長公主不知何故得罪天后，夫婿貶至遠州當刺史，並勒令公主隨行，不准再來朝謁。周王妃趙氏也因此無辜坐廢，幽閉於內侍省，只日給飼料而已。幾天之後，衛士發現突煙數日不出，披屍視之，已死腐多日，遂匆匆掩埋，連埋到哪裏也不知道。及至李顯復辟為皇帝（唐中宗）而又被妻（韋后）女（安樂公主）所殺，將要葬於定陵時，群臣認為應將她與大行皇帝合葬，乃行招魂之禮，以皇后褘衣（皇后祭祀之服）招魂於陵所寢宮，然後放置於寢宮御榻之右。[46] 因此，常樂長公主因被天后所厭惡，而殃及其女。

---

46. 趙氏在兩《唐書》后妃傳裏皆有傳，但都說她在李顯為英王時納為妃。按李顯於儀鳳二年（六七七）十月三日徙封英王，改名哲，事在兩年之後，故本傳有誤。今從《通鑑》和兩《唐書．高宗紀》作周王妃，其死日繫於

總之，如果有人代行君權，或者接近權力核心——她的夫皇，即有可能分享她的權力，這是天后所不能容忍的。天后要用北門學士分宰相之權，說穿了就是要分監國太子之權，因為宰相與宮寮輔助太子監國，她尚能參決哪些朝政！而且又在此時期排斥庶子們和常樂長公主，不准他們來朝天子，說穿了也是為了此因；她與母親楊氏的感情生變，這亦應是原因之一。顯示天后和她的兒女以至於女婿、媳婦、生母、親家母之間，此時有一種權力的緊張關係，因此不惜借用母權——最大的母權是母儀天下之后權——而採取家庭暴力的手段，以排除這種緊張。

弟媳婦周王妃趙氏死於上元二年（六七五）四月七日，十八天之後——四月二十五日，新婚纔兩年的太子弘突然死於東都西苑內的暑殿——合璧宮倚（或作綺）雲殿，享年二十四歲。他死於這種母子關係緊張，母后要伸張母權之時，遂引起種種的揣測流言。因此，在這裏遂不免需要對他的日常生活有所瞭解。

太子弘似乎很早就染上瘵病，根據《舊唐書．孝敬皇帝傳》所載追贈他為孝敬皇帝的制文，說李弘「自琰圭在手，沉瘵嬰身」。[47]琰圭是上尖下方的玉器，但是「自琰圭在手」則不能確定是指何時，若說是指被冊為太子之時，則李弘僅為四歲，若是指加元服之時則為八歲，即他在顯慶四年首次監國之時。今上自述他在先帝死時，因哀傷而感染風瘵，首次發病就在此年，不知他的瘵病是否傳染給了太子弘？如果李弘真在此童年即已感染肺病，則顯然他因童幼而抵抗力不足，

上元二年四月辛巳。

47. 此制即應是〈皇太子諡孝敬皇帝制〉，但今版〈皇太子諡孝敬皇帝制〉（見《唐大詔令集》，二六：八五）並無此句，是否漏抄或史臣竄入？可疑。

雖有御醫環伺，營養與環境良好，疾病仍然慢慢地侵蝕他。

當他十九歲時（咸亨元年，六七〇），太子典膳丞邢文偉曾經因為太子長久在內不出，稀與宮臣接見，於是上啟批評他說：「近日已來，未甚延納，談義不接，謁見尚稀。三朝之後，但與內人獨居，何由發揮聖智，使睿哲文明者乎？」並提出依照《禮經》有虧膳之宰的條文，實行撤減太子的膳食。太子弘閱啟，修書謝罪，答書還解釋說：「顧以庸虛，每欲研精政術，極意書林。但往在年幼，未閑將衛，竭誠耽頌，因即損心。比日以來，風虛更積，中奉恩旨，不許重勞！加以趨侍含元，溫清朝夕，承親以無專之道，遵禮以色養為先。所以屢闕坐朝，時乖學緒。」48 據他的自我解釋，可知此病的確從小就有，且認為是因用功過度而染上。答書明顯知道他「比日以來，風虛更積」，中旨不許他重勞，要他進入含元宮——咸亨元年三月四日，將東內蓬萊宮改名為含元宮——來休養兼侍親。所以《舊唐書．孝敬皇帝傳》作了如此記載：「咸亨二年，駕幸東都，留太子於京師監國。……是時戴至德、張文瓘兼左庶子，與右庶子蕭德昭同為輔弼，太子多病，庶政皆決於至德等。」

面對病況已經開始沉重的太子，父母似乎急著要給他完婚。司衛少卿楊思儉系出弘農楊氏觀王房，其女是楊雄之孫、武后母親的堂侄女，於太子也是表姑母。今上與武后是因楊女有殊色，

48.《唐會要．左春坊》記此事在咸亨元年（六七：一一七一），《通鑑》則繫於咸亨三年十二月，應是追記李弘與諸宮臣交往之詞（二〇二：六三七〇），《舊唐書．邢文偉傳》謂他任太子典膳丞在咸亨中，而且書信最詳，今據之（一八九下：四九五九－四九六〇）。

所以親自將她選為太子妃，並且已經定好了成親之日。[49]不料事出突然，咸亨二年六月，武后突以楊氏已被武敏之逼淫為由，遂使全國皆知的太子大婚告吹。這是武后殺害武敏之的藉口之一，其他藉口還有說敏之烝淫外祖母榮國夫人、逼淫太平公主侍女等。如果這些藉口都是事實，為何武后要在榮國夫人死後一年纔揭發此事？為何不早點揭發以免敏之有機會逼淫楊女？為何在婚期已定之後纔揭發？為何這麼嚴重的事情連皇帝也沒事先知道？此時是母后與太子關係緊張之時，疑竇重重，不免對太子的心理有所影響。

婚事告吹，拖延了兩年之後——咸亨四年二月，父皇又為他挑選了一戶人家，下詔：以左金吾衛將軍裴居道女為皇太子弘妃。[50]這年太子弘已經二十二歲，病況已如上述。詔下後，所司奏請以白雁為贄，白雁不易得，適會苑中獵獲白雁，父皇大喜說：「漢獲朱雁，遂被作為樂曲；今獲白雁，天助得為婚贄。彼禮不過只成為歌謠，此禮便成人倫之首，異代相望，我無慚德也！」裴氏系出河東大姓，甚有婦禮，父皇曾對侍臣說：「東宮內政，吾無憂矣！」[51]父皇對此嫡長子婚姻的關懷和喜悅，溢於言表，母后的態度則未見隻詞記載。

同年四月夏天，今上至九成宮避暑渡假，並為太子營做新宮。七月，九成宮的太子新宮落成，今上召五品以上親戚來此宴會，極歡而罷。十月，太子在此舉行納妃大禮。太子新婚後五日，今

49. 楊思儉的世次，見《新唐書·宰相世系表》觀王房條（七一：二三五一），而《舊唐書·武承嗣傳》則說此女為高宗和武后所親選（一八三：四七二八），但也由武后所破壞。
50. 見《舊唐書·高宗紀》，五：九七。
51. 見《舊唐書·孝敬皇帝傳》，八六：二八二九—二八三〇及二八三一。

上纔啟駕回京。

上元二年（六七五）太子弘從幸至東都，住於合璧宮。新婚之喜沒有讓他病況好轉，反而沉痾日重，終至藥石無效，四月二十五日死於倚雲殿。今上慟極，下詔履行死前對他的承諾，破例追贈為孝敬皇帝。〈皇太子諡孝敬皇帝制〉悼念說：「遽嬰霧露，遂至彌留。……庶其痊復，以禪鴻名（指讓位給他）。及腠理微和（指膚色好些），將遜於位。而弘天性仁厚，孝心純確，既承朕命，掩欷不言，因茲感結，舊疾增甚，……俄遷上賓之駕。……天性之重，追懷哽咽！宜申往命，加以尊名。……慈惠愛親曰孝，死不忘君曰敬，可諡為孝敬皇帝」。[52]

李弘是唐朝第一個被贈諡為皇帝的太子，其陵名為恭陵，詔令洛州復置緱氏縣（河南偃師縣南）以為專管，恭陵制度一準天子之禮，百官也要從權服喪。陵寢最初由李仲寂督工，花費鉅億，期間曾發生過勞役滑、澤等州數千丁夫過度，使丁夫們厭役，呼嗟滿道，遂亂投磚瓦，燒營而逃的事件，最後由韋機量節功程而及期完成，於同年八月十九日下葬。[53] 葬禮之前，今上御撰〈孝敬皇帝睿德記〉，親自寫在石上，樹於陵側。文中首次提到母后的反應，說「天后心纏積悼，痛結深慈」云云。[54] 追贈皇帝和隆重喪禮，是二聖對嫡長子的心理補償，也許能表示他們的痛惜和慈愛，但卻不能表示母子關係在他生前沒有緊張過。甚至，有論者懷疑，母后曾利用此隆重喪禮的剩餘價值，表明李弘已曾應時降世，而此時則已順時昇仙了，從而達至消弭再有人假借「李弘

52. 見《唐大詔令集》，二六：八五。
53. 詳《唐會要．諸陵雜錄》（二一：四一七），及《舊唐書．孝敬皇帝傳》（八六：二八三〇）。
54. 記文見《全唐文》，一五：二〇九－二一一。

當出」之讖語來起事的政治效果；的確，從此以後就再無假此讖語來造反的事了。[55]

管教嚴厲，甚至有高壓傾向，而亟欲樹立母權，使母子關係陷於緊張的天后，會對一個「數佛旨」而夫皇又想等他「賸理微和，將遜於位」的兒子，有官文書所寫的哀痛嗎？她會因這個佛旨之子的死亡，改善她與其他子女的關係嗎？這裏恐怕有進一步追究的必要。

太子無子，太子妃之父裴居道在天皇死後，被臨朝稱制的親家母武太后拜為宰相，不過卻在載初元年（六九〇）革命前夕，為太后所縱容的酷吏枉法下獄害死；太子妃則在垂拱三年（六八七）四月被追號為「哀皇后」，不知何故而死。[56]

太子弘既然無子，依《戶婚律》同母次弟雍王李賢即在同年六月三日繼為太子。雍王此年二十二歲。

李賢從小聰穎活潑，讀儒家經典和古詩賦能過目不忘，大為父皇所欣賞。及為幽州都督，始出閤，「容止端雅」，父皇且曾當面向司空李勣稱讚過他，說他「夙成聰敏，出自天性」！[57]他初封為潞王，長期擔任雍州牧之官，即使以後多次改封或加官，其實都沒有離開過京都，和他的兄弟們一般跟在父母身邊，繼為太子以前無親子關係緊張的記載。不過，李賢十八歲以後就開始參與朝政，這是他夢魘的開始。

55. 參第四章唐長孺、王永平等前引文，唐文見頁二一七，王文見二四八－二四九。

56. 《舊唐書．孝敬皇帝傳》將追贈裴妃為哀皇后事繫於中宗復辟之後（八六：二八三〇），據《新唐書．則天紀》則謂在垂拱三年四月辛丑被追贈為哀皇后。

57. 分詳《唐會要．儲君》（四：四二）及《舊唐書．章懷太子傳》（八六：二八三一）。

咸亨二年（六七一）李賢十八歲時的官銜是：使持節．都督揚、和、涂、潤、常、宣、歙等七州諸軍事．揚州刺史．雍州牧兼右衛人將軍．上柱國．沛王。[58]這年正月，二聖去東都就食，留太子弘在京監國，然而該年五月十三日，今上降敕：「尚書省與奪事，及須商量拜奏事等文案，並取沛王賢通判。其應補擬官，及廢置州縣，并兵馬、刑法等事，不在判限。」[59]可見父皇已經開始要李賢練習處理中央的一般政事。這件事情的發生，最可能的解釋就是此時正是「太子多病，庶政皆決於至德等」人的時候。太子早先答覆邢文偉，說「比日以來，風虛更積，中奉恩旨，不許重勞」，正是表示父皇關愛太子，讓他不要過分操勞。正因如此，所以更令李賢通判分勞，使他有歷練政務的機會和經驗。

太子弘死後不久，父皇益被風眩所苦，一度欲令天后攝政，卻為宰相郝處俊諫止。李賢既然繼為太子，父皇尋即令他監國，以處事明審為當時所稱。翌年——儀鳳元年（六七六），今上降手敕褒揚他說：「皇太子賢自頃監國，留心政要。撫字之道，既盡於哀矜；刑網所施，務存於審察。加以聽覽餘暇，專精墳典。往聖遺編，咸窺壼奧；先王策府，備討菁華。好善載彰，作貞斯在，家國之寄，深副所懷！」可見二十二、三歲的太子賢監國用心，施政寬厚和精明，公餘又能用功讀書，故甚得父皇的欣賞器重，欲寄以家國。他更招集左庶子張大安等人共注《後漢書》，並於

58. 龍朔元年（六六一）十月十七日〈冊揚州都督．沛王賢文〉說：「命爾為沛王，使持節．都督揚、和、涂、潤、常、宣、歙等七州諸軍事．揚州刺史．兼左武侯大將軍，牧及勳官並如故。」（《唐大詔令集》，三四：一四三）據《舊唐書．章懷太子傳》，他在麟德二年（六六五）已洛左武侯大將軍，改加右衛大將軍。

59. 見《唐會要．儲君》，四：四二。

此年十二月完成奏上，至今仍為中國史學名著。[60]不論從哪一方面看，太子賢的表現顯然皆不遜色於乃兄故太子弘。

這時，天后正進一步軟禁三哥上金和四哥素節兩兄弟，是他們親子關係更形惡化之際。太子賢撫人以哀矜、施刑務審察的監國表現，也適足以造成他與母后之間權力關係的緊張。他與母后之間的緊張，更甚於乃兄之於母后。

他們母子間的緊張來源，當時說是來自一個官拜正諫大夫的術士明崇儼。

早先宮中已經出現了一種流言，說「太子是后姊韓國夫人所生」，令太子賢感到疑懼。明崇儼能符劾役鬼等左道之術，[61]因此為二聖所信。明崇儼一方面以此法術為天后所任使，另一方面則撥弄他們母子關係，說「太子不堪承繼，英王（李顯）貌像太宗皇帝」，又說「相王（李旦）最貴」云云，益令太子賢為之疑忌。這類言談自古以來就是最易挑撥親子手足之間感情的讒言，聽到李賢的耳裏，引起疑懼猜忌，是正常的反應；事實上他的挑撥似曾對相當迷信的武后有過發

---

60. 兩《唐書．高宗紀》及《通鑑》未記此時監國之事。按《唐會要．儲君》謂「及為皇太子，令監國，……儀鳳中手敕褒美」（四：四二），而兩《唐書．章懷太子傳》亦均謂為太子後尋即監國，高宗手敕褒美，然後再述其注《後漢書》事；《舊唐書．章懷太子傳》更直謂手敕在儀鳳元年降下。是則兩《唐書．高宗紀》及《通鑑》殆漏記此時監國之事。《全唐文》將此手敕名為〈褒皇太子上所注後漢書手敕〉（一四：一八八—一八九），不知何據，殆誤。

61. 《新唐書．章懷太子傳》說明崇儼以左道，《通鑑》說以厭勝之術被信，《舊唐書．章懷太子傳》說是符劾之術，而《舊唐書．明崇儼傳》則說是役召鬼神。據《朝野僉載》所記，崇儼能畫符召龍、非時致物、勞役眾鬼（三：一〇—十一），即是會符劾役鬼等左道之術。

酵，後來廢太子賢而立英王，復廢已即帝位的英王而改立相王，極可能即與此有關。天后當時沒有妥善處理好這些事情，反而命令北門學士撰寫《少陽正範》及《孝子傳》以賜太子賢，又數次寫信責備他，這對李賢的刺激當然更大，益讓他感到不安，[62]母子關係顯然已因互相疑忌而由緊張進展到矛盾。

故太子弘生於永徽三年（六五二）的下半年，太子賢生於永徽五年（六五四）十二月，其間相差兩年；太子賢的嫡三弟周王李顯則在顯慶元年（六五六）十一月出生，也相差兩年，就生育間隔的時間來說原無問題。問題出在從太子弘至太子賢之間，天后尚曾生過一個早夭的公主，也就是此三兄妹之間武后每年生一人，生產有點頻繁，所以此時能被人拿來作文章。但是以武昭儀當年專寵而又值生育旺盛年齡的情況看，三年生三子不能說不可能。這時武昭儀纔剛專寵而未為皇后，其姊很不可能也同時得寵，故說太子賢是其姊生的應該只是一種流言。

嫡長兄是太子，受的是太子教育和東宮規範；二弟李顯封周王，個性好玩，故常與時封沛王的嫡二哥李賢玩樂在一起。例如他六歲時與諸王鬥雞，二哥命令名文人王勃寫了一篇〈檄周王雞文〉來戲弄他，疼愛他們的父皇見到，生氣地說：「此乃交構之漸！」意謂如此做會導致兄弟倆慢慢交惡衝突，故將王勃斥出沛王府。[63]又如上元元年（六七四）九月，今上曾御含元殿觀賞大酒會，當時京城四縣和太常音樂人員分為東、西兩朋，詔令雍王賢為東朋，周王顯為西朋，以比

62.《通鑑》謂宮中先有流言，然後崇儼挑撥，使母子相猜，故武后教訓太子賢。參則天后永隆元年八月條，二〇二：六三九七。

63. 此事《通鑑》繫於高宗龍朔元年九月，二〇〇：六三二五。

賽角勝為樂，當時還引起宰相郝處俊的諫止，理由也是恐怕引起兄弟倆競爭之心。[64]音樂競賽是一回事，奪嫡競爭又是一回事，若說英王——周王顯在儀鳳二年（六七七）十月三日二十二歲時徙封為英王，改名為哲——貌像太宗皇帝則有奪嫡之心，顯然並不盡然。試看兄弟倆一起玩樂的成長過程，及後來太子賢被廢後，英王對此不幸的哥哥之關懷態度，即可以為證。

總之，明崇儼敢講這些閒語，似乎是揣知天后對太子賢有意見；而天后讓所信的術士講這些閒語而不究辦，本身即有問題，宮內流言之起可能也與此有關。母子倆不能妥善處理這些閒語流言，久而互相疑忌益甚，就使母子關係由緊張進展到矛盾，埋下衝突的導火線。儀鳳四年（即調露元年，六七九）五月所發生的明崇儼被盜刺殺案，遂使衝突爆發。

崇儼夜遇刺客而死，二聖與太子時在東都，五天之後命太子監國，官方搜捕不得。[65]時語以為太子賢密知崇儼為母后作法與講他的閒話，故暗中使人殺死他；天后也懷疑是太子所為，但一時無證據。[66]翌年春天，二聖攜同太子遊少室山，先訪處士田游岩所居，再幸大道士潘師正所居，甚至三人皆拜師正，顯然是一幅家人同遊共樂圖。[67]但是回都後不久，天后使人告發太子賢的陰

---

64. 《唐會要·識量上》，五一：八八八。
65. 《唐新語》謂明崇儼案由三司推鞫，其妄承引連者眾，高宗怒促法司行刑，刑部郎中趙仁恭認為有冤，請緩之，旬餘果獲賊，遷刑部侍郎云（見四：三二）。按：當時若獲賊則後來不會有謂太子賢令人殺之之事，且當時也無成立三司的記載，而趙仁恭則於兩年後才為刑部侍郎，時間也不合，故應為唐人傳說之誤。
66. 《舊唐書·章懷太子傳》作調露二年崇儼被殺。《舊唐書·高宗紀》及《通鑑》均謂調露元年五月壬午被殺，丙戌太子監國，從之。
67. 參《通鑑》高宗永隆元年二月條，二〇二一：六三九三。

事，大禍乃起。

所謂陰事，是指太子司議郎韋承慶上書諫太子不要近聲色之事。68

太子賢雖然監國用心、讀書用功，但也不時有所營作，而且也喜歡聲色畋獵。聲色畋獵是典型的貴族生活，原也算不了什麼，但是他特別與戶奴趙道生等狎昵，送他們許多財物，故早在儀鳳四年（六七九）五月——也就是明崇儼被刺殺之月，韋承慶遂以太子頗近聲色而上書諫他，請他「居處服玩必循節儉，畋獵遊娛不為縱逞」，願他「博覽經書以廣其德，屏退聲色以抑其情」。太子司議郎屬於東宮左春坊，職掌對太子侍奉規諫，駁正啟奏。韋承慶是當年彈劾褚遂良的監察御史韋思謙之子，長期為李賢的幕僚，為人恭謹而善於作文，故忍不住要諫他，但太子不聽。69太子賢的玩樂和任性行為，遂被課子嚴厲的母后所乘，遣人告發他。

案發，詔旨令中書侍郎・檢校太子左庶子・同三品薛元超、黃門侍郎・同三品裴炎、御史大夫高智周，與法官推鞫之。大唐制度：只有大案纔由中書、門下兩省宰相會同御史大夫組成三司合議庭。換句話說，母后是要讓此案成為大案！法司於東宮馬坊搜得皂甲數百領，趙道生又意外的款稱太子使他殺明崇儼。父皇素愛太子賢，這回想原宥他。不料母后卻說：「為人子懷逆謀，天地所不容；大義滅親，何可赦也！」乃定罪，八月二十日廢為庶人，遣兵將他從東都押還京師，

68. 兩《唐書・章懷太子傳》皆不記何事，今據《通鑑》永隆元年八月條（二〇二：六三九七）。

69. 上諫時間見《唐會要・左春坊・司議郎》（六十：一一七〇），諫辭全文可參《舊唐書・韋思謙傳》（八八：二八六三—二八六四），太子不聽則據《通鑑》（永隆元年八月條，二〇二：六三九七）。

幽禁於別所。他的黨羽皆伏誅，所藏皂甲在東都皇城端門外的天津橋焚燬，以公開示眾。[70]

按大唐對武器裝備有嚴格的禁令管制，盔甲屬於禁兵器之一，連府兵平時也不能擁有，但儲於府庫，征行時纔發放配給。庶民如果私有盔甲一領即觸犯了《擅興律》第二十條，徒刑一年半；若私有甲三領及弩五張，即處以絞刑。[71]今東宮有皂甲數百領，若真為太子賢所私有，則合該處死，而卻非「逆謀」之罪；即使明崇儼果真是他遣趙道生所殺，犯了唆使殺人罪，兩罪併發，也仍是該死而非犯「逆謀」之罪。如今母后以逆謀罪來坐實他，那是將他視作又一匹逆我的師子驄！難怪當初僅是針對他的行為失檢而告發，卻以大案的方式組成三司庭來作審判，居心可謂狠忍之至！

明崇儼之死是否確與太子賢有關，史無直接的明載，總之天后與太子賢的母子關係較與李弘來得更惡劣，且是極為少見的惡劣，則顯然是事實。後來盧粲撰〈章懷太子墓誌〉，即說「馳道肅恭，萬國之貞斯在；宮闈視膳，三朝之禮不虧。豈謂禍構江充，釁生伊戾。愍懷貽謗，竟不自明；申生遇讒，寧期取雪」。[72]就是說太子賢其實行為良好，有人像撥弄漢武帝與其太子相仇的情況，使父皇廢殺了太子。這個人是誰？

不錯，在此事件的整個過程中，從表面上看，下詔組三司庭審判的是父皇，確定太子賢之罪而下令執行刑罰的也是父皇；但是，是誰遣人告發他？是誰讓此行為失檢的案件變成大案？是誰

---

70. 《唐會要．儲君》（四：四二）及兩《唐書．章懷太子傳》僅謂搜得皂甲數百領，趙道生的款詞及武后之言則據《通鑑》（永隆元年八月條，二〇二：六三九七）。
71. 見《唐律疏議．擅興律》，一六：二一六—二一七。
72. 見《全唐文補遺．大唐故雍王贈章懷太子墓誌》第三輯，四九—五〇。

堅持要定他逆謀之罪？可憐的天皇，先前已經不能保護他的叔父、姑姑、前妻、愛妾、兄弟和庶子女們，如今連他與天后所親生的兒子也一樣難免於受到迫害。他雖然想保護太子賢，不過僅能讓他免於一死而已，仍逃不過被廢黜幽禁的命運。史有甚者，在永淳二年（六八三）——即父皇駕崩那年，庶人李賢被遷徙至距離京師兩千多里的巴州幽禁。[73]

此年二十八歲的李賢有三子，取名為光順、守義和光仁；光仁是良娣南陽張氏所生，太子妃清河房氏則無所出。[74]他們因是家屬，故隨同李賢一併遠謫，行李簡陋。這種淒涼連新太子嫡三弟李哲也為之感到不安，上表懇求說：「庶人不道，徙竄巴州。臣以兄弟之情，有懷傷憫。昨者臨發之日，輒遣使看見，其緣身衣服，微多故弊；男女下從，亦稍單薄。有至於是，雖自取之；在於臣心，能無憤愴！……特乞……垂許其庶人男女下從等，每年所司，春冬兩季，聽給時服。」[75]可見母后對他們是繼續虐待的。

太子賢被廢的翌日，二十五歲的嫡三弟英王李哲被冊立為新太子。李哲個性之活潑任性，較

---

73. 兩《唐書．高宗紀》及《新唐書．章懷太子傳》作開耀元年（六八一），《舊唐書．章懷太子傳》作永淳二年，與〈大唐故雍王贈章懷太子墓誌〉合，從之。

74. 李賢為雍王，十八歲時先納十四歲的張氏為嬪妾，生光仁；而房氏則在上元中——二十一、二歲時纔被冊為雍王妃。由於武太后臨朝時以光仁為嗣雍王，故推斷光順和守義不是李賢嫡妻房氏所出。參兩《唐書》李賢本傳，盧粲〈大唐故雍王贈章懷太子墓誌〉（《全唐文補遺》第三輯，四九－五〇），及蘇頲〈章懷太子良娣張氏神道碑〉（《全唐文》，二五七：三二九〇）。

75. 《全唐文．代皇太子請給庶人衣服表》，二一八：二七八五。

嫡二哥李賢為甚。他這時的個性行為，曾被張柬之認為是「素稱勇烈」。[76]然則他與母后的相處究竟如何？

李哲原名顯。「李顯」也是道識中人，據傳也是老君未來應世的化名之一，[77]可見母后對他的重視，不下於嫡長兄李弘。但他出生時難產，父皇懇求玄奘法師說：「中宮在難，歸依三寶，請垂加祐！」。玄奘請言：「聖體必安和無苦，然所懷者是男，平安之後，願聽出家！」父皇敕許。十一月五日果然平安生產，父皇使人報法師說：「朕歡喜無已，內外舞躍，必不違所願。願法師護念，號為佛光王！」於是滿月之時，玄奘為嬰兒剃髮，披服袈裟，受三皈依，列入僧籍，所居常近於法師。[78]李哲原名應道識而出生歸僧籍，顯示父母願他接受兩教的福祐，可謂疼愛之至！後來他復辟為帝，大縱佛教，而與道教亦關係良好，應與此事有關。母子皆曾幼披法服，故他當親王、太子時，與母后相處尚為良好。

李哲初立為太子的翌年——永隆二年（即開耀元年，六八一）的過年，二聖為他在宣政殿大宴百官及命婦，引九部伎和各種散樂百戲由正門宣政門進入，遂引起前面所述太常博士袁利貞之諫，改在別殿麟德殿舉行。就在同年的五月，二聖為已經二十六歲的他再娶韋氏為繼室，成為新的太子妃，這就是後來著名的韋皇后。新太子納妃的同時，適逢太子之妹太平公主也出降薛紹，於是舉行大酒會三天，父皇且親作〈太子納妃太平公主出降詩〉以紀其盛，內有「華冠列綺筵，

76. 見《舊唐書．敬暉傳》，九一：二九三三。
77. 參唐長孺〈史籍與道經中所見的李弘〉，《魏晉南北朝史論拾遺》，二一一。
78. 參《大唐大慈恩寺三藏法師傳》卷八，《唐玄奘三藏傳史彙編》頁二〇二-二〇九。

蘭醑中芳宴。環階鳳樂陳，玳席珍羞薦。蝶舞袖香新，歌分落素塵。歡凝歡懿戚，慶叶慶初姻。暑闌炎氣息，涼早吹疏頻。方期六合泰，共賞萬年春」之句，以示極歡祈祝！一時文臣如劉禕之、元萬頃、郭正一、胡元範、任希古、裴守真等多有奉和者。[79] 劉禕之、元萬頃等人正是武后用以分宰相權的「北門學士」。

第二年——開耀二年（六八二）正月，韋妃生下長子重照，天皇大喜。廢太子賢早已生有三個庶子，故天皇不是因昇為祖父而大喜，而是因為韋妃給他生下嫡孫而大喜。翌月，嫡皇孫滿月，天皇不顧關中時值饑荒，下詔改元為永淳，大赦天下，舉行大酒會三天，並要立他為皇太孫。因為大唐制度上沒有皇太孫之制，所以特召吏部官員來詢問，表示要自我作古，創立新制。在徵得有司贊成之後，乃於三月十五日正式冊立重照為皇太孫，欲開皇太孫府，並令府官各加王府一級。[80] 雖然天皇稍後沒有正式付諸實行，但是從此事看來，起碼天皇與太子哲父子的關系極為良好。

太子哲是天后親生兒子，重照是她的嫡孫，雖然太子哲在新婚後三個月即首度監國，開始領略母后如何干政，但是這時母子之間表面上尚無關係矛盾的記載。不過，太子哲因為前妻周王妃

79. 詳《全唐詩．高宗皇帝》，二：二一；元萬頃等人詩分見其人名下，皆以〈奉和太子納妃太平公主出降詩〉為題。按，《全唐詩》誤注為咸亨四年太子弘納裴妃。其實韋妃之為太子妃是李哲為太子後，於此年五月所納，因為史載太平公主在同月出降。元萬頃的「家輅初乘雁，璇宮早結褵。離元應春夕，帝子降秋期」，郭正一的「桂宮初服冕，蘭掖早升笄，禮盛親迎晉，聲芬出降齊」句，最能突出此盛會的主題。

80. 《通鑑》同《舊唐書．高宗紀》，均作二月癸未滿月，戊午立為皇太孫，欲開府置僚，但二月無戊午日。按《唐會要．皇太孫》作三月十五日立皇太孫（四：四九—五〇），《新唐書．高宗紀》作三月戊午，今從之。

趙氏在幾年前被母后所殺，所以這時對母后的威權自是不敢輕易表示不滿或挑戰。他忍隱不發，待父皇死後繼位為帝，纔敢向母后的威權挑戰，卻也因此反而被母后所廢，這是後話，暫且不提。

太子哲的嫡四弟李旭輪，生於龍朔二年（六六二）六月一日，同年底封為殷王，這年武后三十八歲。麟德元年（六六四）昇單于都護府為大府，父皇乃以年僅三歲、已拜冀州大都督的殷王為大都護，並為他造宅。乾封二年（六六七）旭輪六歲，已改封為豫王，令往單于府赴任。童稚的豫王問道：「兒朝去暮歸，得乎？」今上答道：「去此二千里，卒未得來。」豫王聽了撒嬌說：「不能去阿母！」父皇憐其年小，竟不遣他前往。[81] 旭輪後來單名輪，又改名旦，王號和官職也一再改換。

他比嫡三哥李哲小六歲，當李哲為太子時他纔十九歲，官爵為洛州牧・右衛大將軍・上柱國・豫王，由於是么兒，故特受父母疼愛，雖長成亦不令出閤。[82] 李旦在父母身邊成長，謙恭孝友、好學工書，有學者的氣質而無政治家的性格。當然，以正常而論，他頂多貴為親王，一輩子享盡榮華富貴，萬萬沒想到他日能龍興為皇帝的。他在十七歲時納彭城劉氏刑部尚書劉德威的孫女為孺人，劉氏尋被立為王妃。父皇曾經宴請近臣親戚於咸亨殿，向皇叔霍王元軌說：「我兒阿輪最小，特所留愛，比來與選新婦，多不稱情；近納劉延景女，觀其即有孝行，復是私衷一喜。思與叔等同為此歡，各宜盡醉！」乃作七言詩，侍臣一時並和。[83] 稍後又納竇氏——高祖太穆皇后家

81.《唐會要・單于都護府》將豫王誤作相王（七二：一三〇九），今據本書所作〈則天大事略表〉改。

82.《唐會要・諸王》，五：五一。

83. 參《舊唐書・高宗紀》儀鳳三年七月條，五：一〇三。

屬——為孺人。在父皇生前，劉妃為他生下嫡長子李成器，封為永平郡王。宮人柳氏生次子成義，然因生母身分微賤，天后一度不想認他為孫子，出示給時人認為有超能力的僧萬迴看。萬迴說：「此兒是西域大樹之精，養之宜兄弟！」讓迷信的天后甚悅，纔同意留養，令列於兄弟之次。[84] 竇孺人此時則未生子，不過後來卻生了鼎鼎大名的第三子開元皇帝唐明皇李隆基。從要經她同意纔能讓成義列於兄弟之次的事情來看，她即使對最疼愛的么兒也是管得蠻嚴的，媳婦們更不在話下，有孝行的劉妃和竇孺人後來也步三嫂周王妃趙氏的後塵，慘遭婆婆殺害，不知葬身何處。

大概最幸福的是么女太平公主李令月，[85] 她與母后的關係最好。值得注意的是，她的三個嫡

---

84. 參《唐會要．追諡太子雜錄》（四：四九）及兩《唐書》本傳。又萬迴此言及其有超能力事跡，亦可參《宋高僧傳》（北京：中華書局，一九九三．二，二刷），一八：四五四—四五六。

85. 太平公主之名見《全唐文．（崔融）代皇太子上食表》，二一七：二七七六。按：大陸有讀者（作者署名「新浪讀書」）依筆者所揭示的資料覆查，提出太平公主之名為令月，是斷句的錯誤。該讀者認為崔融的〈代皇太子上食表〉，原文應斷句為「伏見臣妹太平公主妾李，令月嘉辰，降嬪公族」。其理由有三個：第一，唐代公主給皇帝上書時候自稱「妾李氏」是一個規矩，不需要寫出名字；第二，「令月嘉辰」是一個比較固定的說法，是指一個好月份好時辰，不需要拆開；第三，「令月嘉辰，降嬪公族」這樣的說法符合當時通用文體——駢文的行文規範。筆者一再品讀思考，從文論角度看，該讀者言之成理，可以成立；然而，駢文起首或中間語氣轉折，未必全依四四／四六等句式，崔融代太子其他表奏多可見例。蓋駢文起首說明何事或事由，未必限以四四／四六等句式為開端，是頗常見之事，尤其此表是表奏，而且並非是公主給皇帝上書而自稱「妾李氏」之表，而是太子上表，起首提及「臣妹太平公主」之表。假如太平公主自己上表，依例自稱「臣妾李氏」或「臣妾李」或許無疑問，但兄長上表提及妹名，以示是某妹，蓋亦不無可能；何況唐朝上表而不名是殊遇，表中提及某人

長兄——弘、賢、顯（哲）——取名或與應讖有關，或是道德取意；而么哥則是旭輪、輪和旦，與日有關，她則取名令月，與月有關。母后後來革命稱帝，自名為曌，則更是合日月而並明，光宅以照天下，是巧合嗎？還是母后生她與么哥時思想有了變化？

太平公主不知生年，已知在永隆二年（十月改元開耀，六八一）七月出降薛紹。若以當時女子十四、五歲出嫁為例，則她應出生於乾封二年或三年（六六七—六六八）之間，比嫡四哥約小五、六歲。這年武后四十三、四歲，中年得女，不免疼之愛之！而且二聖當時已經封禪泰山，正在議建明堂，此時也，天下泰安，萬物盛平，故封號為「太平公主」，誰說不宜。

公主既是武后么女，又生得「豐碩，方額廣頤，多權略」，武后以為像我，故最得父母之寵。[86]咸亨元年（六七〇）九月榮國夫人死時，她的芳齡大約纔三、四歲，武后請准讓公主為女冠，以為母親追福。太平公主既然為外祖母楊氏入道，故武后乃以頒政坊娘家之宅改為太平觀。[87]頒

而不名可能性更少。受囑代寫表奏而稱囑者之姓名為「某」，是因受囑者不便直寫囑者的姓名而已。由此言之，崔融〈代皇太子上食表〉起首斷句為「伏見臣妹，太平公主妾李令月，嘉辰降嬪公族。詩人之作，下嫁於諸侯；易象之興，中行於歸妹。……」或「伏見臣妹太平公主妾李令月，嘉辰降嬪公族。詩人之作，下嫁於諸侯……」，蓋亦是可能之事。該讀者從公主上表慣例及文論角度提出指教，筆者殊表感謝與敬意！但其所言依歷史考據學而言僅是旁證或推論，因此筆者在實據未出現之前，姑且維持原先判斷，以待高明修正。

86. 兩《唐書》所述相同，引文見《舊唐書·外戚·武承嗣傳》，一八三：四七三八。

87. 頒政坊之觀本是楊士達（達？）宅，咸亨元年九月二十三日，皇后為母度太平公主為女冠，因置為太平觀。太平觀後移於大業坊之原徐王元禮宅，乃改頒政坊之觀為太清觀。參《唐會要·觀·太平觀》（五〇：八七〇），及《唐會要·觀·昭成觀》（五〇：八七七）。《通鑑》謂吐蕃求婚時纔立太平觀（見開耀元年五月，二〇二：

政坊在朱雀西二街，位於西內宮城的西南角，事實上公主並未遠離母后的膝下。

儀鳳（六七六—六七八）中，吐蕃強大壓境，唐軍曾大敗於青海，這時她纔十歲出頭，而吐蕃請求公主下嫁。武后不願讓她遠嫁外國，乃真的為她營築道觀，令她薰戒，以作為拒絕和親的理由。過了一段時間，某日，公主穿紫袍玉帶，折上巾，具紛礪，作武士打扮，在御前歌舞。二聖大笑，問道：「兒不為武官，為何忽然如此？」不料公主回答說：「用來賜給駙馬，可以嗎？」父皇知其意，於是挑選了河東大姓薛紹為駙馬。薛紹是太宗皇帝之女城陽公主之子，[88]因而是太平公主的表哥，可謂親上加親。不過，天后一度嫌紹兄薛顗之妻蕭氏和薛緒之妻成氏不是出身貴族，想逼令他們出妻，聲言「我女豈可與田舍女為妯娌邪」！有人告訴她：「蕭氏是開國宰相蕭瑀之侄孫，是國家之舊姻。」[89]挑剔的母后纔止，由此也可以看到武后貴盛後的門第觀念。從此事來看，太平公主確實從小就像她母后一樣地「多權略」，不過她在母后之前卻一直畏慎檢點，這就更得母后的疼愛。母后甚至為她挑剔妯娌，竟想到逼人出妻，可見其寵！

永隆二年（六八一）七月，公主出降，借用萬年縣衙廨以行嘉禮。太平公主儀仗自東內和西內之間的興安門出來，往南經過五個坊，到達朱雀東二街第六坊——宣陽坊——的縣廨，沿途燎炬相屬，夾路槐樹多死。[90]父皇與侍臣曾作詩為她與太子同時納妃而誌慶。一年多後——弘道元

六四〇二），殆誤。

88. 《新唐書・城陽公主傳》，八三：三六四七—三六四八。
89. 詳《通鑑》該年月條，二〇二：六四〇二。按蕭氏也是當年情敵蕭淑妃的族人，武后可能未察。
90. 《通鑑》胡注謂經過三坊（見該年月條，二〇二：六四〇二），今據《增訂唐兩京城坊考》作五坊。

年九月，公主生下長男薛崇胤，父皇為之大赦東都，[91]可見父母對她的寵愛。

二十餘年之後，約四十歲的她因為參與復辟政變，被復辟皇帝嫡三哥李顯進封為鎮國太平公主，所頒的〈太平公主加實封制〉就稱讚她因為柔嫻婉順、敏悟聰明，「所以特鍾先愛，偏荷聖慈；動輒承恩，言必中旨。故秦臺下鳳，禮越於常儀；魯館乘龍，榮該於美選」云云。[92]公主後來推薦張昌宗作為母親的小情夫，故她的婉順敏悟，深體母意，是她能獨鍾母愛的原因，制文之言應不至於過分虛美。

總之，從社會與家庭的角度看，武后如同當時的社會習慣，相當成功的扮演了一個持門戶的女主人角色。作為妻子的武后，她伺候丈夫周到，又分擔他的工作憂勞，卻也不免有時下悍婦和妒婦的作風，猜忌別人接近她的丈夫——尤其她有強烈的權力慾，而丈夫又是帝國權力核心之時。為此，她與內外親屬的關係，就顯得相當的緊張。作為一個母親，她明顯地有當時的社會習慣——即虐待丈夫前妻前妾的子女，對他們施行不同方式的家庭暴力。至於對親生子女，她則費心地為他們安排官爵與待遇，甚至婚姻，顯示甚為愛護他們，因而也同時極為重視他們的管教，乃至流於嚴苛，成為母子關係緊張，以至於衝突的原因。

大唐法律規定，尊長對同居的子孫卑幼有支配權，子孫卑幼無得自專，否則會被定罪懲

91. 太平的長男史多不詳，《新唐書．高宗紀》該年月條也未載此子之名（三：七八），據岑仲勉考證，長男為薛崇胤，見《唐史餘瀋．太平公主諸子》條，六〇—六二。

92. 見《唐大詔令集》，四二：二〇四。

罰。[93] 由於武后從年輕時即已展現出支配慾極強的人格特質，加上當時社會風氣與法律規範的影響，所以她扮演嚴妻嚴母的角色一點也不稀奇！法律上所謂的尊長，是指祖父母、父母、伯叔父母、姑、兄及姊，[94] 所以武后對子女這時執行的是尊長權中的母權，難怪她要明令僧道須致敬於父母，推動父在為母服喪三年等措施，其目的即是要將母權提高到與父權平等。她有意據此，從她的家庭開始，由母儀一家推而擴之，以至母儀天下。

她的「妻管嚴」曾經引起丈夫的反彈，以致一度想休掉她。至於她的「母管嚴」，事實上也曾先後引起了年長的親生兒子們的反彈，只是因為依法無父母之令則不能別籍分居，[95] 加上他們個性不同，忍受度有差異，故反彈的方式與程度各有不同。李賢對她的反彈最為嚴重，也是最明顯的母子衝突，可以無疑。她——大唐天后，即使在夫皇生前，看來已算得上是一個「悍太太」、「兇媽媽」和「惡婆婆」。相王李旦和太平公主李令月只是此時正值年少，又素來乖順聽話，故能倖免於壓逼，不致於母子交惡罷了。一個疼愛親生子女的媽媽，卻使到母子關係如此之緊張，乃至於衝突，雖然與社會文化有關，但是也與她的權力慾、支配慾，以至於整個人格未嘗無關。

93. 參見《唐律．戶婚律》第十三條並《疏議》，一二：一六九。
94. 參見《唐律．戶婚律》第三十九條並《疏議》，一四：一八四。
95. 據《唐律．戶婚律》第六條，違此律者徒三年，一二：一六六。

第七章　天皇晚年局面與太后臨朝

天皇晚年局面與天后的權力焦慮

有人認為武后從掌權到革命稱帝，都非出於刻意的安排，而是一種發展的結果。但是，歷史發展出於偶然或是必然？這是歷史哲學上的重要課題，至今仍無最後的解答。

不管如何，除非能推翻史官們的記載，有三件事情是討論武則天者應該注意到的：一是武氏有一個不愉快的童少年，也因此可能沒有充分的安全感；二是武氏入宮發展是有心理準備的，所以說「見天子庸知非福」；三是她在宮中已經顯示出權威人格的特質，馴驄心理只是其早期的表現，對朝廷大臣、內外家屬的態度行為則是成熟時的表現，與童少年時期的人格始終一致。武氏從年輕時就知道，她入宮此行，一切前途皆與「天子」有關，妨礙她親近此權力核心，取得此權力，或意圖分享此權力的人事都必須用一切手段加以排除，甚至不惜以殺戮手段為之。她的門第備受別人批評，她的身分（先帝之妾）受到別人指責，因此她更敢於如此做，甚至敢於壟斷與權力核心親近的管道，使自己安全而無後顧之憂。因此她的行為架構似乎有：「不安全感——權位爭取——安全滿足」的模式。由於安全滿足不易達至，揆諸史實，她起碼要到七十幾歲時纔稍有「大足」、「長安」——晚年的年號——的感覺，因此不斷用種種方法手段，以追逐及穩固其權位。

正因如此，所以在先帝並不欣賞或愛她之時，多權術的她，要掌握機會抓住太子李治，要排除妨礙她親近權力核心和獲得權位的人——如王皇后、蕭淑妃、褚遂良、長孫無忌等人;此後威脅或分享她與權力核心關係的人如親生母親、親生兒子亦然,至於宰相上官儀、外甥女賀蘭氏、常樂公主、諸庶子女們,也就不用說了。前面種種內庭與外朝所發生的事情,都與武后的人格、心理、欲望有關,也都不盡出於偶然。

獨獨有一項重要的事情,似乎與偶然性關係較大,這就是她幸運地遇上如此性格的天皇今上,而他又很早就染上纏綿而麻煩的疾病,讓她有參政的機會,甚至破例地二聖臨朝。今上在芸芸宮人中如果沒有遇到武才人,或者他的性格如果像先帝——太宗皇帝,歷史的發展應該就不一樣。

儘管天后遇到如此幸運的參政機會,但是也不必然就能讓她日後獨攬大權,更不必然就能讓她當上皇帝。這時,有一些情勢正在主、客觀交錯地發展,對天后的權力發展相當有利。讓我們從回顧、追索中開始作觀察吧。

天后在顯慶五年(六六〇)開始參決朝政,至麟德元年(六六四)以二聖的姿態臨朝,然後在乾封元年(六六六)封禪泰山,這時上距開國已四十八年,繼「貞觀、永徽之治」而日盛。這時大唐在社會經濟方面,呈現的是戶口穩定成長,犯罪稀少,交通貿易發達,米價便宜,徭輕稅薄,人民日漸豐足的良景;在政治方面,除了有少數高層鬥爭、貪贓枉法的事件,一時震動朝野視聽之外,基本上是律令制度修訂成熟,[1] 政府穩定運作,教育文化發達,士人願意透過科舉考

1. 永徽三年(六五二)正月五日,《顯慶禮》完成奏上,頒行天下。由於事涉許敬宗、李義府希旨用事的政治因素,學者紛議,以為不及《貞觀禮》,因此未能行用;於是降至上元三年(六七六)二月,敕令仍然依照《貞觀禮》,亦即仍然本於「貞觀之治」。參《唐會要·五禮篇目》各該年月條並注,三七:六七〇。

試參加政府的局面；在國防外交方面，沿襲先帝被尊為「天可汗」後的開拓與開放政策，這時大唐已設置都護府管制大漠南北，西域也設置一百多個府州，難以征服的朝鮮半島也已列入都護範圍，日本戰敗而加緊遣唐革新，西南小國和少數民族亦日漸開拓和開發，南海市舶日漸興盛發達，外國君長、使節來朝日多，人民來唐貿易和居留者口眾；雖然這時大食與吐蕃已經興起，但是仍未威脅中國，甚至關係還能保持良好。當此之時，今上決定封泰山而告成功於天，不宜說是粉飾太平或者是好大喜功。

然而，自從咸亨元年（六七〇）——武后參政的第十年、二聖臨朝的第六年——以後，大唐漸漸出現逆勢。該年出現旱災，所以今上在三月一日為之改元咸亨。「咸亨」是指一切順利發達的意思，故今上的改元原是要博一個好彩頭。不過，就以此年為例吧，這年久旱不雨，造成天下四十餘州災荒，不但讓武后曾經為此請求避位，二聖率隊赴東都逐食，朝廷也明令任由人民逐食。國際方面，此年四月，吐蕃趁大唐旱災，加上全力用兵東北邊以平復叛的朝鮮半島之餘，乘機揮兵攻陷西域十八州，逼使大唐勢力撤出安西四鎮。朝廷於是命薛仁貴為帥，統兵由河隴出征吐蕃，然在同年八月先後大敗於烏海和大非川，死傷略盡。內憂外患交相而至，哪裏有「咸亨」的氣象？

國家發展並不是短期受挫，此後國際上除了吐蕃不斷以武力侵逼唐朝，勝多負少，使西域和西南遭到蠶食之外，東北也因國力不支，由朝鮮半島退守遼東故城；另外，西、東兩突厥也先後反唐，屢有征戰，尤其以天皇死前一年東突厥的復興為甚。這十幾年來，唐軍疲於奔命，國力消耗於戰爭。就以儀鳳三年（六七八）唐、蕃青海之戰為例，十八萬唐軍大敗，副帥工部尚書・右衛大將軍劉審禮也被俘虜；此役不算，從調露元年（六七九）至開耀元年（六八一）這三年之間，單是夏州一州即喪失馬匹達十八餘萬匹之多。[2]當此之際，國內這些年來不時水、旱交至，影響民生經濟；加上兵役、徭役頻繁，人民可謂火上加薪。永淳元年（六八二）——天皇死前一年——的七月，造奉天宮於嵩山之南，監察御史李善感上諫，說自封禪泰山以來，「菽粟不稔，百姓餓死，道路相望」，又說此時國家已經「四夷交侵，日有徵發」云云，[3]可見國內外情勢的確相當嚴峻。

敵國興起是客觀的情勢，大唐為了維持國際盟主的地位而不斷採取軍事行動，卻缺乏適當的國家戰略，命帥用將不善，野戰戰略不妥等，都是主觀的因素。表面上唐朝國力強大，可以支持連連征戰；事實上卻是盟主地位遭到嚴厲的挑戰，國際勢力遭到嚴重的壓縮，領土與人民開始受到嚴峻的威脅，百姓開始疲於負擔。

當此之時，國家需要一個出色的元首，政府需要一個團結而能幹的領導團隊。但是，以名將薛仁貴大非川之敗和宰相李敬玄青海之敗為例，前者明顯的敗於仁貴與副帥郭待封不協，後者則敗於敬玄與另一宰相劉仁軌不和，[4]顯示政府領導團隊出現了嚴重問題。至於元首與君權的問題，可能也一樣嚴重。

天皇多病，天后雖然以二聖名義臨朝多年，然而從無天皇生病不朝時由她單獨臨朝聽政的記錄，就是說，天皇因故不朝時她也不能單獨臨朝，畢竟她不是合法的元首，這就是天皇常詔太子監國或理政的原因。天皇急著訓練太子處理政事，常讓他監國理政，並且想過要遜位給他；而多

2. 青海之戰和馬匹之喪，分詳《通鑑》儀鳳三年九月及開耀元年五月條，二〇二：六三八五—六三八六及六四〇二。
3. 《唐會要．奉天宮》，三〇：五五六—五五七。
4. 請參兩《唐書》薛仁貴、劉仁軌、李敬玄諸傳，不贅。

疾的太子李弘也好不到哪裡去，朝政與宮務亦常交給重要宮臣裁決。君權能否持續和穩定運作，似乎成了一個隱憂。

明顯的，天后雖然權侔人主，尊為二聖、天后，但是畢竟不是人主，她的意見需要以與夫皇私下溝通或者正式上表的方式提出，如貶武氏子弟、殺賀蘭敏之、上十二條政見等等事情，都可以為證。換句話說，國政的最後決定權仍然操於皇帝之手，當他委託太子監國，或授權太子理政時，最後決定權則移轉至太子代行。儘管天后母權威重，太子孝順，但是太子畢竟不是夫皇。早已富有監國理政經驗的太子弘或太子賢，都有他們自己的個性和主張，不至於事事受母后的左右，這就是天后感到太子弘數怫旨、太子賢不受教，而二人在不同程度皆失母愛的原因。如果不是父皇多病，如果不是提前和經常監國理政，如果母后不是權威型人格，母子的關係應不至於如此。

歷史沒有「如果」，然而這種種因素如果不存在，大唐的歷史就將改寫。天后與太子母子關係的惡劣，說穿了就是起因於與太子的權力關係緊張，這與天后的強烈權力支配慾有關。她不可能在政治上完全支配夫皇，但對太子則想。憑什麼？憑的是因為二聖資格而擁有的朝政參決權，加上經她日漸提高的母權——太子再大也大不過母親！

太子李弘八歲時開始第一次監國，以後更常如此，不過武后的腹心宰相李勣和許敬宗當時都身兼東宮師傅級的重官，故武后能安心。自從封禪以後三數年間，李、許二相先後死去，武后遂無腹心在宰相團和東宮。太子弘是一個有監國理政經驗、有自主性和有原則的人。當太子監國理政之時，依法由東宮一府二坊的重要宮寮來輔助，這些宮寮又常由宰相大臣來兼任，這些宰相大臣又各有從政經驗，各有想法背景，遂使問題日漸嚴重。

例如太子弘自咸亨元年以來即已「風虛更積」，中旨不許他重勞，要他進入含元宮休養兼侍親，甚少接見宮臣。所以當駕幸東都，留太子於京師監國時，乃由宰相「戴至德、張文瓘兼左庶子，與右庶子蕭德昭同為輔弼，太子多病，庶政皆決於至德等」。試看這幾年的宰相團：5

咸亨二年（六七一）：侍中姜恪，中書令閻立本，東臺（黃門）侍郎・同三品張文瓘、郝處俊，西臺（中書）侍郎兼太子右庶子・同三品李敬玄。

咸亨三年（六七二）：姜恪（二月死），閻立本，戶部尚書兼左庶子・同三品戴至德，吏部侍郎兼太子右庶子・同三品李敬玄，黃門侍郎兼左庶子・同三品張文瓘（十月轉為大理卿兼左庶子・同三品），中書侍郎・同三品郝處俊，太子左庶子・同三品劉仁軌（本已退休，十二月復出）。

咸亨四年（六七三）：閻立本（十月死），戴至德，李敬玄，郝處俊，劉仁軌。

上元元年（六七四）：戴至德，李敬玄，郝處俊，劉仁軌（統兵出征新羅）。

上元二年（六七五）：左僕射兼太子賓客・同三品劉仁軌（八月拜），右僕射・同三品戴至德（八月拜），吏部尚書兼左庶子・同三品李敬玄（八月拜），侍中・兼太子賓客張文瓘，中書令郝處俊（八月拜）。

由此可知，咸亨三、四年間，由於太子弘一再奉詔監國或理政，故今上乾脆令戴至德、李敬玄、張文瓘、劉仁軌四相兼任宮官，只有閻立本、郝處俊二相沒兼。到了上元二年四月太子弘死前，四相中戴至德、李敬玄和劉仁軌仍兼，而郝處俊還是沒兼，不過處俊早先當過李弘的太子司議郎，故仍得算作東宮舊僚。這些宰相備受皇帝和太子的信任，且多是守正不阿而為朝廷服務的人，甚

---

5. 根據《新唐書・宰相表》，及各人本傳，與《唐僕尚丞郎表》（臺北：中央研究院歷史語言研究所，一九五六・四，初版）而列。

至也有反對武后過分干政的人；他們有關隴籍也有山東籍，有士族也有庶族，有明經科出身也有進士科出身。在天皇生前，統治大權仍然操控在他手裏，太子監國理政也有自主性，因此他們能夠不屈服於天后的威權意旨，效忠於天皇和代行君權的太子。

武后雖以二聖臨朝多年，但是掌握最後決定權的人不是她，如今連協助皇帝總理庶政的宰相團中也無腹心，不願純粹扮演「女主內」角色的她，想必有權力上的焦慮。咸亨元年那次惟一假久旱為由奏請避位之事，動機值得懷疑。所謂避位，應是指不再以二聖臨朝過問政事，用答天譴。她真的僅是為了此因素嗎？還是因為外朝無援而產生權力的無力感，因此想引退，抑或是以退為進，要試探今上與朝臣的態度？其實在生活裏，太子弘數拂逆她，使她心理有所焦慮或恐懼——權力被太子挑戰的焦慮或權力失落的恐懼；在公務裏，宮寮宰相——以東宮宮寮為宰相或以宰相兼為東宮宮寮者——支持太子，益增她的權力失落感。這就是她要引用「北門學士」以分相權的原因。

大唐制度原無北門學士的建制。它是先帝為秦王時的創例。先帝為秦王時延引虞世南等文人，包括許敬宗在內，內參謀猷，延引講習，出侍輿輦，入陪宴私，及至當了皇帝仍然維持此習慣。他在宏文殿聚書二十餘萬冊，並在殿側置宏文館，以作引見學士和教育五品已上官員的兒子之用。這些學士皆以「宏文館學士」名義會於禁中，十數年間多至公輔，當時號為「十八學士」。「十八學士」只是私下的稱呼，其實當時未有此名目，他們只是以本官兼學士罷了。武后當了皇后後，以禮部尚書許敬宗為外朝腹心，引至便殿待詔，即是沿用此例。及至腹心宰相先後衰老凋零，武后於是引用劉懿之、禕之兄弟，周思茂、元萬頃、范履冰、苗神客、胡楚賓等資淺文學之士為之，乾封以後始號「北門學士」。[6]以劉禕之等人當時的官位和職責而論，他們是不能與聞政事的，武后是以要他們入內修撰為名——即為她陸續撰寫《列女傳》、《臣軌》、《百僚新戒》、《樂書》等書，然後密令他們參決朝廷奏議和百官表疏，以分宰相之權。「北門學士」如今隱然已成權力新貴，是隱性而附屬於武后的一個新集團。他們參與武后的私密太多，所以後來在太后臨朝時，先後被太后假酷吏之手一一誅除。[7]

現在要問：她引用北門學士著書教訓太子、王公、妃主和群臣，目的除了要建立她的「導師」地位之外，為何還要他們參決奏議表疏以分宰相之權？她真正要競爭或對付的對象是誰？其實夫皇多病，常令已成長的太子代行君權，由於他的重要宮寮又多兼任宰相，而且太子也因多病常委權於宮寮宰相，所以分宰相權無異就有與太子爭權的意味。

從太子弘死後所發生的一次權力爭執事件，更可以輕易體察出來。

上元二年（六七五）四月太子弘死後，六月李賢繼為太子，八月孝敬皇帝（太子弘）下葬後，在八、九月間，宮寮宰相作了一些調整：[8]

原太子左庶子·同三品劉仁軌昇為左僕射·同三品，兼太子賓客。

---

6. 這種慣例後來即形成翰林學士制度，詳《唐會要·翰林院》，五七：九七七，及《唐會要·宏文館》，六四：一一一四—一一一五。
7. 北門學士的遭遇，參《舊唐書·劉禕之傳》八七：二八四六—二八四八，及〈元萬頃傳〉一九〇中：五〇一〇—五〇一二。
8. 見《舊唐書·高宗紀》該年八月和九月條（五：一〇〇—一〇一），李敬玄原作吏部侍郎兼太子右庶子，殆誤。

原戶部尚書兼左庶子・同三品戴至德昇為右僕射・同三品，兼太子賓客。
原大理卿兼左庶子・同三品張文瓘昇為侍中，兼太子賓客。
原中書侍郎・同三品郝處俊昇為中書令，兼太子賓客。
原吏部侍郎兼太子右庶子・同三品李敬玄昇為吏部尚書兼左庶子・同三品。

也就是說，太子弘的宮寮宰相此時僅作了職位上的調整，然後一併轉為新太子李賢的宮寮宰相。這就使天后與故太子和他的宮寮宰相的權力緊張關係，繼續延伸至新太子。這種權力競爭關係，不久就從天皇想讓天后攝政之事可以看出來。

上元三年（六七六，十一月改元儀鳳）四月，天皇益為風眩所苦，不能聽朝，於是欲下詔令天后攝理國政——意指委託天后單獨攝政，乃與宰臣商議。中書令兼太子賓客郝處俊加以反對，說：

> 「臣聞《禮經》云：『天子理陽道，后理陰德，外內和順，國家以治。』然則帝之與后，猶日之與月，陽之與陰，各有所主，不相奪也。若失其序，上則謫見於天，下則禍成於人。昔魏文帝著令，雖有少主，尚不許皇后臨朝，所以追鑑成敗，杜其萌也。況天下者，高祖、太宗之天下，陛下正合慎守宗廟，傳之子孫，誠不可持國與人，有私於后。且曠古以來，未有此事，伏乞特垂詳審！」

此時另一宰相——新任中書侍郎・太子右庶子・同三品李義琰附議，也說「處俊所引經典，其言至忠，聖慮無疑，則蒼生幸甚」！天皇稱是，其事遂止。[9]

9.《唐會要・識量上》作儀鳳元年（即上元三年）四月（詳五一：八八七—八八八）。按《新唐書・高宗紀》不

如果此事發生在病重的太子弘之時，猶且可以說天皇體恤太子，故暫由天后攝政；然而此事卻發生在李賢繼為太子半年之後，應該如何看待？

或許可以這樣看吧：這年的正月，瀘州都督府管內的納州獠反唐，這在邊防上不算大事，天皇僅敕黔州都督就近發兵討之而已。到了二月，安東都護府管內的高麗餘部反唐，由於戰略線太長，補給支援不易，故唐朝將安東府後撤至遼東故城，有些百濟戶口也要內遷，這當然是國防軍事上的大事。更嚴重的是到了閏三月，吐蕃入寇河隴，天皇一面遣將徵發附近駐軍迎戰，一面停止天后所建議的封禪中嶽，急速由東都回京坐鎮，並調遣中央禁衛軍，分命洛州牧・周王李顯為洮州道行軍元帥、并州大都督・相王李輪為涼州道行軍元帥，統兵前往討伐。[10]國家其實已經進入緊急狀態，偏偏天皇這時益為風眩所苦，不能聽朝，可能擔心太子賢新立，監國理政的經驗不足，所以纔欲令天后攝理國政。不料此意引起了宮寮宰相的危機意識，處俊、義琰二相一唱一和，不但認為不妥，

載此事。《舊唐書・高宗紀》與《通鑑》皆作上元二年三月，處俊任中書侍郎之時；然而《舊唐書・郝處俊傳》則作上元三年，時官中書令兼太子賓客，並謂當時是「高宗以風疹欲遜位」，故建議中有「陛下奈何遂欲躬自傳位於天后」一語，《新唐書・郝處俊傳》同，恐皆是據《唐新語》等民間流傳之說（二一：八）。又《舊唐書・李義琰傳》則說義琰時任中書侍郎，又授太子右庶子・同三品，與中書令郝處俊固爭，阻止「后攝知國政」（《新唐書・李義琰傳》同）。筆者據《新唐書・宰相表上》，李義琰在上元三年四月以中書侍郎・同三品，郝處俊時為中書令，時間上與本傳合，也與《唐會要》合，故訂此事發生於上元三年四月；筆者又以為高宗即使再病昏，也不至於「遜位」給天后，應以欲讓她「攝知國政」為是，故從《唐會要》、兩《唐書・李義琰傳》和《通鑑》所載。

10. 參《通鑑》該年各該月條，二〇二：六三七八—六三七九。

而且更反對讓皇后單獨攝政，並且進一步要求「傳之子孫，誠不可持國與人，有私於后」。

宮寮宰相輔助太子固是他們的責任，但是為何對天后有如此的強烈反應？郝處俊先天皇而死，情況不明；後來武太后執政，即族其孫郝象賢，時人以為是太后為了報前憾。[11]至於李義琰原在天皇晚年已經退休，當天后以太后臨朝時，詔令他重出為刺史，史謂「義琰自以失則天意，恐禍及，固辭不拜」。[12]天皇已死，君權在太后之手，義琰見機固辭以自保，不失明哲；但是，他當年失天后什麼意，讓他迄今仍然恐怕？最合理的解釋是，這些宮寮宰相們，當時已經洞悉天后的權力野心。他們瞭解天后利用北門學士以分他們的相權，他們懷疑故太子李弘之死，甚至也可能懷疑他們東宮同僚故太子家令閻莊之死，[13]因此他們對天后有所疑懼，感到國家有危機，為了維護當今太子，故不惜反對天后單獨臨朝攝政，認為這樣做是「持國與人」，而反過來要求「傳之子孫」。他們的說法若換成民間語言，無異就是說：武氏不過是唐家老婦，只能主內，不能主外；何況家

---

11. 參《唐新語》，二：八。
12. 見《舊唐書·李義琰傳》（八一：二七五七），《新唐書·李義琰傳》略同。
13. 根據太子率更令李儼為其同僚太子家令閻莊所撰的墓誌銘，說閻莊是故工部尚書閻立德的第二子、故宰相閻立本之侄，長於文史，為人正派，侍衛東宮十餘年，因盡職肅謹，遷拜太子家令。正在仕途亨通之時，「豈意彼蒼冥昧，福壽徒欺！積痾俄侵，纏蟻床而遘禍；浮暉溘盡，隨鶴版而俱逝」，於上元二年從幸東都時，其年九月二十一日（李弘葬後一個月）「遇疾終於河南縣宣風里第」，年五十二歲。他的夫人劉氏是相王李旦劉王妃的姑姑。（參見《全唐文補遺·唐故袁州刺史□□故太中大夫太子家令輕車都尉閻君墓誌銘》第五輯，九–一一）。李儼寫閻莊的死因隱晦，近人頗疑與太子弘之死有關，（參臧振〈西安新出閻立德之子閻莊墓誌銘〉，《唐研究》二，四五五–四六二，一九九六）。其疑是否成立，容有機會後論，要之當時可能引起此懷疑，應有可能。

長尚在，嫡子健全，家族在外的事業豈容她插手！家族事業的所有權和經營權只能由男系子孫繼承，不能讓與妻室，以免落入其手中。這對天后的權力企圖與發展當然是一次嚴重的挫折，所以「義琰自以失則天意，恐禍及」。後來武太后廢嗣皇帝李哲，宮寮宰相劉仁軌也以呂后之事相警告。14可見「天后有權力野心」已是他們的共識，因此纔先後不約而同地阻止天后過分的干政掌權。

如此看來，太子弘和他的宮寮宰相團，與天后和她的北門學士團，原只是處於權力競爭狀態，至此已可能進展為權力緊張的狀態。太子弘在此情勢之下死，遂有被天后毒死的流言傳出。如今太子弘的宮寮宰相原班人馬轉為太子賢的宮寮，在此情勢沒有解除之前，他們有責任保護新太子，當然會反對天后單獨攝政，而要求「傳之子孫」——意即要攝政也該由新太子攝政。

太子賢的確奉詔接手監國，而他又較乃兄更有個性，監國以處事明審為當時所稱，曾得父皇的手敕褒揚，故更非天后所能任意支配。至於這些宮寮宰相們都是天皇所委信的人，天后對他們也無可奈何。如果日後太子能順利繼位為皇帝，她要怎樣自處？因此，天后的權力挫折和內心焦慮可想而知。

這時，個性擅長忍隱的天后需要等——等待太子賢暴露出重大的缺點。

調露二年（六八〇）終於讓她等到了，太子司議郎韋承慶上書諫太子不要近聲色之事，對天后來說無異是東宮集團主動給她一條小辮子，是她對付太子的大好機會。其實聲色畋獵是典型的貴族活動，文皇和天皇身體好時也嗜好此道，至於怎樣纔不算過度則不易明訂標準。青年的太子賢喜好此道是肯定的，決非一朝一夕之事，他曾於上元元年（六七四）含元殿大酒會中，奉父皇

---

14. 請參第八章第二節。

之詔與三弟周王顯分音樂人員為東、西兩朋，兄弟倆各主一朋以比賽角勝為樂，當時還引起宰相郝處俊的諫止，可見他喜好聲色已為朝野所知。李顯後來復辟為皇帝（即唐中宗），也確實沉耽於聲色，表示此年齡接近的兩兄弟，最初不是受太子的教育，過的是王公貴族逸樂的生活，已成習慣。作為母后，她應該知道這兄弟倆的個性習慣。這種習性對皇位繼承人而言，通常被視為行為失檢或不良，如今由司諫的宮臣來暴露其事，比由母后揭發來得有力！她利用此事，刻意安排它成為三司會審的大案，肯定他犯了「逆謀」之罪，而堅持要「大義滅親」。

此事好像殷鑑不遠，類似八十年前獨孤皇后要隋文帝廢黜喜好聲色的太子楊勇，而改立當時在母后面前表現良好的晉王楊廣（隋煬帝）的翻版。而且，本朝三十年前故廢太子李承乾失愛於父皇太宗皇帝，此習性也是理由之一，天皇就是因此緣故而得成為太子。

太子賢喜好聲色畋獵，只是屬於私人道德行為上的問題，即使因畋獵需要而私藏皂甲，也不致於想謀逆——江山遲早是他的，何須謀逆？天后一意將它變成逆謀大案，要用政治方式解決。可憐的太子賢，大概沒想到母后會下此重手！他是母后權力慾嚴重受挫，內心有權力焦慮，而激起更大權力鬥爭的犧牲品。據說他被廢前已感覺情勢不利，乃常日憂惕，曾作樂章〈黃臺瓜〉，使工歌之，意圖感悟父母，歌詞云：「種瓜黃臺下，瓜熟子離離。一摘使瓜好，再摘令瓜稀；三摘尚云可，四摘抱蔓歸！」不管樂章是否真為太子賢所作，總之唐人是認為天后的確一再迫害親子，並藉此詞對她作了批判。15

15. 此詞及所作之由，是李泌因當時太子（代宗）為張良娣所逼而有危機，故以此向肅宗建言。趙文潤等不以為然，謂是李泌所編造和附會之說（《武則天評傳》，九六—九七）。要之，這是唐人對武后迫害親子之批判，則可無疑。

又據說事發當年就曾有人觀察到天后要努力專權，而預測王室大禍將至。例如史載太子賢曾使樂工作〈寶慶之曲〉，始平縣令李嗣貞聽後，以為殺聲既多、哀調又苦，預言「太子受其咎矣」！果然數月之後，太子被廢為庶人。天皇事後知道此事，擢昇嗣貞為太常丞。嗣貞稍後又告訴人說：「禍猶未已，主上不親庶物，事無巨細決於中宮，將權與人，收之不易；宗室雖眾，皆在散位，居中制外，其勢不敵，我恐諸王藩翰，皆為中宮所蹂踐矣。」[16]由此可見情勢於一斑。

天皇之死與授權之變

這次太子賢發生之事與上次太子弘之死性質不同，上次是太子弘幸而及時病死，母子尚未至於水火不容，故宮寮宰相多被留用；這次是太子賢被控有逆謀，屬於政治性大案，必須要有人牽連負責，以示絕不可能一人謀逆。

案發前的宰相團實際有八人如下：[17]

左僕射兼賓客・同三品劉仁軌

16. 見《唐會要・論樂》調露二年條，三四：六二五。按嗣貞《唐新語》作嗣真，即先前預言賀蘭敏之必敗之人，他此次預言與《唐會要》所載同，但謂是與太清宮道士之言，並謂道士將其言奏上，乃擢太常丞（七：一七），恐是小說家言，不取。

17. 據《新唐書・宰相表》、兩《唐書・高宗紀》和各本傳、《通鑑》而製，王德真無傳。

侍中兼賓客郝處俊
中書令兼左庶子李敬玄（因青海之敗在李賢廢前數日被貶）
黃門侍郎．同三品裴炎
黃門侍郎．同三品崔知溫
中書侍郎．同三品兼右庶子李義琰
中書侍郎檢校左庶子．同三品薛元超
中書侍郎．同三品王德真
左庶子．同三品張大安

會審由兩省宰相與御史大夫組成，二聖挑選了薛元超、裴炎，與纔從左庶子、同三品罷為御史大夫不久的高智周共同推鞫。根據兩《唐書》各本傳的記載，薛元超是著名文人，曾經先後坐過與李義府和上官儀友善之罪，遭到兩次流貶，似乎有依附權威的個性。高智周是進士出身，曾被薛元超推薦，政績良好，也與元超關係良好。裴炎則是甚用功的弘文生，以明經出身，因緣際會參與這次廢太子的大審，三年多以後又協助武太后參與廢皇帝，與天后的關係不詳。不管如何，天后是透過他們坐實了太子賢之罪。

受到牽連的人不算太多，被殺的是一些太子賢所謂的黨與，宮官太子洗馬劉納言、協助太子注《後漢書》的宰相宮寮張大安被貶，曹王李明、嗣蔣王李煒被流放軟禁，連諫太子不要近聲色的韋承慶也被貶出為縣令。最慘的是太子典膳丞高岐，他是凌煙閣功臣故宰相高士廉之孫，由於有此關係，故天皇遣兵將他押解回家，交由家長自我懲誡。高岐一入門，父親左衛將軍高真行即刻抽佩刀以刺其喉，伯父戶部侍郎審行又刺其腹，最後由堂兄斷其首，棄屍於衢道之中。天皇聞知，鄙視他們的行為，遂把真行兄弟貶至遠州，[18]算是一個意外的案外案。

高家是長孫無忌的舅族，曾經因無忌案而坐累，故害怕到手刃子弟，情有可原。但是太子謀逆案是大案，為何沒有像先前幾個類似的大案般，株連一大批將相王侯妃主？起碼兼領宮官的宰相，尤其反對過天后的宰相，應該多少也會坐輕重不等的處分吧？看太子廢後天皇召慰官僚，盡捨其罪而令復其位時，薛元超等皆舞蹈謝恩，獨有李義琰引罪涕泣，[19]可見他們原該受累，故為此喜出望外。

根據史書記載來判斷，很可能是由於二聖基於國勢日蹇之下，需要保持一個有經驗的宰相班子；如果併貶諸相，恐怕一時難找到有宰相經驗的足夠人才來共謀治國和挾輔新太子。例如天皇死前一年赴東都逐食，令薛元超輔助太子監國，臨行告訴元超說：「朕之留卿，如去一臂；但吾子未閑庶務，關西之事悉以委卿。所寄既深，不得不講！」[20]就是一例。

的確，二十五歲的新太子李哲，性好玩樂尤甚於嫡二哥，他在天皇死前一年留守京師期間仍頗事畋遊，數為薛元超所諫，天皇既知其事，曾遣使慰諭元超。[21]李哲何曾想到二聖會三易太子而輪到他？他需要在宰相、宮寮的輔助下，加緊學習治理全國的經驗。儘管有此顧慮，太子哲新

---

18. 真行兄弟附於兩《唐書・高士廉傳》，《通鑑》據《新唐書・高儉（士廉）傳》而較詳，但高岐作高政（見永隆元年八月條，二〇二：六三九八）。
19. 參《舊唐書・李義琰傳》，八一：二七五六－二七五七。
20. 參《舊唐書・薛收傳》，七三：二五九〇－二五九一。
21. 參《舊唐書・薛收傳》（七三：二五九一）及《通鑑》永淳元年七月條（二〇三：六四一一）。

立的第二年，仍將反對過天后攝政的中書令兼左庶子郝處俊則罷相，單任太子少保，李義琰也在不久託病退休，稍後更將軟禁在黔州的零陵郡王李明逼死。大概深懂權術的天后，瞭解天皇的顧慮，故將將相大臣作了緩和式的區隔處理，以免高層大震，弄出不易收拾的局面來。

弘道元年（六八三）是天皇生前的最後一年。根據《通鑑》的綜合描述，早在去年四月，二聖已因關中饑饉，米價一斗漲至三百文，是盛平時的七、八十倍，故匆匆往東都逐食，留太子哲在京留守。弘道元年的春天，東突厥入寇，在定州一線被刺史霍王李元軌擊退，但復寇媯州，稍後又包圍單于都護府，俘司馬張行師而殺之，朝廷遣兵分道救之。禍不單行，四月，綏州稽胡白鐵余假佛教起事，自稱「光明聖皇帝」。這是天皇當皇帝以來的第二次民間起事，但是不旋踵就被程務挺和王方翼二將所平。事情還未完了，到了五月，東突厥又入寇蔚州，殺刺史、都督，情況嚴峻，朝廷一度想撤守豐州，將百姓遷至靈夏。在此情況下，天皇又開始發病，只得將原定在十月舉行的嵩山封禪大典延後至來年正月，並召太子哲赴東都，改以童幼的太子之子唐昌王李重福為留守，以劉仁軌為副留守。

此年十月，二聖駕幸位於嵩山南面新落成的奉天宮，天皇的疾病就在這裡加重，苦頭重，眼不能視。御醫秦鳴鶴為他診治，認為是風上逆，建議用針，刺頭出血乃可癒。天后在簾中聽到，大怒說：「此可斬也，乃欲於天子頭刺血！」鳴鶴叩頭請命，天皇說：「御醫是議病理，不加罪；且我頭重悶，殆不能忍，出血未必不佳，但刺之。」鳴鶴乃刺百會、腦戶二穴。一會兒，天皇說：「吾目明矣！」天后自簾中頂禮以謝御醫說：「天賜我師也！」遂親負百匹綵賜給鳴鶴。[22]精神

22.《舊唐書·高宗紀》、《新唐書·武后傳》及《通鑑》對用針之事所記各有詳略，大體上《通鑑》本於《新唐

稍好，天皇一面派遣程務挺統兵迎戰東突厥，另一面則下詔命太子哲監國，令侍中裴炎和拜相纔一年的宰相劉景先、郭正一等於東宮平章政事。自此以後，外司四品以下官拜相，皆以「同中書門下平章事」為銜，以示資淺。

天皇雖然已經目明，但並不是疾病已愈，反而是日益沉重，因此匆匆自奉天宮還都，連宰相皆不得謁見。捱至十二月四日，天皇下詔改元「弘道」，大赦天下。這道詔書是稍晚頒遺詔前的最後一道聖旨，大意自述即位三十四年以來，未能使率土含生；而「朕之綿系，兆自玄元」，因此要內外百官體會道家之旨，俱崇簡質，咸與維新——所謂「憑大道而開元，共普天而更始」——所以改元為弘道。詔書並又特別說：「比來天后事條，深有益於為政，言近而意遠，事少而功多。務令崇用，式遵無怠！」[23]觀其詞意，無異已自知來日不多，故自我總結政績，開示國家精神，並奠定天后日後的政治指導地位。

天皇極重視此道詔書，想親御宮城正門則天門宣讀，但因氣逆不能上馬，於是改成召百姓於殿前而宣讀之。

書·武后傳》，二書皆謂武后不想高宗痊癒，以便專政，所以反對用針。此說與《唐新語》所載同（九：一一一一二），應出於民間之傳言。筆者以為武后與高宗常一塊兒出遊，此期間無矛盾衝突的記載，且高宗的病是宿疾，武后若想他死也不必等到此時纔被人察知，故不取此說，但從《舊唐書·高宗紀》，對話則兼採《唐新語》。

23. 詳《唐大詔令集·改元弘道詔》，三：一五。按：《全唐文》卷十三亦收載此詔，但是注引《道德真經》所錄同詔，文句與此詔有異，而且未提用武后事條，一三：一八一—一八二。

宣讀畢，天皇問侍臣：「民庶喜否？」

「百姓蒙赦，無不感悅！」侍臣答道。

「蒼生雖喜，我命危篤。」五十六歲的天皇自知不起，接著又說：「天地神祇若延吾一兩個月之命，得還長安，死亦無憾！」是夜，召裴炎入，受遺詔輔政，[24]遂駕崩於貞觀殿，上距開國凡六十六年。[25]〈大帝遺詔〉說：

> 「皇太子哲，……早著天人之範，夙表皇帝之器。凡百王公卿佐，各竭乃誠，敬保元子，克隆大業。光我七百之基，副斯億兆之願。既終之後，七日便殯。天下至大，宗社至重，執契承祧，不可暫曠。皇太子可於柩前即皇帝位。……軍國大事有不決者，兼取天后進止。」[26]

在父皇心目中克承大業而年已二十八歲的太子哲，依遺詔在六日即位於柩前，第七天——十二月十一日——正式受冊位為帝。[27]大唐高祖和太宗兩位先帝，死前都遺命繼位者在柩前即位，並皆以「軍國大事，不得停闕；尋常閑務，任之有司」為言，表示大事處分事關君權，當然仍由

---

24. 《唐新語》說裴炎與其舅王德真俱受遺詔輔少主，應是民間的傳說，不取，見三：一三。
25. 《舊唐書．高宗紀》作十二月己酉，誤；高宗死於十二月四日，即丁巳日，今從《新唐書．高宗紀》和《通鑑》。
26. 該詔全文詳見《唐大詔令集》，一一：六七–六八。
27. 《唐會要．帝號上》謂弘道元年十二月六日李哲即位（一：四），所指應是未受冊的柩前即位。《新唐書．高宗紀》和《通鑑》皆說弘道元年十二月丁巳（四日）高宗死，甲子（十一日）李哲即位，正好七天，應指正式受冊為帝。

已成年的嗣皇帝來親自處理。[28]但是天皇可能鑑於太子哲纔當太子三年半，在此內憂外患之際，統治經驗不足，故也特別授權天后以太后身分兼決大事。依據遺詔的授權內容分析，應是指在有「軍國大事」，而此軍國大事又「有不決者」，纔「兼取天后進止」；否則即使有軍國大事，也不需「兼取」太后的決定，儘管她有政治導師的地位。

現在要問，為何天皇如此推崇天后的政治表現，卻又不乾脆令她在一段時間之內臨朝稱制，然後再還政於嗣君？請問記得太常丞李嗣貞的觀察嗎？他說：「禍猶未已，主上不親庶物，事無巨細決於中宮，將權與人，收之不易。」另外在天皇末年，深受委信的尚書左丞馮元常也曾密言「中宮威權太重，宜稍抑損」，天皇雖不能用，卻深以為然。[29]天皇既知天后如此，哪能完全委託她臨朝稱制！

不過，事有出人意外者。精曉《春秋左氏傳》和《漢書》的侍中裴炎——全朝唯一的顧命宰相，不知因何緣故或據何條文慣例，在天皇死後三天——十二月七日，即太子在柩前即位的第二天——上奏，以為嗣君尚未正式受冊為皇帝，也未聽政，未應發令宣敕，故請宰臣奏議，望宣「天后令」於門下施行。[30]按大唐先例，太宗皇帝兵變即位固不用說，但太宗皇帝死於貞觀二十三年

---

28. 唐高祖〈神堯遺詔〉和〈太宗遺詔〉，詳參《唐大詔令集》，一一：六六－六七。
29. 高宗是元常之言，見《通鑑》則天后光宅元年八月條（二〇三：六四二〇－六四二一）；據《唐僕尚丞郎表》，元常約從永淳元年至文明元年任左丞。
30. 《舊唐書．裴炎傳》謂「十二月丁巳高宗崩，太子即位，未聽政，宰臣奏議，天后降令於門下施行」（八七：二八四三）。《通鑑》則謂是日裴炎以太子「未即位」，若「有要速處分，望宣天后令於中書、門下施行」（該月七日庚申條，二〇三：六四一六），殆誤。因為李哲已於六日即位，只是未正式受冊而已，故應以《舊唐書．

五月二十六日，太子李治在二十九日發喪即位，而在六月一日纔正式受冊，其間未聞不可發令宣敕，故裴炎此奏實是多此一舉。

這道奏議所請，除了無前例可援之外，還有一個致命的缺點，即是不理「軍國大事有不決者，兼取天后進止」的遺詔，只要是「宰臣奏議」，都「宣天后令於門下施行」。這時侍中裴炎是唯一的顧命宰相，是門下省的長官，且宰相團議政的「政事堂」也在門下省，故他請宣天后令於門下施行。精曉經典古史的他，必知自己此時正扮演古史所謂天子諒闇、冢宰攝政的角色，若非「軍國大事有不決者」則不須請示太后。因此，曾參與廢太子李賢一案的裴炎，此舉實在大有問題，若非討好天后，則是對天后的權力素習不稔，或者是輕視她，以為一介女流而易制耳；或許剛好相反，正因精曉經史，故拘泥迂闊而不敢以冢宰自任，如今太后健在，不妨學漢朝太后掌政的先例，建請天后掌政，以免重蹈漢朝輔政大臣的覆轍。不管怎樣，他最起碼也是對遺詔作了誤解、扭曲，或是不當的擴充解釋。所以此奏一上，天后大喜，頓時化解了權力的失落感。

為何有權力的失落感？

因為對喜愛掌權而支配別人的天后來說，她已掌握朝政參決權凡二十四年，享受到權力的滋味；但是朝政參決權的權力來源於君權，故其性質終究不是最高的或絕對的君權。遺詔對她的授權似乎很大，然而實質上是對她已有的權力作了幅度甚大的限制，使她非「軍國大事有不決者」則不能過問，這就會讓她產生了權力的失落感。現在因為裴炎主動的奏請，讓她終於正式單獨取得了政務的處分權——也就是當年被宰相反對的攝政權，這是意外的天賜良機！所以太子哲在

裴炎傳》為是。

十一日正式受冊嗣位後，天后被尊為太后，但她仍然順理成章而又擴權地處分起國政來，並未因嗣皇帝喪滿而還政，此即《通鑑》所謂的「政事咸決焉」。[31]也就是太后順著顧命宰相裴炎所請，逕行擴大為自我專權，只是由宣「天后令」改成假「太后令」的形式罷了。

太后專權與廢帝殺子

先代嗣皇帝年幼而太后「臨朝稱制」，指的是太后臨朝聽政，自稱曰「朕」，且以皇帝「制詔」的名義發號施令，是母后代行君權的一種正式形式。天皇遺詔並無委託天后臨朝稱制之意，故武太后無據可以臨朝稱制；但由於裴炎主動送上機會，遂讓她得以逕行與宰相溝通，以「太后令」來發號施令。這是一種母后於體制外專權攝政的形式，與太后臨朝稱制的合法形式不同，由此顯示了武太后一貫積極主動而善於掌握時機的特質。

儘管嗣皇帝在守喪期間被奪了權，然而嗣皇帝已經成年，武太后會不會在以日代月的喪期滿後還政給他？如果太后沒有權力野心，答案當然是會；否則時間越後，武太后的還政壓力和焦慮便會越沉重。

---

31. 兩《唐書．則天紀》均謂武后是日臨朝稱制，《舊唐書．則天紀》更謂「既將篡奪，是日自臨朝稱制」，《通鑑》但說「政事咸決焉」。按兩個月後武后廢中宗，《通鑑》謂是假「太后令」名義為之，故此時應未臨朝稱制，僅是幕後專權。

武太后對此不動聲色，卻在此期間作了一些重要部署：

第一，十七日，她加授皇叔祖澤州刺史・韓王元嘉為太尉、霍王元軌為司徒、石州刺史・舒王元名為司空、豫州刺史・滕王元嬰為開府儀同三司、絳州刺史・魯王靈夔為太子太師，皇伯父相州刺史・越王貞為太子太傅，皇叔父安州都督・紀王慎為太子太保。[32]太后史無前例地一口氣加授這些地尊望重的親王為一品大員，目的是恐其生變而安撫其心。

第二，二十一日，她開始調整原班宰相的陣容，她把太子少傅・同三品劉仁軌轉為左僕射・同三品，仍為西京留守；將配合度高的侍中裴炎轉為掌握出旨權的中書令，連宰相議事廳——政事堂——也從門下省遷到中書省，以方便他掌握和作業。[33]二十五日，黃門侍郎・同平章事劉景先昇為侍中，兵部侍郎・同平章事岑長倩昇為兵部尚書、黃門侍郎檢校右庶子・同平章事郭待舉昇為左散騎常侍、吏部侍郎・同平章事魏玄同轉為黃門侍郎，並皆由資淺的「同中書門下平章事」昇為資深的「同中書門下三品」銜，[34]目的似要他們昇遷後能感恩效力。

第三，二十九日——嗣皇帝守喪期滿的前一日，她遣將分往并、益、荊、揚四大都督府，與

32. 兩《唐書・則天紀》對諸王之拜詳略各異，今參考兩《唐書》諸王傳而綜合之。《通鑑》所述極簡，又述於甲子（十一日），不取。

33. 二相在此日調動，兩《唐書・則天紀》、《新唐書・宰相表》及《通鑑》皆同，但《新唐書・宰相表》誤謂此日仁軌罷為左僕射，今據《唐僕尚丞郎表》改正。

34. 《通鑑》是日止列劉景先一人，《舊唐書・則天紀》則統列於甲戌（二十一）日，皆誤，今從《新唐書・宰相表》及《新唐書・則天紀》。

各該府司相知鎮守，以備不豫。

國喪間安撫王室、昇遷宰相、分防警備的措施已陸續部署完成，這時卻突然爆發了一件大意外。十二月三十日是嗣皇帝喪服已滿之日，是日太后將中書侍郎．同平章事郭正一罷相，改任為國子祭酒。顯然，太后仍要繼續掌政，無視於喪滿的嗣皇帝。翌日元正過年，改元「嗣聖」，立太子妃韋氏為皇后；九天之後——嗣聖元年（六八四）正月十日，又以門下省從三品左散騎常侍韋弘敏為太府卿．同三品，遞補郭正一的遺缺。弘敏系出京兆杜陵大門第，是關中郡姓，屬韋氏平齊公房，是新皇后的遠屬，[35]故此舉隱然有安撫帝后之意。

不過，太后為何要安撫帝后？

原來嗣皇帝在此期間，要拜后父豫州刺史韋玄貞為侍中，另要授韋后乳母之子為五品官。后父屬韋氏駙馬房，嗣皇帝為太子而在開耀元年（六八一）五月娶其女時，就以太子妃之父的關係，由普州參軍擢為豫州刺史，至是任刺史尚未滿三年，又從未做過中央三品大臣或其他清要官，資歷顯然不足。[36]如今嗣皇帝既要拜資歷不足的岳父為正宰相，復要授妻子乳母之子為五品官，的

---

35. 韋后屬駙馬房，見《新唐書．宰相世系表》，七四上：三一〇五及三一〇六。弘敏見同表，七四上：三〇五〇。

36. 《通鑑》繫韋玄貞任豫州刺史於韋妃立為皇后之時，拙著《隋唐中央權力結構及其演進》採之，以為玄貞纔任豫州刺史而旋即劇遷為相，是中宗的不當，而裴炎適當。劉健明〈武則天廢中宗事件考析〉（《武則天研究論文集》頁五三，註8）指出此為筆者的誤採，舉《舊唐書．韋庶人傳》說明玄貞在其女為太子妃後已擢豫州刺史，由於僅此孤證，未易證明孰是，然可備一說；不過唐朝州縣官吏須經三考四考始能遷轉，玄貞又無中央資歷，故筆者仍認其資歷不足，未能同意劉健明的「並無不可」之說。

確有些荒謬，可見此年輕人也是任性了一點，大行皇帝與武太后當年決不會如此莽撞。或許嗣皇帝眼看太后無意還政，自己無法起用自己的親信以治天下，故雖在積威之餘仍決定向母后挑戰吧！事實上，嗣皇帝任用岳父為侍中，政治的敏感性確實比任用其他親信宮寮為輕，無論如何這也是一種勇氣的表現，難怪曾被張柬之稱為「勇烈」！只是出旨權既由中書令裴炎掌握，裴炎堅持以為不可。嗣皇帝大怒，說：「我讓國與玄貞豈不得，何為惜侍中耶！」雖說君無戲言，嗣皇帝不該講這種任性的話；但是明人一聽，就知這是氣忿之言、負氣之話，不得當真。嗣皇帝除了氣裴炎之外，還可能氣裴炎背後事事支配而又曾有殺妻之怨的母后，不願當「傀儡兒皇帝」之意已經溢於言表！故太后必須對帝后暫予安撫。

嗣皇帝不甘當「傀儡兒皇帝」而向母后挑戰，難道他忘了母后的性格習慣，忘了哥哥們的教訓了嗎？還是自以為當了皇帝，坐穩江山，是一條龍而不可能是師子驄？史載裴炎的反應是懼怕，因此稟告了太后。

嗣皇帝守喪已滿，太后尚無安排還政的跡象，可能正在為此焦慮，躊躇以何理由繼續掌權。裴炎此告，無異又是一個大好良機！於是兩人密謀，定策廢立。[37]裴炎的政治態度究竟是怎樣了，忠於先帝和嗣皇帝，抑或忠於太后？為何先請出太后，讓她專權發號施令，如今又不公忠體國地請太后還政，反要與她密謀廢帝？天皇遺詔命令「王公卿佐，各竭乃誠，敬保元子，克隆大業」，他是單獨受遺輔政的宰相，理應更要如此；然而如今卻與太后廢帝，那他算是忠臣、奸臣抑或迂臣？

37. 中宗負氣之言和定策廢立據《舊唐書．裴炎傳》（八七：二八四三），《通鑑》（則天后光宅元年正月，二〇三：六四一七）略同。

稍後他被御史懷疑有異圖而提出彈劾，太后一口咬定他謀反，最後被殺，時人認為活該，責備他「居中執權，親受顧託，未盡匡救之節，遽行伊、霍之謀，神器假人，為獸傅翼，其不免也宜哉」！[38]

二月六日戊午——上距天皇死六十一天——廢立行動展開。

太后於洛陽宮之正衙乾元殿召集百官，裴炎與曾是北門學士的中書侍郎劉禕之、左驍衛大將軍・檢校左羽林軍程務挺、右領軍大將軍・檢校右羽林軍張虔勗勒兵入殿庭，宣太后令，廢嗣皇帝李哲為廬陵王，扶下殿。「我何罪？」意外的嗣皇帝問。太后告訴他：「汝欲以天下與韋玄貞，何得無罪！」[39]於是廢帝廬陵王遂暫時被幽於別殿，韋后當然也被廢了，家屬更配流嶺南。

大唐皇帝原本每日上朝聽政，顯慶二年（六五七）五月因宰相奏天下無虞，請隔日視事，於是改為單日上朝、雙日不上朝。這天是不上朝日，如今在不上朝日上朝，又是在慣例上用於大朝會的乾元殿集會，恐怕已出嗣皇帝君臣的意外，顯然是一次成功的突擊。另外，太后廢皇帝的藉口似曾相識，記得八年前中書令郝處俊反對天皇欲令天后攝政，就用過類似的話語，說「天下者，高祖、太宗之天下，陛下正合慎守宗廟，傳之子孫，誠不可持國與人，有私於后」！只是當年未曾、也無人敢廢帝，如今居然由當年被諫言所針對的對象來援引此理，公然實行廢帝，百官竟無一人進言，真如郝相公所言，誠是「曠古以來未有此事」！

另外值得注意的是，武太后假「太后令」廢帝成功，其實最關鍵是掌握了左、右羽林軍。此兩軍是晚近新成立的禁軍，駐屯北門——玄武門，任務是保衛皇帝和宮廷，如今不知太后用何辦

38. 見《唐新語》，一一：一二。
39. 二將軍銜見《舊唐書・程務挺傳》（八三：二七八五），餘從《通鑑》。

法掌握了此兩軍，卻反過來用以廢帝，真是神妙之至！難怪她要與裴炎密謀一段時間了。

這次廢帝，站在國家立場而論，性質上是一次極成功的不流血政變，唐朝在此以前只有太宗皇帝的玄武門兵變成功過，但是流了許多血！若站在家庭的角度看——封建王朝——向是家天下，此則無異是一次嚴重的家庭權力鬥爭。新喪父的成年嫡子，俟喪期滿後向新寡生母爭家產管理權和所有權，爭家父長權；卻反而被以母權攝理家父長權的母親所嚴懲，並趕出家門另行囚禁。武太后當年提高母權，爭取父母平權，效益就在這裡呈現。

武太后專權到連皇帝都輕易廢了，可見她已實際掌握了君權；不過格於遺詔無臨朝稱制的委託，她仍然無據臨朝聽政。畢竟她有今天的大權獨專，法源依據是啟自遺詔的，此時正值政權交替之時，情況未穩，破壞遺詔對她相當不利，而且形式上也不合《戶婚律》規定的傳母弟法條。於是在嗣聖元年（六八四）二月七日己未——廢李哲為廬陵王的第二天，迅速地冊立二十二歲的么子洛州牧．豫王李旦為新的嗣皇帝，王妃劉氏為皇后，所生的六歲嫡子永平郡王李成器為皇太子；大赦，改元文明。[40]不過，新嗣帝從被立的即日起，就被太后居於別殿，不得有所干預，政事仍決於太后。同月十二日，太后御偏東的便殿——武成殿，新嗣君率百官重上尊號給她，以示確認她的身分地位；十五日，武太后臨軒，遣禮部尚書武承嗣正式冊立李旦為嗣皇帝，完成了互相確認的程序。嗣皇帝既由我而立，故武太后從此常御紫宸殿，施淺紫帳視朝聽政。[41]這纔是正

40. 關於李旦等被立日期，諸史互有出入，《新唐書．則天紀》較正確，從之。
41. 睿宗從被居於別殿，不得干預政事以下發展，詳《通鑑》則天后光宅元年二月己未和甲子條，二〇三：六四一八—六四一九。

式的太后臨朝，「武成」的開始！新嗣君不過只是一個被軟禁的傀儡和樣板而已。

由此發展和程序看來，毫無疑問的，武太后廢立的動機決不是因廢帝李哲隨便說錯一句話就廢他，也不是因新嗣帝李旦是其寵兒而奪位給他，她是要以武力作後盾，用暴力手段控制皇帝並威懾朝臣，其目的是為了完全而長期地操持君權。從國家立場論，這符合法理而有正當性嗎？從家庭角度論，用暴力手段來達成廢立兒子的效果，並使他們和他們的家屬喪失自由或死亡，這是否屬於母權的過度行使，是一種家庭暴力，能算是「文明」嗎？筆者不敢妄斷。要之在此一時，「嗣聖」僅僅一個月零七天就被母后用暴力結束了，而「文明」則在母后的暴力挾持下產生。這是千真萬確的事實！

同月八日，童幼的皇太孫重照被廢為庶人，當然是為了斷絕臣民的後望。益有甚者，同月九日，太后命左金吾將軍丘神勣赴巴州，檢校已被軟禁的廢太子李賢之宅，實行非常時期的戒備；但卻在二月二十七日，李賢竟死於巴州之公館。[42]他為什麼在此時此刻死？史書的寫法相當一致：

（一）《舊唐書．則天紀》謂「庶人賢死巴州」，是純粹陳述事實的筆法；但在〈丘神勣傳〉則加以說明，謂「則天使於巴州害章懷太子，既而歸罪於神勣」，另在〈章懷太子賢傳〉則直書「則天臨朝，令左金吾將軍丘神勣往巴州檢校賢宅，以備外豫。神勣遂閉於石室，逼令自殺」。

（二）《新唐書．則天紀》直指「殺庶人賢於巴州」，用的是春秋筆法；在〈丘神勣傳〉則

42.《通鑑》曾對丘神勣出發與李賢死亡的時日作考異（見則天后光宅元年三月辛亥條，二〇三：六四一九），但將他的死日誤定在三月，或三月死訊纔傳至東都？今據〈大唐故雍王墓誌銘並序〉謂死於二月二十日，〈章懷太子墓誌〉（見後文）則謂死於該月廿七日，前誌寫於李賢歸葬倉促之時，故從後者。

說明「后使害章懷太子於巴州，歸罪神勣」，另在〈章懷太子賢傳〉亦直書「武后得政，詔左金吾將軍丘神勣檢衛賢第，逼令自殺」。

（三）《通鑑》作「太后命左金吾將軍丘神勣詣巴州檢校故太子賢宅，以備外豫，其實風使殺之。……丘神勣至巴州，幽故太子賢於別室，逼令自殺。太后乃歸罪於神勣。」

同一書而在不同篇章詳略各異，但所述一致，是紀傳體的特色，（一）和（二）完全符合於此；《通鑑》為編年體，故依事情發生的先後而綜述。明顯的，此三書撰者經研究後，都採用了同一史源——《則天實錄》。[43]據此，母親為了切實掌握權力，教唆他人殺害親生兒子，或者太后指示有司殺害廢太子，兩種陳述對武太后來說，皆是一個肯定的事實。不論被害人是因此自殺的或是他殺的，武太后在子死之後不重懲兇手，揆以春秋責帥之義，她仍然不能免於是主犯。從家庭看，母要子亡，子不得不亡，這是一種最嚴重的家庭暴力行為，是最可怕的天倫悲劇！

國喪期間廢太子李賢安然無事，也沒對他加強警戒；反而因太后政變，能充分掌握君權之後，卻成為他的死因。主事者在事後僅被薄懲，短暫地外放為刺史，不久仍回任左金吾將軍。這種象徵性的懲罰，比天皇當年嚴懲誣死蔣王暉和逼死曹王明的人，實在寬大太多了，母后對殺子之仇會如此寬大嗎？這實在大反武太后一向的個性習慣。過了一年——垂拱元年（六八五）——的四月二十二日，武太后竟使司膳卿李知十持節冊命，追封李賢為雍王，但仍不准歸葬，家屬——太后的媳婦和孫子——仍流離於巴州。太后太會演戲了，不是嗎？當然，武太后是掌權太后，當時

43. 三書記神勣出發和李賢之死各有差異，應表示各有所據，但內容則一致。《通鑑》曾參考《則天實錄》，時間則採用《唐曆》（見則天后光宅元年三月辛亥條，二〇二一：六四一九），故知三書基本上皆同此史源。

誰也不敢揭發、控訴或偵辦她。即使等到大唐復辟、太后死後數月，復辟皇帝李顯（即李哲）纔令此嫡二哥尚存的唯一胤子李守禮，前往巴州迎柩還京，陪葬乾陵，此時所撰的〈大唐故雍王墓誌銘並序〉猶不敢說明其死因。要到嫡四弟李旦（睿宗）二度登基的景雲二年（七一一），追贈他為太子時，盧粲所撰的〈章懷太子墓誌〉纔隱晦其詞地敘述他當太子以後的災難，說：

「馳道肅恭，萬國之貞斯在；宮闈視膳，三朝之禮不虧。豈謂禍構江充，釁生伊戾。愍懷貽謗，竟不自明；申生遇讒，寧期取雪。以永淳二年[44]奉敕徙於巴州安置。……賈生賦鵩，雖坦懷於化物；孝章愁疾，竟延悲於促齡！以文明元年（六八四）二月二十七日，終于巴州之公館。」

甚至銘文也說：「忽遘讒言，奄移遐裔；座鵩來止，隙駒行逝。」亦即交代年僅三十一歲[45]的李賢因遇讒間而廢黜，因來了一隻鵩鳥而促死。鵩鳥是貓頭鷹類的鳥，漢朝長沙風俗認為鵩鳥至人家則主人死，[46]盧粲顯然借用了賈誼貶至長沙而作〈鵩鳥賦〉的典故。這裡所謂的鵩鳥，就是指丘神勣。

---

44. 按墓誌（《全唐文補遺．大唐故雍王贈章懷太子墓誌》第三冊，四九－五〇）謂永淳二年徙於巴州，但兩《唐書．高宗紀》和《通鑑》均作開耀元年（即永隆二年）十一月癸卯，月日鑿然，應是根據官方的記錄，因廢太子王公等例不能久留於首都，故墓誌殆誤。

45. 舊、新二《唐書》本傳分作三十三、三十四歲；墓誌作三十一歲，上推正生於永徽五年，與兩《唐書．高宗紀》所述合，從之。可能當時有三十三或三十四歲的說法，是則已與李弘同年，似應與李賢為后姊所生的流言有關。

46. 參《西京雜記》（四庫本），五：九。

廢帝廬陵王的遭遇也不見得好。他與家屬在被廢後第三個月——文明元年四月，先被遷於房州，四日後又改遷於均州，[47]幽禁於伯父故濮王李泰之宅。他是繼大哥廢太子忠、六哥（嫡二哥）廢太子賢後第三個被廢之人，而且曾為皇帝，身分更敏感。因此，他在廢所時常懼不自安，每次聽說制使來，都惶恐到想自殺。試想與他遭遇相同的人，長孫無忌等宰相和兩位哥哥，不都是先流放到荒遠幽禁，然後再遣使來至，加以殺害或逼令自殺的嗎？他的前妻不也是被幽閉虐待致死的嗎？這不是母后對付政敵的一貫方式嗎？這種日子對他來說，真是極大的精神虐待！

就在此時，幸虧有廢后韋氏在旁時加寬慰，說什麼「禍福倚伏，何常之有？豈失一死，何遽如是也」等話，意思是禍福無常，總得一死，還怕什麼呀！如此之類，纔讓他想開一些。也正因妻子的安慰扶持，故患難夫妻情深義重，廢帝且曾對此陪難妻子發誓說：「一朝見天日，勢不相禁忌！」連韋氏在此時此地所生之么女——後來的安樂公主，也連帶地特被寵異。[48]可見廢帝這時已因極度恐懼而產生了對妻女感恩與補償的心理，為日後韋后和公主恣權亂政埋下了因子。

廢帝當初因要拜岳父為相和用妻子乳母之子為五品官而被廢，此事可能出於韋妃的主意，故韋妃陪難是應該的，只是禍延了娘家。其父韋玄貞據說本是一個淡薄博觀、志於遊山玩水的人，此時也被免黜，與家屬俱流欽州，後來死於欽州，母親崔氏則更為欽州首領所殺。諸子隨父赴貶所，「乘凌瘴，展轉艱危。軟脆之體難堪，羈旅之魂不返」，十六歲的三弟韋洞及十五歲的四弟韋泚也先後在欽州病死。此情真如墓誌銘的銘文所說：「遷徙何酷，凋零可嘆！」一家數口要等

47. 詳兩《唐書》本紀及《通鑑》是年四月條，二〇二：六四二〇。

48 見《舊唐書．中宗韋庶人傳》（五一：二一七一－二一七二），《新唐書》同傳簡略而語焉不詳。

到廢帝復辟，纔降旨令將護神柩還京。49

總之，高齡六十的老婦武太后，原將隨夫皇之逝而日漸淡出政壇，或含飴弄孫，優游歲月；不過，參政二十餘年，至今仍有強烈權力慾而又機變的她，逮住機會掌握了政權，進而用武力實行廢立，流放並軟禁廢天子，挾持新天子，株除有潛在威脅的廢太子——他們都是她的親生兒子。然後到了五月，大勢已定，纔令大行皇帝李治的靈駕西還，讓他歸葬於乾陵。具環境，有權術，善伺機，好頭腦，夠狠心，「武成」其宜哉！

49. 韋后父母兄弟姊妹，附見於兩《唐書．外戚．韋溫傳》；《新唐書．宰相世系表》（七四上：三一〇六）謂韋玄貞有洵、浩、洞、泚四子，洞墓誌作洞，其事詳《全唐文補遺．大唐贈衛尉卿并州大都督淮陽郡王京兆韋府君墓誌銘》（第一輯，八六—八八），及同書〈大唐故贈荊州大都督上蔡郡王墓誌銘〉（第三輯，三九—四二）。

第八章 政權鬥爭：臨朝與肅反

太后初改制與反對運動的第一波：揚州兵變與裴炎之獄

天皇晚年曾自謂臨御天下三十餘年，「欲使訟息刑清，家給人足」。[1] 其實除了不時的水、旱、蝗諸災和比較頻繁的兵興徭起之外，大唐此時基本上確實是朝著訟息刑清、家給人足的方向進展。

嗣聖元年（六八四）二月六日，武太后發動一次極成功的不流血兵變，廢了嗣皇帝李哲，翌日改立二十二歲的么兒豫王李旦為新的嗣皇帝，改元文明。十五日，太后臨軒，遣武承嗣冊新嗣帝，自是常御紫宸殿施淺紫帳以視朝，這是正式的太后臨朝稱制。太后尋拜豫王府的兩個幕僚長王德真和劉褘之為相，[2] 又在閏五月拜禮部尚書武承嗣為太常卿．同三品。褘之系出北門學士，承嗣是太后親侄，且在三個月後復罷相為禮部尚書。

自從太后臨朝稱制以來，迄今已逾半年，全無還政的跡象；反而四方開始爭言符瑞，以彰顯

---

1. 《全唐文．減貢獻並蠲貸諸州詔》，一三：一八〇。
2. 王德真兩《唐書》無傳，《新唐書．宰相表》列於京兆王氏王忠枝（七二中：二六五四），與武后翊贊功臣的王德儉無關；王德儉官至中丞，是許敬宗的外甥，系出琅邪王氏王猛枝，其子王璿後相武后，見《新唐書．宰相表》，七二中：二六二九。

天意嘉賞太后。[3]同年九月五日，天皇大帝埋葬於乾陵後一個月，太后下制大赦天下，改元為「光宅」，並且推動一系列改革。從這一系列改革按規劃的規模和系統看，應該已經經過深思熟慮，其重要項目包括：

（一）旗幟改從金色，飾以紫，畫以雜文。

（二）東都改稱為神都，洛陽宮改名為太初宮。

（三）職官和官署也各以義類改換名稱，如最重要的是三省，政本之地尚書省改為文昌臺，左、右僕射改為左、右相，六部尚書改為天、地、春、夏、秋、冬六官；掌審駁權的門下省改為鸞臺，長官侍中改為納言；掌出旨權的中書省改為鳳閣，長官中書令改為內史等。

（四）將掌握監察權的御史臺改稱為肅政臺，分開為兩臺，左肅政臺專門負責監察中央百官、監軍和承詔出使，右肅政臺專門負責各州的按察。

（五）追尊王室祖先老子——太上元元皇帝——之母為先天太后，冊先天太后尊像於老君廟所。[4]

太后不部署還政，反而進一步主動地積極地改革政府，加強控制，甚至利用道教而尊老子之

3.《通鑑》將符瑞之風繫始於太后臨朝稱制以來，見文明元年八月條，二〇三：六四二一。

4.《舊唐書．則天紀》和《通鑑》均不記追尊先天太后之事。此事對武后極重要，今據《唐大詔令集改元光宅詔》（三：一六）、《新唐書．則天紀》該年月條（四：八三）和《唐會要．尊崇道教．雜記》該年月條（五〇：八七八）；但前二書均作老君之母，後書作妻。按天師道將老子之母玄妙玉女尊為先天元后，故武后所尊應是老子之母。

母，這代表什麼意思？

首先應瞭解「光宅」年號所隱含的意義。蘇頲在景龍元年（七〇七）為酷吏、則天堂侄武懿宗撰墓誌銘，文中提及當年，說「先后（武后）于彼新邑，造我舊周；光宅四表，權制六合」。[5]原來武氏自稱姓出姬周，故所謂「于彼新邑，造我舊周」，是指以大唐的東都——也是周王朝原來的東都——為神都，作為重造周朝的首都。這個重造的周朝，當然就是稍後革命成功的武周。此時太后尚未革命，正開始將《周禮》雜揉著神道，假改革之名以迷惑臣民，所以乃有官署官稱的改變，以至於稱東都為神都，而知道這些革命前奏性措施的真正意義的人其實並不多。重造武周是一個建（復）國運動，如今先由這裏啟動，然後讓它逐漸光宅四表，權制六合，這就是太后不惜在一年之中第三次改元，改為「光宅」的用意，具有重要的政治象徵意義。

近代以來，宇文鮮卑曾據關隴，以《周禮》為藍圖，建立周朝（北周），進行改革；可惜隨著祚短國亡，一代典章遂被篡位的隋朝所推翻，重新依照中國近代的政治傳統，創構出著名的開皇律、令、格、式和禮典。大唐開國以來，武德、貞觀兩朝先後據隋之政典和禮典重修，使大唐的典章制度得以奠定。先帝天皇大帝繼位之初，也曾令長孫無忌等人陸續補充修改，務令大唐典章制度期於完美。不過，顯慶三年正月五日完成奏上的《顯慶禮》，由於時值許敬宗、李義府用事，其所損益多涉希旨，為學者所紛議，以為不及《貞觀禮》，因此至上元三年（六七六）二月，敕令仍然依照《貞觀禮》行用。降至儀鳳二年（六七七）八月，又因《顯慶禮》多不師古，敕令宜依《周

---

5. 蘇頲〈武懿宗墓誌銘〉，見《全唐文補遺・大唐故懷州刺史贈特進耿國公武府君墓誌銘》第二輯，一四—一五。

禮》行事。史謂「自是禮司益無憑，每有大事，皆參會古今禮文，臨時撰定」云云。[6] 封禪和明堂之議，紛然累年而不決，武后也遂能破例地參與封禪，實與此禮典未備有關。

太后就在這種情況下，得以用《周禮》而改六官，這是近代以來的第二次，是大唐的首次嘗試。由於太后的著眼點在用，所以並未全力推動此大修撰的研撰，要至她的孫子開元皇帝李隆基，纔本著此創意，完成了一代大典——《大唐開元禮》和《大唐六典》。太后此時對《周禮》之用，在政治上隱然有呼應重建周朝的象徵意義。

至於追尊老子之母為先天太后，並冊其尊像於老君廟所，此則更富有利用宗教為政治服務的意義。因為魏晉以來，天師道將老子之母玄妙玉女尊為先天元后，大唐開國之初，以老子李耳為王室遠祖，太祖皇帝乃追尊老子為太上元元皇帝，為他立廟。王室尊奉道教幾如國教，如今又根據太后素所提倡的母權，尊太上元元皇帝之母為先天太后，復冊其尊像於老君廟所，確立其道教地位，不是具有現實政治的重大意義嗎？太上元元皇帝雖是國之教主，但其母太后仍得並立於廟所，當今嗣君雖是一國之主，其母太后——我武氏本人——援此也得並立於朝堂，有何不可？她首先利用道教，建立了得以與成年的兒皇帝並立於朝廷的依據。

就在著手推動長期臨朝稱制，建立一個名義上上應天庭仙閣而又形式上託古改制的新帝廷的時刻，一片天人相應的氣氛之中，突然爆發了煞風景之事——李敬業在揚州舉兵反武，號為「匡復」。

嗣英公李敬業不是誰，正是太后當年腹心，在朝中和軍中具有極高聲望的故相英國公李勣之孫。他此時坐贓被貶，由眉州刺史左遷為柳州司馬，其弟盩厔令李敬猷適於此時也坐事免官。會

6. 詳《唐會要・五禮篇目》各該年條並注，三七：六七〇。

盩厔尉魏思溫曾為御史，此時復被黜，給事中唐之奇貶授括蒼令、長安主簿駱賓王貶授臨海丞、太子詹事司直杜求仁貶授黟令，大家各因事被貶黜，一時皆失意。這些失意人頗有志大才疏的特質，例如李敬業自少即從祖父征伐，有勇名，似乎有紹述乃祖之意；又如駱賓王，文才與王勃、楊炯、盧照鄰三人並為初唐四傑，所作〈夏日遊德州贈高四〉之序自謂「僕少負不羈，長逾虛誕，讀書頗存涉獵，學劍不待窮工。進不能矯翰龍雲，退不能棲神豹霧，撫循諸己，深覺勞生」云云，均可窺見此特質。[7] 於是他們聚在一塊，談起太后廢立囚禁皇帝，無還政之意，又殺害廢太子賢，起用武氏子弟，以為已引起天下共憤，故商議乘時而興，幹一番勤王大業。[8]

他們可能鑑於揚州遠離神都，中央控制力相對減弱，加上揚州富庶，較易募集經費和人馬，所以選擇揚州為起事地點，由魏思溫為謀主以籌劃。一群中、下級的官員，於是動手做起大事來。

魏思溫先使其黨監察御史薛仲璋要求出使江都，然後再令雍州人韋超告變，說「揚州長史陳敬之謀反」，由出巡御史薛仲璋收繫於牢獄。居數日，敬業乘傳而至，矯制殺敬之，詐稱新任揚州司馬來上任。[9] 接著，又詐言「高州酋長馮子猷叛逆，奉密詔募兵進討」，即日開府庫，解繫

7. 敬業事附兩《唐書．李勣傳》，駱詩序見《全唐詩》，七七：八二八。

8. 《新唐書．李勣傳》謂太后廢立，囚禁中宗，諸武擅命，唐子孫誅戮，天下憤之（九三：三八二二）；《通鑑》則謂是時諸武用事，唐宗室人人自危，眾心憤惋，敬業等又各自以失職怨望，乃謀作亂云云（光宅元年九月甲寅條，二〇三：六四二二），是他們起事之因。按此時李唐屬尊望高諸王咸授一品大官，僅一廢太子賢被殺，武氏子弟中也僅有武承嗣拜相三個月而罷，故知二書言過其詞。《舊唐書．李勣傳》謂太后廢立臨朝，諸武當權任，人情憤怨云（六七：二四九〇），所述較為保留，今從之。

9. 《通鑑》不提殺敬之。按陳敬之為長史，即使李敬業詐為司馬，但在揚府敬之位高於敬業，故須先殺之而後能

因及工役、丁匠，得數百人，皆授以兵甲，挾持官吏，不從者殺之，於是占據揚州，擴大鳩募，以「匡復」為名，開置「匡復府」、「英公府」和「揚州大都督府」三個府，自任匡復府上將，領揚州大都督，分署幕僚，旬日之間得勝兵十餘萬。

為了加強文宣，廣邀同志，乃由藝文令駱賓王撰寫〈討武氏檄〉，傳發至各州縣。此檄歷數武氏亂倫，殘害忠良，殺姊屠兄，弒君鴆母諸罪，有的是事實，有的是誣構，前文頗已有分析，這裡也就不再贅。最重要的是，檄文揭發武氏「猶復包藏禍心，窺竊神器。君之愛子，幽之於別宮；賊之宗盟，委之以重任」，再不挽救，則國家將亡，因此表明此次起事，是「氣憤風雲，志安社稷，因天下之失望，順宇內之推心，爰舉義旗，誓清妖孽」的起義。故末了疾呼大家「共立勤王之師，無廢舊君之命」；「請看今日之域中，竟是誰家之天下」！10

這道煌煌檄文，詞雙句儷，文辭甚美，也理直氣壯，據說太后初讀則微哂之，讀至「一抔之土未乾，六尺之孤何託」？遽問侍臣說：「此語誰為之？」答曰：「駱賓王之辭也。」太后乃歎息道：「宰相之過，安失此人！」不過文辭美則美矣，但也犯了駢文的通病，即所述問題不夠明確，意思費人推敲。這道檄文既然是政戰的文宣，就應將政略宗旨講明確說清楚，例如勤王的目標是誰，廢嗣君抑或新嗣君？匡復是要清妖孽，妖孽是誰，包括幫助太后的所有文武嗎？檄文既未說清楚，滿朝文武自不會輕易表態。加上李敬業又犯了兩個嚴重的錯誤，一是政略的，一是戰略的，

控全局，今從兩《唐書．李勣傳》。又三書俱謂敬業等人貶黜後俱在揚州，殆誤，因為他們是貶黜之官，不可能一時俱在揚州，應以起事時先後依計而至為是。

10. 賓王署藝文令，見《新唐書．李勣傳》，檄文詳見《舊唐書．李勣傳》。

遂使匡復形勢急轉直下。

所謂政略的，是指一方面以廢嗣君和新嗣君為辭，一方面卻找了一個貌似故廢太子李賢的人，說他本未死，置於城中，奉之為主。朝廷已為李賢之死發喪，這只能騙庶民，不能騙滿朝文武，並且使匡復目標更加混淆，臣民信心喪失。

所謂戰略的，是指戰略選擇錯誤——他不先直取神都，卻選擇攻取江東以求自固為優先，喪失了行動自由權，使戰爭形勢陷於被動，終至被壓縮消滅。

因為大唐實行府兵制，折衝府是各地的徵兵中心和練兵基地，並不是各州都有配置。其分布是以固本國策為指導，由此形成了強幹弱枝的國家戰略。在此戰略指導之下，折衝府集中於京師所在的關內道（二百多個）、太原所在的河東道（一百多個）和神都所在的河南道（六、七十個），揚州所在的淮南道配置折衝府的數目則極少（約六個）。[11] 因此，即使舉揚府所屬七州之兵力，實不足以抗衡中央，何況揚府所屬州縣並未全部支持敬業，所募到的十餘萬勝兵（即勝任打仗的人），也皆是臨時烏合之眾，勢難敵久經訓練的官軍。起事部隊的先天劣勢如此，當務之急應以集中兵力爭取戰略主動，乘唐軍未集而迅速直取政治中心的神都為上策。

但是李敬業則不然，與重要幕僚作了以下會商和決定。軍師魏思溫建議：「明公以匡復為辭，宜帥大眾鼓行而進，直指洛陽，則天下知公志在勤王，四面響應矣！」

「金陵有王氣，且大江天險，足以自固，」右司馬薛仲璋異議說：「不如先取常（揚府屬州，治今常州市）、潤（揚府屬州，治今鎮江市），為定霸之基，然後北向以圖中原，進無不利，退

---

11. 唐初的國策、國家戰略和府兵分布，請參拙著《隋唐中央權力結構及其演進》第五章。

有所歸，此良策也！」

「山東豪傑以武氏專制，憤惋不平，聞公舉事，皆自蒸麥飯為糧，伸鋤為兵，以俟南軍之至。」思溫分析說：「不乘此勢以立大功，乃更蓄縮自謀巢穴，遠近聞之，其誰不解體！」

敬業接受了薛仲璋的意見，令左長史唐之奇守揚州，李敬猷屯淮陰，韋超屯都梁山，自將兵渡江攻潤州。思溫見此，向右長史杜求仁歎惜說：「兵勢合則強，分則弱，敬業不并力渡淮，收山東之眾以取洛陽，敗在眼中矣！」[12]

李敬業可能只是一個自少跟隨祖父征戰的勇將而已，智不及於戰略，又惑於王氣之說——此說使他的起事被人判斷「是真為叛逆」，[13]果不其然致敗。

相對的，太后知道揚州兵變之後，在七日之內即已調集部隊三十萬，命左玉鈐衛大將軍李孝逸為揚州道行軍大總管——唐朝命將出師常以某某道行軍大總管為統帥之名，御史魏元忠為監軍使，揮軍來攻。揚州行軍致討之日，就是起事集團坐失先機，變主動為被動之時。

十月，當敬業主力渡江攻拔潤州之際，揚州行軍已經逼進楚州（治今江蘇淮安），所謂「螳螂捕蟬，黃雀在後」，使敬業狼狽回師江都，佈防於高郵（揚州屬縣，今江蘇高郵）。揚州行軍由臨淮（泗州治，今安徽泗縣東南）渡江進攻，交戰一度不利。監軍使魏元忠建議說：「天下安危，在此一舉。四方承平日久，忽聞狂狡，注心傾耳以俟其誅。今大軍久留不進，遠近失望，萬一朝廷另命他將以代將軍，將軍何辭以逃逗撓之罪乎！」統帥接受，決定主動進攻，將分散佈防的敵

12. 參《新唐書．李勣傳》，此傳所載對話簡略，別據《通鑑》。
13. 參《通鑑》則天后光宅元年十一月乙丑條所引陳岳論曰，二〇三：六四三二。

軍各個擊破，最後纔與敬業主力決戰。十一月，太后也命左鷹揚大將軍黑齒常之為江南道行軍大總管，統兵來會。

揚州行軍與敬業主力決戰高郵，敬業大敗，輕騎走入江都，攜妻子奔潤州，將入海投靠高麗。至海陵縣（揚州屬縣，今江蘇泰州市）界，為風所阻，與弟敬猷及駱賓王皆被部將所斬，餘黨唐之奇等也被捕獲，傳首神都，事平。從起事至決戰兵敗，前後纔四十四日。

太后早在李敬業起事後二十日即已下制追削其父祖官爵，剖墳斵棺，復其本姓徐氏。家屬坐敬業之罪，被誅殺得靡有遺胤，偶有脫禍者都逃至外國，甚至有逃至吐蕃，不再回國者。太后對敬業家屬和黨與的懲處無關大局，但是因揚州事變所引起的宰相裴炎和名將程務挺兩件誅殺案，則值得留意。

原來，當太后改元光宅，並推行一些制度改革的時候，其中有一項曾被裴炎所諫止，此即武承嗣請太后立武氏七廟及追封父祖為王。大唐制度只有天子纔立有七廟，也無追王后族父祖之制。然而太后將允許承嗣所請，故裴炎進諫說：「皇太后，天下之母，聖德臨朝，當存至公，不宜追王祖禰，以示自私。且獨不見呂氏之敗乎？」

「呂后封生人為王，授以事權；」太后辯道：「今朕追尊前代，存歿殊跡，豈可同日而語？又有何傷！」

不料，有拒絕君主意旨而竟至密謀廢君前例的裴炎，仍然執諫說：「蔓草難圖，漸不可長，殷鑑未遠，當絕其源。」太后不悅而止，只追王五代祖先，另於家鄉文水作五代祠堂。[14] 其實，

14.《舊唐書．裴炎傳》對話較詳，據之；然此傳謂事情發生於「太后臨朝，天授初，又降豫王為皇嗣」之時，必誤，

大臣隱憂漢朝呂太后的事件會重演早已不是祕密，西京留守・左僕射・同三品劉仁軌就曾在武太后廢立後，上疏以呂后之禍警惕她，[15] 裴炎不過步武其後罷了。

另外，揚州兵變消息傳至，承嗣曾當過宗正卿，知皇叔祖太尉・韓王元嘉、太子太師・魯王靈夔等屬尊位重，有很大影響力，於是與右衛將軍武三思屢勸太后因事誅之，以絕宗室之望。太后以此問宰相，劉褘之和韋思謙都不敢表示意見，獨裴炎固爭以為不可，太后更加不悅。

然而真正給他肇禍的議題是太后問計於他：如何討伐李敬業？

「皇帝年長，未俾親政，乃致豎子得以為辭。」裴炎顯然針對〈討武氏檄〉的文宣主題，明確回應說：「若太后反政，則此賊不討而解矣！」

先帝已死大半年，嗣帝也已成年，有顧命宰相監護，有滿朝文武輔助，太后如果長期臨朝稱制，不論有何用意，不管怎樣解釋，在體制上就是太后侵奪君權。裴炎受顧命之重，責任上對此不能不有所匡正，但面對權力慾表現正濃的太后，卻苦無適當而有力的時機。當揚州兵變的消息傳至時，正意味是時機到了。主動要求出使揚州而安排告變，收揚州長史陳敬之下獄，引發兵變的監察御史薛仲璋是裴炎的外甥，故兵變消息傳至時，裴炎好整以暇，不急著商議誅討之策，大有以靜制動，逼使太后焦急問計之意。[16]

裴炎此舉顯然不智之至！他是顧命宰相，此舉不但不能表現出他該當先天下之憂而憂、急公

仍本《新唐書・則天紀》和《通鑑》光宅元年九月條（二〇三：六四二二）。

15. 參《通鑑》則天后光宅元年二月庚申條，二〇三：六四一八；事詳正文之後文。

16. 《新唐書・裴炎傳》載說裴炎早有意等太后出遊而兵變，逼她還政，此說為《通鑑考異》所否定，甚是。不過，

為國的宰相器識；反而有怠慢軍機，乘危逼宮之嫌。不論關係、聲望、權位，裴炎都遠不及先朝顧命宰相長孫無忌和褚遂良——他們皆因阻擋武后的爭取權位，故先後一一遭到誣告迫害，身受橫禍。裴炎不但不瞭解這個老女人的性格和習慣，似乎也不瞭解自己的處境和危險，遂使自己又成為她另一匹待殺的師子驄。

果不其然，不知如何知道此君相軍機會議內容的御史崔察，聞言上奏說：「裴炎伏事先朝二十餘載，受遺顧託，大權在己，若無異圖，何故請太后歸政？」太后不管內戰已經開始，仍趁機命左肅政大夫騫味道、御史魚承曄收炎下詔獄審理。唐制御史得風聞奏事，彈劾官員，御史（肅政）臺置有詔獄，收禁和審理被彈者，如今裴炎顯然是被彈「疑有異圖」。所謂「疑有異圖」，是指政治上涉嫌思想犯罪。裴炎被審不服，左右勸他遜辭免禍也不屈，反而歎說：「宰相下獄，焉有更全之理！」是的，坐宰相以政治思想犯，尚有更全之理嗎？

思想犯的罪證甚難搜集，當此之時，鳳閣（中書省）屬官鳳閣舍人李景諶證其長官必反，納言（侍中）劉景先和鳳閣侍郎胡元範證炎不反，皆說：「裴炎社稷忠臣，有功於國，悉心奉上，天下所知，臣敢明其不反！」雙方顯然都僅是自由心證。

然而太后卻判斷說：「裴炎有反端，顧卿不知耳。」

「若裴炎為反，則臣等亦反也。」

筆者以為裴炎雖不至於發動兵變，卻不能否定他早已有意勸太后還政，只是等待時機。正文以下所述個人事、關係、時間，均參《通鑑》則天后光宅元年九月至十二月條（二〇三：六四二五—六四三二），兩《唐書．則天紀》、裴炎等人各傳、《新唐書．宰相表》皆為旁參。

「朕知裴炎反，」太后顯然已經坐實炎罪，並加說：「知卿等不反。」

文武之間，包括統兵在外防備突厥的單于道安撫大使・左武衛大將軍程務挺在內，相繼證明裴炎不反者甚眾，太后皆不納。俄而，劉景先、胡元範也一併下獄。太后尋命騫味道以本官檢校內史・同三品，取代裴炎，又命李景諶亦以本官同平章事。事態至此已很明朗：太后決心以「莫須有」的方式來坐實裴炎之罪，因此證炎不反的宰相侍臣被捕下獄，誣審其反的則各以本官拜相，且不惜破例地拜一個五品的鳳閣舍人為相，創下開國以來最低職事官拜相的紀錄。秋天將至，黃葉先知！太后欲攘外則先安內，要快刀處理內部問題。

騫、李拜相後的第九天，裴炎被迅速地押赴都亭驛的前街問斬。翌日以後，太后陸續秋後算帳，宰相劉景先、郭待舉、韋弘敏貶出為刺史，胡元範流於瓊州而死；至一個多月——光宅元年十二月——以後，程務挺素與兵變集團重要幕僚唐之奇、杜求仁友善的關係被人利用，務挺遂被譖為「與裴炎、徐敬業通謀」，太后尋即遣將就軍中斬之。程務挺是抗突厥的名將，東突厥聞其死，所在宴飲慶祝，又為他立祠，每出師必禱之。全案到此暫告結束。無辜的是另一名將夏州都督王方翼，由於他與務挺連職，素相親善，又是廢后近屬，因此太后趁機徵他下獄，流崖州而死。

告密風起與反對運動的鎮壓

假如不健忘，筆者曾在前面引用了武太后痛罵和警告群臣的一次談話，來佐證青少年武才人的人格。司馬光不信這段談話出於武太后之口，不過這次談話正是發生在軍政危機甫過之時，以太后的性格，實在難以令人否定此事實，讓我們回顧談話的情況和內容吧。

殺程務挺之後，既而太后震怒，召群臣質問：「朕於天下無負，群臣皆知之乎?!」

群臣唯唯。

太后繼續責備說：「朕事先帝二十餘年，憂天下至矣！公卿富貴，皆朕與之；天下安樂，朕長養之。及先帝棄群臣，以天下託顧於朕，不愛身而愛百姓。今為戎首皆出於將相群臣，何負朕之深也！」以負義相責，太后顯然動了真怒，所以接著警告說：「卿輩有受遺老臣、倔強難制過裴炎者乎？有將門貴種、能糾合亡命過徐敬業者乎？有握兵宿將、攻戰必勝過程務挺者乎？此三人者，人望也，不利於朕，朕能戮之！卿等有過此三者，當即為之；不然，須革心事朕，無為天下笑！」

群臣頓首，不敢仰視，說：「唯太后所使！」

在太后的心裏想，一群中下級官員登高一呼，就能號召十餘萬人對她「造反」；朝中竟也以此相威脅，由顧命宰相帶頭逼宮，這種情勢太可怕了。太后知道，除非她依照傳統慣例還政於已成年的嗣君，否則「先帝以天下託顧於朕」的說詞，群臣是不會相信和心服的，問題不能得到解決；然而權威型人格的她，如今難得獨享大權，她願意輕易放棄嗎？現在滿朝菁英雖然一時懾服唯唯，富有權術和鬥爭經驗的她會就此相信他們嗎？依照以後太后大力使用人君二柄——刑與賞——的事實來看，答案顯然是否定的。因為太后也知道，如果不想放棄權力則必須要面對巨大壓力，甚至要面臨權力鬥爭，這時她必須用手段，越過法律，破格用人，並從中拉一群人來嚴厲打擊另一群人，纔能造成長期的震懾效果；也只有成功地營造這種政治環境與氣氛，纔能收到有效統治的效果，而不管臣民們是真的或是假的「革心事朕」。

鼓勵告密和建立告密的管道，是營造這種政治環境與氣氛的保障。實際案例早在罵人之前就由飛騎告發案揭端，而真正的展開則是由建立匭檢制度開始。

所謂飛騎告發案，是指嗣聖元年二月七日太后立新嗣帝那天，有參與廢帝的飛騎十幾人在坊曲聚飲。酒間，其中有一人說：「早知別無勳賞，不如仍奉廬陵王！」一人起，直奔北門告發。北門就是宮城正北的玄武門，飛騎是天子最密近的禁軍兵種，配屬於左右羽林禁軍，駐屯於此門。座未散，禁軍掩至，將聚飲者逮捕，繫於羽林獄。言者斬，其餘以「知反不告」皆處絞。告密之端自此興起。[17] 年底，太后處理完裴炎、程務挺案後，乃於第二年正月元旦赦天下，改元「垂拱」，意謂即將垂拱而治天下，不過卻在二月下制，調整現有的登聞制度。

原來大唐為了讓臣民有上言或者申訴重大冤情的機會，乃在西朝堂設登聞鼓，在東朝堂設肺石。言訴者若擊鼓立石，其情可得直達天聽。如今太后制云：「朝堂所置登聞鼓及肺石，不須防守，其有撾鼓、立石者，令御史受狀以聞。」[18] 依照此制所示，無異放鬆直達天聽的管制，鼓勵臣民上言。為了進一步鼓勵上言，又在垂拱二年（六八六）三月，創設了一個全新的制度——匭檢制度，以接受投書。制度大抵如下：

---

17. 見《通鑑》則天后光宅元年二月己未條，二〇三：六四一八。《朝野僉載》（一：一三）對此有不同的記載，說有宿衛軍士十餘人飲於清化坊，行酒令說：「子母相去離，連臺拗倒。」此令是當時民間飲酒時常行的酒令，但席間卻有人進狀告密，大意說有影射太后和廢嗣帝相離之意，且有暗示太后後來被廢，諸武遷放之兆。事涉神奇荒妄，又謂發生於永昌（六八九）中羅織事起以後，故不從之。

18. 見《唐會要．御史臺雜錄》，六二：一〇八六；《通鑑》繫此制於該年二月癸未日，二〇三：六四三三。

（一）設置一個內分四隔的銅匭於朝堂，援引五行學說，各依方位，配以四季和所屬顏色，並賦予相關的意義，即是：

1. 東方是木位，主春，青色，故為青匭。春是仁的象徵，以亭育為本，所以接受有關「告朕以養人及勸農之事」的投書，並命名為「延恩匭」。

2. 南方是火位，主夏，赤色，故為丹匭。夏是信的象徵，以風化為本，用以接受「能正諫論時政之得失」的投書，並命名為「招諫匭」。

3. 西方是金位，主秋，白色，故為素匭。秋是義的象徵，以決斷為本，用以接受「欲自陳屈抑」的投書，並命名為「申冤匭」。

4. 北方是水位，主冬，玄色，故為玄匭。冬是智的象徵，為謀慮之本，用以接受「能告朕以謀智」的投書，並命名為「通玄匭」。

（二）設置知匭使：由諫官系統負責，正諫大夫、補闕、拾遺一人充使，每日接受投書，至暮一併進呈。投書前，投書者須先被檢識身分，然後纔聽投入。

（三）設置理匭使：由監察系統負責，御史中丞、侍御史一人充使，處理收到的投書。

建議創置銅匭的人叫魚保家，是承審裴炎的侍御史魚承曄之子。據說他曾教徐敬業製作兵器，但在敬業敗亡後卻能倖免於累。稍後他知道太后想周知民間事，於是上書建議創置此銅匭，目的是用以接受天下的密奏。古人說始作俑者其無後乎，果不其然，匭成之後就有人投書，密告他教徐敬業製作兵器，殺傷官兵甚多，因而伏誅。[19]

19.《唐會要・匭》（五五：九五六）及《通鑑》（該年月條，二〇三：六四三七－六四三九）、兩《唐書・刑法志》

從徐敬業到魚保家所發生的一連串事情，使六十二歲高齡的武太后懷疑天下有很多人祕密圖己；又自感違法而久專國政，且內行不正——垂拱元年底夫皇死去纔一年就有了一個情夫薛懷義，因此自知李家宗室和大臣們必有怨望與不服。面對此情狀，武太后要盛開告密之門，大開殺戒以立威。大概情形是除了利用匭檢制度之外，凡有告密者，所在官員均不准過問，必須以驛馬，並供應五品官的伙食，將他送至行在，安排住進政府客館。他們到後，縱使是農夫樵人也皆蒙太后召見，所言若合太后的意旨則不次除官，儘管所言非實也言者無罪。在此鼓勵措施之下，於是四方告密蜂起，人皆重足屏息。[20]

有人告密後則必須要有人承制治獄，甚至要擴大案件來辦，如此纔能收到威懾的效果。然而朝廷司法既有一定的制度程序，法曹也有一定的訓練，因此太后需要在體制之外起用一批人，以便直承意旨執行其事，她所起用之人則往往從告密者中挑選。這些人起初只是她的「政治打手」，不意在持續而擴大打擊之後，他們隱然成為了太后「打天下」的「開國功臣」。由於他們的打擊手段非常嚴酷，所以遂被視為「酷吏」，兩《唐書》就立有〈酷吏列傳〉專記其人其事。

就以太后臨朝時期來看，例如胡人索元禮就是最早的酷吏樣板。他揣知太后之意，因告密而被召見，直接擢為從五品下階的武散官游擊將軍，令他按鞫制獄。元禮個性殘忍，推按一人則必要此人牽連數十百人，太后為此數次召見，慰賞有加，以張大其權。於是周興、來俊臣之徒聞風繼起，紛紛效法。他們甚至為了爭功表勞，於是相與私畜無賴數百人，用他們所撰寫的《羅織經》

兩所載各有詳略，酌取之。《唐會要》謂該制創於六月，今從兩《唐書．則天紀》和《通鑑》為三月。

20. 詳《通鑑》則天后垂拱二年三月，二〇三：六四三七—六四四一。

作訓練的教科書，教他們專以告密為事，羅織成狀。太后得密狀，則又輒令元禮、俊臣等推按，用百般酷刑鍛鍊成獄，或殺或貶，害人難數。據說羅告者也准例酬以五品之官。21於是人人恐怖自危，道路以目。

大文豪陳子昂時任麟臺正字的小官，可能不知太后的真正動機，以為太后僅是為了徐敬業造反一案而興起此風和大獄，認為事態嚴重且不智，乃天真地上書申說。他說：

> 「臣聞之，聖人出治，必有驅除，蓋天人符應休命也。日者東南微孽，敢謀亂常，陛下順天行誅，罪惡咸服，豈非天意欲彰陛下神武之功哉！而執事者不察天心，以為人意，惡其首亂倡禍，法合誅屠，將息奸源，窮其黨與；遂使陛下大開詔獄，重設嚴刑以懲創。觀於天下，逆黨親屬及其交遊，有跡涉嫌疑，辭相逮引，莫不窮捕考訊，枝葉蟠拏，大或流血，小禦魑魅。……於時朝廷偟偟，莫能自固；海內傾聽，以相驚恐！……頃年以來，伏見諸方告密，囚累百千輩，大抵所告皆以揚州（指徐敬業在揚州起兵一事）為名，及其窮究，百無一實。陛下仁恕，又屈法容之；傍訐他事，亦為推劾。遂使奸惡之黨，決意相讎；睚眥之嫌，即稱有密。一人被訟，百人滿獄；使者推捕，冠蓋如雲。或謂陛下愛一人而害百人，天下喁喁，莫知寧所。……夫大獄一起，不能無濫。何者？刀筆之吏，寡識大方；斷獄能者，名在急刻。文深網密，則共稱至公；爰及人主，亦謂其奉法。於是利在殺人，害在平恕。故獄吏相戒，以殺為詞，非憎於人也，而利在己故。上以希人主之旨，下以圖榮身之利。徇利既多，則不能無濫；濫及良善，則淫刑逞矣！」

21. 見《朝野僉記》，二：五。

也就是批評太后藉揚州兵變一案，假酷吏之手執行恐怖統治，因此在書中一再用「威刑」、「屈法」，「愛一人」、「強霸」和「淫刑」來作形容。以酷刑與株連來實行恐怖統治，使臣民恐怖畏懼，固然是使叛亂事件不會發生、延長、擴大或增加的原因，但是同書也提出人民思安是另一原因。亦即是子昂認為，百姓因為西邊和北邊向歷十年的軍事行動，已經令「天下疲極」，加上大兵過後，屢遭荒年，「流離飢餓，死喪略半」；幸近年邊境無事，時和年豐，人民始得休養生息。「故揚州搆禍殆有五旬，而海內晏然，纖塵不動，豈非天下蒸庶厭凶亂哉？臣以此卜之，知百姓思安久矣」。淫刑違反民心，會促成社會秩序的變亂，故子昂最後提出警告：「事有招禍而法有起奸，倘大獄未休，支黨日廣，天下疑惑，相恐無辜，人情之變，不可不察！」[22]

其實，太后真正的動機是要削除反側、繼續臨朝、鞏固威權和維持聲望，故此時以淫酷之刑來實行恐怖統治，基本上是以官僚為主要的打擊對象，並無意要搞到人民痛苦，社會秩序失控，不利於己。有少數被陷害而又能僥倖免禍者，大抵都與他們不直接觸及上述武太后的動機和忌諱有關。例如革命前張金楚案即是一例。

金楚與乃兄越石同至地方政府申請應中央的茂才科舉，所司以他們是兄弟，不可兩舉，金楚乃將機會讓給兄長。事為州牧李勣所知，感動而雙舉之，共赴京師，同時及第。革命前夕，金楚官至司法首長的秋官（刑部）尚書，卻遭酷吏周興構陷，將行刑，乃仰天長歎：「皇天后土豈不

22. 該文詳《全唐文》，即〈諫用刑書〉，見二一三：二七二五—二七二七。按：《唐會要》繫上書於革命後的長壽元年（四一：七四一—七四二），應誤；《通鑑》則繫於垂拱二年（二〇三：六四四〇—六四四一），皆有節錄，從之。

察忠臣乎！奈何以無辜獲罪？」因此泣下，市人也為之欷歔。須臾降敕免刑，改流嶺南，時人以為是他忠正孝悌之報。[23]金楚既是三品大臣，為何被構而後又能倖免？其實是與揚州案的後續發展有關。

原來徐敬業敗亡後，其弟敬真流放繡州，逃歸，復要逃去突厥。路過洛陽，得洛陽令張嗣明等人資助，但仍在定州被捕。敬真和嗣明被捕後牽引海內認識的多人，都說他們有異圖，希望能因此免死；於是朝野之士被牽引而坐死者甚眾，連宰相張光輔也被嗣明誣告「私論圖讖、天文，陰懷兩端」，而與嗣明、敬真同在永昌元年（六八九）八月四日被誅。敬真則牽引張金楚、前宰相現任陝州刺史郭正一、前北門學士現任鳳閣侍郎元萬頃、現任洛陽令魏元忠、彭州長史劉易從等人。他們都被周興所審，構成其獄，八月十五日押至市行刑。太后念元忠曾有監軍打敗徐敬業之功，知他們被誣，特遣使馳往免死。使者恐怕時間趕不及，先令馳騎傳聲至市，當刑者聽到皆喜躍歡呼，獨元忠安坐自若，待使者來到宣詔畢，纔徐起拜謝，表現與金楚不同，觀者都認為元忠鎮定。他們死罪雖免，但皆流放嶺南。[24]劉易從則沒有那麼幸運，他在任所被殺。由於他為人仁孝忠謹，故臨刑時吏民憐其無辜，遠近奔赴，競相解衣投地，說是「為長史求冥福」，所司估計價值有十餘萬之多。[25]

---

23. 事見《唐新語》，六：一〇—一一。
24. 詳《通鑑》永昌元年八月乙未（十五日）條（二〇四：六四五九—六四六〇）。據《舊唐書．魏元忠傳》，元忠在革命後回朝，後來任至宰相；同書〈郭正一傳〉和〈元萬頃傳〉（均見卷一九〇中）則謂二人流至嶺南而死。
25. 詳《通鑑》永昌元年閏九月戊申條，二〇四：六四六一。

類似情況在革命後也頗發生，如辛相狄仁傑之案就是一例。他以地方政績而為太后所知，拜相後不久，竟為來俊臣誣構下獄。俊臣告以若一審就承認則可減死，否則大刑伺候直至承認為止。「大周革命，萬物唯新，唐朝老臣，甘從誅戮！」仁傑歎，並且自承說：「反是實。」後來其子向太后告變，使知情實，太后乃免他一死，仍貶彭澤縣令。[26]

他們是宰相要官而不能免於被構陷，即使真相明白後仍然被重重流貶，這已經算是僥倖的了！即使如此，他們的僥倖決不能代表大多數被陷的人都能有此幸運的機會，這纔是恐怖之所在。

大唐臣民注意到天皇死後，太后的身分角色有微妙的變化，開始得很早，陳子昂就是其中一人。子昂是四川人，天皇死時來到東都，躬逢太后下詔問賢，乃以「梓州射洪縣草莽」的名義上〈諫政理書〉。書中提出他的「大願」，即是「願陛下為大唐建萬代之策，恢三聖之功。傳乎子孫，永作鴻業，千百年間，使繼文之主有所守也；非甚無道，不失厥嗣。陛下可不務之哉」！並且一再重申：「願陛下念先帝之休意，恢大唐之鴻業」，「願陛下為大唐建萬代之策」云云。[27]這時太后攬權的跡象還不那麼明顯，至於第一個直接對武太后專權廢帝有異議的大臣不是裴炎，而是專知西京留守事．左僕射．同三品劉仁軌。

仁軌出生於隋末，國初高祖皇帝時即已出身做官，以剛正為太宗皇帝所奇，予以不次擢昇，高宗天皇大帝時以平定朝鮮半島軍功，回朝後不久便拜相，至太后臨朝廢帝之時已為相十九年之久。仁軌此時年逾八十，是碩果僅存的四朝元老，為人平易，家庭和樂，兒、媳孝順，與太后關

---

26. 詳兩《唐書》本傳，歎語據《舊唐書》本傳，八九：二八八八。
27. 子昂來都見《舊唐書．陳子昂傳》（一九〇中：五〇一八），此文詳見《全唐文》，二一三：二七三一—二七三五。

係良好。仁軌夫人晚年老疾，兒、媳親侍湯藥，不敢懈怠恒逾十年。據說天后曾經召見夫人以示關懷，問道：「年老抱疾，幾女在旁？」大人回答說：「妾有男及婦，殊勝於女！」天后大表嘉慰。及至夫人死，子劉濬終禮謁見，天皇問他：「常見皇后說太夫人云卿夫婦俱能至孝，忠臣取於孝子，豈忘卿乎！」顯示兩家平常也有來往通問。[28]

太后在嗣聖元年（六八四）二月六日廢嗣皇帝李哲為廬陵王，七日改立幺兒李旦為新嗣帝，當時劉仁軌以太子太傅．同三品為西京副留守，留在長安輔助留守——年僅進入三歲的皇太孫李重照。同月八日，太后令廢皇太孫為庶人，命仁軌專知西京留守事，另附有一信告訴他：「昔漢以關中事委蕭何，今託公亦猶是矣！」[29]這時新嗣帝還未正式受冊，太后也尚未御紫宸殿施淺紫帳視朝，情勢混沌不明，仁軌嗅到政治氣氛極不尋常，乃以衰老為辭，上疏請罷居守之任，並順著太后所舉漢初之例，陳述呂后禍敗之事，以申規諫。以他的身分地位和在軍政界的影響力，故所上表疏著實讓太后大吃一驚，連忙回覆慰留。唐制一般慰勞臣下是以「慰勞制書」形式頒發的，若隆重的慰勞勳賢則加用「皇帝之璽」，便是慰勞璽書。為了表示慎重，所以太后特別用璽書的形式，令禮部尚書武承嗣齎往西京慰喻他，璽書說：

> 「今日以皇帝諒闇不言，眇身且代親政。勞遠勸誡，復表辭衰疾，怪望既多，徊徨失據！又云『呂后見嗤於後代，祿、產貽禍於漢朝』，引喻良深，愧慰交集！公忠貞之操，終始不渝；勁直之風，古今罕比！初聞此語，能不罔然；靜而思之，是為龜鏡。且端揆之任，儀刑百辟，

28. 參《全唐文補遺．大唐故十學士太子中舍人上柱國河間縣開國男贈率更令劉府君（劉濬）墓誌》第一輯，一二〇。
29. 見《通鑑》則天后光宅元年二月庚申條，二〇三：六四一八。

況公先朝舊德，遐邇具瞻。願以匡救為懷，無以暮年致請！」30

太后的答覆明顯地表示出謙卑與敬意，不但沒對仁軌的「怪望」不悅，反而對他的批評感到「徊徨失據」和「愧慰交集」。她明白表示僅是在皇帝居喪期間「且代親政」罷了，懇請仁軌「以匡救為懷」，不要退休。因此，劉仁軌也就不再堅持請退。

我們有理由相信，太后當初可能也以同樣藉口給裴炎等大臣說過，所以居喪滿後還政給已成年的嗣皇帝，應是守信守法的當然之事。只是太后有權力野心，喪滿後仍不還政，因此纔招致反對。徐敬業固然以此為名而在外起兵，其實朝內對此也有不滿與反對。裴炎既是顧命宰相，能不對此關心表態嗎？試想讀〈討武氏檄〉讀到批評太后「包藏禍心，窺竊神器。君之愛子，幽之於別宮」，「一抔之土未乾，六尺之孤何託」，而疾呼大家「共立勤王之師，無廢舊君之命」時，當作何想？他的拖延議討的方式其實就是對太后久不還政的消極抗議，而他向太后說「皇帝年長，未俾親政，乃致豎子得以為辭；若太后反政，則此賊不討而解矣」的講話則更是積極的回應，甚至具有一定的代表性。可是他遲不講晚不講，卻在此時利用敬業之起事纔講，此舉頗有「逼宮」之嫌，與劉仁軌的情況不同，所以被御史彈劾，太后也坐實其謀反之罪，想藉此「殺雞儆猴」，鎮壓反對。

裴炎被斬，家被籍沒，年纔十七歲的侄子太僕丞裴伷先也坐流嶺南。他上書請見，要求面陳。太后召見他，劈頭就問：「汝伯父謀反，尚有何言？」

30. 據《舊唐書‧劉仁軌傳》，八四：二七九六。

「臣為陛下畫計耳，安敢訴冤！」伷先毫不畏懼地回答說：「陛下為李氏婦，先帝棄天下，遽攬朝政，變易嗣子，疏斥李氏，封崇諸武。臣伯父忠於社稷，反誣以罪，戮及子孫。陛下所為如是，臣實惜之！陛下早宜復子明辟，高枕深居，則宗族可全；不然天下一變，不可復救矣！」「胡白（即胡說），」太后大怒：「小子敢發此言！」即命人曳出。「今用臣言猶未晚！」伷先反顧說，如是者再三。太后更怒，命於朝堂杖一百，長流嶺南。[31]

由此可見，崇尚律令政治的當時，裴氏伯侄一再以太后攬權不當和不合法為辭，毫不畏死地始終堅持請太后還政皇帝的主張。這是國家大事，是法治和制度的基準所繫，決不能以人治的種種理由為太后的違法專權作粉飾開脫。[32] 劉仁軌規諫呂后禍敗之事在前，徐敬業舉兵反武在中，裴氏伯侄則力言在後，甚至裴伷先不惜冒死警告，說若不還政，恐怕天下將有更大而「不可復救」的事變發生。不過，太后獨攬大權的意志堅決，她的表現是由最初的「徊徨失據」和「愧慰交集」，變成鎮壓和整肅。

翌年正月一日，太后改元「垂拱」，無異宣示即使皇帝雖在，她也仍要垂拱而治。就在同月二十二日，當朝唯一能讓太后徊徨愧慰的劉仁軌死後，太后乃著手進一步建立匭檢告密的制度

---

31. 此事見於《通鑑》則天后光宅元年九月丙申條（二〇三：六四二八），「崇封諸武」當指該月太后追王父祖之事。《新唐書．裴炎傳》則作「奈何遽王諸武、斥宗室」，又謂「臣愚謂陛下宜還太子東宮，罷諸武權」（一一七：四二四九）。按：王諸武和還太子（應指廢帝廬陵王）東宮的意見，俱是革命已後之事；且此時李旦已為新嗣君，斷無還廢君為其太子之理，故不取此說，但從《通鑑》。

32. 如前引《武則天評傳》的撰者，就承認太后是用藉口進行廢立，目的是為了獨攬大權；然而卻反覆用種種理由為太后辯護，以證明太后獨攬大權沒有不對，一二一－一二八。

和手段，並透過酷吏，長期而全面地肅清潛在的異議者和反對者。在此政治氣候之下，垂拱二年（六八六）正月，太后竟然出乎意料之外地下詔還政於皇帝。新嗣君早已超過喪期，做了兩年的「兒皇帝」，知母莫若子，知道母后此舉並非誠心實意，所以奉表固辭。太后一而不再，也毫不客氣地依舊臨朝稱制，宣佈大赦天下。

態勢已經很清楚：太后不顧批評與反對，要長期臨朝稱制，掌握君權；現在連皇帝也表了態，若有異議和反對者，肯定會遭受無情的整肅。

在告密風熾、酷吏橫行的環境裏，明哲保身的臣民顯然已經增加，批評與反對者則顯然已經大減；但是終太后臨朝時期並非沒有，只是不敢組織串聯，而化為零星個別的事件罷了。

例如垂拱二年二月二日，西京東北的新豐縣東南三十里號稱有廢山踴出，二十八日改新豐縣為慶山縣，以示祥瑞出現。當時四方畢賀，但是荊州人俞文俊卻上疏說：「臣聞天氣不和而寒暑併，人氣不和而疣贅生，地氣不和而堆阜出。今陛下以女處陽位，反易剛柔，故地氣隔塞而山變為災。陛下以為慶山，臣以為非慶也。臣愚以為宜側身修德，以答天譴，不然禍災至矣！」疏奏，太后大怒，流文俊於嶺南，後來為六道使所殺。[33]「慶山」被阿諛諂媚者累積而成，用以對太后歌功頌德，卻為俞文俊潑了冷水，直指是太后「以女處陽位，反易剛柔」的「天譴」，太后安得不怒！但是由此事也就可以看到當時大多數臣下的政治姿態了。

33.《通鑑》據實錄繫於九月，《新唐書．則天紀》繫於十月。按《通鑑考異》謂此山是積人力累成之山，甚是（二〇三：六四四二）。此山形成的規模和時間，《唐新語》（一三：七）、《唐會要．州縣改置上．昭應縣》（七〇：一二四三）及《全唐文．（崔融）為涇州李使君賀慶山表》（二一八：二七八九）均有清楚的記載，今從之。俞文俊的表文詳見《全唐文．上則天書》，二三五：三〇〇三。

又如垂拱三年五月，發生了宰相劉禕之案。禕之是天后的北門學士腹心，新嗣君即位前原封相王，他任幕僚長——相王府司馬。因為參與皇帝的廢立，故太后遂命他以中書侍郎．同三品拜相。他被太后倚為撰寫聖旨的「文膽」，且曾被太后稱為「忠臣」。禕之其實有太后應還政的意思，但不敢向太后進言，卻私下向屬下——鳳閣舍人賈大隱說過「太后既能廢昏立明，何用臨朝稱制，不如返政，以安天下之心」的話，遂被大隱上表告密。太后不悅，告訴左右說：「禕之我所引用，乃有背我之心，豈復顧我恩也！」不久，就有人告他私受契丹領袖——歸誠州都督孫萬榮的金錢，又與許敬宗之妾私通，太后乃藉機命肅州刺史王本立推按其事。立本宣敕後以敕示之，禕之說：「不經鳳閣、鸞臺，何名為敕！」唐制聖旨須經中書、門下兩省處理通過纔能頒下，所以他的說法表示不承認此聖旨。太后大怒，以為拒捍制使——此罪是依律應死之罪。新嗣君得知禕之獲罪，因他曾是王府舊屬而向太后進言申理，親友知道天子親自求情後，都向禕之道賀。「吾死必矣！」禕之卻歎道：「太后臨朝獨斷，威福任己，皇帝上表，徒使速吾禍也！」果然被賜死於家，連稱讚他謝死表寫得好的人也遭貶黜。[34] 可見太后應還政是宰相們的意見，只是此時已不敢公然提出，只敢私下說說；然而連私下說說也有被告密身死的危險，則恐怖可知。

太后永昌元年（六八九）九月又發生了宰相魏玄同案。玄同原與上官儀友好，因此坐上官儀而配流嶺南，後來遇赦還朝，在天皇晚年拜相。他又素與裴炎結交，時人因為他們始終友善，所以稱他們為「耐久朋」。酷吏周興曾誤會玄同阻他昇官而記恨在心，乃於此月誣告他，說他講過

34.《唐新語》（九：八）、《舊唐書．劉禕之傳》（八七：二八四八）與《通鑑》（二〇四：六四四四—六四四五）所記語言略有不同，今酌採之。

「太后老矣，不若奉嗣君為耐久」的話。太后憤怒，在閏九月賜他死於家，死前監刑御史勸他說：「丈人何不告密，希望能得召見，可以自我辯白！」依制告變可得蒙太后召見，有辯白的機會，狄仁傑倖而得免即是運用了此方式；但是玄同歎說：「人殺鬼殺，亦復何殊，豈能作告密人邪！」乃就死。此案連累內外大臣甚多，他們或坐死，或流貶。[35]

上面諸案都與希望太后還政給新嗣君李旦，或者利用太后不喜歡聽到此類話而進行誣告有關，可見大家都知道太后不想還政的意旨。此途之外，也有人想利用廬陵王——廢嗣君李哲——來作文章。

垂拱三年九月——劉褘之案發生後四個月，虢州人楊初成詐稱郎將，矯制於都市募人迎廬陵王於房州，事覺伏誅。又在永昌元年四月——魏玄同案發生前五個月，連州別駕．鄱陽公李譔等宗室十二人被殺。李譔被殺前謀迎廬陵王，曾問計於岳父天官侍郎鄧玄挺，玄挺雖不回應，但仍坐知反不告而同誅。[36]

太后如此的高壓手段和恐怖統治，將會使臣民變成三類人：或阿附諂媚，或吞聲待變，而大多數則是明哲保身。對她來說，諂媚阿附者是孟子所謂的「臣妾」，而明哲保身者則是「沉默的

---

35. 《舊唐書．魏玄同傳》僅謂與周興不協，且周興誣他曾說過「須復皇嗣」的話（八七：二八五三）；《新唐書．魏玄同傳》則謂因救狄仁傑而得罪周興，也謂說過「當復皇嗣」的話（一一七：四二五四），皆與《通鑑》所述有異（二〇四：六四六〇）。按：周興恨到欲置玄同於死地，應與誤解玄同阻他昇官為是，且當時睿宗李旦也未廢為皇嗣，故從《通鑑》。

36. 分見《通鑑》各該年月條，二〇四：六四四五及六四五七。

大多數」，都可以挾之以勢；至於吞聲待變者則是「陰謀分子」，必須要繼續肅清。在這種情勢下，她已能嚴密地控制了這個國家，難怪李唐王室宗族開始面臨空前之難。

反對運動第二波：宗室聯反與燕啄皇孫

大唐開國之初，高祖皇帝因為天下未定，於是廣封宗室——堂兄弟和堂侄等——數十人為郡王，用以藩鎮天下。太宗皇帝即位後檢討此封建政策，認為勞民傷財以遍封宗子甚為不妥，乃降疏屬為郡公，唯有立功者數人纔封郡王，他們在皇室的屬籍上就是宗室；至於帝子和兄弟則屬王室，例封為親王。不過，參修《則天實錄》的劉知幾之子劉秩，是盛唐的政制史家，在他所著的《政典》裏就指出大唐封建制度的特色是「設爵無土，署官不職」——即是有封爵而無國土，有屬官而無實職，遂造成王室「單弱」，「權柄擅於后氏」的原因。[37]

前章提到廢太子李賢之後，太常丞李嗣貞曾預測當前已形成了一種新的政治格局，說「禍猶未已，主上不親庶物，事無巨細決於中宮，將權與人，收之不易；宗室雖眾，皆在散位，居中制外，其勢不敵，我恐諸王藩翰，皆為中宮所蹂踐矣」。所以天皇死後，太后逾越遺詔授權而獨掌大政，此格局就顯得更真實清楚。屬尊諸王雖被授以無實權的重位，形勢卻毫無改變，他們會接受安撫，與太后雙安無事嗎？當徐敬業起兵之時，武承嗣和武三思即忌這些屬尊諸王，而屢勸太后因事誅之，

37.《唐會要．封建雜錄下》轉引，四七：八三〇。

幸裴炎反對、他相不表示意見，故太后未予採納。二武的獻議諸王當然不知情，知則早已反側不安了；然而徐敬業以「匡復」為號召，對時人多有影響，裴炎就曾以此建議太后還政，因此諸王對此號召也應知悉。或許再觀察一下，太后如果只是像漢朝一般臨朝太后，掌政一段時間後就還政給嗣皇帝，則雙安理應是可能的事。不過，太后毫無還政之意，宰相大臣們已逐漸知悉，甚至裴炎、劉禕之等也因還政之言而招來殺身之禍，諸王對此會有何感想？尤有甚者，太后先廢前嗣帝，又軟禁新嗣帝，復有廢太子李賢的死訊傳出，稍後為太后平定徐敬業的統帥李孝逸也蒙橫禍。

李孝逸蒙禍的情況是這樣的：他是開國功臣淮安郡王李神通——高祖皇帝堂弟——之子，以平亂之功由梁郡公改封吳國公，進從二品的武散官鎮軍大將軍，實際職事官則轉為首席的正三品右衛大將軍。由於素有聲望，時譽益增，深為武承嗣等所忌嫉，多次向太后進讒言，故在一年多後——垂拱二年（六八六）二月——外放為施州刺史。噩運還未完了，第二年十一月又因被讒，太后處以減死除名，流至嶺南而死。武承嗣此次的讒言是說他以前任官時，曾拆解其名之「逸」字，謂是「名中有兔，兔是月中之物，當有天分」云云。這正犯了太后大權獨占的大忌，不立即殺他，已是顧念他曾立功而予以開恩。[38]

對太后此種種作為，為國屏藩的宗室諸王能無動於衷嗎？於是宗室與太后的矛盾衝突開始醞釀。據說越王李貞——與武后主持泰山封禪典禮的越國太妃燕氏之子——和他的長子琅邪王李沖兩父子，與韓王李元嘉和其子黃國公李譔父子、魯王李靈夔和其子范陽王李藹父子、霍王李元軌

38. 孝逸身世見《舊唐書．李神通傳》（六〇：二三四三—二三四四），其任官流貶分詳《通鑑》各該年月及《考異》，二〇三：六四三七及二〇四：六四四六。

和其子江都王李緒父子早就對太后的廢帝不滿，而有「計議反正」之舉，[39]只是時機未到而已。風暴要至垂拱四年（六八八）纔來臨。

該年二月，太后命和尚情夫——時人稱為「薛師」的薛懷義——主持創建明堂。明堂是儒家傳說中古代聖王宗祀布政的聖堂，天皇生前一直想建而不成，這時預計今年底會完成。到了四月，魏王武承嗣——這時他已承繼太后之父魏定王的封爵，又叫唐同泰進獻一顆聲稱從洛水中獲得，上面有「聖母臨人，永昌帝業」八個字的白石。太后大喜，乃命此石為「寶圖」。五月戊辰太后下詔，當於十二月親自拜洛受「寶圖」，並舉行南郊祀天大典；禮畢後，要在明年正旦御明堂以朝群臣。因此命令各州都督、刺史、宗室及外戚，須在拜洛前十日集合於神都。

戊辰詔頒下後七日，太后史無前例的加尊號為「聖母神皇」，翌月作「神皇三璽」，又在七月更改「寶圖」為「天授聖圖」，並大封山川水瀆為神。太后此一系列舉措事不尋常，意謂將有大事態要發生。

對原已缺乏政治互信的李唐皇族來說，太后雖然陽尊地高望重的宗室，但是這個行事不可預測而已奪取君權的老母，再幽廢太子和皇帝，如今又製造出如此不尋常之事，難道〈討武氏檄〉所謂的「請看今日之域中，竟是誰家之天下」即將應驗？他們顯然已經嗅到將有政治風暴吹起的氣息！

此時現存皇族之中，以高祖皇帝之子、今上第十一叔祖太尉・絳州刺史・韓王李元嘉為最尊，也最負時譽。據說他自少聰俊，藏書甚多而好學，可以同時左手畫圓、右手畫方，口誦經史、

39. 見《新唐書・越王貞傳》，八〇：三五七五—三五七七。

目數群羊，兼成四十字詩，一時而就，足書五言一絕，六事齊舉，世號「神仙童子」。[40]其次則是第十四叔祖司徒．青州刺史．霍王李元軌。皇八伯太子太傅．豫州刺史．越王李貞，與皇十叔太子太保．紀王李慎也皆素負時譽。如果由他們出面領導反武匡復，顯然對宗室很有號召力。當太后加尊號為「聖母神皇」，大搞「天授聖圖」、大封山水的時候，元嘉之子李譔寫了一封信給越王李貞，內中有暗語說：「內人病漸重，恐須早療；若至今冬，恐成痼疾。宜早下手，仍速相報。」[41]內人暗指太后，就是說她有問題，建議在冬天以前將她的病解決。

這時，宗室正為太后召集之事猜疑，例如皇第十五叔祖虢王李鳳之子、以武勇見知、深為李譔倚重的東莞郡公李融，就曾私下問其所親成均助教（國子助教）高子貢：「可入朝否？」子貢報說：「來必取死。」因此李融決定稱疾不朝，等待其他宗藩的進一步消息。[42]韓王元嘉利用此機會傳話給宗藩們說：「大享明堂之際，神皇必遣人告諸王密，因以大行誅戮，屆時皇家子弟無遺種矣！」於是諸王遞相驚恐。[43]元嘉此舉似乎有恐嚇諸王以謀反之嫌，然而太后有興起告密之風、酷吏羅織之怖在前，此時又大搞自尊「聖母神皇」、拜洛封神的玩意兒，大家早已緊張猜疑，只是此話由地高望重的韓王講出來，遂使聽者益增驚恐罷了。當然，韓王元嘉父子也的確有「反

---

40. 見《朝野僉記》，五：五。
41. 《舊唐書．越王貞傳》，七六：二六六一。
42. 李鳳已死於高宗上元元年，李融態度見《舊唐書．虢王鳳傳》，六四：二四三一。
43. 《通鑑》說諸王為召集事而自相驚（則天后垂拱四年七月條，二〇四：六四四九），與《舊唐書．越王貞傳》謂李元嘉之傳話不同（七六：二六六一）。按諸王早在五月即已接到召即的通知，故疑忌不會太晚發生，早有匡復之志的元嘉趁機傳話，故益使相驚罷了，今從《舊唐書．越王貞傳》。

正」之意，所以纔會有寫信和傳話之舉。[44]

這時，李譔趁機偽作皇帝璽書給越王貞之子——博州刺史．琅邪郡王李沖，說「朕被幽禁，王等宜各救拔我也」！元嘉也指示李貞和李沖父子，說「四面同來，事無不濟」。[45]李沖得到訊息，又在博州偽造璽書，說「神皇欲傾李家之社稷，移國祚於武氏」，於是宗室們決意起兵。起兵前李貞寫信給緊鄰於東的七姑父壽州刺史趙瓌，請求支援。趙瓌甚喜，答應，七姑姑常樂長公主——已被武后廢死的廢帝廬陵王趙妃之母——更對來使說：「為我報越王，說我許他進而不許他退！爾等諸王若是男兒，不應拖至此時尚未行動。爾等諸王並為國家懿親，宗社是託，豈能不捨生取義耶？夫為臣子，若救國家則為忠，不救則為逆，諸王必須以匡救為急，不可虛生浪死，取笑於後代！」[46]可見起兵或響應者，他們的動機是出於勤王，目標是要匡復自己的王室主權而反之正，並不是單純的「謀反」。

不過事出意外，急躁的李沖不等與宗室們聯謀配合好，就在八月逕行募得五千兵先行進發，並分告韓、霍、魯、越、紀諸王，令各起兵接應，共取東都。太后聞變，立命左金吾衛將軍丘神勣為清邊道大總管統兵往討。

李沖的單獨先發極為誤事：他不但攻至所屬的武水縣就敗還博州，而且還至城門就被守門者

---

44. 開元時〈韓王李訥碑〉說其父元嘉「翼佐先帝，負桐宮之寃；酷吏乘時，衣冠受塗炭之禍」云，乃是墓誌慣例的寫法。參《全唐文補遺．皇堂叔祖故國子祭酒嗣韓王誌文》第三輯，六一一—六一二。
45. 《舊唐書．韓王元嘉傳》，六四：二四二八。
46. 見《舊唐書．越王貞傳》，七六：二六六三。

所殺，起兵前後僅有七天而已；更重要的是，因為他的急躁，使宗室們的意圖和行動得以暴露，讓太后能將他們一網打盡。除了他的父親越王李貞外，所有原欲參與行動者在此情況下都來不及配合，甚至不想配合。李貞是因為父子之故，不得不硬著頭皮在豫州單獨起兵呼應，一度攻下所屬的上蔡縣。但是就在九月，太后另命左豹韜衛大將軍麴崇裕為中軍大總管、宰相岑長倩為後軍大總管，統兵十萬以討之，又命另一宰相張光輔為最高統帥的諸軍節度，總兵號稱共有三十萬。李貞的兵力約有五千人，分為五個營，而且多因迫脅而來，全軍鬥志甚差，因此李貞不得不使僧道誦經以求事成，左右及戰士俱帶辟兵符。討伐軍攻至豫州城，李貞知大勢已去，和子、婿皆自殺，[47]與李沖俱梟首於東都闕下，起事也不過十七日而已。

事平之後，丘神勣不管博州官吏是殺李沖而開城投降的，仍盡殺此州官吏，破毀千餘家；張光輔也不管豫州官民背棄李貞而踰城出降，縱兵暴掠殺降，又用法株連六、七百家，籍沒五千多人。適逢狄仁傑出任豫州刺史，阻止光輔暴虐，救回這些即將行刑的家庭人口；不過等光輔回朝後，將他參奏一狀，乃左遷為復州刺史。接下來就是陸續的秋後算帳，根據《通鑑》的綜合研究，直接與此案有關的肅清情況略如下：

（一）垂拱四年九月，太后想盡殺韓、魯諸王，令御史按其密狀。御史認為並無明證，於是換由周興等酷吏來推按，遂收韓王元嘉、魯王靈夔、黃國公李譔、常樂長公主夫婦等人，皆迫脅他們自殺，親黨皆坐誅。

47.〈越王李貞墓誌銘〉說他於垂拱二年九月十一日遇害，死於豫州州館，年六十二歲。見《全唐文補遺・唐故太子少保豫州刺史越王墓誌銘》第二輯，四三二—四三三。

（二）十月，東莞郡公李融被支黨所引，斬於市，家屬籍沒，高子貢也坐誅。

（三）十一月，濟州刺史薛顗和其弟薛緒、駙馬都尉薛紹皆與李沖通謀，薛顗和薛緒伏誅，薛紹因是太平公主之夫，故杖打一百，餓死於獄中。

（四）十二月，霍王元軌坐與李貞連謀被廢，檻車徙黔州，死於途中。

（五）太子太保．貝州刺史．紀王李慎是獨不預謀的名王，也在永昌元年（六八九）七月坐繫下獄，臨刑放免，檻車徙巴州，死於途中；諸子相繼被誅，家屬徙嶺南。

上述諸人既涉謀反，故多是家屬，甚至親友、部屬相連坐的，太后甚至像當年對付廢后廢妃一樣，將此案的皇族一律改姓為「虺」氏。虺是一種毒蛇，可見太后厭惡之深！

神皇——這時臣民對太后「聖母神皇」的簡稱，至此已將當年為了安撫而加拜一品大臣的地尊望重親王一網打盡，但意猶未足，從此期間一直至天授元年（六九〇）九月革命以後，除了少數之外，其他皇族幾乎都先後被神皇假酷吏之手而受到迫害，或死或流，不一而足。筆者曾經以《舊唐書》所載初期皇族子弟二百一十五人作考察，他們從高祖皇帝以來發生事故者共有一百一十三人。其中在武后掌權後被殺或貶卒者有六十三人，占宗室事故率的百分之六十；若加上武后時因罪流徙、削爵或潛逃者十四人，則竟達百分之七十三之高。[48]主要的屠殺懲罰都在革命前進行，遭難的皇族也以高祖和太宗二帝的子孫與他們的女眷為主，而連及親黨數百餘家。諸王、妃、主被害者皆被就地草草掩埋，幼者則沒為官奴，或者藏匿民間為傭保，[49]故《通鑑》在

48. 詳拙著《隋唐中央權力結構及其演進》，四二一。

49. 詳《新唐書．紀王慎傳》及同卷〈曹王明傳〉，八〇：三五七八—三五八〇。

革命前一個月敘述神皇殺宗室十二人時，遂特別聲明說：「唐之宗室至是殆盡矣！」

神皇除了殘殺親女婿薛紹和諸宗室以外，對高宗天皇大帝所出的子孫又如何？

早就被監視的天皇庶子澤王李上金和許王李素節，前者此時任隋州刺史，後者任舒州刺史。永昌二年（即天授元年，六九〇）七月——革命前兩個月，武承嗣使周興羅織他們二人「謀反」，故被徵召入都。素節出發時，在州聽見有人遭喪而哭，不禁對左右長歎：「病死何由可得，更何須哭！」顯示已知此行凶多吉少，果然行至都城南的龍門驛就被縊死。上金則先入都，被囚於御史臺，聞素節見殺，且害及支黨，遂因恐懼而自縊。二王死後，上金的七個兒子並被配流而死，僅有庶子義珣逃竄至嶺南，匿於傭保之間而或免；素節則有九個兒子被殺，惟有年紀小的四個兒子特令長禁雷州。50

至於神皇的嫡三子廢帝廬陵王李哲一家，現已被軟禁於房州，嫡四子今皇帝李旦則被安置於別殿，不得有所參預，形同傀儡；所以垂拱三年（六八七）閏正月，當時仍為太后的她，封皇子成美為恆王、隆基——後來的唐玄宗——為楚王、隆範為衛王、隆業為趙王，也僅是做給臣民看看罷了。

慘死的嫡二子——即故廢太子李賢一家，原來軟禁於巴州，其子李守義在垂拱四年（六八八）徙封永安郡後病死，李光順則在革命後封安樂郡王尋被誅，而世傳此二子皆被太后鞭殺。51 李賢尚存一子一女，子守禮在革命後的天授二年（六九一）八月被立為嗣雍王，女則被封為長信縣主，

50. 詳《舊唐書》二王之傳，八六：二八二五—二八二七。

51. 被鞭殺情況見《朝野僉載》（三：六—七）和《通鑑》則天后天授元年八月條（二〇四：六四六七）。兩《唐書·章懷太子傳》和《新唐書·宗室世系表下》皆謂李賢只有光順、守義、守禮三子，《全唐文補遺·大唐故雍王

皆賜姓武氏——這時今皇帝已被降為「皇嗣」，賜姓武氏，守禮乃與皇嗣諸子都被幽閉宮中，不出戶庭者十餘年。52

這是母后擔心兒皇帝治國的經驗與能力不足，要讓他有更多歷練學習的機會，培養他成為好皇帝嗎？這是主母保護夫家子孫親屬的正常或正當方式嗎，或是家庭虐待？讀者或許可以自我判斷。53當此之時，今皇帝自身難保，當然也就不能保護其他家庭成員和家族成員了，他們必須自求多福！

當然，在皇族大難中，還是會有極少數人能夠討得神皇歡心的。神皇的掌上明珠太平公主不用說，她在夫婿薛紹被殺後，母后也沒讓她做多久的寡婦。不久，神皇就要她改嫁給侄兒武承嗣，會承嗣有病而罷婚。後來，神皇又看上堂侄右衛中郎將武攸暨，乃殺攸暨之妻而令他與太平配婚，

贈章懷太子墓誌》則只提到守禮一子。此被鞭殺的二子之名，《通鑑》和《朝野僉載》均缺載，甚可疑，疑即是光順和守義；但《通鑑》尋又謂天授二年（六九一）二月李光順被立為義豐王，同年八月李守義為永安王，《新唐書．章懷太子傳》謂光順徙義豐被誅，守義則徙桂陽薨，《舊唐書．章懷太子傳》更明謂守義在垂拱四年徙永安病卒，光順則在天授中封安樂郡王尋被誅。眾說不一，難以遽定。大抵二王先後一病死一被誅，而《朝野僉載》則寫成被鞭殺，《通鑑》據之而誤，今從《舊唐書．章懷太子傳》。

52. 守禮兄妹見封詳《通鑑》該年月條，二〇四：六四七三—六四七四。

53. 黃約瑟在其〈試論垂拱四年李唐宗室反武之役〉（收入《黃約瑟隋唐史論集》，北京：中華書局，一九九七．十二）一文中，謂高壓手段非純是武則天個人的需要，更因武氏一族沒有實力而採取恐怖手段所引起；又謂宗王反武的主因，與其說由於武后個人的威脅，毋寧說由於以武承嗣為首領集團的威脅，更為妥當；甚至認為此次反武是她「日後改朝革命的誘因」。顯然沒有瞭解武后的政治意圖和作為，以及全局的發展，故不能苟同其說。

這時距離薛紹死後纔一年多——是天授元年七月的事。[54]

例如高祖皇帝之女、高宗天皇大帝之姑千金大長公主，她以巧媚事神皇，推薦薛師作神皇的情夫，並自請降格為神皇之女，改姓武氏，故為神皇所愛，改封延安大長公主。[55]又如成王李千里也是一個例子。他原名仁，是因長孫無忌之故而坐房遺愛案，無辜被殺的吳王李恪的長子。父王死後，他與三個弟弟均被流於嶺南，太后廢帝之年遇赦而還，年已四十餘歲。可能因他家是被死對頭所害的緣故，所以稍後李恪便被太后追封為鬱林王，李仁也因此被封為鬱林縣侯，出任岳州別駕的閒差；又授襄州刺史，仍然不准過問州事。[56]他曾奉使江南，拒絕州人的賄賂，所以神皇曾遣使者慰勞他說：「兒，吾家千里駒！」遂改名為千里，自後仍歷任刺史。當時，有德望的宗室多見誅戮，唯李千里深謀遠慮，機巧地投神皇所好，多次進獻符瑞異物，因而能免於禍難，並且讓神皇對他「稍見親近」。[57]不過，像這種事例並不多見，真正的事實是神皇翦除宗支絕不手軟！形容她是一隻啄食皇子皇孫的兇猛燕子，實在也不為過。

54. 詳《通鑑》該年月條（二〇四：六四六六）及《新唐書・太平公主傳》（八三：三六五〇）。
55. 詳《通鑑》垂拱元年十一月條（二〇三：六四三六）及天授元年八月條（二〇四：六四六七）。按千金公主《新唐書》作安定公主，本身曾再嫁，見八三：三六四四。
56. 《新唐書・鬱林王恪傳》謂李仁襲爵為鬱林縣男，殆誤，因王之子不可能封男爵，今從《舊唐書・吳王恪傳》，餘事則兩酌採之。
57. 《新唐書・鬱林王恪傳》謂李仁「詭躁不情，數進符瑞諸異物，得免」，《舊唐書・吳王恪傳》則謂「褊躁無才」。按李仁的得免正因他能深藏機警，不得說是詭躁不情或褊躁無才，今從〈成王李千里墓誌銘〉所說，見《全唐文補遺・大唐故左金吾衛大將軍廣益二州大都督上柱國成王墓誌銘》第二輯，四一〇–四一一。

第九章　大周革命

天意與符瑞：革命的意識形態與行動

中國人自古有泛神信仰，諸神之中以上帝——殷人稱上帝、周人稱天——為最高，可說是天上人間的主宰，政權的予奪、歷史的興廢，都由祂來決定，所以政權的掌握者自稱是奉天承命而得天下，自謂是天子，獨享祀天之大權。這種源於宗教的信仰，被方術之士所操弄，被諸子百家所擷取，透過政教的推廣而傳播，於是也成為普遍的人文觀念。戰國之末復因陰陽家用五行學說來裝飾，秦始皇一統之後又依此學說宣佈屬於五行的水德，所以更成為世之顯學。漢朝獨尊儒術，其實儒學也與此結合，大搞符瑞災異、讖緯吉凶之事，遂變成天人感應，有超自然預言能力的神祕學說，甚至成為與經學並行的緯學，號為內學，極一時之盛。

這套學說用於政治上的推算曆運正統，筆者稱之為「天人推移說」；此說影響史學對王朝興亡的解釋甚鉅，乃稱之為「天意史觀」。它的內容大體上是：修德有成則得天命——新得天命者必須改正朔、易服色、法制度、定官名、興禮樂，以示革命更化——得天命者政治好則現符瑞以示天意嘉賞，壞則降災異以示警誡——失德則失天命，另予有德者。於是統治者莫不用之以作為其王朝正統性、政權合法性、政治正當性的理論依據，野心家或打天下者——如王莽、曹丕以降兩晉南北朝以及大唐開國之君等——也莫不用此以作其篡亂行為的粉飾，號稱「禪讓」。[1]因此，這套學說觀念是獲取政權的一種意識形態，也是王朝權力基礎所本。

大唐《儀制令》曾作以下規定：「諸祥瑞者：麟、鳳、龜、龍之類——依圖書大瑞者——即隨表奏，其表惟言瑞物色目及出處，不得苟陳虛飾。告廟頒下後，百官表賀，其諸瑞並申所司，元日以聞。其鳥獸之類有生獲者，放之山野，餘送太常；若不可獲及木連理之類，有生即具圖書上進。詐為瑞應者，徒二年。若災祥之類史官不實對者，黜官三等。」[2]

太宗皇帝對祥瑞之事相當謙虛謹慎，認為安危在於人事、吉凶繫於政術，即使有祥瑞也不足為恃，曾嘲笑隋煬帝好祥瑞，及推辭群臣賀祥瑞。貞觀二年九月三日下詔，命令自「今以後，麟鳳龜龍大瑞之類依舊表奏，自外諸瑞宜申所司。其大瑞應奏者，惟錄瑞物色目及出見處所，更不得苟陳虛詞」。[3]但是太宗皇帝也曾因天降貞石，其上紀有李淵、李世民和李治的姓名，故遣使行禮，另令太子李治也至壇虔拜，以謝天意。[4]

李治親受父皇身教，有乃父之風，即位後在顯慶四年八月二十五日表示，祥瑞應該經過檢定，不得妄想牽率而妄加稱賀；不過，在他當皇帝之時，奏稱出現的祥瑞已經漸多，頻頻改元也常和大瑞的出現有關，例如顯慶六年二月，以益、綿等州皆言龍見，遂改元「龍朔」；龍朔三年十二

---

1. 此學說觀念的發展、應用以及流弊，拙著《中古史學觀念史》（臺北：臺灣學生書局，一九九〇．十，初版）多所論及，尤其請詳三、五、六等章。
2. 見《唐會要．祥瑞上》，二八：五三一。
3. 見《唐大詔令集．諸符瑞申所司詔》，一一四：五九四；《唐會要．祥瑞上》貞觀二年九月三日、同年九月、十八年十月八日、顯慶四年八月二十五日諸條，二八：五三一－五三三。
4. 《全唐文．祭原州瑞石文》，一〇：一四〇。

月因麟見，來年正月一日乃改元為「麟德」；上元二年十一月一日陳州奏有鳳凰集，同月三日乃改元為「儀鳳」等等。[5] 大瑞頻降表示天意嘉賞，而他又為了要廣聞見，曾下〈赦妄言災異詔〉，說「天降災異，所以警悟人君。其變苟實，言之者何罪？其事必虛，聞之者足以自戒。舜立謗木，良有以也。欲箝天下之口，其可得乎？此不足以加罪，特令赦之」，[6] 表示也要聽聽代表天意譴責的言論。

無論如何，天皇生前大小祥瑞出現已經漸多，例如嘉禾、瑞木、慶雲、石龜等等，賀表也多所見有。如龜屬於大瑞，連洛州牧・相王李旦也曾奏稱在嵩山下封禪壇側掘得石龜一枚，負圖篆文一百六十字，使太子也為之上表稱賀。[7] 甚至時因二聖臨朝之故，乃有奏稱祥瑞與二聖有關的，如曾有奏謂白龍見於玉山宮西南王谷，是天皇、天后之應；[8] 或者逕有直謂是為了武后而出現的，如芝草生於東都太原寺舍利塔下，太子以為是「天后化含萬物，訓正六宮，天下被塗山之音，海內仰河洲之教」所致。[9] 祥瑞是天意對人君的表示，如今天意嘉及皇后，可見武后有人君的象徵，其來有自；而且值得注意的是，從武氏當了皇后以後，大唐的祥瑞就開始頻頻出現了，天皇真的

5. 見《舊唐書・高宗上》顯慶六年二月（四：八一）、《唐會要・祥瑞上》顯慶四年八月二十五日、龍朔三年十二月十六日、上元三年十一月一日諸條，二八：五三一—五三三。

6. 《全唐文》，一三：一八二。

7. 參崔融〈代皇太子賀石龜負圖表〉，見《全唐文》，二一八：二七八三—二七八四。又同卷也收入崔融代作的賀嘉禾、瑞木、慶雲等表。

8. 《全唐文・（崔融）為皇太子賀白龍表》，二一七：二七七八。

9. 《全唐文・（崔融）代皇太子賀天后芝草表》，二一八：二七八三—二七八四。

有福氣！

天皇死後武太后廢立嗣皇帝，因告密而誅殺有怨言的聚飲禁軍十餘人，據說即有慶雲出現，百官於是上表慶賀，以為是「天人合德，宗社降休」，讓「紫宸永固」之應；也就是群臣認為連上天也以為太后殺的對，故展現祥瑞來表示嘉慰。[10]這是太后專權以後第一件祥瑞事件，用天意來彰顯肅反正確的意識形態，以利權力的鞏固。後來當了聖母神皇，又出現太陽抱戴慶雲之狀，百官復表賀，以為是因「聖母神皇仰膺顧託，俯順謳歌，臨天下之大寶，當域中之正氣」，德至太平所致。[11]陳子昂也曾作〈慶雲章〉，歌頌「崑崙元氣，實生慶雲。大人作矣，五色氤氳！昔在帝媯，南風既薰；叢芳爛熳，郁郁紛紛。曠矣千祀，慶雲來止；玉葉金柯，祚我天子！非我天子，慶雲誰昌？非我聖母，慶雲誰光？慶雲光矣，周道昌矣；九萬八千，天受皇年」云云！[12]

前章提到廢帝的同年九月，太后下制改元「光宅」，旗幟改從金色，東都改為「神都」，而宮名改為「太初」，並且大改官名，隱然有改正朔、易服色、法制度、定官名、興禮樂，以示革命更化之意。後來蘇頲撰〈武懿宗墓誌銘〉，內說「先后（武后）于彼新邑，造我舊周；光宅四表，權制六合」，就是指此而言。筆者以為此話已經牽涉到太后何時有「革命」之意，並想著如何進行的問題；亦即太后此時已想用「天人推移說」來革唐之命，故隱然有學漢武帝太初改制、復古更化的想法，想復造我——指武氏所從出的姬姓——舊周王朝之意。

10.《全唐文．（李嶠）為百寮賀慶雲表》，二四三：三一〇八。
11.《全唐文．（李嶠）為百寮賀日抱戴慶雲表》，二四三：三一〇七—三一〇八。
12.見《全唐詩》，八三：八八九。

依照「天人推移說」的先秦五行相剋說，當年周文王剋勝屬於金德的殷朝，所以周朝屬於火德，故太后若要遙繼姬周則須屬火德；但是依照漢朝以來新興的五行相生說，則姬周其實屬於水德。大唐宣稱繼承北朝統緒，採用流行的五行相生說來作推算，依序屬於土德，故太后若建統緒則為金德。[13]統緒屬火則色尚赤，屬水則尚黑，屬金則尚白，如今太后突然將旗幟改從金色，可能是事出倉促，統緒一時未能決定的暫時措施；也可能是基於廢立纔半年，政權尚未穩固，所以不宜將革命念頭過早或過分暴露的考慮。總之，江山「變色」的預兆，已經隱隱欲現。太后同時改新嗣帝的「文明」年號為自己的「光宅」年號，改八品以下官的服色為碧，大改官名，又欲效法天子的規格立武氏七廟，翌年復頒《垂拱格》——相當於行政施行細則的法規，在在顯示她的確已以新得天命者自居，故實行改正朔、易服色、法制度、定官名等更化的作為。

成年的嗣皇帝居喪已滿，似乎無理由一廢再廢，若要繼續掌握政權，太后只有革命更化一途。為了避免政權未穩時臣民的反對或更大的反叛，她先從權實施更化的作為，以試探臣民的態度，以製造有利的意識形態；不料被徐敬業等人洞悉其情，立即在外起事，並在〈討武氏檄〉中揭發她「包藏禍心，窺竊神器。……請看今日之域中，竟是誰家之天下」，而大聲疾呼「共立勤王之師，無廢舊君之命」！至於朝中裴炎等人又以此相要脅，逼她還政。這群師子驄膽敢抗拒如此，太后焉得不大怒而大開殺戒！

為了培養和製造有利的意識形態，太后在大改官名的同時，乃將主管教育的國子祭酒改為成

13. 北魏原先宣佈繼承黃帝的土德，孝文帝時改稱屬水德，故唐依相生說為土德，詳拙著《中古史學觀念史》第十章第一節。

均祭酒。慣例祭酒上任日須開講五經題目，然而此後太后常用武氏子弟或駙馬們為祭酒，並將慣例改為判祥瑞案三道，[14]就是要透過教育系統來推廣天意，以促成革命更化之事。

教化的效果是緩慢形成的，垂拱二年（六八六）二月又發生了一樁令太后大怒的事情，即是前面提到的新豐縣東南有廢山踴出，太后以為是祥瑞，故四方群臣上表畢賀，投太后所好，也聲稱是祥瑞出現，例如崔融為涇州刺史所上的賀表，即頌言是因太后應天順人、陰陽以和所致，[15]所以太后乃改新豐縣為慶山縣。不料群臣眾口一辭認為是上天嘉勉太后政績的祥瑞，竟被一個平民俞文俊唱反調，上疏說是因「地氣不和而堆阜出」，是上天譴責太后「以女處陽位，反易剛柔」的災異，請她「側身修德，以答天譴，不然禍災至矣」！太后安得不怒而判他流刑。民意如此，太后除了建立告密制度和起用酷吏作威懾之外，只有等待有利時機的出現。

俞文俊從性別角度批評太后「女處陽位」，是沒有分清楚事情的本質，事實上太后是以母后的身分行使母權和攝政權，藉武力或暴力為後盾，非法剝奪已有行為能力的兒皇帝的人身自由與合法權益，這無論在情理法上都講不過去，若要取而代之則更是大不韙。大唐仍有不少忠貞的臣民，他們這時雖然無力興兵勤王，但也不致會無恥的靠攏太后；至於那些阿諛投機之士，若無適當的時機，似乎也不敢冒此大不韙而向太后「勸進」。因此，太后必須自己或透過她極親信的人，去創造機會和製造形勢。垂拱四年（六八八）四月的唐同泰獻「寶圖」事件，就是革命過程中重要的一步。

唐同泰是雍州永安縣人，於洛水得到的瑞石在祥瑞規格中也不算是大瑞。此石之所以備極重

---

14. 《唐會要・國子監》光宅元年條，六六：一一五七。
15. 《全唐文・為涇州李使君賀慶山表》，二一八：二七八九。

視，主要是其上有「聖母臨人，永昌帝業」八個篆字。天然的石頭不可能有字，有之必是人為。魏王武承嗣一直諷喻太后革命，此石是他使人刻鑿後，抹上紫石藥物填充而成，只是不方便親自進獻，故使唐同泰出面獻上而已。[16] 於是百官上表稱賀，都說是「聖德奉天，遞為先後；神道助教，相因發明。陛下對越昭昇，欽若扶揖。允塞人祇之望，實當天地之心。所以幽贊嘉兆，傍通景貺」。又附會說：獻石的人姓「唐」，名叫「同泰」，籍貫是「永安」，「姓氏將國號元符，土地與石文明應。表裏潛會，樞機冥發。明宴坐之逾昌，驗工基之永泰；則自然之無眹，不測之謂神。非夫道格昊蒼，德充幽顯，豈能發何言之微旨，臻不召之靈物？考皇圖於金冊，搜瑞典於瑤編，……未有……若斯之盛者也」！這些百官進一步歌頌，說此瑞石是太后「以至明當宗社之寄，以至聖合乾坤之德；荷三葉（指唐太祖、太宗、高宗）之休光，承五形（應即五行）之歷紀」，治國太平富樂等因素所致，所以纔會「薦希代之鴻寶，獲非常之嘉應」，因此更進一步鼓吹，請求舉行大禮，以「副神宗之迺眷，答上元之蕃祉」云云。[17]

將行拜洛典禮前，就連當時奉命出征的宰相韋待價，也在軍中拜表說此大禮自古所未有，軒轅以河出龍圖為貴，堯舜以龜負洛書為尊；「猶未聞總集靈命，宏敷聖業，籠大勛於萬代，盡能事於一朝。非天下之至神，其孰能與此乎」？認為太后「肅膺遺託，光踐丕基。皇業高於補天，母德隆於配地，……然後負黼扆而朝百神，垂衣裳而會萬國。不亦休哉，不亦盛哉」！[18]

16.《舊唐書・武承嗣傳》（一八三：四七二九）及《通鑑》垂拱四年四月條（二〇四：六四四八）。
17. 詳《全唐文・（李嶠）為百寮賀瑞石表》，二四三：三一〇九—三一一〇。
18.《全唐文・（李嶠）為韋右相賀拜洛表》，二四三：三一一二—三一一三。

這些阿諛附會之言、歌頌鼓吹之辭，是百官的政治表態，使年已六十四歲而富有機權的太后為之大喜，故順水推舟，命名此石為「寶圖」。接著兩、三個月，太后採取了一系列承受天命的行為措施：趁機自加尊號為「聖母神皇」，作神皇三璽，表示要以「聖母」的身分親自拜洛受圖，承受天命，並要舉行南郊祀天大典，以答上天之眷祉。禮畢之後，更要在明年正旦以聖王受命的姿態御明堂，朝群臣。因此通令各州長官和宗室外戚今冬來都，共參大典。

神皇為了表示天意的確實性和神聖，乃於七月一日煞有介事地改稱「寶圖」為「天授聖圖」，改洛水為「永昌洛水」，封洛水神為「顯聖侯」，加特進之官，祭典比照四瀆之禮，禁止人民漁釣；「天授聖圖」所出之泉改名「聖圖泉」，此泉所在地特置「永昌縣」；又封嵩山神為神嶽天中王，拜太師使持節神嶽大都督，禁止人民芻牧。又由於先前已曾在汜水得一瑞石，故此時也一併改汜水為「廣武」。[19] 顯然要造成天意顯聖，天授聖圖，武氏廣大永昌的意識形態。

儘管此事引起宗王的聯謀反對，一度興兵，但是神皇意志堅定，堅決加以鎮壓和肅清，如期在十二月拜洛受圖。其日，皇帝、皇太子皆從，內外文武百官、外國君長各依方位敘立，珍禽、奇獸、雜寶列於壇前，文物儀仗之盛，為大唐開國以來所未有。一時群臣紛紛上表稱賀，例如陳子昂就曾為程處弼上〈慶拜洛表〉，內中歌頌神皇「至德配天，化及草木。……恭承天命，因順子來」，並說拜洛之後，「萬國禮終，百神慶畢；昆蟲鳥獸，亦並歡寧」，所以纔敢冒死上賀云云。[20] 所謂「恭承天命，因順子來」，正是明言神皇因子而得天命之意，為兩年後的神皇革命預

19. 參《通鑑》垂拱四年七月條（二〇四：六四四九）及《唐會要．封諸嶽瀆》，四七：八三三。
20. 《全唐文》，二〇九：二六七六。

鋪了理論基礎。看起來，這時所上演的，已是聖母神皇革命開國的第一齣正式大戲！

同月，開國以來久經爭議、神皇當年雖曾力促也仍遲遲不能興建的明堂，終於在神皇情夫薛師督工之下落成。

明堂制度傳說與天意溝通、布政更化有關，是聖王之制作，當時來遊京都、還是一介平民的陳子昂，在所上〈諫政理書〉中就指出明堂之制，與法則天地，統理陰陽，順時節而和萬物，使災害不生的功效密切有關，所以是「故昔者聖人所以為教之大業也」；並更建議說：「臣伏見天皇大帝得天地之統，封於泰山，盛德大業，與天比崇矣！然尚未建明堂之宮，遂朝上帝；使萬代鴻業，今猶闕然。臣愚，意者豈非天皇人帝知陛下聖明，必能起中興之化，留此盛德以發揮陛下哉？不然何所與讓而未作也。……願陛下念先帝之休意，恢大唐之鴻業，於國南郊建立明堂。使宇宙黎元、遐荒蠻貊、昆蟲草木、天地鬼神，粲然知陛下方興三皇五帝之事，與天下更始，不其聖哉！」21

明堂制作既有此政教的重大意義，故神皇當年一再力促其事，甚至在臨朝後不惜自我作古，將神都正殿乾元殿拆建。新落成的明堂高二百九十四尺、方三百尺，比原殿要來得高大。龍鳳之雕、金木之工，堂北復有比它高出約一倍而內貯大像的「天堂」，極盡莊嚴、宏偉、華麗之能事，以福佑「天子坐明堂」的聖母神皇！明堂一共有三層：下層象四時，中層法十二時，上層法二十四氣，太后號之為「萬象神宮」，並因此大赦天下、賜宴群臣、縱民入觀，且改所在地河南

21.《全唐文》，二一三：二七二四。

縣為合宮縣。[22]神皇尋頒〈親享明堂制〉說：「朕以庸昧，虔膺厚託。……朕於乾封之際，已奉表上陳，雖簡宸心，未遑營構。今……遵奉先之旨，……自我作古，……以上堂為嚴配之所，下室為布政之居。……來年正月一日，可於明堂宗祀三聖，以配上帝。」[23]顯示她要學古昔聖王，也來神道設教，化育萬物。

翌月——垂拱五年（六八九）正月一日，聖母神皇大饗萬象神宮，穿袞冕、搢大圭、執鎮圭，行初獻禮，嗣皇帝為亞獻，皇太子為終獻。他們先到昊天上帝座，然后依次到大唐高祖、太宗、高宗三聖之座，跟著到神皇父親魏國先王之座，最後纔是五方帝座。禮畢，聖母神皇御正南門——則天門，宣佈大赦天下，改元「永昌」。三日御明堂接受朝賀。四日布政於明堂，頒《九條》以教訓百官。五日，聖母神皇又御明堂，大饗群臣，首次明堂宗祀布政的隆重大典始告結束。[24]

觀察神皇這次大饗萬象神宮的姿態，其實她是以天子的身分來主持的，大唐嗣皇帝父子只是陪襯，也因此她纔在大唐宗祀之所同時兼祀她的父親。這裡，她不啻告訴臣民：武氏先王雖是大

22. 隋之洛陽宮太奢，故武德四年（六二一）秦王世民攻陷洛陽時下令將之撤毀。至貞觀三年（六二九）太宗欲復修之，因被諫以戶口單弱、國力不足而止。至四年六月又欲修之，復因被諫以未有幸期、事屬不急而止；但是太宗因為洛陽位於國家中央，各州朝貢道均，為了方便百姓，因此欲修營之以為東都，則意思甚明。直至高宗顯慶元年（六五六），乃決定以洛陽為東都，因隋朝舊址重修乾元殿，高一百二十尺，東西三百四十五尺，南北一百七十六尺，至麟德二年（六六五）二月完成。垂拱四年（六八八）二月十日，武后復拆乾元殿為明堂。見《唐會要．洛陽宮》（三〇：五五一—五五二）及《通鑑》垂拱四年十二月條（二〇四：六四五四—六四五五）。

23. 見《唐大詔令集》，七三：四一〇。

24. 詳《通鑑》永昌元年二月條，二〇四：六四五六。

唐外戚，但也同得天命！因此在翌月，她就尊其父魏忠孝王為周忠孝太皇、母為忠孝太后，置崇先府官以典掌武氏陵廟祭祀。由此看來，聖母神皇革命開國的第二齣大戲也已上演。神皇也得天命的意識形態一再公開展現，下來就是要建立革命理論和展開革命行動。

永昌元年（六八九）十一月一日，神皇又大饗萬象神宮，宣佈大赦天下，改元「載初」，始用周制建子，以此月為正月。儒家相傳夏、商、周各承天命，正統相承，皆以建立正朔來表示承受此天意。他們以為夏正為一月的寅，商正為十二月的丑，周正為十一月的子，此即三統說。神皇現在以十一月作為正月，正是要用三統說來正式改正朔，以「造我舊周」，建立革命的理論基礎。同時，神皇的堂外甥鳳閣侍郎宗秦客改造了十二個怪字奏上，神皇下令頒行，尋取其中之「曌」（即照）字為名，為此將詔書改稱為制書。同月她又採納酷吏周興的意見，削除了李唐宗室的屬籍。逐步的佈局讓事情至此擺得很明白：正朔易則新命生，大周興則李唐除。當此之時，神皇正利用酷吏整肅反對者，宗王公主、將相百官死流相繼，故神皇的支持者或攀附者，不論有任何不利於唐的言論或行動都不會遭到嚴厲的批評，反而是「識時務者為俊傑」。

在以方術和儒學建立革命理論根據的七個月之後，最關鍵的革命理論和行動終於緊鑼密鼓地演出，這與佛教有關。

佛教、群眾運動與革命措施

其實，在神皇「革命」之前，民間假神佛「惑眾」，以組織起事的就曾發生過兩宗。第一宗在天皇生前的永徽四年（六五三）十月，睦州（治今浙江淳安縣西）女子陳碩真以「妖言惑眾」，舉兵起事，自稱為「文佳皇帝」，至翌月即被婺州刺史崔義玄等人進兵平定。[25]這時女皇尚為昭儀，而崔義玄旋以此功入朝昇為御史大夫，後來成為她當皇后的翊贊功臣。第二宗發生在女皇為天后之時。事情是這樣的：陝北一帶分布有步落稽族，綏州稽胡白鐵余以「左道惑眾」，先於深山中埋一銅佛像，數年之後草生其上，乃騙鄉民說此處數見佛光，於是齋戒卜日，起出此像，用以騙人，遠近老小士女多深加相信。一、二年後白鐵余見氣候已成，乃聚眾起事，自稱「光明聖皇帝」，至弘道元年（六八三）四月被程務挺與王方翼進兵敉平。[26]事平後八個月天皇即死。這兩宗事件都是典型的假神佛惑眾以稱帝的事件，不知對女皇的革命大業是否有影響？

前面提及神皇母親楊氏一門為忠實的佛教信徒，而神皇因為母親的關係，幼小之時已經一度被服緇衣。及至母女得勢，對佛教支持捐助不遺餘力，僧徒們利用她們的信仰以恢復自大唐開國已來所喪失的權益，太后母女也相對地利用佛教以證明其政治地位。二者之間，實際上是互相利用的。

神皇在天皇生前雖然虔誠信佛，但未有佞佛之舉。垂拱四年（六八八）四月繼武承嗣偽造瑞石（天授聖圖）之後，六月又得一瑞石——即〈廣武銘〉——於汜水，略謂武媚娘「化佛從空來，摩頂為授記，光宅四天下，八表一時至，民庶盡安樂，方知文武熾」云云，遂開始了佞佛的行為。

---

25. 參《通鑑》該年月條，一九九：六二八二。

26. 《朝野僉載》所載時間、地點和稱號與《通鑑》不同（三：一八—一九），《通鑑》有考異（見該年月條並注，二〇三：六四一三—六四一四），從之。

原來隋朝以來就有〈武媚娘〉一曲，唐朝王室也曾在歲首宴樂時以琵琶演奏，[27]後來更有人附會，說是武媚受命之應。[28]〈武媚娘〉的歌詞不詳，如今則進而託謂是武媚化佛從空來的授記——佛教有兩種預言，「授記」指有關佛弟子未來世證果之證言；與「懸記」不同之處是，授記多用來指未來成佛之預言，而懸記則用以預言未來之事——並在此授記中，有心者插入了神皇臨朝稱制的第一個年號「光宅」；而四天下則是指須彌四洲，亦即一世界。此即無異預言神皇是佛的化身，降生來為世界之主。讖言附會，繪形繪色。有人認為這摩頂授記實則暗指《大雲經》讖之事，所以兩年之後——載初元年七月，乃有薛師與法明等十人造《大雲經》及其義疏，陳說符命，盛言神皇乃彌勒佛下生，當代唐為閻浮提主。[29]

天皇時宮中本已供奉彌勒菩薩塑像，[30]薛師是神皇的情夫，與他共為此事的則是東魏國寺僧法明等十人，而東魏國寺則又是神皇母親楊氏舊宅布施予佛教的寺院，[31]是則彌勒信仰、魏國寺

---

27. 參《舊唐書．李綱傳》，六二：二三七三；《太平御覽．皇親部》，一四八：七二四上。
28. 神龍三年太史迦業志忠上〈桑條歌〉十二篇，言韋后當受命，就說「昔高祖時天下歌〈桃李〉，太宗時歌〈秦王破陣〉，高宗歌〈堂堂〉，天后世歌〈武媚娘〉，皇帝受命歌〈英王石州〉；后今受命，歌〈桑條韋〉。蓋后妃之德專蠶桑，共宗廟事也」。見《新唐書．中宗庶人韋氏傳》，七六：三四八六。
29. 佛教說法以須彌山為中央，山之四方各有一洲，稱為須彌四洲或者四天下，其南方之洲名閻浮提，又稱為南瞻部洲，中國即在此洲之內。
30. 宮中曾於麟德二年出王玄策督造的彌勒菩薩塑像給敬愛寺，參張乃翥〈武周萬國天樞與西域文明〉，《西北史地》一九九四年二期，頁四四–四六。按：該年正是帝、后稱二聖之年。
31. 《唐會要．寺．福先寺》條謂遊藝坊「武太后母楊氏宅，上元二年立為太原寺，垂拱三年二月改為魏國寺，天

僧與神皇的關係，可謂微妙而又可以想知。

《大雲經》敘述佛在靈鷲山大會，答覆大雲密藏菩薩之一百問，故名《大雲經》。裏面先預言淨光天女值佛出世時，捨卻天形，以女身當國王，得轉輪王所統領處四分之一；而且這時的她實為菩薩，為了化眾生而現受女身。其後又預言佛滅七百年後，南天竺無明國等乘王生一女，名增長。父死後，她被群臣奉繼王位，以佛教正法治國，閻浮提中所有國土悉來奉承，無拒違者；而且她尊信此經，壽盡往生無量壽佛國，復蒙授記為淨實增長佛。

這是佛經有關女主及女主與佛菩薩關係的記載。前一授記說明淨光天女以女身當國王，而實為菩薩；後一授記則說明增長女王以正法治國，是閻浮提（人間）主，未來成佛。也就是因為《大雲經》有此女主降生成佛之文，故薛師等取舊譯本曲附以新的疏解，巧為附會，為神皇的篡位製造輿論，證明她的革命有理，符合佛教的授記，好讓神皇能援引此說以革命稱帝，改元「天授」；[32]只是他們將神皇說成是彌勒佛下生，顯然是有點過了分，因為上述兩授記皆無女主原為彌勒佛之說。根據彌勒諸經的說法，彌勒是菩薩，為釋迦牟尼大弟子之一，由於他將繼釋迦之後，在閻浮提世界成佛，故習俗也稱之為彌勒佛。[33]由於彌勒信仰是佛教的救世主信仰，所以南北朝

授二年改為福先寺」，四八：八四四八。

32. 詳前引陳寅恪〈武曌與佛教〉，及湯用彤《隋唐佛教史稿》第一章第四節。近今敦煌出土的《大雲經》殘本是神皇當年所頒之本。此經有《大雲無想經》、《大方等無想經》、《大方等無相大雲經》等名，已收入《大正藏》第十二冊。

33. 見後秦鳩摩羅什譯《彌勒大乘佛經》，劉宋沮渠京聲譯《彌勒上生兜率天宮經》，均收入《大正藏》第十四冊。

以來，民間多有假此信仰以作為起事的意識形態者。儘管《大雲經》未提及彌勒下生為女主之說，然而此信仰則似乎頗有此根據，[34]故遂被懷義等僧所利用。

至此，當時思想信仰的兩大主流——儒學和佛教——都已為神皇所用，前者為她的革命理論鋪好了路，後者則給她提供了女主可以統治天下的意識形態，現在時機已經成熟。兩個月之後——載初元年（六九〇）九月九日重陽節那天，六十六歲的神皇實行「革命」，改國號為「周」。六六九九，數字顯然吉祥得很！

先是，九月三日那天，侍御史傅遊藝突然率領關中百姓九百餘人詣闕上表，請將「唐」之國號改為「周」，賜皇帝姓「武」氏。遊藝官居從七品上階，籍隸汲縣——神都東北鄰州衛州的州治（今河南省汲縣），為何能率領籍在關中的九百餘人前來上書？而所言的內容又竟是涉嫌犯十惡罪的「謀反」和「謀大逆」之罪？顯然，這是有人授意，有目的，有準備，有組織的行動。神皇的反應是對此請願不予允許，但也不予逮捕懲治；不僅如此，她反而超擢傅遊藝為正五品上階的給事中，即一口氣讓他超昇了十階。[35]真是此地無銀三百兩，背後授意的人呼之欲出！

從傅遊藝率眾請願至神皇批准革命，前後僅渡過七日，然而史書對其間發展顯然記載不足。例如以編年為體的《通鑑》，它就簡單地記載說：

---

34. 唐長孺於其〈北朝的彌勒信仰及其衰落〉（《魏晉南北朝史論拾遺》，一九六—二〇七）一文中，對彌勒信仰在北魏由極盛而越後越衰的原因有詳論，認為主因即與人民利用此信仰不斷暴動有關；又提到曾有《彌勒為女身經》，故認為以女子為彌勒降生亦不足為奇（二〇四）。

35. 據《舊唐書．職官一》侍御史原為從七品上階，遷為門下省的正五品上階給事中，是超昇了十階。

三日那天神皇不批准遊藝等人請願後，立即又有百官及宗室、外戚、遠近百姓、四夷酋長、沙門、道士共六萬餘人，俱上表支持傳遊藝等人所請，連皇帝也上表自請賜姓武氏。

五日，群臣上言有鳳凰自明堂飛入上陽宮後飛去，另有赤雀數萬隻飛集朝堂。

七日，神皇可皇帝及群臣之請。

九日，神皇御宮城正南的則天門城樓宣告革命，大赦天下，以「唐」為「周」，改元「天授」。

接著是十二日給周皇帝上尊號為「聖神皇帝」。聖神皇帝以被革了命的舊皇帝李旦為「皇嗣」，賜姓武氏，又降原來的皇太子為「皇孫」。翌日，立武氏七廟於神都，追尊祖宗為皇帝。

不過，兩年前曾經稱頌神皇「恭承天命，因順子來」，當時在都任小官、也參與勸進的文豪陳子昂，所上的〈大周受命頌〉透露了一些消息，可以作為歷史的見證。他劈頭就說「臣聞大人昇階，神物紹至，必有非人力所能存者」。有唐欽崇天命，三祖繼統，如今天命「以授我皇。符鳥之肇，開辟元台；女希氏姓，神功大哉，莫不盛於茲日矣」！

接著敘說臣民推戴的情況是這樣的：

首先是西土臣民詣闕推戴勸進——指九月三日傳遊藝等人。他們聲稱「至哉！天子恤我元元，勤勞下都，昇聞上帝。臣聞天無二日，土無二王，皇帝嗣武，以主匕鬯，豈不宜乎」！於是神皇登崑崙之臺，觀察三統五行，探究命歷之紀，要瞭解上天之意。

九月八日，神都耆老、遠方夷貊、佛道教士等一萬二千餘人，雲集詣闕，發動第二波推戴勸進。他們說神皇「受天之符，為人聖母；皇帝仁孝，肅恭神明，可以纂武承家」，因此上請聖母神皇把握此「天人交際」、「萬代一時」的機會。神皇「謙而未許」。

第二天九日，文武百官會同這群耆老人等共五萬餘人，發動第三波推戴勸進。他們「守闕固請」，展示請願到底的態勢，聲言：「聖人則天以王，順人以昌。今天命陛下以主，人以陛下為母。天之丕律，元命也；人之大猷，定姓也。陛下不應天、不順人，獨高謙讓之道，無所憲法，臣等何所仰則？敬冒昧萬死，固請！」

「是時」，適有鳳凰從南方飛經皇城正南的端門而來，群鳥數千蔽天而至；又有赤雀數百從東方飛來，迴翔於紫闥，另有黃雀從之；又有慶雲休光半天，傾都畢見，群臣咸睹。於是大眾囂聲雷動，慶祝上天之應，交相說：「大哉，非至德孰能睹此！……天物來，聖人革時哉！況鳳者陽鳥，赤雀火精，黃雀從之者土也；土則火之子，子隨母，所以纂母姓。天意如彼，人誠如此，陛下曷可辭之？……陛下若遂辭之，是推天而絕人，將何以訓?!」

原來大唐屬土德，土色尚黃，如今黃雀從赤雀，於是被解釋為天意要土（李唐）隨火（武周）而生，因此不能推辭。也就是說，眾瑞所展示的天意，是要神皇承赤色的火德以革黃色的土德之命。於是神皇霈然曰：「俞哉，此亦天授也！」乃「建大周之統曆，革舊唐之遺號；在宥天下，咸與惟新」。36

大周聖神皇帝的革命建國理論以三統五行學說為本，故所取第一個年號即為「天授」，可謂極盡假天道而篡位、藉天意而奪子的能事。雖然有些人不以為然甚至反對，但是推戴歌頌者為數甚多，例如曾經上〈諫政理書〉陳述他的「人願」，口口聲聲請太后「為大唐建萬代之策，恢三聖之功。傳乎子孫，永作鴻業，千百年間，使繼文之主有所守也」；「願陛下念先帝之休意，恢

36. 該頌文見《全唐文》，二〇九：二六七三—二六七四。該文所記干支，請願次數人數及符瑞出現的時間與《通鑑》異，但敍述當時情況氣氛應可信，可補史之闕文。

大唐之鴻業」，「願陛下為大唐建萬代之策」的陳子昂，此時不僅適時地獻上了〈大周受命頌〉，稍後又獻〈神鳳頌〉四章，以頌大周受命之事。另外，他又撰〈上大周受命頌表〉，詣洛城南門奉進，表述了一個推戴者的心情。其表說：

「臣聞，昔周道昌而頌聲作，遂能昭配天地，光烈祖宗；垂之神無窮，永為代典。伏惟聖神皇帝陛下闡元極，昇紫圖，光有唐基，以啟周室；不改舊物，天下惟新。皇王以來，未嘗睹也！……臣草野愚陋，生長休明。親逢聖人，又睹昌運；舜禹之政、河洛之圖，悉皆目見，幸而多矣！今者鳳鳥來、赤雀至、慶雲見、休氣昇，大周受命之珍符也。不稽元命，探祕文，採風謠，揮象物，紀天人之會，以協頌聲，則臣下之過也。有國彝典，其可闕乎？臣不揣樸固，輒獻〈神鳳頌〉四章，以言大周受命之事。誠未足以潤色鴻業，揄揚盛美，亦小臣區區丹慊之至！」[37]

可見他此時的政治態度已大為改變，對新王朝極盡赤誠擁戴、歌功頌德之能事。大唐國祚的中斷，大周新命的驟興，胥與此等臣民的推拉有關。

武周聖神皇帝既然宣稱遙繼姬周屬於火德，[38]就必須要有革命的配套措施。故九月十三日立武氏七廟於神都，追尊祖宗為皇帝之時，她追尊周文王為始祖文皇帝，武氏所從出的周平王少子

---

37. 文見《全唐文》，二〇九：二六七四—二六七五。
38. 秦漢之際以五行相剋說推帝王屬德，謂姬周屬火，故為屬水的秦所剋。今女皇自認屬火，即是採遙繼說，謂武周遙繼姬周也。

為睿祖康皇帝；大封武氏子弟為王，姑姊皆為長公主，成為新宗室。翌月，下制免除天下所有武氏的課役。又在第二年——天授二年（六九一）的正月，始受「聖神皇帝」的尊號於萬象神宮，同時將旗幟從金色改為象徵火德的赤色，在神都建立武周的社稷和太廟，並大饗明堂以祀昊天上帝及百神，用武氏祖宗配饗，李唐三帝也同配。同年一月，聖神皇帝將祖宗諸墓改稱為陵，其中父墓名昊陵，母墓名順陵，於是完成了革命的所有形式和程序。[39]

不過，武周的革命建國理論尚有缺憾，因為唐朝聲稱屬於土德，依五行相生的說法，火可以生土，但土只能生金而不能生火。陳子昂等勸進臣民曲為解釋，說什麼「赤雀火精，黃雀從之者土也；土則火之子，子隨母，所以纂母姓」，亦即勉強說成武太后是屬火的赤雀，唐皇帝是屬土的黃雀，黃雀追從赤雀，是子隨母的表示——即指子之土（唐）是母之火（周）所生，而勉強曲解成符合五行相生說的火生土原理。此說明明大違正統政權依五行相生則必須土生金的傳統推論，[40]只是聖神皇帝既然已經聲稱遙繼姬周在前，又格於她與唐皇帝是母子關係的事實在後，故一向自我作古、勇於創新的她，也就順勢大膽地採用了此說。

39. 這些措施與施行時間，均據《通鑑》卷二〇四各該年月條。

40. 歐陽修於《新唐書．五行志》即以相生說誤解武周的屬德，說「蓋武氏革命，自以為金德王；其佛菩薩者，慈氏金輪之號也」，似將金輪解為屬金德。趙克堯發揮其說，也誤以為「金輪」實包括「金」與「輪」兩層意思；而謂「金」指金德，因唐屬土，依相生則土生金，周必以金德王，「輪」則猶如轉輪不已云云。其實女皇此時尚未加尊為「金輪聖神皇帝」，更未加尊為「慈氏越古金輪聖神皇帝」，故歐陽修之言只是顧名思義罷了，而趙克堯則更有附會之嫌，說詳〈唐前期的佛道勢力與政治鬥爭〉（收入其所著《漢唐史論集》，上海：復旦大學出版社，一九九三．四），頁八五。

另一個文豪李嶠代百僚上〈請立周七廟表〉時，即力申遙繼姬周之說，聲言「后稷以豳譜大舜，隆姬錫受命之符；太皇以翼亮有唐，聖武當樂推之運。……靈命再集，豈非積善累慶，深仁厚德之致歟！源長者流深，道悠者利博，是以……神靈扶更始之運，億兆慶維新之葉」云云，[41]因此乃有破例追尊周文王和平王少子，使之納入七廟之舉。他後來又奉制寫〈大周降禪碑〉及為昊陵寫〈攀龍臺碑〉，即本此說力言聖神皇帝之父早已有帝王之象，只是時運未到，故先助唐起事，「屈帝象而龍潛」，至聖神皇帝纔應天命云云。至於武三思撰〈望鳳臺碑〉，也是本於此意而作申述。[42]由此看來，聖神皇帝是將錯就錯，把遙繼姬周、統緒屬火的說法定為官方的標準理論，[43]以完成武周的革命建國理論基礎。

舊王室的處置

六十六歲的神皇武曌，在載初元年（六九〇）九月九日重陽節那天實行「革命」，改國號為

41. 參《全唐文》，二四三：三一〇五。
42. 〈攀龍臺碑〉和〈望鳳臺碑〉已見前章所引，〈大周降禪碑〉則作於天冊萬歲二年（六九五）聖神皇帝封禪嵩山之後，見《全唐文》，二四八：三一七一。
43. 姬周屬火是五行相剋的算法，火生土則是相生之說。今武周既謂統緒遙繼姬周而屬火，即是本於相剋之推算；卻又謂子土從母火，則是採相生之說，兩說兼採是不被接受的事，故說女皇將錯就錯。拙著《中古史學觀念史》對此有多章說明，不贅辯。

「周」。同月十二日周皇帝武曌被尊為「聖神皇帝」，而聖神皇帝則將她二十八歲的第四子——被革了命的唐皇帝李旦降為「皇嗣」——即與她的嫡三哥舊廢帝同年齡時被廢，賜姓武氏，復名為輪，又降十二歲的原太子李成器為「皇孫」，與諸弟同日出閤，開府置官屬。[44]

大周女皇在革命後幾天就賜了一些功臣姓武氏，如新拜宰相傅遊藝、岑長倩、右玉鈐衛大將軍張虔勗、左金吾大將軍丘神勣、侍御史來子珣等。這些假武氏不過只是「革命的走狗」，女皇不會真的將他們視為宗親。俗語云「狡兔死，走狗烹」，如今既已是武家天下，這些叛唐的假武氏利用價值已無，於是不免成為女皇「革命的犧牲」，在翌年先後因罪被殺，[45]而武長倩之誅則更與另一假武氏——皇嗣武顯有關。

歷史上的亡國之君多不得善終，對大周來說，武輪無異是唐朝亡國之君。他在當皇帝之時，即已被女皇所挾持，是幽於別殿的傀儡皇帝；只因是女皇之子，所以纔未步上死亡的噩運。不過，如今畢竟已改朝易姓，是武家的天下，他這個易姓人終究會成真武氏的眼中釘！成為眼中釘的夢魘來得迅速而明顯，則應與他的「皇嗣」身分有關。根據中國傳統的皇帝制度，皇帝的繼承人是皇儲，而法定官稱則是「皇太子」。女皇現在將武輪革了命，又將他降為「皇嗣」——這是史無前例的官稱，無異表示他僅是皇帝的子嗣，不是法定的「皇太子」，也就暗示女皇未必肯定讓這

44.《通鑑》則天后天授二年八月庚申條謂故太子賢之子女皆被賜姓武氏，與睿宗諸子皆幽閉宮中，不出門庭者十餘年。據兩《唐書・讓皇帝憲（即成器）傳》，成器降為皇孫，與諸弟同日出閤。

45. 據《通鑑》，諸人賜姓武見則天后天授元年九月條；諸人被殺則分見天授二年，武神勣在一月，武虔勗在八月，武遊藝在九月，武長倩則在十月。

個廢帝當大周的皇太子，於是遂引起武氏子弟的奪嫡圖謀。

武承嗣，這個曾教唆女皇盡殺李氏宗室及不附於己的公卿大臣，又諷喻女皇實行革命的武氏嫡系襲爵人，這時已進封魏王，官拜首席宰相——文昌左相・同三品，自以為依次當為大周皇儲，乃於革命後不久重施故智，密令鳳閣舍人張嘉福組織一次百姓請願，使洛陽人王慶之等數百人上表陳情，請女皇立武承嗣為皇太子。女皇召見慶之，問道：「皇嗣我子，奈何廢之？」

「神不歆非類，民不祀非族，」慶之回答：「今是誰有天下，而以李氏為嗣乎？」

女皇沒有採納建議，諭令遣回。慶之伏地，以死泣請，不肯去。女皇乃送他印紙，說：「欲見我，以此示守門者。」[46]

過程中，女皇曾以此問文昌右相・同三品武長倩。長倩是當初奏請改皇嗣姓武氏、以為周朝儲君的宰相，故不支持請願，以為皇嗣在東宮，臣民不宜有此議，反而奏請切責上書者，出告示令他們解散。女皇又問另一宰相地官尚書・同平章事格輔元，輔元也固稱不可。二相皆不在請願表上署名，承嗣不得已，奏請責諭嘉福等，但也不加之罪。二相由是大忤諸武子弟之意，天授二年（六九一）六月武長倩被斥令出征吐蕃，而中途召還，逮下制獄，[47]興起大案。此案在武承嗣

46. 《通鑑》將此請願繫於天授二年九月，自係追記之詞，又謂此次請願是張嘉福所指使，今據兩《唐書・武士彠傳》應是武承嗣密令嘉福為之。

47. 長倩是貞觀宰相岑文本之侄，與格輔元均附於《舊唐書・岑文本傳》。《通鑑》將長倩出征繫於五月，與《新唐書・則天本紀》和〈宰相表〉同；又謂王慶之上表或在載初年（見十月注引《考異》），殆皆誤。按格輔元在六月十一日纔為地官尚書・同平章事，故長倩不應早在五月已出征，據《舊唐書・則天本紀》長倩出征事在六月，應是；亦即請願當在此年六月左右。

左右之下，由來俊臣主審，牽連宰相格輔元、歐陽通等數十人，備受酷刑，誣以同反，並於十月十二日同誅。

武承嗣為了奪嫡，不但發動人民請願，更發起了革命後第一次大規模的政治獄。承嗣此舉有借案立威之意，皇嗣的身家地位岌岌可危，不過卻因操之過急，引起女皇之怒，為李昭德所乘，遂使危機得以暫緩，情況是這樣的。

原來女皇去年因群眾請願而順利革命，如今武承嗣如法炮製，希望乘便趁勢，取得皇位繼承權。因此，王慶之雖見一舉不成，但卻也無罪，反而獲得不時請見女皇的特許，於是死心不息，屢屢求見，固請不已。某次又入宮請見，終於觸怒了女皇。女皇怒令李昭德切責之，並賜杖。李昭德是當年彈劾女皇政敵褚遂良的御史大夫李乾祐之子，少舉明經，強幹有父風，時任鳳閣侍郎。昭德奉制後，將慶之引出光政門外示眾說：「此賊欲廢我皇嗣，立武承嗣！」下令撲打，至耳目出血，然後將他杖殺，其黨乃散。事後，昭德因奏說：「臣聞文武之道，布在方策，豈有侄為天子而為姑立廟乎？以親親言之，則天皇是陛下夫也，皇嗣是陛下子也，陛下正合傳之子孫，為萬代計。況陛下承天皇顧託而有天下，若立承嗣，臣恐天皇不血食矣！」他試圖用親情和傳子的慣例來打動女皇。女皇覺悟，於是廢立皇位繼承人之事纔暫時停止。[48]

從革命以來，武承嗣就一直為文昌左相．同三品，掌控尚書省最高行政權。李昭德為了反制武承嗣的奪嫡意圖，曾經密奏說「魏王權太重」。女皇向他解釋道：「承嗣，吾侄也，故委以腹

48.《舊唐書．李昭德傳》（八七：二八五四）將此事繫於昭德拜相之後，《通鑑》有考異謂在拜相之前（見十月條注，二〇四：六四七五）。

心。」

「侄之於姑，其親何如子之於父？」昭德不以為然問道，再提醒說：「子猶有篡弒其父者，何況侄乎！」

接著補充分析說：「承嗣是陛下之侄，又是親王，不宜更在機權，以惑眾庶。且自古帝王父子之間猶相篡奪，何況姑侄，豈得委權與之？脫若乘便趁勢，寶位寧可安乎？」女皇矍然而說：「我未之思也！」

顯然，李昭德之奏已經打動了富有權術的女皇之心。承嗣大概聽到一些風聲，於是反譖昭德，然而女皇卻說：「自我任昭德，每獲高臥，此人是代我勞苦，非汝所及也！」[49]可見昭德之得女皇信任。如意元年（即天授三年，長壽元年，六九二）八月，武氏親王武承嗣和武攸寧並罷相，而昭德則以夏官侍郎拜相，[50]或許與此有關。

不過，由於此時女皇正加緊防範宰相群臣復辟的可能，故利用酷吏屢起大獄，連狄仁傑等也不能免於禍患。李昭德的暗助反制了武承嗣的奪嫡，雖然已是難能可貴，但卻對皇嗣和舊王室成員的現狀改善不多，他們仍然面臨空前的劫難。

天授三年四月，女皇改元「如意」。同年夏天，六十八歲的她，雖然春秋已高，但是由於善於保養化妝，雖左右不覺其老，復因齒落更生，所以又在九月九日重陽節御則天門大赦天下，改

49.《通鑑》繫此於長壽元年六月，其事其言則與《舊唐書．李昭德傳》（八七：二八五四）酌取之。

50.《通鑑》繫諸人的罷拜於七月，誤；今據《新唐書．宰相表》、兩《唐書．則天紀》和《唐僕尚丞郎表》。其言論兼據《舊唐書．李昭德傳》。

元「長壽」。女皇的長壽使舊王室更不如意。先是在翌年（長壽二年，六九三）的正月正旦，女皇依例享萬象神宮，這次卻是命魏王武承嗣為亞獻，梁王武三思為終獻，完全將皇嗣排出於外。人生不如意之事恆十之八九也就算了，不料更大的災難接踵發生。素為女皇寵信的戶婢團兒，意欲私於皇嗣，為皇嗣所拒，遂作桐人潛埋於皇嗣妃劉氏和德妃竇氏二妃宮裡，乃譖二妃厭蠱咒詛女皇。正月二日，兩妃朝女皇於嘉豫殿，既退而同時遇害，埋於宮中，莫知所在。皇嗣畏懼女皇，竟在她的面前容止自若，如無其事。團兒再想害皇嗣，有人向女皇報告情實，女皇纔將團兒殺了，使皇嗣危機消除。[51]

妻妾無罪而被譖，自己不能救，眼看著母親殺妻，尚要偽裝成若無其事，以免禍及於己，一方面由此可見皇嗣之懦弱，另一方面則可見其處境之危難。不僅如此，竇妃之禍更連及娘家。其母龐氏因懼夜禱，也遭奴誣告，被處以斬刑，辛子竇希瑊向名御史徐有功訟冤，為有功據法力爭始減死，與其三子皆流嶺南，妃父竇孝湛則從潤州刺史貶為羅州司馬，徐有功亦因此案除名為民。[52]

---

51. 兩《唐書》二妃之傳未詳其何故被譖，《通鑑》據《則天實錄》詳述遇害過程，也僅謂團兒「有憾於皇嗣」的緣故而已；然而《考異》引劉知幾《太上皇（睿宗李旦）實錄》，則謂起因於團兒欲私於皇嗣（見則天后長壽二年正月癸巳條並注，二〇五：六四八八）。筆者認為團兒敢如此大膽妄為，其中必有大怨，故《太上皇實錄》所記應可信；又此事與皇嗣有關，故詳於《太上皇實錄》而略於《則天實錄》，也是史家正常的筆法，故採信《太上皇實錄》。

52. 事詳《唐新語》，四：五—六；又見《通鑑》則天后長壽二年正月癸巳條，二〇五：六四八八—六四八九。按竇妃系出扶風竇氏，是「虜姓」大門第唐高祖太穆皇后的家族，其族將相輩出，連姻帝家，唐以來最為貴盛，兩《唐書》有傳。

兩個多月後——一月二十四日，更大的災難又踵至。原已形同幽禁的皇嗣，因為前尚方監裴匪躬、內常侍范雲仙的私謁，引起女皇的憤怒，二人遂坐私謁皇嗣之罪而腰斬於市，自是公卿以下皆不得見，只有一些太常樂工得在左右。禍不單行，又有人告皇嗣潛有異謀，女皇命來俊臣推鞫他的左右。左右不勝楚毒，皆欲自誣。太常樂工安金藏大呼：「公既不信金藏之言，請剖心以明皇嗣不反！」乃引佩刀自剖其胸，五臟皆出，血流被地。女皇聞知，下令轝他入宮中，使醫生為他納回五臟，以桑皮線縫之，傅以藥，經宿始蘇醒。女皇親臨探視，感歎地說：「吾子不能自明，使汝至此！」即命俊臣停推。皇嗣由是幸而得免。[53]不過，皇嗣要降到聖曆二年（六九九）初，讓還皇位繼承權給三哥前廢帝而另受封為相王之後，纔獲准重新出居外邸；[54]也就是從二十二歲當大唐皇帝被軟禁以來，至三十七歲纔脫離深宮重享一些自由。

皇嗣妻妾被殺，己身被幽禁得越來越甚，子侄們也好不到哪裡去。自從廢太子李賢死後，他年幼的子女被接回神都，是最早被幽閉於宮中的女皇孫子，後來與皇嗣諸子皆被賜姓武氏。天授元年（六九〇）革命後，年纔十二歲、原為「皇太子」的皇嗣長子武成器被降為「皇孫」，與已封親王的諸弟同日出閤，開府置官屬。長壽二年（六九三）臘月——皇嗣妃劉氏和竇德妃被殺後一個月，皇嗣被厲禁私見群臣、且被誣告潛有異謀前一個月——「皇孫」又與其他兄弟恆王成義、楚王隆基、衛王隆範、趙王隆業同時被降為郡王，卻還入閤，[55]無異從此也被幽禁於深宮之中，

53. 事詳《唐新語》（五：四），《舊唐書．安金藏傳》（一八七：四八八五），又見《通鑑》則天后長壽二年一月甲寅條，二〇五：六四九〇。
54. 皇嗣重出外邸的時間見《舊唐書．章懷太子傳》，八六：二八三三。
55. 還入閤事詳兩《唐書．睿宗諸子傳》，據兩《唐書．則天本紀》和《通鑑》則繫於臘月丁卯。

生長於殿閣之間。這一年長子壽春郡王成器纔十五歲，第三子臨淄郡王隆基——後來著名的玄宗明皇帝——纔九歲。他們要等到父親交出繼承權而重為相王之後半年——聖曆二年（六九九）十月，纔與他們的堂兄弟們——太子武顯和故廢太子李賢諸子——恢復出閣。

隆基兄弟六人，幺弟早夭，其餘五人在祖母淫威和此宮中環境之下，其實都成了難兄難弟。例如隆基的生母是竇德妃，當母親被女皇殺害、他復入閣時纔九歲，以後就被豆盧貴妃「累載左右，一心保輔」地撫養帶大。貴妃另又奉敕領養被視為「西域大樹之精」的隆基二哥成義為己子。據〈睿宗豆盧貴妃墓誌銘〉透露，當時宮中環境相當險惡，貴妃是以委曲求全的低姿態撫養他們兄弟的，故說「母后虐國，諸呂擅衡。嗷嗷讒口，膚譖日熾。妃順下翊上，言遜身全，重安劉氏，實有力也」。[56]

女皇不僅幽閉男系孫子於宮中，事實上連已降封為縣主的女孫也不能免，難兄難弟之外還有一群難姊難妹。這些小皇子和小公主年幼無知，不知國逢大變，嬉戲學習似乎一切如常。明皇的妹夫鄭萬鈞後來親撰其妻〈代國長公主碑〉，描述革命那年在大享明堂典禮中，明皇兄弟姊妹以歌舞承歡於祖母的情況，說：

> 「則天太后御明堂宴。聖上（指明皇）年六歲，為楚王，舞〈長命□〉；□□（應指皇孫即大哥成器）年十二，為皇孫，作〈安公子〉；岐王（四弟隆範）年五歲，為衛王，舞弄〈蘭陵王〉，兼為行主，詞曰：『衛王入場，咒願神聖；神皇萬歲，孫子成行！』公主年四歲，

---

56. 貴妃的伯父是宰相豆盧欽望，詳《全唐文補遺．唐睿宗大聖真皇帝故貴妃豆盧氏墓誌銘》第五輯，二一九—二二〇。

與壽昌公主對舞西涼殿上。群臣咸呼萬歲！」[57]

代國長公主就是明皇四妹，當時封為永昌公主，年纔四歲；壽昌公主則是她的長姊。王室此時正被軟禁在宮廷籠裏，自稱神皇的祖母則正加緊燕啄其他宗枝，並將要革他家之命，然而卻仍在大典場合令孫子孫女為她歌舞，頌願她「神皇萬歲，孫子成行」，真是情何以堪！

兄弟姊妹擁有共同的受難成長經驗，所以手足感情極篤，明皇後來追尊大哥為讓皇帝，並置手書於其靈前追悼說：「一代兄弟，一朝存歿。家人之禮，是用申情；興言感思，悲涕交集！大哥孝友，近古莫儔；嘗號五王，同開邸第。遠自童幼，洎乎成長；出則同遊，學則同業；事均形影，無不相隨！」[58]而且在其他三兄弟死後，明皇皆一一追冊為太子，這也是歷史上少見之事。或許由於父親還在，兄弟姊妹年齡尚小，故共同承受苦難還不見得太悽慘；但是對故廢太子李賢碩果僅存之子嗣雍王守禮而言，則遭遇感受大大不同。

守禮兄弟三人遭幽禁得更早，大哥安樂郡王光順、二哥永安郡王守義相傳都是被女皇鞭殺，他們既不安樂，也不永安。守禮也好不到那裡去，他在宮中經常挨打，已造成日後的隱疾。據載明皇在位時，守禮常能準確預測天氣晴雨的變化，諸王上奏說他「有術」。明皇召問，「臣無術也，」守禮答道：「則天時以章懷（其父李賢此時已追謚為章懷太子）遷謫，臣幽閉宮中十餘年，每歲被敕杖數頓，現瘢痕甚厚。欲雨，臣脊上即沉悶，欲晴則輕健，臣以此知之，非有術也！」

57. 代國公主名華，字花婉（《新唐書》本傳誤作華婉），劉后在垂拱三年所生。初封永昌，革命後降封壽光縣主，十七歲下嫁鄭萬鈞，時在長安三年。此碑詳參《全唐文》，二七九：三五七七–三五八〇。

58. 詳見《舊唐書·讓皇帝傳》，九五：三〇一一–三〇一三。

言畢涕泣沾襟，明皇亦憫然。59

女皇的庶子們在革命前夕都已被殺害。

庶長女義陽公主李下玉本已隨駙馬權毅赴任袁州刺史，不料權毅卻在天授二年為「奸臣」所讒鑠，「枉法」而死，年僅三十五歲，要等到大唐復辟那年方追贈為右監門衛將軍，獲准於東都改葬，而且是以招魂方式與公主合葬的，故公主也應死於女皇之朝。60

庶次女宣城公主情況差不多，她下嫁王勗後隨夫婿赴任潁州刺史，天授中王勗為女皇所誅，公主自此守寡，至開元二年（七一四）五月纔以六十六歲之年病死。蘇頲為她撰〈高安長公主神道碑〉，說公主嫁後婚姻生活肅雍和諧，但是「天授中，聖后從權革命，駙馬非罪嬰酷。公主復歸於後庭，凡九十甲子口不入辛味，耳不聆曼音，體逾尚柔，言靡敵怨。運觀心之智，察摩頂之神，豈寂以幽通，將虛而信受，有菩薩現前者數四。后（指女皇）每奇之」。也就是說，王勗的命運不免同於權毅，公主則在夫婿死後復歸於後庭，被剝奪了公主之號；然而她卻以非常聰明的沉默自守方式，或者可說是以極低姿態的苟活，並且逃遁於女皇所信的佛教信仰中，引起她的宗教驚奇，因此纔能躲過她的毒手。大唐復辟後，公主恢復宣城之封，並進為長公主，弟皇帝給她建府置僚以度晚年。蘇頲除了稱讚她的避禍方式之外，更推崇她富貴而不驕奢，說歷史上有不少公主因驕奢而致禍敗，然而「我長公主則不然。避榮守靜，退藏於密；端操正色，進寡其辭。為皇女焉，為皇姊焉，為皇姑焉，非不貴也，能戒盈忌滿，智崇禮卑，儉德之恭，讓德之益，主無攸遂不專也，

59. 見《舊唐書．章懷太子傳》，八六：二八三二—二八三四。

60. 見《全唐文補遺．唐故袁州刺史右監門衛將軍駙馬都尉天水權君墓誌銘》第五輯，二三一—二四。

勤無告勞不匱也。宜於秋犢以助宗人，率彼春蠶以從皇后，則未嘗忽諸。猶深悟色空，大依禪惠。觀我生之進退，究人事之終始，蓋泡夢之為喻也。乃散以檀那，離於染著。景雲歲請罷賦邑，蠲屬官，遂沉冥從省曠。書上而制違之。嗚呼，身歿意餘，道之微者。……未有居高益下，託體至尊，如長主之儔矣」！其實這是因為她深悟母死夫喪之後，已經沒有靠山奧援，一切榮華幸福歸於幻滅，又為了躲避女皇的繼續迫害，在多難的生存環境中所形成的修養與人格。公主後來就是因為拜祭父親，睹天皇的畫像，感咽於地，遂成心疾，以至於病死的。[61]如此看來，她的餘生到底是幸耶抑或不幸耶？碑文不提她與夫依例合葬，可能王勗不知死所，而她又深悟色空，觀究泡夢，故招魂合葬也就免了吧！

王室成員之中，女皇始終寵愛的是太平公主。她雖然殺死太平的前夫薛紹，卻在一年多後——即天授元年七月，為了讓太平下嫁給武攸暨，不惜殺害攸暨之妻而令他與太平配婚。愛屋及烏，女皇也相當疼愛太平的子女，例如她在天授三年四月封年纔五歲的太平次女薛氏為萬泉縣主，後來女皇為她「求俊夫」，選中豆盧氏，在她十一歲時讓她出嫁，當時「六官送行，百僚供事，迓以鸞輅，遣以翟車……詔婚之禮，於焉為盛」。[62]可見王室之中也是同人不同命，各有際遇。

總之，當革命後舊王室蒙難之時，女皇對武氏新王室女的封公主，男的封王爵，委以政軍事權，一彼一此，對比立判。瞧在某些忠於唐室的人眼裏，內心感想可知。

---

61. 該碑見《全唐文》，二五七：三二九五—三二九六。

62. 此女死於景雲元年（七一一）八月二十一日，據說是優雅而有藝巧的人，故「則天皇后嘉其嬪則，錫以崇號，封萬泉縣主」，詳《全唐文．延州豆盧使君萬泉縣主薛氏神道碑》，二三九：二九三二—二九三三。

反對力量的沉潛

革命前，女皇的反對者發動過兩波稱兵起事：第一波是女皇廢前嗣帝後，徐敬業以「匡復」為號召而起兵；第二波是女皇自為聖母神皇後，越王李貞等以「反正」為由而聯兵起事。不論「匡復」也好，「反正」也好，反正都是衝著女皇專權而來，在女皇眼中正是一群又一群的師子驄，勢必一一予以擊殺而後快！隨著這兩次軍事行動連帶而來的，即是運用告密制度和酷吏嚴刑等措施厲行肅反政策，以高壓手段和恐怖統治控制臣民。

「革命」，其實就是這種統治形式持續發展的結果！

革命運動先由數百人的人民請願事件揭始，而以朝野暨國際各界——包括皇帝——數萬人請願擁戴的形式完成。他們真的全都擁護革命嗎？或者只是由一些「革命分子」籌劃指揮，讓阿附諂媚的人出面，並以勢劫持大多數明哲保身者參加，因而使大周革命不須流血而迅速成功？

「革命」史料流傳下來不多，「反革命」的更少；不過近今出土的〈劉濬墓誌〉，[63]卻意外地提供了極重要的訊息。劉濬是曾經以呂后為例警告過女皇的元老宰相劉仁軌之子，該墓誌為其親屬和家臣所撰，故對劉家發生的事情和想法最為實錄，足以窺見一些「反革命」問題。

根據墓誌說法，劉濬十七歲即已隨從劉仁軌往平百濟，累官至秘書丞，朝廷選十學士時，以他為諸儒之最。徐敬業起「匡復」之兵時，他也是參與「平亂」的要員之一。仁軌死，「太后俾

---

63. 見《全唐文補遺・大唐故十學士太子中舍人上柱國河間縣開國男贈率更令劉府君墓誌》第一輯，一二〇—一二一。

宗族之臣崇弔聞之禮。擬為改革，潛欲禪簒。收率土之望，先大臣之家。既作威福，令表勸進。事若風從，功當隗始。公（劉濬）曰：『忠臣死節，不附邪謀。死而後已，未敢聞命！』便被密奏，長流嶺南，終於廣州」，年四十七歲。

劉仁軌死於警告女皇後一年，即垂拱元年（六八五）正月二十二日，是當時位階最高的宰相。女皇不以仁軌的警告為忤，非常崇隆地為他治喪，以拉攏朝臣之心。不久，女皇潛謀革命，為了收率土之望，故先從大臣之家做起，使者遂作威作福地令劉家上表「勸進」；劉濬如果遵從，則無異立下開國之功。銘文有「後來其弔，權以脅從；俾書章表，以勸登庸」，即是指此而言；但是劉濬不僅不被「脅從」，反而認定所謂「革命」其實就是「禪簒」、「邪謀」，故立場鮮明地表示效忠唐朝，不惜以死也「不附邪謀」！於是便被密告而長流嶺南，竟至於死，銘文所謂「義不苟活，志不可奪。竄身嶺外，沒齒天末」是也。據《舊唐書・劉仁軌傳》所載，劉濬是在「垂拱二年（六八六）為酷吏所陷，被殺，妻子籍沒」的。[64]

筆者注意到墓誌說女皇稍後寬赦劉家後，劉濬夫人隴西李氏乃「攜幼度嶺，行哭徒跣，扶櫬還鄉。寒暑四年，江山萬里」，然後得於延載元年（六九四）權殯於河南午橋東原。從「延載」前推四年，正是大周革命之年。

筆者又注意到墓誌說：「太后自永昌（六八九）之後，寬典行焉。如公數家，例還資蔭。」也就是說像劉家般被脅從勸進，而又不附邪謀，義不苟活、志不可奪，寧願蒙難，此時也獲寬赦的大臣之家還有數家。是則劉濬妻子是在革命後被還資蔭，然後纔攜幼度嶺，扶劉濬之櫬還鄉的。

---

64. 劉濬死年墓誌未載，見《舊唐書・劉仁軌傳》，八四：二七九六。

這真是重要的記錄！

表示女皇革命部署得很早，應在垂拱二年已經著手，決非因萬民擁戴而一時起意的，那幾次重大符瑞的出現和百官的署名稱賀，以至於幾天之內持續而規模越來越大的勸進請願，其實都是有計畫、有組織的運動系列。目的是要為革命製造聲勢，塑造朝野擁戴、四海歸心以及天人一致的假象，以俾革命一舉成功。

根據記載，繼天授二年十月十二日殺保護皇嗣的宰相武長倩、格輔元、歐陽通等數十人之後，復於同月二十五日又殺了另一宰相樂思晦和右衛將軍李安靜。李安靜是以剛直著稱的開國名臣李綱之孫，被殺原因是這樣的：由於女皇將革命，王公百官皆上表勸進，安靜「獨正色拒之」，故於事後被逮下制獄。來俊臣詰問他的「反狀」，安靜說：「以我唐家老臣，須殺即殺！若問謀反，實無可對。」遂竟為俊臣所殺。[65] 表示女皇在革命後仍曾對不肯服從、不願勸進者秋後算賬，李安靜只是迄今可知姓名的人，樂思晦也可能是其中之一。

由此看來，朝野各界請願勸進的那幾萬人，理應不全都是真心的。他們之中應有很大的比例是被「脅從」而為的。

志不可奪而不附邪謀的忠貞之士終究難得，他們事實上也終究是義不能活，因此不能以此來責備其他忠於唐室的臣民！這些忠於唐室的臣民，革命以後大抵都變成了吞聲待變之人，甚至成為潛伏的「反革命分子」。這些人究竟有多少雖不可知，但是仍有一些事跡流傳了下來，例如劉濬的家屬。

65. 見《通鑑》該年月日條，二〇四：六四七六。

劉仁軌生前官拜宰相，爵封郡公，劉濬雖然已死，還有二子尚在。女皇還給劉家資蔭後，二子依例可以用此資蔭赴吏部銓敘任官。然而，劉夫人卻告誡其子說：「用蔭足免征役，不可輒趁身名。汝祖、父忠貞，亡身殉國。吾今食周粟，已愧明靈！汝儻事偽朝，如何拜掃？」二子親承訓誨，於是甘守鄉園而不出仕做官。這段告誡無異表示劉家遺屬迄不承認女皇「禪篡」的合法性，視大周是「偽朝」，聖神皇帝是「偽主」，故銘文也自豪地說「不事偽主，有奉明神」！要等到復辟兵變發生，女皇交出政權讓太子監國，劉家等待這天已久，於是詔書夜過，夫人夙興，因率二子入都，修詞詣闕，要當大唐之官。當時有親表非笑他們此行，但是數日之間，果有恩命各授班秩，於是咸表驚訝。[66]可見劉家是長期吞聲待變的大臣之家。

劉仁軌的官爵是大唐的官爵，他的媳婦讓兒子繼承資蔭，是繼承大唐的資蔭，目的是為了免除征役，而絕不做「偽周」之官。有些人則不然，他們「身在曹營心在漢」，身為周朝之官，卻心懷大唐，例如張敬之在女皇末葉官至春官（禮部）侍郎，卻「每思唐德，唯以祿仕，謂其子冠宗曰：『吾今配服乃莽朝之服耳！』」[67]其心態直把女皇的大周視為王莽的新朝，僅是為了祿仕纔不得不臣事於偽朝。類似這種對大周革命忍氣吞聲、消極以處的人似乎也不少，至如宣城公主忍氣於夫死身虐，河間王李孝恭的季女因「天授中，奸臣擅朝，皇綱中圮，夫人以本宗淪翳，居常疚心，服必繒帛，飾無金翠，凡今（天寶）稱之」，[68]皆是其例。

66. 詳前引《全唐文補遺．大唐故十學士太子中舍人上柱國河間縣開國男贈率更令劉府君墓誌》。
67. 見《唐新語》，五：五。
68. 詳《全唐文補遺．大唐皇從四姑故正議大夫使持節鄴郡諸軍事鄴郡太守上柱國賀蘭君夫人金城郡君隴西李氏墓誌銘》第四輯，四〇─四一。

有些人雖也忍氣吞聲，但是態度則較為積極，他們之中有的希望盡力保住李氏血脈，為大唐留住一線生機，如武（岑）長倩、格輔元就是例子；有的除此之外，更希望自己在周朝努力做事，為李氏未來復辟打些基礎，如李昭德、狄仁傑就是其例；有的更積極，他們表面上或忍氣吞聲，或裝瘋賣傻，其實正在暗中聯繫部署，以等待匡復反正的機會，成王李千里和宰相張柬之等即是顯著之例。

前面提到革命前夕女皇屠戮宗室，唯成王李千里深謀遠慮，機巧地投女皇所好，讓女皇對他「稍見親近」，因而能免於禍難。史官不能諒解李千里在危機時代的應變行為，竟說他「褊躁無才」或「詭躁不情」，僅因數進符瑞而免於禍患。[69]其實李千里當時只是封為鬱林縣侯，所任官職僅是閒差事，女皇對他還有猜忌，故他的上述表現應是為了避禍而兼等待機會。根據〈成王千里墓誌銘〉的敘述，他在「高宗晏駕，太后循機，天子居房陵之宮，奸臣縱崑山之火」時，「王（成王）隱若敵國，慮深屬垣。……懷社稷之長策，挫風雲之逸氣」。亦即自知正被猜忌，無力挽救社稷，因而纔作長久的打算。墓誌又說：「初，孝和（前廢帝房陵王李哲）之在桐宮也，且廿年，鼎命將遷者數矣。王稍見親近，永懷興復。獻納之際，懇至尤深。丕業之未淪，緊王是賴。終能協謀宰輔，昇聞禁掖。開鶴鑰之嚴扃，展龍樓之舊禮。鬼神動植，於是獲安。改牧蒲阪，用加恒受。長安晚歲，孽豎弄權，陰興篡奪之心，將肆虔劉之虐。王傅會（陳）平、（周）勃，竟興明命。聖期千載，功業一匡。大建土宇，為唐室輔」，於是封成王，授左金吾衛大將軍。[70]可見他是大

69. 成王後來參與誅武三思之役兵敗被殺，史官或許因以此成敗而論之，詳兩《唐書》本傳。
70. 詳《全唐文補遺．大唐故左金吾衛大將軍廣益二州大都督上柱國成王墓誌銘》第二輯，四一〇—四一一。

唐匡復的要角之一，當年的親近女皇，只是吞聲待變，等待機會以建陳平、周勃之功。

墓誌說他「協謀宰輔」，是指他參與張柬之等人密謀復辟兵變之事。兵變之時，李千里外任為刺史，尚未統領禁軍，所以史書沒有記載他的戰鬥功績。沒有記載決不能解說成無參預，事實上，張柬之等人一直在祕密地聯絡同志，像李千里這種人他不可能不聯繫。女皇統治中葉，張柬之接替楊元琰為荊州都督府長史，交接後，二人曾同泛江至中流，語及女皇革命之事，元琰慨然有匡復之志。及至柬之為相，引元琰為右羽林將軍，私下提醒他說：「君頗記江中之言乎？今日非輕受也！」[71]顯示張柬之等人雖然也屬於吞聲待變的一群，但是卻不甘心長期如此。他們的沉默潛伏，不僅是為了等待機會，而且也為了爭取時間以作部署，要在適當的時機作決定的一擊，以底定匡復反正於一役。

不過，也有人不表態不聯署，似乎也能避禍而無事，如殿中侍御史張仁愿，當御史郭霸上表稱女皇是彌勒佛身，鳳閣舍人張嘉福與洛州人王慶之等請立武承嗣為皇太子時，皆請仁愿聯署，被他正色地拒絕，故甚為有識者所重。[72]或許所聯署諸事都與「革命」無關，所以纔能免於禍患吧。

畢竟，在女皇告密、羅織和酷刑的恐怖統治之下，即使沒有反意也有危險，如宰相劉禕之、狄仁傑就是顯著之例；何況有待變、求變的思想言論，或者著手匡復這種行動。狄仁傑為了避免遭到毒刑，竟向酷吏自承謀反，說「大周革命，萬物唯新，唐朝老臣，甘從誅戮」！不啻說出了唐朝舊臣人人自危而又無奈的心情。在此氣氛中，他們縱使有這種想法也不敢輕易對人言，只能

---

71. 詳《通鑑》唐中宗神龍元年（七〇五）正月條，二〇七：六五七九。
72. 參《舊唐書・張仁愿傳》，九三：二九八一。

祕密從事，是可想而知的。他們效忠李氏、匡復唐朝，不僅需要祕密謹慎行事，更需要充分的時間互相瞭解、結盟，以至策劃與行動。因此，反對力量不得不沉潛，而且沉潛了相當長的時間。

女皇是否有治國才華是一回事，但是他假革命之名而實行篡奪，政權的正當性是經不起臣民的檢定的。即使她能欺騙粉飾和高壓控制於一時，終究是不能完全成功地說服她的所有臣民，也不能有效地肅清她的反對者。反對力量雖因革命的恐怖高壓而沉潛，然而宇宙的原理是：一個作用力的產生，必會同時產生同樣大小的反作用力。沉潛的反作用力此時正進入累積能量的狀態，遲早會對「革命」作出「匡復」、「反正」的一擊。

第十章　女皇的治術：神道設教

天人感應致太平

女皇相信超自然能力，又為了革命的需要，當時遂出現了很多徵應、祥瑞之類東西，這都屬於廣義的政治神話，其目的則是為了烘托革命的正當性和女皇的命定性，也可以說是朝野的一種「造神運動」。這些神話有不少被史官記載下來，甚至被嚴謹的史家所採信。筆者對此等「怪力亂神」之說，所抱持的態度是疑則存疑，而慎言其餘。不過，女皇在革命後的第二年——天授二年（六九一）二月，曾經追復被大唐太宗文皇帝所殺的李君羨之官，則是一個事實；然而從這事實所傳說的被殺理由，則仍不免仍是一個故意捏造的政治神話。

事情的發生是這樣的：開國有功的左武衛將軍、武連縣公洺州武安人李君羨某日當值玄武門，時直太白星屢次在白天看見，太史乃占卜說：「當有女主昌。」民間又謠傳說：「唐三世之後，女主武王代有天下。」文皇惡之，會與眾武官在宮中享宴，行酒令，要各言小名。行至君羨，自稱小名為「五娘」。文皇愕然，隨即取笑說：「何物女子，乃爾勇健！」旋以君羨的官爵鄉邑都有「武」字，想起太史和謠傳之言，於是深惡之，稍後將他外放為華州刺史。君羨相信一個術士，和他過從甚密，遂被御史彈奏，說他與妖人交通，圖謀不軌，因此坐罪被殺，籍沒其家。到了女皇革命稱帝，家屬詣闕訴冤，女皇遂利用此事而大加粉飾，下制恢復君羨的官爵，並以禮改葬。[1]

文皇當年殺君羡的理由應是他與妖人交通，圖謀不軌，太史占言和民間謠傳果有其事否則尚未之知，至此卻被女皇說成是果有其事，並用以證明自己是天命註定要代唐稱帝的，當年文皇錯殺了別人。史臣們對此居然也信以為真，修《新唐書》的史臣更甚至說：「以太宗之明德，蔽於謠讖，濫君羡之誅，徒使孽后引以自神，顧不哀哉！」這些史臣們相信此類政治神話，所以哀哉的究竟是誰？不管怎樣，對捏造的事跡可以存疑慎言，然而對歷朝都記載的災異祥瑞則不妨稍加注意，因為它們是當時政治思維與氣候的表徵。

前面提到唐朝的《儀制令》，規定祥瑞的出現必須即隨表奏，不得苟陳虛飾。祥瑞告廟頒下後，百官表賀，其諸瑞則申告所司作記錄，待元正日綜合奏聞。如果詐為瑞應者，處徒刑二年；若災祥之類史官不據實回答者，則黜官三等。女皇在當權後更為了培養和製造有利的意識形態，乃常用武氏子弟或駙馬們為國子祭酒，將祭酒上任日開講的經題改為判祥瑞案三道，目的是要透過教育系統來促成其事，可見女皇對讓她輕易革命成功的符瑞圖讖、天人災異實在是相當的重視。

革命的第四年——長壽二年（六九三）——元日，該日大雪，女皇問侍臣，聽說元日有雪則百穀豐登，不知故實如何？左丞姚璹答以元日降雪是為嘉瑞。女皇聽後，遂說：「朕御萬方，心存百姓，如得年登歲稔，此即為瑞；雖獲麟鳳，亦何用焉！」[2]乍聽之下，以為女皇但以民為本，

---

1. 君羡事見《舊唐書》卷六九及《新唐書》卷九四，所述與《通鑑》略異（唐太宗貞觀二十二年七月條，一九九：六二五九），今酌之。
2. 見《唐會要・祥瑞上》，二八：五三三一。

重視實際的政績，不重視符瑞的有無。其實不盡然，女皇獨掌大政之後，利用中國傳統的「天人推移說」，假「革命」之名而實行篡奪，必然自知其政權的正當性是會被臣民質疑的，為了確立王朝的正當性，鞏固她的權力基礎和聲望，有必要持續強化她的統治與天意的關係，於是不斷自我加尊，同時也對祥瑞大加利用，使之有利於統治，用以向群臣強調她是奉天承命而統治的，政績也一再得到上天的嘉賞。由於臣民深知上意，投其所好，所以獻尊號、獻符瑞的朝野各界人士很多，新宗室如武承嗣，舊宗室如李千里，宰相如武長倩，以至於布衣平民、僧道教士皆有，這就是革命後符瑞出現更多，天意呈現更頻繁的原因，不過有時也會鬧出笑話。

例如天授元年（六九〇）在朝野請願之下，女皇以天示祥瑞的方式實行革命，並接受了「聖神皇帝」的尊號。三年後的長壽二年（六九三）九月一日，魏王武承嗣等五千人又上表，請女皇加號尊為「金輪聖神皇帝」，於是她允許所請，在同月九日——大周革命三週年紀念日，御萬象神宮接受此尊號，並大赦天下，賜酺七日，務使全國臣民盡知而咸慶，[3]以自我象徵佛教金輪聖王的統治。

在她稱金輪聖神皇帝時，臣民知道女皇好祥瑞而又佞佛，於是更爭相進獻。某日，杭州錢塘縣人聶幹於水中獲得一隻綠毛龜，刺史崔元將把它進獻，表中除了引用圖讖為證之外，尚稱頌金輪聖神皇帝是佛所降生，「推正覺而御彝倫，宏大悲而撫群俗」，使萬物生長各得其時，故有此貺云云。[4]又某日，有想當官者獻上一塊有幾點赤點的白石，說是在洛水獲得。宰相們詰問其異，

3. 參《通鑑》該年月日條，二〇五：六四九二。
4. 參《全唐文．（李嶠）為杭州刺史崔元將獻綠毛龜表》，二四五：三一三六。

此人回答曰：「此石赤心，所以進上。」李昭德怒叱說：「此石赤心，洛水中他石豈盡反耶？」左右皆失笑。又有襄州人胡慶以丹漆寫「天子萬萬年」五字於龜腹上，詣闕進獻。昭德看出是假的，以刀刮盡，奏請付法治罪。女皇說：「此心亦無惡。」命釋之。[5]另又在秋天某日，女皇出梨花一枝以示宰相，宰相皆以為瑞，杜景儉獨說：「今草木黃落，而此更發榮，陰陽不時，疚在臣等！」因拜謝。女皇說：「卿真宰相也！」[6]

降至長壽三年（六九四）五月，承嗣等二萬六千餘人又上「越古金輪聖神皇帝」尊號給女皇。女皇御則天門樓接受尊號，依往例大赦天下，賜酺七日，改元為延載。「越古」是超越古代的意思，女皇覺得還不夠偉大，復於第二年——延載二年（六九五）元日，自我加號為「慈氏越古金輪聖神皇帝」，依往例又大赦，賜酺七日，[7]改元「證聖」。不過，「慈氏」是彌勒之名，將祂與金輪聖王合在一銜裏，顯然令人不可思議，故同月稍後明堂火災，女皇以為是天譴，乃於翌月罷「慈氏越古」之號，仍稱為「金輪聖神皇帝」。這年九月，舉行合祭天地的南郊大典之後，女皇又自加尊號為「天冊金輪聖神皇帝」，[8]依例大赦，並破例賜酺九日，年號則改為「天冊萬歲」，以明君權天授。此尊號要降至聖曆三年（七〇〇）五月，纔因服食長生藥略見有效，乃又大赦天下，

---

5. 李昭德叱獻赤心石之人事見《唐新語》（二：一七），其言明暢，不像《通鑑》記述般晦澀，故從之；《通鑑》繫此二事於則天后長壽元年（六九二）七月，二〇五：六四八四。
6. 《通鑑》繫於延載元年（六九四）九月，二〇五：六四九七。
7. 賜酺就是賜酒會，通常為七日。此次《舊紀》謂賜酺七日，《新紀》謂三日，《通鑑》多不記日數，今從《舊紀》。
8. 《新紀》與《通鑑》皆作「天冊金輪大聖皇帝」。按女皇此前以「聖神皇帝」為底銜，御撰之〈昇仙太子碑〉及《全唐文》所載奏表亦以「天冊金輪聖神皇帝」為稱，故以後者為是，《新紀》與《通鑑》誤。

改元「久視」，停罷「天冊金輪」等尊號，賜酺五日。

從她屢加尊號的事例來看，女皇最初是要強調她是佛教的聖王與佛，後來則是強調她是天冊的金輪聖王。不論女皇自己是否對此真的相信，要之這的確是她造神愚民的重要手法之一。

女皇此意圖明顯而強烈，因此這些年也就祥瑞所在更多見了。

例如表示女皇福壽政績的有：某年八月十九日，太史奏稱老人星見，武三思率文武百官四千八百餘人上表，以為是天冊金輪聖神皇帝長壽昌隆之應。[9] 某日甘露降，百官上表以為是天冊金輪聖神皇帝慎刑所致。[10] 再如當時有一個想做官和想快點昇官的人叫朱前疑，他上書說「臣夢陛下壽滿八百」，即拜為拾遺；又自言「夢陛下髮白再黑，齒落更生」，遂遷為駕部郎中。他後來又上書說：「臣聞嵩山呼萬歲！」女皇乃賜他緋算袋。他此時未昇至五品之官，穿著綠色官服而佩帶高級官員所佩帶的緋算袋，朝野莫不怪笑。[11]

關於彰明君權天授的有：某年衡州進一龜形瑞石，頂上有「大周」之文，並有乾坤卦等字，左邊又有「王武九千」和水火金木土字，北邊有「井」字。宰相們於是上表稱賀，仔細解讀此「事實非常，理同神契」的靈字奇文，以為「神祇之命，受託於四靈；感應之符，實超於千載」，這是明大周受命、國祚九千的天意。此外又有一瑞石，其上有「武帝李彰、好生臨國、永寶吉昌」等字，宰相們以為是女皇受命，上天降靈垂祥，以彰明天意的籙文。上表請出示百官，並錄付史

9. 見《全唐文·（武三思）為賀老人星見表》，二三九：三〇五七。
10. 見《全唐文·（崔融）為百官賀斷獄甘露降表》，二一八：二七八七。
11. 見《朝野僉載》（四：九），《通鑑》收載於則天后神功元年（六九七）四月條（二〇六：六五一七）。

館。[12]

更妙的是連佛教事物也被利用上了，例如某日女皇示百官以千葉瑞蓮，百官以為此蓮是盧舍那佛和無量清淨佛二國之蓮，是天冊金輪聖神皇帝現此妙身的符應。[13] 又如革命前京兆府新豐縣有廢山踴出，女皇以為是祥瑞，故改新豐縣為慶山縣；不過卻被平民俞文俊唱反調，上疏說成是天譴，當時曾令女皇大怒。事過十餘年後，京兆府萬年縣縣令鄭國忠又上狀京兆府，聲稱六月十四日縣界霸陵鄉有慶山見和醴泉出。西京留守．京兆尹．會稽王武攸望乃遣使查證，[14] 並令張說修表上奏。表中詳述山泉之狀，又引圖讖，又推五行，力云此瑞之祥，甚至解釋天意，說是「母王君尊，良臣善相，仁化致理，德茂時平之應也」！稍後又令張說再奏，說鄭國忠又上狀，稱新出慶山之南、醴泉北岸長出瑞杏和嘉禾，於是復引圖讖、詩傳歌頌天冊金輪聖神皇帝一番。不久，又奏鄭國忠復有狀，並送來新出慶山下所獲羖牝羊、乳獐麑一頭，不免又再歌頌王化一番。不僅如此，留守再命張說作〈賀崛山表〉，說慶山和醴泉出後，「乃有天竺真僧於春首獻狀，若以梵

---

12. 此二表見李嶠代撰的〈為納言姚璹等賀瑞石龜表〉和〈為納言姚璹等賀瑞石表〉，《全唐文》，二四三：三一〇九。按姚璹為納言時，據《新唐書．宰相表》應在延載元年至神功元年，故繫於此時期。
13. 見《全唐文．（崔融）為百官賀千葉瑞蓮表》，二一八：二七八九–二七九〇。
14. 此留守有「宗枝」的身分，未言其名，據《通鑑》，革命後第二年——天授二年四月，命建安王武攸宜留守西京（二〇四：六四七三），中間一度改任同州刺史，並於萬歲通天元年（六九六）統兵討契丹（二〇五：六五〇七），後復於聖曆二年（六九九）七月再度代會稽王武攸望留守西京（二〇六：六五四〇）；而女皇則從天冊萬歲元年（六九五）至聖曆三年（七〇〇）稱「天冊金輪聖神皇帝」，故此具有宗枝身分的人以會稽王武攸望較為可能。

音所記，此是祇闍山。……宛然感應十號之尊，示見千輪之主。此實天威，無礙地寶」云。因此力頌「皇帝陛下宏惠福深，勤人願滿，蓮花授記，應上聖之降生；貝葉開圖，握大雄之寶命」！可見中國的符瑞圖讖還不夠權威，連梵僧也插上了一腳，竟把此山說成是釋迦說法之地——祇闍山。甚至女皇也曾主動告訴此有「宗枝」身分的留守，說咸陽縣她母親的「望鳳臺」也有慶山醴泉之瑞，並於山陵東柏城東得嘉禾一本云云。[15] 又在久視二年（七〇一）春正月，成州奏言有佛跡見，女皇乃為之改元「大足」。[16]

不僅女皇所篤信的佛教被利用，就連被她壓低地位的道教也不能免。例如她為太后時，據說虢州閿鄉縣界老君見，皤然鶴首，并授鄖元宗語。百官以為這是「至德之運，必有告聖之符；大道之行，必有通靈之應」，乃奉表稱賀。[17] 又在為天冊金輪聖神皇帝時，西岳雲臺觀道士奏有自然形成的御像瑞石大妙至極天尊一鋪，百官復以為是統天布政，時和年豐所致云云。[18]

至於女皇晚年，仍然因為祥瑞而發生過一些糗事。例如長安元年（七〇一）三月下大雪，宰相蘇味道以為是瑞，率百官入賀。殿中侍御史王求禮勸止他們，質疑說：「三月雪為瑞雪，臘月雷為瑞雷乎？」味道不從。大家既已進入，王求禮獨不祝賀，反而向女皇直言說：「今陽和吐氣，

15. 詳參《全唐文》所收張說之〈為留守奏慶山醴泉表〉、〈為留守奏瑞禾杏表〉、〈為留守奏羊乳獐表〉、〈賀崛山表〉及〈為留守奏嘉禾表〉，二二二：二八三六—二八三九。
16. 《朝野僉載》則說是該年秋分囚犯三百餘人偽作一長五尺的大足跡，而聲稱昨夜聖人見（三：一八），《通鑑考異》辯其偽，今從《通鑑》，見則天后長安元年正月條並注（二〇七：六五五四）。
17. 見《全唐文．（崔融）為西京百官賀老君見表》，二一八：二七八六。
18. 見《全唐文．（李嶠）賀天尊瑞石及雨表》，二四三．三一一〇—三一一一。

草木發榮，而寒雪為災，豈得誣以為瑞？賀者皆諂諛之士也！」女皇不悅，為之罷朝。又有人進獻一隻三足牛，宰相復賀。三足就是鼎足，古三公之官就是鼎足而立的宰相，故王求禮揚言說：「凡物反常皆為妖，此鼎足非其人，政教不行之象也！」一語雙關，故聰明的女皇為之愀然不樂。[19]

兩《唐書》和《通鑑》等書對女皇時期出現的災異時間常有明確的記載，卻因祥瑞出現頻繁而又可能造假，故極少明確記載祥瑞出現的時間與次數。不過，有些出現時間不確定的祥瑞，似乎也值得一提，以見女皇神道設教的手法和情況。

關於彰明君權天授的，除了衡州所進有奇字以明大周受命、國祚九千的龜形瑞石，和另一明女皇受命、上天垂祥的籙文瑞石外，尚有麒麟的蹤跡。麒麟是儒家相傳要等聖王受命、天下太平纔會出現的仁獸。某日，據報舊著大像曜儀院內有八十一麟跡見，群臣以為此仁獸的出現是表示「悟金輪之欲轉，即見殊祥；知玉輦之方遊，先呈異跡」，象徵「九九為數，明曆算之無疆；濯濯咸歌，見休明之有應」，故請求頒示天下，並錄送史館。[20]另外，又有黃河水清之祥瑞。如某年懷州河內縣轄內有三十餘里河水變清，水族無所藏形，刺史許智仁上表引圖讖稱頌，以為是「聖人受命」之瑞，時際「太平之風」云云。無獨有偶，秦州刺史稍後也上奏，說轄內黃河水復清，澄映百有餘里，以為一歲之內河水再清，是空前絕後之祥，為女皇武、文、聖、神，「參天地之元化，代覆育之神功」所致，請封禪以答天心云云。[21]黃河從秦漢以來就混濁，人生難得見其清，

---

19. 見《通鑑》則天后長安元年三月條，二〇七：六五五四－六五五五。
20. 見《全唐文．（李嶠）賀麟跡表》，二四三：三一一一。
21. 智仁不知何時任刺史，秦州刺史則不詳何人，兩表請詳崔融代撰的〈為許智仁奏懷州黃河清表〉及其〈賀秦州河清表〉，《全唐文》，二一八：二七八八－二七八九。

故漢人趙壹〈疾邪詩〉感歎云：「河清不可俟，人命不可延！」梁朝音樂家費昶所作的樂詩〈行路難〉云：「黃河千年始一清。」而北周《燕射歌》中的〈徵調曲〉更云：「聖人千年始一生，黃河千年始一清！」可見黃河之清的確是千年難得一見的大異之事。懷州（治河南沁陽縣）屬都畿道，秦州（治甘肅天水縣）屬隴右道，黃河所經，東西千里，如今竟不約而同地澄清了起來，這不是大徵應、大祥瑞，不是表示聖人已生嗎？後來女皇果然封禪嵩山，此為原因之一。

至於其他象徵女皇仁德、刑清政肅、天下太平的祥瑞，更是屢屢出現。例如鳳閣李侍郎曾自謂「輕率愚下」地進瑞牛一頭，上表以為「植物動類變形質而呈休，羽族毛群革音容而表貺」，故瑞牛的出現是代表「陛下道超萬古，化穆三神」的「曠代殊祥」！[22]某日舊明堂基前生出瑞筍數莖，百官又上表，以為是女皇仁化感靈所致，為聖壽無疆之符！[23]類此種種，不勝枚舉。既然女皇相信和喜歡這種東西，上之所好，下必甚焉，這在權力圈裏似乎已成顛撲不破的定律。

如果祥瑞出現真的能表示君主的仁德和神聖，那麼即使古代任何一個聖王，生前似乎都沒有那麼多的符應祥瑞出現。大周女皇真的那麼仁德神聖，以至招來那麼多的符應祥瑞嗎？答案恐怕會令人有疑竇。

例如女皇堂甥司農卿宗晉卿捉得一隻有三足而中足有五指的赤觜山鵲，乃上表稱賀，以為是天意要「明天子之德」。宗晉卿口中的天子之德是什麼？他曾另奏一表，向女皇稱賀枯竹再生。表中說明官員王德壽等承使失旨，虐濫無辜，災及蝗蟲和慈竹，使人民為之饑饉流離；幸女皇「降

22.《全唐文．（李嶠）為鳳閣李侍郎進瑞牛蒙賜馬表》，二四五：三一三七。

23.《全唐文．（李嶠）為百寮賀瑞筍表》，二四三：三一〇九。

明制，發德音，恤淫刑，蠲虐典，於是幽魂雪憤，遺噍昭蘇，枯竹由其再生，蝗蟲為之隕跡，……當夭扎之凶年，致昇平之稔歲。非夫聖靈昭感，天人合符，何吉凶之徵，報同影響？天下幸甚」云云。女皇以此表出示群臣，於是朝官和岳牧乃共同請陳子昂執筆，也上表稱賀慈竹的再生，竟至聲稱「今日蒼鷹斂翼，乳虎含牙；朝廷無腹誹之憂，天下有刑措之頌！信可以懲殘創酷，誘善旌冤。永清侮弄之階，共登仁壽之域」云云。[24]子昂生前正是告密與酷吏橫行之時，他也曾經上過奏章批評此事，自己最後亦不得其死，故枯竹再生是真的表示上天嘉慰天下致刑措嗎？

又如明明女皇統治之時，就是突厥、契丹、吐蕃等國交侵，大周國家安全大有問題之時，為何當女皇出示四實同蒂的靈桃時，大家卻表示這是「四而為一，表四夷之一君；異而為同，明異方之同貫」的天下太平之象？[25]如果大家在朝而又在盛平之時粉飾太平、鼓吹迷信也就算了，絕不能施於國有戰爭之際。但是事有不盡然者，當契丹史無前例大舉入侵，大周緊急抵抗，悉力迎戰之時，中道前軍總管名將王孝傑在前線捉到一隻金睛白鼠，也來插上騙神弄鬼的一手，使全軍為之振奮，以為是賊降之徵。欲愚民者決不能自愚，當王孝傑籠送此鼠而上報時，戰場最高統帥武攸宜不但相信此事，更又上表稱說「臣聞鼠者，坎精孽胡之象，穿窬為盜，凶賊之徒，固合穴處野居，宵行晝伏。今白日歸命，素質伏辜，天亡之徵兆實先露。……今聖威遠振，白鼠投營，

24. 宗晉卿是女皇堂姊之子，與其兄秦客、楚客均見於《新唐書》卷一百九楚客之傳。進鵲表是李嶠代撰，見《全唐文．為司農卿宗晉卿進赤觜山鵲表》（二四五：三一三七），百官賀慈竹為陳子昂代撰，見《全唐文．為朝官及岳牧賀慈竹再生表》（二〇九：二六七六—二六七七）。

25. 《全唐文．（李嶠）為納言姚璹等賀瑞桃表》，二四三：三一〇八。

休兆同符，實如靈契。凡在將士，莫不歡欣，執馘獻俘，期在不遠」云云，[26]令朝廷內外、全軍上下都陶醉於勝利的氣氛之中，最後就是因此輕敵而招致喪師辱國。

眾多祥瑞之中，起碼有一事應是真的。某日，善於化妝，雖左右也不覺得她衰老的女皇，告訴秋官（刑部）員外郎李敬仁，說去年口中生一齒，今年又生一齒。於是李敬仁上表，說入見時「見陛下所御湛露殿三間，兩間雨漏無所修葺」，因而推崇她「抑嗜欲而省煩勞，恤饑寒而甘弊陋。宜其延貺宗社，受報黎元」；又引《詩》、《易》和《道藏》、《幽記》等書，謂老而生齒是長壽之徵，「誠福力之所招，非勤求而可致」，故得享長壽云云，並請宣示海內，仍錄付史館。[27]是的，這年女皇已經高年六十八歲，且革命三年以來一切尚稱成功如意，故在天授三年（六九二）四月甫將年號改為「如意」；如今復為了齒落更生，遂又在九月御則天門宣佈大赦天下，改元為「長壽」，以應上天之貺。這時女皇忙於革命事業，尚未大事花費於神道建設，也未大興行宮以作享受，因此她能長壽而容貌未衰，真是「福力之所招」！

佛教政治：彌勒降生和輪王政治

前面說到太后臨朝時所用的第一個年號是「光宅」，革命之後立即以「聖神皇帝」作為尊號，

26. 參《全唐文・（陳子昂）奏白鼠表》，二〇九：二六七六。此事與周軍戰敗有關，詳十三章第四節。
27. 見《全唐文・（李嶠）為秋官員外郎李敬仁賀聖躬新牙更生表》，二四三：三一一三。

並以此為底銜，三年之後又以「金輪聖神皇帝」為第二個底銜，然後一再向上加尊號。其實光宅和金輪此二名乃是佛教政治上所常用之詞，為唐人信眾素所熟知。例如沈元明在〈成唯識論後序〉中，即謂玄奘等自貞觀十九年至顯慶末譯成《成唯識論》，頌揚「我大唐慶表金輪，禎資樞電。奄大千而光宅，御六辨以天飛」。張說在天皇朝撰〈大唐西域記序〉，也用金輪之號於文皇，大意謂「太宗文皇帝金輪纂御，寶位居尊」，乃召見玄奘，製《三藏聖教序》；又在〈唐陳州龍興寺碑〉中謂佛法廣大，如來「因緣處帝王位，俾庶類咸若謂之光宅天下，令眾生修善，名為莊嚴佛國」。[28]後來天皇為玄奘御製〈大慈恩寺碑文〉，玄奘謝表就曾說「伏惟皇帝陛下，金輪在運」云云；又曾要求准入少林寺翻譯，表中更直稱天皇「陛下以輪王之尊，布法王之化」云云。[29]大意都是用佛教的輪王政治，以及北朝以來的「皇帝佛」信念，來贊頌大唐皇帝。總之，女皇用此二名，甚至逕稱「金輪」，確實有借用佛教以遂行統治之意。上節提到她最初是要強調她是佛教的聖王與佛，後來則更是直接地強調她是天冊的金輪聖王。這種發展究竟如何展開，有何意義？

女皇幼小時曾穿緇衣，青年時也曾為尼，當了皇后以後，更是以種種方式奉獻於佛教，所以她的信仰不容置疑，但是早期卻未見有佞佛的舉動。垂拱四年（六八八）四月繼武承嗣偽造瑞石——天授聖圖——之後，六月又得到上有〈廣武銘〉的瑞石，謂「化佛從空來，摩頂為授記，光宅四天下，八表一時至，民庶盡安樂，方知文武熾」云云，表示虔信佛教的女皇已經開始了佞佛的行為，意圖利用佛教的授記來遂行其革命和統治。她的想法為情夫——新度和尚「薛師」薛

28. 沈元明序見《全唐文》，二〇五：二六二三—二六二四；張說二序分見同書二二五：二八七二及二八九〇。
29. 《唐玄奘三藏傳史彙編》，頁一九二及二一三。

懷義——所深知，所以兩年之後——載初元年（六九〇）七月，乃與東魏國寺僧法明等十人造《大雲經》以陳說符命，盛言神皇是彌勒下生，當代唐為閻浮提主。這是女皇利用佛教以遂行「革命」的一大里程碑。

《大雲經》記載佛在靈鷲山大會答覆大雲密藏菩薩之問，預言淨光天女值佛出世時以女身當國王，而實為菩薩；又預言等乘王女增長在父死後繼位為王，以佛教正法治國，閻浮提中所有國土悉來奉承，無拒違者，並壽盡往生無量壽佛國，成為淨實增長佛。當時又有《大雲經神皇授記義疏》，為女皇登極的讖疏，是薛師等在天授元年奏上的，甚至說是在永徽元年從閻羅王處得到。[30]疏中造作佛語，彰明天女授記之徵兆，如讖云：「隴頭一叢李，枝葉欲雕疏，風吹幾欲倒，賴逢鸚鵡扶。」是隱喻李氏欲倒而賴武氏來扶；也曾直言「以女身當王國土者，所謂聖母神皇是也」等等。[31]女皇曾將敦業坊的景福寺改名為「天女寺」，不知與此授記是否有關？[32]要之，薛師等取譯本而曲以新疏解，巧為附會，遂為女皇的篡國成功地製造了革命的意識和理論，使她能順利地進行革命，並改元「天授」，證明她的革命符合佛教的授記。

他們將女皇說成是彌勒下生顯然是有點過了分，因為《大雲經》並無彌勒下生為女主，而授記也無女主原為彌勒之說。彌勒信仰從南北朝以來就是佛教的救世主信仰，顯然他們是要利用此信仰加以曲解發揮，並套用了北朝以來流行的「皇帝佛」，和南朝梁武帝倡行的「皇帝菩薩」等

30. 參見湯用彤《隋唐佛教史稿》第一章第四節。按：載初元年九月革命時改元天授，亦即薛懷義等在同年所偽造。
31. 據牛志平〈武則天與宗教〉轉引敦煌寫本《大雲經疏》殘本，《社會科學戰線》一九九〇年一期，頁一六三。
32. 見《唐會要・寺》四八：八四七。

說法信念，[33]以塑造女皇就是當今的「皇帝佛」——彌勒菩薩降生成女皇佛。很明顯的，這些真假和尚們已經革命熱情澎湃，為了革命一切有理！

道教是李唐王室祖宗之教，可供女皇利用有限，儒教——尤其內學——雖廣被利用，然正統儒家則反對「牝雞司晨」，故篤信佛教的女皇必須向佛教尋求奧援。薛師等僧眾既然利用此機會，願意如此的提供給女皇利用，因此他們為自己和佛教馬上取得了回報：革命的第二個月——天授元年十月二十九日，利用他們開國的新王朝聖神皇帝頒下敕令，敕兩京及天下諸州各置大雲寺一所，保藏新疏解的《大雲經》，並使僧人昇高座講解，俾此疏義普及民間；至於原撰疏僧則皆賜爵為縣公，各賜以紫袈裟和銀龜袋。[34]唐朝一般的僧尼都穿緇衣，惟賜紫者始得穿紫袈裟，而銀龜袋則是新朝四品官纔能佩帶的。換句話說，這些原撰疏僧都被酬以官爵，對講究四大皆空的佛教來說，這是空前的創舉！宗教與現實政治搞得關係如此密切，不知是福耶抑或是禍耶？

甚至到了翌年——天授二年（六九一）三月，大周聖神皇帝進一步頒下〈釋教在道教之上制〉，說：「朕先蒙金口之記，又承寶偈之文。歷教表於當今，本願標於曩劫。《大雲》闡奧，明王國之禎符；方寺發揚，顯自在之丕業。馭一境而敦化，弘五戒以訓人。爰開革命之階，方啟維新之命。宜協隨時之義，以申自我之規。……自今以後，釋教宜在道法之上，緇服處黃冠之

33. 北朝佛教要利用君主來弘佛，故有當今皇帝即是佛如來之說，此即「皇帝佛」。前文謂文皇或天皇是輪王是如來，即是用此說法。梁武帝則對此有所修改，立志以皇帝身分修菩薩戒，以成「皇帝菩薩」，其詳參顏尚文《梁武帝》一書，臺北：東大圖書公司，一九九九．十。

34. 詳參《唐會要．寺》（四八：八五〇），及《通鑑》則天后天授元年十月條並注（二〇四：六四六九）。

前。」[35]明顯地將佛教地位提昇，高於儒、道之上。

由於女皇弘抬佛教，所以連西域來唐的胡僧也受到鼓舞，其中南天竺僧達摩流支尤其值得注意。達摩流支即是菩提流志，早就在永淳二年（六八三）就被天皇派人迎接來唐，但因西域當時為吐蕃的勢力範圍，故遷延至大周長壽二年（六九三）王孝傑收復安西四鎮後纔能到達神都。根據皇嗣重新登基後所御撰的〈大寶積經序〉說：「我大唐之有天下也，……懸法王之鏡，轉梵帝之輪。被正朔於蟠桃，混車書於細柳。三藏沙門菩提流志者，南天竺國淨行婆羅門，種姓迦葉氏也。……高宗天皇大帝聞其遠譽，……永淳二年遣使迎接。天后聖帝應乾司契，當寧披圖，令往東都居大福先寺，譯佛境界《寶雨》、《華嚴》等經一十一部。」[36]福先寺也就是前面提到的女皇母親布施為魏國寺之宅，是偽造《大雲經》的基地，天授二年纔改今名。《寶雨經》最後在長壽二年九月三日，由懷義薛師以「大白馬寺大德」身分監譯、達摩流支宣譯的形式，於佛授記寺譯成，其中加入東方日月光天子授記在中國現女身作統治一段，[37]為女皇的革命運動添加強力的

35. 此制見《唐大詔令集》卷一一三。按陳寅恪先生以為「方寺」當作「方等」，即指《大方等大雲經》而言（參其〈武曌與佛教〉，《陳寅恪先生文集》二，一五〇）。其實詔中的《大雲》的確是指《大雲經》，而「方寺」則未必是指《大方等大雲經》，可能是指薛懷義等寺僧而言，蓋這些寺僧發揚經義之說，使革命能成功也，故姑從原文。

36. 見《全唐文》，一九：二六八—二六九。

37. 《寶雨經》又名《顯授不退轉菩薩記》（見《大正藏》第十六冊），其異譯本如梁曼陀羅仙譯《寶雲經》及宋法護譯《除蓋障菩薩所問經》卷首皆缺日月光天子現女身為自在王的記載。湯用彤《隋唐佛教史稿》斷其文為偽，三五—三六。

新說。該經卷一宣佛說：

「我涅槃最後時分，第四、五百年中法欲滅時，汝於此贍部洲東北方摩訶支那國，實是女身，故現女身，為自在主。經於多歲正法治化，養育眾生猶如赤子，令修十善，能於我法廣大住持，建立塔寺，又以衣服、飲食、臥具、湯藥供養沙門，於一切時常修梵行，名曰月淨光。」

此授記不見於此經的異譯本，顯見是懷義、流支所加，難怪女皇覺得他可愛，給他改名為菩提流志——意謂覺愛。女皇從此也利用此經為己身作宣傳，並如同《大雲經》般頒於天下。[38]她又另命一批胡僧法藏、地婆訶羅、實叉難陀等人於佛授記寺重譯《華嚴經》，至大周聖曆二年（六九九）十月十八日完成。女皇一面制令法藏於該寺宣講，並曾親臨聽講；一面為新經作序，此即〈大周新譯大方廣佛華嚴經序〉。[39]女皇在序中特別強調和鼓吹說：

「朕曩劫植因，叨承佛記。金山降旨，《大雲》之偈先彰；玉扆披祥，《寶雨》之文後及。加以積善餘慶，俯集微躬，遂得地平天成，河清海晏。殊禎絕瑞，既日至而月書；貝葉靈文，亦時臻而歲洽。」

38. 詳榮新江〈吐魯番出土《武周康居士寫功德記碑》校考〉，見《民大史學》第一期，一九九六年。
39. 法藏即賢首國師，是康居人；地婆訶羅即日照，是中印度人；實叉難陀即喜學，是于闐人；《華嚴經》已收入《大正藏》第十冊。

她將《寶雨》和《大雲》並列同提，可見對此兩經予以同等的重視，原因就是因為兩經所載的授記，可以供她作為政治利用。佛教界為他們的信徒大周女皇尋建女性為王的理論基礎，為此女皇對佛教又有另一種還報，她在延載元年（六九四）五月十一日下敕令說：「天下僧尼隸祠部，不須屬司賓」。[40] 原來唐朝鑑於老子化胡成佛之說，故佛教事務隸屬於掌管外交庶務的九卿級機關鴻臚寺，光宅元年此寺改名為司賓寺；而道教事務則隸屬於掌管宗室的九卿級庶務機關宗正寺。女皇顯然不滿她所篤信的宗教隸屬於外交庶務機關——表示此為外來宗教，因此將其事務提昇至交由政務機關的尚書省禮部之祠部司來管理。亦即表示女皇飲水思源，投桃報李，運用政治力量恢復了佛教已喪失的地位和權勢，扮演「護教之主」與「弘法之佛」的雙重角色，這不是符合佛的授記嗎？

但是，不論女皇原來是淨光天女、增長女王抑或是日月光天子，終究並不是彌勒菩薩。彌勒菩薩意譯為慈氏菩薩，故簡稱為慈氏，是釋迦牟尼大弟子之一。據說祂居住於第四天的兜率天——即喜樂知足之天，並在此天弘法，將來降生成佛。由於祂將繼釋迦之後，在閻浮提世界成佛，故習俗也稱之為彌勒佛。根據佛教的說法，謂轉輪聖王出現之時，以正法治世，其時，彌勒將自兜率天降生人間，在龍華樹下成佛，並妙轉法輪，化度無量眾生。又據佛教的傳說，轉輪聖王又稱為轉輪聖帝，分有鐵輪王、銅輪王、銀輪王和金輪王，祂們有長壽、健康、端貌、豐財等四德，以正法為教化，國土豐饒，人民和樂，尤其以金輪王轉金輪降伏須彌四洲為最，是佛教政治理想

40. 見《唐會要．僧尼所隸》，四九：八五九。

之統治者。[41]因此，為了要應她是彌勒佛降生的授記，女皇必須要對此有所表示。她的對應表示方式是加尊號。

前朝的皇帝生前都沒有給自己加尊號的慣例，包括女皇前夫——顯赫的「天可汗」唐太宗文皇帝，和後夫高宗天皇大帝。「天可汗」是西、北各國擁戴大唐皇帝的稱號，意謂「汗中之汗」，高宗皇帝生前稱為「天皇」就是「天可汗」的意思。相對的，因為夫皇是「天皇」，所以其后當然就是「天后」，意謂是「后中之后」的意思。嚴格來說，這都不能算是後世皇帝依例所加的尊號。現在，授記有天女或菩薩以女身當國主固然是神聖之事，女皇已經以「聖神皇帝」應之；不過要以什麼尊號纔能明確地應彌勒的降生，促使臣民相信，用以鞏固女皇的政權和權威？

女皇接受了「聖神皇帝」尊號後的第三年——長壽二年（六九三），又由魏王武承嗣領銜請加號尊為「金輪聖神皇帝」。於是女皇在大周革命三週年紀念日御萬象神宮接受此尊號，並大赦天下，賜酺七日，務使全國臣民盡知而咸慶；另又作金輪寶、白象寶、女寶、馬寶、珠寶、主兵臣寶、主藏臣寶等七寶，每次朝會時則陳於殿庭，[42]以自我象徵是佛教的金輪聖王。[43]這時，菩提流志等僧正在翻譯《寶雨經》。明年（長壽三年，六九四），承嗣等又上「越古金輪聖神皇帝」尊號給女皇，表示超越古代的意思。又明年（延載二年，六九五）的元正日，女皇更加號為「慈氏越古金輪聖神皇帝」，改元「證聖」。「慈氏」既是彌勒佛的簡稱，故女皇明顯的要自我承認

41. 見後秦鳩摩羅什譯《彌勒大乘佛經》，劉宋沮渠京聲譯《彌勒上生兜率天宮經》，均收入《大正藏》第十四冊。
42. 參《通鑑》該年月日條並胡注，二〇五：六四九二。
43. 金輪聖王以此七法寶治天下，可以伏魔降妖，使國家富強，參顏尚文前引書，二九五—二九六。

是此未來佛的降生，用以證明其神聖。不過，根據《彌勒下生經》的說法，彌勒菩薩下生時，轉輪聖王率眾聽法，皈依佛教。因此女皇將慈氏菩薩與轉輪聖王結合於一個尊號裏，實在大悖經義，佞佛莫之為甚！及至元宵後一日，明堂發生火災，有人認為這是天譴，女皇似乎也覺得自稱「慈氏」有點過火，又違教義，乃於翌月罷「慈氏越古」之號，仍稱為「金輪聖神皇帝」。然而同年九月，女皇卻又不滿足此號，遂再加尊號為「天冊金輪聖神皇帝」，用以證明自己確實是天授的金輪聖帝。此尊號要降至五年之後纔停罷，乃恢復一般「皇帝」的尊號，不再堅持自己是轉輪王，既聖且神！

後來顏真卿曾上言說歷帝廟號尊號太多，使言之者惑於今，行之者異於古，因此請悉取最初的謚號為定。44其實人君生前加尊號由女皇所創，而她的尊號也最多，連被推翻後復辟的唐天子所上的「則天大聖皇帝」一號在內，她生前總共有六個尊號，死後追贈的還不算在內，的確是「行之者異於古」。女皇尊號的底銜是「聖神皇帝」，表示己身既聖且神，此外不斷轉加的尊號都各有用意，也的確是「言之者惑於今」；但這卻是出於女皇刻意的「造神運動」，是她假神道以惑眾的重要手段，以利其統治。

事實上，臣民是否全都被惑只有他們自家知道，有些官員先後上表稱頌，也只不過是順著其意歌頌一番罷了。例如絳州刺史孔禎等請李嶠執筆給女皇上表，表中稱頌說：「伏惟金輪聖神皇帝陛下功掩大千，化高明一憑五乘。……俯順人心，仰膺佛記，尊名大號，與日月而齊光！」又如李嶠也代杭州刺史上表，直稱「越古金輪聖神皇帝承《大雲》之法記，應榮河之寶籙，以天上

44.《唐會要・帝號雜錄》大曆十四年七月條，二：一八。

天下之尊，為隆平太平之主」。[45]李嶠後來又為朝集使等上慈氏越古金輪聖神皇帝的尊號表，盛稱：「臣等聞正覺既隱而苦海橫流，眾教不興而業風亂起，則有至人應運，元聖撫期，援手而拯其沉淪。……慈氏越古金輪聖神皇帝陛下業隆四諦，德懋三空。道成於祇劫之初，跡遠於梵天之外，而深惻末教，俯哀流俗。宏善推之略，下濟蒼生；屈無上之尊，降臨丹扆。神功暢於明一，至德覃於吹萬。三千國土，咸登福壽之庭；百億天人，並出塵勞之境。能紹七佛之鴻業，躡三身之正位。雖多寶之證明，法教出於空虛，釋迦愍護凡愚，來遊穢濁，未足以仰參神變，遠媲仁慈！」[46]直指女皇是彌勒佛的降生，下凡來拯救世人，創建樂土。類似這些表態性的稱頌，或許可以惑眾於一時，或惑一部分臣民，但決不可能使全天下人皆相信，否則後來就不會被推翻了。

神道教化的設施

女皇為神皇時已自我作古地將神都正殿乾元殿拆建成明堂，堂北復有比它高出約一倍而內貯大像的「天堂」，皆高大宏偉，極盡華麗之事，與儒家謂明堂僅是茅茨土階的傳說不同；又明堂共有三層：下層象四時，中層法十二時，上層法二十四氣，神皇號之為「萬象神宮」，也與傳說

45. 前表見《全唐文．為絳州刺史孔禎等上獻食表》，二四五：三一三八；後表見同書〈為杭州崔使君賀加尊號表〉，二四三：三一〇六。
46. 見《全唐文．為朝集使等上尊號表》，二四三：三一〇五。

中只有一層不同。至於神皇為此大赦天下、賜宴群臣、縱民入觀，則是為了製造視聽，以收宣傳的效果。神皇稍後頒下〈親享明堂制〉，要「以上堂為嚴配之所，下室為布政之居。……來年正月一日，可於明堂宗祀三聖，以配上帝」，顯示要學古昔聖王，也來神道設教，化育萬物，故果然在翌月——垂拱五年（六八九）正月一日，親至萬象神宮舉行隆重的大饗禮，改元「永昌」。三日再御明堂接受百官朝賀，翌日又布政於明堂，頒《九條》以教訓百官。五日復御明堂大饗群臣，首次明堂宗祀布政的大典纔告結束。自後每年都至明堂如是行禮大饗一番，重大施政皆在此宣佈。

明堂是儒家傳說的聖王制作，與中國古代神道設教的政治有關。誠如陳子昂所指出，此制與先王法則天地，統理陰陽，順時節而和萬物，使災害不生的政教理想有關，所以是「聖人所以為教之大業也」；因此駱賓王也曾說「宣風布政，明堂法上帝之宮」[47]然而除了儒家傳統之外，此「法上帝之宮」的明堂為何又命名為「萬象神宮」？

根據佛教相傳彌勒在元旦誕生，故信眾於每年元旦舉行彌勒誕生法會。不過，彌勒現在兜率天宮弘法，天宮有大神，於發誓為彌勒造善法堂時，額上出現五百億寶珠，其光形成四十九重微妙寶宮；又兜率天有五百億天子，造作宮殿，發願布施彌勒，莊嚴兜率天宮，使兜率天成為殊勝的國土。[48]可見明堂和天堂的興建及使用，固然與儒家的傳說有關，然而也與佛教的傳說有關，難怪後來重造明堂、天樞等建物，女皇不僅接受外國君長的獻錢，甚至也向僧尼稅錢助造，並且每年元旦於明堂布政告朔、朝見群臣及外國君長使節，正如李嶠描述女皇御明堂的意義時所言，

47. 見《全唐文・兵部奏姚州破賊設蒙儉等露布》，一九九：一五四三。
48. 詳沮渠京聲所譯《觀彌勒上生兜率天宮經》，收入《大正藏》第十四冊。

是「百神受職，萬國來朝。既配帝而嚴禋，亦統天而布政」。[49]這不是要仿同彌勒弘法，讓百億天子莊嚴兜率天宮之意嗎？

女皇搞神道設教的高峰應是在七十歲——延載元年（六九四）——以後那幾年，即是「萬象神宮」遭蒙火災的前後幾年。

上有所好，下必甚焉。先是長壽年間，有一居於神都麟趾寺的河內郡老尼自號「淨光如來」，自謂能知未來，常與自稱生於三國時期的嵩山人韋什方等以妖妄惑眾。又有一老胡也自稱年壽已有五百歲，說見薛師已有二百年，而容貌愈來愈年少。女皇對他們都甚信重，且賜什方姓武氏。長壽三年（六九四）初，東突厥默啜可汗繼立崛興，時稱「金輪聖神皇帝」的女皇自須轉動金輪伏妖降魔，乃派薛師為討伐軍統帥，以宰相李昭德、蘇味道為幕僚長，率十八將軍往討；並於同年五月接受武承嗣等二萬餘人所上的「越古金輪聖神皇帝」尊號，改元延載，又於七月史無前例地驟拜毫無任官資歷的武什方為宰相。當此之時，因為用兵而財政緊急，朝臣已有捐出兩個月薪俸以贍軍的建議，武三思卻又突然率領四夷君長請求鑄造天樞。天樞的興造，據說先由時任大周將軍的景教徒波斯阿羅憾出面召集諸蕃王參與，而其規格型式則受到西域諸國的柱石文化影響，故論者以為這可能與景教徒也想在此造神運動中插一手有關，女皇則趁機銳意借重諸胡文明和異國宗教在華的影響，[50]以此增強她的神聖性和國際聲望。

49. 參《全唐文·（李嶠）賀天尊瑞石及雨表》，二四三：三一一〇—三一一一。

50. 景教是文皇時由波斯傳入大唐的天主教分支，西域柱石文化是指印度、羅馬等國立石柱以紀功的文化，波斯阿羅憾是波斯裔，分詳羅香林〈景教徒阿羅憾等為武則天皇后營造頌德天樞考〉（《清華學報》一九五八年第一期），及張乃翥〈武周萬國天樞與西域文明〉（《西北史地》一九九四年二期）。

建議在延載元年（六九四）八月提出，翌年四月完成，以宰相姚璹為督作使，經費主要來自四夷君長的捐錢。他們雖然集捐百萬億錢，但是買銅鐵不能足，只得賦徵民間農器以湊足之。根據時人的記述：當時徵得天下銅五十餘萬斤，鐵三百三十餘萬斤，錢二萬七千貫（即二千七百萬錢）之多。天樞是八稜銅柱，矗立於神都正南門的定鼎門內，高九十尺、徑一丈二尺。下置鐵山，鐵龍負載，獅子、麒麟圍繞；上有雲蓋，蓋上施盤龍以托火珠，高一丈、圍三尺，金彩輝煌，光侔日月。此樞由武三思為文，以紀大周革命之功，貶唐家之德，並刻有百官及四夷君長的名字，而由女皇親書「大周萬國述德天樞」作為榜額。為了此樞的落成，朝士獻詩者不可勝計，惟李嶠詩冠絕當時。嶠詩即〈奉和天樞成宴夷夏群僚應制〉，詩云：

「轍跡光西崦，勳庸紀北燕。何如萬方會，頌德九門前？
灼灼臨黃道，迢迢入紫煙。仙盤正下露，高柱欲承天。
山類叢雲起，珠疑大火懸。聲流塵作劫，業固海成田。
帝澤傾堯酒，宸歌掩舜弦。欣逢下生日，還睹上皇年！」51

這正是輪王伏魔，彌勒弘法，五百億天子造作宮殿，發願布施彌勒以莊嚴兜率天宮的寫照。不過好事總是多磨，在天樞建造期間，萬象神宮發生了火災，據說是被薛師因懷疑女皇移情別戀而放出的妒火所燒的。關於薛師與七十一歲女皇的戀情容待後論，至於萬象神宮之被燒，情

51. 按《通鑑》記天樞起源及落成分在延載元年八月和天冊萬歲元年四月（二〇五：六四九六及六五〇二），坐落位置及高度等數據則與《唐新語》所載有異，今從後者，李嶠詩亦見此（八：一三）。

況則是這樣的。

當初太后在垂拱四年（六八八）命薛師督作三層高的明堂時，役用工力凡有數萬人之多。既成，太后又命薛師作一夾紵大像，時人稱之為麻主。大像之大，據說連祂的小指也能容納數十人。為了保護麻主，太后復命薛師於堂北起一比明堂高兩層的天堂以貯之，日役萬人，所費以萬億計，府藏為之耗竭。在薛師等僧準備假《大雲經》偽說太后是彌勒佛下生，當代唐為閻浮提主的前夕，天堂與大像的興造是富有宗教意義和政治意義的——北朝就是在「皇帝如來」的說法下，不斷地為時主造佛像，以彰顯此真理，所以太后縱任薛師花費如糞土。落成之後，每作無遮會也都用錢萬緡（一千萬錢）；甚至發生當士女雲集之時，散錢十車讓人爭拾，而至互相蹈踐以致於死的悲劇。[52]

延載二年（六九四）元日——也是彌勒誕生日這天，女皇加尊為「慈氏越古金輪聖神皇帝」，即日改元「證聖」，準備歡度元宵之後，訂於十七日御端門賜酺宴，與群臣舉行大酒會。到了十五日，作無遮會於明堂，鑿地為坑，結綵為宮殿，佛像皆從坑中引出，說是自地湧出云云；又殺牛取血以畫大像頭，高二百尺，說是薛師刺膝血為之云云。翌日將像張於天津橋南，設齋，極盡炫耀譁眾之能事！樂極生悲，薛師就因妒火中燒，是夕乃密燒天堂，延及萬象神宮。火光照城中如同白晝，至明皆盡，血像也為暴風裂為數百段。女皇驚悉其事，恥而諱之，但云是工徒不慎失火所引起。[53]

因為宗祀之所被火災的緣故，女皇本想接受左拾遺劉承慶的諫言，輟朝停酺以答天譴。尋因

52. 見《通鑑》則天后天冊萬歲元年正月條，二〇五：六四九五。
53. 見同上注《通鑑》天冊萬歲元年正月各該日條。

宰相姚璹進言，說此火不是天火而是人火，而且「今明堂乃是布政之所，非宗廟之地」，避正殿有乖大禮，於是轉採他的意見，仍依原訂計畫進行酒會歡宴。到了二十二日纔以火災告廟，同時下制說：「朕君臨紫極，撫育蒼生。期普大澤之流，為啟無疆之福，神宮之後，式建尊容。頃緣內作，工徒宿火，誤燒麻主，遂涉明堂」。因此，下令放還工徒，命令九品以上文武百官各上封事，極言正諫，無有所諱。[54]於是承慶又上疏檢討，以為明堂是教化布政之宮，但是卻勞民傷財地建造一個崇大佛舍在其後面，因此明堂之被燒實是「雖則因人，亦關神理」。疏中又嚴厲批評說，陛下訪求極言正諫，而「左史張鼎以為火流王室，彌表大周之祥。通事舍人逢敏奏稱，當彌勒成佛道時，有天魔燒宮，七寶臺須臾散壞。斯實諂妄之邪言，實非君臣之正論」！[55]可見災異也會被女皇的奉承者曲解成祥瑞符應。

群臣上言雖然正反意見都有，但是女皇內心則的確深感不安，甚至為此而遷怒那些騙她的「神棍」。當「淨光如來」為明堂火災入唁女皇時，女皇怒叱她：「汝常言能預知未來，何以不言明堂火！」因而將她叱還河內，所畜養的百餘弟子和自言年壽五百歲的老胡皆各自逃之夭夭。稍後有人告發「淨光如來」平日詐偽淫穢諸事，女皇乃復召她還寺，等她與弟子重聚之時，遂為女皇所派的人掩捕，統統沒入官府為奴婢。至於武什方，當了一個月宰相後即自動乞求還山，但是又自言能合長年藥，所以被女皇派到嶺南採藥，這時在回都途中，聽說事露，乃自絞而死。即使對

54.《唐大詔令集·明堂災告廟制》，七三：四一〇。按該制注謂頒於嗣聖元年正月，誤，應為證聖。
55. 姚、劉等言詳《唐會要·明堂制度》，一一：二七八–二七九。

情夫薛師她也感到厭惡，故在二月四日將他殺了，並在十六日停罷「慈氏越古」的尊號。[56]明堂對女皇有重大的政教意義，所以她很快就下制依照舊規制重造明堂，[57]同時鑄銅為九州鼎。新明堂在萬歲登封元年（即天冊萬歲二年，六九六）三月二日落成，號為「通天宮」。四月一日女皇駕幸明堂行親饗之禮，大赦天下，改元「萬歲通天」，大酺七日。

翌年——萬歲通天二年（即神功元年，六九七）四月，九州鼎也完成，[58]各依其方位排置於明堂之庭。九州鼎中以蔡州鼎為最高，高一丈八尺，受一千二百石，名為「永昌」；冀州鼎名「武興」，雍州鼎名「長安」，兗州鼎名「日觀」，青州鼎名「少陽」，徐州鼎名「東源」，揚州鼎名「江都」，荊州鼎名「江陵」，梁州鼎名「成都」，各高一丈四尺，受一千二百石。九鼎總共用銅五十六萬七百一十二斤，本來要用黃金千兩塗之，因為宰相姚璹的勸諫而止。鼎上又各寫本州山川物產之象，分別由當時著名的書法家題字和畫家圖畫。其中〈蔡州銘〉是女皇所御製，銘文為：

> 「羲農首出，軒昊膺期；唐虞繼踵，湯禹乘時。
> 天下光宅，海內雍熙；上元降鑒，方建隆基！」

---

56. 三人的遭遇及時間，均見《通鑑》則天后天冊萬歲元年正月與二月條，二〇五：六四九九－六五〇〇及六五〇二。
57. 《通鑑》謂下制重造明堂和天堂，又謂仍以薛懷義充使，且繫於天冊萬歲元年（六九五）正月丙申條（二〇五：六四九九）；然兩《唐書．則天紀》與《唐會要．明堂制度》均只提重造明堂而已，《唐會要．明堂制度》更謂重造之制下於天冊萬歲元年三月（一一：二七九），《通鑑》殆誤。
58. 《唐會要．明堂制度》在萬歲登封元年條下謂其年四月，殆誤；據兩《唐書．則天紀》及《通鑑》，均作萬歲通天二年四月。

此銘有「隆基」二字，後來遂被解釋成是她的孫子玄宗明皇帝李隆基啟運的休兆，命中注定應為皇帝。當九鼎由作坊搬遷至明堂時，女皇命令宰相、諸王率領神都禁衛軍十餘萬人，加上儀仗隊所用大牛、白象合力引曳之；並且自製〈曳鼎歌調〉，命令引曳者唱和，軍容極一時之壯盛。[59]女皇同時又完成了十二生肖銅神，各高一丈，也各依其方位放置。據說她又想聚斂天下三品金以造大儀鐘，卻不知何故竟不能成。[60]

新明堂後來在開元五年（七一七）正月，被女皇的孫子大唐玄宗明皇帝認為有乖典制，使天子「闕當陽之位，聽政居便殿之中」，因此削去明堂之號，恢復乾元殿之名，二十六年（七三八）十月二日更進一步拆去其上層。[61]至此，大周女皇君權天授、統天布政的象徵，始告完全消失。

證聖元年（六九五）二月，七十一歲的女皇因萬象神宮被燒，而殺掉為她製造彌勒下生、當代唐得天下理論的情夫，尋又自我取消「慈氏越古」的尊號，不再在頭銜上自我標榜是慈氏（彌勒）菩薩，內心顯然是處於極端焦慮與痛苦的狀態。這種心理壓力不因兩個月後「大周萬國述德天樞」的落成而稍減。經過大半年的心理沉澱，女皇決心重新出發。

同年九月，她將天、地合祭，親祀於南郊，然後重加尊號為「天冊金輪聖神皇帝」，大赦天下，改元為「天冊萬歲」，重申天授之意。於是王公群臣、四夷君長，咸請封禪神嶽嵩山。三個月後，

---

59. 見《唐會要．明堂制度》，一一：二七九－二八〇。
60. 十二生肖神事見《通鑑》則天后天冊萬歲元年正月條（二〇五：六四九九），大儀鐘事見《唐會要．明堂制度》注（一一：二八〇）。
61. 《唐會要．明堂制度》，一一：二八〇－二八一。

亦即在天冊萬歲二年（六九六）臘月二日，女皇起駕前往神嶽。

臘月九日，女皇戴圓冕，披大裘，柴燎祀昊天上帝於嶽南，以顯祖文穆皇帝、太祖無上孝明高皇帝配。禮畢，乃頒布維新之令，大赦，改元為「萬歲登封」，並免除天下百姓今年租稅，大酺九日。十四日，女皇禪祭后土於少室山下，以顯祖妣文穆皇后、太祖妣無上孝明高皇后配。兩天之後乃御朝覲壇受賀，然後在二十日打道還宮。李嶠為歌頌此盛典而作〈大周降禪碑〉以詳記其事，[62]聲稱大周天命之由來，是因女皇之父「屈帝象而龍潛」，要降至女皇纔應佛之授記，屈己稱帝。更又對女皇讚頌，謂「我大周之有天下也，鼓道德之林藪，恢聖神之事業。始於閨閫，成於家邦。……謳歌而鼎新故革，揖讓而改物承天。由牝馬而御飛龍，自積沙而臻練石。蓋千帝所不能及，六籍所不能談！……猶寶應慈物，推心坐雄帝之朝；吉祥哀時，屈己登女皇之位。此之謂神力」云云。

女皇為了紀念此盛典，乃將嵩山所在的陽城縣改名為告成縣，嵩陽縣則改為登封縣；且又在封禪後兩個月——即萬歲登封元年（六九六）二月，女皇尊神嶽天中王為神嶽天中黃帝，妃為天中黃后；夏帝啟為齊聖皇帝，啟母為玉京太后。翌月新明堂成而號為「通天宮」，於是復為之改元為「萬歲通天」。

高齡七十二歲的女皇似乎是這樣子的：她必須假借興造天樞、明堂、九鼎、肖神，以及封禪封神，乃至一再改元，纔能獲得信心，強化她的神秘力量。她覺得如此作纔能夠向天下臣民「證聖」，纔能夠彰顯自己是「天冊萬歲」，所以自己纔能「萬歲登封」，而且也能「萬歲通天」！

62. 詳參《全唐文》，二四八：三一七一。

這是女皇的自娛（愚），抑或是愚（娛）民？或者兩者皆是？真是天曉得！

明堂雖然已經重建，但是對女皇具有佛權重要象徵意義的大像和天堂則尚未興工。於是在新明堂通天宮落成後四年——久視元年（七〇〇）八月，七十六歲高齡的女皇有意重造大佛像，並為此而向天下僧尼抽稅，令每人日出一錢以助其功。該月十五日，宰相狄仁傑上疏進諫，指出當今佛教建設過盛，已經嚴重影響國計民生，又恐大像既造，復需興建堂宇作為遮蓋，勞費更甚，因此請求停建。他說：

「今之伽藍，制逾宮闕。功不使鬼，必役於人；物不天來，終須地出。不損百姓，將何以求？生之有時，用之無度，編戶所奉，恆苦不充，痛切肌膚，不辭箠楚。……今之大像，若無官助，義無得成；若費官財，又盡人力。一旦有難，將誰救之？」

女皇頗受諫，答覆仁傑說：「公教朕為善，何得相違！」遂罷其役。[63]可是她終未死心，降至長安四年（七〇四）四月下敕，選定大像在洛陽東北三十里邙山東北垂的白司馬阪興造，仍令春官尚書．建安王武攸寧充檢校大像使；決定向僧尼抽稅，並且很快就稅得一十七萬餘貫。

監察御史張廷珪上諫，指出佛義以覺知為上，而「陛下信心歸依，壯其塔廟，廣其尊容，已遍於天下矣！蓋有住於像而行布施，非最上希有之法。……雖勞則甚矣，費則多矣，而所獲福緣，不愈於殫勞之匹夫、沙門之末學」。他是先以佛法打動女皇之心，並且由此說明此作不但會影響

63.《通鑑》繫其事於則天后久視元年閏七月庚申（二〇七：六五四九–六五五〇），諫疏與《唐會要．像》（四九：八五七）及《舊唐書》本傳（八九：二八九三–二八九四）所載頗有不同，今時間從後書，諫言則參取之。

自然生態，兼且勞民傷財，不合慈悲之義，因此建議：「臣以時政論之，則宜先邊境，蓄府庫，養生力；以釋教言之，則宜救苦厄，滅諸相，崇無為，……行佛之意，務以治為上」。女皇採納其言，即刻停作，並且召見賞慰一番。[64]

話雖如此，其實女皇未因他的進諫而停止，幾個月後女皇被推翻時仍然在繼續興造中。大唐復辟後廷珪奉敕宣勞河北，經白馬阪出發，聞見大像營造的實況，故再上表進諫說：「近者狡豎張易之、昌宗、昌儀等，將欲潛圖大逆，為國結怨下人，兼售私木，以規官利，遂又與僧萬壽等設計，移此阪營建。今既逆豎夷滅，皇運中興。陛下先發德音，頻下明制，除不急之務，罷土木之功；所以少監楊務廉遠徙屏黜，頒示天下。……若此像閣重復修營，則與制書義殊乖越，尚令二逆（指張易之和昌宗）遺惡未除。臣雖至愚，固知不可。……特乞即日停造大像等，仍量抽其錢，賑濟窮乏。」[65] 根據張廷珪的第二表，可知此役是女皇后情夫張易之兄弟與僧萬壽等所設計，所以她就繼續興造。

其間，宰相成均祭酒李嶠也進諫，指出佛寺已多，不如將稅錢用來救濟窮民。他說「殿堂佛宇，處處皆有，見在足堪供養，無煩更有修營。竊見白司馬阪欲造大像，雖稅非戶口，錢出僧尼，不得州縣祇承，必是不能濟辦；終須科率，豈免勞擾。但天下編戶貧弱者眾，亦有傭力客作，以

64. 下敕及廷珪之諫，《通鑑》繫於則天后長安四年四月，《唐會要．像》繫於四年十月九日，（四九：八五八－八五九），以後書記此事有誤，故從前書。廷珪之諫又詳見《全唐文．諫白司馬阪營大像表》，二九六：三四五七－三四五八。

65. 《全唐文．諫白馬阪營大像第二表》，二六九：三四五八－三四五九。

濟餱糧；亦有賣舍貼田，以供王役。伏聞修造之錢，見有一十七萬餘貫，若將散施，廣濟貧窮，人與一千，自然濟得一十七萬餘戶。拯饑寒之弊，省勞役之勤，順諸佛慈悲之心，沾聖君亭毒之意，人神胥悅，功德無窮！方作過後因緣，豈如見在果報？」66

其實女皇雖然篤信佛教，但是她興造大像的用意，則主要是為了佛教的政治意義——象徵「皇帝佛」——彌勒下生而統治世界，並非為了弘法行善，所以纔會死心不息，一再想興建；張易之兄弟與僧萬壽，不過只是順成其意，並且趁機謀利罷了。諸臣的前後進諫都不達其旨，故無異對牛彈琴，白費力氣！儘管此年最後一季的天候是日夜陰晦，又下大雨雪，都中有人飢凍而死；67 但是神道設教為大周立國之本，事關體大，大像焉可放棄而不作！

66. 成均祭酒李嶠之諫《唐會要．像》繫於大足元年正月（四九：八五七）。按：據《新唐書．宰相表》及《唐僕尚丞郎表》，李嶠曾兩任成均祭酒，第一次在久視元年閏七月由宰相罷充成均祭酒，後在長安二年六月以成均祭酒兼左丞而復相，三年閏四月知納言，卒四年六月改成均祭酒．同三品，故《唐會要》殆誤，今繫於此。即是長安四年四月下敕，六月以後成均祭酒．同三品李嶠進諫。

67. 見《舊唐書．則天紀》長安四年十一月條，六：一三二。

第十一章　女皇的統治風格

威權獨任

記得女皇以太后身分臨朝稱制初時，先後平定徐敬業、殺死裴炎和程務挺等人，然後曾震怒地召群臣而怒罵說：「朕事先帝二十餘年，憂天下至矣！公卿富貴，皆朕與之；天下安樂，朕長養之。及先帝棄群臣，以天下託顧於朕，不愛身而愛百姓。今為戎首皆出於將相群臣，何負朕之深也！且卿輩有受遺老臣、倔強難制過裴炎者乎？有將門貴種、能糾合亡命過徐敬業者乎？有握兵宿將、攻戰必勝過程務挺者乎？此三人者，人望也，不利於朕，朕能戮之。卿等有過此三者，當即為之；不然，須革心事朕，無為天下笑！」群臣頓首，不敢仰視，曰：「唯太后所使！」這是一付什麼的姿態？

假如從顯慶四、五年間殺長孫無忌等人以後，政歸中宮，參決朝政，權侔人主之時起算，至此時已經有二十四、五年之久。記得天皇死前太常丞李嗣貞的觀察嗎？他說：「禍猶未已，主上不親庶物，事無巨細決於中宮，將權與人，收之不易。」另外尚書左丞馮元常也曾密言「中宮威權太重，宜稍抑損」，天皇雖不能用，卻深以為然。既然深以為然而卻不收其權，恐怕是表示天后掌權的格局確實已成，「收之不易」了。現在她已是太后，臨朝稱制，掌握了統治權，連嗣皇帝也廢了，群臣還能不革心事朕、唯太后所使嗎？

太后時期，她威權獨任、自我崇尊的事情，根據前面的陳述，從以下的事件可以觀察得到。

在父皇心目中克承大業而年已二十八歲的太子哲，依遺詔在六日即位於柩前，第七天——十二月十一日——正式受冊位為帝。依慣例，嗣皇帝諒闇期間常由冢宰來處理常務，這時的冢宰就是顧命宰相裴炎。太后雖也獲得遺詔予以兼決大事的特別授權，然而此授權僅止於「軍國大事有不決者」，纔「兼取天后進止」。不過意外地裴炎竟逕行奏請「宰臣奏議」都「宣天后令於門下施行」，無異自行交出政務決策權。使太后在國喪期間順理成章的擴權總攝國政，即《通鑑》所謂的「政事咸決焉」。也就是太后順著裴炎所請，將特別授權逕行擴大為自我專權，性質由母后監護變成了母后代行君權。

及至太后在嗣聖元年（六八四）二月六日廢嗣皇帝李哲為廬陵王，七日改立么兒李旦為新嗣帝，當然時任西京留守的廢帝之子皇太孫李重照也連帶被廢，此時太子太傅・同三品・專知西京留守事劉仁軌已隱然察覺事情不妥，故上疏請罷居守之任，並陳述呂后禍敗之事，以申規諫。這時太后新掌君權，與大臣關係尚未惡化，所以纔有璽書慰勞之事。璽書辯護說「今日以皇帝諒闇不言，眇身且代親政」；又遜謝並請求說：「勞遠勸誡，復表辭衰疾，怪望既多，徊徨失據！……引喻良深，愧慰交集！……初聞此語，能不罔然；靜而思之，是為龜鏡。……願以匡救為懷，無以暮年致請！」如此言行姿態，與後來專權屠殺的行徑相比，宛若是兩個人。

事實證明太后不是僅在「皇帝諒闇」時暫「且代親政」而已，她是要長期的「臨朝稱制」。等到裴炎等人洞悉其野心之時，可說「將權與人，收之不易」，補牢為時已晚！徐敬業因她的「包藏禍心，窺竊神器」而起兵，固被打成反叛；裴炎想因勢利導，向太后說「皇帝年長，未俾親政，乃致豎子得以為辭；若太后反政，則此賊不討而解矣」，也被坐以謀反。從此之後，鎮壓與整肅就成了太后、以至革命後女皇的重要政策。上述「國罵」，已經顯示出她恩由己出、威權獨任的心態。

這種心態行為，如今尚可由她堅不還政，超越法定決策程序，躬親庶務，壓低宰相權位聲望，假刑、賞二柄操持臣民等政策事項可以觀察得知。關於操持刑、賞二柄諸事留待下兩節細述，在此先看前面諸項。

當時是崇尚律令政治的時代，所以裴炎的侄子太僕丞裴伷先仍不怕死，請求面見時猶說她是「李氏婦」，請她「早宜復子明辟，高枕深居」，無異是與虎謀皮。由於他的逆鱗批擗，遂被長流嶺南。裴氏伯侄基於國家法治和制度，一再以太后攬權不當和不合法制為辭，堅持請太后還政皇帝，皆先後蒙受重懲。現在情勢已經很清楚：太后將不顧批評與反對，要長期臨朝稱制，掌握君權，連新嗣帝也為此表了態，請母后繼續掌權；若有不聯署擁戴者、異議和反對者，肯定會遭受無情的整肅，所以群臣就暫時鉗住了口。

降至垂拱三年（六八七）五月，出身北門學士腹心的宰相劉禕之顯然仍然覺得太后不是，雖未公言其非，卻私下與人說出「太后既能廢昏立明，何用臨朝稱制，不如返政，以安天下之心」的話，而被告密。太后認為「禕之我所引用，乃有背我之心，豈復顧我恩也」！故因他事特別遣使推按禕之。當特使宣敕後，禕之堅持「不經鳳閣、鸞臺，何名為敕！」亦即不接受未經中書、門下兩省宰相機關法定程序處理的聖旨，遂被坐以「拒捍制使」之罪而被處死；及至知道天子親自為他求情時，他不但不感到高興，反而歎說「太后臨朝獨斷，威福任己，皇帝上表，徒使速吾禍也」！依照政治慣例和法制太后早該還政，然而現在的事實是：誰敢說還政者就是「背我」，表示她繼續掌權的意圖明確，意志也已超越了法制，甚至超越了皇帝。此案顯示了太后此時已經穩操大權，並且明顯地恩由己出、威權獨任。

革命前後，太后最委以事權的是侄子武承嗣。後因新拜宰相李昭德——當年彈劾褚遂良的憲官李乾祐之子——為了反制他的奪嫡意圖，曾經密奏他「權太重」，又提醒她「侄之於姑，其親何如子之於父？子猶有簒弒其父者，何況侄乎！」使女皇警惕接受而罷其宰相。當承嗣反譖昭德之時，反被女皇譏笑，說「自我任昭德，每獲高臥，是代我勞苦，非汝所及也」！是則這個能使女皇「每獲高臥」的人怎樣被委任，後來又怎樣被貶？答案可以從他在延載元年（六九四）被前資官丘愔參奏的奏文中，得知其中狀況。

丘愔奏文劈頭就說：「臣聞百王之失，皆由權歸於下。」這句話很能打動威權獨任的女皇之心。奏文跟著又申述說：

「陛下創業興王，撥亂英主，總權收柄，司契握圖。天授已前，萬機獨斷，發命皆中，舉事無遺，公卿百寮，具職而已。自長壽已來，厭怠細政，委任昭德，使掌機權。……臣近於南臺見敕目，諸處奏事，陛下已依，昭德請不依，陛下便不依。如此改張，不可勝數。昭德參奉機密，獻可替否，事有便利，不預諮謀，要待畫旨將行，方始別生駁議。揚露專擅，顯示於人；歸美引愆，義不如此。州縣列位，臺寺庶官，入謁出辭，望塵懾氣。一切奏讞，與奪事宜，皆承旨意，附會上言。今有秩之吏，多為昭德之人。陛下勿謂昭德小心，是我手臂。臣觀其膽，乃大於身，鼻息所衝，上拂雲漢！……書云『知人亦不易，人亦不易知』，……今昭德作福專威，橫絕朝野，愛憎與奪，旁若無人。陛下恩遇既深，蔽過甚厚，……權重一去，收之極難！」

此時也有其他官員接著論說他的專權，使女皇覺得「誠如所言，實負於國」！遂被罷相。[1]此年朝廷先後共有十四相，其中王孝傑和婁師德統兵在外，嵩岳山人武什方僅為相一個月而罷相歸山，崔元綜先已被流，故中央仍有十相在。當昭德被貶後不久，同僚宰相豆盧欽望、韋巨源、杜景儉、蘇味道、陸元方凡五相，也被另一僚相周允元和酷吏皇甫文備所奏，說他們附會李昭德，不能匡正，而俱貶出為刺史，所以一下子僅剩下四相。[2]

李昭德是否在眾相之中專權，或作福專威，是可以公評之事。不過從秦漢以來，宰相的法定職權是上承天子、事無不總，故有駁議、副署等權，上面的指控未必無問題。總之武承嗣、李昭德是革命以來最獲寵信的宰相，也皆因被人譖言「權太重」，說中女皇的內衷而下臺。奏章稱女皇「總權收柄，……萬機獨斷，……公卿百僚，具職而已」，可以嗅到她不許相權過大、百官也必須承意辦事的威權獨任訊息，或許這種方式可被視為「獨裁」。

有了這兩次經驗，其後一些宰相差的不說，好的如復相的狄仁傑之流，不過也僅止於被尊敬罷了。尊敬畢竟不同於寵信。世稱女皇知人善任，事實上似有一個前提，即是此人權不可大，而能為我用；世也稱女皇能納諫，事實上她亦能聽小話讒言。就試以狄仁傑首次拜相時所遇到的一件事情為例吧。

狄仁傑出任豫州刺史，因審理越王李貞起兵案而甚有政聲，被女皇所知，後在天授二年

---

1. 見《舊唐書・李昭德傳》，八七：二八五五－二八五七。《新唐書・李昭德傳》略同。據《新唐書・宰相表》，李昭德在長壽二年拜相，延載元年貶，居相位三年。
2. 見《新唐書・宰相表》及《通鑑》則天后天冊萬歲元年正月條（二〇五：六四九七）。

（六九一）九月二十六日由洛州司馬遷拜地官（戶部）侍郎．同平章事，是他第一次拜相，尋判地官尚書事。地官職掌內政和財政，工作繁重，在京太學生和每年來京應考的貢士們的生活，也由地官來照顧。某日，太學生王循之上表請假還鄉，獲女皇批准。唐制尚書省為最高行政機關，左、右相（僕射）是長官，左、右丞是秘書長，皆各分層授權處理事務，不至於管到學生請假之事；學生請假由國子監負責，所屬丞、簿之官即可予以處理。故仁傑以此為由，請女皇不要管其事。他說：「臣聞君人者唯殺生之柄不假人，自餘皆歸之有司。故左、右丞徒（指徒刑）以下不勾，左、右相流（指流刑）以上乃判，為其漸貴故也。彼學生求假，丞、簿事耳，若天子為之發敕，則天下之事幾敕可盡乎？必欲不違其願，請普為立制而已。」女皇以為善。[3]不過，狄仁傑尋即被酷吏來俊臣誣告下獄，而於翌年一月四日罷相。

再以坐附會李昭德的同僚宰相陸元方為例。元方首次拜相在長壽二年（六九三），坐貶後，至聖曆二年（六九九）再度拜相。翌年，女皇曾問他以外事，元方答道：「臣備位宰相，有大事即奏，人間碎務，不敢以煩聖覽。」由是忤旨，責授右庶子罷相。[4]宰相管大政而不管碎務，遑論皇帝。由此看來，李昭德和陸元方似乎都是深得宰相之體的大臣；然而女皇竟連學生請假等瑣碎之事也要管，故他們也因此不免一再坐貶。女皇總權獨斷的統治風格，由此可見一斑。若從她的專權史角度來看，她在為皇后時已被人批評「中宮威權太重」，革命前後則更是總權收柄，萬機獨斷，公卿百僚具職而已，如此一直到七十六歲還為此而罷掉陸元方的宰相，難怪她罵群臣時

3.《通鑑》繫此事於則天后天授二年十月條，二〇四：六四七六。
4.元方語見《舊唐書》本傳（八八：二八七五），兩度拜相時間據《新唐書．宰相表》，但該表不載第二度罷相時間，今據《唐僕尚承郎表》訂於聖曆三年。

自謂「憂天下至矣」！這樣總權獨斷，大小事情一把抓，能不憂勞嗎？

她的統治風格讓宰相大臣習慣後，若在一段時間之內不見宰相，就會引起他們的焦慮和緊張。果然，四年後女皇臥病，在宮中委政於情夫張易之兄弟，宰相累月不能進見，因而引起了他們的焦慮和緊張，遂導致兵變的發生。

這種統治風格應與她的權威人格有關，與前夫大唐太宗皇帝顯然大異其趣。假如說太宗皇帝時代的貞觀政府與政治是三代以來的典範，則它顯然有一些讓人景仰的特色，簡單地說，包括：5.

第一，他建立起了一個三省分權制的政府。這個政府由中書省出旨，門下省審駁，尚書省奉行，務令分工舉職，防制專權害政。並且，為了集思廣益，防範機關本位主義誤政，它又逐漸發展出宰相合議的機制，讓三省長官與一些獲得參政授權的能幹官員，每日在門下省的政事堂會議國政。

第二，三省長官通常任期不短，卸任後也常帶「同中書門下三品」的名義成為員外宰相，與獲得「參預朝政」或「參議政事」授權的參政官，共同進入政事堂議政。如此一來，新宰相和參政官為政府決策階層注入了新血液、新觀念，而員外宰相也得以提供經驗，使政策穩定而有延續性，令政府開拓中有穩定、穩定中有開拓。

第三，假若三省代表政府，依照律令領導各機關分層辦事，則皇帝就是代表國家，也要尊重政府的律令，避免向政府侵權，兼行將相之事。使君權馴化，以免威權獨任，重蹈隋朝亡國的覆轍。

---

5. 詳論請參拙著《隋唐中央權力結構及其演進》第二與第三章。

太宗文皇帝的天下是自己辛苦打來的，又常在公餘與侍臣學士討論歷史興亡、治國之道，知道天下不能一人獨治，必須要克己復禮，尊重法律和政府制度，拔選優秀官員以組成優秀執政團隊和建立廉能政府，團隊兢兢業業多年，纔能臻至「貞觀之治」。前夫的統治風格與政府政策法令、組織體制，其實對女皇是殷鑑未遠的莫大的遺產；然而反看女皇，她顯然威權獨任，超越政府機制，親理庶務，不尊重政府依法舉職，連宰相也像走馬燈一樣，要換就換、要懲罰就懲罰，隱然是「獨裁」的心態與行為。如果宰相代表政府，或許觀察她以下對宰相制度的態度與操持，就會對她的統治風格與效果，可以瞭解得更清楚：

第一，三省長官是法定編制內的正員宰相，從天皇中期正式廢除了正二品的尚書令一官後，從二品的左、右僕射就成為該省的長官；然而仍以正三品的中書省中書令和門下省兩員侍中是法定的四相。尚書省左、右僕射位高權重，天皇和女皇都各有一半統治時間不除人，導致政府行政能力發生了問題。

第二，女皇統治時期，中書、門下兩省正三品的宰相也常不足額除人，甚至出現三省俱無長官，由「同中書門下三品」和資歷較淺的「同中書門下平章事」組成宰相團議政，政府以員外宰相為主，遂朝委員合議制方向發展。這些員外宰相來自不同機關，人數眾多，天皇時每年在位人數平均以六到十人為常，女皇時竟常達八至十五人，且以十到十五人的時間較多。決策人多使權力分散而薄弱，君主遂得操縱其中。

第三，員外宰相大多數不是機關首長，品秩也低，女皇時四品以下所占的比例更是越來越大，已逾半數，甚至如山人武什方更是布衣拜相。隨著他們位望的降低，君主的威權遂得以相對的提高，君尊臣卑之局遂被拉大。[6]

第四，從臨朝稱制起，女皇威權統治二十一年，前後一共用了七十五個宰相，是歷史上空前絕後的創舉。這七十五相之中，有六十九人可以查知，他們其中有十九人被殺，起碼有二十二人被流貶，合起來折損率已逾總數的一半，且大多因政治因素招禍。他們朝不慮夕，無力對抗君權，也輕易不敢有所作為。

第五，七十五相在這二十一年裏，任期短的如武什方僅一個月，而武承嗣與武三思更曾同時拜罷，俱僅任了九天宰相。大約諸相的平均任期只有三個半月，每年平均更換約三・六人，比太宗和天皇時的更換數高出三倍。更換頻、任期短，維持政府穩定、政策延續已經不易，遑論拓展。[7]

一個學校頻頻而大量的懲處和更換教師，而更換者也不見得稱職，就可以預知此校的教育環境與風氣不良，學生適應和教育效果也不會好，何況一個政府？根據上述的數據與趨勢顯示，已經足以說明女皇何以能威權獨任，命令能不經中書、門下處理，總權收柄、萬機獨斷，而使到公卿百僚具職而已。這樣一個政府其實是一個極不穩定的政府，這樣一個國家是一個危機潛伏的國家，筆者將在下面諸章節觀察和檢討它的實況。在這裏，我想預先提出，女皇後來被政變推翻，參預者是她親生而倖存的三個子女，策劃者有一人是她親自拔擢的宰相崔玄暐，兩人是狄仁傑生前推薦的宰相張柬之和姚崇。威權獨任者會置國家於危險，也令自己不利，這是顯而易見之例。姚崇是「開元之治」的中興名相，他的功業正是建於推翻女皇、改革武周政治與改善武周政風之

6. 前三點詳《隋唐中央權力結構及其演進》，頁三七三—四〇〇。

7. 此二點情況請參《隋唐中央權力結構及其演進》，頁六五—六六及三九四—三九五。

上。從這個角度看，女皇是否能承受得起「上承貞觀之治，下啟開元之治」的美譽，是值得詳加檢討的。

或許有人會問：假如女皇的統治風格是這樣的，那她為何能統治天下二十一年之久？

筆者以為，女皇是聰明的權威人格者，相當懂得法家的法、術、勢之道。作為史無前例的女主，她不但不能完全遵守大唐之法——雖然她大體上仍沿襲大唐的法令與制度，反而要予以適當的破壞，如此纔能破繭而出；若守而不替，則她只能當大唐的太后而已，決不能長期總權收柄、萬機獨斷，以至移鼎。她破壞律令的手段是用勢與術，而以刑、賞交互運用的方式為之。這種作為的盡致發揮，正是她所以能威權獨任、統治天下二十一年之久的主因，卻也是她失敗國亡的主因。玩弄權術者也將敗於權術，似乎是經得起驗證的原理。

在此，讓我們看看女皇革命前後的兩項新政：在革命前五個月——天授元年（六九〇）四月，女皇親策貢士於洛成殿，開創了貢士殿試的制度；尋又在長壽二年（六九三）一月罷舉人習《老子》，而改習她所作的《臣軌》。[8]

前一項與政府選拔人才的風氣有關，唐朝貢士稱主試官為座主，座主視他們為門生，以後在仕途中幾乎休戚與共，關係密切。如今女皇親自殿試，不啻要當天下考生——未來政府官員——的總座主，讓他們都成為天子門生，互相擁有密切的政治關係，而且恩由己出。

後一項則女皇在〈序〉中已說得很清楚，她自喻以母親訓子的心態來向百官「敷忠告之規」，對他們實施思想行為的教育，也可以說是要他們揚棄舊唐王室的遠祖——道教玄元皇帝老子——

8. 見《通鑑》則天后各該年月條，二〇四：六四六三及二〇五：六四九〇。

的學說，而改學她的思想，以儒、法兼用的手段，指示他們做官要法後王——即法女皇自己；甚至《臣軌·同體篇》更直接指示：「臣之事君，猶子之事父，父子雖至親，猶未若君臣之同體也。」表示爹親娘親，不如我皇帝親。[9]

未來官員能否登科，關係他們前途至鉅，此則恩由我出；現任官員的思想行為、任事準則，關係政權與政治至鉅，此亦由我規定、以我為準。可知女皇是想透過貢舉制度和《臣軌》的規範，以施行她的精神教育，樹立個人權威，以免恩出於人，而權歸於下。女皇不是這樣罵過群臣嗎？「公卿富貴，皆朕與之；天下安樂，朕長養之。……不利於朕，朕能戮之。卿等……須革心事朕，無為天下笑」！她的威權獨任實際也由這裏造基，以後官吏是否感恩效忠，能否照我的思想辦事，就是刑、賞二柄施行的要件與對象。

揮舞革命刑柄及其後果

在第八章裏，我們知道太后因為徐敬業起兵和宗王聯反而大動干戈，事後並持續地以威刑追懲餘黨，而且株連甚廣，此即「揚州案」和「豫博案」。

這兩案都以「匡復」作為起兵的理由，如果太后採納顧命宰相裴炎「皇帝年長，未俾親政，乃致豎子得以為辭。若太后反政，則此賊不討而解矣」的建議，則他們會喪失起兵的藉口，否則

9.《臣軌》已編入羅元貞點校的《武則天集》，太原：山西人民出版社，一九八七。

就是「造反」。但是裴炎顯然沒有充分瞭解太后的人格，也忽視了此時即已「威權太重」的她真正的意圖為何，不知她是一個徹底追逐權力的人，絕不能容忍親子或臣民向她的權威挑戰！由於他的誤判，遂使太后原本僅對「造反派」的鐵血鎮壓，變成了普遍對臣民的疑忌，乃致起用酷吏實行恐怖統治。

恐怖統治的實際情況要從法制與人事兩方面入手，纔能觀察得比較清楚，這裏不妨對太后臨朝時期的政策措施先作回顧。

太后臨朝初時，藉嗣聖元年（六八四）二月的「飛騎案」揭開告密之端，即已有建立一個整肅臣民的制度性構想與計畫：先將御史臺改為「肅政」臺，而又擴大編制，分之為左、右兩臺。左臺用以監中央官吏及軍旅，右臺以監州縣官吏及省察風俗，目的是要加強對官吏的控制，以及掌握全國政情。隨後在第二年——垂拱元年（六八五）二月——調整了原有的登聞制度，令「朝堂所置登聞鼓及肺石不須防守，其有撾鼓、立石者，令御史受狀以聞」，放鬆了這個原為臣民訴冤而設計的制度，使投訴者能直達天聽。跟著為了進一步鼓勵上言，又在垂拱二年（六八六）三月，創設了一個全新的制度——匭檢制度，以接受告密投書。此外，凡有告密者，所在官員必須提供食宿交通，將他送至行在，縱使是農夫、樵人也皆可蒙太后召見，所言若合太后的意旨則准例酬以五品之官，非實者也言者無罪。在此制度鼓勵之下，於是四方告密蜂起，人皆重足屏息。

有人告密後則必須要有人辦案，若照唐朝縣審——州審——（尚書）省審，非常案件纔由三司審的司法制度，則太后很難在受理告密之後，隨意逕交特定人選去審理。因此，她必須越過法令破格用人，在司法體制內外起用一批能承意辦事的人——往往也從告密者中選出。這種於正常司法體制外，直接由君主交付特別人選審案的方式，在性質上是特務。前代偶然也有行之，稱為詔獄——後來避女皇之名諱而稱為制獄，只是不像太后般將它擴大運用。

這些身負特務的人，既然仰承君主的意旨辦案，故通常會用嚴酷的手段來打擊對象，以完成其特別任務，所以常被視為「酷吏」。例如前章提到，揣知太后之意，因告密而被擢為從五品游擊將軍，負責按鞫制獄的胡人索元禮就是早期的酷吏「樣板」。他每推按一人則必要此人牽連數十百人，使太后大為欣賞，多次予以召見慰賞，以張大其權。於是周興、來俊臣之徒聞風繼起，紛紛效法，甚至相與召集無賴數百人，用他們所撰寫的《羅織經》當作教科書，教他們如何告密羅織，人人以罪。於是人人恐怖自危，道路以目。

這些酷吏為太后整肅異己，擴及無辜，竟然造成了臣民如此的震懾效果，不僅使得太后的稱制統治有效，更重要的是成功地營造了太后威權獨任的政治地位與權勢，故是太后「勢」的奠定者，也是太后造勢革命的「革命功臣」。

二十餘年後，大唐復辟中興，要追究禍端——即太后情夫張易之兄弟——的相關人等，張廷珪上〈請寬宥與張易之往還人表〉，力言張氏兄弟雖竊罪極逆，但不宜親故並合從坐，擴大株連。他的理由是，歷代在革命時纔以殺戮手段服眾，故說「臣聞國之威柄，在於賞、罰。賞中則人知勸，罰中則人知沮。二者苟得，則四海獲安；二者乖宜，則萬人無措。……臣歷觀自古以來，革故即新之際，莫不先行誅戮，以服眾心；此皆素無人望，理藉如此」。如今陛下——即太后之子、復辟皇帝李顯——是「先朝子孫，唐德未改」，因此宜布恩施德，尚寬仁之政云云。[10] 亦即意圖說明，只有在革命之際纔會以屠殺株連為手段。

10. 見《全唐文》，二六九：三四五七。

儘管太后並非「素無人望」，但是若要在皇帝已成年的情況之下，以太后身分長期臨朝稱制，則必須要面臨還政的政治慣例和傳統男性的父系社會壓力。因此，她不論要繼續稱制或革命，在性質上都是權力掌握和奪取的問題。然而不幸的是，太后不像前朝的開國皇帝般，有一個開國集團為她打天下，如漢朝的豐沛集團或大唐的太原集團一樣。她從十四歲入宮，如今已六十多歲，絕少接觸社會，結交豪傑，開創大周先靠取得了代行君權的稱制權，後靠酷吏穩住它和發揮它，直至她開國為君。因此，酷吏們遂由她的「政治打手」，隱然變成了她「打天下」的「開國功臣」。他們雖然沒有類似大唐「太原起義元從功臣」、「凌煙閣功臣」等稱號，但也確實是大周革命的刑柄，不妨視作大周「酷吏集團功臣」。

稱制時期也就是太后的開國時期，公開挑戰的「揚州案」和「豫博案」黨徒雖然陸續被整肅，但尚未完全肅清。而且，異議或不很支持者中竟然有她屬意的人，如顧命宰相裴炎，北門學士出身的腹心宰相劉禕之、范履冰，親家宰相裴居道，親女婿薛紹，禁軍將領程務挺等人。他們雖然先後被一一誅除，然而是否仍有潛伏者存在？即使威權已高，善於權術的太后會相信臣民們已經真的「革心事朕」了嗎？因此，大周雖已開國，但「酷吏集團功臣」似乎仍有利用的剩餘價值。

前文提到時任小官的大文豪陳子昂可能不知太后的真正動機，以為她僅是為了徐敬業造反一案，而酷吏則趁機興起大獄，故天真地歸咎於下，所以說「臣聞之，聖人出治，必有驅除，蓋天人符應休命也。日者東南微孽（指徐敬業），敢謀亂常，陛下順天行誅，罪惡咸服，豈非天意欲彰陛下神武之功哉！而執事者不察天心，以為人意，惡其首亂倡禍，法合誅屠，將息奸源，窮其黨與；遂使陛下大開詔獄，重設嚴刑以懲創」；而不知他所說的「天人符應休命」，其實包藏了太后要「革命」的「禍心」。

這時，酷吏們執行的恐怖統治其實已經相當嚴峻，子昂之疏已有描述，所謂「觀於天下，逆黨親屬及其交遊，有跡涉嫌疑，辭相逮引，莫不窮捕考訊，枝葉蟠拏，大或流血，小禦魑魅。……於時朝廷偟偟，莫能自固；海內傾聽，以相驚恐！……頃年以來，伏見諸方告密，囚累百千輩，大抵所告皆以『揚州』為名，及其窮究，百無一實。陛下仁恕，又屈法容之；傍訐他事，亦為推劾。遂使奸惡之黨，決意相讎；睚眥之嫌，即稱有密。一人被訟，百人滿獄；使者推捕，冠蓋如雲。……天下喁喁，莫知寧所。……刀筆之吏，寡識大方；斷獄能者，名在急刻。文深網密，則共稱至公；爰及人主，亦謂其奉法。於是利在殺人，害在平恕。故獄吏相戒，以殺為詞，非憎於人也，而利在己故。上以希人主之旨，下以圖榮身之利。徇利既多，則不能無濫；濫及良善，則淫刑逞矣」。革命前濫及良善的淫刑例子，被記下來的就有王弘義之濫殺無辜平民。此事是這樣的，弘義遊趙州和貝州，見閭里耆老作邑齋，遂告以謀反，因此殺了二百人，被太后擢授游擊將軍，俄遷殿中侍御史。[11]因此陳子昂一再用「威刑」、「屈法」、「愛一人」、「強霸」和「淫刑」諸詞來作形容，其實一點也不為過。株連廣而又濫及無辜平民，對社會民心實是不祥之兆，故子昂在同疏中甚至提出「事有招禍而法有起奸，倘大獄未休，支黨日廣，天下疑惑，相恐無辜，人情之變，不可不察！」的警告。

其實子昂雖然歸咎於酷吏，但是卻也準確地指出他們是為了「上以希人主之旨」，而圖謀榮華富貴纔如此做；同時更清楚地指出，他們如此做是與人主「謂其奉法」的鼓勵有關。現在要看開國後革命的刑柄要如何繼續操作？操作的情況和效果怎樣？會導致反武倒周、神龍復辟嗎？

11. 見《通鑑》則天后天授元年四月，二〇四：六四六四。

大周法制基本上是繼承唐朝的，但是女皇對某些法制必須破毀，纔能讓酷吏執行恐怖統治，故首先要看法令與司法制度如何被破毀。

根據兩《唐書．刑法志》，大唐高祖李淵起兵太原，鑑於百姓苦於隋朝苛政，乃宣佈寬大之政，號召來歸。及至平定京師之後，提出約法十二條，惟殺人、劫盜、背軍、叛逆者死，餘並蠲免。其後高祖、文皇以及天皇三朝，以寬仁、慎刑、罪刑法定等原則繼續不斷修法，使律令日趨完善。今天所存的《唐律疏議》，就是天皇在永徽年間所修定，由宰相長孫無忌等人所解釋。

唐朝一般採用縣審——州審——省審三審制度，對刑具、用刑部位及數目、失入失出等皆有明文規定，法司不能違犯。文皇更慎重，規定死罪只有絞和斬兩種方式，必須由中書、門下五品官以上聯同尚書省官員審議，除了犯惡逆者一覆奏之外，其餘在京須三覆奏，在州須五覆奏，且通常在秋天肅殺之時纔可行決。故司法號稱平允。據說文皇曾有放死刑犯回家過年的縱囚美談；又因決死囚日皇帝只能蔬食，所以他曾在貞觀五年（六三一）八月二十一日建立覆奏制度後，復在同年十一月九日責備大臣說：「今曹司未能奉法，在下仍多犯罪，數行刑戮，使朕數食空飯，公等豈不為媿？宜各存心以盡匡救！」[12]可見慎刑恤人的用心。天皇時更曾因有人向朝廷投匿名書以誣人之罪，故特別下詔禁止酷刑，並且重申「挾匿名書，國有常禁」。[13]

以上值得注意的是，唐朝司法有一定的制度，審判以慎恤為主，禁止匿名誣告及酷刑，死刑行決前亦有覆奏制，執行日皇帝且須蔬食。史謂天皇上元二年（六七五）——即帝、后尊稱為天

---

12. 見《唐會要．君上慎恤》，四〇：七一八。
13. 見《全唐文．禁酷刑及匿名書詔》，一一：一五七。

皇和天后的翌年，劉仁軌與戴至德分為左、右僕射，常在尚書省受理伸冤詞訟而作省審。仁軌輒對伸訴人許以美言，故人稱之為「解事僕射」；而至德則先據理詰難，若有理者則密奏，不顯露自己的裁斷，故人稱之為「不解事僕射」。有人問至德緣故，至德說：「夫慶賞、刑罰，人主之柄，凡為人臣，豈得與人主爭柄哉！」[14]可見判決死刑皇帝不可能不知道，臣下決不敢也不能私自判刑。

據此以知，太后臨朝時所奏的「革命進行曲」早已使司法制度變調，她用誣告和告密的手段，詔獄審判的方式，常假酷吏之手隨意誅殺將相大臣，而且株連廣泛，能說她完全不知情、不允許嗎？茲舉一殘酷之例，史稱垂拱四年（六八八）因太子通事舍人郝象賢——當年反對天皇「遜位」給她的故相郝處俊之子——被奴誣告謀反，太后以前憾而命酷吏周興審鞫他。郝家的人詣闕訟冤，監察御史任玄殖受理，奏象賢無反狀而坐免官。太后不管這時是夏四月，准象賢行刑。象賢臨刑，極口大罵太后，揭發宮中隱事，奪市人柴以攻擊刑者，為金吾兵所格殺。太后且命支解其屍，發其父祖墳而毀棺焚屍；而且從此以後，法官行刑時皆先以木丸塞死囚之口。[15]可見太后手段之慘酷，最大的酷吏應該是她。

酷吏集團究竟有些什麼人？

根據大唐中興後復辟皇帝李顯追懲「自垂拱以來枉濫殺人」酷吏的敕令，計有劉光業、王德壽、王處貞、劉景陽、屈貞筠、邱神勣（或丘神勣，賜姓武）、來子珣（賜姓武家臣）、萬國俊、周興、來俊臣、魚承煜、王景昭、索元禮、傅遊藝（賜姓武）、王宏（弘）義、張知默、裴籍、

14. 見《唐會要．左右僕射》，五七：九九一。
15. 《通鑑》繫於則天后該年月，二〇四：六四四七－六四四八。

焦仁亶、侯思立（侯思止？）、郭霸、李敬仁、皇甫文備、陳嘉言等二十三人被奪官爵；另外，當時已處流刑的唐奉一、李秦授、曹仁哲三人依前配流。合共有二十六人。至於開元二年（七一四）二月一日，敕令懲處的周利貞、裴談、張福貞、張思敬、王承、劉暉、楊允、姜暐、封行珣、張知、衛遂公、公孫琰、鍾思廉等十三人，「皆為酷吏，比周興、來俊臣、侯思立等事跡稍輕」，且其事跡多發生在大周已亡以後，姑且不算。[16]

上述神龍敕令追懲的二十六人，被嚴厲批判是「庸流賤職，奸吏險夫。以麤暴為能官，以凶殘為奉法。往從按察，害虐在心。倏忽加刑，呼吸就戮。暴骨流血，其數甚多。冤濫之聲，盈於海內」，故皆被追奪官爵。[17] 這些「周朝酷吏」有的已列入〈酷吏列傳〉裏，[18] 有的名不見史傳。〈酷吏列傳〉中有人未列入神龍敕令追懲的名單中，如宰相吉頊。更有人當時已被視為酷吏或跡近酷吏，而未被追懲或列入〈酷吏列傳〉，如有「周興、來俊臣之亞」之稱的武懿宗，每奉制獄必陷人於重辟的宰相崔元綜，他們都各有傳於其他篇章。他們的身分背景：有的是現任宰相（崔元綜）或大將（邱神勣、武懿宗），有的後來官至宰相（傅遊藝、吉頊），而以左、右肅政臺或曾任此兩臺的官員為多；[19] 出身蔭任或科舉的極少，高門子弟也極少，而以寒素的小吏和平民為最多。

---

16. 詳《唐會要．酷吏》神龍元年三月二日及開元二年（七一四）二月一日敕，四一：七四四。
17. 詳《全唐文．追奪劉光業等官爵制》，一六：二二九－二三〇。
18. 《舊唐書．酷吏列傳》立傳述其事跡者有來俊臣、周興、傅遊藝、索元禮、侯思止、萬國俊、來子珣、王弘義、郭霸、吉頊十人，《新唐書．酷吏列傳》則僅列索元禮、來俊臣、周興、來子珣、丘神勣、侯思止、王弘義、郭弘霸（郭霸）八人。
19. 參拙著《隋唐中央權力結構及其演進》表一〇，七一－七四。

他們雖多是山東人，但最殘酷的來俊臣、周興、侯思止和來子珣，則皆是關中雍州人；至於武懿宗更是女皇的堂侄，第一個以酷吏起家的索元禮則是胡人。

《舊唐書·酷吏列傳序》說「持法任術，尊君卑臣」是苛法，等而下之以刻猛任事是酷吏，「則天以女主臨朝，大臣未附，委政獄吏，剪除宗枝，……武后因之坐移唐鼎」。《新唐書·酷吏列傳序》大意亦同。可見這些酷吏就是女皇操弄的革命刑柄，來源複雜，主要是起用寒素，以打擊現任官員或高門大姓。觀女皇起用目不識丁、原無資格任官的侯思止等人治制獄，則知此言不虛。

接著要觀察酷吏們的發展情況。

根據諸書所述，太后稱制的革命時期，第一個酷吏索元禮也就是首按制獄的人，因「揚州案」告密起家，用違法的酷刑在洛州牧院治獄，以牽引的方式，先後殺數千人，而為接踵繼起的周興、來俊臣等人所效法，世人謂之「來索」。出身小吏的周興是第二個重要酷吏，他的重要事跡是在革命前先後奉詔按郝象賢獄；誣殺宰相魏玄同，牽連內外大臣甚眾；又誣殺大將黑齒常之；構陷宰相韋方質而使他配流；復奏請除唐宗室之屬籍。[20] 周興在革命前夕奏請除唐宗室的屬籍，為改朝易姓的先聲；跟著傳遊藝在革命時率百姓請改國號為「周」，請改皇帝姓武氏。[21] 可見他們除了用殘酷手段為女皇整肅異己之外，尚有正面突陣的貢獻。

來俊臣為稍後繼起之秀，根據兩《唐書·酷吏列傳》所述，他因自謂曾揭發「豫博案」而被太后視為忠，用為御史，按詔獄前後坐族千餘家。載初元年（即天授元年，六九〇）革命前

20. 見兩《唐書·酷吏·周興傳》，但本傳記周興事跡甚少，按郝象賢案已見前，餘四事分見《通鑑》則天后永昌元年九月（二〇四：六四六〇及六四六一）、天授元年十一月（二〇四：六四六三）。

21. 見《通鑑》則天后天授元年九月條，二〇四：六四六七。

夕，[22]他與御史侯思止、王弘義、郭霸、李仁敬，法曹康暐、衛遂忠等召集無賴數百人專以羅織為能事，又與朱南山、萬國俊作《羅織經》以為行動準則。革命前治詔獄並無特定地點，似多在洛州牧院進行。女皇見俊臣等人數眾多，行動有組織有步驟，乃在麗景門別置推事院，酷吏們謂之「例竟門」——意指入此門者依例皆死。麗景門位於皇城——中央各機關所在地——之西南，今於此置新開獄，很可能是為了方便掩捕中央官員，故這裏就成了以俊臣為首的酷吏大本營。後來制獄囚滿為患，更另在司刑獄置「三品院」，專門用以囚禁三品以上大臣。[23]

麗景門新開獄既是為了酷吏們方便掩捕朝臣、奉詔治獄，顯示太后為了革命順利和鞏固革命政權，已決心加強打擊滿朝文武，有擴大及提高打擊面的意圖。史謂來俊臣主治大獄，審案不問輕重皆用酷刑，「多以醋灌鼻，禁地牢中，或盛之於甕，圍炙以火；絕其餱糧，至有抽衣絮以噉之者；又令寢處糞穢，備諸苦毒。但入新開獄者，自非身死，終不得出。每有制書赦宥囚徒，俊臣必先遣獄吏盡殺之，然後宣示。公卿入朝，默遭收捕，故每出，必與家人訣曰：『不知重見否？』其月，於都城麗景門內別置推事院，作大枷凡有十號：一曰定百脈，二曰喘不得，三曰突地吼，四曰著即承，五曰失魂魄，六曰實同反，七曰反是實，八曰死豬愁，九曰求即死，十曰求破家」。[24]

第九章第四節提到革命第二年，女皇殺保護皇嗣的宰相武（岑）長倩、格輔元、歐陽通等數

22.《舊唐書・酷吏・來俊臣傳》記置新開獄於天授二年，《唐會要・酷吏》記在載初元年九月（四一：七四〇），該年九月革命後始改元天授，既云「載初」，即在革命前。《通鑑》繫於該年七月，今從之（見二〇四：六四六五）。

23. 參《通鑑》則天后長安元年三月條並注，二〇七：六五五四。

24. 引文見《唐會要・酷吏》武周載初元年九月條（四一：七四〇），兩《唐書・刑法志》及〈酷吏列傳〉略同。

十人之後，又殺了另一宰相樂思晦和右衛將軍李安靜。李安靜是因為正色拒絕連署勸進表，而於事後被逮下制獄的。來俊臣詰問他的「反狀」，安靜說：「以我唐家老臣，須殺即殺！若問謀反，實無可對。」遂為俊臣所殺。另一個例子是如意元年（即長壽元年，六九二）一月，來俊臣羅告宰相狄仁傑、任知古、裴行本及包括肅政臺中丞魏元忠等七人謀反之案。

侯思止按鞫魏元忠，事先聲明不承反即須吃棒。元忠不屈。思止命人將他倒曳。元忠徐起說：「我薄命，如乘惡驢墜倒，腳為鐙所掛而被拖曳！」思止大怒，再曳他，並說：「汝拒捍制使，奏斬汝。」元忠又說：「侯思止，如必須魏元忠頭則截取，無為抑我承反！」堅持不屈。[25]

來俊臣也早已奏准若一問即承認者則可減免死罪。為了避免遭到毒刑，狄仁傑竟向俊臣自承說：「大周革命，萬物維新，唐朝舊臣，甘從誅戮。反是實！」然後王德壽又要他牽引女皇母親的親戚冬官尚書楊執柔，因仁傑拒絕，以頭觸地，血流被面，王德壽纔懼而停止施壓。

仁傑乘酷吏對他稍寬，不復嚴備之時，寫信置於綿衣中，以天熱為由，請求拿去給家人清理。家人得衣中書，其子狄光遠遂持以告變。告變者依例得蒙召見，女皇愕然，召問俊臣何故說仁傑等承反，並遣使前往視察。使者也懼俊臣，不敢視仁傑。俊臣乃令人代仁傑作謝死表，並代署名而呈進。恰巧被殺不久的故相樂思晦之子也因上變而蒙召見，指出來俊臣弄法苛毒。太后稍悟，召見仁傑問：「卿承反何也？」

25.《舊唐書・酷吏・侯思止傳》與《通鑑》該年月（二〇五：六四七九）均有載，前書載語較明暢，據之。又侯思止目不識丁，語音不正，常鬧笑話。他審理此案騰為笑話，女皇知道後亦為之大噱，本傳及《唐新語》（一三：三）俱有載。

「不承反，」仁傑答：「臣已死於拷掠矣！」

「何為作謝死表？」

「無。」仁傑又答。

女皇出示謝死表，知是代署，然後放出此七人，但俱貶為縣令。俊臣與武承嗣仍然固請女皇殺他們，女皇不許。[26]

七人能從「例竟門」活著出來，實在富有傳奇色彩；然而女皇不殺他們並不表示什麼，可能一者因為事跡已敗露，另者他們又無罪證，殺之有妨輿論。相對來看，來俊臣等誣告大臣，弄法苛毒，女皇卻無怪罪之意，則知其中必有奧妙。奧妙就在她原本有意假手酷吏以誅殺立威，鞏固革命政權，所以誣告栽贓原是意料中事，無須追究他們判案失入失出的法律責任，和據律修理自己的爪牙。

史謂仁傑七人涉嫌謀反案那年，女皇自垂拱以來，任用酷吏已先後誅殺唐宗室貴戚數百人，次及大臣數百家，刺史、郎將以下不可勝數。打擊面如此之廣，而告密者仍不可勝數，使女皇亦厭其煩，曾命以公直敢言的監察御史嚴思善按問告密人。按問的結果，引虛伏罪者竟有八百五十餘人之多，使羅織之黨為之不振。[27]事實上，情形沒有史書所說那麼樂觀，因為告密之人不振並不表示酷吏不振，更大和更高的打擊面在酷吏主持之下正持續展開。

仁傑七人涉嫌謀反案處理後一年——長壽二年（六九三）——即革命後第三年年初，女皇更

26.《舊唐書．酷吏．來俊臣傳》與《通鑑》該年月（二〇五：六四七九–六四八一）均有載，《通鑑》較詳，據之。

27. 詳《通鑑》則天后長壽元年七月條，二〇五：六四八五。

高層次的打擊面已經展開，此年正月，女皇殺害了皇嗣的劉妃和竇妃，尋命來俊臣審理並殺害私謁皇嗣的官員，皇嗣幾乎不免，從此以後更將皇嗣幽閉。二月，因有人告流人——指被流貶的官員和家屬、被誣殺官員的配流家屬以及一般被處流刑之人——謀反，所以對流人展開了大屠殺，最大的酷吏屠殺案於是發生。事情真相簡單說是這樣子的：

史書一般的說法是有人上封事密告，謂在嶺南服流刑之人有人謀逆。但是上封事密告者是誰？所告內容為何？都無交代。根據潘遠《紀聞》所載，與時為小諫官的酷吏——補闕李秦授——進封事有關。李秦授的封事說：「陛下自登極，誅斥李氏及諸大臣，其家人親族流放於外，以臣所料，且數萬人。如一旦同心，招集為逆，出陛下不意，臣恐社稷必危。讖曰『代武者劉』，夫劉者流也，陛下不殺此輩，臣恐為禍深焉！」建議為迷信而又猜忌的女皇所採納，夜召見，乃拜秦授為天官考功員外郎，分派使者，賜墨敕——不經鳳閣、鸞臺，直由皇帝頒下之敕——慰安流人，實命殺之。[28]

女皇最初派遣的是司刑評事萬國俊，命他攝監察御史前往按鞫，並授以「若得反狀，便許斬決」之權。國俊到廣州，集中流人置於別所，矯制賜令自盡。流人盡皆號哭，稱冤不服，國俊乃將他們驅趕至水濱，依次殺戮，三百餘人一時併命，然後枉曲成反狀，誣奏說「諸流人咸有怨望，若不推究，為變不遙」。女皇「深然其奏」，擢國俊為侍御史，又命劉光業、王德壽、鮑思恭、

28. 潘書見《通鑑考異》所引（《通鑑》則天后長壽二年二月注，二〇五：六四九一—六四九二），司馬光因其說及派十道使與後來並斬使者為不確之事，故連秦授之言也不採信。按：女皇不會無故殺流人，且她素信圖讖，秦授未列入酷吏傳而被神龍敕令追懲，恐即與此有關；裴炎之侄也是流人，即因事先知道此消息而逃亡得免，故《新唐書．裴炎傳》收載此事（一一七：四二四九—四二五〇）。據此，筆者以為李秦授進言之事可信。

王處貞、屈貞筠等各以本官攝監察御史，分往劍南、黔中、安南、嶺南等六道按鞫流人。諸使見國俊因殘殺而得榮貴，於是爭先效法，光業殺九百人，德壽殺七百人，其餘少者不少於五百人，連與革命無關的遠年流人亦同時被殺。[29]他們竟敢如此公開屠殺，可見的確與女皇的授權有關，且女皇連一覆奏也不需要，顯示她的確有殺戮鎮壓、斬草除根之心。當此時也，縱有徐有功等一二執正的法曹在，又能如何？這年夏天，女皇被尊為「金輪聖神皇帝」，她可能要學金輪聖帝轉動金輪，摧魔降邪罷！

如是者又過了三、四年，來俊臣更加倚勢貪淫。史稱他若知道士民有美妻美妾者，常百方取之，或使人羅告其罪，前後羅織誅人不可勝計，自宰相以下也籍其姓名而取之。[30]約在此時，監察御史紀履忠劾奏御史中丞來俊臣犯狀有五：一，專擅國權（指竊弄人主之刑柄）；二，謀害良善；三，贓賄貪濁；四，失義背禮；五，淫昏狼戾。罪合該死，請下獄治罪。[31]女皇依然不理，顯示她縱容之深。不過，來俊臣利用女皇所授與的權柄肆作威福，圖利自己，偏離了女皇授權的原意，卻也正種下了致死的主因。

到了萬歲通天二年（即神功元年，六九七）六月，俊臣竟然膽大到想羅告武氏諸王、太平公主以及女皇的新情夫張易之和張昌宗，又欲誣皇嗣和遠在房州被幽禁的廢帝廬陵王，說他們與南、北衙——南衙指中央百官和首都衛軍，北衙指北門禁軍——同反。事為河東人衛遂忠所反告。武氏諸王及太平公主恐懼，共發俊臣之罪，逮他入獄。有司處以極刑，女皇猶欲赦之，奏上三日而

29. 見《舊唐書・酷吏・萬國俊傳》（一八六上：四八四五–四八四六）及《唐會要・酷吏》（四一：七四一）。
30. 《通鑑》載於則天后神功元年六月條，二〇六：六五一八。
31. 《唐會要・彈劾》繫之於萬歲通天五年五月（六一：一〇六九）。按：萬歲通天無五年，應是元年或二年之誤。

不批出。宰相王及善說：「俊臣凶狡貪暴，國之元惡，不去之必動搖朝廷。」女皇遊苑中，也名列酷吏的宰相吉頊執轡，遂問他以外事。吉頊回答說：「外人唯怪來俊臣奏不下。」

「俊臣有功於國，朕方思之。」女皇說。

「當年于安遠告虺貞（即越王李貞）反，今止為成州司馬；」吉頊復說：「俊臣聚結不逞之徒，誣構良善，贓賄如山，冤魂塞路，國之賊也，何足惜哉！」女皇纔下其奏。

據說俊臣行決後，仇家爭噉其肉，斯須而盡。女皇知他為天下所惡，乃下制數其罪惡，且說：「宜加赤族之誅，以雪蒼生之憤，可準法籍沒其家。」士民因此相賀於路說：「自今眠者背始帖席矣！」[32]意謂從始纔能睡得安穩。

權智的女皇事實上知道酷吏們如何做事，做了什麼事，故來俊臣的被殺，一方面是因為他做過了頭，一方面是她要壁虎斷尾——處決他以諉過自保，並用以安撫臣民。

女皇在猜忌及眾怒之下斷尾自保，用酷吏處理酷吏，來俊臣不是第一人。例如最著明的是「請君入甕」的故事。事情發生在革命後一年——天授二年的正月某日，御史中丞知大夫事李嗣真早已因為酷吏用法嚴酷，故向女皇進言說，「今告事紛紜，虛多實少，當有兇慝，……先謀疏陛下君臣，後謀國家良善」——即批評酷吏先離間君臣關係，然後伺機向諸臣下手逼害，製造政治危機。女皇為此明白告訴嗣真說：「我比來已作此意。」亦即表示女皇也早已作此懷疑。第二天，嗣真再上疏質疑司法制度已破毀，和警告威權下移會影響國家安全說：

32. 見《通鑑》則天后該年月條，二〇六：六五一九。按：兩《唐書．酷吏．來俊臣傳》謂誣及張易之和張昌宗，《通鑑》不載。

「臣竊見比日獄官，一單車使推訖，萬事即定；法家隨斷，不令重推。或有臨時使決，不待聞奏。此權由臣下，非審慎之法，儻有冤濫，何由可知？況乎九品之官，專命推覆，按覆既不在秋官，省審復不由門下，事非可久，物情駭懼。老子云：『國之利器不可以示人。』今日假此威權，便是窺國家之利器也，不可不慎！」[33]

其實司法破毀正是女皇用意所在和縱容的結果，非如此她哪能奪權和鞏固政權？女皇雖然不聽此言，但是「權由臣下」卻是她的大忌，正中她的要害，故也對酷吏有了猜疑。兩個月後，有人告文昌左丞周興與左武衛大將軍武（丘）神勣——即殺害故廢太子李賢的將領——通謀，此則茲事體大。女皇命來俊臣推鞫其事。俊臣與周興方推事後對食，遂問周興：「囚犯多不承，當為何法？」「此甚易耳，」周興回答說：「取大甕，以炭四周炙之，令囚犯入其中，何事不承！」俊臣乃索取大甕，依照周興所教之法用火炙熱，然後徐起告訴周興：「有內狀推兄，請兄入此甕！」周興惶恐叩頭伏罪，翌月配流嶺南，途中為仇家所殺，武神勣也下制獄伏誅。[34]

纔革命不久，女皇即假手酷吏來俊臣一舉除去兩個涉嫌或被誣告假權謀反的酷吏。同年八月，俊臣又奉制推鞫另一大將軍武虔勗。他雖未名列酷吏，但卻是鼎鼎大名參與廢帝的大將張虔勗，因此賜姓武氏。虔勗不堪苦刑，自訟於以正直著稱的法官徐有功。俊臣大怒，逕命衛士亂刀斬殺，梟首於市。[35] 翌月，發起請願改國號而快速拜相、又建議女皇盡殺流人的酷吏武（傅）遊藝，也

33. 嗣真語見《唐會要．酷吏》（四一：七四〇—七四一），《通鑑》謂不聽（該年月條，二〇四：六四七一）。
34. 《舊唐書．酷吏．丘神勣傳》謂十月伏誅，今據《通鑑》則天后天授二年一月和二月條，二〇四：六四七二。
35. 詳兩《唐書．酷吏．來俊臣傳》及《通鑑》則天后天授二年八月條（二〇四：六四七三）。

因告訴所親夢中登上湛露殿而被告謀反，下制獄自殺。[36] 首席酷吏索元禮也以酷毒轉甚，女皇為收人望而將他下獄，亦約在此時被酷吏所殺。[37] 可見女皇一方面假酷吏以弄法殺戮、遂行革命，另一方面也極猜忌他們過分竊弄威權而有異圖，一發現不對勁，即立刻壯士斷腕、壁虎斷尾。她對這些假她之勢而舞弄革命刑柄的爪牙，其實只有利用而不珍惜，來俊臣橫肆到革命後七年纔被殺，已是因他「有功於國」了！

當酷吏橫行之時，其實仍然有若干良吏如嚴思善、徐有功等人執法不阿，與酷吏對立；只是女皇一心想用酷吏整肅異己，因此就讓他們橫行肆意。在這種情勢下，徐有功等良吏們哪有能力挽狂瀾，能於狂瀾之下圍住一圈清水也就不錯了！在此期間，除了上述陳子昂、李嗣真對酷吏橫行提出批評之外，亦陸續有正直的臣工對司法制度的破壞和酷吏的橫行提出批評和諫諍。

例如在革命後第二年——長壽元年（六九二），萬年縣主簿徐堅即上疏批評死刑覆奏制的破壞，使司法喪失詳刑的精神。他說：「今著三覆奏，恐致虛枉也，比見有敕，勘當反逆，命使者得實，便行決殺。……欲訴無路，……飲恨吞聲，……此不足肅奸逆而明刑典，適所以長威福而生疑懼。臣望絕此處分，依法覆奏。……見詳刑之意。」[38] 同年右補闕朱敬則以女皇本任威刑以禁異議，如今革命，眾心已定，宜告絕酷吏，省刑尚寬；疏中又引漢高祖君臣「馬上得之，安可馬上治之」的典故，批評法家政治，主張儒家政治，建議從今以後，改法制、立章程，不要步亡

---

36. 遊藝《舊唐書》列入酷吏，《新唐書》列入奸臣，其死《通鑑》繫於則天后天授二年九月。
37. 詳兩《唐書·酷吏·索元禮傳》，《通鑑》繫其死於則天后天授二年一月（二〇四：六四七二）。
38. 見《唐會要·酷吏》長壽元年條，四一：七四二。《通鑑》繫於該年六月。

秦用法的後塵。[39]侍御史周矩更批評酷吏用種種酷刑虐待囚犯，嚴正指出囚犯認罪只是因為他們「既非木石，且救目前，苟求賒死」罷了，並又引述輿論說：「臣竊聽輿議，皆稱天下太平，何苦須反？豈被告者盡是英雄，欲求帝王耶？但不勝楚毒自誣耳！願陛下察之。今滿朝側息不安，皆以為陛下朝與之密，夕與之讎，不可保也。周用仁而昌，秦用刑而亡，願陛下緩刑用仁，天下幸甚！」旨在「朝與之密，夕與之讎，不可保也」！女皇以術為政、以刑為治，一針見血，史謂女皇頗採其言，制獄稍衰云云。[40]降至萬歲通天元年（六九六）因契丹入侵，女皇下制徵發天下繫囚當兵，時任清邊道行軍大總管武攸宜幕僚的陳子昂，上疏認為此皆怯弱之眾，「且比來刑獄久清，罪人全少」建議不要用他們為兵，以免有損國體。[41]顯示此時天下繫囚，因一再被酷吏殺戮或被女皇大赦，已經「刑獄久清」了。

群臣既屢為此事上疏，即不能說連小事都管的女皇不知情。這段期間制獄稍衰、罪人全少，事實上是因為在囚在流之人已被殺得差不多淨盡了；然而此後的酷毒仍然所在多有，大臣也常入獄，「三品院」之置即是很好的說明。就以陳子昂上疏後幾個月——萬歲通天二年（即神功元年，六九七）所發生的綦連耀案和樊甚案，即可為例。

綦連耀案事情是這樣的，箕州刺史劉思禮因相士說他大貴，遂與洛州幕僚綦連耀謀反。明堂尉吉頊聞其議而告知時任合宮尉的來俊臣，使上變告之，女皇命河內王武懿宗負責推鞫。懿宗令

---

39. 《通鑑》繫於長壽元年，《唐會要．左右補闕拾遺》則繫其疏於聖曆二年，五六：九六八—九六九。
40. 《通鑑》俱繫於該年七月，二〇五：六四八五—六四八六。
41. 《通鑑》繫於該年九月，二〇五：六五〇七。

思禮廣引朝士，只要稍有忤意者皆被牽引，於是宰相李元素、孫元亨等海內名士三十六家都因酷刑成獄而族誅，連坐而流竄者千餘人。

樊甚案則是這樣的，來俊臣黨羽與司刑府吏樊甚不協，誣以謀反誅之，樊甚之子訴冤於朝堂，無人敢理其事，其子遂引刀自刳其腹，秋官（刑部）侍郎劉如璿不覺言唧唧而淚下。來俊臣奏如璿黨惡人，如璿申辯，說是因為「年老，目遇風而淚下」。俊臣批他說：「目下涓涓之淚既是因風；口中唧唧之聲如何分雪？」處以絞刑，幸蒙女皇赦其死而改判流刑。[42]

河內王武懿宗被時人視為「周興、來俊臣之亞」，稍後統兵迎戰契丹，所過殘酷，與殘酷的契丹將領何阿小被人並稱為「兩河」，諺語說他們：「唯此兩河，殺人最多。」[43]武懿宗、來俊臣與吉頊均是活躍於此時的酷吏，只因懿宗是皇親國戚，故未被列入〈酷吏列傳〉之中。當年稍後，就又發生了來俊臣羅告武氏諸王及皇嗣、廬陵王、太平公主兄妹等人之事，可見制獄仍頻，酷吏仍然膽大橫行。革命豈是短期即可完成之事，女皇殺了一批已引起民怨的酷吏後，又用了一批酷吏，正見她權術之精微、手段之靈活！

女皇精微靈活的權術尚不僅見於此。連小事也管的她，常將嚴酷殺戮之罪推諉給酷吏，表示自己不知情。

例如殺掉來俊臣後，女皇曾問侍臣：「往者來俊臣等推勘制獄，朝臣遞相牽引，咸承反逆，

---

42. 劉如璿語見《大唐新語．勸勵》篇（一二：一二）。兩案《通鑑》均繫於該年正月，但樊甚作樊惎（二〇六：六五一二—六五一四），據《唐僕尚丞郎表》劉如璿在神功元年正月二十四日流。

43. 見《唐會要．酷吏》萬歲通天二年條，四一：七四四。

中間疑有枉濫，更遣近臣就獄親問，皆得手狀承引不虛。近日俊臣死後，更無聞有反者，然則已前受戮者不有冤濫耶？」

夏官侍郎姚元崇（姚崇）對答說：「比破家者皆是冤酷自誣，告者持以為功，天下號為羅織，甚於漢之黨錮。陛下令近臣就獄親問者，近臣亦不得自保，何敢動搖？今日以後，臣以一門百口，保見在內外官吏無反者，乞陛下得告狀，收掌更不須推問。」

女皇大悅道：「以前宰相皆順成其事，陷朕為淫刑之主，聞卿所言，深合朕心！」[44]

其實姚元崇之言從陳子昂以來即不斷有人向她提出過，現在女皇認為擺脫「淫刑之主」的時機已到，因此不但要諉過於酷吏，甚至要諉過於宰相，豈非公然說謊，大玩權術？

來俊臣這個女皇最大最縱的酷吏死前，伸冤之聲已經不絕，但是據侍御史徐有功上疏所言，知匭使和理匭使都「不能正直，各自防閑，延引歲時，拖曳來去，扣閽不聽，撾鼓不聞」，使投匭人「抱恨銜冤，吁嗟而已」。[45] 及其死後，朝臣利用女皇有諉過之心，於是開始提議平反冤獄。

例如聖曆二年（六九九）——俊臣死後兩年——鳳閣舍人韋嗣立上疏說：「今四海多含冤之人。……自揚、豫之後，刑獄漸興，……用法之伍，務於窮竟，連坐相牽，數年不絕，……人不勝痛，便乞自誣。公卿士庶，連頸受戮，道路藉藉，雖知非辜，而鍛鍊已成。……於是小乃身誅，

---

44. 《唐會要．酷吏》繫於聖曆元年（見四一：七四三—七四四）；但《通鑑》繫於神功元年九月甲寅（二〇六：六五二三）。按：據《唐僕尚丞郎表》，姚崇在神功元年九月由夏官郎中遷夏官侍郎，翌年十月以本官同平章事而為侍臣，故以聖曆元年（六九八）為是。「聞卿所言，深合朕心」語出《通鑑》。

45. 參《唐會要．匭》萬歲通天元年條，五五：九五六。《通鑑》繫於該年十月。

大則族滅，……當時稱傳，謂為羅織。弄法舞文，傷人實甚。且如仁傑、元忠，俱罹枉陷，被勘鞫之際，亦皆自誣；向非陛下至明，無以省察，則菹醢之戮，已及其身，欲望輸忠聖世，安可復得？陛下擢而昇之，遂各為良輔。……陛下儻錄垂拱已來伏法者，並追還官爵，緣累之徒，普沾恩造，如此則天下皆知彼所陷罪，元非陛下之意。」女皇這時猶不納。[46]

此後女皇已老，思想有變，內心悔罪，[47]鑑於廢帝廬陵王重為太子後的政局穩定，又耽於與情夫們享樂，乃不復殺戮，且有陸續平反冤屈，以緩和人心的措施。就在大足元年（七〇一），女皇下制限制法司及推事使，敢多作辯狀而加語者，以故入人罪論處。[48]此年十月改為「長安」，女皇革命後首次回到西京，遂於二年八月降敕：「自今有告言揚州及豫博餘黨，一無所問，內外官司無得為理。」[49]使綿延幾乎二十年而株連廣泛的此二大案，劃下了半休止符。

冤獄一鬆動，同年十一月監察御史魏靖則更是挑明來講，上疏說：「夫酷吏者，資矯佞以事君，行刻薄以臨下，……侮憲害公，弄權撓法，臣見周興、來俊臣等恣意馳暴，……當其時也，囹圄如市，朝廷以目。……竊見來俊臣身處極法者，以其羅織良善，屠陷忠賢，籍沒以勸將來，顯戮以謝天下。臣又聞之道路，上至聖主，傍洎貴臣，明知有羅織之事矣！俊臣既死，……被其陷者豈可含冤累歲？且稱反之徒，須得反狀，唯據片辭，即請行刑，拷楚妄加，疑似何限。……儻使平反者數人，眾共詳覆來俊臣等所推大獄，……天下幸甚！來俊臣所推鞫人身死籍沒者，令三司重檢

46. 參《唐會要．酷吏》，四一：七四二─七四三。不納為《通鑑》之詞。
47. 詳第十四章第四節。
48. 見《新唐書．刑法志》，五六：一四一五。
49. 見《通鑑》該年月條，二〇七：六五五九。

勘，有冤濫者並皆雪冤。」表示酷吏上承君意弄權冤枉，「聖主」也「明知」，故應予以重審平反，欲使女皇不能迴避。女皇的確也因此命另一監察御史蘇頲覆按俊臣等舊獄，由是雪免者甚眾。[50]又降至長安四年（七〇四）九月——女皇被推翻前幾個月，女皇進一步開始重新起用緣坐者的親屬。稍後復因宰相李嶠、崔玄暐及司刑少卿桓彥範等人，前後多次上疏，奏請雪免革命以來被酷吏破家者的親屬而終於獲許，[51]平反纔較全面地擴大至革命問題人物的親屬。幾個月後——神龍元年（七〇五）元日，女皇因改元而赦天下，並制：「自文明（六八四）以來得罪者，非揚、豫、博三州及諸反逆魁首，咸赦除之。」[52]這時距離神龍兵變、大周覆亡僅差二十一天而已，平反仍不是全面而徹底的。儘管大唐稍後復辟，平反面和層次繼續擴大；但是在神龍元年十一月二十六日女皇死前，復辟皇帝格於母皇的關係，仍然不敢全面徹底地實行平反。當女皇遺制指令說：「王、蕭二家及褚遂良、韓瑗等子孫親屬當時緣累者，咸令復業。」[53]纔開始赦免爭皇后時情敵和政敵的親屬，至於徐敬業與裴炎等政權的反對者或異議者，則更是後來纔被赦免。

無論如何，女皇的統治作風從恐怖統治的角度而看，應該算是一個暴君無疑。當她殺了來俊臣後，纔真正想到要擺脫「淫刑之主」之名，然而未為其偏信和縱容酷吏而下罪己詔，反而諉過於酷吏乃至宰相，對冤屈的平反也猶豫緩慢，至死仍未全面而徹底，並且仍有誣告和制獄案發生。

---

50. 參《唐會要．酷吏》四一：七四二—七四三；上疏時間及覆按雪免則參《通鑑》則天后該年月條（二〇七：六五六一）。
51. 詳參《通鑑》該年九月和年底條，二〇七：六五七四及六五七八。
52. 見《通鑑》該年月日條，二〇七：六五七八。
53. 見《舊唐書．則天紀》神龍元年十一月壬寅條，六：一三二。

威刑暴力固然可以肅奸去邪，但是過度運用也會累積怨毒，她的作風手段深為臣民所悉，故先後多有諫諍之言，如陳子昂在革命前就以「事有招禍而法有起奸，倘大獄未休，支黨日廣，天下疑惑，相恐無辜，人情之變，不可不察」之言來提醒她；而周矩在革命後亦以「今滿朝側息不安，皆以為陛下朝與之密，夕與之讎，不可保也。周用仁而昌，秦用刑而亡」來警告她。可惜沉迷權力、威權獨任的女皇已不能察！神龍兵變、倒周復唐，正是有一部分朝臣——包括她親生的三個兒女——在此天下疑惑、側息不安的狀況下所發動的，真是不幸被言中，請容下面章節再論。

總之，酷吏和恐怖統治是女皇開創及鞏固革命政權的最重要手段之一，卻也是她被推翻、王朝毀滅的主因所在，玩火過頭會自焚，或許是一個可以古今驗證的真理。

眯目聖神皇：賞柄的運用

大唐政府採用三省制，各機關有一定的職權，官吏有一定的員額編制。貞觀之治的一項成就與特色，就是釐清機關職權、精簡官員編制和提拔菁英人才，成功地完成了政府重建工程。史謂文皇曾指令宰相房玄齡等說：

「致理之本，惟在於審量才授職，務省官員，故《書》稱任官惟賢才，又云官不必備，惟其人。若得其善者，雖少亦足矣；其不善者，縱多亦奚為？古人亦以官不得其才，比於畫地作餅，不可食也。……當須更併省官員，使得各當所任，則無為而理矣。卿宜詳思此理，量定庶官員位。」

據說玄齡等就依此指示，量定重要的文武總額為六百四十員，[54] 並選拔菁英，助成貞觀之治。同時，政府的人事行政制度也作了一番整理和確定。大體任官敘階的途徑有多種，即封爵、親戚、勳庸、資蔭、秀孝（科舉）、勞考等，使人才進拔不偏滯於一格。由此多種途徑看，大唐仕進基本上仍以門第為主，對本朝的皇親國戚和大官高爵尤為有利；民間菁英雖然可以透過科舉而仕進，但是這種仕進方式繁複，錄取率和起資也低，而且貴族子弟亦一樣可以利用。

女皇為了奪取和鞏固權力，故不得不對貴族進行打擊，並提拔為己所用的人才；如此則又不得不破壞現行的人事行政制度，以便破格用人。不過，現行的人事行政制度在她以太后專權之前，即已面臨實行的瓶頸，故她只是有意的因勢利導，以收人心而已。

在此不妨先觀察此面臨的瓶頸。

原來大唐開國之初來應選任官的人不多，隨著日漸太平，選人遂激增，至女皇為皇后時已每年增至有千人以上之眾。顯慶二年（六五七）黃門侍郎．知吏部選事劉祥道上疏，對選舉現況提出七點批評，建議改革。其要點主要是批評政府銓選官吏傷多且濫，所選也非人才，故直接指陳說：「今之選司取士，傷多且濫。每年入流，數過一千四百人，是傷多也；雜色入流，不加銓簡，是傷濫也。」跟著又提出數據作分析估計，謂如今九品以上內外文武官有一萬三千四百六十五員，

54. 語見《貞觀政要．擇官》貞觀元年條（三：九—一〇），文武總額諸書記載頗有出入，《新唐書》作七百三十員，《通鑑》作六百四十三員，《文獻通考》作六百四十二員。貞觀體制之優劣詳拙著《隋唐中央權力結構及其演進》，二一三—二一八。

大約從公三十年後全都退休，如果以每年入流五百人計，二十年便得一萬五千人，足可補充此數。但是，如今每年新增加的入流者踰一千四百人，已經多出了兩倍，加上原本有官職的常選待任者約有六、七千人，而且每年還不斷有增加，因此會造成很大的人事壓力。因此，他希望對此加以釐革，稍清其選。中書令杜正倫也認為這是「為政之弊」。但是公卿以下害怕改革，所以不能實行。[55]降至總章二年（六六九）李敬玄典選那年，參選者已激增至歲有萬人之多；而在大周革命後的如意元年（六九二）李至遠典選時，他更說「今年銓覆數萬人」。[56]可見持續激增的趨勢和情況。

選人激增，員缺有限，使官場裏產生了鑽營奔競，以至囂謗攻訐之風，所以當乾封元年（六六六）天皇責備侍臣不進賢良之時，宰相李安期遂解釋說：「比來公卿有所薦引，即遭囂謗以為朋黨。沉屈者未伸，而在位者已損，所以人思苟免，競為緘默。」[57]為因應此情勢發展，四年以後——總章二年（六六九）——當參選者已至歲有萬人之時，司列少常伯（吏部侍郎）裴行儉乃創設《長名牓》的方法，審定選人官資的高下，據以銓敘任官。[58]這是一種循資漸進的銓敘方式，優點是免除人事糾紛，缺點則是人才不易出頭。

又降至開耀元年（六八一），天皇鑑於選人落選率已達十之六七，乃於四月十一日下敕：「吏

55. 詳《通典・選舉五・雜議論中》（一七：典九三），及《唐會要・論選事》（七四：一三三四—一三三五）。
56. 《唐會要・掌選善惡》，七四：一三四四及一三四五。
57. 見《通典・選舉五・雜議論中》，一七：典九三下。
58. 在此基礎上，降至開元十八年裴光庭更奏用循資格，為法更密，凡人三十始可出身，四十乃得從事，六十尚不離一尉。詳《通典・選舉五・雜議論中》（五：典八四下—八五上）及《唐會要・吏曹條例》（七四：一三四七—一三四八）。

部、兵部選人漸多，及其銓量，十放六七。既疲於往來，又虛費資糧，宜付尚書省集京官九品已上詳議。」一時群臣議論紛紜，右僕射劉仁軌綜合眾議，建議先將現有空缺依員補足，同時提高銓選效率，盡速放榜，庶幾「遠近無聚糧之勞，……京師無索米之弊，既循舊規，且順人情；如更有不便，隨事釐革」。[59]可說因循舊規而略加改善，並無徹底的解決辦法。

當人事行政出現瓶頸現象、選風開始惡化之時，女皇在被尊為天后後四個月——上元元年（六七四）十二月，乃上表建言十二事，其中第十事是上元前勳官已給告身者無追覈；十一是京官八品以上益稟入；十二是百官任事久、材高位下者得進階申滯。[60]亦即是要保住勳官的任官資格，京官加薪和超擢資深官員，此為實有不顧人事惡化而收買官員人心之意，也是她首次主動利用人事制度以大力發揮賞柄之舉，與她先前透過夫皇超擢李義府等人，而又縱容他們貪贓乃至賣官的間接而個案的方式不同。的確，女皇從當皇后以來，即不時利用個案或制度方式以施恩行罰，已深得竊弄人主刑、賞二柄的個中三昧，則是不爭的事實；只是專權後的她，威權獨任，已無可以制衡之人，故更能揮灑自如而已。

當她實行廢立，以太后臨朝之初，即毅然超擢她的外戚如武承嗣，姻親如裴居道（孝敬皇帝、故太子弘的岳父），親信如北門學士劉禕之、范履冰，乃至平民身分的情夫薛懷義等人為將相大臣，又於垂拱元年（六八五）四月頒王戌制，命「內外九品以上及百姓咸令自舉」，[61]也就是要

---

59. 詳《唐會要．論選事》，七四：一三三五－一三三六。
60. 見《新唐書．武后傳》，七六：三四七七。
61. 見《通鑑》該年月日條，二〇三：六四三五。

自認有才幹的臣民自舉為官。當年文皇在開國之初，需才孔急，也曾指示官員舉賢，甚至要內舉不避親、外舉不避讎，乃至令官員自舉，故自舉的慣例實從貞觀年間開始。由於這些舉措的目的雖是為國舉才，然而卻有破壞現行人事行政制度的潛質，所以文皇也僅是偶然用之，未成常制，也未推及百姓。[62]不過，此時上距大唐開國已逾一個甲子，逐漸步入盛平時期，太后此之所為究有何意？縱觀太后此舉，除了欲從廣大臣民中破格拔擢人才之外，恐怕尚有更深層的政治用意。到了革命前夕，她進一步親策貢士於洛成殿，首創貢士殿試的制度，同時又為了屠殺宗室朝臣，往往以五品官賞勵告密者，用意也就日益彰顯。

顯然，她為了鞏固政權，甚至為革命鋪路，故不信任現有的皇唐舊臣，而要破格從廣大臣民中起用人才。此舉不僅可收重組政府之效，兼且可收拉攏全國民心之效。革命後她取消舉人習《老子》，而改習她所作的《臣軌》，用意就更加明顯了。顯示她為了打擊皇唐舊政府，故欲透過臣民自舉的方式親自選拔新人；而這些新人不論有才無才，他們被起用的大前提就是要感恩於她，遵照她的思想準則而行事。她正在大玩特玩人君所獨享的賞柄！

正是為此目的，所以她不必純粹為了打擊所謂「關隴集團」而拉拔「山東集團」，因為讓她感到不利的政府舊官員裏這兩種人士都有，而她起用的新人亦然，例如宰相團和酷吏集團裏關隴籍的人士就所在多有。[63]至於她要打擊的，則是裴炎、狄仁傑等效忠或心懷皇唐的舊臣，不論他

62.《唐會要．舉賢》貞觀各條，五三：九一三–九一四。

63. 著名酷吏來俊臣、周興、侯思止、來子珣等皆屬關隴籍，上節已言之。其所用關隴籍宰相可知者有十七人，占總數二十四．六%，參拙著《隋唐中央權力結構及其演進》表九，頁六五–六六。

們是否人才或屬否關隴集團；相對的，她所起用或超擢的人，只要他們能效忠於己及為己所用，她也不論他們屬於何處地籍、什麼派系、才幹大小。這正是女皇政治手腕厲害之處，決不能以派系領袖視之，否則就無以理解她為何能以一介女流而鉗制各地英傑，終至革命移鼎。

官員員額僧多粥少，天皇中期以後，隨著女皇由二聖臨朝進展為天后，每年選人人數已由萬人激增至數萬人，早已出現了銓選的瓶頸。如今又令官民自舉，錄取率遂由「十放六七」降低到「十不收一」，可謂火上加油，更使選風因競爭日烈而益壞，數年之後竟至奔競相尚，諠訴無慚，咸稱鑽營求官為「覓舉」。64

選人日益眾多，因此選司工作也日益繁重。就在令人自舉後三個月，鸞臺侍郎兼天官侍郎魏元同遂以吏部選舉不得其人為由，上表分析說，自魏晉以來，官僚銓選權收歸吏部，委之於數人之手，「銓綜既多，紊失斯廣」。有些吏部官員委任非人，「情、故既行，何所不至」，因此形成奔競之風。如「今諸色入流，歲有千計；群司列位，無復新加。官有常員，人無定限；選集之始，霧積雲屯。擢敘於終，十不收一。淄澠既混，玉石難分；用舍去就，得失相半」。因此，他建議改革魏晉已來的習慣，恢復周漢的制度，用人責成於各長官，並且不宜單以書、判取人。65

選司認為的缺失，對深諳「百王之失，皆由權歸於下」的革命女皇來說，正是大玩賞柄的好時機。她怎可能接受此建議，恢復漢朝的徵辟制度，將人事權授給各長官？相對的，這也是臣民覓舉的好機會。他們最好能迎合上意，要不然也要討好有影響力的官員，纔會有御用超遷或大力

---

64. 詳薛謙光之疏，《通鑑》繫於則天后長壽元年一月，二〇五：六四八一。
65. 詳《唐會要．論選事》垂拱元年七月，七四：一三三六–一三三七。

被舉的良機，然後纔能夠脫穎而出。

例如酷吏們紛紛揣摩上意以肆其酷，遂常由平民一下子躍拜五品，官位屢遷，令人稱羨。比起寒窗十年考得進士甲第僅能由從九品上階起敘，乙第則由從九品下階起敘，實在好得太多了！[66]官職莫重於拜相，其中最被注目的乃是酷吏傅遊藝。他以從六品下階之侍御史官，在永昌二年（即天授元年，六九〇）九月三日發動群眾請願，首先邁出革命的步伐，遂立即被擢昇為正五品上階的給事中。革命後又在同月十三日被賜姓武氏，再遷為正四品下階的鸞臺侍郎，同時帶同平章事而拜相，至翌年九月被疑不軌而下獄自殺。期年之間，遊藝所穿官服由青色而至綠色、朱色以至紫色，時人謂之「四時仕宦」。至於嵩山術士韋什方則更是以妖妄為女皇所信重，亦賜姓武氏，於延載元年（六九四）被超拜為正諫大夫・同平章事，一下子從平民變成四品宰相；幸好他於翌月見機乞准還山，否則恐怕也會死於相位。女皇對他們如此超拜，幾乎可以比美古代的傅說起於版築之間、管夷吾起於海，可惜這僅是女皇賞柄所扇出的一種權術利用之風而已！期間，朝野遂傳有「眯目聖神皇」之詩，情況是這樣的。

根據唐人記載，女皇初革命，為了收買人心而令人自舉，正官不足則創置裏行、拾遺、補闕等官。[67]史書又謂革命後，女皇為了進一步收取人心，遂發十道存撫使出巡，並令他們舉人。稍後女皇親自引見這些舉人，無問賢愚悉加試用，高者試鳳閣舍人、給事中，次者試員外郎、侍御史、補闕、拾遺、校書郎，開創了試官制度，這也是一種新的用人方式。其中石艾縣令王山輝

66. 唐朝銓敘，流內官分為九品三十階，從九品下階是最低之官。
67. 見《唐新語》，一三：二一三。

等六十一人並授拾遺、補闕，懷州錄事參軍霍獻可等二十四人並授侍御史，并州錄事參軍徐昕等二十四人授著作郎，魏州內黃縣尉崔宣道等二十三人授衛佐、校書。故當時傳出一首諺詩：「補闕連車載，拾遺平斗量，把椎侍御史，腕脫校書郎。」這些官職都是大家夢寐以求的清美之官，女皇為收人心而如此輕易授予，故其中有一舉人叫沈全交，乃作續句諷刺云：「糊心存撫使，眯目聖神皇！」事情為御史紀先知所悉，遂上疏彈劾他誹謗朝政，請求治罪。女皇笑道：「但使卿輩不濫，何恤人言！宜釋其罪。」[68]

女皇雖然不怕人家講話，事實上他們之中有不少人的確是庸俗之輩，所以常讓人瞧不起而鬧笑話。例如有一御史臺文書人員某日入臺，見一群御史裏行聚立門內，於是下驢將它驅入人群間。眾裏行大怒，要杖罰此人。此人說：「今日之過實在於驢，請責之然後受罰。」裏行允許，此人遂罵驢說：「汝技藝可知，精神極鈍，何物驢畜，敢於御史裏行！」眾裏行知他指著驢子罵禿奴，皆羞赧而止。[69] 其令人發噱猶如魏元忠之諷刺酷吏侯思止。

女皇除了增創拾遺、補闕之官，及擴充裏行之制，[70] 並試用這些舉人為中央的清官或清要官之外，另外還利用兩項措施，以舞弄她的賞柄，收取臣民之心。

一是增加官員的員額。根據懷州獲嘉縣主簿劉知幾的奏疏，他指出唐朝太過惜官，而「陛下

68.《唐會要．試及邪濫官》（六七：一一八〇—一一八一）及《通鑑》（二〇五：六四七七—六四七八）俱載此事，而時間詳略頗異，前書謂在天授二年（六九一）正、二月之間，後書謂在三年（即長壽元年）一月，今酌取之。

69.見《唐新語》，一三：三。

70.左右拾遺、補闕各三員分屬於中書、門下兩省，屬供奉官，增創於天授二年，詳《舊唐書．職官志》（四二：一七八九）。又裏行之官太宗時已有馬周等先例，女皇僅是擴充運用。

臨朝頓革此風，然矯枉過正，亦為甚矣。至如六品以下職事清官，乃方之土芥，比之沙礫。其有行無聞於十室，即厠朝流；識不反於三隅，俄登仕伍。斯固比肩咸是，舉目皆然。」[71]

二是賞賜階勳過濫。劉知幾同疏指出：「海內具僚九品以上，每歲逢赦，必賜階勳。至於朝野宴集，公私聚會，緋服眾於青衣，象板多於木笏。皆榮非德舉，位罕纔昇，不知何者為妍蚩，何者為美惡」。

可見女皇運用賞柄的最大原則，顯然只要能為己用，則不論賢愚，皆不惜增置官職以用之。《通鑑》評論此特色，說她「雖濫以祿位收天下人心，然不稱職者尋亦黜之，或加刑誅。挾刑、賞之柄以御天下，政由己出，明察善斷，故當時英賢亦競為之用」。[72]的確，一向威權獨任的女皇，雖然大舞賞柄，但也同時大舞刑柄，前面提到女皇任用宰相之眾多而輕易，折損更換之頻繁，平均任期之短促，均屬空前絕後的紀錄，可以作為例證。宰相是百官的領袖猶且如此，眾官也就不必說了。史謂女皇誅殺刺史、郎將以下不可勝數，竟至每任一官，宮中戶婢輒私相交談，說「鬼朴又來矣」！[73]可見她交舞刑、賞二柄的情況，確實與她罵群臣時所謂「公卿富貴，皆朕與之；……不利於朕，朕能戮之」的話相一致。

誅黜並沒有減輕賞官的效果，許多「鬼朴」仍然前仆後繼地「又來」，儘管女皇在被推翻前

---

71. 《唐會要·試及邪濫官》（六七：一一八一）繫於天授二年，《通鑑》則繫於天冊萬歲元年一月（二〇五：六五〇一）。
72. 見《通鑑》則天后長壽元年一月條，二〇五：六四七八。
73. 見《通鑑》則天后長壽元年七月條，二〇五：六四八五。

夕敕令「大足已來新置官並停」，[74]但是卻不包括此前的濫官濫階。

女皇的濫官濫階是一個惡劣的開端與示範，後來被她的子女和大臣所效法，使號稱中興的大唐官僚體制極為紊亂惡化。例如復辟皇帝李顯著名的「斜封墨敕」官不必說，連大臣李嶠也為了一己的私心，而一口氣奏置員外官二千餘人之多，「由是僥倖者趨進。其員外官悉依形勢，與正官爭事，百司紛競，至有相毆擊者」。[75]這些氾濫的員外官、諫官和宰相，在當時竟至有「三無坐處」之稱；再加上大量猥濫的斜封官，遂使朝廷有十羊九牧、朱紫盈滿之說，[76]成為派系鬥爭與兵變頻仍的亂源，要等到開元時代經姚崇、宋璟大力改革纔得以整頓。就此而言，女皇不但不是「上承貞觀之治，下啟開元之治」；相反的，她揮舞刑、賞二柄的結果，正是上壞貞觀之治，而下為開元改革的對象，改革有成始能造就開元之治。

---

74. 敕令頒於長安四年十二月（《通鑑》，二〇七：六五七四），距她被推翻僅一個月。「大足」即長安元年（七〇一），亦即只停晚年四年的新置官而已。

75. 《通典・選舉三》（一五：典八五下）與《唐會要・論選事》皆謂神龍以後，李嶠居選部，因求取聲望而奏置員外官（七四：一三三七），《舊唐書・李嶠傳》則謂是中宗時李嶠為了復相而奏置（九四：二九九五），《通鑑》則繫於則天后神功元年閏十月（二〇六：六五二五）。按：據《新唐書・宰相表》及《唐僕尚承郎表》，神功元年李嶠始以鳳閣舍人知天官侍郎事，翌年左遷麟臺少監，後在聖曆元年拜相，中間曾二度罷相，在女皇威權獨任之下決不敢如此膽大妄為。至神龍元年復辟之後復掌吏部，翌年以本官三度拜相，故其事應發生在神龍元年，《通鑑》恐將神龍誤作神功。又《舊唐書・李嶠傳》及《通鑑》謂奏置數千人之多，《唐會要・論選事》則謂一千餘人，今從《通典》。

76. 見《通典・選舉三》（一五：典八五下）及《唐會要・員外官》（六七：一一七六—一一七九）。

第十二章　大周的政治、經濟與財政

大周政治、人才與政風

《貞觀政要》記載「貞觀之治」的形成和實況說：

「文皇自即位之始，霜旱為災，米穀踴貴，突厥侵擾，州縣騷然；然帝志在憂人，銳精為政，崇尚節儉，大布恩德。是時自京師及河東、河南、隴右，饑饉尤甚，一匹絹纔得一斗米，百姓雖東西逐食，未嘗嗟怨，莫不自安。至貞觀三年，關中豐熟，咸自歸鄉，竟無一人逃散，其得人心如此。加以從諫如流，雅好儒術，孜孜求士，務在擇官，改革舊弊，興復制度，每因一事，觸類為善。……深惡官吏貪濁，有枉法受財者，必無赦免；在京流外有犯贓者，皆遣執奏。隨其所犯，置以重法，由是官吏多自清謹。制馭王公妃主之家，大姓豪猾之伍，皆畏威屏跡，無敢侵欺細人。商旅野次，無復盜賊，囹圄常空，馬牛布野，外戶不閉；又頻致豐稔，米斗三、四錢。行旅自京師至於嶺表，自山東至於滄海，皆不齎糧，取給於路。入山東村落，行客經過者，必厚加供待，或發時有贈遺。此皆古昔未有也。」[1]

1. 見《貞觀政要．君道》，一：二三一。

可見「貞觀之治」是文皇從整頓內政吏治出發，勵精圖治，使社會經濟臻至大盛的結果。據此可以與女皇的政績稍作比較，以見女皇究竟有何成績，本節先論她的內政吏治。

女皇在革命後未見發表任何高瞻遠矚的建國計畫，她神道統治所描繪給臣民的，是一幅天人符應和輪王統治的美景！當年──上元元年（六七四）──進號天后後，她上表所建言的十二事，如果是她的政治綱領的話，她究竟實行了多少？有沒有欺騙天下之人？

這十二事中，第十、十一、十二三事關係人事行政，被她利用為施恩以養望；第八是要王公以降皆習《老子》，也已被她廢除，而改習她的《臣軌》；第九是請「父在為母服齊衰三年」，亦已被她用以抬高自己的母權，概如前述。至於第六「廣言路」和第七「杜讒口」，由於忠言與讒言不易一下子被分別，故女皇實行起來並不理想，甚至有反效果。雖然她廣開言路，頗採直言，但是卻也採信讒言小語，例如採信李昭德而不重用武氏子弟，使其宗室實力始終不強；復採信丘愔而貶黜李昭德以及諸相，諸大臣因被讒而誅死貶流者甚眾，使公忠為國者引以為戒。這兩項政綱發揮的極致，就是大開告密與誣告之門，形成威權與恐怖統治，以及本節所探討的政風。至於第一項「勸農桑，薄賦傜」，第二「給復三輔之地」，第四「南北中尚禁浮巧」，和第五「省功費力役」，則應在下面兩節作檢討；而第三「息兵，以道德化天下」，則留待下章再檢討。

雖然女皇威權獨任、大臣備位，但是天下之大，不可能一人獨治，所以若要實行這些政綱，則必須靠人才來執行，也需要某種政風來支持，如此纔不會荒腔走板，南轅北轍。但是女皇大量起用官員，果真都是人才嗎？

的確，女皇曾經提拔過若干將相名臣，如狄仁傑、婁師德、王及善、唐休璟、姚崇、宋璟、張柬之等，被史家稱讚為知人善任；然而他們只是官員的一部分，並多是「皇唐舊臣」，且是潛伏性的「反革命分子」。就以曾經自稱為皇唐舊臣的狄仁傑為例吧。

史書稱「仁傑為納言，頗以藻鑑自任，因舉桓彥範、敬暉、崔元暐、張柬之、袁恕己等五人，後皆有大勳；復舉姚元崇（即姚崇）等數十人，悉為公相」。[2]狄仁傑怎樣舉薦張柬之的？史謂長安二年（七〇二）女皇令宰相狄仁傑舉賢，仁傑舉荊州長史張柬之，說「其人雖老，真宰相才也」；又說柬之「久不遇，若用之，必盡節於國家」，女皇乃召柬之為洛州司馬。他日女皇又向仁傑求賢，仁傑說：「臣前言張柬之猶未用也。」女皇則回答說：「已遷之矣。」仁傑不以為然說：「臣薦之，請為相也，今為洛州司馬，非用之也。」於是女皇又為之昇遷張柬之為秋官侍郎。兩年之後，宰相姚元之（即姚崇當時改名）出鎮靈武，女皇也令他舉堪為宰相的人，元之答道：「秋官侍郎張柬之，沈厚有謀，能斷大事，且其人年老，惟陛下急用之！」稍後柬之果然拜相。[3]是則女皇雖在狄、姚二相先後力薦之下，對張柬之也並非完全地知人善用的。上述仁傑舉薦諸人所謂「後皆有大勳」，是指他們發動政變倒周復唐一事，與及站在「開元之治」的政治立場而言的，故他們對大周而言實有大罪，何大勳之有？

其實，此數人之外，女皇所用將相多是貴戚和甘為我所用者，而後者也因此正是她大量貶戮的對象；晚期所用則更以趨炎奔競的文士為多，如蘇味道、楊再思、李嶠、李迥秀之流是也，因此她是否知人善任，其實大有商榷的餘地。

將相用人如是，則中下層官吏的情況如何？

---

2. 《唐會要．藻鑑》，七五：一三五七。
3. 《唐會要．雜錄》，五三：九一九－九二〇，兩《唐書》柬之傳略同。

大周沿襲大唐的制度，各州所貢的士子每年匯集於中央，接受吏部考功司的考試，這就是著名的科舉。中了科舉，就是有了出身，乃會同有門蔭或前資官等赴吏部銓選敘官，入流為流內官；非此正途出身任官的，乃是雜色或流外及視品官。唐初之所以人才濟濟，與非正途的所謂雜色人才也能因勞考等表現，獲得入流為官，一展長才有關。

隨著貢士日多，中舉益難，如進士錄取率約百分之十一、二，明經則為百分之十至二十，因此考場作弊之風日盛，而防弊之法也日嚴。女皇除了創立親臨殿試之制外，也同時創立了糊名考試的措施。考試內容從天皇晚年以來，已側重以文章取士，女皇掌政以後則更是日久成風，故公卿百官莫不以文章見達。[4]也就是說，政府人才的選拔，已日益偏重於科舉——尤其進士科，因此日益偏枯於以文章取材。又因為銓敘人數的膨脹及近來諸色伎術銓敘的乖違，女皇更下制限制雜色人員入流。如神功元年（六九七）閏十月頒下〈釐革伎術官制〉：「自今本色出身，解天文者，進轉官不得過太史令；音樂者，不得過太樂、鼓吹署令；醫術者，不得過尚藥奉御；陰陽卜筮者，不得過司膳寺諸署令。」又在同月敕令，除了因勸獎幹吏而僅允許中書主書、門下錄事、尚書都事等緊要的七品官聽量擬左、右金吾長史及寺、監丞之外，其他流外及視品官出身者皆不得任諸寺丞和主簿等官。[5]遂益使政府人才逐漸匯歸一途。

其實吏部銓敘也有一番考試，銓敘試的項目是身（身材）、言（言談）、書（書法）、判（判詞）。為了防弊而客觀，女皇也曾一度實行了糊名考判的措施，以求真才實幹，[6]然而亦一樣偏

4. 參《通典．選舉三》，一五：典八四上。
5. 詳《唐大詔令集》（一〇〇：五〇五）及《唐會要．雜處置》（七五：一三五九）該年條。
6. 參《通典．選舉三》（一五：典八五中）及《舊唐書．劉憲傳》（一四〇：四一五）。

重了考文人所長的詞判，使人才選拔偏向一途的發展益加明顯。此時選舉的風氣已大壞，例如如意元年（六九二）曾有選人落榜後，串通吏部令史偽改名字以圖作弊；長壽二年（六九三）有吏部侍郎許子儒將銓選權委付令史平配之弊；久視元年（七〇〇）有「時多權幸，好行囑託」，至令選司不堪其擾之事。[7]亦即參選者有作弊、請託、奔競、囂訟、譏謗之風；選司則有巴結貴勢、因於情故、不勝繁重之弊。女皇已意識到選風之敗壞，與及此法不足以選拔人才，遂一度廢除糊名考判，並嚴懲「凌突選司、非理喧悖」的選人，然而終究不能扭轉一代風氣。[8]降至開元三年（七一五）張九齡仍然上疏批評「選部之弊在不變法」，重視案牘人才而以書判取人；不過變法後不久，卻仍在開元十五年敕令「今年吏部選人，宜依例糊名試判」[9]，可見扭轉風氣之不易，不宜獨怪女皇。

要快速任官或高遷，最易的途徑就是告密而為酷吏，其次是自舉或被舉；不過他們常是女皇旋用旋殺的對象，前已言之。正途入流是入仕的主途，然而在上述弊端與風氣之下，除了造成人

---

7. 均見《唐會要‧掌選善惡》，七四：一三四五。
8. 天冊元年（六九五）十月二十二日敕：「銓綜士流，責成斯在。且人無求備，用匪一途，……或收其履歷，或取其學行，糊名考判，立格注官，既乖委任之方，頗異銓衡之術。朕厲精思化，側席求賢，……其常選人自今已後，宜委所司依常例銓注。其糊名入試，及令學士考判，宜停。」（見《唐會要‧雜處置》，七五：一三五八）神功元年（六九七）十月敕：「選司抑塞者，不須請不理狀，任經御史臺論告，不得輒於選司喧訴。有凌突選司、非理喧悖者，注簿量殿；尤甚者，仍於省門集選人決三十，仍殿五、六選。」（見《唐會要‧雜處置》同卷一三五九）。
9. 開元敕分見《唐會要‧論選事》及〈雜處置〉，七四：一三三八及七五：一三六一。

才逐漸偏枯之外，對政府進用真材和政風，則更有立即而嚴重的惡劣影響。故左補闕薛謙光在天授三年（六九二）上疏，說「國以得賢為寶，臣以貢士為忠」，建議「降明詔，頒峻科，斷浮虛之餘辭，取實用之良策；文則試以效官，武則令其守禦。初既察言觀行，終則循名責實。……仍請寬立年限，容其採訪，簡汰堪用者，令其試、守，以觀能否」[10]。此是建議對任官者進行試用；如其無能，則加以簡汰，正是針對政府充斥無能之士的問題而來。

當時官員的才幹與政風、政情究竟發生了什麼問題？

原來貞觀之初，為了防止官吏弄法生奸，乃通令將當司的相關法令寫在公廳之壁上，以備官吏遺忘和遵守。女皇以太后臨朝之初，於文明元年（六八四）四月十四日降敕：「律、令、格、式，為政之本，內外官人，退食之暇，各宜尋覽。仍以當司格令，書於廳事之壁，俯仰觀瞻，使免遺忘。」重申此制，遂成為慣例。後在垂拱二年（六八六）四月七日，太后又撰《百寮新誡》及《兆人本業記》頒給各州來京匯報的朝集使，令天下遵行。同時復整理大唐開國以來的格、式而成新法，號稱詳密。格相當於公務員行為法，式則是施行法則，《垂拱格》和《垂拱式》的頒行，目的是要詳密地規範官吏行為，務使官方能依法行政，有利於吏治。[11]

不過，女皇是否從此就能「循名責實」，「垂拱而治」？揆諸史實，顯然不然。試以號稱親民父母官的州縣官為例。

首先，州縣官用人不當是當時纔有的嚴重問題。原來自唐初以來，政府用人獨重內官，刺史、

---

10. 見《唐會要．制科舉》，七六：一三九一—一三九二。
11. 詳《通典．刑三》（一六五：典八七一）、《唐會要．定格令》（三九：七〇五—七〇六）及〈修撰〉（三六：六五七）。

縣令頗輕其選，多是武夫勳人，或京官不稱職者，方始外任；邊遠之州，任用更輕。在上述科舉銓選風氣之下，人才庸劣者眾，州縣官的素質和任用，惡化情況更為嚴重，故垂拱元年（六八五）秘書省正字陳子昂以來自民間的立場，曾上疏痛論於此，提請妙選地方官。他說：

「臣伏惟當今所共理天下，欲至太平者，豈非宰相與諸州刺史、縣令邪？……宰相，陛下之腹心；刺史、縣令，陛下之手足。未有無腹心、手足而能獨理者也。臣竊觀當今宰相已略得其人矣，獨刺史、縣令，陛下獨甚輕之，未見得其人，是以腹心雖安而手足猶病，而天下至今所以未有大利爾。臣竊惟刺史、縣令之職，實陛下政教之首也。陛下布德澤、下明詔，將示天下百姓，必待刺史、縣令為陛下謹宣之，故得其人則百姓家見而戶聞；不得其人，但委棄有司而掛牆壁爾！……臣伏見陛下憂勤政理，欲安天下百姓，無使疾苦，然猶未以刺史、縣令為念，何可得哉！臣何知陛下未以刺史、縣令為念？竊見吏部選人，補一縣令如補一縣尉爾，但以資次考第，從官遊歷即補之，不論賢良德行、可以化人而拔擢見用者。縱吏部侍郎時有知此弊而欲超越用人，則天下小人已囂然相謗矣。所以然者，習於常而有驚怪也。所以天下庸流，莫不能得為縣令。……縣令庸流，資次為選，不以才能任職，所以天下凌遲，百姓無由知陛下聖德勤勞夙夜之念，但以愁怨，以為天子之令遣如此也。自有國來，此弊最深而未能除也，豈不甚哉！……伏願陛下與宰相深知妙選以救正此弊，使天下之人稍得以安。」[12]

12. 見《全唐文．上軍國利害事．牧宰》，二一一：二七〇四—二七〇五。按：《唐會要．刺史上》繫於垂拱元年，而又略其文詞。

女皇對選風雖有防弊等匡救措施，但卻是使人事行政惡化的人。她偏重文才已使各種幹材的來源偏枯，以資次銓選則又所得的多是庸流；兼且她大玩賞柄，破壞每年一考績、三年一轉遷的銓敘制度，使地方官任用與地方吏治更形惡化。所以降至天授二年（六九一），獲嘉縣主簿劉知幾更上疏批評說：

「今之牧伯，……倏來忽往，蓬轉萍流，近則累月仍遷，遠則逾年必徙。將廳事為逆旅，以下車為傳舍。或云來歲入朝，必應改職；或道今茲會計，必是移藩。既懷苟且之謀，何假循良之績？用使百城千邑，無聞廉、杜之歌；萬國九州，罕見趙、張之政。臣望自今已後，刺史非三歲已上，不可遷官。仍以明察功過，精甄賞罰。冀宏共治之風，以贊垂衣之化！」13

由此可見，全心灌注於革命、全神著眼於高層權力鬥爭的女皇，不是很重視地方官的銓選任用，以致地方吏治大有問題的。這種政情女皇始終未有改善，降至被推翻前一年——長安四年（七〇四）三月，她纔認真地與宰相商議州縣官的問題。此時宰相李嶠、唐休璟等仍然強調「安人之方，須擇刺史」，批評「朝廷物議，莫不重內官輕外職。每除牧伯，皆再三披訴。比來所遣外任，多是貶累之人，風俗不澄，實由於此」。他們進而建議說：「今望於臺閣寺監，妙簡賢良，分典大州，共康庶績。臣請輟近侍，率先具寮。」也就是建議簡選中央大官派出為刺史，而尤應以派出宰相作為率先的榜樣；但當女皇問及誰願率先作榜樣時，卻僅有鳳閣侍郎．同三品韋嗣立請行。女皇這次為了改善地方吏治，乃制令韋嗣立等二十人各以本官檢校刺史。以中央本官暫時檢校刺史，效

---

13. 見《唐會要．刺史上》，六八：一一九八。

果可想而知，史謂其後政績可稱者，只有薛謙光和司馬鍠兩人而已，因此也就不足引以為怪了。[14]

大唐以打天下開國，用州縣官作武夫勳人的酬庸，原是歷代開國的慣例。然而女皇革命決非如此，她用了一批從事告密誣陷的人為她打天下，又用了一大批選風敗壞、才幹偏枯的庸流為她治天下；加上她不但無意或無力整頓人事制度，反而刻意舞弄賞柄以推波助瀾，將他們遷轉頻繁，使他們不能久於位以推動行政，則雖有公廳壁法，然而地方的政風吏治尚安能善好，對中下級官員尚安能稱得上知人善任？

換一個角度看，在一個威權獨任、收恩於己的女皇統治之下，連學生請假之事也要過問，則地方父母官還能依法行政嗎？公廳壁法對百官來說，或許參考意義大於實質意義，以免動輒得咎，萬一有所差池則變成了「鬼朴」。史謂大唐復辟之後，中宗皇帝景龍二年（七〇八）十二月，御史中丞姚廷筠奏稱近來諸司「不能遵守章程，事無大小皆悉聞奏」，連「修一水窗，或伐一枯木，並皆上聞，……豈代天理物，至公之道也」，建議「自今以後，若緣軍國大事及牒式無文者，任奏取進止；自餘據章程合行者，各令準法處分」，否則由御史隨事糾彈。[15] 諸司此「事無大小皆悉奏聞」的風氣從何而來？或許能從女皇的統治風格找到答案吧。

現在要問，宰相們既然知道吏治不良的狀況，且知道此與官員的素質有關，那為什麼不積極協助女皇進行改革？他們在政治上的素質和表現又如何？

關於此問題，前面已對女皇的宰相團作了一個概括的說明，他們任期短，流動快，既無切實

14. 參《唐會要．刺史上》（六八：一一九八）及《通鑑》則天后該年月條（二〇七：六五七〇）。
15. 參《唐會要．彈劾》，六一：一〇七〇。

的總理大權，更常因事而被懲處，以至成了「鬼朴」。在這種威權獨任的政局下，將相大臣部分有政治頭腦和才幹的，如狄仁傑等，固成了潛伏的復唐分子；其他則成了被酷吏所逐之鹿，或因害怕被逐而明哲保身，或謀個人富貴而趨炎附勢，不敢也不想以天下為己任。

例如魏元忠，他有三次因酷吏所陷而被流貶的紀錄，女皇曾問他：「卿累負謗鑠，何也？」元忠答道：「臣猶鹿也，羅織之徒有如獵者，苟須臣肉作羹耳。此輩殺臣以求答，臣復何辜！」在這種情況下他仍被女皇拜相，政號清嚴，為權豪所敬憚，已是十分難得。[16]害怕得罪而明哲保身之例莫如名相婁師德。師德為人寬厚包容，出將入相數十年，推薦狄仁傑入相。仁傑不知情，反而數排師德，及至女皇把師德的推薦表出示給仁傑看，仁傑為之大慚，告訴人說：「吾為婁公所含如此，方知不隸婁公遠矣！」其弟某日與他談為官忍耐之術說：「若有人唾我面，我將清潔之而已。」師德卻不以為然，教他說：「未也，潔之是違其怒，不如使其自乾！」他深懷畏避，不與人爭，有唾面自乾的忍耐本領，的確是其一向為官之道，故能以功名始終，是當時政壇此風的代表人物之一。[17]

不怕成為被逐之鹿而公清自守固是難得之官，忍耐或至忍辱的人亦所在多有，但如陳子昂所言樹恩附勢、任權徇私的官員，則似乎更為普遍。子昂當時隨軍抵抗契丹，以為一個小國竟能入侵中國，是由於朝廷無人，政治敗壞之故。他為此奏〈上軍國機要事〉疏痛論說：

---

16. 元忠在復辟後親附權貴，於政潮中首鼠兩端，最後死於亂兵，可謂晚節不保，詳參《舊唐書》本傳，九二：二九四五—二九五四。

17. 分詳兩《唐書》本傳，但舊傳不載唾面自乾之事。

「臣聞所養非所用，所用非所養，理家必弊，在國必危，故明君不畜無用之臣，慈父不畜無益之子。今朝廷三品、五品，……恩養聖朝甚矣厚矣，及邊有小賊，則云無人驅使，又勞聖恩遠訪外人，……則國家所養者總無用之臣，朝之所遺者乃有用之士。今不收有用，厚養無用，欲令忠賢效力，凶賊（契丹）滅亡，以臣愚見，理不可得。近者遼軍張立遇等喪律，實由內外不同心，宰相或賣國樹恩，近臣或附勢私謁，祿重者以拱默為智，任權者以傾巧為賢。群居雷同，以殉私為能；媚妻保子，以奉國為愚。陛下又寬刑漏網，不循名實，遂令綱紀日廢，奸宄滋多。」[18]

可見女皇治下的中高層政治與政風，其實算得上是相當敗壞的，這裏可舉幾個事例以作佐證。女皇對前後情夫薛懷義和張易之兄弟等，皆拜以大臣重將，在政壇權傾一時，但也因寵而縱，都是橫行不法、貪贓謀利之徒，請容後章詳述。至於她的宗室和外戚，她曾說過「我令當宗及外家常一人為宰相」的話，[19]故均多拜為將相大臣。以拜相論，武氏子弟就計有武承嗣、武三思、武攸寧三人，楊氏子弟有楊執柔一人，女皇堂姊之子有宗秦客和宗楚客兩人。除了楊執柔比較正派之外，武承嗣、武三思和宗秦客皆是勸女皇革命屠殺之人。武承嗣個性輕暴忍禍，一直有謀奪太子的野心，也曾為了美色，唆使酷吏殺害名文士喬知之而奪其妾。三思個性尤傾巧便僻，折節屈事女皇的前後情夫，引導女皇興工奢侈，後來威權日盛，乃猜忌正士，曾有「不知何等名作好人，

18. 詳《全唐文》，二一一：二七〇一－二七〇二。
19. 語見《舊唐書．楊恭仁傳．楊執柔附傳》（六二：二三八二）。按恭仁是女皇母親的堂兄，執柔是恭仁的侄子。

唯有向我好者是好人耳」的名言。[20]宗秦客和宗楚客兄弟在革命初就曾坐贓流嶺南，後秦客死於貶所，楚客召還，不久拜相，尋再因奢侈過度而流貶，久之又召還拜相，復又坐聘妓而三度被貶；他曾密語黨羽說：「始，吾在卑位，尤愛宰相，及居之，又思天子，南面一日足矣！」[21]他們僅是女皇親戚中的劣跡較著者，大多樹恩附勢，任權傾巧，群居雷同，以徇私為能，那以奉國為念？遂令女皇綱紀日廢，奸宄滋多。女皇靠他們鞏固政權，焉得不敗壞。

女皇朝中另有兩個依違苟且型的典型政客，一個是宰相楊再思，另一個是宰相蘇味道。

楊再思任相十餘年未曾有所薦達，為人巧佞邪媚，善揣人主之意而奉承之；然而恭慎畏避，未嘗得罪人，這點有些像婁師德。有人勸他已名高位重，何必如此屈折。他說：「世路艱難，直者受禍。苟不如此，何以全其身哉！」後因諂媚女皇情夫張昌宗，而屈法為他脫罪，被人作〈兩腳野狐賦〉所諷刺。[22]蘇味道則與後來大擢員外官以邀聲譽的宰相李嶠同鄉，兩人俱以文詞齊名。儘管蘇味道多識典章故事，但居相位數年而竟不能有所發明，僅依違苟且，取容其間而已。他曾對人說：「處事不欲決斷明白，若有錯誤，必貽咎譴，但摸稜以持兩端可矣！」因此被時人譏稱為「蘇摸稜」。[23]雖然他為官處事的態度如此，但是仍在長安四年三月——女皇被推翻前幾個月，為監察御史蕭至忠所彈劾，遂因贓污而貶官。[24]

---

20. 詳兩《唐書．外戚傳》有關武氏子弟諸傳。
21. 宗氏兄弟詳《新唐書．宗楚客傳》，一〇九：四一〇一－四一〇三。
22. 再思是鄭州人，與女皇娘家無關，詳《舊唐書．楊再思傳》，九〇：二九一八－二九一九。
23. 詳《舊唐書．蘇味道傳》，九四：二九九一－二九九二。
24. 參《唐會要．彈劾》，六一：一〇六九。

女皇朝中樹恩附勢，任權傾巧，群居雷同，以徇私為能，以奉國為愚的宰相並不少見，上述諸相僅是其中的顯著者。他們位居中央高層，而政治心態、作為和風氣卻是如此，上行下效，則難怪中低層官員有上述陳子昂、劉知幾和姚廷筠所批評的政治現象與政風。威權獨任的女皇是這種政治與政風的源頭，是始作俑者和塑造者。這種政風和吏治的發展，能夠和「貞觀之治」相比嗎？大周政權之所以不馬上崩潰，主因還是出於女皇身上。她大多數時間頭腦清醒，控制官吏嚴厲，淘汰快速；而且在大量進用的官員中，仍能拔擢適當的人才，也能察納諫言。[25]可以說成之是她，敗之也是她。

大周的戶口與經濟

隋末天下喪亂，人民流離死亡，戶口銳減，生產力劇降，於是使唐初饑饉尤甚，一匹絹纔得一斗米，百姓東西逐食，《貞觀政要》已有概略的描述。文皇於此之際，一方面拔用人才，整頓吏治，一方面崇尚節儉，嚴懲貪污，輕傜薄賦，與民休息。務期在治安良好的狀態下，讓流離的人民還鄉安居，全力投入生產。

生產發展靠的是勞力、管理與資本。中唐名相杜佑撰《通典》，首重食貨，仍深得此旨。

---

25. 武后能拔擢如狄仁傑等適當的人才，也能察納雅言，如本書所引許多建議和諫言，有的雖未採納，但也不罪言者，此是她的優點，為許多論者所稱美。筆者略人之所詳，故不冗贅。

他說：「古之為理也，在於周知人數，乃均其事役，則庶功以興，國富家足，教從化被，風俗齊和。」[26]據他所述，隋煬帝極盛之時，戶數有八百九十多萬，口數有四千六百多萬；但經喪亂之後，唐初戶數僅剩二百餘萬，竟然損失了四分之三。文皇安頓國內流離百姓的同時，也採取人口招致政策，逃亡人民陸續回歸或從塞外贖還，[27]外國人民不斷來降附或俘獲，因此在他死時，現戶已達三百八十萬之多。唐朝政府以鄰保制度組織他們，切實掌握和動員戶口，然後根據租庸調法令給他們均田，執行輕徭薄賦政策，正賦正役之外，厲禁官方額外差科。[28]於是人民在政局穩定、治安良好的環境裏，遂能充分投入生產，創造出上述的「貞觀之治」。

此下天皇及女皇，基本上對「貞觀之治」的政策與制度，表面上是遵行不替、守而勿失的，然而實際的成效究竟如何，值得觀察。戶口增減是國家狀況和國力發展的重要指標，現在不妨先考察女皇統治前後的人口狀況。

文皇死於貞觀二十三年（六四九），翌年是永徽元年（六五〇），高履行新任戶部尚書。天

26. 參《通典．食貨七．丁中》，七：典四二下。
27. 《通典》不載贖還之事，據《全唐文．贖取陷沒蕃內人口詔》，文皇曾遣使往燕然等州調查沒落人數，與都督相計，將物往贖，給程糧送還桑梓，八：一〇五。
28. 唐朝社會財經制度基本上沿襲隋朝而減輕，嚴禁官方加徵擾民，是唐高祖以來的政策。如武德六年三月〈簡徭役著詔〉：「江淮之間，爰及嶺外，塗路懸阻，土曠人稀，流寓者多，尤宜存恤。……其河南、河北、江淮以南，及荊州大總管內諸州，所司宜便頒下。自今以後，非有別敕，不得輒差科徭役，及迎送供承，庶其安逸。」四月又頒〈禁止迎送營造差科詔〉，申明天下初平，與民休息。嚴禁官方擅自徵求於民。見《唐大詔令集》，一一一：五七八。

皇問他：「去年進戶多少？」履行奏言：「去年進戶總十五萬。」天皇乃謂長孫無忌說：「比來國家無事，戶口稍多，三、二十年，足堪殷實。」及至知道隋朝盛時有戶八百九十萬，如今現戶纔有三百八十萬，乃說：「自隋末亂離，戶口減耗，邇來雖復蘇息，猶大少於隋初。」[29]這時戶數的確大少於隋，但是比起三十年前國初的二百餘萬戶，大約已增加了一百萬，亦即增加了百分之三、四十之譜，不可謂不多。

由此降至女皇被推翻之年的年底——神龍元年（七〇五）十一月二十五日，戶部尚書蘇瓌奏稱計戶有六百一十五萬六千一百四十一，口三千七百一十四萬餘，[30]即比永徽元年增加了二百三十餘萬戶。雖然其間韋嗣立曾有過「今天下戶口，亡逃過半」之語，[31]逃戶也的確大量逃隱於豪族、官宦和寺觀的庇蔭裏，然而仍有誇張之嫌。有人統計過，從貞觀至天寶一百一十六年之間，人口平均增長率為一・二%，是史無前例的現象，長期高速增長的確是唐朝前期人口發展的重要特點。尤其此半個世紀之間，戶數增加了百分之六十多，據計貞觀十三年至神龍元年，戶增長為一・〇四%，口增長為一・六%，要超過其後五十年的速度（約七%），[32]顯示了二聖對

29. 按：對話據《唐會要・戶口雜錄》（八四：一五五二），但該書作永徽三年（六五二）七月二十二日，又謂隋盛時有戶八百七十萬，殆誤。據《通典・歷代盛衰戶口》（七：典四〇中），時間作永徽元年，數字為八百九十萬；又《新唐書・食貨志》（五一：一三四四）謂高宗「即位之歲，增戶十五萬」，蓋指貞觀二十三年至永徽元年一年之間也。
30. 人口數見《通鑑》唐中宗神龍元年是歲條，二〇八：六五九七。
31. 其語附見《舊唐書・韋思謙傳》，八八：二八六七。
32. 戶口增長率參費省著《唐代人口地理》（西安：西北大學出版社，一九九六・五），頁三八。

此的確有所貢獻。

如果以半個世紀增加戶數百分之六十估算，至大唐明皇帝的天寶末，戶數應再增加三百八十萬戶，即應達九百九十多萬戶纔是。然而史謂至天寶十四載（七五五），政府管戶總計僅有八百九十一萬餘戶、五千二百九十一萬餘人，較估算明顯的短少。杜佑解釋短少的原因說：「蓋有司不以經國馭遠為意，法令不行，所在隱漏之甚也。」根據他的約估，這時「天下人戶少猶可有千三、四百萬矣」，是則在他心目中短少的情形更為嚴重。[33] 接著他又較詳細地說明其原因：「直以選賢授任，多在藝文；纔與職乖，法因事弊。隳循名責實之義，闕考言詢事之道。崇侁之所至，美價之所規，不無輕薄之曹，浮華之伍。習程典、親簿領謂之淺俗，務根本、去枝葉目以迂闊。風流相尚，奔競相驅，職事委於群胥，貨賄行於公府，而至此也。」[34] 開元、天寶的官吏大多沿用女皇時代的舊人，杜佑此言倘若屬實，則女皇的取士偏好與政策，高層的政治態度與習慣，中下層的吏治與政風，顯然已經對日後的社會財經產生了嚴重的影響。

現在要問，二聖先後統治時期，戶口成長率在數據上顯示得最大，其經濟發展和財政狀況是否也相對的呈現得最佳？

這裏先論其民生經濟中有關的物價上揚與貨幣政策。

按照一般經濟發展原理，經過一段較長的盛平之後，戶口增則草萊闢，生產力充分開發則財

33. 杜佑的評估皆被近人所肯定，甚至有人推測得更高，詳費省前引書，四一。
34. 戶口數及杜佑解釋，詳《通典》卷七〈歷代盛衰戶口〉及〈丁中〉兩目並注。《唐會要》卷八四〈戶口數〉也有數據可稽，而謂天寶十三載「計戶九百六十萬九千一百五十四」。可能十三載有九百多萬戶，而十四載竟僅減為八百多萬戶，故引起杜佑的疑惑與批評。

貨日豐，而消費力日強。揆諸史書，「貞觀之治」時代社會經濟已經發展良好，基礎穩固。二聖先後統治的時代，的確是在此基礎上戶口益增而草萊日闢，農虞工商百業興起，社會漸富而文風漸盛的。「三、二十年，足堪殷實」的情況在天皇時代已經出現，並已穩定。

若民生以食為本，那就以米價為例吧，文皇即位之始（六二七），一匹絹纔得一斗米。至貞觀三年（六二九），商旅野次，無復盜賊，馬牛布野，外戶不閉；又頻致豐稔，米斗纔三、四錢。到了八、九年，斗米四、五錢，十五年（六四一）史只值兩錢。進入天皇時代，當二聖封禪泰山之歲——麟德二、三年間（六六五—六六六），因連年豐稔，斗米仍僅五錢，麥豆不列於市。此三十餘年間，是唐朝米價最低的時代。其後間有災旱霜雨，以及其他因素，永淳元年（六八二）京師一度因饑荒，使米價攀昇至每斗四百錢，[35]不過終究不是常態。女皇時代米價無聞，或許因賦役沉重、社會失序（詳第十四章），而導致生產失調，供應不足，已不如先前般便宜，所以史官不載。要之，從麟德以後至大周時期約四十年，物（米）價的確是上漲的時代。[36]但降至開元十三年（七二五），明皇又封禪泰山，這時米斗至十三錢，自後天下無貴物，兩京米斗不至二十錢，絹一匹值二百一十錢。如果以此時的絹價比文皇即位時，則是當時一斗米值二百一十錢。由此可證，唐初遭喪亂之餘，米價由極昂貴急速劇降，四、五錢的低米價保持了相當長的時間，約從天皇晚期與女皇時代纔開始上揚，至天下無貴物的「開元之治」時代又下降，斗米不到二十錢，

35. 米絹價參《通典．歷代盛衰戶口》（七：典四〇下及四一上），與《通鑑》唐高宗麟德二年十月條（二〇一：六三四八）。

36. 詳全漢昇師〈唐代物價的變動〉，《中國經濟史研究》（香港：新亞研究所，一九七六．三），頁一〇—一三。

但仍是低米價時代的四倍價錢。百年之間，僅天皇後期以至女皇時代的米價上揚，實與當時通貨貶值和膨脹，以及物品供應不足有關。[37]

所謂通貨貶值和膨脹，情況是這樣的：

據載大唐平定東都那年——武德四年（六二一），高祖皇帝決定廢除自漢朝以來行用已久的五銖錢，首度發行「開元通寶」銅錢，並由官方鑄造。此舉讓魏晉以來的自然經濟重新回到貨幣經濟時代，[38]而貨幣則由五銖錢時代進入通寶錢時代。隨著中國的統一，社會的穩定，生產力的恢復，作為統一貨幣的開元通寶遂需求量漸增；不過此時人口稀少，又實行實物租稅，故官方的鑄造和供給量仍足以滿足需求。開元通寶一錢面值一文，實值為銅重二銖半，面值與實值相當，鑄造良好，因此流通以來價格穩定，促進了上述「貞觀之治」的經濟發展、米價低廉的形勢。

隋著戶口日增，田萊日闢，工商日盛，遂使貨幣需求量益增。或因官方鑄造和供給不敷市場的需求，或因有心人覺得有利可圖，於是天皇時代出現了民間私鑄的現象。根據杜佑的記述，[39]私鑄錢成色不足，鑄造不良，日益氾濫，問題越來越嚴重，政府乃在顯慶五年（六六〇）採取劣幣收購措施，官方開始以一好錢收購五惡錢，同年稍後更降為一好錢買二惡錢，這年正是女皇開始以皇后參決朝政的那一年。好錢降價表示收購的效果顯然不理想，遂在乾封元年（六六六）封禪泰山回京後，政府決定發行「乾封泉寶」錢。乾封泉寶成色為開元通寶的一倍，但面值卻是開

37. 詳全漢昇師前引文。
38. 詳全漢昇師〈中古自然經濟〉，《中國經濟史研究》，一一一四一。
39. 除非另有注解，否則以下析論貨幣概從《通典·食貨九·錢幣下》所載的事實，九：典五二一。

元通寶的十倍，[40]當然不被民間歡迎，而使私鑄情況更加惡化，因此一年之後遂被廢止，仍令通用開元通寶錢。此次新幣發行情況不佳，就使開元通寶一直通行至唐亡，而私鑄劣幣的情況終無徹底改善的機會；反而隨著經濟的發展，呈現日益惡化的趨勢。

儀鳳（六七六—六七九）年間，唐朝被吐蕃大敗於青海，也與西突厥開戰，天皇為之取消了嵩山封禪。這時米粟漸貴，政府乃在儀鳳四年（六七九，即調露元年）下令東都出遠年糙米及粟，以一斗賣一百文的價格，就市換購惡錢；不僅如此，由於議者以為物價上揚與鑄錢漸多有關，因此一度暫停少府監的官鑄。可證天皇晚期米價上揚，確實與私鑄劣幣的膨脹有關。永淳元年（六九二），天皇死前一年，曾經下敕嚴懲私鑄，最重判處絞刑，但也不能遏止情況的持續惡化。私鑄嚴重，劣幣日濫，嚴刑所不能禁止，這就是女皇統治必須面對的局面。

天皇時代政府的收購與嚴懲措施既然效果不彰，隨後的情況就是私鑄日益嚴重，劣幣日益充斥，而使物價騰昇；但在女皇威權獨任之下，宰相無權，百官承旨，憂死不暇，何敢以經國馭遠為意，以推行法令為念，所以未有積極的興革意見或措施。反而因女皇的神道統治，大量用銅於興造物像儀器，如造九鼎和十二肖神就是以銅為之，光是造天樞就用銅達五十餘萬斤之多，使銅錢的鑄造與供給量大受影響，[41]而民間私採銅鐵用於鑄錢，甚至私鑄鐵錫惡錢更日益惡化。及至女皇晚年的長安（七〇一—七〇四）中，始見女皇採取了一項新措施，即下令懸樣於市，交易者

---

40. 兩《唐書．食貨志》均謂開元通寶一文重二銖四絫，乾封泉寶重二銖六分。
41. 以《新唐書．食貨志》所載開元末為例，官鑪每年鑄錢三千三百緡（每緡一千文），費銅二萬一千二百斤，而天下每年共鑄三十二萬七千緡（五四：一三八六）。依此比例算，則五十餘萬斤的天樞可供鑄錢七、八萬緡。

必須依樣用錢。收購與嚴懲所不能解決的問題，如何能以此消極的檢察措施就能解決？所以杜佑指出：「俄又簡擇艱難，交易留滯。又降敕：非鐵錫、銅蕩、穿穴者，並許令用；其熟銅、排斗、沙澀、厚大者，皆不許簡擇。自是盜鑄蜂起，濫惡益眾，江淮之南，盜鑄尤甚，就陂湖巨海深山之中鼓鑄。」也就是說，女皇鑑於檢察措施不但無效，反而使市場交易因此留滯，影響民生經濟，故採取了讓步的措施，准許非特別惡劣者可以公開行用。既然政府承認某些劣幣的合法性，這樣一來，無異又鼓勵了民間私鑄的風氣，使劣幣更大量充斥，產生了「劣幣驅逐良幣」的現象。杜佑又指出：「神龍、先天之際（七〇五—七一二），兩京用錢尤甚濫惡，其私鑄小錢纔有輪郭及鐵錫之屬亦堪行用，乃有買錫以錢模之，斯須盈千，便齎用之。」這就是劣幣充斥，驅逐良幣的現象。精於權力鬥爭的女皇，顯然對貨幣經濟毫無善策，而坐視其惡化。

開元政府正是針對此現象，採取了「一切禁斷惡錢」的措施，甚至採取了禁止銅錫買賣和禁造銅器的政策，纔能得到大體的改善，開創出天下無貴物的「開元之治」時代。不過，由於執行「一切禁斷惡錢」過於徹底，遂一度造成交易不通，物價騰昇的局面，使政策制定者宰相宋璟和主事者監察御史蕭隱之先後被罷貶，繼任宰相張嘉貞弛其禁，人乃安之，可謂付出了改革的代價。[42] 開元改革雖然有成，但不算徹底，市面仍有劣幣流通，故此時米價約是低米價的貞觀時代的四倍，當然也與通貨膨脹及貶值有關。由此反觀女皇統治時代，米價的確是由上揚而趨昂貴的時期，所以史官也就不作記述或表揚了。

此外，女皇還有若干政策措施，嚴重地影響了民生經濟，例如如意元年至久視元年（六九二

---

42. 詳《舊唐書・食貨志》，四八：二〇九六—二〇九七。

—七〇〇）的禁屠政策。

如意元年是革命的第三年。由於女皇利用佛教進行革命，故於此年五月下制禁止天下屠殺——酷吏殺人除外——及捕魚蝦。雖然官吏百姓私下有犯禁者，如右拾遺張德因為生子而私宰羊以宴同僚，被同僚杜肅告密。翌日女皇在朝堂問張德：「聞卿生男，甚喜！」張德拜謝。女皇繼續問：「何從得肉？」張德叩頭伏罪。女皇幽默地告訴他說：「朕禁屠宰，吉凶不預；然卿自今召客，亦須擇人！」遂出示杜肅之告密表。杜肅大慚，舉朝欲唾其面。縱然禁令不預於吉凶，但此禁令雷厲風行，影響畜牧業、漁獵業和屠宰業的生計至鉅。史謂江淮旱饑之時，人民因不得捕魚蝦而食，餓死者甚眾。[43]

此禁令長期實施的結果，不僅對經濟發展不利，也同時製造了若干社會問題，故鳳閣舍人崔融在久視元年十二月上言，認為此禁令：（一）違反春生秋殺、冬狩夏苗的傳統生活習慣；（二）江南以魚為命，河西以肉為齋，一旦禁止屠獵，只會勞弊百姓，徒然形成富者未革而貧者難堪的差異現象；（三）從事屠宰事業者多是貧窮之流，禁屠影響他們的生計，因此不可能禁絕，只會製造和增加恐嚇、依倚、請託等社會問題。[44] 於是女皇乃復開屠禁。

其次是在女皇的宗教政策之下，僧尼隊伍膨脹，佛寺廣占土地及水碾，使人民喪失或損害其生產資源的問題。後來復辟皇帝李顯更縱容僧侶，變本加厲，要到睿宗皇帝李旦繼位時，鑑於問題日益嚴重，纔下敕命令改善。唐隆元年（即景雲元年，七一〇）七月十九日所降的〈誡勵風俗

43. 張德宴客和江淮饑饉俱見《通鑑》則天后長壽元年（即如意元年）五月條，二〇五：六四八二。
44. 詳《全唐文‧斷屠議》（二一九：二八〇一），《通鑑》繫於該年十二月條。

敕〉，就謂「諸州百姓，多有逃亡，良由州縣長官，撫字失所。或住居側近，虛作逃在他州，橫徵鄰保。逃人田宅，因被賊賣」。又令州縣禁斷私度僧尼，謂「寺觀廣占土地及水碾磑，侵損百姓。宜令本州長官檢括，依令式以外，官人百姓將莊田宅舍布施者，在京並令司農即收，外州給貧下課戶」。[45]

再次如政府以低於市價的手段，購買民間貨物與勞力的問題，此即所謂和市、和糴與和雇。

原來唐初在輕徭薄賦、與民休息的政策之下，除了租庸調之外別無他賦，但是政府常有額外的需要，遂與人民和議，出錢以收購民間的貨物及勞力。這種由政府出價錢以收購民間貨物及勞力的方式，在官民議價兩和的情況之下，其實無患可言；有患則是因為政府以低於市價的方式作強迫收購。

早在顯慶元年（六五六）——女皇成為皇后的翌年，中書令來濟即指出「近者山東役丁，年別有數萬人」，因此建議「今正課外，無別徭役，足為穩便」，並請維持此政策為長久法。此議顯示當時已有額外徵役的情事發生，然而他的建請不僅無效，反而因政府開支日大，變成了以和市與和雇的形式，徵求於民。[46]儀鳳二年（六七七）十一月十三日——女皇稱天后、提出十二政綱的第三年，天皇所頒的〈申理冤屈制〉即提及此況，批評官府「事繁則詐起，法弊則奸生。……或於所部，頻倩織作；少付絲麻，多收絹布。或營造器物，耕事田疇；役即伍功，雇無半直。又

45. 詳《唐大詔令集》，一一〇：五七〇—五七一。
46. 引文見《唐會要．忠諫》，五二：九〇七。又詳見第十四章第一節。

境內市買，無所畏憚，虛立賤價，仰取貴物，實貪利以侵人，乃據估以防罪。」[47]可見問題之嚴重。批評歸批評，其實從此，和市、和雇的官方經濟手段，就變成了正賦之外的額外賦稅。雖然政府因此增加了收入，但是至天皇死前的永淳元年（六八二），根據太常博士裴守貞的上表，仍然呈「課稅殷繁，素無儲積」的狀況。[48]

女皇對此並沒有多大的改善。她雖在證聖元年（六九五）三月二十一日降敕，命令「州縣軍司府官等，不得輒取和糴物，亦不得遣人替名代取」[49]，但似無太大的效果。更在被推翻前一年——長安四年（七〇四）十一月，女皇又降敕於登州、萊州置監牧，和市牛羊。為此，右肅政臺監察御史張廷珪上諫，指出國家已於河北和市牛羊及在荊、益等州市奴婢，現又於登、萊等州置監牧，是勞民傷財之舉。如今河南有牛疫處，牛隻十不存二，家家保之不願出賣，如果強逼百姓和市，事實上甚於抑奪；而且諸州雖定估價，但在簡擇之間，形同賄求。侵克之端，從此而出。「牛羊踴貴，必倍於常；百姓私賠，即破家產。雖官得一牛一羊，百姓已失兩牛兩羊價矣，此則有損無利也」。人以食為天，食用牛來耕，所以牛是君國字人的根本，豈有無故而取之哉，希望所有和市及新置監牧，即日停絕。中丞盧懷慎也上表，說他奉使幽州推事，途經相、衛等州，知道河北和市、萊州監牧的情況。得悉當地官方和人民牛少，官估已低於時價，眾戶也私相賠貼；而且打印之後，還付本主飼養到暮春草青方送至牧所，其間沒有任何抵折，對百姓甚為侵削。這

---

47. 詳《唐大詔令集》，八二：四七二。
48. 詳《唐會要．租稅上》，八三：一五三二。
49. 詳《唐會要．和糴》，九〇：一六三六。
50. 詳《唐會要．諫諍》，六二：一〇七六。

是「聚農戶之耕牛，冀收孳課；奪居人之沃壤，將為牧場。益國利民，未見其可」之事，因此請求停止和市牛隻。[50]這也就是證明，女皇非但未改善此傷民的政策，並且在她統治之下，更實施了和糴農作物、和雇勞力、和市牛羊與和市奴婢等措施。

及至她被推翻的第二個月——神龍元年（七〇五）二月五日，大唐復辟皇帝頒〈即位赦〉：「頃者戶口逃亡，良由差科繁劇，非軍國切要者，並量事停減；若要和市、和雇，先依時價付錢。自非省支敕索，不得輒有進送。諸貢物皆須任土，當處無者，不得別求；仍於常數，每事量減。……自今以後，租庸准符配定，更不須徵折腳價錢，其已前未徵得者亦即免放。」[51]可見女皇連正賦所得的搬運，也要徵收折腳價錢。和市甚於抑奪，官價形同賄求，可證女皇以低價，由官方向民間強逼收購的手段，對百姓而言無異是經濟侵奪，變相加稅。在她統治的中、晚期，由於兵役屢興，官吏膨脹，享樂日甚，使政府開支日大，故實行此政策比天皇來得更強烈而更普及，難怪復辟皇帝要下赦改革，以收拾民心了。

大周的財政

女皇的政府開支日大，與神道建設，兵役屢興，官吏膨脹，享樂日甚等因素有關，而使其財政日窘。關於兵役屢興請容後章再述，光就第十章所述的神道建設方面看，她興建佛寺、九鼎、

51. 見《唐大詔令集·中宗即位赦》，二：七。

十二肖神，以及封禪、封神所費皆甚鉅；兩造明堂更花費鉅萬，使國庫空竭；故當建造天樞之時，除了大舉花費和徵役以外，另要四夷君長捐錢助造；而建造大像之時，亦向僧尼每日抽稅，至達十七萬緡之多，超過開元時每年鑄錢量的一半。可見女皇花費之大，國庫哪能不空虛？

至於官吏膨脹和享樂日甚，這裏也可有說，先論官吏膨脹。

關於官吏膨脹的問題。前面提到從天皇中期開始，選人日增，銓敘日眾，顯慶二年（六五七）知吏部選事劉祥道上疏，批評政府銓選官吏傷多且濫，謂如今九品以上內外文武官有一萬三千四百六十五員，每年入流已超過一千四百人，尚且持續在增加中，因此造成很大的人事壓力。上元元年（六七四）十二月，女皇以天后身分建言十二事，其中第十事是上元前勳官已給告身者無追覈，十一是京官八品以上益稟入，無異是使官僚隊伍膨脹和俸給增加不能得以改善的原因。革命之際，女皇為了收攏人心，光宅元年（六八四）為官員加俸，此後又大事增加官員名額與試攝官，甚至創設新機關，於是在天冊萬歲元年（六九五）被獲嘉縣主簿劉知幾批評，竟至說「六品以下職事清官，乃方之土芥，比之沙礫」；又謂賞賜階勳過濫，「朝野宴集，公私聚會，緋服眾於青衣，象板多於木笏」。比起貞觀時代的精簡，可說不能同日而語。

唐朝官員俸給和政府經常開支相當複雜，他們有俸祿，有職分田、永業田，配給各種名目的隨扈，機關則有公廨田、公廨本錢等，不易細說，事項約見於《新唐書・食貨志》。總之，隨著官僚隊伍的大肆膨脹，官員俸給和機關支出也大肆增加，這是必然之事。大唐政府歲入以正賦的租庸調為準，量入以制出，當女皇治下的戶口較貞觀間增長一倍時，其墾田數目和租庸調所得也應相對地增長一倍纔是；然而在她治下戶口逃隱甚多，而卻兵役屢興，封君、官僚和教士隊伍也呈現膨脹及倍增，並又不時加薪，這就造成了財政的壓力。天皇死前，封君、官僚和教士隊伍的膨脹尚無女皇時嚴重，然已「課稅殷繁，素無儲積」，則女皇時財政的壓力可知。

官吏膨脹的問題之中，又以封建日增、食封日多較引人注意。大唐舊制，親王食封八百戶，至多一千戶；公主三百戶，至多六百戶。天皇以李賢等三王及太平公主為武后所生，食封已超越常制。女皇垂拱（六八五—六八八）中，太平公主至一千二百戶，聖曆（六九八）初，相王、太平公主皆食封三千戶。[52]史謂女皇被推翻的同年（七〇五），安國相王、太平公主各食一萬戶，安樂公主四千戶，長寧公主三千戶，衛王、溫王各二千五百戶；甚至幾年後，敕令安國相王、鎮國太平公主各食一州全封，其州由公主自簡。[53]根據大唐復辟皇帝景龍三年（七〇九）敕，說當時「應食封邑者一百四十餘家，應出封戶凡五十四州，皆天下膏腴物產；……百姓著封戶者，甚於征行」。又據兵部尚書韋嗣立的疏，說近來倉庫稍空竭，「尋常用度不支一年」，倘有天災或用兵，財政則不能支應。造成財政窘乏的主因有二：一是宗教寺觀的大事營造，二是封建制度的氾濫。關於前者容後章再論，關於後者，他繼續說：開國之初，功臣食封纔三、二十家，今以尋常特恩，受封至一百一十四家以上。他引用戶部和太府的數據說，封家用丁六十餘萬，計庸、調絹一百二十萬匹以上；而太府每年收絹多不過百萬，少則七、八十萬，比封家還要少。因此，「國家租賦大半私門，私門資用有餘，國家支計不足」。封家有餘則致奢侈擅勢，凌蔑州縣，侵漁封戶，製造社會問題。[54]總之，食封增加之風實自女皇而盛，是氾官濫階的一環，以致造成財政負擔，

52. 詳《唐會要．諸王》，五：五一。
53. 詳《唐會要．食實封數》及〈緣封雜記〉，九〇：一六三八及一六四四。
54. 詳《唐會要．緣封雜記》（九〇：一六四三—一六四四），又見《全唐文．請減濫食封邑疏》（二三六：二三〇

則不庸置疑。

上面提到的神龍元年復辟皇帝的即位赦文尚有下文，命令說：「其諸司官員，并雜色役，掌幕士、門役之徒，兼音聲之人及丁匠等，非灼然要藉，並量事減省，所司速為條制。廄馬數多，皆須秣飼。食人之粟，日費茲深。殿中諸閑廄馬量支留以外，抽送外州馬坊及本監牧；其東宮、諸王、公主等馬應官供者，亦令隨事減省。」表示女皇時代配屬各機關官員的各種扈從，政府歌舞演藝人員和工匠，以至王室人員的馬匹，也都有膨脹現象，也皆造成了財政的負擔。

歌舞、營造是財政支出項目之一。政府歌舞演藝人員和工匠的增加，是王室與政府享樂日甚，而又不斷地大事興造的象徵。

女皇晚年與情夫、文學侍臣們的歌舞享樂，比較起來所費還不算太嚴重，因為歌舞昇平的表徵莫過於大酺。唐朝遇有國家重大節日或喜慶，皇帝常會下詔大酺三天五天，也就是舉行大酒會以示慶祝。根據兩《唐書．則天紀》和《通鑑》的記載，女皇革命前已有大酺七天的紀錄，革命後每逢改元、享明堂、加尊號諸事，更頻有大酺，以七天至九天為常。此事頻頻為之，不但構成了政府財政的沉重負擔，更鼓動了臣民逸樂以及奢侈豪華之風。例如皇太子舉行冠禮，從女皇掌權以來「更扇其道，群臣斂錢獻食，君上厚賜答之，姑息施恩，方便求利」。[55]至於其他慶節會宴，群臣以至命婦也常獻食，動輒獻數十轝之多。此舉不但使政風敗壞，而且是官吏貪污成風的源頭之一。

一七－三〇一八）。

55. 至開元時宋璟認為此風不足效法，請求停止，參《唐會要．皇太子冠》，二六：四九六。

女皇除了神道建設的營造，使國庫為之空竭外，另有建設神都與離宮兩項，也使政府所費不貲，構成了財政的壓力。

女皇在廢帝臨朝那年——光宅元年（六八四）——改東都為神都，逐漸於現有基礎上加以建設。大事建設從革命第二年——天授二年（六九一）開始，該年四月於神都置西市。[56]同年七月九日頒〈置鴻宜鼎稷等州制〉，說「朕仰膺睠命，……即瀍澗之基，……永言朝貢，實歸中壤。是霜露之所均，當水陸之交會，庶齊勞逸，無隔遐邇」。並因為雍州繁盛，故命令將雍州析置為雍、并、析、同、太五州。又於洛州南、東、北三面各置關，以設險防守。又因關中地狹人稠，營種辛苦，有情願向神都編貫者，命令官方協助遷徙安置於洛州。又令諸州人有因饑歲流亡等原因隱漏戶口者，必須限百日內自首。[57]明示神都居天下之中，交通方便，朝貢均勞，因此要定都於此，不回京師；反而為了建設神都，疏解關中人口、土地稠密的壓力，要將情願向神都編貫者遷徙於洛州。同月二十四日，遂「徙關外雍、同、秦等七州戶數十萬，以實洛陽」。[58]這些戶口其實都需要政府的支援，纔能在洛州重建家園。

第二年長壽元年（六九二），在宰相李昭德的規劃下，神都改造文昌臺及造定鼎、上東等城門，又築外郭城。昭德復因神都中隔洛水，水流沖注橋墩，造成危險而常勞治葺，乃創意積石為腳以

56.《唐會要．市》，八六：一五八一。

57.《唐大詔令集》，九九：四九八–四九九。

58.《唐會要．移戶》，八四：一五五三。按：《通鑑》作「關內」（見該年七月條，二〇四：六四七三），然洛州南、東、北三面已各置關，連西之潼關應為四關，故此前關中或關內，對此時之神都而言，可得稱為「關外」，《唐會要》是。

分水勢，從此神都竟無水溢為災。[59]神都基本建設至此大定，其後乃有明堂、天堂、天樞等豪華宏偉的建設，以彰顯大周首都的氣派，宣揚她的神權統治。當然，這一切建設都要花用大量的經費和人力，故政府負擔之餘，百姓也不免增加了負擔。

關中地狹人稠，重兵所出，故百姓負擔兵役和賦稅甚重，女皇當年十二政綱之二所謂的「給復三輔之地」，原意就是指要減輕京師長安附近州郡的賦役負擔。但是在遷徙關中數十萬戶以充實神都後的第四天，女皇就落實了分割雍州的政策，即在七月二十八日敕令雍州依舊領萬年、長安等七縣；而以武功為稷州，領奉天等五縣；以雲陽為鼎州，領三原等三縣；以零口為鴻州，領慶山等五縣；以永安為宜州，領同官等四縣。亦即將雍州分割為四，連雍州本身合共為五州。這種分割要降至久視元年（七〇〇）廢鴻、鼎二州纔逐漸復原，在大足元年（七〇一）廢宜、稷二州，並隸雍州，纔完全恢復。[60]

京師所在的雍州，原是一個統轄二十六縣的大州，州民如今在戶口大量減少之餘，又由共同負擔一個州政府變成負擔五個州政府；不但各州政府因此力量大削，而事實上百姓的負擔也大增，豈有「給復三輔」之意？尋女皇之用意，她的分割雍州並不是要減輕州民的負擔，而是要削弱關中，以免危害新政權，而又襯托出神都成為全國新重心的地位。大唐復辟後，朝廷曾討論分天下為二十四個都督府，有人怕太阿倒持，違反強幹弱枝的立國原則，吏部員外郎崔泌即曾謂「則天

59. 分詳《舊唐書・李昭德傳》（八九：二八五四）及《唐會要・城郭》（八六：一五八四）。
60. 參《唐會要・州縣改置上・關內道》，七〇：一二四二—一二四三。

分割雍州為四，益州為三，所以減削其權，不使專統，以防微慮遠，杜邪塞奸之策也」。[61]可見女皇以新都安全為出發，實行分割以削弱關中，與原先的「給復三輔之地」政綱是相違的；後來雖然恢復其原有的地方建制，但此政策則一度造成了關中居民的沉重負擔。

至於離宮的建造，史謂她寵幸情夫張易之兄弟後，於七十六歲之時，在武三思的慫恿之下，在洛州嵩陽縣建築三陽宮以為享受。又在八十歲長安四年（七〇四）時再度採納武三思的意見，毀三陽宮，取其材木於壽安縣造興泰宮。此兩座離宮的建設，前後花費甚大，工役甚眾，百姓怨之。[62]不僅如此，她更在長安元年（七〇一）首次短暫還京師長安之時，對不住已久的含元宮加以整修，改名為大明宮。復在翌年六月，於雍州永安縣置涼宮，以永安為名，仍令武三思充使營造。[63]

這些宮殿的裝潢擺設，事實上都需要中央製作部——少府監——所轄各署加以製作。就以太后臨朝稱制的翌年將少府監改名為尚方監時為例吧，當時尚方監下轄短蕃匠五千二十九人，綾錦坊巧兒三百六十五人，內作使綾匠八十三人，掖庭綾匠一百五十人，內作巧兒四十二人，他們全為女皇及其貴族而織作，與當年她所提十二政綱之第四項——「南、北、中尚禁浮巧」，顯然是有矛盾的。[64]而且上述所有土木工程的建設，除了耗費中央工程部——將作監——的人力、物力

---

61. 詳《唐會要．都督府》景雲二年條，六八：一一九六。
62. 參《舊唐書．武三思傳》（一八三：四七三五）及《通鑑》則天后長安四年正月條（二〇七：六五六九）。
63. 《唐會要．諸宮》，三〇：五六〇。
64. 少府監職掌百工技巧之事，南、北、中尚諸署即是其下轄的分工製作機關。下文提及的將作監則是土木工程機

和政府財力之外，尚要對民間人力加以徵役，因此左拾遺盧藏用在建築三陽宮時進諫說：「今陛下崇臺邃宇、離宮別館亦已多矣，更窮人之力以事土木，臣恐議者以為陛下不愛人，務奉己也。左右近臣多以順意為忠，朝廷具僚皆以犯忤為患，至令陛下不知百姓失業，百姓亦不知左右傷陛下之仁也。」[65]是則她晚年為了個人享樂而修建離宮及製作，的確是勞民傷財之舉，不僅增加了政府的財政負擔，而且又與建設神都的意義顯然不同。

女皇如此揮霍，是否算得上好大喜功，讀者自可評價。要之使財政負擔沉重，國庫空竭，應是可以想像之事，因此加賦加稅，乃是必然之舉。前述要四夷君長捐錢應是「捐」的一種，而延載元年（六九四）因迎戰突厥入侵，宰相強迫九品已上京官捐獻兩個月俸以贍軍，為俸薄的低品官所反對，認為被欺奪而止，[66]可見此類捐乃是不樂之捐。至於和糴農作物、和雇勞力、和市牛羊和和市奴婢，則是以經濟手段行變相加稅之實，徵收折糴價錢則無異是附加稅。至於向僧尼抽稅以建大像，則更是名符其實的宗教稅了。

由於吐蕃、突厥連年入侵，軍興財乏，國用不足，正式的加稅要至長安元年（七〇一）纔見明令，該年十月敕令天下諸州王公以下宜准往例稅戶，[67]亦即將稅基擴大至王公官宦之家。翌年正月，有司更又表請開徵關稅和市稅。

關，也下轄諸工程署。詳兩《唐書．官志》各該機關項。織作人數見《新唐書．百官志》，四八：一二六九。

65. 詳《唐會要．三陽宮》（三〇：五五七—五五八），《舊唐書．武三思傳》（一八三：四七三五）及《通鑑》則天后長安四年正月條（二〇七：六五六九）。

66. 詳《通鑑》則天后該年八月條，二〇五：六四九五。

67. 《通典．食貨六．賦稅下》，六：典三三上。

自大唐平定天下之初，高祖皇帝鑑於近代關稅掊刻，「遂使商旅寢廢，行李稽留」，影響民生經濟甚鉅，乃於武德九年（六二六）八月下詔，申明「通財鬻貨，生民恆業。關梁之設，襟帶要衝，義止懲奸，無取苛暴」的要旨，命令「潼關以東，緣河諸關，悉宜停廢。其金銀綾綺等雜物依格不得出關者，並不須禁」。[68]中經文皇、天皇以至此時凡七十餘年，遵而勿失。如今一旦開徵，且「稅關市事條：不限工商，但是行旅盡稅」，鳳閣舍人崔融認為茲事體大，上諫力爭，而提出六不可。他的意見大抵認為關市之稅原來「惟斂出入之商賈，不稅往來之行人。今若不論商民，通取諸色，事不師古，法乃任情」，不僅有違無為休養、輕稅薄賦之道，也會導致交通留滯、萬商廢業，而且更會引起社會騷擾、治安動盪等問題。因此建議女皇愛人力、惜人財，應從減削王侯妃主的支出開始，以率先實行節儉；「必若師興有費，國儲多窘，即請倍算商客，加斂平人。如此則國保富強，人免憂懼，天下幸甚」！[69]諫疏被女皇採納，其事乃止。可見女皇的政府已因國庫空虛，窘態畢現，故準備不擇手段，開徵影響廣泛的關市新稅。這時距離她被推翻不過僅有兩年而已。

由於女皇的揮霍以及其政府因軍事與人事等因素而開支日大，致使其國庫虛竭，財政困窘，因果關係相當清楚明顯，可以理解。現在要問，為何在二聖共治多年之後，天皇死前的財政狀況是「課稅殷繁，素無儲積」，及至女皇威權獨任二十年，財經狀況不但全無起色，反而有向下沉

68. 《唐大詔令集．廢潼關以東緣河諸關不禁金銀綾綺詔》，一〇八：五六二。
69. 全疏見《舊唐書．崔融傳》（九四：二九九六–三〇〇〇），《唐會要．關市》繫之於長安二年正月（八六：一五七八–一五七九）。

淪的趨勢，致使大唐復辟皇帝發出「今戶口且增，租稅不益」之歎？[70]課稅殷繁而開支亦大，所以素無儲積，既是可以理解之事；然而經女皇獨治之後，戶口雖增卻反而租稅不益，則不易單純從財政角度作理解，似乎需從社會角度來觀察。在下章進行詳論之前，這裏有必要先根據復辟時兩個官員的奏章，以管窺女皇所遺留下來的財產。

靳恒上〈請勤政事疏〉給復辟皇帝李顯說：「陛下紹登大位，初啟中興。六合之內，莫不延首傾聽。威恩未著，忠信未孚；勤勞者未達，沉滯者未舉；逋逃者未還，浮偽者未息。兼之郡國凋弊，倉廩空虛。訟獄猶繁，澆淳尚雜。外逼凶寇，調發未寧；內切饑寒，衣食不足。人思陛下，企望太平久矣！」[71]表示這是一個社會不公平，人民逋逃，放棄生產，以致民生窮困，財政窘乏，國防危機緊迫的局面與形勢。

又據李嶠〈上中宗書〉，他對時局批評說：「比緣征戍，巧詐百情。破役隱身，規脫租賦。今道人私度者幾至數十萬，其中高戶多丁、黠商大賈，詭作臺符，羼名偽度。且國計軍防，並仰丁口。今丁皆出家，兵悉入道，征行租賦，何以備之？又重賂貴近，補府若史；移沒籍產，以州縣甲等，更為下戶。當道城鎮，至無捉驛者；役逮小弱，即破其家。」[72]表示由於征役屢興，使官府與富人互相勾結，以規避兵役與賦役，製造社會的不公平，使兵源和財政兩皆匱乏，故造成了國家安全的危機。

---

70. 見唐中宗另一〈誡勵風俗敕〉，《唐大詔令集》，一一〇：五七一。
71. 《全唐文》，二六八：三四四八—三四四九。
72. 《全唐文》，二四七：三一六〇。

總之，根據兩人的奏章，顯示是由於政治不良，使社會正義與公平出現了問題，因此造成了財政與國防的危機。雖然這些現象與危機自二聖共治時已發生，但是女皇從共治到獨治，不但未見改善，抑且有深化與惡化的趨勢，理應責無旁貸，負起最大的責任。下面緊接的兩章，願就大周的國防和社會此兩大問題，逐一作適切的析論。

第十三章　大周的國防外交

女皇統治前的國家形勢

論隋唐的國家形勢，一般而言，東邊和東南邊面對海洋，當時絕無足以影響國家安全的外患。南邊嶺南和西南邊也可說相對的無事，有的話只是邊疆的一些騷動，規模與危害都不大。大事多發生在當時所謂的三邊——正北邊、西北邊和東北邊。[1] 正北邊、西北邊指的是以突厥為首，包括後起的契丹等的北狄系統問題；東北邊指的是朝鮮半島的東夷問題；到了二聖時代，吐蕃問題繼起，西邊事連西北邊，乃屬西戎問題。

大唐開國以來，最大的國家安全威脅來自東突厥。

突厥世居金山（今阿爾泰山），在北朝中末期崛興，當時最為北亞強權；但稍後約以金山為界，分裂為東、西兩個汗國，迭相侵掠。史謂東突厥東自契丹，西盡吐谷渾、高昌諸國，控弦百萬，戎狄之盛，近代未有；西突厥則東至東突厥，西至雷翥海（今鹹海），控弦數十萬，霸有西域，

1. 章群《唐代蕃將研究》（續編）（臺北：聯經出版公司，一九九〇．九）第二章專論三邊。他認為三邊當在安西、燕然、安東三都護府所在地，略為向外推移之處（頁一三），亦即唐之國防線。

西戎之盛也未曾有。[2]由於東突厥位居中國正北，故唐人也習慣稱之為北突厥，或索性簡稱為突厥。雖然東突厥一度為隋所屈服，向隋稱臣，然而不久值隋末喪亂，故又重新復興，與西突厥仍皆不失為亞洲強權。他們都以武力服屬周邊諸國和部落，故也都有「世界帝國」的格局。隋末群雄並起之時，北方諸雄如梁師都等雖自為帝王，然而俱向東突厥稱臣，引為奧援，連大唐太原起義時李淵也不能免，[3]以免西攻關中後根據地受其威脅。

把大唐帶進世界舞台，使之成為新盟主——天可汗——主要是東突厥。

原來李淵稱帝之後，國家戰略以平定群雄、統一中國為第一目標，故始終對東突厥執禮甚恭，優禮有加。武德二年（六一九），吐谷渾、高麗、契丹、靺鞨等國對唐稱臣，高祖皇帝盱衡外交形勢，承認地隔華夷，中外刑政相殊，又鑑於隋煬帝因窮兵黷武而亡國，乃於二月制定政策，下詔「要荒蕃服，宜與和親」，分命使節往申好睦，並布告天下明知此意。[4]基於國家戰略和外交政策的考慮，高祖皇帝忍受了東突厥此後的屢次侵略，且對其在定襄城扶立隋煬帝之孫楊政道為隋主，統有流亡於突厥的中國人，政治上大大威脅號稱接受隋朝「禪讓」的大唐，也不表示任何

2. 本章述及東、西兩突厥的史料，厥以《通典．邊防典》及兩《唐書．突厥傳》為基礎，參引他書時始加註。

3. 唐高祖稱臣於突厥，先由陳寅恪發表專文（參其〈論唐高祖稱臣於突厥事〉，收入《陳寅恪先生文集（一）》，頁九七—一〇八，臺北：里仁書局，一九八〇．九），其後多有論者考論，如吾師李樹桐先生就以為不然，曾有〈唐高祖稱臣於突厥考辨〉（見《唐史考辨》，二一四—二四六，臺北：中華書局，一九八五．五）、〈再辨唐高祖稱臣於突厥事〉（《唐史新論》，六九—一一八，同書局一九八五．九）、〈三辨唐高祖稱臣於突厥〉（《唐史索隱》，一—三一，臺北：臺灣商務印書館，一九八八．二）。

4. 《唐大詔令集．鎮撫夷狄詔》，一二八：六八九。

態度。不過，他為了減輕來自東突厥的壓力以及準備反擊，一方面利用東突厥君臣的內部矛盾，對其實行離間分化；另一方面積極拉攏西突厥，欲與他建立和親及軍事同盟的關係，以牽制東突厥的力量，並且在外交上爭取東突厥周邊諸國家部落，以孤立東突厥。這是大唐最早的大戰略。[5]

及至武德九年（六二六）六月四日，大唐第一次玄武門兵變爆發，秦王李世民殺其兄弟，軟禁父皇，尋在八月九日即位為皇帝——此即太宗文皇帝，上述的國際情勢遂出現了新變化。變化的原因與東突厥大舉入侵唐朝有關。文皇登基的同月十九日，東突厥大可汗頡利突然親統十餘萬騎侵入唐朝，二十八日竟進至渭水便橋，三十日逼文皇作京城下的白馬之盟。頡利可汗能輕易突破唐軍防線，直抵京師逼盟，使文皇引以為奇恥大辱，也意識到東突厥危害國家安全的嚴重性。翌月，為了國防安全的考慮，文皇頒下〈修緣邊障塞詔〉，說明「凶狄不息，驅侵未已；御以長策，利在修邊。……今約以和通，雖云疲寇；然蓄情難測，吏事修葺」，因此詔令北道諸州城寨鎮戍，必須動員所在軍民，共同修補，務使成功。[6] 修築緣邊障塞以為防禦之餘，其實從此以後，他一面加緊離間分化的外交運作，一面親自練兵，加強整軍經武，伺機大舉報復，以雪恥辱。也就是說，頡利可汗此次的勝利，適足以成為大唐戰略構想改變的契機，促使文皇由守勢國防轉變為攻勢國防。

正北邊的國際局勢改變得很快，頡利可汗因內政大修，兵革歲動，遂為國人所患，諸部離心。貞觀元年（六二七），服屬於東突厥的薛延陀、回紇等漠北鐵勒十餘部相率叛變，擊走監領他們的突厥長官，頡利派東部小可汗突利往討。突利可汗一直是唐朝的離間分化對象，統領東方，管

---

5. 這裏所謂的大戰略，簡而言之，是指基於國家戰略而在國際間追求國家利益，所施行的同盟戰略。

6.《唐大詔令集》繫於武德九年九月，一〇七：五五一。

奚、霫等數十國部，因徵稅無度而被諸國部所怨，故諸國部於貞觀初年並來歸附於唐，使頡利為其失眾而大怒，此次派他出征算是要他將功贖罪。不過他也兵敗，輕騎奔還，故被頡利怒罰。突利挾怨欲叛，翌年遣使將所圖密告於唐。雖然頡利可汗內憂外患，但是文皇仍認時機未到，僅令并州兵馬隨便應接突利而已。

關鍵時刻終於來臨，貞觀三年（六二九），薛延陀發展成熟，欲自稱可汗而不敢，文皇乘機遣使間道正式冊拜薛延陀可汗為真珠可汗，於是東突厥腹背受敵的戰略形勢乃呈現。加上頻年大雪，六畜多死，東突厥國中大饑，而頡利卻因用度不給，內政失修，更重斂於諸部，由是下不堪命，內外多叛；當此之時，頡利向突利徵兵不果而進攻他，突利乃率眾奔唐。頡利自知情勢不利，故向唐朝稱臣，並要求和親。代州（治今山西代縣）都督張公瑾坐鎮前線，瞭解情勢，上書建議乘時攻擊。文皇乃下決心，以頡利稱臣之後復援梁師都為藉口，在十一月二十三日令兵部尚書．檢校中書令李靖為定襄道行軍大總管，節度并州都督李世勣、代州都督張公瑾、任城王李道宗、營州都督薛萬徹、幽州都督衛孝節和華州刺史柴紹六道行軍總管，統兵十餘萬，分道往擊東突厥。

貞觀四年（六三〇）正月五日，李靖捨卻大軍，決定奇襲，親率驍騎三千夜襲頡利牙帳所在的定襄，俘獲隋朝流亡政權楊政道等人，頡利撤至鐵山（今地不詳），尚有數萬兵力。衛公再度率精騎一萬前往奇襲，另要李世勣實行翼側行動，封鎖漠南磧口，阻止頡利逃往漠北，於是大獲全勝。頡利僅率十餘騎沿著陰山往賀蘭山方向逃，為李道宗兵團所逼，於三月十五日被俘，押送京師，東突厥乃亡。[7] 李靖不用大兵團堂正決戰，而一再運用奇襲，創下了世界兩強會戰時，其

7. 有關突厥的發展和滅亡，拙著《李靖》（臺北：聯鳴文化公司，一九八〇・七）有專述，不贅引。

中一強忽然被殲滅的輝煌戰果，而此被殲滅者正曾是世界第一號強權的東突厥。李靖和李世勣的合作，創下了戰史上以少殲眾的經典戰例，難怪史臣贊頌他們說：「近代稱為名將者，英（世勣）、衛（李靖）二公，誠煙閣之最！」[8]

東突厥被滅的事實震驚亞洲，此年三月，西北邊和北邊的諸國君長詣闕上書，推戴文皇為「天可汗」。文皇下制曰：「我為大唐天子，又下行可汗事乎?!」群臣與諸蕃咸稱萬歲。是後以璽書賜西、北君長，皆稱皇帝天可汗，新君長的嗣位，必待詔書纔能冊立，大唐統臨四夷自此開始。[9]換句話說，大唐天子從此成為亞洲的盟主，擁有全新的世界角色，負有維持國際秩序的權力與責任。因此，文皇調整他的外交政策和建立新的大戰略——在維持與各國和親的前提之下，積極介入調解各國內部的矛盾，和國與國之間的衝突糾紛；同時為了確保大唐的國際地位與國家利益，因此防止區域或世界霸權的興起，維持國際勢力的均衡。這種新政策與大戰略，從他處理東突厥復國，討伐薛延陀以及高麗的方略與行動，可以得到證明。

文皇雖然為了報仇雪恥，有對東突厥開戰的決心；但是在李衛公的指揮下，東突厥不堪一擊而迅速滅亡，卻似乎出他意料之外。為此，他緊急與大臣商議如何處理戰後東突厥以及喪失統合架構下的北亞諸國部問題，顯得大費腦筋，辯論激烈。大抵上，涼州都督李大亮反對招撫戰後各國部，以為中國百姓是天下根本，四夷僅是枝葉，故勞費中國實非國家之利，請停招撫而羈縻受

8.《舊唐書》二將合傳，見該傳史臣曰，六七：二四九三。

9. 參《通典・邊防典・北狄七・鹽漠念》項（二〇〇：典一〇八五上－中）。被尊天可汗及處置東突厥降眾又可參《唐會要・安北都護府》（七三：一三一一－一三一二）及《唐會要・雜錄》（一〇〇：一七九六）。

之，行虛惠而收實福。朝臣則多主張將突厥種落分遷於兗、徐內地（約今安徽、江蘇一帶），各屬當地政府管轄，使他們改事耕織，將他們化成百姓，則中國有加戶之利，塞北可常空虛，不致危害國家安全。但是，持論最針鋒相對的是中書令溫彥博與獲授權參預朝政的祕書監魏徵。溫中令以為兗、徐內地的風土氣候對草原牧族不適合，建議效法東漢安置南匈奴於河套、晉北一帶的策略，以收增強中國捍衛力量，而又能維持牧族土俗以安撫之的兩全實利。魏監則認為這次是北狄史無前例的破敗，如果不想誅滅他們，則應遣還本土；否則這些有強寇弱服風俗的非我族類，日後人口孳長，將會使「五胡亂華」的歷史重演。文皇最後決定：在朔方之地，從幽州至靈州，分置順、化等四州都督府；分頡利之地為六州，置定襄和雲中兩都督府以統其眾。雖然都督、刺史仍以酋長充任，但是大多數酋長和首領都入京為將軍等官，人數達百餘人之多，幾與朝士相半。突利可汗來附前原建牙直幽州之北，當文皇封拜他為右衛大將軍．順州都督．北平郡王，令他率部落還蕃時，乃舉當年隋朝扶植東突厥啟民可汗，及至啟民強大，乘隋亂而為患之例，嚴厲地警告說：「我今所以不立爾為可汗者，正為啟人（即啟民，避太宗諱）前事故也。改變前法，欲中國久安，爾宗族永固，是以授爾都督，當須依我國法，齊整所部；如違，當獲重罪！」[10]這些可汗酋長既受大唐官爵，統領所部又「須依我國法」，是則文皇此時對他們實行的是實質的直接統治，可以無疑。

及至貞觀十三年（六三九），薛延陀已發展成漠北新強權，漸對大唐北邊構成壓力，這年

10. 朝臣議論及太宗處置與警告，詳《通典．邊防典．北狄四．突厥上》，一九七：典一〇七〇－一〇七一。更詳細的議論可參《唐會要．安北都護府》，七三：一三一一－一三一四。

適逢發生幾十個扈從的突厥衛士叛亂，文皇始患之，上書者也多言處突厥於中國不利，遂決定讓其部落北還復國，以大漠為界，與薛延陀分而治之。新冊可汗李思摩——即被賜國姓的原右武侯大將軍・化州都督・懷化郡王阿史那思摩，因害怕薛延陀強大，不肯北還。文皇為此遣使齎璽書告訴薛延陀可汗說：「即欲遣突厥渡河，復其國土。我冊爾延陀日月在前，今突厥理是居後。後者為小，前者為大。爾在磧北，突厥居磧南，各守土境；若其踰越，故相抄掠，即將兵各問其罪！」[11]顯示文皇決心以武力為後盾，以協助東突厥復國，並且揭露其維持國際勢力均衡的政策。

李思摩率領當年頡利部眾凡十萬，勝兵四萬，返還舊土重建汗國後，薛延陀不時侵擊之，文皇雖加敕止而效果不彰。尤其當貞觀十五年（六四一）文皇將東封泰山時，真珠可汗以為機會難得，乃於十一月遣其子大度設，率領鐵勒諸部二十萬大軍渡漠入白道川（今內蒙呼和浩特北），大舉進攻東突厥。為了貫徹維護國際均勢的政策，同月，文皇立命兵部尚書李世勣為朔州道行軍大總管，率六萬餘兵直往應援思摩，並命營州（治今遼寧朝陽）都督張儉率所部騎兵及奚、契丹聯軍壓其東境，右衛大將軍李大亮率四萬餘兵出靈州（治今寧夏永固），右屯衛大將軍張士貴率一萬餘兵出雲中（今內蒙托克托東北），涼州（治今甘肅武威）都督李襲譽統所部出其西，諸道齊發。十二月，大度設見英公軍至而北撤，英公挑選所部和突厥精騎各三千，追及於諸真水（今內蒙艾不蓋河）。副總管薛萬徹以翼側攻擊配合英公的正面強攻，薛延陀大敗瓦解，斬首三千餘級，俘虜五萬餘人。這是大唐繼殲滅東突厥之戰後的另一重大勝利，有人從戰史上論，以為此役

---

11. 原文詳《通典・邊防典・北狄四・突厥上》（一九七：典一〇七一下）及《全唐文・賜薛延陀璽書》，（一〇：一二八）。

以一比六十六大敗薛延陀，也是中外戰史上以寡擊眾殲滅戰的經典之作。[12]

真珠可汗兵敗後請求與東突厥言和，遣使向文皇謝罪；但其後又不時與東突厥交兵，因此文皇曾再以璽書責備他。降至貞觀十七年（六四三），由於李思摩不能撫治其眾，部眾相率南渡黃河，文皇允許他們入居，思摩亦輕騎入京為官，東突厥復國失敗，而薛延陀乃與唐相接。十九年，文皇御駕東征高麗，值真珠可汗死，嗣位可汗一度入侵夏州（今陝西靖邊白城子），戰敗而還，尋被回紇所殺，國內大亂，鐵勒諸部各遣使歸附於唐。翌年，文皇決心解決此區域霸權，命名將李道宗、薛萬徹等多道渡漠進攻，並親幸靈州督師，摧毀薛延陀政權，鐵勒諸部相繼至靈州，請求列漠北諸部為州縣。二十一年，文皇分諸部為十三州，各以其酋長為都督、刺史，又置燕然都護府以統領他們，實行監護統治。自是北盡瀚海，盡入大唐提封。[13]稍後他們修築「參天可汗道」，置驛與唐交通，直至天皇調露元年（六七九）東突厥復反，正北邊維持和平凡三十年之久。為此，文皇曾經在貞觀二十一年自豪地說：「今毳幕穹廬，聚為郡縣；天山瀚海，分為苑池。去既往之長勞，成將來之永逸！」[14]

從正北邊的經略情態看，文皇以盟主身分維持國際秩序，以武力貫徹大唐的外交政策和大戰略，決心是堅定而不可動搖的。他以同樣的思維行動經略東夷和西域，也為天皇所遵行，而其間

---

12. 筆者指導的博士生何世同在其博士論文（《中國中古陰山戰爭對北邊戰略環境變動與歷史發展研究》，國立中正大學歷史研究所，民國八十九年，未刊本）第七章第四節對此戰有詳細論述，以為歐美奉為殲滅戰經典，發生於西元前二一六年羅馬與迦太基的坎尼會戰，也遠不能與此戰相比。
13. 薛延陀屬鐵勒諸部之一，事詳《舊唐書・鐵勒傳》，一九九下：五三四三—五三四九。
14. 《唐大詔令集・玉華宮於宜君縣鳳皇谷詔》，一〇八：五五九。

則各有成敗利弊。於此先論朝鮮半島。

半島三國在唐朝以前即因宿怨而常有戰爭，他們都在武德年間先後來朝，大唐抱持和平外交的政策，與三國均保持良好的關係。從高祖皇帝以來，大唐就冊拜高麗為遼東郡王・高麗王，百濟王為帶方郡王・百濟王，新羅為樂浪郡公・新羅王。問題在三國交侵不息，高麗又常遮斷入朝的道路，唐朝為此經常以盟主身分協調警告，均無效果。貞觀十六年（六四二），高麗大臣蓋蘇文政變，弒其國王高建武，擁立其侄高藏為王，又聯百濟進攻新羅，連下數十城。文皇得到新羅乞師救援的國信，翌年遂因冊立高藏之便，遣使齎璽書警告高麗說：「新羅委命國家，不闕朝獻，爾與百濟，宜即戢兵。若更攻之，明年當出師擊爾國矣！」[15] 專政的蓋蘇文不從。文皇因此以蓋蘇文弒君虐民為詞，認為師出有名，決定出師弔伐。此役由文皇御駕親征，從貞觀十八年二月下達決心開始部署以來，至十二月更以盟主身分詔令新羅、百濟、奚、契丹與唐軍分道往擊。[16] 然而自十九年正月出發，至年中一直膠著於安市城，及至九月「冬將軍」來臨，加上後勤補給難以為繼，乃不得不狼狽班師。文皇以盟主身分扮演「國際警察」的角色，不料卻有此失利，不免大失顏面，因此遂不斷以持久消耗戰的方式攻擊高麗，讓國防軍事重心往東北邊轉移。

直至天皇繼位，仍想調停三國的紛爭而無效，新羅又上表求救，遂於顯慶五年（六六〇）先命左衛大將軍蘇定方統兵往討百濟。定方不負所望，平定其國，分置府州而還。龍朔二年（六六二），唐朝復立在京的百濟舊太子扶餘隆為王，授他為熊津都督，遣還本國，並令與新羅

15. 三國情事兩《唐書》均有傳以記述，太宗璽書見《舊唐書・新羅傳》，一九九上：五三三五。
16. 詳《通鑑》太宗貞觀十八年各該月條，一九七：六二〇七及六二一五。

和親。其後高麗滅亡，新羅漸強，當唐將劉仁軌等率兵撤還唐朝後，扶餘隆畏懼新羅，竟於儀鳳二年（六七七）也棄國歸唐，其國遂為新羅所據。高麗原本最強，但乾封元年（六六六）蓋蘇文死，諸子內亂，天皇乃乘機命司空李勣（太宗死後避「世」字諱）為遼東道大總管前往征伐。英公持重，直至總章元年（六六八）底纔平定高麗，將高藏等一行獻俘至京。唐朝也將高麗分置府州，又置安東都護府以統領之，命薛仁貴總兵鎮守；其後唐軍撤還，高麗亦為新羅所據。大唐因盟主身分而捲入朝鮮三國的紛爭，為了扮演「國際警察」而耗時耗力，積兩代的努力纔能以武力解決問題；不過維持不久則因吐蕃的興起而力不從心，放棄朝鮮半島的經略，拱手讓與新羅，可謂為他人作嫁衣，賠了夫人又折兵。

西北邊的問題也就是西域——中亞問題，此地區國族複雜，以西突厥最為霸權。基本上西突厥位於歐亞大陸中心，介於中國、波斯、拂菻（東羅馬）與天竺（印度）四大古文明之間，腰控絲綢之路，對中國而言，具有甚大的文化經濟利益。相對的也就是說，西突厥對大唐的國家利益主要在文經，不像東突厥般嚴重地構成了國家安全上的威脅。

其實隋唐之際，西域諸國雖多臣屬於西突厥，但對中國也頗友好，甚至先後經高昌國來朝。唐朝為了實行對付東突厥的大戰略，又為了外交與文經利益，故插手西域事務乃是早晚之事。吐谷渾之南是党項諸羌之地，貞觀三、四年間，文皇因党項諸羌陸續內屬，遂因勢開為十六州，後來又列原與吐谷渾聯盟抗唐的拓拔部為三十二州，「自是從河首大磧山已東，並為中國之境」，[17] 是西進政策的先聲。西南諸民族部落情勢已定，要經略西域則必須先打通河西走廊。

17.《唐會要・党項羌》，九八：一七五六。

建國於青海的吐谷渾，與大唐關係時好時壞，曾多次寇掠鄯、蘭等州，對走廊安全構成威脅，故文皇多次遣使責備交涉，均無遠效。外交手段既然不能解決問題，則軍事行動勢在必行。貞觀八年（六三四）底，文皇命特進李靖為西海道行軍大總管，率兵部尚書侯君集、任城王李道宗、涼州都督李大亮、岷州刺史李道彥、利州刺史高甑生，聯同突厥、契苾之眾往擊之。儘管吐谷渾擁有優勢戰略地緣，但是唐軍進展順利，至九年五月攻至河源（黃河發源處），會師大非川。可汗慕容伏允之子慕容順斬其國相舉國來降，伏允則逃入沙漠中，尋被左右殺死。[18]國人乃立慕容順為可汗，稱臣內附。慕容順在隋煬帝時曾入隋為質子，大唐高祖皇帝時始放還，文皇以他早慕華風，深識逆順，能立功補過，特宜原免，因此仍授他為可汗，封為西平郡王，[19]命李大亮將兵為其聲援，但也因此使其國內分裂為親唐派與反唐派。未幾，反唐派政變殺慕容順，而立其子諾曷缽。唐朝遣兵來援，仍封他為河源郡王，授以可汗之號，展示武力的支持，甚至在貞觀十四年（六四〇）以弘化公主妻之。吐谷渾的威脅解除，河西走廊通道安全，該年，大唐平定高昌。

高昌國在武德時即已與大唐交往，文皇時更成大唐監聽西域動靜的前哨。其後高昌自恃有西突厥撐腰，[20]故遮斷西域諸國入唐的通道，拘留隋末流亡至其國的中國人而不讓他們歸唐，復與西突厥攻擊伊吾、焉耆，離間薛延陀與唐的關係。焉耆向唐投訴，貞觀十三年（六三九）文皇遣

---

18. 吐谷渾兩《唐書》有傳，或謂伏允自殺，《通鑑》據《實錄》謂為左右所殺，從之，見太宗貞觀九年五月條，一九四：六一一三。
19. 詔見《唐大詔令集》，一二九：六九九。
20. 高昌此時與西突厥有婚姻臣屬的關係，也是西突厥對付東突厥的戰略盟國，詳林恩顯《突厥研究》（臺北：臺灣商務印書館，一九八八・四，初版），一七二—一七四。

使前往問罪，要求改善，否則「明年當發兵馬以擊爾」。值薛延陀也請為嚮導以擊高昌，文皇冀其悔過，再遣使交涉，高昌王麴文泰仍置之不理，故決定命參預朝政的吏部尚書侯君集為交河道行軍大總管，會同突厥、契苾之眾，聯軍數萬往討。[21]麴文泰以為路長，中有二千里沙漠焚風，唐軍後勤補給困難，必不能至。十四年五月，聞知唐軍已兵臨磧口，遂惶懼發病而死，其子麴智盛嗣位。聯軍繼進攻擊，其屯駐附近可汗浮圖城的西突厥盟軍懼而西走，不敢來救。八月，麴智盛投降，留守可汗浮圖城的西突厥軍也來降，戰事結束。文皇決定將高昌改為直屬州，乃以其地為西州，以可汗浮圖城為庭州，[22]並置安西都護府於交河城。焉耆原來聲援唐軍，不過高昌滅後未幾，卻與西突厥結盟，遂缺朝貢，文皇批准安西都護郭孝恪所請，由孝恪往攻其國，俘虜其王龍突騎支，另委其臣攝理國事。於是唐朝直屬領土東極於海，西至焉耆，南盡林邑，北抵大漠，東西凡九千五百一十里，南北有一萬六千九百一十八里。[23]

焉耆之西有臣屬於西突厥的龜茲國，但對大唐也朝貢不絕。當郭孝恪進攻焉耆後，自是對唐職貢頗缺。貞觀二十一年（六四七）文皇命左驍衛大將軍阿史那社爾為崑山道行軍大總管，與安西都護郭孝恪等五將，聯同鐵勒十三部、突厥、吐蕃、吐谷渾兵十餘萬騎往伐龜茲。[24]聯軍屢敗

---

21. 數罪及警告內容詳見詔文，《唐大詔令集》，一三〇：七〇二—七〇三。
22. 可汗浮圖城位於新疆濟木薩東方七十至九十里間的古城，北可直通漠北，南越天山則可腰控絲路，為西突厥對抗東突厥與唐朝的東方戰略基地，故統葉護將它建為北庭，詳林恩顯前引書，三〇二—三〇五。按：唐將此地直屬即因其戰略地緣之重要，命名庭州及後來成為北庭都護府和北庭節度使府所在，亦因其曾為西突厥的北庭之故。
23. 高昌、焉耆兩《唐書》有傳，其領土數據諸書同，《通鑑》繫於唐太宗貞觀十四年九月條，一九五：六一五六。
24. 龜茲兩《唐書》有傳，聯軍組成時間和成員國諸書所記頗異，今據《全唐文》（八：一〇七—一〇八）及《通鑑》

龜茲、西突厥盟軍，最後在二十二年底破擒龜茲王，另立王弟為君主而旋。龜茲之敗，西域大震，于闐等國爭相歸唐。其後大唐乃將龜茲、于闐、疏勒與焉耆合為安西四鎮。半年之後文皇駕崩，天皇令將先帝陸續降服的各國君長，自頡利可汗以下凡十四人，皆琢石為像，刻名列於昭陵北司馬門內，以旌其功。原來的外交政策與戰略構想，尚待大皇努力繼續推動。

當西突厥強盛，為中亞第一強權之時，[25]與東突厥為敵，而高祖皇帝要遠交近攻的對象正是此時的統葉護可汗。可汗後為其伯父所殺而自立為莫賀咄可汗，國人不附，迎立前汗之子為肆葉護可汗，連兵不息，俱遣使來朝並請婚，讓人唐對西突厥輕易取得了國際的主導權。文皇面對分裂內戰的西突厥保持中立，各不許婚，仍諷令他們「各保所部，無相征伐」，亦即分而治之的政策。於是臣屬的西突厥各國乘機背叛，西突厥國內空虛。顯然維持二汗分裂、促使其屬國脫離，對大唐極為有利。肆葉護可汗雖然一度統一西突厥，尋因內政無方，為國人所叛，逃至康居而卒。國人遂從焉耆迎立咄陸可汗。咄陸可汗曾入唐，與文皇結為兄弟，故遣使詣闕請降。文皇此時已是天可汗，乃於貞觀七年（六三三）遣使賜以名號及鼓纛，正式對西突厥行冊禮，取得了宗主國的地位。

咄陸可汗死於翌年，繼任的沙缽羅可汗也曾在貞觀九年請婚。當時與唐結婚可以提高該國的國際地位，文皇可能鑑於此，故仍不許，唯厚加撫慰而已。沙缽羅可汗俄分其國為十部，號稱十箭。

該年十二月條（一九八：六二五一—六二五二），後來也有一些西突厥加入，見二十二年四月及七月條（一九九：六二五七及六二五九）。

25. 唐初西突厥發展至裏海，南接波斯，西交拂菻（東羅馬），並一再助拂菻攻破波斯。貞觀初統葉護可汗攻破波斯，殺其王庫薩和而臣其地。林恩顯稱此時的西突厥為中亞第一強大汗國，詳前引書，頁一七五—一七六，及二一九八—二一九九。

又分十箭為左、右廂，左廂在碎葉（今俄羅斯托克馬克）以東，號五咄六部落；右廂在碎葉以西，號五弩失畢部落，總稱為十姓部落。此次改革後不久，國人又因不服而起內戰，貞觀十二年乃以伊列河（今伊犁河）為界，東屬沙缽羅可汗，西屬乙毗咄陸可汗。翌年沙缽羅可汗因部落叛亂，出奔而死，部落乃立沙缽羅葉護可汗。兩汗頻相攻擊，西域諸國則左右依違，文皇仍是扮演調停的角色。其後乙毗咄陸可汗攻殺沙缽羅葉護可汗，併其國，自恃強大，遣兵寇伊州，安西都護郭孝恪反擊，西突厥始與唐衝突。

大唐這時新置安西都護府，尚未有解決此霸權的構想，仍以維持西突厥分治的外交政策為主。貞觀十五年（六四一），部眾叛乙毗咄陸可汗，各遣使詣闕請立可汗，文皇乃遣使齎璽書冊立乙毗射匱可汗。由於乙毗射匱可汗也不為部眾所附，故文皇一度許婚，並令他割龜茲、于闐、疏勒、朱俱波、蔥嶺等五國以為聘禮，用意是扶植他以制衡乙毗咄陸可汗。其後文皇崩而阿史那賀魯反叛，乙毗射匱可汗部落遂為賀魯所併。

賀魯原隸於乙毗咄陸可汗，因乙毗射匱可汗之迫逐，於貞觀二十二年（六四八）率部內屬，詔令徙居庭州，授左驍衛將軍．瑤池都督。天皇繼位，進拜左驍衛大將軍．瑤池都督，尋率部西走還國，乘亂壯大，統有十姓與西域諸國，出現統一的新形勢，且有兵數十萬，遂進寇庭州。唐朝有意趁此新興霸權統一未穩之時遂行攻擊，乃於永徽三年（六五二）命左武侯大將軍梁建方等率燕然都護府所部回紇騎兵五萬往討。這是大唐對西域霸權第一次大舉用兵。顯慶二年（六五七）復命右屯衛將軍蘇定方等出征，破其千泉牙帳，又大勝於碎葉水（今楚河），賀魯逃至石國（今塔什干）被俘，解送京師。唐朝乃將諸部落置為州府，各給印契，以為徵發符信，行使統治權。[26]這些州府又分隸於崑陵、濛池二都護府，分別任命隨軍的安撫大使右武衛大將軍阿史那彌射為興昔亡可汗兼右衛大將軍．崑陵都護，押領五咄六部；左屯衛大將軍阿史那步真為繼往絕可汗兼右衛大將軍．濛池都護，押領五弩失畢部，貫徹扶植西突厥王族監護西突厥舊部、分而治之的政策。兩都護府此時均隸屬於安西大都護府，為了更有效及更便利大唐直接監護十姓部落，故於翌年五月二日又進一步移安西都護府治於龜茲國。[27]顯示大唐要加強貫徹西突厥本部分治，而不讓原來臣屬的諸國仍然臣屬於他們的政策，並向西移治，增強監護制度的機能，對西突厥兩汗國及西域諸國實施了更直接而有力的統治。

西域既平，同年五月大唐遣使分往康國（今撒馬爾罕）及吐火羅（阿富汗北、蔥嶺西）等國，訪其風俗物產及古今廢置，畫圖以進，令史官撰成《西域圖志》六十卷以供參考。[28]降至龍朔元年（六六一）六月十七日，吐火羅道置州縣使王名遠奏准從于闐以西至波斯以東，分置八十個都督府州，一百一十個縣，一百二十六個軍府，並在吐火羅國立碑。[29]這些州府也並隸屬於安西都護府。

此時朝鮮半島問題還未解決，顯然唐朝因已征服北狄，力量又伸至安西，故屈服西域霸權比解決東夷霸權來得容易。步真是彌射的族兄，兩人因宿怨而有隙，及至龍朔二年（六六二），兩人奉令從唐將蘇海政討伐龜茲，步真誣告彌射謀反，使他被海政所殺，而步真不久亦死，自此十姓部落無主。對於大唐的霸權，十姓部落似乎也有親唐和反唐的派系，故諸部仍有戰爭寇掠的行動，且開始連引吐蕃加入，只是此時對國家安全影響不大，尚引不起大唐的重視。幾年之後，大

26.《唐會要．安西都護府》，七三：一三二二—一三二三。

27.《唐會要．安西都護府》，七三：一三二二—一三二三。

28.《唐會要．修撰》（三六：六五六）；《唐會要．安西都護府》是年注（七三：一三二二—一三二三）。

29.《唐會要．安西都護府》，七三：一三二三。

唐陸續平定了百濟和高麗，雖然稍後將國防線退至遼東，但是東夷無虞，國家安全也無重大威脅。這是西北邊和東北邊國防外交在女皇統治前的情勢。儘管調露元年（六七九）東突厥復反，但在天皇生前還不構成國防上的嚴重問題，此時的重大威脅來自西戎系統的吐蕃。

吐蕃約略與大唐同時崛興，在文皇時一度因求婚被拒而入侵，但關係大抵尚好，尤其在貞觀十五年（六四一）將文成公主嫁給其主棄宗弄贊（松贊干布）後為然，贊普甚至出兵助唐使王玄策平定中天竺，及奉命參與崑山道行軍討伐龜茲。天皇嗣位之初，更曾封拜棄宗弄贊為駙馬都尉．西海郡王。棄宗弄贊死於永徽元年（六五〇），其孫立，年幼，國事皆委於祿東贊，唐、蕃關係仍和好。降至顯慶五年（六六〇），吐蕃基於擴張政策，東進與吐谷渾衝突，自後兩吐遂互相攻擊，又迭相表奏唐朝。唐朝對此兩個有舅甥關係之國似無良法可思，又未認識到吐蕃的強大與其攻渾的意義，依違其間未為與奪，適足以惡化他們的衝突，且使援渾抗蕃錯失了先機。[30] 及至龍朔二年（六六二）蘇海政枉殺興昔亡可汗，西突厥別部弓月遂援引吐蕃來戰。海政因師老不敢戰，而以軍資賄和。此後吐蕃開始介入西域事務，展開了北上政策。[31] 吐蕃北上政策與大唐的西進政策，

---

30. 吐蕃攻吐谷渾，《通鑑》記於該年八月（二〇〇：六三二一），此後互訴於唐朝及唐朝的態度，見《舊唐書．吐蕃上》（一四六上：五二二三）。又吐蕃對外擴張的政策和意義，林冠群有專論，詳參《論唐代吐蕃之對外擴張》，臺北：蒙藏委員會，一九九一．四，初版。

31. 吐蕃出兵西域最早的紀錄，是前述貞觀二十一年（六四七）文皇命其遣軍參與崑山道行軍往伐龜茲之役，是承唐命會同作戰的性質，與此時之北上不同。又弓月部不是十姓之一，而是以弓月城為基地的粟特人部落，詳參王小甫《唐吐蕃大食關係史》（北京：北京大學出版社，一九九五．七，二刷），頁五〇–五二；及所附考證弓月之兩文，二二四–二五六。

也就從此產生了利益上的衝突。

龍朔三年（六六三），反唐親蕃的吐谷渾人勾引吐蕃入侵，吐谷渾大敗，可汗率領數千帳棄國走依涼州。這時正是大唐經略朝鮮半島吃緊的時候，天皇命將分屯涼、鄯二州防禦，並遣使降璽書責備吐蕃；然已因此而喪失了唐、蕃兩國之間的戰略緩衝區，使唐之西進政策及西北國防備受翼側威脅。祿東贊死後，其子欽陵等復專國政，此下三十餘年更恆為唐的邊患。及至平定高麗後兩年——咸亨元年（六七〇），吐蕃北上，連陷西域十八州，又與于闐攻陷龜茲，大唐為之罷棄安西四鎮，乃以右衛大將軍薛仁貴為邏娑（拉薩）道行軍大總管，統兵十萬往擊吐蕃，且援送吐谷渾還故地。軍至大非川，欽陵將兵四十萬來會戰，因副帥郭待封與統帥薛仁貴不和，唐軍大敗，正、副統帥僅以身免，遂與欽陵約和而還。唐、蕃第一次大戰唐軍覆沒，是大唐開國以來國際戰爭首次的慘敗，國防線遂由河源退至赤嶺（今日月山）一帶。[32]

吐蕃自此占領了水草豐美的青海地區，國力得到新的補充而更強大，不斷攻擊河隴，遂使河西、隴右成為唐朝重兵常駐區，大量消耗唐之國力。不僅此也，吐谷渾亦因復國不成，又畏吐蕃強大，不安其居，造成令唐朝頭痛的負擔。後來在朝議之中，唐休璟等建議徙吐谷渾於秦、隴或豐、靈，「貴令漸去邊隅，使居內地，用為防閑之要，冀免背叛之虞」。郭元振則有異議，以為此非長久之策，理由是「若近秦、隴，則與監牧雜居；如在豐、靈，復與默啜（東突厥）甫邇」，威脅

---

32. 咸亨元年四月二十二日，吐蕃陷安西，罷四鎮，見《唐會要．安西都護府》（七三：一三二三）；戰事詳《通鑑》高宗咸亨元年四及八月（二〇一：六三六三及六三六四）。謝全堂對此役有詳細考證，認為大非川應在塘格木至清根河口之間，位於赤水流域，並對此戰之緣起、得失、影響論述頗當，參其〈試論唐蕃大非川之戰〉，《青海社會科學》頁七二—七八，一九九一年第四期。

國防安全。建議不如就其來降之地，分別安置於涼、甘、肅、瓜等州，一者此數州皆是其舊居之地，易於安情戀本；二者可以分裂其勢而不擾民，甚至可以提供諸州役使，往後縱有叛亂，其勢當不會太大，故無傷於中國。[33]最後天皇決定將他們徙置於靈州，其國遂皆淪入吐蕃，等同亡國。

吐蕃不斷寇邊，大唐予以極大的重視，其重視程度可由以下的措施看出來：在二聖稱為天皇和天后的第三年——儀鳳元年（六七六），天皇將安東都護府及朝鮮半島兵力後撤至遼東，將統帥劉仁軌調回中央；取消原訂在該年冬天封禪中嶽嵩山的計畫，並一度史無前例地發表洛州牧．周王李顯為洮河軍行軍元帥、并州大都督．相王李輪為涼州道行軍元帥，各統兵往討吐蕃；事雖不行，仍於翌年八月命劉仁軌以宰相身分調往鄯州洮河軍充任鎮守大使，且在十二月下詔發大兵以討吐蕃。

翌年——儀鳳三年（六七八），仁軌因留在中央而不知兵的宰相李敬玄對他多所裁抑，故請改調敬玄為統帥，仍募猛士，及發劍南、山南兵以赴戰。九月，敬玄統兵十八萬被欽陵大敗於青海之上，工部尚書．右衛大將軍劉審禮戰死，幸唐將黑齒常之小勝，監察御史婁師德議和成功，餘眾乃得退守鄯州。[34]

唐軍第二次大敗，吐蕃為患轉甚，天皇乃召侍臣商議攻守方略。多人認為攻不足而守有餘，故主張發兵備邊、明立烽候，採守勢國防，待足食足兵然後再圖攻取；中書侍郎．同三品薛元超則以為「敵不可縱，縱敵則患生；邊不可守，守邊則卒老。不如料簡士卒，一舉滅之」。天皇衡量「宿將舊人多從物故」，顧謂黃門侍郎．同三品來恆說：「李勣已後，實無好將。當今以張虔

---

33. 《全唐文．上安置降吐谷渾狀》，二〇五：二六二七—二六二八。
34. 此戰兩《唐書》劉仁軌、李敬玄、婁師德、黑齒常之及吐蕃諸傳，及《通鑑》唐高宗儀鳳三年九月條（二〇二：六三八五—六三八六）皆有述及，不贅引。

勗、紀及善等差為優耳！」來恆回答說：「昨者洮河兵馬足堪制敵，但為諸將失於部分，遂無成功。今無好將，誠如聖旨！」[35]於是決定採守勢，自後大軍供補遂成西邊國防的嚴重問題。其後黑齒常之昇任河源軍經略大使，廣置烽戍七十餘所，開屯田五千餘頃，歲收五百餘萬石，由是纔戰守有備；[36]然而吐蕃侵境不已，師旅仍不給，「乃購運酬勳，募耕入選」，[37]終究穩住了情勢。河隴方面的邊地防禦戰略，後來仍為女皇所沿襲。

從青海之敗至天皇駕崩，吐蕃北上和東進政策並舉，一方面聯合西突厥部落而與唐交爭於安西四鎮，一方面東攻諸羌之地，於是領土大拓，東與涼、松、茂諸州相接，南至婆羅門，北抵西突厥，地方萬里，西戎自漢、魏以來莫此為盛。[38]此期間，贊普和文成公主先後去世，吐蕃請和，並求婚於太平公主，嚴峻的西邊國防始暫時緩和下來。唐朝此時又出現了新的國防問題——即是東突厥的復興。

天皇死後，陳子昂曾上疏論及當時形勢，說如今「燕、代逼匈奴（指東突厥）之侵，巴、隴嬰吐蕃之患。西蜀疲老，千里贏糧；北國丁男，十五乘塞。歲月奔命，其弊不堪。秦之首尾，今為闕矣。即所餘者，三輔之間爾。頃遭荒饉，人被薦饑，自河而西，無非赤地；循隴以北，罕逢青草。莫不父兄轉徙，妻子流離，委家喪業」。[39]這是女皇獨治初時的國家形勢。

---

35. 攻守意見及失敗分析，分參《唐會要．吐蕃》（九十七：一七三一—一七三二），《舊唐書．吐蕃傳》（一九六上：五二二四）及《通鑑》唐高宗儀鳳三年九月條（二〇二：六三八七）。
36. 《通鑑》繫於唐高宗永隆元年（六八〇）七月，二〇二：六三九五。
37. 見《全唐文．常州刺史平君神道碑》，謂是開耀（六八一）時事，二二九：二九三四。
38. 參《舊唐書．吐蕃傳》（一九六上：五二二四）及《通鑑》唐高宗永隆元年七月條（二〇二：六三九六）。
39. 《全唐文．諫靈駕入京書》，二一二：二一七四—二一七六。

大周西邊、西北邊的外交、戰略與軍事行動

當文皇為了洗雪國恥及追求「去既往之長勞，成將來之永逸」的國家利益之時，他其實已將守勢國防改變成攻勢國防，加上天可汗負有維持國際秩序的責任，為此他調整外交政策和建立新的大戰略。大戰略的指導原則是「遠程防禦、國外決戰」，意謂大唐此後以外交手段配合同盟作戰，哪國挑起戰火則在那國燒，以維持國際秩序及國家安全。為了貫徹這種大戰略與新政策，自後大唐遂經常派軍出國作戰，並且在戰後將各國落置為羈縻府州，遣軍往戍，而遠征軍也漸漸常駐化，因此纔有東從安東護府鎮軍，向西經燕然、單于兩護府，以至安西護府四鎮，及于闐至波斯等一百二十六個軍府的大戰略體系部署。這種戰略威懾力至天皇中期而臻極盛，換取了大唐幾十年的國家安全。[40] 其後雖有吐蕃的興起和東突厥的復國，使大唐在國際間受挫，但國內仍然安全，戰火未曾燒及本土。史家對此未經細審，遽謂「自高宗、武后時，天下久不用兵」云；[41] 其實此時用兵於境外，付出了相當的代價，纔使國內獲得安全。

女皇承接了這種國家安全狀況，想維持這種國際地位與聲教，但是因為她的外交與戰略出現了問題，遂使大周一再嚴重受挫。主要問題發生於吐蕃、西突厥、東突厥以及契丹，使大周的國際衝突由西而北形成了一條漫長的弧形危機地帶。今先從吐蕃與西突厥論起。

---

40. 此大戰略的施行，是促成後來節度使統一指揮體制出現的原因，詳拙著〈從戰略發展看唐朝節度體制的創建〉，《簡牘學報》第八期，即《張曉峰先生八秩榮慶論文集》。

41. 《新唐書．兵志》，五〇：一三二六。

天皇駕崩前後，大唐衝突來自正北的東突厥，西突厥十姓部落則呈無主狀態，正被大唐安輯，而吐蕃則趁此情勢與唐在西域爭霸。臨朝武太后鑑於國內新平徐敬業不久，而對外又備多力分，故安排阿史那元慶和斛瑟羅重回西突厥兩汗國為可汗後，遂於垂拱二年（六八六）再度罷棄安西四鎮。她的構想不是要放棄西域的利益，而是交還政權給兩可汗，讓他們站上西域衝突的第一線，大唐則退守河西以作聲援，使「國家有繼絕之美，荒外無轉輸之役」，並能顯示她「務在養人，不在廣地」的德政。她想不費己力，僅靠羈縻體系以坐收國家安全之利，可謂面子裏子都兼顧了。如果真的要守住邊疆，統治中國本部，不勞中國以事四夷，則這不失為適當的政策；但若只是想以夷制夷，用夷力以確保己之安全，則是不智之舉。太后顯然沒有弄清楚吐蕃擴張的意志與意圖，故此構想未免是一廂情願的想法。就在兩可汗新立未穩、唐軍甫撤不久，吐蕃大入西域，盡據焉耆以西諸城堡，又推翻阿史那元慶；翌年——垂拱三年（六八七）更攻破焉耆，長驅東向，兵臨敦煌。原本不是真要放棄西域的太后，於是在同年底命文昌右相・同三品韋待價為安息道行軍大總管，安西大都護閻溫古為副，統三十六總管往討。降至永昌元年（六八九）五月五日，唐軍大敗於寅識迦河（在今伊塞克湖一帶），退頓於高昌。[42]這是大唐第三度大敗於吐蕃，主帥韋待價除名配流，副帥閻溫古處斬，太后改以安西副都護唐休璟為西州都督，安撫西土。明年復命繼任右相岑長倩往討，但中路退還。

當韋待價進軍之時，太后又想同時在四川西邊開闢第二戰場，調發梁（治今漢中市）、鳳（治今鳳縣東北）、巴（治今巴中）蜑兵從雅州（治今雅安）開山通道，出擊生羌，並因勢進攻吐蕃。

---

42. 王小甫前引書對太后撤守四鎮及反攻的政策、經過、影響有詳論，參頁八一—八八。

時任正字的巴蜀人陳子昂上書反對，認為雅州邊羌一向安居樂業，如今加以徵發，必然引起騷動，使蜀之邊邑不得不連兵備戰，此時吐蕃若乘機入侵，邊羌為之嚮導，則巴蜀危險。因此建議說：「今無故生西羌、吐蕃之患，臣見其不及百年，蜀為戎矣。國家近廢安北，拔單于，棄龜茲，放疏勒，天下翕然謂之盛德者，蓋以陛下務在養人，不在廣地也。今山東饑，關隴弊，而徇貪夫之議，謀動甲兵，興大役，自古國亡家敗，未嘗不由黷兵，願陛下熟計之。」既而役不果興。[43]

無論如何，大唐此時正處於天下大饑的處境，內有李氏諸王聯兵匡復之事，外有東突厥的威脅，而且已經棄守安西四鎮，示人以「務在養人，不在廣地」，如今卻大舉攻擊吐蕃在西域的勢力，復想開闢康藏第二戰場，的確是失策的戰略思考，讓人覺得太后有窮兵黷武之感。因此，子昂後來又奏〈上軍國利害事〉說：「當今天下百姓雖未窮困，軍旅之弊，不得安者，向五、六年矣。夫妻不得相保，父子不得相養。自劍以南，爰至河隴、秦涼之間，山東則有青徐曹汴，河北則有滄瀛恒趙，莫不或被饑荒，或遭水旱，兵役轉輸，疾疫死亡，流離分散，十至四、五，可謂不安矣。幸得陛下以仁聖之恩，憫其失業，所在邊境有兵戰之役，一切且停，遂使窮困之人……稍安，殆半年矣。……愚臣今所以為陛下更論天下之危機者，恐將相有貪夷狄之利，又說陛下以廣地，彊武為威，謀動甲兵，以事邊塞。陛下或未知天下有危機，萬一聽之，臣懼機失禍構，則天下有不可奈何也！……國家所伐吐蕃有大失策，中國之眾，半天下受其弊。」故盼望太后能予召見，給他一個面論的機會。[44]所幸太后此下忙著革命，所以就暫時不對吐蕃用兵，再次用兵已是革命後兩年—長壽元年（六九二）之事了。

43. 見《通鑑》則天后垂拱四年十二月條，二〇四：六四五五—六四五六。
44. 詳《全唐文·上軍國利害事》之三〈人機〉，二一一：二七〇五。

從永昌元年至長壽元年（六八九—六九二）這三、四年間，吐蕃內政出了問題，部屬一再來降，大周曾在大度西山勒石以紀其功。[45]可能因此之故，奉命安撫西土的西州都督唐休璟趁機奏請復取四鎮，女皇乃命右鷹揚將軍王孝傑為武威道行軍大總管統兵往攻。王孝傑十四年前曾隨工部尚書劉審禮戰敗於青海而被俘，嗣因相貌像贊普之父，故得免死而歸。由於久在吐蕃，悉其虛實，故女皇用他為帥。長壽元年十月，孝傑不負所望，克復龜茲、于闐、疏勒、碎葉四鎮，重置安西都護府於龜茲，留重兵三萬駐守。[46]這支重兵是武威道行軍的長駐化，軍號即為武威軍，因此絲綢之路自後得以確保，吐蕃與西突厥交連的戰略形勢亦被切斷，甚至使吐蕃再難出于闐而攻疏勒。[47]女皇深嘉孝傑之功，明年遷為夏官（兵部）尚書。三年（六九四，即延載元年）二月，武威軍復破吐蕃與西突厥聯軍，更進拜他為夏官尚書．同三品。[48]

---

45. 參《舊唐書．吐蕃傳》，一九六上：五二二五。

46. 四鎮最初是龜茲、于闐、疏勒和焉耆，高宗末取得碎葉，故取代焉耆為四鎮之一。唐休璟和王孝傑兩《唐書》有傳，《通鑑》繫此役於長壽元年十月（二〇五：六四八七—六四八八）。又諸書均謂孝傑為武威軍總管，據《全唐文．右僕射太子少師唐璿（休璟）神道碑》為「武威軍大總管」（二五七：三二九三）。

47. 王小甫前引書（頁一一一—一一八）疑武威軍是武威道行軍轉為鎮軍的開始，並謂自後吐蕃再難出中道，以後出西域須繞蔥嶺，甚是；但疑為何諸史多稱孝傑為武威道總管而不是大總管，及此軍轉型可能出於唐休璟的建議，則待商榷，因為《全唐文．右僕射太子少師唐璿（休璟）神道碑》即曾稱孝傑為「武威軍大總管」（二五七：三二九三）、《新唐書．突厥下》則稱為〔武威道大總管〕（二一五下：六〇六五），且孝傑翌年為兵部尚書，尋又率武威軍破敵而以本官拜相，故此軍長駐化或與孝傑有關。

48. 兩《唐書．王孝傑傳》均未詳記他再破聯軍及拜相之年，據《通鑑》延載元年二月再破聯軍，四月以夏官尚書．武威道大總管為同三品（二〇五：六四九三—六四九四）。按《唐僕尚丞郎表》長壽二年始遷夏官尚書，三年四

吐蕃失利於安西，遂改由東出隴右，證聖元年（六九五）七月欽陵進攻洮州（治今甘肅臨潭縣），婁師德曾以宰相身分在此地區充任檢校營田大使，故女皇命他副肅邊道行軍大總管王孝傑統兵迎戰。翌年三月，二相大敗於素羅汗山，孝傑坐免，師德被貶。[49] 這年五月契丹反周，東突厥也入侵涼州，當此大周危急之際，吐蕃卻於九月遣使來請和，希望趁機以外交手段取得安西四鎮。女皇乃派奉宸監丞郭元振前往觀察交涉。[50]

郭元振此次奉使甚為成功，於交涉中婉拒欽陵請罷四鎮戍兵和割讓十姓之地兩大要求，令欽陵二度派使隨他回朝再議。回都後郭元振上疏建議以羈縻手段拖延吐蕃所請，不可直接拒絕以阻逆其意，俾他有理由再開邊患。疏中又對此事的利害詳加分析，認為「今國之外患者，十姓四鎮是；內患者，甘涼瓜肅是」，因此應「當先料內以敵外，不貪外以害內」；不過，他又估計安西諸國比較親唐，一旦割讓而捨棄他們也非制馭之算。因此，最佳的方法莫過於透過外交，說明周朝的安西戰略構想，並且要求吐蕃利益交換，以塞欽陵之口，使議和拖延而不完全絕望。他建議向吐蕃的答詞是這樣的：「國家非惜四鎮，本置此以扼蕃國之尾，分蕃國之力，使不得并兵東侵。

月以本官同三品。

49. 兩《唐書》孝傑和師德均謂證聖元年敗，《舊唐書・吐蕃傳》則謂萬歲登封元年敗。按：證聖元年在九月改元天冊萬歲，天冊萬歲二年臘月改元萬歲登封，九月又改元萬歲通天，故《通鑑》繫孝傑免官於萬歲通天元年三月一日壬寅（二〇五：六五〇四—六五〇五），《唐僕尚丞郎表》同。

50. 郭元振兩《唐書》有傳，均詳記此次交涉及上議。《舊唐書》本傳與《通鑑》（萬歲通天元年九月條，二〇五：六五〇八—六五〇九）咸謂他此時官右武衛胄曹參軍，今據《全唐文・兵部尚書代國公贈少保郭公行狀》（二三三：二九七九—二九八二）與《新唐書》本傳作奉宸監丞。

今若頓委之於蕃，恐蕃力強，易為東擾；必實無東意，則宜還漢吐渾諸部及青海故地，即俟斤部落當以與蕃」。也就是向欽陵說明安西四鎮是中國鉗形威脅吐蕃，使吐蕃不易東擾或不能全力東侵的戰略部署；如果吐蕃無意東進，則應以吐谷渾諸部及青海故地，作為與中國交換西突厥十姓部落的條件。元振又據入蕃觀察的心得，評估吐蕃除了欽陵主戰之外，人民普遍厭戰願和，因此要用離間之策——亦即採用外交拖延的戰術，每年派和親使前往；欽陵如果經常否決和議，則必會導致上下猜怨，也就難以舉國來犯。[51]他的前後建議均被女皇採納。

翌年——神功元年（六九七）——契丹事平，閏十月幽州都督狄仁傑入相，建議將四鎮交還給西突厥王族，安東交還給高麗王族，中國堅壁清野退守塞上，全面對吐蕃及東突厥實行本土防禦的守勢國防。翌年蜀州刺史張柬之也奏請停止每年派兵戍守姚州（治今雲南姚安），並將此州廢置，放棄瀘水以南諸鎮，退守嶲州（治今四川西昌市），並加強瀘北關防。兩人的意見其實就是羈縻四夷、保全中國的傳統想法，十年前女皇即已採用過，卻導致吐蕃大入西域，西突厥二汗國淪喪，大周安全至今備受威脅的局面，所以此次女皇均不採納。[52]如是者到了聖曆二年（六九九），果然不出郭元振所料，吐蕃君臣因猜怨而交戰，欽陵兵敗自殺，黨羽二千餘人也被贊普所誅，子弟率眾來降。女皇乃命婁師德充任隴右諸軍大使，就近懷撫來降者。俄而婁師德死，先後繼任大使的有魏元忠、唐休璟和郭元振，都是一時之選，故吐蕃多次入侵皆為周軍所破。尤其女皇在長安元年（七〇一）以郭元振為涼州都督，隴右諸軍大使，他任職五年，將州境拓大了

---

51. 詳《全唐文》〈論去四鎮兵疏〉及〈離間欽陵疏〉，二〇五：二六二五—二六二六。
52. 分詳《通鑑》神功元年（六九七）閏十月及聖曆元年十月條，二〇六：六五二四—六五二五及六五三七—六五三八。按：同書謂姚州都督府置於高宗麟德元年（六六四）五月（二〇一：六三四〇）。

四倍，加強軍事設施，廣開屯田，積軍糧可支數十年，牛羊遍野，令行禁止，路不拾遺，使吐蕃、突厥不復能侵至城下。[53]

至此，吐蕃北上和東進均受挫，故於長安二年遣使入朝請和，明年初又遣使獻馬千匹、金二千兩以求婚，女皇許之，邦交又見緩和下來。同年年底，吐蕃南邊尼婆羅等屬國皆叛，贊普往討，死於軍中，諸子爭立，國內大亂，最後立了年僅七歲的幼主為新贊普。不過，女皇也在一年後被推翻，故婚事要待大唐復辟，女皇死後，纔在景龍四年（七一〇，即景雲元年）將金城公主嫁出。

當此之時，突騎施大將闕啜忠節想南引吐蕃助其政爭，郭元振又上疏提出分析和警告說：「往者吐蕃所爭唯論十姓四鎮，國家不能捨與，所以不得通和。今吐蕃不相侵擾者，不是顧國家和信不來，直是其國中諸豪及泥婆羅門等屬國自有攜貳，故贊普躬往南征，身殞寇庭。國中大亂，嫡庶競立，將相爭權，自相屠滅；兼以人畜疲癘，財力困窮。人事天時，俱未稱愜，所以屈志，且共漢和，非是本心能忘情於十姓四鎮也。如國力殷足之後，則必爭小事，方便絕和，縱其醜徒，來相吞擾，此必然之計也。今忠節乃不論國家大計，直欲公為吐蕃做鄉導主人，四鎮危機，恐從此啟。……忠節不體國家中外之意，而別求吐蕃；吐蕃得志，則忠節在其掌握，若為復得事

---

53. 詳《舊唐書·郭元振傳》（九七：三〇四四），《通鑑》繫此於則天后長安元年十一月（二〇七：六五五七－六五五八）；據郁賢皓《唐刺史考·涼州》（南京：江蘇古籍出版社，一九八七·二），謂任期由長安元年至神龍二年（頁四一〇）。《全唐文·兵部尚書代國公贈少保郭公行狀》述其出任則頗有誇張（二三三：二九七九－二九八二）。又唐休璟於長安三年七月以夏官尚書·檢校涼督同三品拜相，故《唐刺史考》所考休璟與元振的任期可能有誤，待考。

漢？……故臣愚以為用吐蕃之力，實為非便。」尋因忠節被其可汗所平而止。[54]

闕啜忠節為何要請准唐朝纔能引用吐蕃，此又與西域政情的變化有關。原來此時西突厥二汗國已經淪亡，忠節臣屬於原為西突厥舊部、如今已經興起的突騎施，因對新可汗娑葛不服，數相攻擊而不支，故請求己復辟的大唐發安西兵及准引吐蕃來援助，並請求讓居住於長安的舊可汗子弟阿史那獻回國為可汗，以招撫十姓部落。二汗國為何淪亡，大唐何以在安西有如此直接而強大的實力？此又與當年女皇的西域政策和西突厥復國表現有關。

東、西兩突厥先後亡於唐，但是皆隱然埋藏著一股復國的渴望。大唐對此缺乏足夠的認識，而有意空虛其故土，以謀本身的國家安全與利益。天皇晚期的調露元年（六七九）是轉變關鍵的一年。這年無獨有偶，東、西兩突厥都發出了復國行動的第一步：東突厥採用反唐的激進方式（詳下節），西突厥則採用自立的較溫和方式。

西突厥的自立的意圖始見於阿史那都支。

自從龍朔年間（六六一—六六三），彌射和步真相繼死亡而十姓部落無主，咸亨元年（六七〇）吐蕃連陷西域十八州而大唐首次棄守安西四鎮，天皇稍後反擊，並命西突厥部酋阿史那都支為左驍衛大將軍兼匐延都督以安輯部眾，幾年後都支自號「十姓可汗」，且與吐蕃聯合攻擊安西。十姓早已分為左、右兩廂，唐朝因勢利導將之分為兩個汗國，如今都支自稱十姓可汗，依違於兩大之間以謀利益，顯有復國統一之意，因此朝議欲發兵進討，以除後患。吏部侍郎裴行儉則建議

---

54. 闕啜忠節或謂姓阿史那氏，其政爭、請求與被殺，詳《通鑑》繫於唐中宗景龍二年（七〇八）十一月並注（二〇九：六六二五），引文參《全唐文．論闕啜忠節疏》，二〇五：二六二六—二六二七。按：阿史那忠節曾助唐攻戰，乾陵前即豎有其石像，恐另有其人。

趁波斯王新死，可以遣使護送波斯質子歸國為王的名義，假途其地，出其不意而不血刃擒之。調露元年（六七九）六月大唐遂命行儉冊立波斯王，仍為安撫大食使。行儉則奏請以肅州刺史王方翼為副使，仍令檢校安西都護。七月來至西州，行儉召集四鎮諸胡酋長，偽裝會獵，智擒都支，於是因之以歸，留王方翼使築碎葉城。[55]王方翼以安西都護重築碎葉城並留守，顯示大唐對西域仍有極大的影響力，也有決心確保四鎮，以維持其優越地位，並無意扶植西突厥復國。因此，都支的意圖僅能曇花一現。

前面提到太后臨朝，為了表示要垂拱而治、務在養民，遂推行「國家有繼絕之美，荒外無轉輸之役」的政策，分在垂拱元年（六八五）十一月立阿史那元慶為左玉鈐衛將軍兼崑陵都護，襲興昔亡可汗，押領五咄六部落；翌年九月又立阿史那斛瑟羅為右玉鈐衛將軍兼濛池都護，襲繼往絕可汗，押領五弩失畢部落。她表面上沿襲了分十姓而治的傳統羈縻政策，但是卻於二年年底罷棄四鎮，則實際上連安西監護的力量也撤退了，故造成吐蕃乘機大入的後果。

吐蕃大入雖然與女皇罷棄四鎮，使西域防務一時真空有關；但卻也與她讓二可汗復國，與民心想法不同，及處理不當有關。揆諸事實，女皇其實並不瞭解無主已久的西突厥民心政情，選擇人選又不適任，扶植也無周詳計畫和不積極，所以反受二可汗的牽累，捲進一個大風暴中。試看郭元振後來針對闕啜忠節奏請讓襲興昔亡可汗阿史那獻（元慶之子）歸國撫眾一事，所提出的分析檢討吧。他對此建請反對，指出此非得計，因為當年立西突厥王族，以為可以招撫十姓部落，

---

55. 詳《新唐書・突厥下》（二一一五下：六〇六四）及《通鑑》調露元年六與七月條（二〇二一：六三九〇—六三九二）。

不料相反的使到部落不安，使「元慶沒賊，四鎮盡淪」。後來又讓「斛瑟羅及懷道俱為可汗，亦不能招脅得十姓，卻遣碎葉數年被圍，兵士饑餒」。接著他解釋原因，說這些王族子孫「非有惠下之才，恩義素絕，故人心不歸。來者既不能招攜，唯與四鎮卻生瘡痏，則知冊可汗子孫亦未獲招脅十姓之算也。今料獻之恩義，又隔遠於其父兄。向來既未樹立恩威，亦何由即遣人心懸附？若自舉兵力勢能取，則可招脅十姓，不必要須得可汗子孫也」。[56] 顯示十姓部落此時已無故主之思，對這些舊汗子孫更無向心，他們需要的是一個有領袖魅力的新主。女皇既無知於此，扶植不得民心的舊汗子孫，反而適受其累，捲進此地的政治漩渦，及至吐蕃乘時介入，則成了女皇必須承擔的大包袱。

根據所述，元慶最先淪沒。他尋而奔走入朝，卻又在七年後——如意元年（六九二，即長壽元年），為酷吏來俊臣誣以謀反而被害，[57] 其子阿史那獻則流配崖州，五咄六部落無主，幸好後來王孝傑收復四鎮，穩住了西域情勢。阿史那獻則要至長安三年（七〇三）——女皇被推翻前一年纔被召還，累授右驍衛大將軍，襲興昔亡可汗，充安撫招慰十姓大使。但阿史那獻卻因本蕃五咄六部落漸為東突厥與突騎施所侵，不敢還國，最後在開元中死於長安。[58]

---

56. 後來吐蕃先後扶植的阿史那子孫，遭遇也幾乎相同，引文詳見《全唐文．論闕啜忠節疏》（二〇五：二六二六—二六二七），《通鑑》則詳其始末，節錄其文（見中宗神龍二年十一月條（二〇九：六六二五—六六二九）。
57. 《新唐書．突厥下》謂因坐謁皇嗣而為俊臣所誣，腰斬。二一五下：六〇六四。
58. 《新唐書．突厥下》謂獻長安中襲興昔亡可汗．安撫招慰十姓大使．北庭大都護，未幾擢磧西節度使（二一五下：六〇六五），按：其任北庭都護、磧西節度使為開元初事，今據《通典．邊防十五．突厥下》（一九九：典一〇七九中）及《舊唐書．突厥下》（一九四下：五一八九）。

當吐蕃大入之時，斛瑟羅即已因屢被東突厥所侵，故部落散亡，力量薄弱，或謂韋待價迂迴進軍寅識迦河而敗，可能就是要往援斛瑟羅，以圖控制十姓可汗的故地。[59]無論如何，隨著韋待價的戰敗，斛瑟羅也入居內地。翌年太后革命，他率諸蕃君長請賜廢帝姓武氏，女皇以為忠，乃拜他為右衛大將軍，改號「竭忠事主可汗」，仍兼濛池都護，[60]也只不過是遙兼而已。聖曆二年（六九九）吐蕃政變，欽陵被殺，女皇以斛瑟羅為平西軍大總管，歸國撫鎮其國人；然他用刑殘酷，諸部不服，所屬突騎施酋長烏質勒崛起，諸部歸之，斛瑟羅不能制。烏質勒後來攻陷碎葉，徙其牙帳居此。[61]斛瑟羅遂收餘眾六、七萬人再度入居內地，史謂他此次內遷，不敢復還，西突厥阿史那氏王朝於是斷絕。

斛瑟羅尋卒，子懷道在大周成長，長安末累授諸衛大將軍等官，兼濛池都護、十姓可汗，但也因突騎施強大而終不敢回本蕃，最後亦死於長安。[62]顯示女皇扶植多個阿史那王族都未得到十姓的支持，他們反而支持別部領袖烏質勒，因此之故對大周不很親附。是則王孝傑收復四鎮後，

---

59. 參王小甫前引書，八五—八六。
60. 《通典·邊防十五·突厥下》及《舊唐書·突厥下》均謂左衛大將軍及仍賜濛池都護（一九四下：五一九〇）。按：斛瑟羅原為右玉鈴衛將軍兼濛池都護，襲繼往絕可汗，押領右方的五弩失畢部落，故《通鑑》謂右衛大將軍為是，但《通鑑》不載其仍兼濛池都護（天授元年十月條，二〇四：六四六九）。
61. 《通典》不載斛瑟羅內遷的原因，今據兩《唐書·突厥傳》。《通鑑》則天后天授元年十月條謂自垂拱以來屢被東突厥所侵，部落散亡略盡，故入居內地（二〇四：六四六九）；但長安三年七月條則謂他用法嚴酷而部落散亡，烏質勒乘時崛起攻之，故入居（二〇七：六五六二—六五六三），一書兩説，似前後矛盾。按：可能先屢被東突厥所侵，此時又被突騎施所攻，故部落散亡略盡而內遷。
62. 詳《新唐書·突厥下》，二一五下：六〇六五—六〇六六。

等於復將不很親附的十姓部落直接置於監護之下，使大周更立於衝突的第一線。由於崑陵、濛池二都護府名存實亡，喪失功能，因此安西大都護府直接監護的幅員就更加遼闊，故女皇在長安二年（七〇二）於庭州另置北庭都護府，以監護突騎施、堅昆以及東突厥，基本上就是以監護當年西突厥本部為主。此後北庭、安西二府遂以天山為界，以北屬北庭府，以南屬安西府，共同負擔監護西域諸國的責任。

據此可知，女皇雖然沿襲大唐對西突厥的傳統政策，但是卻顯然沒有完全貫徹，所以纔在有意無意之間，讓兩可汗先後復國、失勢以至亡國，使中國直接置身於與列強——包括吐蕃、東突厥、突騎施，以至後來加入的大食——衝突交爭的第一線；中國若要維持西域的優勢，則必須為此付出很大的代價。

女皇的西域政策究竟出了什麼問題？讓我們重新回顧幾年前——神功元年——新任宰相狄仁傑所提的意見，及其所引起的爭議吧。

狄仁傑的提議不僅僅是為了解決去年吐蕃求和並要求割讓四鎮而來，其實提議的此年契丹一度大入中國本土，大周傾全國之力以焦土抗戰，河北殘破，國威重重受傷（詳下節），故仁傑之議是提出於正北一敵（契丹）方平，一敵（東突厥）又起之時。因此，他的提議毋寧是國策性的檢討和主張，主旨在反對文皇以來的擴張國策與及因此而構劃的大戰略；只是大家都被他主張放棄四鎮的說法吸引住，而轉移了問題的焦點。[63] 仁傑意見的展開如下：

---

63. 兩《唐書．狄仁傑傳》及《通鑑》均謂他在神功元年（即萬歲通天二年，九月改元神功）由幽州都督入相而上此疏，《唐會要．安西都護府》稱其宰相銜，卻繫上疏時為長壽二年十一月一日，並謂因王孝傑克復四鎮而上（七三：一三二六），實誤。王小甫前引書對此多所考辯，謂仁傑是為吐蕃交涉四鎮而提此議，應是；然強調此為唯一的

首先，他從中國本部與方外的概念，說明「天生四夷皆在先王封域之外，故東距滄海，西隔流沙，北橫大漠，南阻五嶺，此天所以限夷狄而隔中外也」。現在領土已經遠超周、漢，前代所不能臣之遠裔也已兼包在內，如果尚要消耗人力資財以向荒外開拓，則實有違此分隔中外的天限。

其次，他認為因國家不斷拓展，已出現如此問題：「近者國家頻歲出師，所費滋廣，西戍四鎮，東戍安東，調發日加，百姓虛弊。聞守西域，事等石田，費用不支，有損無益。行役既久，怨曠亦多。……今關東饑饉，蜀漢逃亡，江淮以南，征求不息。人不復業，則相率為盜；根本一搖，憂患不淺。所以然者，皆為遠戍方外，以竭中國，爭蠻貊不毛之地，乖子育蒼生之道也。」亦即擴張政策已經嚴重影響了人民的幸福和社會的安全，再下去將會憂患不淺。

根據上述兩點，他提出了他的構想和建議：

第一，效法文皇讓李思摩復國的策略，以斛瑟羅為西突厥可汗，「委之四鎮，使統諸蕃，……遣其禦寇，則國家有繼絕之美，荒外無轉輸之役」。

第二，採取守勢國防，捐棄四鎮及安東都護府，西線退防西州，東線退守遼西，若非對手自敗，絕不出擊開拓。

第三，以邊地決戰為戰爭指導原則，「聚軍實，畜威武，以逸待勞，……以主禦客，……堅壁清野」，誘敵深入，殲滅之或逼退之；「如此數年，可使二虜（吐蕃和東突厥）不擊而服」。

背景，則未必盡然。

也就是從「民為貴」與及「先中國而後四夷」的儒家傳統思想出發，反對擴張性的國策，建議分在西北、東北兩邊協助已亡之國復國，讓復國政權處理該地區衝突的問題，而中國則以養民及保存國力為主，以機動迎敵、邊地決戰為戰略指導。

尖銳的相反意見來自右史崔融，他擁護文皇所訂的國策及大戰略，並使焦點集中討論西北和西邊，力主不棄守四鎮，建議展開如下：

第一，他認為應確認「北地之為中國患者久矣，……五帝不能臣，三王不能制，兵禍連結，無代不有」的事實，而且是中國一個長期性國防威脅的事實。

第二，基於要解除此威脅，他肯定了文皇的遠程防禦、國外決戰的戰略構想是長策遠算，相對地指出天皇放棄四鎮事實上已經危害了國家安全，所以他說：「太宗方事外討，……並南山至蔥嶺盡為府鎮，煙火相望。至高宗務在安人，命有司拔四鎮，其後吐蕃果驕，大入西域，焉耆以西，所在城堡無不降下；遂長驅而東，踰高昌壁、歷車師庭、侵常樂界、當莫賀延磧，以臨我敦煌」，造成國防上的重大威脅。即使主上（指女皇）命韋待價迎擊，卻因上述經略基地已經喪失，因此致敗；亦即認為天皇放棄四鎮，讓吐蕃更能東進威脅中國，萬一必須出征，就會因為補給線太長，而致戰敗國危。

第三，恢復四鎮不易，「今若拔之，是棄已成之功，忘久長之策。小慈者大慈之賊，前事者後事之師」；如果四鎮無守，則會讓吐蕃取得西域霸權，更加盛兵控制西域諸國，並連兵壓逼河西，屆時「河西危則不得救矣。方須命將出師，興役動眾，向之所得，今之所勞；向之所勞，今之所逸，可不謂然乎？而議者憂其勞費，念其險遠，曾不知蹙國滅土，春秋所譏；杜漸防萌，安危之計」。

第四，現今中國在西域有屬國及軍隊部署，就戰略地緣而論，支援西域則必須控制莫賀延磧。

「莫賀延磧者，延袤二千里，中間水草不生焉，此有強寇則難以度磧，漢兵難度，則磧北、伊、西、庭、安西諸蕃無救，無救則疲兵不能自振，必為賊吞之，又焉得懸軍深入乎？有以知通西域艱難也」。上述之地若不救，則吐蕃與東突厥下一步勢將交侵河西走廊，是則涼州以西勢必危矣。

因此，他認為「拔舊安西之四鎮，委難制之西蕃，求絕將來之端」，實屬不可。[64]

明顯的，這次爭議是因女皇此前的戰略不穩定所引起，戰略不穩定則是因其國策不明確堅定所造成。所謂國策不明確堅定，是指女皇內有革命、外有強敵之時，國家的定位與方針——要維持世界盟主地位的擴張型國格抑或務在養民的內斂型國格——不明確堅定。若要扶植西突厥二可汗各復其國，則中國不必再以將軍、都護之官羈縻之，否則作為天朝的中國必有無窮的義務；若要負此義務，則實不必罷棄安西四鎮，然後待其淪陷時再來爭奪。女皇要「國家有繼絕之美，荒外無轉輸之役」，顯然是二不像的決定，是兩面不討好的思考。為此，她匆匆忙地選擇了兩個不適任的可汗人選，復不待將他們扶植好即匆忙罷棄四鎮，及至他們被內外所侵又不予以及時而積極的救援，等到二汗淪沒、兵臨國門，則又勞更多民、傷更多財地起而挽救危機。在在顯示了女皇思考——反應的失算、被動、猶豫與失措，既未認真貫徹文皇的政策，也未能達成垂拱養民的初衷。

女皇被推翻前的西域，實際上是正置於吐蕃、突騎施、東突厥和大周四角勢力交互激蕩之下，

---

64. 二議詳參《唐會要．安西都護府》長壽二年十一月條（七三：一三二六—一三二九）。按：王小甫前引書謂《唐會要》所錄非原典，對二議的上議時間、背景和原文版本有專論，詳二五七—二六四。

突騎施烏質勒在崔融上疏後兩年遣子來朝，女皇厚加慰撫，[65]勉強成為大周穩定西域的重要助力。大周不能全力解決西域問題，當然也與東突厥、契丹的崛興有密切的關聯。

大周北邊的國防與外交

大唐經略北邊最早，但是建立都護體制，以政軍實力監領轄內諸蕃國府州的，則以安西都護府最早。安西都護府置於貞觀十四年（六四〇）平高昌之時，其後貞觀二十一年（六四七）平漠北鐵勒諸部，始置燕然都護府（治今河套之北，內蒙烏拉特中後聯合旗）；永徽元年（六五〇）滅東突厥殘餘政權車鼻可汗，分其地置單于、瀚海二都護府；總章元年（六六八）平高麗，於平壤置安東都護府。於是由西北而至東北，大唐三邊都護系統初步形成。

降至調露元年（六七九）單于都護府突厥叛唐為止，各都護府治所轄區已屢有調整變動，這時安西都護府已移治龜茲國。燕然都護府已移治回紇部落而改名瀚海都護府，又改為安北都護府（治今蒙古哈爾和林西北）；舊瀚海都護府則移至雲中古城（今內蒙托克托縣），改名雲中都護府，尋復稱為單于都護府，仍以磧為界，磧北屬瀚海，磧南屬單于。[66]安東都護府亦在上元三年（六七六）內移於遼東故城，翌年更移新城。至於安南都護府則於突厥叛唐前兩個月始置於交州

65. 見《新唐書・突騎施傳》，二一五下：六〇六六。
66. 瀚海、安北、雲中、單于等都護府史書記載混亂，嚴歸田師有詳考，參〈唐代安北單于兩都護府考〉，《唐代交通圖考》第一卷（《中央研究院史語所專刊之八十三》，一九八五・五），三二三—三四〇。

（今越南河內），算是最新設置的一個都護府了。[67] 由此都護系統可知，影響大唐安全與利益的屬國屬部多在三邊，尤以正北邊為最；其中安北都護府以監護漠北鐵勒諸府州為主，單于都護府則以漠南的突厥為主，此時的安東都護府其實也對契丹與奚兼有監護的責任。

當年李靖破頡利可汗後，命東突厥王室的姻族阿史德氏統領數百帳居於金河流域，其後部眾漸盛，上表請以親王為可汗，天皇乃以么兒殷王旭輪為單于都護，並為此而昇此府為單于大都護府，[68] 可見此府的突厥人原對大唐相當友善；相對的，也顯示他們渴望重新擁有自己的可汗，這種政治心理值得注意。然而大唐似乎未正視此心理，故在北邊和平三十年之後，調露元年（六七九）十月，單于大都護府的阿史德溫傅和奉職兩部突然叛唐，擁立阿史那氏的泥熟匐為可汗，府轄二十四州皆一時叛應，有眾數十萬。

唐朝命鴻臚卿・單于大都護府長史蕭嗣業率軍討擊大敗，叛眾且說服了契丹與奚配合侵略營州，情勢一度相當危急。唐朝乃改命四個月前新平西突厥阿史那都支的名將裴行儉為定襄道行軍大總管，統程務挺等三十餘萬眾往討。這是唐軍有史以來為單一作戰出動的最龐大兵力。翌年三月，唐軍大捷於黑山，奉職被俘，泥熟匐為部下所殺，行儉遂引軍還；然而還師不久，餘眾又擁立頡利可汗堂侄阿史那伏念為可汗，而阿史德溫傅也復振，行儉奉命再統定襄道行軍往討，最後至開耀元年（六八一）閏七月始擒伏念與溫傅而旋，斬於東市。[69]

---

67. 諸都護府的設置改移，均見於《唐會要》卷七三，不贅引。

68. 阿史德氏是阿史那氏的姻族，參林恩顯《突厥研究》（頁七八）；其請親王為可汗事，見《唐會要・單于都護府》（七三：一三〇九），兩《唐書・突厥上》略同。

69. 諸史所記此次叛亂與戰況頗有出入，今以《通鑑》所述為主，旁參他書而概略述之。

伏念當初是來降的，故行儉曾許以不死。但因部將程務挺、張虔勗爭功，認為伏念等人是因其逼逐始來投降，宰相裴炎則妒嫉行儉之功，也以此為言，所以伏念等人纔被處斬。行儉為此曾歎惜殺降不祥，徒然逼使餘眾不再來降而已。[70]果不其然，大約一年左右餘眾再起，遂成此下大患。

永淳元年（六八二）年底，[71]餘眾在頡利可汗疏屬阿史那骨咄祿（又作骨篤祿）領導下復起，稍後據黑沙城，聲勢迅速壯大，截至明年底天皇死前，一年之間曾先後進攻如下各地。

表二　東突厥第二汗國初起與唐攻戰表

年號	月份	地點	今地	戰況	備註
永淳元年（六八二）	六	嵐州	山西嵐縣北	刺史王德茂死之。	僅見於《新本紀》及《新突厥傳》，可能是明年六月的誤植。《通鑑》在是歲條。

70. 詳《通鑑》高宗開耀元年十月條（二〇二：六四〇五）。又《全唐文．贈太尉裴公神道碑》亦謂程務挺、張虔勗「訴言子營逼逐，方降大軍。又屬秉鈞（指裴炎）忌才，下上其手」，因此而殺降。其後「餘眾復叛，則天稱制，追正宿枉，贈伏念太僕卿，程、張諸家別故夷族。君子以為神理之不可誣也」云云（二二八：二二九一五—二二九一六）。

71. 諸史所記此次復起時間多異，考其入侵的時間地點，今據《唐會要．北突厥》（九四：一六九一）及《通鑑》（二〇三：六四一二），應為元年下半年或年底之事。

	十	并州北境及單于府北	今太原北部山西、內蒙一帶	代州都督薛仁貴擊破之。	《唐會要》作十月，《通鑑》謂是歲，《舊本紀》僅謂并州北境，《新本紀》無載。
弘道元年（六八三）	二	定、媯	河北定縣與懷來縣	定州刺史霍王元軌擊走之，媯州不詳。	《舊本紀》、《通鑑》作定、媯，《新本紀》僅記定州。
	三	單于都護府	內蒙和林格爾	司馬張行師死之。	《舊本紀》不載行師死。
	五	蔚州	山西靈丘縣	刺史李思儉死之，豐州都督崔智辨反攻兵敗被殺，朝議欲遷百姓而廢豐州，因唐休璟反對而止。	《新本紀》僅謂思儉死，《舊本紀》並謂智辨兵敗，《通鑑》謂智辨被俘，今從《通典》、《舊突厥傳》及《舊唐休璟傳》。
	六	嵐州		上月行動之別部攻擊。	《舊本紀》、《通鑑》《新本紀》可能因誤植於去年而失載。
	十一			程務挺為單于道安撫大使伐之。	三書同。

據此表，骨篤祿初起第一年的前半年即能對唐發動五次攻擊，目標遍及今內蒙、山西、河北，並殺兩刺史、一司馬、一都督；且當進攻蔚州，唐都督戰死時，朝議竟欲廢豐州（治今內蒙五原縣南），將居民遷徙至靈（治今寧夏靈武縣西南）、夏（治今內蒙白城子）以避其鋒，顯示戰力相當強勁。豐州司馬唐休璟反對的原因，是因為此地區是尤宜耕牧的戰略要地，從貞觀末募民移殖以來，西北國防纔得安寧，如今若棄守，則河套等地必定淪陷，北邊國防線遂退至靈、夏一線，使附近州民勢不安業，非國家之利。[72]也就是說，大唐自消滅東突厥第一汗國以來，本土邊防從未被突破過，如今正北邊州一再被攻，守將一再戰死，此邊的「遠程防禦、國外決戰」戰略體系遂面臨失效，故欲撤守豐州都督府，改採「近程防禦、本土決戰」的構想。因此，東突厥第二汗國之初起，很迅速就帶給大唐極大的國防威脅。

此下進入武太后臨朝稱制的時期，基本上互有攻守。突厥曾先後攻掠過朔（治今山西朔縣）、代（治今山西代縣）諸州，尤其朔州位於單于府之南，更是一再被侵。太后對此相當重視，也曾先後派遣淳于處平、韋待價、黑齒常之等反攻，皆無決定性戰果。值得注意的一役是，垂拱三年（六八七）黑齒常之在朔州反擊突厥，大捷於黃花堆（今山西山陰縣東北），追奔四十餘里，突厥散走磧北；但稍後爨寶壁率精兵萬餘出塞，窮追二千餘里，反為其重臣阿史那元珍所敗，全軍覆沒，寶壁輕騎遁歸，坐罪伏誅。太后為此大怒，改骨咄祿名為「不卒祿」，可見其怒。此役的真正意義不能因骨咄祿蒙改惡名而被忽視，它顯示了東突厥第二汗國已經足夠強大，重新擁有了漠北以為戰略腹地，不再僅是邊族叛亂的性質。

72. 參《舊唐書．唐休璟傳》，九三：二九七八。

從天皇以降，敗軍之將極少或者說沒有被誅的紀錄，何以太后此次如此之怒，以致誅將改名？或許應從她為了長期稱制，國內正大事整肅，以樹立威望的角度作觀察纔能體會吧。可能為此之故，一年多後太后竟想分攻吐蕃和東突厥，同時開闢兩個戰場。永昌元年（六八九）元正，太后以「聖母神皇」的新身分，首次大享新落成的「萬象神宮」。這年五月，她先命右相韋待價為安息道行軍大總管西征吐蕃，幾天後又命情夫僧懷義——此時已因建明堂之功官拜左威衛大將軍・梁國公——充新平道行軍大總管北伐突厥。懷義一行來至單于都護府，不見敵蹤，乃於單于臺刻石紀功而還；四個月後復命懷義為新平道行軍大總管，統兵二十萬往討突厥，亦無結果。[73] 顯示懷義此兩次行軍，應屬於耀武揚威的性質居多，因為一年之後太后即實行革命，萬物維新了。革命期間，太后忙著內部事宜，不僅對吐蕃和東突厥不主動開戰，抑且對西突厥的兩位可汗也沒有全力扶植，不妨就讓他們失國歸周，以陪襯萬邦來儀吧！當此之時，吐蕃贊普和文成公主先後新喪，東突厥可汗骨咄祿也在革命稍後病死，[74] 東亞獲得短暫的和平。

骨咄祿死後，弟默啜繼為可汗，要遲至延載元年（六九四）臘月——革命後第四年——纔首次寇靈州，要試探這位新的「金輪聖神皇帝」。三月，女皇第三度命懷義為大總管，以宰相李昭德為長史、蘇味道為司馬，率十八總管前往迎戰，雙方未遭遇而還。[75] 我到敵退，神威顯赫，於

---

73. 此行韋待價大敗除名，前節已述。懷義的軍號及結果，《新唐書・則天紀》所載與《通鑑》略異，今據後書，見該年月條，二〇四：六四五八及六四六〇。

74. 《通典・突厥中》、《舊唐書・突厥上》均謂骨咄祿死於天授中，《新唐書・突厥上》謂天授初，《通鑑》則記於延載元年正月，今不考，要之死於革命後不久。

75. 諸書所載軍號及時間頗有差異，《通鑑》謂朔方道，記於延載元年而較詳，《通典・突厥中》謂長壽三年，而

是在五月「金輪聖神皇帝」又被尊為「越古金輪聖神皇帝」。又過了一年多，諸國君長籌建的「大周萬國頌德天樞」落成，似乎印證了《大雲經》懸記所謂女主「以佛教正法治國，閻浮提中所有國土悉來奉承，無拒違者」的情事，於是女皇加號「天冊金輪聖神皇帝」！加號的翌月——天冊萬歲元年（六九五）十月，默啜似乎也想湊此熱鬧，突然遣使來請降。女皇大喜，冊授左衛大將軍・歸國公。又過了兩個月——即天冊萬歲二年（六九六）臘月，女皇封禪神嶽嵩山，改元為萬歲登封，以彰天子威望與天下太平。就在萬邦來儀，女皇表面聲勢如日中天的此時，大周立即面臨國際情勢前所未有的惡化局面。

此年三月新明堂落成，號「通天宮」，女皇為此又改元為萬歲通天。就在此月，王孝傑和婁師德被吐蕃大敗於素羅汗山。[76] 五月，契丹反周，攻陷營州都督府，所向皆下，女皇大發兵以迎戰。當大周情勢緊急之時，九月，吐蕃遣使來議和交涉，要求割讓安西四鎮之地；同月東突厥先寇涼州，執都督許欽明，尋又遣使來，要求以歸還河西降戶作條件，換取出兵助國討契丹。東突厥要重新取得國際地位與影響力的時刻已經來臨。

北狄系統的契丹居於潢水（今遼河上游）流域，本為東突厥屬國，唐初來降，文皇置其地為府州，號松漠都督府，賜姓李氏。[77] 由於右武衛大將軍兼松漠都督李盡忠與其妻兄右玉鈐衛將軍・歸誠州刺史孫萬榮，屢被營州（治今遼寧朝陽市）都督侵侮，故二人舉兵攻殺都督，據營州反周，

---

76. 《舊唐書・則天紀》僅載四月改元事，今從《新唐書・則天紀》及《通鑑》，兵敗與改元同繫於三月。此年即延載元年，今從《通鑑》。

77. 以下概述契丹反周情況雖酌參諸史，但因《通鑑》所述人、時、地較清楚，故據以為主。

有眾數萬，自號無上可汗。對於剛才封禪告天、示天下太平的女皇來說，真是此可忍孰不可忍，乃下制改盡忠的名為「盡滅」，萬榮為「萬斬」，以洩心頭之怒！接著命曹仁師、張玄遇、李多祚、麻仁節等二十八將進討，另命春官尚書．梁王武三思為安撫大使、宰相姚璹為副使以備之。李盡忠則以孫萬榮為前鋒，七月攻至檀州（治今河北密雲）。八月張玄遇、曹仁師等與契丹會戰於西硤石谷，[78]一再大敗，全軍盡沒，玄遇、仁師等被俘。九月，自大唐開國以來史無前例的，女皇徵發天下繫囚和家奴為兵，並令太行山以東近邊諸州置武騎團兵，又命建安王武攸宜為清邊道行軍大總管往討。十月，李盡忠死，孫萬榮代領其眾。此時東突厥默啜乘間襲擊其松漠根據地，使萬榮軍勢一時受挫。

稍後契丹復振，萬榮令別帥駱務整、何阿小為前鋒，攻陷冀州（治今河北冀縣），殺刺史陸寶積，並屠居民。又攻瀛州（治今河北河間縣），兵鋒深入，河北震動。至翌年（六九七）三月，與王孝傑軍十七萬會戰於東硤石谷，[79]周軍大敗，孝傑殉陣，契丹乘勝攻入幽州（今北京）境內，殺掠百姓，武攸宜不能克。四月，女皇以右金吾衛大將軍．河內王武懿宗為神兵道行軍大總管往擊契丹，翌月又以宰相婁師德為清邊道副大總管統兵二十萬往援。[80]六月，懿宗至趙州（治今河北趙縣），聞駱務整數千騎將至冀州，懼而南退相州（治今河南安陽市），委棄軍資器仗甚眾，

78. 《通鑑》則天后萬歲通天元年八月條胡注，謂東、西硤石谷皆在平州，二〇五：六五〇六。

79. 《通典．邊防十六．契丹》謂十八萬，《舊唐書．契丹傳》謂七萬（一九九下：五三五一）。《新唐書．契丹傳》則謂十七萬，與《通鑑》同。

80. 《舊唐書．契丹傳》謂統兵三十萬兵（一九九下：五三五一）。《通典．邊防十六．契丹》、《新唐書．契丹傳》皆謂二十萬，與《通鑑》同。

契丹遂屠趙州。也同在此月，東突厥默啜又乘孫萬榮進攻幽州時，再次襲擊他的後方基地，使萬榮軍心恐懼動搖，所部奚人叛變，與周軍夾攻萬榮。萬榮大敗而逃，中途被部下所殺，傳首神都，餘眾和奚、霫皆降於東突厥。至九月河北大定，女皇大享通天宮，改元為神功，以示慶祝。

女皇真的有「神功」嗎？契丹反周雖因邊地長官用人不當所引起，但是契丹畢竟是僅有數萬兵力的小國，為何能一再重創四、五十萬的周軍，使三個宗王、兩名宰相、一位故相（王孝傑）和數十員將領束手無策？揆諸上述戰況的發展，周軍讓契丹長驅直入，破軍屠民，使社會創夷，幾乎危及神都，是名符其實的本土防衛戰，為貞觀以來所未曾有，女皇的「神功」何在？萬國來朝、封禪告天而虛有其表的女皇，輕易地被一個小國所戳破，若非東突厥出手援助，戰況和結果恐怕不堪想像！那麼，東突厥在此次大周被攻事件中，究竟扮演了什麼角色，對當時及往後有何影響？

前面提到天冊萬歲二年（六九六）五月契丹反，所向皆下，女皇大發兵迎戰；九月吐蕃遣使來交涉四鎮之地，東突厥則乘機先寇涼州，執都督許欽明，尋又遣使來，要求歸還河西降戶以換取出兵助國討契丹。當此之時，大周可謂被三國交侵，國家安全處於危機狀態，而默啜同時以軍事行動和外交交涉的方式對周施壓，毋寧是乘人之危，志在必得。女皇斟酌利害，可能認為多樹一敵不如以夷制夷，故同意所請，遂命閻知微、田歸道往冊默啜為「遷善可汗」。[81]十月，因默啜如約襲擊契丹松漠根據地成功，女皇乃進拜他為特進．頡跌利施大單于．立功報國可汗。

81.《通鑑》謂冊為左衛大將軍．遷善可汗（見萬歲通天元年九月，二〇五：六五一〇）。按：去年已授默啜左衛大將軍，今年不當再授，兩《唐書．突厥上》語焉不詳，《通典．突厥中》僅謂加授遷善可汗（一九八：典一〇七三）。或許去年未冊左衛大將軍．歸國公，如今改歸國公而另加授遷善可汗。

去年默啜遣使來朝時，女皇僅授以左衛大將軍・歸國公，地位尚在契丹所封的郡王之下。此次雖授以正二品的特進官及承認其可汗地位，但觀女皇用「遷善」、「立功報國」諸名，則知她仍視此復興強權為臣屬，只是能改過遷善、立功報國的助順君長而已。顯然的，女皇朝廷對北亞新情勢及東突厥的大戰略，有嚴重的認識不足。

東突厥復國運動的領袖裏，除了骨咄祿和默啜此二可汗，與王室姻族阿史德氏之外，阿史那元珍也扮演著重要的角色。當初阿史那泥熟匐和伏念兩可汗相繼復國失敗後，元珍「習中國風俗，知邊塞虛實」，[82]原在單于府檢校降戶部落。當他率部乘隙投奔骨咄祿時，骨咄祿大喜，用為阿波達干，專統兵馬，可見其人之被知名與器重。他協助骨咄祿由五千餘眾起家而發展，收集部落，漸漸壯大。東突厥稍後對周策略有所改變，不再攻擊中國，維持兩國表面的和平；反而趁女皇專心革命的前後空檔，先向漠北發展，重新臣服鐵勒諸部；又向西突厥發展，開拓更大的生存空間。於此發展期間，女皇的革命政權已經穩定，仍不惜遣使稱臣，保持外交低姿勢。凡此東突厥復國大戰略的構想與執行，在在可以見到元珍參預甚至主導的身影。[83]

其實在契丹反周之前，東突厥北征西討，早已茁壯。西突厥兩可汗先後內徙，不敢歸蕃，

---

82. 最早知道元珍此特長而指出來的是杜佑（參《通典・突厥中》，一九八：典一〇七三中），但杜佑謂其姓阿史那，與《唐會要・北突厥》、兩《唐書・突厥上》及《通鑑》謂姓阿史德氏不同。按：匈奴與突厥等牧族俱以王族子弟統兵，姻族輔政，今元珍在東突厥將兵征戰，《全唐文・贈太尉裴公（行儉）神道碑》亦謂元珍是阿史那伏念之弟（二二八：二九一六），則元珍以姓阿史那氏為是。

83. 元珍曾在漠北殲滅爨寶璧軍，又曾勸默啜不殺大周冊禮使田歸道（詳正文後文），兩《唐書・突厥上》又謂其後死於西征突騎施之役，可見對周外交及北服西征，他皆參預。

東突厥的西進是原因之一；漠北鐵勒諸部被東突厥攻伐，餘部逃至甘涼，逼使女皇在垂拱元年（六八五）僑置安北都護府於同城（在涼州，今地不詳）以作安置，[84]東突厥的北進更是其主因。故契丹反周期間，東突厥趁機掠奪脅取，先寇涼州而執其都督，又遣使來要求歸還河西降戶，女皇能不給嗎？稍後東突厥連寇靈、勝二州，恐怕也是覬覦州內的突厥降戶而來，並非是要配合契丹反周。默啜真正因契丹內侵而坐大，應與以下兩事有關。

第一，默啜兩次襲擊契丹根據地和基地，獲得其部眾與物資甚多。契丹敗亡後，與奚、霫等國都先後臣屬於東突厥，甚至連安東都護府內原屬高麗的人民，也多逃散入突厥，故使默啜逐漸恢復了當年第一汗國時的大國架構。

第二，在戰事吃緊之時，默啜因侵掠靈、勝二州而遣使來謝罪，並進行稱臣後的第二次交涉，提出三項要求：（一）請與女皇結為母子，（二）請將女兒嫁與諸王以結和親，（三）請將六州降戶、單于府之地以及農器、種子賜給東突厥。[85]女皇初不許，但因默啜態度大變，以周使田歸道長揖不拜為由，要囚而殺之，幸元珍不欲兩國立即決裂，說不可殺大國使節，纔改為拘留。女皇君相恐怕又生一敵，乃同意所請。[86]東突厥的國際

---

84. 陳子昂適在此地任職，曾上疏論安北府和綏撫措施說：「今年五月，敕以同城權置安北府。此地逼磧南口，是制匈奴要衝。國家守邊，實得上策。臣在府日，竊見磧北歸降突厥已有五千餘帳，後之來者道路相望，又甘州先有降戶四千餘帳，奉敕亦令同城安置。磧北喪亂，……國家開安北府招納歸降，誠是聖恩洪流。」參其〈上西蕃邊州安危事〉，《全唐文》，二一一：二七〇六－二七〇八。

85. 第二次交涉諸書所載時間難考，《通鑑》雖有考異也不能確（見神功元年三月注，二〇六：六五一六），茲據《新唐書．突厥上》繫於入謝之時（二一五上：六〇四五），寇掠二州在神功元年正月。

86. 交涉的第一項是否也同意，諸史並無記載。

地位與國力遂因此而躍昇。

同意之後，於是盡驅六州降戶——指天皇中期安置於豐、勝、靈、夏、朔、代六州數千帳的突厥降附部落，與及種子四萬斛、農器三千事、鐵四萬斤、雜綵五萬段以與默啜，並許其婚。[87]默啜獲得六州部眾和物資，由是更加強盛，且對大周有輕視憑陵之意，故透過和親之事爆發出來。

聖曆元年（六九八）五月，女皇改單于都護府為安北都護府，在六月間不理鳳閣舍人張柬之「自古未有中國親王娶夷狄女者」的勸諫，派閻知微等齎金帛巨億，送侄孫淮陽王武延秀前往迎親。八月抵達黑沙南庭，不料默啜竟對知微大言說：「我女擬嫁與李家天子兒，你今將武家兒來，我突厥積世以來降附李家，聞李家天子種未總盡，唯有兩兒在，我今將兵助立！」[88]乃收延秀拘於別所，立知微為南面可汗，移書周朝責以五大罪：一是與我蒸穀種，種之不能生；二是金銀器皆行濫，非真物；三是我與使者緋、紫官服皆奪之；四是繒帛皆疏惡；五是我可汗女當嫁天子兒，武氏小姓，門戶不敵，罔冒為婚。[89]遂發兵攻周，動員兵力達十餘萬。

女皇在國家危急之時，一再接受默啜的外交勒索，以換取其不稱兵來犯或軍事援助，無論基於戰略或外交的考慮，均是勢不得已；不料卻也換來了對方的輕視，乃至對大周武氏如此的侮辱憑陵，真是始料未及！就此而論，錯不在她。但是，觀默啜兩次交涉的內容，事實上是公然乘人之危——當然，競爭國家也許該乘對方之危以謀求己國的利益——等同要脅女皇割地、賠款與和

87. 諸書記載項目略異，今據《通鑑》，繫於神功元年三月，二〇六：六五一六。
88. 默啜此語《通典・突厥中》較得口語之實，故據之（見一九八：典一〇七四上），柬之諫及被貶，見《通鑑》則天后該年月條（二〇六：六五三〇）。
89. 五大罪見《通鑑》則天后聖曆元年八月條，二〇六：六五三一。

親，表面上是天朝賜賞蕃國，實質上則是逼她接受屈辱外交。女皇之錯，錯在對北亞新情勢不瞭解，而且低估了默啜的實力和東突厥復國爭霸的意圖；此又與她——天冊金輪聖神皇帝——天樞頌德、封禪告功的自大自妄心態有關。

突厥原非蕞爾小國，興起而與中國爭霸已有一百五十年歷史，如今重現世界舞臺，絕非去年反周的契丹可比，於是河北諸州爭相發民修城備戰。同月，女皇以司屬卿武重規為天兵中道大總管，右武衛將軍沙吒忠義為天兵西道總管，幽州都督張仁愿為天兵東道總管，統兵三十萬迎戰；又以左羽林衛大將軍閻敬容為天兵西道後軍總管，將兵十五萬為後援。一次組成的天兵軍，總兵力竟高達四十五萬之多，除了留守神都以及其他地區必需的駐軍外，全國可用的常備部隊幾乎都已動員，[90]再創大唐以來迄今的新紀錄，可見女皇的緊急與重視。

默啜由襲擊周朝的靖難軍、平狄軍、清夷軍，以至進攻嬀、檀、蔚、定、趙等河北諸州，所至燒殺虜掠，女皇聞報大怒，購斬默啜者封王，並改其名為「斬啜」。翌月——聖曆元年九月，女皇重立廢帝廬陵王為皇太子，皇嗣退位為相王，兩日後命太子為河北道行軍大元帥，掛名募兵以擊突厥，本來應募者不滿千人，及是募者雲集，未幾盈五萬。太子其實不出征，女皇另命宰相狄仁傑為河北道行軍副元帥．知元帥事統兵赴敵，並親自送行。軍未發，默啜盡殺趙、定等州男女八、九萬人而去，沿途殺掠不可勝計云。[91]周軍除狄仁傑統兵十萬追之不及外，沙吒忠義等軍

---

90. 周朝繼承唐朝的府兵制，全國約有六百多個折衝府，每府約有兵 千人，則全國總兵力約有六十多萬人，故此次天兵軍是把可用的常備兵傾國動員了。

91. 除《舊唐書．突厥上》謂「盡抄掠」而去之外，他書皆言盡殺而去。按：牧族作戰，劫掠是其生產方式的一種，理應不會殺其戰利品；若盡殺而去，應與大軍緊迫的事實有關，故從他書。

但引兵躡敵，不敢逼近，故使默啜能全軍而退。

默啜回國後，對其國家和軍隊作了一些改革，稱雄北亞，又立其子為拓西可汗，此時國家戰略以西進為主，後來元珍也就是死於西征突騎施之役。當此之際，大周北邊僅止於不時被寇掠，並無重大軍事行動；當然，大周也未掉以輕心。

這時若以兩京為橢圓的兩個心，其正北偏西則與突厥以黃河為國界，較有天然的國防線；正北則天兵軍在太原以北有長駐化的傾向；稍後正北偏東的河北沿邊諸州也建置了防禦軍系統。[92]此時大周的國防態勢是，北邊退守至天皇前期的第一道軍事防禦線，[93]沿邊全線嚴陣以待，隨時迎敵。女皇且讓相王遙領安北都護，用「李家天子兒」來堵默啜之口，又不時派遣大臣如魏元忠等北使備邊，甚至更兩度派遣相王為行軍元帥，統兵迎擊入寇的突厥。[94]

女皇顯然吸收了契丹和突厥入侵，導致不得不遂行本土決戰，使人民淪喪、社會殘破的教訓，雖然不能立即在正北邊恢復「遠程防禦、國外決戰」的戰略體系；但是用心於正北國防，建立「近程防禦、邊地決戰」的國防線，其努力仍然具有正面的價值。這個價值當然不能從「上承貞觀之治、下啟開元之治」的角度作比較，然而仍不失為立國的中策。或許默啜的西進，也與考慮到不能輕

92. 詳《通鑑》則天后長安二年三與四月條，二〇七：六五五八。
93. 唐於北邊有三道防禦線，豐、勝二州之間阻河防禦的是第一線，並用以支援安北、單于兩都護府。詳參嚴歸田師〈唐代河套地區軍事防禦系統〉，《唐代交通圖考》第一卷，三一五—三三一。
94. 相王由皇嗣退位後不久任都護，至長安二年止。他第一次為天兵道元帥時仍為都護，第二次則已以并州牧充安北道元帥（見《通鑑》則天后長安元年八月及二年五月條，二〇七：六五五六及六六五九），《唐大詔令集》收有他在二年五月由都護除并州牧之制（三五：一五〇）。

易大舉突破這道防線有關。

無論如何，女皇在付出慘痛代價之後，終於認清了東突厥復國以及北亞新情勢的事實，畢竟守住了中國本部。突厥劫略性的機動騷擾，對雙方國防俱無重大的影響，反之讓西進的東突厥更怕周軍乘機北上報復。他——東突厥可汗默啜——當然不知道年邁的女皇毫無此意，所以最好最安全的方式就是重提和親，以免後顧之憂，遂繼吐蕃求婚後的四個月——長安三年（七〇三）六月，遣使向女皇重提當年的婚約，請以女兒妻皇太子之子。

兩國和親意謂兩國透過婚姻而和睦相親，只是五年前女皇的許婚竟然引起戰爭，固為始料所不及。如今武延秀未還，曾經自認兒子的默啜又來提親，而且直接指定女兒要嫁給太子之子，比張柬之當年不宜讓中國親王娶夷狄之女的勸諫要求更高，誠然是史無前例的無禮之舉。年將八十的女皇，顯然不願大戰重開，故不僅再次答允婚事，而且還破例地命太子兩兒——平恩郡王李重福、義興郡王李重俊——立見突厥來使，這是罕見的皇帝被人選婿！這兩人都是太子的庶子，但是由於太子妃所生的嫡長子李重潤，已在兩年前與其妹妹永泰郡主夫婦同時被處死，故這兩人之中未來必有一人是太子，甚至是皇帝。未來太子和番或皇帝和番是史無前例之事，如今女皇已不顧這些，太子武顯更在母皇威權之下而不敢異議。十一月，默啜遣使來謝許婚，女皇在宿羽臺舉行盛宴，太子倉皇奉令參加，相王及所有在都三品以上官員陪席，然後重賜來使而遣還。

這種種舉動——容忍不禮，隆重款待——皆象徵著女皇對默啜的重視與小心，但不表示她對東突厥的安心。翌年（長安四年，七〇四）八月，默啜遣送武延秀歸周，兩國理應自此和平；不過女皇卻在翌月命宰相姚元崇（姚崇）出充靈武道行軍大總管，幾天後轉充靈武道安撫大使，一方面是因首都裏政潮洶湧而元崇避嫌，另一方面則未免是女皇恐怕默啜有詐而命重臣北鎮。既然有過以前因和親而引起大戰的經驗，所以雙方互信的基礎是值得懷疑的。和親，對女皇、太子和默啜來說，毋寧是各懷鬼胎的事！

女皇在四個月後被太子推翻。太子復辟大唐而重新登基，百事更新之餘，默啜卻不顧此親家的觀感，舉兵入寇靈州，大敗總管沙吒忠義。如此一來，婚事當然就此告吹，而當年無奈承婚的復辟皇帝李顯，更因此而令內外各進破敵之策。幾年之後，默啜所不願看到的噩運開始來臨，當年奉命籌建河北防禦軍系統的將領張仁愿，請准趁默啜西征突騎施之時，乘虛攻取東突厥漠南之地，在黃河北岸建立東、中、西三個受降城以及其相關防禦系統。自是東突厥不僅斷絕南攻之路，而且也不能渡過陰山而放牧，損失慘重；相對的，大唐正北邊「遠程防禦、國外決戰」的構想又見復活，為開元盛世的來臨鋪下了坦途。然而這一切，已經不關曾經喪權、並且已死的女皇之事了。

大周國防外交的檢討

大唐領土遼闊，由本部與羈屬兩大部分組成。本部是指實質統治的直轄領土，至貞觀十四年（六四〇）平高昌時已大定，東至於海，西至於焉耆，南盡林邑，北接薛延陀，東西九千五百一十一里，南北一萬六千九百一十八里，分為三百六十個府州，一千五百五十七個縣。本部以外，大唐還有形式統治的羈屬領土，行使形式統治權的對象是臣屬諸蕃。他們各依國部大小列置為府州縣——即與直轄正州不同的羈縻府州縣，分屬邊州都督、都護所領，前後有紀錄者、凡六百五十六個府州，[95]數目幾乎是正州的一倍。大唐羈縻府州如此之多，他們事實上是大唐的自治屬國或屬部，都督和刺史就是他們的君主或酋長，因此他們與宗主國的關係可以說是準國際關係，也可視為單一的國際組織，共同構成了大唐世界圈。此外，亞歐諸不臣屬於大唐的國家，就是唐人所習稱的諸蕃國。

廣大的直轄和羈屬領土，其實是從貞觀四年（六三〇）文皇平定東突厥後逐漸擴張而來，此又與大唐被尊為天可汗後，為了維持國際秩序而經常用兵的結果有關；顯然地，這是大勢所趨，宜非單純的窮兵黷武。例如林邑國（在今越南中部）曾因言語不恭，有人勸文皇遣兵討伐。文皇答道：「自古以來，窮兵極武，未有不亡者也，……豈得輒即發兵？但經歷山險，土多瘴癘，若我兵士疾疫，雖克翦此蠻，亦何所補？言語之間，何足介意！」[96]顯示他能自制，深知用兵是不得已之事。文皇一生戎馬，最大的敗筆是親征高麗，但確與他屢次以宗主身分調停三國糾紛不果，故不得已出兵有關。他所扮演的角色，調停語氣，乃至持續用兵，後來皆被天皇所沿襲。例如他曾降璽書給百濟王說：

「海東三國……近代以來，遂構嫌隙，戰爭交起，略無寧歲。……朕代天理物，載深矜愍。去歲王及高麗、新羅等使並來入朝，朕命釋茲讎怨，更敦款穆。新羅使金法敏奏書：『高麗、百濟脣齒相依，競舉兵戈，侵逼交至，大城重鎮，并為百濟所併。……乞詔百濟，令歸所侵之城；若不奉詔，即自興兵打取，但得故地，即請交和。』朕以其言既順，不可不許。……

---

95. 本部領土州縣數兩《唐書．地理志》所載相同，羈縻府州數見《新唐書．地理志》（四三下：一一二〇）。
96.《全唐文．答有司請討林邑詔》九：一一五—一一六。

況朕萬國之主，豈可不恤危藩？王所兼新羅之城，並宜還其本國；新羅所獲百濟俘虜，亦遣還王。然後解患釋紛，……願三蕃無戰爭之勞。……王若不從進止，朕已依法敏所請，任其與王決戰。亦令約束高麗，不許遠相救恤。高麗若不承命，即令契丹諸蕃，度遼澤入抄掠。王可深思朕言，自求多福！」97

代天理物的萬國之主，若苦口婆心調停不果，能不為維持顏面與國際秩序而出兵嗎？大唐皇帝尊為天可汗，不曉得是子民的幸還是不幸。不過無論如何說，如今天子是萬國之主，國家也的確萬邦來朝，大唐聲教因此遠被，世界文經從而加強，應該是值得大唐子民肯定而自豪的事。當每州諸蕃使至京朝集，或者不臣屬於大唐的諸蕃國使節來唐交聘之時，真是極一時之盛況。

大唐外交慣例：西蕃諸國通唐使處悉置銅魚，雌雄相合各十二隻，皆銘其國名，雄者留在內，雌者付本國。如其國使來，正月則持第一魚，二月持第二魚，如此類推，校其雌雄合，乃依常禮予以接待。98接待機關是相當於外交部的鴻臚寺，此寺在太后臨朝時改府名為司賓寺，所屬的客館置有譯語人，相當於外交賓館。

到了大周證聖元年（六九五）九鼎和天樞先後落成，於是在舉行合祭天地大典、加尊「天冊金輪聖神皇帝」的同月，女皇更頒下九月五日敕令：「蕃國使入朝，其糧料各分等第給，南天竺、北天竺、波斯、大食等國使，宜給六個月糧；尸利佛誓、真臘、訶陵等國（俱在南海）使，給五個月糧；林邑國使給三個月糧。」顯然有引誘萬國來儀，以誇耀尊大之意，東突厥可汗默啜就是

97.《全唐文・與百濟王義慈璽書》，一五：二〇一—二〇二。
98.《唐會要・雜錄》，一〇〇：一七九五。

在翌月遣使入朝，被封為「歸國公」的。降至女皇重立廢帝廬陵王為太子，大舉興兵有效地抵抗了默啜入侵後的翌年——聖曆三年（七〇〇）——三月六日，復頒敕：「東至高麗國，南至真臘國（在泰國、老撾間），西至波斯、吐蕃及堅昆都督府（在葉尼塞河流域），北至契丹、突厥、靺鞨（在黑龍江下游），並為入番；以外為絕域。其使應給料，各依式。」[99]女皇以擴大供給程料的範圍作手段，意圖更廣泛地招引各國來朝，恐怕是要用外交聲勢來穩住國內外的心理，以便維持她的個人聲望。總之，女皇善於利用誇張性的外交以增加聲望，增強威勢，[100]如同利用宗教一樣，是無庸置疑的。

明眼人一定看得出來，女皇的外交其實是一種變相的金錢外交。她的國內聲望暫且不說，就以國際聲望而論，她事實上遠不能與前後兩任丈夫——大唐太宗文皇帝和高宗天皇大帝——相比，所以要誇耀就得花錢。試想大食等國，連同五、六百個羈縻蕃屬朝集使團，來朝一次所需的經費和接待人力有多少？因此女皇政府的財政不緊張困窘纔怪！這種勞民傷財、虛張聲勢的事情，顯然是後來開元皇帝所要革新的項目之一。開元皇帝即位之初，就在先天二年（七一三，即開元元年）十月下詔，委當蕃都督及管內刺史對此加以管制，限制「每年一蕃令一人入朝，給左右不得過二人」。開元八年十月更敕令「每年分蕃朝集，限一月二十五日到京，十一月一日見」。[101]孫子不滿和否定祖母的作為，由此可見一斑。

---

99. 二敕並見《唐會要．雜錄》，一〇〇：一七九八。

100. 章群《唐代蕃將研究》（續編）第五章曾比較昭陵與乾陵的蕃臣石像，以論其國力狀況，指出武后於乾陵立人像遠較昭陵為多，是「欲張大誇示來世」，頁九四。

101. 《唐會要．諸侯入見》，二四：四五八－四五九。

萬國來朝的外交盛況並不意謂國際以大周為首從此和平，甚至不意謂他國就不敢侵犯中國。在女皇統治之下，中國事實上是頻年征戰的。

就以吐蕃為例吧，前面所引麟臺正字陳子昂在〈諫雅州討生羌書〉中，就曾直率地指陳吐蕃「邇來向二十餘載，大戰則大勝，小戰則小勝；未嘗敗一隊，亡一矢。國家往以薛仁貴、郭待封為虓武之將，屠十萬眾於大非之川，一甲不歸。又以李敬元、劉審禮為廊廟之宰，辱十八萬眾於青海之澤，身為囚虜。是時精甲勇士，勢如雲雷，然竟不能擒一戎，馘一丑，至今關隴為空。今乃欲以李處一為將，驅憔悴之兵，將襲吐蕃，臣竊憂之，而為此虜所笑」！大小戰爭屢敗屢戰，而又屢戰屢敗，為敵所笑固是想像中事，然而能不令國人失望喪志嗎？子昂接著謂國家近者——指垂拱二年——廢安北，拔單于，棄龜茲，放疏勒，分從正北和西北兩邊作戰略性撤退，實行休兵政策，天下翕然謂之盛德；今圖此役，與政策相違，因此建議女皇不要「徇貪夫之議」而「黷兵」，能說她保守軟弱嗎？

類似敗仗輸多了，最後連對殘破之餘而再起的東突厥、僅有數萬兵力的小國契丹竟然也一輸再輸，且被直攻本土，為被尊為天可汗以來所未曾有，當然使人民對朝廷和戰爭喪失信心！後來宰相狄仁傑主張退守養民，以建設內斂型的國家為國策，無論從國防外交的情勢和國內動員損耗的情況看，都很難說他思想保守迂腐。因為曾經力抗契丹與突厥入侵，如今重登廟堂之上，狄相公其實能瞭解此時的全局。他的主張無異是要提供女皇另一類思考，一方面要抵制那些「貪夫之議」，另一方面則要打消女皇「黷兵」之思——稱為「天冊金輪聖神皇帝」的她，若無好大喜功之心，誰能讓她點頭實施金錢外交和窮兵黷武？儘管女皇沒有採納他放棄四鎮的建議，然而狄相公顯然也不能算失敗，以他在神功元年（六九七）提出主張為分水嶺，此後天冊金輪聖神皇帝基本上就在諸邊以維持國際現狀為準，正北甚至退守本土，同時答允吐蕃和東突厥的和親，諒解突騎施的逼逐阿史那氏可汗；尤其在狄相公死——久視元年（七〇〇）九月——前四個月，七十六歲的她終於覺悟，取消了「天冊金輪聖神」的偉大尊號，回復一個尋常「皇帝」的角色，並追逐與她情夫們的享福。雖說這種覺悟與她此時的思想信仰有了變化關係更大，[102]但是國防外交的挫折，也不免是影響她放棄自我尊大的因素之一。兩害相權，說服自我尊大、威權獨任的女皇，讓她追逐個人享福，總比讓她繼續追求誇張外交和國家征服好——何況西邊和北邊總是戰敗的多。他被自大的女皇尊稱為「國老」，讓百姓推崇為賢相，要從這個角度去體會纔成。

女皇晚年國策的轉變當然值得重視，不過為何大周一再敗仗，也值得進一步檢討。革命初左補闕薛謙光曾經上疏，檢討國防上出現了兩個隱憂，一是因外交政策而埋下的，另一則是因國防政策和軍隊本身而產生的。

外交政策埋下了什麼問題？

首先，女皇在才臨朝稱制之時，就進行了官稱與制度的改革。在國防外交方面，她自以為本著興亡繼絕的精神，以復立屬國君長之後為己任；同時命令「其都護、漢官及鎮兵等，並悉放還」。[103]西突厥兩可汗就是在這種政策下復國的。匆促撤退這些國家的監護系統而無配套的措施，無異實質讓他們迅速恢復獨立，或許可以博得興亡繼絕的稱譽，但對國家安全則是未知數。誠如薛謙光的疏章所說，他以五胡之亂為例，順著郭欽、江統徙戎的論點，提出如下的警告：「竊惟突厥、

102. 詳第十四章第四節。
103. 《唐大詔令集．改元光宅詔》，三：一五—一六。

吐蕃、契丹等，往因入侍，並叼殊獎。或執戟丹墀，策名戎秩；或曳裾庠序，高步黌門。服改氈裘，語兼中夏，明習漢法，睹衣冠之儀；目擊朝章，知經國之要。窺成敗於圖史，察安危於古今；識邊塞之盈虛，知山川之險易。或委以經略之功，令其展效；或矜其首邱之志，放使歸蕃。於國家雖有冠帶之名，在夷狄廣其從橫之智；……及歸部落，鮮不稱兵。邊鄙罹災，實由於此。」

他的說法或許未必全對，但是大周批准蕃人入居，其上封事者則多加封賞，[104] 的確一者可收他們的展效，但是另者卻也埋下了國家安全的危機。像熟悉中國情況如阿史那元珍，一個人就足夠讓大周寢食不安；像瞭解女皇心態如阿史那斛塞羅，一個人就足以拖大周陷入戰爭的泥濘裏，這是不容輕視的事實。因此，薛謙光更進一步憂慮說，脫使「備守不謹，邊防失圖，則夷狄稱兵，不在方外」，揆諸東突厥和契丹的起兵均在大周邊疆發生，可證此言也非危言聳聽。為此，他建議「願充侍子者，一皆禁絕；必若在中國，亦可使歸蕃，則夷人保疆，邊邑無事矣」。[105] 他的憂慮和建議沒有被採納，後來曾當女皇宰相而後又再任復辟皇帝宰相的李嶠，則另從財政困窘的角度上書，乾脆建議「遠方夷人，不堪治國，向務撫納而官之；非立功酋長，類靡俸祿，願商度非要者，一切放還」。[106] 亦即女皇時期，因外交所引起的國家安全問題有二，一是國防的，一是財政的。

其次，國防政策和軍隊出現了什麼問題？

104. 見《朝野僉載》，四：三。
105. 《唐會要．左右補闕拾遺》天授三年條（五六：九六六－九六七），及《全唐文．請止四夷入侍疏》（二八一：三六一〇－三六一一）。
106. 《全唐文．上中宗書》二四七：三一六〇。

女皇既然不是要調整國策為內斂化，不是真的要放棄屬國和盟主地位，卻要將兵力作戰略性的撤退，無異是矛盾的思考，授敵以機，戰火之起將是遲早之事，故吐蕃乘虛大入安西，然後破我焉耆，逼我敦煌，能不燒及本土則已是大幸。聞鼓思將，用兵求精，但這兩個項目恰是女皇的弱項。

先論將才的選用。

大唐有如此高度的國際地位，與他的大戰略卓越和戰果輝煌有密切關係。如果以文皇、李衛公（靖）、李英公（勣）為一流大統帥的標準——即能綜覽全局，善於統率指揮大兵團，卻又能以最小的兵力殲滅強敵大軍，迅速獲得最大戰果，達成國家最大利益者，則侯君集、蘇定方、裴行儉、劉仁軌等只能算是二流統帥，至於薛萬徹、薛仁貴、王方翼、程務挺、張虔勗、王孝傑、黑齒常之等更僅能算是戰將或勇將。不過無論如何，大唐早期各種將帥都有，濟濟一朝，共成厥功。隨著一流大統帥的凋零，二流統帥也在大皇晚期和太后臨朝初年相繼謝世。李英公死後一年，薛仁貴就有大非川之被殲；又六年，復有李敬玄青海之喪敗，喪師辱國莫此為甚！稍後朝議有攻勢和守勢國防的辯論，天皇衡量「宿將舊人多從物故」，感慨「李勣已後，實無好將。當今以張虔勗、紀及善等差為優耳」！而來恆也答以「今無好將，誠如聖旨」。顯示早在一流大統帥相繼凋謝之時，天皇已感覺到繼起將才缺乏的壓力，曾於顯慶二年（六五七）六月特頒〈採訪武勇詔〉，令京官五品已上及諸州牧守各舉勇冠三軍，智兼百勝，有謀略，能治軍等人才。[107] 這時統帥人才缺乏的問題就已經突顯出來。其後太學生魏元忠赴東都上封事，詳論命將用兵之道，就更指出此問題的重要性，兼論及軍紀軍風的問題。

107. 見《唐大詔令集》，一〇二：五一九–五二〇。

他首先指出朝廷未用良將，說方今「論武者以弓馬為先，而不稽之以權略。……才生於代，代實須才，何代而不生才，何才而不生代。故物有不求，未有無物之歲；士有不用，未有無士之時。……漢文帝時，魏尚、李廣並身任邊將，……文帝不能大任，反歎其生不逢時。……臣請歷訪內外文武職事五品已上，得不有智計如羊祜、武藝如李廣，在用與不用之間，不得騁其才略」者。接著推崇英、衛等公統帥之才，引古語「兵無強弱，將有能否」，而質疑當今的統帥不適任，認為「大將臨戎，以智為本。……假有項籍之氣，袁紹之基，而皆泯志任情，終以破滅，何況復出其下哉！……當今朝廷用人，類取將門子弟，亦有死事之家而蒙抽擢者。此等本非幹略見知，雖竭力盡誠，亦不免於傾敗，若之何使當閫外之任哉」？最後論賞罰不明、軍紀敗壞，已經嚴重影響了士氣，有關這方面所論有四點：一是不殺敗軍之將如薛仁貴等，顯示軍紀疏虧，無以勸來者；二是「今罰不能行，賞亦難信，故人間議者皆言『近日征行，虛有賞格而無其事』……比者師出無功，未必不由於此」；三是「自蘇定方定遼東，李勣破平壤，賞絕不行，勳仍淹滯，數年紛紜，真偽相雜，縱加沙汰，未至澄清」；四是「今之將吏，率多貪暴，所務唯口馬，所求唯財物，……縱使行軍，悉是此屬。臣恐吐蕃之平，未可旦夕望也」。108

天后這時參預朝政，根據所著《臣軌》特列〈良將〉一章，論述良將的素質與條件，109 顯示她是重視將帥人選的；但是卻並未幫助夫皇改善此方面的缺點，到了她獨治時情況更糟。例如她

108. 此封事上於儀鳳中，《通鑑》繫於三年九月李敬玄敗後，疏文甚長，詳《舊唐書》本傳，九二：二九四五—二九五一。

109. 書中提出良將要有智、明、信、廉、直五材，有受命忘家、出征忘親、統軍忘主、合戰忘身四德。

將已算是三流統帥而威鎮突厥的程務挺、王方翼給殺或流死了，張虔勗、黑齒常之後來也被酷吏誣構而死，可謂自壞長城。革命前她命素無統領大軍經驗的韋待價率三十六道總管遠征吐蕃，遂致大敗；又三度命和尚情夫薛懷義統大軍北征東突厥，幸好未遭遇敵軍，否則後果將不堪設想。這時喬知之在同城的僑置安北都護府任監軍，上表批評當前的軍隊，說「臣比來看國家興兵，但尋常軌。主將不選，士卒不練，徒如驅市人以戰耳。故臨陣對寇，未嘗不先自潰散。遂使夷狄乘利，輕於國威，兵愈出而事愈屈。蓋是國家自過計於敵爾，故非小醜能有異圖」。因此他頗為悲觀的說：「陛下今日不更為之圖，以激勵天下忠勇；但欲以今日之兵、今日之將，冀收功於異域，建業於中興，則臣之愚蒙必以為未可得也！」[110]稍後薛謙光亦上疏論時政，其中指陳當今取士，「才應經邦之流，唯令試策；武能制敵之例，只驗彎弧。……至如武藝，則趙雲雖勇，資諸葛之指撝；周勃雖雄，乏陳平之智略。……鬥將長於摧鋒，謀將審於料事」，希望慎選能謀之統帥人才。[111]他們的建議顯然引不起女皇的重視，所以後來契丹入侵，女皇竟命武三思統兵安撫；敗績傳來，再命武攸宜統兵往援；二帥擋不住，復命武懿宗、婁師德赴敵，幾道大軍兵力逾四、五十萬，不但仍擋不住幾萬兵力的契丹，連王孝傑也因敗殉陣，最後竟因東突厥助戰纔能平定契丹。諸武只是紈袴子弟，委以大軍統帥重任，如何能勝其任？如此「主將不選」，難怪「兵愈出而事愈屈」。

110. 知之在垂拱二年以左補闕攝侍御史監燕然軍，天授元年八月被殺，故此表應是此期間所上，而由陳子昂代筆，詳《全唐文．為喬補闕論突厥表》，二〇九：二六七九－二六八二及二一四：二七四〇。
111. 此疏上於天授中，疏文甚長，參《舊唐書．薛登傳》，一〇一：三一三六－三一四一。
112. 聖曆元年九月任命太子為河北道行軍元帥，亦稱為天罰道元帥，見《唐會要．元帥》，七八：一四二一。

統帥人選如此，儘管軍號為新平、清邊、神兵、天兵、天罰之類，[112]也不過是女皇取來好聽，自我壯膽欺罔罷了，簡直有點兒戲！宰相如婁師德、狄仁傑、魏元忠，乃至後起的唐休璟，雖然都有參與軍旅的經驗，然而充其量僅是守土持重之人，接敵指戰終究非其所長，而郭元振則尚未被女皇委以統帥大任。

女皇的統帥人選既然如此，則她的軍隊又怎樣了，為何至於「兵愈出而事愈屈」？

大唐自文皇即位以來，親自訓練軍人戰技並決行賞罰，故培養出一時勁旅，迅速平滅東突厥，尊為天可汗。此後戰時除了徵調正規的府兵組成行軍以赴戰外，也頗招募臨時的兵募及允許義征參戰，如青年時的薛仁貴就曾因為不合募格而自攜武裝參戰的，士氣極為高昂。然而誠如太學生魏元忠的封事所說，在天皇中期遠征朝鮮三島之時，軍人已因賞罰不明、軍紀敗壞，而嚴重影響了士氣。他的指陳在劉仁軌所上的朝鮮軍情報告書中，可以得到充分的印證。仁軌當時勒兵鎮守百濟，據他的報告，大唐遠征兵募有如下的情況：一，他們手腳沉重者多，勇健奮發者少，兼有老弱，衣服單寒，唯望西歸，無心展效。二，今日官府與往昔不同，人心又別，戰死者更不借問，有功勳者不被紀錄，而有錢人家卻可以逃脫征役。三，出征之初懸以高官重賞，百般引誘，俟到戰地則唯聞枷鎖推禁，奪賜破勳；而且勳官優先被徵，牽挽辛苦，與白丁無別。四，徵調時原謂只出征一年，故兵募僅帶一年資裝，今已離家兩年，故裝備單露，加上補給線長而不易充分補給，使兵募困頓。因此仁軌請求改善，以鼓舞士氣。[113]

劉仁軌的請求雖然被天皇採納，但已顯示了大唐遠征軍的一般狀況。低落的士氣大大影響百

113. 詳參《舊唐書．劉仁軌傳》，八四：二七九二—二七九四。

姓從軍的意願和鬥志，唐初那種自告奮勇、自費參戰之風，乃至尚武精神和武藝，在此狀況下當然日漸衰退，因此唐軍對外征戰屢敗，實與此有關。又據史載，女皇革命初期曾拿出金銀財寶懸賞，令從宰相及文武官之中選擇善射者五人共賭，漢官不勝，第一名的高麗裔將領泉獻誠為此啟奏說：「陛下令簡能射者五人，所得者多非漢官，臣恐自此已後，無漢官工射之名，伏望停寢此射。」女皇嘉而納之。[114]將校雖然不一定能成為善謀的大軍統帥，但卻是率兵戰鬥的骨幹，由此一例，可以驗證當時漢裔將校武藝日降、軍中戰將素質日下的概況，所以魏元忠批評「論武者以弓馬為先」，薛謙光批評「武能制敵之例，只驗彎弧」之說，其實是不得已的補救措施。這些被選出來的弓馬彎弧之士，武藝顯然仍是比不上蕃將的，例如契丹驍將李楷固、駱務整，每陷陣則如鶻入鳥群，所向披靡，為周軍將士所懼，後來因孫萬榮死而投降，遂成為大周驍將，反靠他們纔平定了契丹餘黨。[115]

為此，天皇從中期開始，就一再下詔搜訪人才，「武勇」即是其中的重要項目，例如儀鳳元年十二月的〈訪孝悌德行詔〉、二年十二月的〈京文武三品每年各舉所知詔〉均是其例，二年十二月同月的〈求猛士詔〉則更是顯案。[116]〈求猛士詔〉為征吐蕃而頒，謂吐蕃奪吐谷渾領土，唐軍往征失利，「今欲分命將帥，窮其巢穴；克清荒服，必寄英奇。但秦雍之郊，俗稱勁勇；汾

114. 獻誠稍後亦被酷吏所誣殺，事附《舊唐書．高麗傳》，一九九上：五三二八。
115. 李楷固且被昇為大將軍，封燕國公，賜姓武氏，事見《通鑑》則天后久視元年六月及七月條，二〇六：六五四七及二〇七：六五四八。
116. 三詔均詳《唐大詔令集》，一〇二：五二〇。

晉之壞，人擅驍雄。宜令關內河東諸州，廣求猛士。在京者，令中書門下於廟堂選試；外州委使人與州縣相知揀□。有膂力雄果，弓馬灼然者，咸宜甄採，即以猛士為名」。翌年正月更又遣將「分往河南、河北以募猛士」。可見唐軍已不如當年勁勇驍雄，的確是屢敗的原因之一。進士出身而時任監察御史的婁師德，就是在此時抗表自請為猛士，因頻有戰功而崛起的。

中國軍隊將士的武藝和士氣竟然低落如此，所以天皇晚年出征兵力經常高達二十萬、三十萬人，女皇更高達四十萬以上，欲以「人海戰術」致勝，這是文皇所不能想像的，然而雖多奚以為？尤其當女皇所用統帥不是情夫就是侄子之時！試以迎抗契丹的戰爭為例吧。

李盡忠以數萬兵力攻占營州，女皇命張玄遇等二十八將往討，並命武三思以安撫大使名義為統帥。李盡忠以軍隊饑寒的假情報欺敵，玄遇等搶功冒進，大敗於東硤石谷，張玄遇等將被生擒，周軍將士之不濟事由此可見。女皇為此下制徵發天下繫囚和家奴為兵，並令山東近邊諸州置武騎團兵，正應驗了喬知之所說的「主將不選，士卒不練，徒如驅市人以戰耳」。

女皇又命武攸宜為清邊道行軍大總管往討，而曾統大軍收復安西四鎮的王孝傑則僅為其前鋒。當時遼東都督高仇須接敵，敗其軍十一陣，捉得生口一百人。這不過只是小勝，但是報到武攸宜那裏則變成了大捷。攸宜一面致書給他，稱贊他捉得生口一千人，並指示敵情和交付任務；一面也令陳子昂上表，向朝廷報捷。武攸宜指示的敵情和交付的任務是這樣的：「今賊饑餓，災疊日滋。天降其殃，人厭其禍，『盡滅』已死；『萬斬』方誅。營州士人及城傍子弟，近送密款，準待官軍。某令蕃漢精兵四十萬眾，剋取某月日百道齊驅；分五萬蕃漢精兵，令中郎將薛訥（薛仁貴之子）取海路東入。……請都督勵兵秣馬，以待此期。共登丸山，看殄凶虜！」誇張輕敵之情溢於言表。朝中得報，不但沒有警告攸宜輕敵，反而同樣的情緒也盈於朝廷，宰相等上表稱賀，亦罵契丹為「妖徒」，贊美高仇須敗「孫萬斬」之役有天助，說「城中出兵與其賊拒戰，則有飛廉作氣，回祿揚熛」云云。117

宰相們在朝中諂媚好符瑞、妄天意的「天冊金輪聖神皇帝」也就罷了，更有甚者，這種虛妄的文化的確也滲入了軍中，益長軍中輕敵之意。如攸宜令前軍總管王孝傑進軍平州，行次漁陽界，白晝有金精白鼠入營，為孝傑捕得，「將士同見，皆謂賊降之徵」，故籠送於攸宜。攸宜立令陳子昂上表，說「臣聞鼠者，坎精孽胡之象，……宵行晝伏。今白日歸命，素質伏辜，天亡之徵，兆實先露！自孝傑發後，再有賊中信來，不謀同詞，皆云『盡滅』病死，親離眾潰，匪朝即夕。……今聖威遠振，白鼠投營。休兆同符，實如靈契。凡在將士，孰不歡欣；執馘獻俘，期在不遠」！又令子昂報書王孝傑說：「使至，辱書，知初出黃龍，即擒白鼠。凶賊滅兆，事乃先發。……賊降之象，理必無疑！近再有賊中信來，親離眾潰，期在旦夕。尚書（孝傑曾為夏官尚書）宜訓兵勵士，秣馬嚴威，因此凶亂之機，乘其敗亡之勢，事同破竹，無待翦茅。坐聽凱歌，豫用欣慰！」118

將帥既一再誤判情報，又迷信驕妄如此，故素無大軍指戰經驗的武攸宜，乃在興奮之餘，下了兩道命令：第一道說：「契丹逆醜，天降其災，盡病水腫，命在旦夕。營州饑餓，人不聊生；唯待官軍，即擬歸順！某此訓勵兵馬，襲擊有期；六軍長驅，此月將發。恨不得與諸公等共觀諸將斬馘獻俘！……契丹破了，便望回兵，平殄獸啜。與諸公等相見有日，預以慰懷！」第二道是：

---

117. 分詳《全唐文》〈為建安王賀破賊表〉（一〇九：二六七七）、〈為建安王與遼東書〉（二一四：二七三三二），及李嶠〈為納言姚璹等賀破契丹表〉（二四二：三一一一）。

118. 分詳《全唐文．奏白鼠表》（二〇九：二六七七），及〈為建安王答王尚書書〉（二一四：二七三四）。

「比賊中頻有人出來，異口同詞，皆云逆賊『李盡滅』已死，營州饑餓，人不聊生；諸蕃首領百姓等，唯望官軍，即擬歸順。前後繼至，非止一人。某先使人向營州，昨回，具得父老密狀，云賊勢蹙；去正月上旬，有妖星落『孫萬斬』營中，其聲如雷，賊黨離心，各以猜貳。天殃如此，人事又然；平殄凶渠，正在今日。大軍即以二月上旬，六道並入，指期剋翦，同立大勳！請公等訓勵兵馬，共為掎角；開國封侯，其機在此。幸各勉力，以圖厥功！」[119]不料王孝傑軍翌月即大敗於西硤石谷，連己身也殉陣了。

孝傑之敗，應與將帥驕妄輕敵有關，但當契丹誘敵於死地而回兵薄戰之時，副大總管蘇宏暉竟然先遁，引起全軍崩潰，此關係似乎更大。武攸宜為此令張說代撰失利請罪表，請求更換統帥和回京待罪，而事竟不果；蘇宏暉本來已被女皇處斬，然因另立軍功亦能得免。宏暉上表向女皇謝恩和謝罪時，述及當時戰況，竟推諉說是「前軍挫衄，士卒奔亡。臣復繼驅馳，戰鬥交合。川谷地險，客主勢殊；步馬相懸，左右受敵。決命爭先，力盡塗窮。遂以貔貅之師，衄於犬羊之眾」。[120]無論如何，周軍統帥無指戰之才，將帥驕妄輕敵，軍士無鬥志，軍紀不嚴明，仍是致敗的原因。

敗報傳來，女皇未改前非，另命一個也無大軍指戰經驗的武懿宗率兵赴敵。待他得悉契丹駱務

---

119. 分詳《全唐文》〈為建安王與諸將書〉（二一四：二七三三－二七三四），及〈為建安王與安東諸軍州書〉（二一四：二七三四）。

120. 宏暉先遁而使孝傑戰死，詳《通鑑》則天后神功元年三月條（二〇六：六五一四－六五一五）；攸宜請罪見《全唐文．為清邊道大總建安王奏失利表》（二二二：二八三九）；宏暉之辭則參《全唐文．（陳子昂）為副大總管蘇將軍謝罪表》，（二一〇：二六八九－二六九〇）。

整兵團數千騎將攻冀州，即倉皇後撤至相州，委棄軍資器仗甚眾。及至東突厥參戰，契丹軍心大亂，奚人背叛，周軍乘時夾攻，纔使契丹大敗而亡。稍後，被時人譏為臨敵畏遁的武懿宗奏上〈平冀州賊契丹等露布〉，竟將他畏敵避戰說成是有意的「但合圍而持重，未輕挑而即戰」的戰略計畫，並說明他的戰場部署是：「廣開形勢，大振聲威；移告郡邑，金湯固守；傳檄諸軍，掎角相應」。[121]

大周軍隊似乎不是「天冊金輪聖神皇帝」所想揮舞，能伏魔降妖的金輪；它基本上是一支軍紀不嚴明、統帥無能、將領驕妄、士卒怯戰的軍隊。難怪大周會被吐蕃、東突厥和契丹所交侵，想協助西突厥兩可汗復國也力不從心。契丹平後，女皇曾在科舉考試中親自出了一道策問，「問：東胡逆命，北海為墟，朝廷循修復之功，邊境乏折衝之寄，遼水東西，城池不復；丸山左右，職貢猶迷。其使三聖（指大唐高祖、文皇和天皇）遺黎，九州故地，飄然零落，可不痛哉！今欲示以威惠，申誘約束，選眾之舉未睹於今，出群之略何必是古。指明其要，無大簡焉。」[122]顯示她其實自知「神功」出了問題，致使國防外交產生了危機，成就大大不如大唐三聖。

女皇最後找到了原因和解決的辦法沒有？根據以下措施顯示，顯然是有的。

上面的策問顯示她將危機歸因於「乏折衝之寄」，與及選舉非有「出群之略」。為此，她展開了四個對策：第一是留心選拔高水平的將相，例如女皇晚年發現唐休璟熟悉西域戰略情勢，判斷準確，乃歎「恨用卿晚」！遂在長安二年（七〇二）拜他為夏官（兵部）尚書．檢校涼州都督．

121. 此表為張說所寫，全文參《全唐文》，二二五：一八六九—一八七一。
122. 馮萬石在聖曆初中進士，大足初中嫉惡科，這是他應舉時的策問，見《全唐文．對議邊塞事策》，二〇八：二六六七。

同三品；又謂群相說：「休璟諳練邊事，卿等十不當一也。」[123]第二是在長安二年首創史無前例的武舉考試，遂成定制，以選拔武勇之士為基層軍官。翌年又令天下諸州宜教人武藝，每年準明經、進士例申奏，以擴大武舉的基礎。[124]第三是於萬歲通天元年（六九六）為了抵抗契丹，開始在山東創置武騎團兵；至聖曆元年（六九八）更將之推廣，令河南、河北也置武騎團以備默啜，並規定每一百五十戶共出兵十五人，馬一匹。[125]希望組織此保家衛鄉而有民兵性質的兵團，以分擔怯戰逃役之正規府兵的軍事責任。第四是申明賞罰、整頓軍紀，如奉使迎親而引契丹入侵的閻知微回都後，女皇將他磔於天津橋南，並使百官共射之，然後剮其肉，夷三族；另一勾結契丹的趙州長史唐般若也被族誅，頒示天下以作懲戒。至於殉國或立功者，雖婦人也被追贈蔭子或遷官進爵，如王孝傑被追贈夏官尚書，封耿國公，蔭子一人為朝散大夫；平州刺史之妻奚氏率領家僮

123. 參《舊唐書．唐休璟傳》，九三：二九七九。
124. 武舉考試項目與中第條件分見《通典．選舉．歷代制下》及《唐六典．尚書兵部》，今據《新唐書．選舉上》（四四：一一七〇，諸州教武藝及申奏見《舊唐書．禮樂志》（二四：九三五）。按：潘孝偉〈唐代的武舉〉（《安慶師範學報》）一九九〇年第一期，四三—四九）對此制有較全面的論述，但對武后創置武舉的時代背景及軍事需要並無深入析論，並謂武后此舉是為了擴大統治基礎和爭取社會的廣泛支持。唐群〈武則天開創武舉時的形勢分析〉（《武則天研究論文集》，三二一—三二六）則謂時乏良將，而社會尚武，尤以世冑子弟為然，武后為了給他們提供一個以科舉入仕的機會，為了籠絡習武者之心，擴大統治基礎，也為解決將帥乏人的問題，所以開創武舉云云。似皆有擴大解釋之嫌。其實武后創置此科，主要是為了補救基層軍官武藝不高之弊，故考試項目以武藝及體能為主，不是要考取統帥人才，也與擴大統治基礎無關。
125. 見《唐會要．諸使雜錄上》，七八：一四三七—一四三八。

及城內女丁助夫抗敵，封為誠節夫人等，以作獎勸的模範。只是覺醒和改革來得晚了一點！

女皇為何要規定民戶每一百五十戶出馬一匹？這與她認識大周戰力衰退的因素和戰馬缺乏有關。

根據開元十三年（七二五）時任宰相的張說所撰的〈隴右群牧使頌〉記述，貞觀初年官牧僅有馬三千匹，其後徙至隴右牧場，命太僕卿張萬歲主持馬政，至麟德（六六四—六六五）中約四十年間，馬匹多至七十六萬六千匹，機關增為八使、四十八監，牧場跨越隴右、金城、平涼、天水，以至擴及河曲，幅員有千里以上。當此之時，天下以一縑易一匹馬。可見天皇時官馬之多。不過，根據夏州群牧使安元壽所奏，從調露元年（六七九）九月已後至永隆二年（六八一）二月五日已前，死、失的馬有十八萬四千九百匹。這三年大唐分別與東突厥、吐蕃打仗，牧場也曾被他們所掠，故馬匹頗有損失。然而至太后臨朝已後，馬匹損失更多，所以頌文說「張氏中廢，馬官亂職；或夷狄外攻，或師圉內寇，垂拱之後二十餘年，潛耗大半，所存蓋寡」。開元初即因缺馬，乃出現鼓勵於六胡州買馬，每買三十匹即酬予游擊將軍官的建議。要等到天寶末，官牧纔恢復至六十餘萬匹馬的盛況。126

馬匹嚴重缺乏發生在女皇統治的時期，當然大大影響軍隊的戰力，所以當女皇命武懿宗迎擊

---

126. 詳《唐會要．軍雜錄》（七二：一三〇二—一三〇三），《新唐書．兵志》略同。按：章群《唐代蕃將研究》（續編）第四章，及馬俊民、王世平合著的《唐代馬政》（西安：西北大學出版社，一九九六．一）對唐朝馬政皆有深入論述，而以後者較完整；但對官牧所養與現役官馬的關係，與及現役官馬概數估計，則以前書較詳。據章氏估計，府兵、駐軍和驛站合計應有馬五十餘萬匹（頁六七—六八），然府兵實為駐軍的主要來源，二者所用馬應有數據上的重疊，故此估計恐有問題。

契丹之時，即已敕令京官出馬一匹供軍則酬以五品之官，[127]至於規定每一百五十戶出馬一匹，顯然已是將對京官的鼓勵措施擴大為對民間的強迫剝削，可見其嚴重性。

女皇時期嚴重缺乏馬匹的原因，張說已經指出有馬官亂職、夷狄外攻和師團內寇三個因素。其實還有一個女皇自己的個人因素，即是收括官牧的良馬以供御用，使戰鬥部隊因此缺乏良好的戰馬。原來大唐已有六廄以掌御馬，當契丹起兵入侵之年，女皇又另置仗內六閑，將官牧的良馬收歸御馬，由殿中省主領。[128]女皇為何要那麼多良馬？說穿了就是為了她自己。她奪權成功是因為掌握了北門禁軍，所以要擴充北軍以加強自衛。北軍的主力兵種是騎兵，內外六廄就是他們馬匹的來源。[129]其次，她自己乃至子女、諸王也因乘御遊幸需要大量的御馬，故在她被推翻後的翌月，復辟皇帝下詔：「廄馬數多，皆須秣飼。食人之粟，日費茲深。殿中諸閑廄馬量支留以外，抽送外州馬坊及本監牧；其東宮、諸王、公主等馬應官供者，亦令隨事減省。」[130]可見他們用馬之多。是則官牧所能提供給戰鬥部隊的戰馬只能有限，不僅影響騎兵戰力；更重要的是，良馬供應的不足，對精騎的編組影響太大。唐初，中國騎兵就已全面模仿突厥輕騎兵的編組與戰術，精騎的編組在唐軍手中，則更具有快速打擊的戰略作用，當年文皇以精騎奔擊開國，李衛公以精騎三千夜襲頡利，又以精騎一萬再度奇襲而亡其國，後來李英公也以精騎三千追殲薛延陀二十萬騎

---

127. 見《通鑑》則天后神功元年五月條，二〇六：六五一八。
128. 參《新唐書·百官志·殿中省》項（四七：一二一七），《舊唐書·職官志》略同。
129. 詳《唐代馬政》，頁一一三—一一六。
130. 《唐大詔令集》神龍元年二月五日〈中宗即位赦〉，二：七。

兵，所仰賴的就是有良馬，纔能收此長程奔襲、快速打擊的戰略效果。[131] 如今大周精騎編組困難，則是英、衛二公的戰績遂成絕響的奇功。女皇為自己而收括官牧的良馬，顯然也是她的國防弊政之一，可以無疑。

大周的國防軍事不僅影響了女皇的國際地位與外交聲譽，抑且也影響了國內的社會安全，請容下章析論。

131. 李靖與李勣的戰績前節已述，太宗善用騎兵及騎兵具裝等問題，參汪籛〈唐初之騎兵〉（《汪籛隋唐史論稿》，二三六—二六〇），及王援朝〈唐初甲騎具裝衰落與輕騎兵興起之原因〉（《歷史研究》，一九九六年第四期，八〇—五八）。

第十四章　大周的社會與文化

重役下的吏治腐敗、人口流動及社會安全

大周一如大唐或者傳統社會，主結構的人民是士、農、工、商四民，都是國家的公民，為了避文皇李世民之諱，所以叫做良人；此外也有賤人階級的奴隸，律令上分為官戶、番戶和奴婢等，是社會的底層，但人數不至於太多。介於兩者之間，有隸屬於各機關的專業戶，如太常音聲人和匠戶；也有私家的部曲和客女等。當然，中國向來以農立國，所以農民是主結構人口的最大宗。

作為大唐建國時代的子民，在文皇藏富於民的政策，以及均田制和租庸調制之下，人民有田可耕——雖然狹鄉裏每人所分到的可能不足法定的百畝，而僅負擔輕徭薄賦，因此人民樂於當國家公民，也激發了他們的生產意志和提高了生產力，使得家給人足，為歷代所羨慕。古人說「衣食足而後知榮辱」，因此大家難於犯法，重視教育，社會治安良好，而事實上文皇也採取了恤刑慎罰、振興教育的政策。以死刑為例，文皇建立了必須經由中書、門下會同尚書三省覆議後始能確定，行刑前在京必須五覆奏、地方必須三覆奏，行刑之日皇帝必須蔬食撤樂以示哀矜的制度與慣例，可見慎卹。據說他在貞觀六年親錄死囚，曾放死刑犯三百九十人歸於家，令明年秋來就刑。其後應期畢至，所以悉被原赦，一時傳為美談。[1]《貞觀政要》一書經常記載文皇要「以百姓之心為心」，的確，「貞觀之治」是一個以民為本的指導思想下，由良好的政策開始，帶動整個社

會經濟奮發進步的局面。

輕傜薄賦和恤刑慎罰事關百姓的生存權與人權，是社會安全的兩大基柱，天皇從小被文皇親自教育，深明其理，故早年務在遵循貞觀故事。史謂他在即位之初就重視恤刑，曾問大理繫囚之數。大理卿答以現囚五十餘人，惟二人合死，他遂因囚少而怡然自得。到了永徽五年五月，天皇覺得近來獄訟繁多，遂質問侍臣：「今天下無事，四海乂安，欲與公等共行寬政。今日刑罰，得無枉濫乎？」三個月之後，大理奏決死囚實有七十餘人。[2]這是長孫無忌權力發展至頂峰，房遺愛案爆發後一年，而皇后廢立事前一年的情況。兩年後的四月，天皇又要求侍臣：「朕思養人之道，未得其要，公等為朕陳之！」宰相來濟先向他說了一個老人教齊桓公不奪農時蠶桑，則國人自然富裕的故事，然後乃直陳說：「今山東役丁歲別萬數，役之則人大勞，取庸則人大費，臣願陛下量公家所須外，餘悉免之。」正是「正課外，無別傜役」之旨。[3]由於去年天皇發兵分攻高麗和西突厥，來濟可能因此而言，不過天皇仍然從之，可見輕傜之心至此尚未大變。

所謂正課、別傜，是指庸役而言，是唐朝賦役項目之一。據《賦役令》，大唐正式賦役原有租、調、役三個項目，男子從二十一至五十九歲成丁，政府依丁口均田，為他們制產後始向他們徵收賦役：租是指田租，每丁每年納粟二石；調是戶調，每戶每年納絹、綿或布、麻若干；役是丁役，

---

1. 參《唐會要．君上慎恤》（四〇：七一七－七一八）及兩《唐書．刑法志》。本書第十一章第二節對唐初刑法亦曾有概述。
2. 參《舊唐書．刑法志》（五〇：二一四〇－二一四一）及《舊唐書．高宗上》永徽五年八月條（四：七三）。
3. 本書第十二章第二節曾據《唐會要．忠諫》所載來濟與高宗這段「正課外，無別傜役」的談話，《通鑑》所述即據此，而又交代此談話的背景，見高宗顯慶元年四月條，二〇〇：六二九六－六二九七。

每丁每年給政府服勞役二十天。[4]但是勞役有時不能如期完成，所以政府得加役於服役者，規定若加役十五天則免該年之調，若加役三十天則租、調皆免；連二十天的正役計算，全年不能讓人民服役超過五十天。據此，服勞役不能超過五十天，顯然是為了不妨礙役丁的農功；因加役而免調或免租調，其實就等同政府以調或租調來支付所加役的薪水。相對的，政府也允許丁口可以「以庸代役」。所謂庸，是指役丁不服役時，得以每日折絹三尺來代之，此即為庸。大唐自國初以來就全面推動此代役制度，[5]所以世稱租庸調制而罕稱租役調制。此外，正賦正役之外尚有一種雜傜，是男子從十六至二十歲之間所服的義務勞役，役期為四十天以內。大抵上正役由中央徵發，以充任重大營建和運輸工作；而雜傜則由地方徵發，以擔任州縣的修繕雜使等工作，故也稱小傜役。因此，根據唐人的看法，國家的賦役實際有四個項目，即租、庸（役）、調與雜傜。正役與雜傜合起來也就是傜役。[6]

隋末因虐民服役而致喪亂，國初吸收教訓，且因戶口稀少，政府乃大力推動均田，重建貨幣經濟，取消各地關稅，主要目的就是要穩住喪亂後的社會、重建經濟秩序和振興產業，所以政府力行節儉，不輕易役用民力。在這種背景下，人民連正役也不想應，何況加役？政府亦順應民意，

---

4. 討論租庸調的論著論文甚多，筆者不一一贅引，於此僅據唐初《賦役令》的規定，見《唐律疏義．戶婚律》第二十四條（一三：一七五），兩《唐書．食貨志》所載內容與此略異。
5. 勞役之制自古有之，北魏役丁須親身應役，隋在一定範圍內可以折庸代役，唐初則以庸代役法制化及全面實施，詳參馮爾康〈租庸調法的「庸」之制度化在於何時？〉，收入《唐史研究會論文集》（西安：陝西人民出版社，一九八三．九），一—七。
6. 雜傜兩天約抵正役一天，詳唐耕耦〈唐代前期的雜傜〉，《文史哲》一九八一．四期。

立法允許和保障以庸代役。因此來濟提示的「役之則人大勞，取庸則人大費」，正是「貞觀之治」精神在永徽、顯慶間——女皇當皇后前後——的最後展現。此後政府因皇后廢立之事而產生政爭，自顯慶五年（六六〇）女皇以皇后身分參預朝政後，二聖在內則遊幸聚宴、封禪禮神、建造宮室寺廟，對外則東征高麗，西討西突厥和吐蕃，最後仍要應付再起的東突厥，用兵連年，有勝有敗。及至女皇獨治，情況依然，而為之更甚，對內則遊宴、封禪與營建宮室之餘，她又拜洛封神，修築神都，營建明堂、天樞、九鼎以及寺廟等神聖象徵；對外則連連兵敗，最後竟讓吐蕃、東突厥交侵塞下，契丹更直搗本土，進逼神都。所有這一切作為與發展，遂使國家兵役大起，勞役屢興，吏治敗壞，以至社會騷然，影響長期而嚴重。

舉例說吧，天皇繼續執行文皇討伐高麗、百濟的政策，甚至一度想親征，幸為武后所諫止。龍朔三年（六六三）倭國（日本）參戰，海戰將起，朝廷令三十六州造船支援，尋因州縣勞役無度，賄賂公行，乃於八月頒下〈罷三十六州造船安撫百姓詔〉，說：「朕……往為奉成先志，雪恥黎元，是以數年之間，稱兵遼海。……疲人竭財，役興於下。……前令三十六州造船以備東行者，即宜並停訖。」幸好翌月劉仁軌等大破倭軍海師，有白江口之捷，遂平百濟，所以造船停訖也沒有影響到戰局；[7]然而，此役已暴露了後方支援前線的賦役沉重和吏治腐敗於一斑。

根據劉仁軌前述的朝鮮軍情報告書，我們還可以挖掘到征伐軍的兵役和軍隊管理的一些問題。這支軍隊除了府兵之外，尚由「州縣發遣」的兵募，與及「不用官物，請自辦衣糧，投名義征」

---

7. 詔見《唐大詔令集》（一一一：五七八），白江口之捷見《通鑑》該年九月條（二〇一：六三三七—六三三八）。

的志願軍人所組成。府兵的性質是正規軍，正式名稱是衛士，當然負征戰的責任；州縣發遣的則是強逼性的臨時募役，正式稱謂是兵募，也和衛士一樣需自備資裝；至於自辦資裝的志願軍人則是義征。大唐行軍作戰這時的確常由此三類軍人所組成。[8]前兩類軍人其實就是役的一種，出征時可說負擔不輕，若長期征戰或駐防，則負擔更是沉重，而且家庭生活與生產也大受影響，尤以名為募兵、實為強徵的兵募為甚。據劉仁軌的報告，「州縣發遣兵募，人身少壯、家有錢財、參逐官府者，東西藏避，並即得脫；無錢參逐者，雖是老弱，推背即來」。可見這是一種大家都想逃避的苦役。加上在軍軍人有功不錄，即使勳官也被「枷鎖推禁」、「牽挽辛苦，與白丁無別。百姓不願征行，特由於此」。所以出征之時「已有自害逃走，非獨海外始逃」。由此可知，吏治敗壞，徵發不公，管理不當，此時已造成人民不願當兵，甚至不惜自害而設法逃避兵役，[9]雖在國內服勞役作後勤支援也不願意的社會現象。

天皇對這種現象也日漸知悉，曾於儀鳳二年（六七七）十一月十三日下詔有司對此清理和糾正，[10]但效果不彰。直至他死前一年（永淳元年，六八二），太常博士裴守貞猶上表痛論吏治腐

---

8. 關於唐朝府兵論者亦甚多，兵募則少，今論此三種軍人及其制度演變，可參谷霽光《府兵制度考釋》（臺北：弘文館出版社，一九八五．九）、唐耕耦〈唐代前期的兵募〉（《歷史研究》，一九八一．五期）、張國剛〈關於唐代兵募制度的幾個問題〉（《南開學報》，一九八八．一期）及其《唐代政治制度研究論集》（臺北：文津出版社，一九九四）、孫繼民《唐代行軍制度研究》（臺北：文津出版社，一九八五．四）。

9. 唐太宗曾因「自隋季政亂，徵役繁多，人不聊生；又自折生體，稱為福手福足，以避征戍。無賴之徒，尚習未除」，所以在貞觀十六年七月降敕：「今後自害之人，據法加罪，仍從賦役。」此敕自後成為例，只是此時已不能禁止而已。見《唐會要．議刑輕重》該年條並注，三九：七〇八。

10. 詳《唐大詔令集．申理冤屈制》，八二：四七二。

敗和賦役繁重，說「黠吏因公以貪求，豪強恃私而逼掠」；「征戍闊遠，土木興作，丁匠疲於往來，餉饋勞於轉運，微有水旱，道路遑遑」。就是說錢都落到黠吏和豪強的口袋裏了，所以人民雖賦役沉重，但是政府卻「課稅殷繁，素無儲積」。[11]天皇生前其實一直想努力改善這種情況，甚至想到以縮短役齡的方式來減輕勞役和兵役者的負擔。根據大唐制度，百姓二十一成丁，六十為老，老則免役。天皇卻在開耀二年（六八二）十二月七日降敕：「百姓年五十者，皆免課役。」又在遺詔中命令「永徽以來入軍年五十者，並放出軍」。[12]可見他在輕傜政策不能維持的情況下，的確仍有意減輕服役者的負擔；可是輕傜政策不能維持的原因不除，賦役負擔及其所造成的社會現象真能改善嗎？由二聖統治變成獨治、後來號稱革命的女皇有辦法徹底改革嗎？

女皇以太后身分廢立嗣帝那年——文明元年（六八四），她在行非常之事之餘，因留意社會的反應，已注意到地方吏治廢弛造成社會充斥逃匿遊閒人等，進而影響社會安全的問題，故在四月十三日頒下〈誡勵風俗敕〉，大意說承平日久，民間有弛慢之心，官方無警覺之意，綏、宋、荊、并等地頻頻發生治安問題。她認為是「誠由按察寬縱，禁止不明，或使無辜陷於非命」所造成，因此敕令州縣官吏用心對遊手好閒、妖言惑眾、棄家逃匿以及醫占衒誘之徒嚴加防糾，並以能否肅清所部、墾闢田疇作為昇遷的考核；以為政苛濫、戶口流失、不能肅清所部作為貶黜的考核。[13]尋又在九月改元時，同時進行州縣依戶口的多寡而調整，其〈改元光宅詔〉指令說：「隆

11. 詳《唐會要．租稅上》，八三：一五三一。
12. 前詔見《唐會要．團貌》（八五：一五五五），遺詔見《唐大詔令集》（一一：六八）。
13. 《唐大詔令集》，一一〇：五七〇。

平日久，戶口滋多。物務既煩，欺隱斯在。其上州三萬戶已上、大縣萬戶以上，各宜析出，別置州縣；唯雍、洛二州，不在此限。」[14]表示她認為逃匿遊閒人等與戶口欺隱有關，戶口欺隱又與州縣戶口滋多、官吏控制不易有關。其實她的瞭解不完全正確，即使調整州縣也未必能改善。似乎要等到陳子昂建言，她纔正視戰爭、兵役、勞役與社會的真正問題。這時太后已尊為「聖母神皇」，拜洛受圖，但外有東突厥復興的威脅，內則諸王聯謀匡復的戰事纔平，她卻另想發梁、鳳、巴蜑自雅州出擊生羌，因而襲擊吐蕃。來自巴蜀的麟臺正字陳子昂遂上書提出意見。

他指出國家先有薛仁貴喪師十萬於大非川，後有李敬元辱師十八萬於青海，敗績之餘，「至今而關隴為空」。至於「蜀之所寶恃，險者也；人之所安，無役者也」，往年益州長史李崇真偽稱吐蕃入侵，而欲開險役人以求利，「遂使國家盛兵以待之，轉餉以備之。未二、三年，巴蜀二十餘州騷然大弊，竟不見吐蕃面，而崇真贓錢已計巨萬矣。蜀人殘破幾不堪命」。子昂又謂國家近者廢安北，拔單于，棄龜茲，放疏勒，實行休兵政策，天下翕然謂之盛德，「臣聞自古國家敗亡未嘗不由黷兵」，因此請不要「徇貪夫之議」，「不可動甲兵，興大役，以自生亂」。[15]他可說已將戰爭（兵役）耗損—勞役沉重—社會殘破—貪官得利的關係講得非常清楚。

第二年——永昌元年（六八九）三月，太后首次大享役使數萬人建造的明堂後，召見陳子昂，令他「論當今政要，行何道可以適時」。子昂遂進狀答以八事，其中之一是〈請息兵科〉。他在

14.《唐大詔令集》，三：一六。
15. 參《全唐文．諫雅州討生羌書》（二一二：二七一七—二七一八），《通鑑》繫於則天后垂拱四年十二月條（二〇四：六四五五—六四五六）。

此論題中指出軍事對社會的影響說：「當今國家事最大者，在兵甲歲興，賦役不省。神皇欲安人思化，理不可得。何者？兵之所聚，必有所資。千里運糧，萬里應敵。十萬兵在境，則百萬家不得安業。以此傜役，人何敢安！臣伏見國家自有事北狄（東突厥），於今十有餘年，兵甲歲興，竟不聞其利。……臣恐庸將無智，未審廟算之機，故使兵甲日多，傜役日廣。……臣恐人日以疲勞，不得安息。」他明確地指出每出一兵將使人民的勞役負擔十倍增加，長期而無決定性的軍事行動更使負擔沉重，因此建議她事先廟算用兵的利害得失，使兵不虛行。[16]

的確，戶口逃匿與欺隱的現象在天皇晚期已經出現，但是規模擴大與問題的嚴重化，則是太后獨治以後纔明顯，與她屢興兵役和勞役有密切關係。或許子昂之言刺激了太后的思考和體會，所以在同年十一月頒詔改用周正，並以此月一日為元正而大赦之時，也同時令「通懸調并丁夫、雜匠、衛士及有番弟等，違番及逃走應陪番及徵課調者，並特宜免放」，[17]顯然要讓逃避兵役和勞役的人有更新的機會。但是太后的大赦只是一時的措施，還比不上天皇縮短役齡的成為法例來得有用，因為大赦過後，情況依然。

幾個月後太后革命稱帝，女皇此後的對策顯然不是從減少戰爭與營建的方向思考，因為她要遷徙關內數十萬戶以充實洛陽，要修築神都外郭城，要收復安西四鎮，要抵抗東突厥的入侵，在在都需要有人服勞役與兵役。因此，她決定要嚴格控制戶口，乃於延載元年（六九四）八月敕：「諸戶口計年將入丁、老、疾應免課役及給侍者，皆縣親貌形狀，以為定簿。一定以後，不得更貌。

16. 參《全唐文．答制問事》（二一二：二七一四），《通鑑》繫於該年月條（二〇四：六四五七）。
17. 參《唐大詔令集．改元載初赦》，四：一九。

疑有奸欺者，聽隨事貌定，以付手實。」[18]貌閱是漢魏以還就有的地方行政項目之一，指官吏對人口進行面審，以切實管理所屬戶口。[19]這次特由女皇降敕指示，以貌閱的方式杜絕戶口欺詐和隱漏，可見地方吏治廢弛而戶口奸欺問題之嚴重。然而這種措施能有效果嗎？試看翌年——證聖元年（六九五）——鳳閣舍人李嶠的上表吧。李嶠在該表指出：

「今天下之人，流散非一；或違背軍鎮，或因緣逐糧，茍免歲時，偷避徭役。此等浮衣寓食，積歲淹年；王役不供，簿籍不掛。或出入關防，或往來山澤。非直課調虛蠲，闕於恆賦；亦自誘動愚俗，堪為禍患，不可不深慮也！或逃亡之戶，或有檢察，即轉入他境，還行自容。所司雖具設科條，須其法禁，而相看為例，莫肯遵承。縱欲糾其僭違，加之刑罰，則百州千郡，庸可盡科？前既依違，後仍積習，檢獲者無賞，停止者獲免，浮逃不悛，亦由於此。今縱更搜檢，而委之州縣，則還襲舊蹤，卒於無益。」

也就是說，人民不論是因為逃戰、逃役或逐食，總之他們是逃避徭役的一群，戶口管制越嚴則可能使逃戶越多，甚至流徙於關禁之間，影響到社會安全。社會上逃戶情況和人口流動嚴重而普遍，亦已經影響到財政的收入。州縣吏治廢弛，認真執法者不賞，反之也不罰，因此官吏因循茍且，使浮逃的情況不能改善。因此，他提議不要讓州縣官吏普查，建議由中央負責，敕令御史依禁令、恩德、權衡、限制等措施，加以督察檢校。所謂禁令，就是閭閻連保法，設賞科讓鄰居

18.《唐會要．團貌》，八五：一五五五。
19. 詳袁剛〈「大索貌閱」新解〉，《江西社會科學（南昌）》，一九九六．九，頁一一三至一一七。

相告；所謂恩德，就是對逃役者不加追徵，對逃軍者不加追罰，並且資助他們回本貫，協助他們重建生活；所謂權衡，就是同意不願回本貫者就地隸籍，歸為當地的編戶；所謂限制，就是允許逃民於百日之內自首，過期則依法科罪，遷謫邊州。[20] 約在李嶠上表的稍前，正是前述獲嘉縣主簿劉知幾上疏痛陳朝廷大赦多、高官多、取士太濫、州縣官轉遷太快之時。大赦多則人民不畏犯法，州縣官轉遷太快則使吏治廢弛，就是他所說的「今之牧伯遷代太速，倏來忽往，蓬轉萍流，既懷苟且之謀，何暇循良之政」，與李嶠批評的地方吏治正好互相呼應。這樣看來，降至女皇統治的中期，兵役勞役繁重、地方吏治腐敗，的確已使戶口隱漏、人口流動、社會治安和財政短絀等問題嚴重化了。

朝廷為何想到以貌閱方式整頓戶口，而又由中央派遣御史來主持？原來天皇時代百姓逃隱戶口是採用舞弊手段，即以賄賂或人情的方式與地方官吏勾結，就是儀鳳二年十一月十三日頒降〈申理冤屈制〉所述的「進退戶等，多有請求；或解補省佐之流，專納賄賂；或徵科賦役、差點兵防，無錢則貧弱先充，行貨則富強獲免」情況，[21] 因此要跳過州縣來進行整頓纔能奏效。可是上有政策、下有對策，人民也不是省油的燈，他們想出了合法逃隱的方式——即是分家分產，使戶等降低以達成逃役的效果。

原來唐制依資產的多寡分戶等為九等，[22] 兵役和勞役是按戶等的高下來依次徵發的，永徽五

---

20. 《唐會要．逃戶》，八五：一五六〇—一五六一。
21. 詳《唐大詔令集．申理冤屈制》，八二：四七二。
22. 戶等問題論者也眾，歧異點常與資產計算有關，筆者同意張澤咸〈也談唐代評定戶等與田產的關係〉（《經濟史》，三—七三至三—七九）一文的看法，認為資產計算包括田產。按：資產的計算實即包括動產與不動產，就

年更敕令每二年一定戶等，以為徵發的依據。由於富強丁多的家庭是優先被徵發的對象，對這些家庭來說，無異是一種懲罰，故需分家分產以作逃避。女皇洞悉了他們的對策，乃於指示貌閱後兩年——萬歲通天元年（六九六）——實施了「反對策」，敕令：「天下百姓，父母令外繼、別籍者，所析之戶等第並須與本戶同，不得降下。其應入役者，共計本戶丁中用為等級，不得以析生蠲免。其差科各從析戶祇承，勿容遞相影護。」[23] 顯然要以此新規定，來杜絕百姓以合法掩護非法的逃避行為。

但是，女皇的政策只能算是治標，不能說是治本。因為戶口逃隱、丁身流亡與兵役不息、勞役不斷關係最密切，而徵發兵役和勞役的主因是國防與戰爭，其次纔是營建營造。如果說陳子昂和李嶠的陳詞是泛論——其實子昂所舉益州長史李崇真之事，已是一個明顯的實例——於此則不妨再舉若干實例以資說明。

巴蜀地區的益州（治今成都市）都督府是西南國防重鎮，它的北部自大江（今岷江上游）的松、潘等州以至白水（今嘉陵江上游）的同昌軍等軍，更是其對付吐蕃的前線，皆需劍南（劍閣以南）諸州通軌運糧前往補給。陳子昂曾向聖母神皇上書，亟論劍南百姓因支應松、潘等州國防「千里運糧，百姓困弊」，所負擔的賦役極為沉重。他切實指陳說：「臣在蜀時見相傳云：聞松、潘等州屯軍數不逾萬，計糧給餉，年不過七萬餘石可盈足。邊郡主將不審支度，乃每歲向役十六萬夫，夫擔糧輪送，一斗之米價錢四百，使百姓老弱未得其所，比年以來多以逃亡。臣伏以吐蕃，

---

23. 以農戶為例，在均田制之下，依理是丁多則田產多，所得就增多，故漸成富強丁多之上等戶，是優先徵役的對象。《唐會要・定戶等第》八五：一五五七。

陛下未忍即滅；松、潘屯兵，未可廢散。若準此賦斂，每年以十六萬夫運糧，臣恐更三年，吐蕃未殄滅，劍南百姓不堪此役。愚臣恐非聖母神皇制敵安人、富國強兵之神算也」。因此建議改革運糧方式，讓人民減輕負擔。[24]也就是說，駐軍兵力不逾萬的松、潘等州，每一軍人糧食年需量約為七石，而要用十六個平民來支援，勞役負擔之沉重可知。如果以天皇時較貴的米價——每斗一百錢粗估，則役夫為了運輸，要付出四倍的價錢，何況米價未必高達每斗一百錢，是則財務的負擔也極為沉重。長年如此，難怪劍南百姓不堪此役！

其後在聖曆元年（六九八）的五月十四日，時任右拾遺的陳子昂又因月前敕廢同昌軍，遂奏上〈上蜀川安危事〉一疏，指出此軍先前大費民役，但廢軍後蜀川百姓可免五十萬丁運糧，實大蘇息。由於先前有此重役，故「諸州逃走戶有三萬餘」，若每戶以五口算，則是為了支應同昌一軍而逃亡了十幾萬人。他們亡命於蓬、渠、果、合、遂等州（今涪江和嘉陵江下游之間）山林之中，不屬州縣，有些人為豪族所隱容役使，其中遊手亡命者更是依憑林險，聚而為盜，若以甲兵捕之，則鳥散山谷；如州縣怠慢，則劫殺公行，已成了社會安全的問題。子昂因此建議，如今運糧既停，百姓更無重役，請敕令州縣長官與使人設法大招此戶。他並且進一步分析及建議說：「蜀中諸州百姓所以逃亡者，實緣官人貪暴，不奉國法；典吏遊容，因此侵漁。剝奪既深，人不堪命。百姓失業，因即逃亡；凶險之徒，聚為劫賊。今國家若不清官人，雖殺獲賊終無益。……聖恩停軍息役，若官人清正，劫賊翦除，百姓安寧，實堪富國。」[25]此說無異補充說明，重役以外，官吏因緣為

24. 詳《全唐文．上蜀川軍事》，二一一：二七〇〇。
25. 詳《全唐文》，二一一：二六九九。

奸也是戶口逃亡、人民劫盜的另一大原因。

　益府的西南邊防是姚州（治今雲南姚安）。此地是蠻夷之地，政情複雜，但也是防禦吐蕃與蠻夷的要地，故天皇自麟德元年（六六四）於昆明之弄棟州置姚州都督府以來，每年差兵募五百人鎮守。兵募既是州縣強制役，又要蜀州百姓負擔勞役，所以負擔沉重，一度中廢。然而降至垂拱四年（六八八），南蠻郎將王善寶、昆州刺史爨乾福又請置州，奏言所有課稅出自姚府管內，更不勞擾蜀州。及置州後，錄事參軍李稜為蠻夷所殺；延載（六九四）中，司馬成琛又奏請於瀘南置鎮七所，仍遣蜀兵防守，「自此蜀中騷擾，至今不絕」。因此前章提到神功二年（六九八）五月八日蜀州刺史張柬之上表，直陳「姚州……鹽布之稅不供，珍奇之貢不入，而空竭府軍，驅率平民，受役蠻夷，肝腦塗地，臣竊為國家惜之！……今姚府所置之官既無安邊靖寇之心，又無葛亮且縱且擒之術，唯知詭謀狡算，恣情割剝，貪功劫略，積以為常；扇動酋渠，遣成朋黨，提挈子弟，嘯引兇愚。劍南逋逃、中原亡命二千餘戶，見散在彼州，專以掠略為業」。也就是說，姚州和瀘南駐軍不僅已成蜀中兵役和勞役的負擔，而且更因吏治腐敗，亦成了劍南亡命和中原逃戶的淵藪，使此地區的社會安全產生了危機，所以張柬之建議「瀘南諸國悉廢，於瀘北置關，百姓非奉使入蕃，不許交通來往」。[26] 此奏不被採納，因此情況不得改善。

　以上所述僅是國防上小規模駐軍的實例，影響即已如此，大兵團則更可想而知。這裏再舉一個其他實例。

　女皇大事花費封禪神嶽，改元為萬歲登封元年（六九六），兩個月後王孝傑和婁師德被吐蕃

26. 詳《唐會要．姚州都督府》，七三：一三三〇－一三三一。

大敗於素羅汗山，而所費不貲的新明堂——通天宮——也落成，遂改元萬歲通天，不因喪師而避免慶祝。又兩個月，松漠都督契丹李盡忠舉兵反，陷營州，攻河北，兩殲周軍於硤石谷，女皇一再調發大軍抵抗，一面饑不擇食地在九月緊急降敕：「天下繫囚及庶士家奴驍勇者，官償其直，發以擊契丹。」同時又初令山東近邊諸州置武騎團兵。[27]根據當時陳子昂所呈的〈上軍國機要事〉疏，可以看出此戰與國內腹地的賦役、吏治的一些訊息。

子昂首先反對如此緊急徵兵，理由是恐怕會動搖人心，反而授敵以隙。他說：「臣聞天子義兵不可以怒發，怒則眾懼，急則人搖，人搖則賊得其勢。……伏見恩制免天下罪人及募諸色奴充兵討擊者，是捷急之計，非天子之兵。且比來刑獄久清，罪人全少，奴多怯弱，未慣征行，縱其募集，未足可用。況當今天下忠臣勇士萬分未用其一，契丹小孽，假命待誅，何勞免罪贖奴，損國大義？」

其次反對調動河東道及諸胡兵參戰，以免吐蕃與東突厥得乘國防之虛，故說「臣聞吐蕃近日將兵圍瓜州，……通使墨啜，……惟國家比來勁敵在此兩蕃，至於契丹小醜，未足以比類。今國家為契丹大發河東道及六州胡，綏、延、丹、隰等州稽胡精兵，悉赴營州；而緣塞空虛，靈、夏獨立。今冰生河合，草秋馬肥，秦中北據隴右，亦關東鄰黨，凶羯奸謀，覘知此隙，驅其醜類，大盜秦關；隴右馬群是國所寶，防備遠策，良宜豫圖，不可竭塞上之兵，使凶虜得計」。

復次批評大臣尸位素餐，徇私弄權，「國之所養者總無用之臣」，建議如今應稍寬兵期，否

27.《唐會要．奴婢》記此敕未提繫囚（八六：一五六九），今據《通鑑》則天后萬歲通天元年九月條，二〇五：六五〇七。

則若催逼太急，而軍隊違限，恐怕會引起逃亡或兵變，「此更生一患」。不僅兵役不能催逼太急，江南和淮南諸州運輸軍糧的大隊船夫也須節其勞役，注意安撫，因為「船夫多是客戶、游手、隳業、無賴、雜色人，發家來時，唯作入都資料；今已到京，又勒往幽州，幽州此去二千餘里，還又二千餘里，方寒冰凍，一無資糧，國家更無優恤，但切勒赴限，比聞丁夫皆甚愁歎」。諸州其他行綱也本來奉令運送至都，今又令送至河北，「百姓必騷動」。

又次，他鑑於山東民風驃悍，素有豪傑之稱，因此建議徵發他們為兵，以取代家奴和諸胡，故謂「山東百姓，國家比以供軍，矜不點募。近聞東軍失利，山東人驕慢，乃謂國家怕其麤豪，不敢徵發。……伏思即日山東愚人有亡命不事產業者、有遊俠聚盜者、有奸豪強宗者、有交通州縣造罪過者，如此等色，皆是奸雄。……望降墨敕，使臣與州縣相知，子細採訪，有麤豪遊俠、亡命奸盜、失業浮浪、富族強宗者，並稍優與賜物，悉募從軍。……如此則山東浮人安於太山，一者懾奸豪異心，二者得精兵討賊，不須免奴稽胡等。又身既在軍，則父兄子弟自不敢為過」。[28]

據此可知，這次本土防衛戰除了先前所知的三類軍人外，女皇尚緊急徵發了囚犯、奴僕、陝北與山西的諸胡族人，以至山東豪傑等為兵，而山東近邊諸州所置的武騎團兵可能即以後者為主，這是人民兵役的加重。諸州大量徵發丁夫運輸軍糧物資，且又須額外轉輸至前線戰地，這是徭役的加倍。百姓安得不愁歎騷動？這裏應該注意的是，江南和淮南諸州被徵的船夫，他們多是被和雇的客戶——主要是由外地流遷到此地而無田地的佃農，以及游手、隳業、無賴和雜色人等；與山東的麤豪遊俠、亡命奸盜、失業浮浪、富族強宗，顯然多是社會的游離分子和邊緣

---

28. 參《全唐文》，二一一：二七〇一—二七〇三。

人。[29]這麼多的社會游離分子和邊緣人被徵發，是則女皇治下的社會狀況與動態可知。

尤其山東的社會游離分子和邊緣人在這場戰爭中，似乎有叛國或不利於女皇政權之事發生，所以翌年——萬歲通天二年（六九七）——契丹初平時，女皇命河內王武懿宗按撫河內諸州，他「所過殘酷，有犯法應死者，必生取膽然後殺之」；而契丹將領何阿小也甚殘酷，「攻陷冀州，亦多屠害士女」，故被並稱為「兩河」。諺語說：「唯此兩河，殺人最多！」[30]同時懿宗又奏請族誅河北滄、瀛等州百姓為詿誤者，左拾遺王求禮折之說：「此百姓者，素無良吏教習，城池又不完固，則畏懼苟且從之。今請殺之切，將違背天道；而懿宗擁強兵十餘萬，聞賊將至，輒退走保城池，罪當誅戮。今乃移禍於草澤詿誤之人，以求自免，豈是為臣之道，請先斬懿宗以謝河北百姓！」王求禮的說法，是批評政府平時不教民戰，戰時軍隊又不能保護他們，過在政府而不在百姓。因此群官愕然，謂之切當，女皇遂改令再度拜相的狄仁傑充使安撫河北流移。[31]

及至仁傑回朝，上疏為他們申辯，說契丹入侵時，河北人民「或有迫脅，或有願從；或授偽官，或為招慰；或兼外賊，或是土人。跡雖不同，心實無別。誠以山東強猛，由來重氣；一顧之勢，至死不回。近緣軍機，調發傷重；家道悉破，或至逃亡。剔屋賣田，人不為售；內顧生計，四壁皆空。重以官曲侵漁，因事而起；當州役使，十倍軍機。官私不矜，期之必取，枷杖之下，

29. 陳寅恪先生曾為文〈論隋末唐初所謂「山東豪傑」〉（《陳寅恪先生文集（一）》，二一七—三六），指出「山東豪傑」的特徵是胡漢雜糅，善戰鬥，務農業，而有組織之集團。覲子昂此處所言之山東人，殆為「山東豪傑」的游離邊緣者。

30. 見《唐會要．酷吏》，四一：七四四。

31. 見《唐會要．左右補闕拾遺》，五六：九六七—九六八。

痛切肌膚。事迫情危，不修禮義；愁苦之地，不樂其生。有利則歸，且圖賒死。……今以負罪之位，必不在家；露宿草行，潛竄山澤。赦之則出，不赦則逃；山東群盜，因緣聚結。臣以近塵雖起，不足為憂；中國不安，以此為事。……願曲赦河北諸州，一無所問；自然人神通暢，率土歡心。」[32]也就是說，狄仁傑調查的結果，認為在此戰爭中，山東人民兵役傷重，而勞役又十倍軍機，州縣不僅催逼嚴厲，而且更趁機侵漁，人民剔屋賣田，家道悉破也不能解決，所以纔索性逃亡，或者聚結為盜，或者乾脆投敵叛國。據此可知，只要戰爭發生，腹地人民受兵役勞役之害，導致民不聊生，社會騷動或殘破，其實與邊疆是一樣的。反而像契丹進攻平州時，刺史鄒保英妻奚氏率領家僮及城內女丁相助固守，逼退契丹；又如古玄應妻高氏固守飛狐縣城，免為突厥默啜所攻陷，其實都是可歌可法的特例！所以女皇也就優制封奚氏為誠節夫人，高氏為徇忠縣君，昭告天下以為模範。[33]

現在尚記得長壽二年（六九三）王孝傑克復安西四鎮時，初次拜相的狄仁傑以付出的代價太沉重，上表請捐四鎮的理由否？他說：「近者國家頻歲出師，所費滋廣，西戍四鎮，東戍安東，調發日加，百姓虛弊。聞守西域，事等石田，費用不支，有損無益。行役既久，怨曠亦多。……今關東饑饉，蜀漢逃亡，江淮以南，征求不息。人不復業，則相率為盜；根本一搖，憂患不淺。所以然者，皆為遠戍方外，以竭中國，爭蠻貊不毛之地，乖子育蒼生之道也。」[34]大臣謀國之忠，

32. 見《唐會要．巡察按察巡撫等使》，七七：一四一四－一四一五。
33. 見《太平御覽．夫人》（二〇二：九七三）及《太平御覽．縣君》（二〇二：九七四下）。
34. 按：永淳二年解褐、開元時死的韋湊，在其〈諫征安西疏〉中說：「今關輔戶口，積久逋逃；承前先虛，見猶未實。北虜犯塞，西戎駭邊，凡在丁壯，征行略盡，豈宜更募驍勇，遠資荒服？又一萬行人，詣六千餘里，

為民之誠，能說他是保守嗎？

社會衝擊的其他因素和後續發展

社會政治失序，其實從天皇統治的中期已如此，所以百姓無告，游離和邊緣人漸多。前述儀鳳二年十一月十三日所頒的〈申理冤屈制〉，已經揭發了若干失序的實況和現象，大抵如下：

（一）百姓訴訟時，官司不能正斷，縣審——州審——省審——三司審之間互相推諉，一案常拖延經年累月。

（二）司法腐敗，法曹接受賄賂，使有理者不申，合得者被奪，或橫誣非罪，或枉加殺害。

（三）頻經行陣的人無賞，不當矢石者反獲勳庸，勳賞制度顯然舞弊。

（四）官吏和市剝削，貪利侵民。

（五）官吏貪瀆，收賄以進退丁戶等色，或讓賄賂者解補省佐等官以避役；差役點兵時則貧弱先行，賄賂者則雖富強而獲免。

（六）鄉邑豪族，容其造請；或酒食交往，或妻子去還，假託威恩，公行侵暴。

咸給遞馱，並供熟食，道次州縣，將何以供？秦隴之西，人戶漸少；涼州已去，砂磧悠然。遣彼居人，如何得濟？又萬人賞賜，費用極多；萬里資糧，破損尤廣。縱令必剋，其獲幾何？」（見《全唐文》，二〇〇：二五五三）可見征防安西代價之重。仁傑語見《唐會要·安西都護府》，七三：一三二六—一三二九。

據此，這時司法公平和社會正義，顯然已因吏治腐敗與強豪侵暴而敗壞。在此社會政治失序的情況下，史謂狄仁傑此時為大理丞，周歲斷滯獄一萬七千人而無冤訴者，遂一時成為美談。[35]「貞觀之治」的司法公平和社會正義到哪裡去了？女皇為臨朝，為革命，威權獨任之下實行酷吏統治，因此大臣不敢舉職，州縣因循苟且，只有助長此風，而無大力改革之意，所以上述社會游離和邊緣的人口遂日增不息，決非神道設教、萬國來朝的表象所能掩飾得了！這不是栽她的贓，這裏不妨也對其他相關的政策措施略予說明，以資印證。

前章提到女皇下敕禁屠、禁民間用錦，又陸續推廣和糴、和雇、和市等措施。和糴、和雇、和市與政府需要及財政困窘有關，皆授予官吏得以侵漁的機會，是擾民傷人的措施，也是促使戶口逃隱和人民流動的原因。至於禁屠雖與她的宗教信仰有關，禁錦則可能與提倡節儉風氣有關，甚至宰相李昭德以犯錦禁為由而按殺酷吏侯思止，令人大快；不過這兩類從業者未聞政府協助轉業，那麼他們是否就成了隳業游手的一群邊緣人？尤其屠宰業以及相關的畜牧、漁獵從業人口，如果鋌而走險，是否就會成為龘豪遊俠、亡命奸盜的一群？

如果說地方官吏貪瀆曲法、侵漁腐化，其實女皇身邊的宰相要員還不是一樣。例如武承嗣和來俊臣不是也常枉法殺人而取其妻妾嗎，尤其俊臣連武氏諸王、太平公主、皇嗣和廬陵王都敢誣陷，他人尚有何不敢？來俊臣以至女皇小情夫之弟張昌儀，[36]收受賄賂，屬請選司用賄賂者為官，

35. 見《舊唐書．狄仁傑傳》，八九：二八八六。
36. 本節所述張氏兄弟的貪贓枉法及官商勾結，請參十六章第一節，此處不贅。

每次至數百人之多；與他官僅給賄賂者解補省佐等流外小官，真是不可同日而語！[37] 總之，女皇在垂拱三年（六八七）十二月二十五日敕「三輔及四大都督府、并衡要當路及四萬戶以上州市令，并長安等六縣錄事，並宜省補充」等措施，[38] 事實上就給貪官和有錢可以行賄以避役的人，提供了更多的機會。又女皇親戚宗楚客兄弟也是貪贓狼藉，一再被貶而仍一再回任宰相大臣的人，史載聖曆二年（六九九）楚客和弟晉卿坐贓賄萬餘緡及第舍過度而再度貶流，太平公主參觀其第，感歎地說：「見其居處，吾輩乃虛生耳！」[39] 其實公主自己的第舍山池也甚豪華，此言可見楚客的窮奢極侈。又據時人所載，女皇情夫張易之曾造一大堂，用紅粉泥壁，文柏帖柱，琉璃沉香為飾，花費數百萬，甚為壯麗云云。[40] 說穿了吧，女皇遊幸封禪，興造明堂離宮、天樞九鼎，所花所費焉是身邊的親戚權貴所能相比？上有所好，下有甚焉，如同女皇好文詞，則民間重進士一樣。她營造華麗宏偉，或許一時可收人心視聽、民心振奮之效，以達至短暫的政治效果；然而所附帶的奢侈浮華，久了不免腐蝕民情政風。因此身邊的親貴效法女皇，地方官吏效法中央，層層轉下，遂有上述的吏治政風和社會失序。女皇既是此風惡化的始作俑者，因此也就無意和無力大事整頓，最後也因情夫的貪贓枉法——因為他們不能像女皇一般，可以動用國庫裏的民脂民膏，只能以貪

---

37. 承嗣、俊臣等非法事，概見於《通鑑》則天后神功元年六月條（二〇六：六五一八—六五二〇），張氏兄弟事詳下面章節。
38. 《唐會要·伎術官》，六七：一一八三。
39. 見《通鑑》則天后該年臘月條，二〇六：六五三八—六五三九。
40. 見《朝野僉載》，六：一一八。

贓的方式聚斂財富——而導致被推翻。[41]女皇的所謂革命，不是給社會帶來新生命和新氣象，所以僅是篡位奪權的代名詞罷了！她革命前後始終捧著大唐三聖的神主牌，利用三聖的政治餘蔭，確實渡過了一段不算短的好時光，她的權智也在這裡可以見到。

根據前章兵部尚書韋嗣立的表疏，應該還有兩項制度性因素衝擊著社會，其一是封建制度的氾濫，另一是宗教隊伍的擴展。

關於前者，韋嗣立已指出功臣食封之家較國初倍增，國庫收入比封家還要少，導致「國家租賦大半私門，私門資用有餘，國家支計不足」；而封家又擁有封戶，「百姓著封戶者，甚於征行」。也就是說，封家既富且貴，大多奢侈擅勢，淩蔑州縣，侵漁封戶，製造社會問題。

關於後者，由於佛道兩教的教士都是由政府核准出家，而被政府管理和供養的，所以屬於官方制度之一。女皇偏護佛教，在她的宗教政策之下，僧尼隊伍尤其膨脹快速。試以數據約略估算吧，女皇統治中期僧侶已增至十二萬餘，大唐復辟時據說更增至數十萬（詳第四節），若保守地以一倍算，也有二十四萬。神龍元年（七〇五）戶部計戶有六百一十五萬六千一百四十一，口三千七百一十四萬餘，是則復辟時僧侶約占總人口的〇・六%，這還不包括私度者在內。據估計「一僧衣食歲計約三萬有餘，五丁所出不能致此」，[42]是則二十四萬僧侶歲計達七十二萬餘，

---

41. 賈三強在其〈武則天時代的廉政建設〉（《西北大學學報（哲學社會科學版）》，一九九七年第二期，七九—八三）一文中，承認女皇的政治重點以保住權力為主，而官僚則的確有此貪贓腐敗的現象，但是卻認為這些人主要以女皇的親信及酷吏此兩類人為主，並且女皇已透過監察部門給他們作了沉重的打擊。其說恐怕還不夠全面及深入。

42. 此為大曆十三年（七七八）的官方估計，今略依據之，見《唐會要・議釋教上》，四七：八三七。

需要一百二十萬丁——即總人口三・二%——來供養。也就是說，至女皇統治結束時，不包括道士、女冠或私度僧侶在內，光以官度的僧侶估算，大約每一千人即有六人是僧侶，每一千丁就有三十二丁所出用來供養僧侶。

僧侶既然大增，因此寺院、佛像的建造也就跟著增加。根據韋嗣立所說：「臣竊見比者營造寺觀，其數極多，皆務取宏博，競從瑰麗。大則費耗百十萬，小則尚用三五萬餘，略計都用資財，動至千萬已上。轉運木石，人牛不停，廢人功、害農務，事既非急，時多怨咨」。[43] 此說表示寺觀營造的經費和力役皆由政府支出，而力役的來源則是由庸役甚至和雇來負擔。這種事情在女皇當皇后前一年就似乎有了紀錄，史謂永徽五年十二月武昭儀與夫皇赴謁昭陵，在路生皇子李賢，稍後是六年的元正，夫婦倆親謁昭陵後，遂詔於陵側建一佛寺。右僕射褚遂良為此上諫：「今者昭陵建造佛寺，唯欲早成其功，雖云和雇，皆是催迫發遣，豳州已北、岐州已西，或一百里，或二百里，皆來赴作，遂積時月，豈其所願？……既有東道征役，此寺亦宜漸次營修，三、二年得成，亦未為晚！」褚遂良要緩和政府此出錢和雇人力為表，而強迫人民勞役為實的營建，顯然是失敗的。[44] 女皇當昭儀時既已如此，如今君臨天下，則更是從心所欲，故類似的勸諫遂所在多有。例如狄仁傑勸諫女皇停止向僧尼抽稅以建大像時，就曾痛切指陳說：「陛下……欲令像、教兼行，……今之伽藍，制過宮闕，窮奢極壯，畫繢盡工，寶珠殫於綴飾，瑰材竭於輪奐。工不使鬼，止在役人；物不天來，終須地出。不損百姓，將何以求？生之有時，用之無度，編戶所奉，恆若

43. 詳參《唐會要・緣封雜記》（九〇：一六四三—一六四四），及《全唐文・請減濫食封邑疏》，（二三六：三〇一七—三〇一八）。

44. 詳《舊唐書・高宗上》該年月諸條，及《唐會要・議釋教下》六年正月三日條（四八：八五〇）。

不充，痛切肌膚，不辭箠楚！」45

佛教興盛固是宗教文化上的盛事，然而由政府全力支持，則不免流弊叢生，於此不妨再看看韋、狄二人繼續怎樣說。

韋嗣立繼續批評，認為此舉有違佛教空寂定慧之旨，也有破壞環境、殺傷蟲鳥之慮，而「世俗眾僧，未通其旨」。他們不慮府庫空竭，不思聖人憂勞，「謂廣樹福田，即是增修法教」，而不理會天災兵禍若發生時，將以何救濟？嗣立接著更痛批寺觀廣占土地及水碾，使人民喪失或損害其生產資源。百姓在賦役沉重、生產被侵的情況下，乾脆將田宅布施給寺觀，或者假布施之名而行逃避賦役之實，有的更索性逃亡，變成游離人口。狄仁傑除了韋嗣立所說的情況之外，更痛批僧侶風氣敗壞，素質不良。他說：「游僧一說，矯陳禍福，翦髮解衣，仍慚其少；亦有離間骨肉，事均路人，身自納妻，謂無彼此，皆託佛法，詿誤生人。里陌動有經坊，闤闠亦立精舍，化誘倍急，切於官徵；法事所須，嚴於制敕。膏腴美業，倍取其多；水碾莊園，數亦非少。逃丁避罪，併集法門，無名之僧（應指私度者），凡有幾萬，都下檢括，已得數千。」可見佛教在女皇護持之下，對社會已經產生了負面的影響。

篤信而又存心利用佛教的女皇，因佛教而革命，又以懷義和尚為情夫，因此由護持而流於縱容，使僧侶形成為一個新的特權階級，變成了兼併和役用百姓的一個群體，甚至成為逃隱戶口的庇護所，促使社會失序；並且在此情況下雖略事檢括，但仍無意大加整頓，毋寧是可以想像之事。

從社會發展的角度看，大唐初期較為平等的四民社會，到了女皇統治之時，由於封君、官吏

45. 此處所引仁傑之疏，見《舊唐書》本傳，八九：二八九二。

和僧侶的膨脹，似乎有了階級的變化。王室仍是最高的統治階級，但是封君、官吏和教士（包括其他宗教）亦成了擁有特權的一群，前二者是統治階級裏新的貴族階級，後者則也是新興的教士階級，至於農、工、商纔是真正的平民階級。不過，又因國初為了振興經濟而取消了關稅，商人似乎也從社會崛起。他們交通官府，甚至如女皇情夫張氏兄弟般官商合夥做生意，乃至組成商旅隨駕行幸，[46]以至於在女皇御前博戲，顯示他們在社會上甚為活躍，也擁有相當的力量，儼然是成長中的商人階級。或許女皇之父曾是商人，而她又需要商賈供應享樂的物資，所以並不壓抑他們；反而讓他們與兼併地主同屬一個新階層，就是前面陳子昂所說的「奸豪強宗」吧！

於是，賦役的負擔遂主要落在名為良民的農工客戶身上。至於游手隳業、無賴雜色、麤豪遊俠、亡命奸盜等社會游離和邊緣人，必要時也被強逼服役，但卻是社會治安的危險群。賦役沉重造成戶口逃亡和隱漏，逃亡的戶口則連累其鄰保被橫徵，代替他們繳納逃避的賦役，[47]於是鄰保們等於雪上加霜，也就被逼加入逃亡之列，使逃亡戶口更多，這是惡性循環的現象。有人說女皇幾乎每年都頒發赦免令，目的就是要給這些人口一個更生的機會，使他們重新歸良，投入生產的行列；然而大赦頻頻是否好事？犯法者知道常有赦免，是否會一再犯法，逃避賦役者是否會索性逃避到底？橫豎躲過一時又會有赦。「貞觀之治」罪犯少決非因為頻有赦免所造成，「『一歲再赦，好人喑啞』，吾有天下未常數赦，不欲誘民於幸免也！」太宗文皇帝不是向群臣如此說過嗎？[48]

46. 詳《唐會要．行幸》長安四年洛陽尉楊齊哲諫書，二七：五一七。
47. 百姓逃亡而橫徵鄰保，在唐睿宗二度登基的翌月——唐隆元年（即景雲元年，七一〇）七月十九日，曾降〈誡勵風俗敕〉命令州縣長官改善，參《唐大詔令集》，一一〇：五七〇–五七一。
48. 見《新唐書．刑法志》，五六：一四一二–一四一三。

因此，女皇的頻赦，適足以造就更多的罪犯和游離邊緣人，使社會失序更加嚴重罷了。

總而言之，女皇的宗教政策沒有使中國社會變成一個以佛教為國教的國家，如同她對商人的寬容也沒有使中國走上資本主義一樣；反而，在重視社會秩序的封建時代，大周顯然已有失序的現象。造成這些現象的原因，有女皇個人的因素，有政策和政風惡化的因素，有制度和宗教的因素，也有社會發展的因素。要之，女皇一面繼承了前朝的國防外交政策，但軍事上又常虛行無效，一面又為了誇張其革命的榮耀，所以使兵役與賦役較前激增，首先牽動了社會變化的根本，致使此失序現象明顯化和嚴重化。還記得韋嗣立的批評嗎？他是這樣說的：「今天下戶口，亡逃過半，租調既減，國用不足。理人之急，尤切於茲。」嚴重的戶口逃亡使財政產生危機，這就是大唐復辟後，她的兒孫們連續三任皇帝，一直想改革的著力處與原因。

神龍元年（七〇五）二月大唐復辟，復辟皇帝李顯首頒的大詔令被人稱為〈中宗即位赦〉，詔令除了論功行賞外，主要有七方面的改革與整頓：[49]

（一）國體方面，恢復大唐國號、社稷、器物、官名等，「一事已上，並依永淳（天皇最後年號）已前故事」。

（二）文教方面，整頓宗教及民間娛樂，復修廢弛的學校、官方樂府和禮儀。

（三）官制方面，淘汰不勝任的官員，恢復法定官職，不得越守侵官。

（四）司法方面，恢復遭陷害的五品以上官員的權益，赦免天下流移之人。

（五）軍隊方面，酌量裁軍並重新合理的規劃兵員。

---

49. 詳《唐大詔令集》，二：六－七。

（六）社會經濟方面，停減差科勞役和官員貢獻，改革和市與和雇，收納租庸後不得再徵折腳價錢。

（七）王室享受方面，減省丁匠、廄馬，禁斷王室的奢侈享樂。

復辟皇帝此七方面改革，幾乎是全方位針對他母皇的秕政而來。

就以第五項來說吧，詔令說：「天下軍鎮不要者多，轉輸艱辛，府庫虛耗，事須改弊，不可循常。宜簡內外官人有材識者，分遣充使，巡邊按覆，須留鎮遏及應減一事已上，並委使人共所管詳度，還日據利害聞奏。其應支兵，先取當土及側近人，仍隨地配割，分州定數；年滿差替，各出本州，永為格例，不得踰越。」軍鎮增加、兵力擴充和役滿不替，其實就是女皇多次對外用兵失利，晚期採取近程防禦、本土決戰的戰略後果。隨著女皇對吐蕃和東突厥轉採外交緩和政策，所以復辟皇帝遂決定酌量裁軍和就近募兵。

又以第六項來看吧，詔令說：「頃者戶口逃亡，良由差科繁劇，非軍國切要者，並量事停減；若要和市、和雇，先依時價付錢。自非省支敕索，不得輒有進送。諸貢物皆須任土，當處無者，不得別求；仍於常數，每事量減。緣百姓間所有不穩便者，並委州府具狀奏聞，朕當親覽，即為釐革。……自今以後，租庸准符配定，更不須徵折腳價錢，其已前未徵得者亦即免放。」是則表示他深知軍國大役對社會造成的衝擊，和母皇的財經弊政，有意要親自過問改革。第七項也是如此，復辟皇帝表示要率先社會，改革奢侈豪華之風。

如果讀過國史，皆知復辟皇帝在母皇淫威之下，早就變成了一個昏庸儒弱、補賞享樂之人。他嘴巴說要「朕當親覽，即為釐革」，其實對此無所用心，下面的「直言」可以作證。「直言」的出現，是由於皇帝復辟後半年——即神龍元年（七〇五）七月間——河南、河北十七州水災，天災表示上天譴責，故皇帝下詔求直言。

原本因坐黨張氏兄弟而外貶，此時恰好徵還為吏部侍郎的李嶠，為了樹立聲望以謀求重拜宰相，於是進呈〈上中宗書〉，直言批評社會失序的亂象較前更甚。他說：「山東病水潦，江左困輸轉，國匱於上，人窮於下；如今邊場少疏，恐逋亡遂多；……又崇作寺觀，功費浩廣。……比緣征戍，巧詐百情。破役隱身，規脫租賦。今道人（指僧侶）私度者幾至數十萬，其中高戶多丁、黠商大賈，詭作臺符，羼名偽度。且國計軍防，並仰丁口。今丁皆出家，兵悉入道，征行租賦，何以備之？又重賂貴近，補府若史；移沒籍產，以州縣甲等更為下戶。當道城鎮，至無捉驛者；役逮小弱，即破其家。」[50]顯示因兵役和佛教導致的社會問題不僅沒有改善，而且更為嚴重。這位因難產而為玄奘法師護念，遂有「佛光王」之稱的皇帝，其縱容佛教及其所造成的社會問題，遠較母皇更甚，則顯然是不爭的事實。

同時，右衛騎曹參軍宋務光也應詔上疏，直言批評皇帝耽於聲色犬馬，並說「自數年已來，公私俱竭，戶口減耗。家無接薪之儲，國無候荒之蓄。陛下不出都邑，近觀朝市，則以為率土之既康且富；及至踐閭陌、視鄉亭，百姓衣牛馬之衣，食犬彘之食，十室而九空，丁壯盡於邊塞，孤孀轉於溝壑。猛吏淫威，奮其毒暴，徵急政，破其資。馬困斯跌，人窮乃詐。或起為奸盜，或競為流亡，從而刑之，良可悲也！臣觀今之甿俗，率多輕佻。人貧而奢不息，法設而偽不止，長吏貪冒，選舉私謁。樂多繁淫，器尚浮巧。稼穡之人少，商旅之人多。誠願坦然更化，以身先

50.《通鑑》載此年七月大水，據《唐僕尚丞郎表》及《舊唐書》本傳，李嶠於夏秋間徵還，謀復相位，書奏則見《全唐文》，二四七：三一六〇。

之！」[51]務光所言財政困窘、人民貧苦、吏治敗壞，社會治安與風氣已達危險邊緣，顯示在某些臣僚眼中，的確已較女皇時代有過之而無不及；但是疏奏不理，空求直言！

情況說得如此嚴重，而復辟皇帝仍置之不理。難怪他二度登基，在位五年半，其時兵變頻仍，政治敗壞，社會失序，遠較他母皇更甚，最後竟命喪於妻（韋后）女（安樂公主）之手。後人評論他是「下愚之不移者」，[52]實不為過！

復辟皇帝為妻女所弒，其弟安國相王李旦因子臨淄王李隆基與妹鎮國太平公主聯手兵變而二度登基，鑑於問題日益嚴重，乃有意改革母皇和兄皇累積下來的秕政，遂於唐隆元年（即景雲元年，七一〇）七月十九日頒下〈誡勵風俗敕〉，謂「諸州百姓，多有逃亡，良由州縣長官，撫字失所。或住居側近，虛作逃在他州，橫徵鄰保。逃人田宅，因被賊賣」，故令州縣禁斷私度僧尼，「寺觀廣占土地及水碾磑，侵損百姓。宜令本州長官檢括，依令式以外，官人百姓將莊田宅舍布施者，在京並令司農即收，外州給貧下課戶」。[53]但他也是文弱之人，又不擅權智，故改革沒有明顯的效果。

為此，詔敕頒降後一年，左拾遺辛替否忍不住上疏諫諍，痛論佛教奢華腐敗，以及其所造成的社會財經危機。他說：「當今出財依勢者盡度為沙彌，避役奸訛者盡度為沙彌；其所未度，惟貧人與善人耳！將何以作範乎，將何以租賦乎，將何以力役乎？臣以為出家者捨塵俗，離朋黨，

---

51. 此疏見《全唐文．洛水漲應詔上直言疏》（二六八：三四四九—三四五一），《通鑑》繫於中宗神龍元年（七〇五）八月（二〇八：六五九五），司馬光僅取此疏論立太子、斥權貴的部分，未引此處所言的內容。
52. 見《新唐書．中宗紀．贊曰》，四：一一三。
53. 見《唐大詔令集》，一一〇：五七〇—五七一。

無私愛；今殖貨營生，仗親樹黨，畜妻養子，是致人以毀道，非廣道以求人。伏見今日之宮觀臺榭，唯京師之與洛陽，不增修飾，猶恐奢麗。陛下尚欲填池塹，捐苑囿，以贍貧人無產業者；今天下之寺，蓋無其數，一寺堂殿當陛下一宮，壯麗甚矣，用度過矣！是十分天下之財而佛有其七八。陛下何有之矣？百姓何食之矣？臣竊痛之！」[54]

同月，清源尉呂元泰亦直接針對佛教而諫論，痛陳其發展已經嚴重影響軍事財政以及民間的尚武精神，形成了國防危機，諫疏是這樣說的：

「緣邊鎮守數十萬，或野戍孤烽，迴臨沙漠；或裹糧帶甲，遠伺煙塵。歲月既深，衣服久弊。行容枯槁，無扞禦之用；朝夕殷憂，有饑寒之色。及邊荒小醜，微有風塵，暫交矢石，已聞喪敗。豈沉謀祕略，有謝於種虜？乃天恩佛法，未覆於士卒之所致也。……今廣費錢力，空修棟宇，中下（土？）士女，直睹莊嚴；邊疆士卒，不免饑弊。同沐太平之化而勞逸以殊，俱承雨露之恩而榮枯遂隔，恐非如來平等之意。……方修寺造塔，塑畫尊容，……驅役貧賤，斂賦鰥寡，以求其福，臣用為疑。臣又聞匈奴之俗，以騎射為業，以攻擊為務，教卒練兵，以日繫月；國之所好，經行設齋，持戒忍辱，捧缽振錫，剔髮染衣。至於練習弓矢者，十室之中，未聞其一；以此眾戰，臣竊惑焉。伏願陛下以邊疆為念，以百姓為心，防之於未萌，理之於未亂，休力役，罷修造，恤窮乏，勸耕桑，愛養戰士，……惟陛下萬機之暇少垂聽覽！」[55]

54. 據《唐會要．寺》景雲二年（七一一）七月條（四八．八五〇－八五一），此疏亦即《全唐文．陳時政疏》（二七二．三四九三）。
55. 全疏見《全唐文．諫廣修佛寺疏》（二七〇．三四六九－三四七〇），《通鑑》繫之於中宗景龍二年（七〇八）

翌月，皇帝無所反應，抑且更為愛女金仙、玉真二公主花大錢造道觀，辛替否又忍不住上疏痛陳，甚至抬出「太宗文武聖皇帝」此招牌，直接而尖銳地批評今上，說他所作所為已經步上乃兄「中宗孝和皇帝」的後塵，與先前詔令指示的「自今以後，一依貞觀故事」的大政方針相違，因此嚴厲質責道：「陛下族阿韋（韋后）之家而不改阿韋之亂政，忍棄太宗之理本，不忍棄中宗之亂階；忍棄太宗久長之謀，不忍棄中宗短促之計。陛下又何以繼祖宗，親萬國？昔陛下與皇太子（李隆基）在阿韋之時，危亡是懼，常切齒於群兇；今貴為天子，富有四海，而不改群兇之事，臣恐復有切齒於陛下者也，陛下又何以非群兇而誅之?!」[56]

這位長期在母皇身邊成長的皇帝，個性雖文弱而卻不昏庸，見機不妙，遂於一年後讓位給太子——日後開創開元盛世的明皇帝。又一年，明皇以政變手段誅鋤了姑姑太平公主集團，消除了改革的阻力，纔能真正的進行改革。[57]

明皇改革別的不說，僅就社會財經而言，要進行改革則必須先掌握社會動態，要掌握社會動態則必須先掌握戶口、田地與色役的狀況。因此，明皇在政局穩定之後，鑑於「當天冊、神功之時，北狄、西戎作梗，大軍之後，必有凶年；水旱相仍，逋亡滋甚。自此成弊，至今患之」，[58] 遂毅然排除反對，於開元九年（七二一）決心整頓色役偽濫，並逃戶及籍田諸問題，任命監察御史宇

七月（二〇九：六六二二），其詞略，應即此疏。

56. 詳《全唐文．諫造金仙玉真兩觀疏》（二七二：三四九三—三四九五），《通鑑》繫之於睿宗景雲二年八月（二一〇：六六六八—六六六九）。

57. 參唐華全〈論唐玄宗誅太平公主事〉，《河北師院學報（社會科學版）》一九九七年一期，三七—六三。

58. 《唐大詔令集．置勸農使安撫戶口詔》，一一一：五七六。

文融充使，組織工作小組，專門推動此工作。經過幾年貌閱調查的努力，宇文融在全國檢括得客戶凡八十餘萬，隱田的數量也相當，另得客戶錢亦達百萬之多，[59]可說成績斐然。

女皇生前的政績，若據此社會財經面而論，應是「貞觀之治」的秕政；而「開元之治」則正是建在明皇對此秕政進行改革，及其改革所得的成果之上。然則為何女皇仍被有些人視為「上承貞觀之治，下啟開元之治的政治家」？若從長時段的歷史發展看，她幸獲此美稱，其實應該多謝她栽培出來的這兩個孝順懦弱之子，尤其是另加昏庸無能的中宗孝和皇帝，因為沒有他們也就不能彰顯出她的政治權智尚可；而且若沒有孝和皇帝變本加厲所造成的累積性秕政，則如辛替否等人的批評對象絕對會是女皇本人。他們不敢否定母皇，又搶走了她被批判的風頭，不謝他們還能謝誰？

女皇與禮俗、教育及其他社會文化

禮俗是人民的風尚，是文化的根基，最易見於民間的節日慶典。這裏無意對大唐禮俗作全面的介述，因為這是一個很大的題目。在這裏，筆者只想瑣碎地陳述一些與女皇有關的禮俗，乃至比較高層次的教育與其他文化問題，一睹女皇的思想和作為，以及觀察其效應。

對中國人而言，節日慶典之重大者莫過於婚喪二事。前面第一、第二章提到隋唐仍是門第社

59. 詳《唐會要・逃戶》（八五：一五六二—一五六三），兩《唐書・食貨志》及〈宇文融傳〉略同。

會，故婚姻最重視的就是門第，其次纔是功名、財富，而又男講人才、女講美貌等條件。只是國初戶口稀少，政府鼓勵適婚男女結婚，乃有貞觀元年（六二七）文皇下達「庶人男女無家室者，並仰州縣官人以禮聘娶，皆任其同類相求，不得抑取。男年二十、女年十五已上，及妻喪達制之後、孀居服紀已除，並須申以婚媾」；六十已上鰥夫、五十已上寡婦、有兒女的少婦及立志守貞者，並任其情，無勞抑以嫁娶的詔令之事。[60] 州縣官員亦以此作為政績考核項目之一。

　　中國人自古對此二事極為鋪張講究，甚至有為之破產者，墨子以及漢代有些頭腦清醒的學者早就對此批評了不知多少次。國初雖承喪亂之餘，此風不替，所以貞觀六年御史大夫韋挺就曾上表對此大力批評，恐怕此風愈來愈盛，請求政府加以訓導。降至十六年（六四二）六月，文皇鑑於山東舊士族雖然家道破落，但是仍然自崇門第，專找富貴人士婚嫁，所謂「問名惟在竊貲，結褵必於富室」；相對的，「新官之輩、豐財之家，慕其祖宗，競結婚媾，多納貨賄，有如販鬻」，認為這會造成家庭與社會的問題：「或貶其家門，受屈辱於姻婭；或矜其舊族，行無禮於舅姑。積習成俗，迄今未已；既紊人倫，實虧名教」。因此，文皇稱呼這種現象為「賣婚」，聲稱這是他惟一沒有完全改革成功的「敝風」，乃於此月下詔：「自今年六月禁賣婚。」又於翌年三月頒詔，禁止不依令式的違法厚葬。[61]

　　隨著太平日久，民間經濟力日長，此風越發蓬勃，降至顯慶四年（六五九）十月，天皇進一步限制隴西李氏、太原王氏、滎陽鄭氏、范陽盧氏、清河崔氏等四姓十一家高門不得自為婚姻，

60.《唐會要．嫁娶》，八三：一五二七。

61.《唐會要．嫁娶》（八三：一五二七—一五二八），及《唐大詔令集．戒厚葬詔》（八〇：四六二—四六三）。

並且詔令「自今已後，天下嫁女受財，三品已上之家不得過絹三百匹，四品、五品不得過二百匹，六品、七品不得過一百匹，八品以下不得過五十匹，皆充所嫁女貲妝等用，其夫家不得受陪門之財。」龍朔二年（六六二）三月又禁止「父母初亡，臨喪嫁娶。……送葬之時，共為醼飲，遞相酣勸，酣醉始歸；或寒食上墓，復為歡樂，坐對松檟，曾無戚容」的違禮風氣。[62]

曾因穿著樸素而被夫皇稱讚、許為母儀榜樣的女皇當政後，仍然繼續推行此改善社會風氣的政策。其實不管女皇的動機為何，她當皇后時已經注意社會禮俗改善的問題，除了率身衣著樸素之外，她尚要求父在為母服喪三年，要僧道致敬於父母乃至尊長，延學士們著書以提倡為妻、為子女之道，禁止婦人為俳優之戲，在在表示出她的關心，而且也符合儒家所講的教化。因此，她的繼續關心與擴大推行，應是當然之事。

她在革命前夕頒降〈改元載初赦〉，批評「富商大賈，衣服過制；喪葬奢侈，損廢生業」，因此敕令「州縣相知捉搦，兩京兼委金吾檢校。天下百姓皆須嫁娶以時，勿使外有曠夫，內有寡女。」[63] 不過此令顯然沒有收到多大的效果，所以又在登基五年後——證聖元年（六九五）三月——鑑於富族豪家送終之禮窮奢極侈，違反法式，因此頒下〈禁喪葬踰禮制〉，嚴厲批評富豪「妄施隊伍，假設幡旓，兼復創造園宅，雕剪花樹，或桐闒木馬，功用尤多，或告鑾凶□，綵飾殊貴，諸如此類，不可勝言。貴賤既無等差，資產為其損耗。既失芻靈之義，殊乖樸素之儀！」同時也

62. 《唐會要．嫁娶》（八三：一五二八—一五二九）及《唐大詔令集．不許臨喪嫁娶及上墓歡樂詔》（八〇：四六二）。

63. 《唐大詔令集》，四：一九。

批評所司，說「此之愆違，先已禁斷，州牧縣宰，不能存心；御史金吾，曾無糾察，積習成俗，頗紊彝章」，故責令他們切實加以禁止。[64]

其實女皇本人對生母、亡夫和親子女的婚喪二事也是極為鋪張浮華、勞民傷財的，前面提到太平公主的婚禮，榮國夫人、天皇與太子李弘的凶禮，就是擺在眼前的顯例。民間嫁娶不以時應與聘金和嫁妝負擔沉重有關，資產損耗也與厚葬之風有關，此禮俗若不能從上率先改革，則決非一紙皇皇詔令就能改善過來。倒是富族豪家於葬禮奢侈之外，平日他們「衣服過制」是值得注意的。前面已經提到至晚在女皇統治時期，社會上已隱然有一個商人階級崛起，他們的確是帶動奢華風氣的階層之一，早在咸亨五年（六七四）四月，天皇就曾頒降〈官人百姓衣服不得過令式詔〉：「采章服飾，本明貴賤。……如聞在外官人百姓，有不依式令，遂於袍衫之內，著朱紫青綠等色短襖子；或於閭野，公然露服，貴賤莫辨，有蠹彝倫。自今已後，衣服上下，各依品秩：上得通下，下不得僭上。」[65] 自三代以來，中國就以服飾分別身分，成為華夏禮儀之邦；又至晚從秦漢以來，中國就有抑商政策的傳統，這些富族豪家或為官宦，或為地主，更有相當大比例是商人，在盛平日久、經濟日益發展之時，他們講究生活的奢華享受，應是可以想像的，何況女皇抑商不嚴重，晚年且與商人有博樂之事，而素性又喜好營造宴樂，身邊的親貴也相當生活奢華？因此上行下效，女皇焉能禁絕此風。辛替否在大唐復辟後上疏批評說：「伏惟陛下百倍行賞，十倍增官。……至於公府補授，罕存推擇，遂使富商豪賈，盡居纓冕之流；鬻伎行巫，咸陟膏腴之地」。[66] 雖是批

64.《唐大詔令集．禁喪葬踰禮制》，八〇：四六三。
65.《唐大詔令集》，一〇八：五六二。
66.《全唐文．陳時政疏》，二七二：三四九一。

評其子，但亦可說其源有自！

說到移風易俗，就必須講究其指導思想和理論體系，也就脫不了要瞭解女皇對儒、道、佛三教的態度與選擇。

政治管理世俗社會眾人之事，女皇雖託命彌勒下生為國主，亦積極弘揚佛教，但出家修行畢竟與世俗管理大不相同，而她也無意依《彌勒下生經》所言，將中國建成一個佛教國。至於道教，不論練方術以求長生，抑或研玄理以遊逍遙，方外世界、小國寡民終亦不同於當今繁華社會、天朝大國。中國自漢以來，常以儒家思想作為世俗政治的指導，務實的女皇無意打破此格局，對此實行真正的革命。聰明而實用主義的她，面對三教所長則利而用之，面對三教矛盾則調而和之，利用、調和是她的態度與政策，務使社會不致發生重大爭端或衝突，不利於統治。她罵群臣時不是說過「不利於朕，朕能戮之」嗎？這話反過來說，不就是「有利於朕，朕能用之」！因此，她對社會價值與思想文化的態度，始終是相當務實的。

順著此理路，於此先看她與儒學、社會及文化的關係。

女皇承認儒家教化是俗世文化的指導者，這是一個現實承認的問題，因此上述社會禮俗的改革與限制，隱約可以見到儒教——儒家教化——指導的影子，而她在革命前後所搞符瑞明堂等，對社會與政治有重大影響的一套，更明顯與利用儒教有關。不過，卻不能據此將她解釋為儒學——儒家學說——的倡導者，剛好相反，她是一個廢弛儒學教育的人君，頂多是儒學的利用者。

原來大唐開國以還即開始興學，太宗文皇帝武功蓋世，然文治也彪炳，進入「貞觀之治」的年代，國家興學極盛，中央有國子學、太學、四門學，皆以教授儒家經典為主，專業學校則有書、算、律等學。此時各學生員增加，凡有三千二百六十員，國子學和太學為之增築學舍一千二百間，甚至禁軍及宮中亦給博士講授經學；而地方的州學、縣學尚未包括在內。文皇為了激勵學風，於是停祭周公，獨昇孔子為「先聖」，又數次駕臨國子學和太學。[67]然而從她參預朝政以來，諸學即有衰弛的傾向，降至太后臨朝的翌年——光宅二年（六八五，即垂拱元年），陳子昂遂為此上疏，聲言有「私恨」，他是這樣說的：「國家太學之廢，積以歲月久矣，學堂蕪穢，略無人蹤；詩書禮樂，罕聞見習。」因此建議「陛下何不詔天下胄子，使歸太學而習業乎，斯亦國家之大務也」！十五年後，鳳閣舍人韋嗣立更上疏直陳，指出學校廢業的原因與女皇有關，不利於寒門子弟的仕進。他說：「國家自永淳（天皇死前一年）以來二十餘載，禮樂廢散，胄子棄缺，時輕儒學之官，莫存章句之選。貴門後進，競以僥倖昇班；寒族常流，復因凌替弛業。……又垂拱以後，文明在辰，盛典鴻休，日書月至，因藉際會，入仕尤多。」因此建議重新興學，「王公已下子弟，不容別求仕進，皆入國學，服膺訓典」。[68]國學生徒多為貴族子弟，畢業是他們當官出身的條件之一，然而女皇常常舉行各種祭典，皆徵調他們充當禮生，事畢遂賜予出身任官，是則生徒焉會安心用功讀書？何況女皇為其政權收買人心，使入仕之途尤多，故不入學讀書也罷！女皇對此亦一直無意加以改善。

女皇既然不重視儒學教育，那她重視何種學術？

其實嚴格來講，女皇不是不重視儒家的思想價值，她請學士們以她的名義寫書，向子女臣民教忠教孝，其實就是以儒家的思想價值為依歸；玩弄符瑞圖讖，則更是漢儒所謂的「內學」。前

---

67. 詳《唐會要》〈學校〉及〈褒崇先聖〉，三五：六三三及六三五。
68. 兩疏俱見《唐會要・學校》，三五：六三三—六三四。

章提到女皇「兼涉文史」，而文、史、玄、儒是南北朝以來所謂的「四學」。她既然兼涉文史，當然就可以從中學到儒家的思想，但是不一定指她也曾攻讀儒家的經典；弄不好篤信佛教的她，讀佛經多於讀儒經，從她荒廢學校教育或可得到一些訊息。無論如何，女皇「輕儒學之官」及不重視章句之學，是學校教育廢弛，導致「學堂蕪穢，略無人蹤」的主因，應為不爭的事實；然而這只能說她輕視儒學教育，卻不能說她輕視儒家的思想價值。因為她對儒家的忠孝觀念、讖緯內學與禮樂文化還是很重視，甚至選擇性地大加利用的。[69] 所以筆者在前章說當時思想信仰的兩大主流——儒學和佛教——都已為女皇所用，就是指此而言。

「兼涉文史」的女皇，在史方面的成績萬萬比不上文皇。文皇極重視歷史，修成梁、陳、齊、周、隋五代史後，又繼續修《晉書》，私人方面也有李延壽修撰《南史》和《北史》，中國二十五史在他那時修了三分之一，成績斐然。他公餘常與侍臣講論歷史，「以史為鑑可以知興替」是他的名言，「貞觀之治」可說是史學指導的結果，有《貞觀政要》可以作證，與黃老之學指導的「文景之治」前後映輝。女皇曾令學士們為她編修《孝子傳》、《列女傳》、《古今內範》等書，這些對子女妻子教孝教賢的史部之書，可供她作政治的實際利用，與《百寮新誡》、《臣軌》等運用儒學向臣民教忠教能之書，俱有異曲同工之妙。

女皇獨治後真正的史學表現，是在大唐史官既有的基礎上修成了《高宗實錄》；然而被推翻前一年，她也想給唐朝歷史作一總結，遂下令修《唐史》，尋因被推翻而不果。[70] 值得注意的是宰相

---

69. 女皇既然常有祀典，故也甚重視禮樂，兩《唐書》禮、樂諸志對此多有記載，不贅引。
70. 參《唐會要．修國史》，六三：一〇九四。

姚璹所創始的修《時政記》制度，他是因為退朝後君相討論軍國政要，左、右史官無從得書，為了使「帝王謨訓不可遂無紀述」，故請准由宰相一人專知撰錄，號為《時政記》，每月封送史館以備將來修國史所參考採用；但是此制未成定制，姚璹罷相後即不再繼續，以後各朝也是時斷時續。[71]基本上，史書修撰僅是女皇政治利用的工具，史學因為政治服務而喪失了獨立性，又因政治顧忌多，史官選任不當，所以大周修史乏善可陳。史官劉知幾等人曾為之大聲疾呼，呼籲要慎選史官，主張才學識史家三長，強調史德，顯然是史學危機的時代！[72]倒是女皇在文藝方面頗有表現。

大唐文風之盛應自二聖始。二聖好文詞，女皇為皇后時即常與諸親命婦詩銘相酬，當時雖未以詩賦取士，但至遲在永隆二年（六八一）已令進士試雜文，箴、銘、論、表之類是也。[73]稍後女皇獨治，首創人君親臨殿試之制，於是上有所好，下有甚焉，尤以進士考試，文人萃集，成為全國最重視的科舉，帶動文風大暢，名家輩出，且多為所用。沈既濟所謂「太后頗涉文史，好雕蟲之藝，永隆中始以文章選士，及永昌之後，太后君臨天下二十餘年，當時公卿百辟無不以文章達，因循日久，寖以成風」，即指此事及其影響而言。[74]用人開始偏向文詞是好是壞難以一言蔽

71. 參《兩唐書．姚璹傳》及《唐會要．史館雜錄上》（六三：一一〇四）。

72. 政治顧忌、篡改國史之風從武后大力支持的許敬宗以來即然，武后用武三思等監修國史時更甚，《唐會要》卷六十三及六十四所述此時修史諸條記載頗詳，劉知幾《史通》之〈自敘〉、〈忤時〉諸篇亦有細述，拙著《中古史學觀念史》第十一、十二章更有詳論，故不贅。

73. 一般謂唐朝詩賦取士，但武后以前未然，參張步雲〈從「以詩取士」探討唐詩繁榮的原因〉，《上海師範大學學報》一九八五年第三期，頁三四—三八。

74. 見《通典．選舉三》注，一五：典八四上。

之，要之這是風氣的改變，制度的創新，有打破士族壟斷、提拔社會才俊之效，而皆與女皇有關。女皇延請學士——前有北門學士，後有珠英學士——以其名義著書立說，多非躬親之作，可以無論；但是她「兼涉文史」，也作詩文，則是事實，與他們宜有觀摩激蕩之效，如遊石淙時之君臣賦詩唱和即是其例。女皇雖非文豪大手筆，然而觀其廟堂之作則見其雅，觀其宴遊之作則見其麗，不免也是一才女，論者以為其詩文有浪漫主義與現實主義結合的特點。[75]七十餘歲高齡猶讀詩書，感覺先朝所修《御覽》及《文思博要》等書多未周備，又為了以美事掩飾她與情夫的關係，遂令張昌宗引文士二十六人在內修《三教珠英》，是為珠英學士。這些人多是當世才士，迄今仍在學術史上知名的就有多人，如開元文章大手筆的張說，首位史學理論批評家劉知幾，名詩人沈佺期、宋之問、閻朝隱等，女皇與他們詩文周旋，焉能沒有進步。包括儒、釋、道的《三教珠英》是一部類書，共有一千三百卷，約三年完成，算是女皇統治時的大修撰，[76]且有調和三教的意義。

女皇能詩能文，書法也別樹一幟，當與前後兩任夫皇的愛好以及時代風氣有關。女皇善飛白與真草，尤好書聖王羲之的書法。他曾整理御府所藏古今好書法的真跡，得一千五百一十卷之多，有益書法的弘揚；在制度上則置弘文館以收貴族子弟為學生，內出書法令他們學習，又追徵民間善書法者為官，吏部詮敘試且列書法為項目之一，於是「十數年間，海內從風」，奠定了大唐書

---

75. 王昌煥於其〈武則天的文化素養淺論〉（趙文潤等編《武則天與偃師》，一五一—一六一）一文中，對女皇詩文書法皆有分析，而推崇她有此特點。

76. 修《三教珠英》的原因、人選、時間詳《唐會要．修撰》（三六：六五七）及《舊唐書．張行成傳》（七八：二七〇七）。

法隆盛的基礎。[77]文皇所好所善，天皇與女皇亦然，似乎有繼承觀摩的關係。天皇善楷隸草行，尤精飛白，應玄奘邀請御撰《大慈恩寺碑》，碑作行書，另以飛白寫「顯慶四年」四字，並窮神妙，觀者日有千人，文武大臣且請求准許模打。他又曾手詔回信給玄奘，玄奘許為銀鉤睿藻云云。[78]女皇秉承兩夫之風，曾向書聖後人——宰相王方慶——求其諸祖先的書法，得十卷，以示群臣，並令崔融為《寶章集》以記此盛事；又曾批准張易之所請，召天下書畫家整理內庫書畫。女皇自己亦工飛白，行書也法王體，上行下效，所以其時書法家輩出。[79]七十餘歲時封禪嵩山，至昇仙太子廟，為之撰《昇仙太子碑》，碑文行、草相間，額為飛白之書，婉約豪縱兼而有之，迄今仍樹於偃師縣之緱山，的確別樹一幟。[80]

若說書法是一種朝野時興的藝術，而女皇參與、倡導於其間，且自己也有一定的造詣，故為世人所重；那麼她沒有或者未見造詣，但確是所好的其他領域，顯然尚多有之。例如，她喜歡用工程與雕塑來彰顯自己，明堂、大像、天樞、尚神，無一不極盡宏麗，令人景仰贊歎。又如她喜歡音樂舞蹈，於是親製雅詩頌辭，組編百人以上大舞團，甚至大享萬象神宮時即曾自製舞者九百

77. 詳《唐會要．書法》，三五：六四六—六四七。
78. 《大唐大慈恩寺三藏法師傳》卷九，《唐玄奘三藏傳史彙編》頁一九七及二一六。
79. 趙文潤等對女皇時期書壇的盛況有概略敍述，參《武則天評傳》，三〇九—三一一。
80. 有關作《昇仙太子碑》之事詳下節，然此處論其書法則參王振東、徐英賢〈武則天《昇仙太子碑》的書法藝術〉及張如苞〈從《昇仙太子碑》看武則天在書法史上的地位〉二文，均收入趙文潤等編《武則天與偃師》，二四〇—二四七。

人的《神宮樂》。[81]如此之類，雖未必是女皇親自的創作，卻因時代進步、經濟發展，使各領域技藝文化得以進入高度水平，並因女皇的愛好和支持而得以展現，則是事實，不必一一臚舉。

綜其所學所好以及對社會文化的影響，給人的印象是：女皇顯然輕視正統經學及其學校教育；利用史學為政治服務，斲傷了史學的獨立性；而愛好文藝——能詩能文、好歌好舞且擅長書法。她喜歡熱鬧大場面，欣賞宏偉美麗，興趣廣泛，想像力豐富；與她所表現的統治恐怖性，政治鬥爭性，司法殘酷性，幾乎判若兩人，正負相映。然而從個人隱私到公共事務，從文化生活到政社活動，正負之間有一個共通之處，就是努力追求個人的表現，大膽熱烈，盡性盡情，無所禁忌，是典型的率性而為及好大喜功者！這似乎是權威人格者掌握了絕對權後常有的表現。有絕對統治者的國家，似乎文學、藝術、工程、體育等文化都曾有相當出色的表現，而這個時代的文風的確始盛，男女亦皆盛行藝術與體育。[82]女皇的人格與愛好，也的確曾對這類社會文化有很大程度的刺激和影響。女皇在閻浮提裏是主，其上更無權威。她真正究心的是宗教，尤其是佛教，因此若說她內心其實有主，則其主在此現實世界之外！這裏還須瞭解她對宗教的態度與政策，以及其對社會的影響。

81. 見《通鑑》長壽二年正月條，二〇五：六四八八。
82. 王永平所著《唐代游藝》（西安：西北大學出版社，一九九五・六）對唐代社會的藝術與體育活動有廣泛介述，高世瑜《唐代婦女》第三章則對女性這方面的表現有專述，讀者可自參閱，於此均不贅引。

前面說過，大唐自謂老子是其始祖，故官方敘三教位次先後為道、儒、佛，甚至天皇追尊老子為太上玄元皇帝，遂使老子地位顯然遠高於先聖與佛。大唐對儒學弘揚，女皇較之遜色，已略如前面所言，於此僅以觀察她與道、佛二教的關係為主。

前章曾經提到，篤信佛教的天后曾經奏請天皇，命令王公百官研習《老子》，並請將《老子》列為科舉的項目；然而隨著天后以太后臨朝，不欲還政，遂在該年（六八四）九月五日頒〈改元光宅詔〉，大肆改變旗幟、服色、官號等等，其中有一項常會令人忽視的，此即推崇太上玄元皇帝德業之同時，也特別強調：「豈使寶胤見御宸居，先母竟無尊位？可上尊號曰『先天太后』，宜於老君廟所敬立尊像，以申誠薦！」[83]此舉在此時此詔出現，顯然有濃厚的現實政教意味——兒子當皇帝，母親更應被推崇！

自魏晉南北朝以來，由於道、佛二教之爭，道教已經仿照佛教摩耶夫人生釋迦之說，謂李母從左腋而生老子；另又謂後來老子西行，化胡作佛，此即「老子化胡說」。當時李母僅稱李母或李夫人，其後遂漸附會成玄妙玉女。[84]姑勿論老子之母是誰，如今太后要給此「先母」上尊號，找尊位，並令「於老君廟所敬立尊像」，她真的因尊崇道教，用此「以申誠薦」嗎，還是要利用

---

83. 見《唐大詔令集》，三：一六。

84. 參劉屹〈老子母碑考論〉，《首都師範大學學報（社會科學版）》，一九九八年第四期，頁三四－四一。按：該文稱老子母為聖母，所舉之證是開元時代；又秉日人楠山春樹〈王阜圣母碑ついて〉之說，謂老子母至唐初始有聖母之稱。今武后對老子母之稱謂如此，故其說可置疑。

道教？筆者認為以後者為是，仔細觀察她在此事前後的作為和事態發展，太后真正要向全國臣民道俗推崇的，決不是先天太后，而是要為她本人——當今太后——建立先於和尊於皇帝的地位，創造有利於專政掌權的意識形態。她的出發點與當年為皇后時，利用儒教建請「父在為母服齊衰三年」一般，皆有異曲同工之妙！如今只是由儒入道，儒、道並為我用罷了。

大唐王室既能用「與老子同源」來迷惑臣民，太后當然也可以用「你是我所生，我較你為尊」來反迷惑。一葉知秋，太后已有意要將道教與李唐王室置於她的膝下！於是在革命前夕——永昌元年（六八九）——將太上玄元皇帝降稱為「老君」，其後又廢除考試《老子》，而以所撰《臣軌》取代之。由此可知，從小篤信佛教的太后，當年只是為了順應夫家、母儀天下，纔如此尊崇道教的，決非出於她的本意！革命後，女皇在天授二年（六九一）正式將佛教提昇為三教之首。趙孟之所貴，而趙孟能賤之，何況宗教與政治如此關係密切的年代？女皇豈能忍受道教仍然高踞於她所篤信以及政治上為她打天下的佛教之上！

宗教以其教義、儀式和教士等整套體系，本身原有自我存在的要素和獨立發展的空間，但是中國宗教傳統上依附人皇的護持而發展，是迄今之通病。長久如此，遂使統治者產生了宗教須為我所承認，並應為我所利用，否則即為淫祠邪教的錯覺，說實在的這是宗教界咎由自取。根據記載，狄仁傑於太后臨朝時奉詔為江南巡撫使，將吳、楚之間所謂的淫祠奏毀一千七百所之多，唯留夏禹、吳太伯、季札、吳員四祠。[85] 荊、楚尚鬼神而好巫祝，自古皆然，且頗有歷史名人死後

85. 見《舊唐書》本傳，八九：二八八七。按：本傳未言何時出使，據《唐僕尚丞郎表》，仁傑在垂拱三年入為工部侍郎，翌年遷右丞，故知出使應在垂拱元至三年之間。

被祀祀為神者，[86]此皆屬於民間信仰。在傳統中國的社會裏，民間信仰各有其崇拜對象、組織儀式以及祀奉活動，普及性較佛、道等「正教」來得大。祂們是否「淫祠」或「邪教」，應視其是否對人生、國家與社會構成危機而定，皆須以法律為之規範；然而傳統政府常以其認定為準，不列入國家祀典和惑民費財者，幾乎都視為「淫祠」，至於惑民自害以及造反之「邪教」就更不用說了。如今「淫祠」既被仁傑「奏毀」，則必是得到太后的批准，君臣思考如出一轍。然則仁傑究竟奏毀了哪些「淫祠」？一千多所淫祠雖無法根究，但是起碼包括了周赧王、項羽、夫差、勾踐、春申君、趙佗、馬援、孫策等歷史名人之祠。以信眾至多的楚霸王祠為例，狄仁傑毀之的理由就是因他競爭失敗、沒有天命，故無資格接受祀奉，明顯地以天命及成敗論英雄，而且多出於個人主觀的意見。以這種方式毀祠，與民間的信念大不相同，難怪民間旋毀旋起，包括狄仁傑自己被人所立的祠在內，「淫祠」禁不勝禁。[87]宗教與信仰有其可取的教義部分，也有其「惑眾」，以至「費財」的部分，古今中外皆然；女皇封山拜水、建寺造像以及煉藥崇僧，所惑所費，民間焉能及其項背！宗教是「正教」或「邪教」，信仰是「正祀」或「淫祠」，唯我而定，是則女皇尚有何「信仰自由的宗教政策」可言？[88]懷義薛師仗恃太后之勢，當街毆打道士，又逼令道士為

---

86. 詳李文瀾〈漢唐荊楚鬼神文化的時代特徵〉，收入鄭學檬等編《唐文化研究》，上海：上海人民出版社，一九九四．十一，頁二四五—二五七。

87. 詳黃永年〈說狄仁傑的奏毀淫祠〉，收入史念海編《唐史論叢》（西安：陝西人民出版社，一九九五．十）第六輯，頁五八—六七。按：黃永年對「淫祠」頗有負面的概念，似非純從民間信仰的角度作批判。

88. 何磊論武后本儒崇佛用道，「實際上是一種信仰自由的宗教政策」，詳其〈武則天的宗教政策〉，《雲南教育學院學報》一九八九年三期，頁六一。

僧，[89]道教不被「奏毀」，其實已是幸運！

道教畢竟不是淫祠，而是一大正派宗教，冒然打壓過甚會引起社會政治的事端，為素有權智的太后所不取。而且，她以前常伴夫皇「訪道山林，飛書巖穴，屢造幽人之宅，堅回隱士之車」，[90]甚至隨夫皇、太子同訪大道士潘師正時，三人並皆拜之。[91]雖說當年是為了順應夫家、母儀天下，但是態度若一下子改變過大，則不免給人虛偽的印象，對社會視聽有負面的影響，因此不妨繼續利用其剩餘價值，何況道士也曾為革命出過力，又給她製造當為皇帝等預言，有利她的統治；而且他們的煉丹長生諸術，也的確是她所需，有益她的身心。因此，她對道教利用大於信仰，安撫多於尊崇，學者若紛紛然論她尊崇道教，乃至謂她採取信仰自由的宗教政策，其實大可不必，試看她與當世知名道士和隱士的關係，即可為證。

表三，女皇與當世知名道隱關係：[92]

姓名	身分事跡	與女皇關係	備註
李嗣真	博學曉音律，兼善陰陽推算之術，舉明經。頗能聽音測事。	太后時以中丞行大夫事，後為來俊臣所陷，流嶺南，後死。	

89. 詳第十五章第一節。
90. 見《舊唐書．隱逸傳序》，一九二：五一一六。
91. 《舊唐書》本傳不提皆拜之事，事見《通鑑》高宗永隆元年二月，二〇二：六三九三。
92. 本表依《舊唐書》〈方伎〉、〈隱逸〉二傳而製，且以女皇獨治時的關係為準，不仕者及僧人不列入。

張文仲	以醫術知名。	為女皇御醫，奉令集當時名醫共撰醫方，死時為尚藥奉御。	
尚獻甫	善天文，出家為道士。	女皇召見，拜太史令。	女皇特為他改太史局為渾儀監，不隸祕書省，死後官署復舊。
裴知古	善音律，頗能聽音測事。	女皇時為太樂丞。	
孟　詵	少好方術，舉進士。	太后時累遷鳳閣舍人，因預測太后所賜之金為藥金有效而被貶，女皇時遷春官侍郎。	女皇不悅術士預測她之例。
嚴善思	善天文曆數及卜相之術，應消聲幽藪科。	為監察御史兼右拾遺，遷太史令。數上表陳政事被納，女皇晚年曾預測有政變，又以風水之說反對開乾陵讓女皇合葬。	
葉法善	三代為道士，少傳符籙，尤能厭劾鬼神，天皇時已入內道場為道士，參與合鍊。	女皇時常往來名山，數召入禁中盡禮問道，然排擠佛法，為議者所譏。	道士之排佛者。以上方伎，以下隱逸。

田游岩	太學生，隱逸山林，天皇曾訪，授崇文館學士。	太后徵授朝散大夫，尋坐結交裴炎，特放還山。	牽涉政治問題被放。
史德義	隱逸於山林市廛間，不仕天皇。	女皇時為周興所舉，不敢不仕，為諫官，後坐是周興所薦，以朝散大夫放歸。	不能堅持不仕，聲譽稍減。
王友貞	好經學，尤好釋典，以割肉醫母知名。	女皇特加旌表，長安間歷任長水令，後能歸田里。	
徐仁紀		女皇時徵拜左拾遺，因三上書論得失不納，遂稱病求去。	退身辭職，為時所稱。
孫處玄	頗善屬文。	女皇時徵拜左拾遺。	
司馬承禎	隱居天台山之正一派道士，其師即潘師正。	女皇聞其名，召見，手敕讚美，尋還山。	後為明皇所尊重，賜號真一先生。

上述十三人能列入史傳，當然是有分量之士，但是他們給人的印象卻不是那麼重要，起碼不是女皇最重要、最尊敬的一群；[93]相反的，他們多被女皇呼之則來、揮之則去，道術與名氣皆為

93. 他們比這兩傳中被其他唐主所禮重的道術之士，如袁天綱、孫思邈、明崇儼、張果、王知遠、潘師正等，相差

女皇所利用。那像女皇之對神秀、法藏等高僧，跪拜頂禮，問道請益，尊為國師！

或許會問，女皇當年為何讓太平公主為女冠？

前章已經說得很清楚，那是因為榮國夫人死，天后纔請准讓公主為女冠，以為母親追福的；及至幾年後，又因吐蕃請求公主下嫁，天后不願她遠嫁外國，纔真的令她薰戒，以為拒婚的理由。然則天后母女篤信佛教，為何卻要公主入道？這是因為大唐姓李，且道教較佛教開放，尤其是女冠，她們不用剃髮，生活、社交、遊樂都比女尼自由，甚至可說無拘無束，[94]對不是真要愛女出家的天后來說，讓公主暫為女冠是最適當不過的了。

或許又問，然則女皇為何要頒制調和佛、道二教？

宗教是一種信仰，所信是不能被打壓或不能接受打壓的，否則將有爭端或殉教諸事發生，起碼也是禁不勝禁。何況革命以前諸多圖讖符瑞，雖說與儒家內學有關，但卻也是道術的作為；而自革命以來，道士也參與勸進，為新政權祈願作功德等事，[95]女皇能對之打壓嗎？顯然，道教是大教，又對她有利無害，女皇焉會對之作太大的打壓。女皇在天授二年（六九一）三月所頒的〈釋教在道法之上制〉，是引起二教衝突的重要原因，她是這樣說的：

「朕先蒙金口之記，又承寶偈之文。曆數表於當今，本願標於曩劫。《大雲》闡奧，明

了一大段距離。觀女皇當年之寵幸與器重明崇儼，後來之尊重與禮敬神秀，他們更相差了十萬八千里。

94. 唐朝女性入道及其生活，詳高世瑜《唐代婦女》（西安：三秦出版社，一九八八．六），頁八九－九四。

95. 道教對女皇的貢獻，請詳王永平〈論武周朝政治與道教的繼續發展〉（收入趙文潤等編《武則天研究論文集》，二四六－二五九）及趙文潤等《武則天評傳》（二一四－二一五）。

王國之禎符；方等發揚，顯自在之丕業。馭一境而敷化，弘五戒以訓人。爰開革命之階，方啟惟新之運。……自今已後，釋教宜在道法之上，緇服處黃冠之前。庶得道有識以歸依，拯群生於迴向。布告遐邇，知朕意焉。」96

女皇若僅是標榜政權出自授記，或許不致激起道教的怨憤；但是既令「釋教在道法之上，緇服處黃冠之前」，又要「道有識以歸依」，則前者涉及了宗教地位與權益的問題，後者涉及了真理與道路的信仰問題，加上有些道士被打或被逼為僧，道教焉能不怨憤！如三代為道士的葉法善之流，又焉能不挺身護教排佛？佛、道的矛盾衝突由來已久，「滅佛」亦曾發生過兩次，此次女皇作了上述的決定，又要「布告遐邇知朕意」，是則此次佛、道矛盾衝突，顯然事由她起，能不慎嗎？

這時佛教勢力大漲，僧惠澄遂於萬歲通天元年（六九六）上狀，乞毀《老子化胡經》。「老子化胡」和「釋氏化華」乃是魏晉南北朝以來，道、佛互相爭執詆譭的重要論題，唐初沿襲北周以降三教講論之風，這仍是論題之一，尤以天皇所召集的講論為然。97女皇鮮少召集講論，不料惠澄卻奏上此狀，藉勢再度挑起此爭執。於是，女皇敕令秋官侍郎劉如璿等人對定議狀。諸臣奉敕議狀的結果，乃奏上〈不毀化胡經議〉，完全肯定《老子化胡經》的真實性，並提出佛道同源、同體異名之說。女皇接受了他們的結論，為之特頒〈僧道並重敕〉云：

「老君化胡，典誥攸著，豈容僧輩妄請削除？故知偏辭難以憑據，當依對定，僉議惟允。

96. 《唐大詔令集》，一一三：五八七。
97. 唐初三教講論的發展與論題，參羅香林〈唐代三教講論考〉，《唐代文化史》（臺北：臺灣商務印書館，一九七四・六，臺四版）一五九－一六六。

儻若史籍無據，俗官何忍虛承？明知化胡是真，作佛非謬，道能方便設教，佛本因道而生，老、釋既是元同，道、佛亦合齊重。自今後僧人入觀不禮拜天尊，道士入寺不瞻仰佛像，各勒還俗，仍科違敕之罪。」[98]

此敕顯示，女皇肯定了「老君化胡」符合歷史事實，故同時也就肯定了佛、道同源之說，並在此結論上裁定「道、佛亦合齊重」——顯然是一種調和論。她之所以不召集二教或三教辯論，而令劉如璿等「俗官」以第三者身分來對定議狀，目的顯然是要第三者作超然研判，以判定此歷史爭執的真相和真理，然後纔據以調和，並決心以司法手段來平息二教此爭。[99]這年正是契丹大舉入侵中國之時，女皇已在去年取消了「慈氏越古」的尊號，尋改稱為「天冊金輪聖神皇帝」，有些論者遂認為是女皇宗教思想有轉變——佛、道並重——的表徵。

但是「同源齊重」不表示二教同體而無彼我，異體有彼我則表示彼我有差別，故仍不足以解決「道之歸依」的問題。既然如此，則二教不免仍有紛爭，故在兩年之後——聖曆元年（六九八）正月——女皇另頒〈條流佛道二教制〉：

「佛、道二教，同歸於善；無為、究竟，皆是一宗。比有淺識之徒，競生物我；或因懟

---

98. 此敕頒降時間不詳，見《全唐文．僧道並重敕》，九六：一二三九。

99. 老子化胡的歷史問題及此次爭執，劉屹〈敦煌十卷本《老子化胡經》殘卷新探〉（《唐研究》二卷，一九九六，一〇一－一二〇）有詳論和考證。筆者同意他對此事的考定，但他認為此結果「反映了唐代上層統治者為維護中國文化本位，矯正佛教信仰氾濫下對中國本位文化的衝擊」，則筆者予以保留。因為觀察本章下文所論武后對佛教的態度，她當時有否「中國文化本位」觀念尚屬可疑。

怒，各出醜言。僧既排斥老君，道士乃誹謗佛法，更相訾毀，務在加諸。人而無知，一至於此！且出家之人，須崇業行，非聖犯義，豈是法門？自今僧及道士，敢毀謗佛、道者，先決杖，即令還俗。」[100]

顯示二教互相排斥衝突之嚴重，已出乎她想像之外，為防僧、道因此造成更大的衝突，以至引發信眾們的社會騷亂，故女皇重申前令，並提出「同歸一宗」的觀念，以為調和與制止，企圖迅速而徹底地平息二教之爭。但當聖曆三年（七〇〇）正月吉頊罷相陛辭，以佛與天尊之爭來比喻武、李二系潛伏的矛盾時，[101] 表示女皇此政策措施顯然仍未收到預期的效果。

女皇先後提出二教「同源齊重」、「同歸一宗」的觀念，理論上應可使二教此後齊重，且可調和二教的真理與道路之爭；然而女皇一向禮重佛教，其臣民及道教會相信她所說的嗎？孔子說，「我欲徒託空言，不如見諸行事之真切著明者」，表示觀念提出必須要付諸行動實踐，始能得以印證，別人纔會相信。就在與吉頊對談佛與天尊之爭的那年前後，女皇有了一些行動，起碼對她的道教形象有所改善。

聖曆二年（六九九）二月——上距女皇臨朝獨治已有十五年了，高齡七十五歲的她駕幸嵩山，過緱氏縣，謁周靈王的太子晉廟，太子曾據說昇仙後與人會於此，然後乘鶴而去。姬周是武周的本姓本朝所自出，故太子晉即是她的祖先，女皇慕其仙風，因而改號為昇仙太子，為之重建靈廟，並御撰《昇仙太子碑》樹於殿前。碑文除了頌揚兩周一脈相承、上膺元命，並自誇聲威政教之餘，

100.《唐大詔令集》，一一三：五八七。
101. 見第十五章第三節。

同時也表達了崇仰仙道、追慕長生之意。[102]至於碑陰更刻有她的游仙詩句，中有「宿志慕三元，翹心祈五色」；「□愿□丹賜靈藥，方期久視御隆周」之言，讓道教耳目一新。[103]當時值生病，乃遣給事中閻朝隱禱於少室山。朝隱伏俎上自為犧牲，請代女皇命，女皇之病果然轉好。[104]女皇稍後厚賞朝隱，對神仙道術也因此另有一番新體會。

翌年——聖曆三年（七〇〇，即久視元年）——與吉頊對談後兩個月，女皇作三陽宮於告成縣——即因封禪嵩山而改名的陽城縣——之石淙，夏四月遂幸此宮避暑。此時也，女皇與隨駕群臣酬唱詩文於山林之間，儼然共享逍遙之遊！然而七十六歲高齡的女皇再度染病，幸在五月一日服「洞真先生」道士胡超所合長生藥而病纔轉好，故於同月五日改元「久視」，並去「天冊金輪神聖」之號，洗盡鉛華，恢復為普通「皇帝」。據說胡超是一個有法術的道士，自云已經數百歲，所以女皇使他合長生藥，為此花費巨萬，凡三年始有成；既然女皇服之有效，「以為神妙，望與彭祖同壽」，所以纔改元為「久視」。[105]近有人在嵩山撿得久視元年（庚子歲）金簡一通，上刻文字說：

---

102. 曹麟筆、張渠對該碑文有詳盡注釋，參〈《昇仙太子碑並序》注釋〉，收入《武則天與偃師》，三三七—三七六。

103. 碑陰是女皇被推翻後為其子相王李旦所刻，故女皇此行的動機曾引起討論，但仍應與慕道有關，詳康為民〈女皇緣何幸緱山〉，收入《武則天與偃師》，二一九—二二六。

104. 二事均見《通鑑》則天后該年月條並注，二〇六：六五三九。

105. 胡超，張鷟作胡超僧（事見《朝野僉議》，五：一二），司馬光作洪州僧胡超（事見《通鑑》則天后該年月條，二〇六：六五四六）。按：《朝野僉議》記胡超僧隱居、學道、煉藥之事頗確，今又發現拜奏的三官手書，故其人應為道士。據《中華道教大辭典》，胡惠超人稱「胡長仙人」，是洪州西山道士，天皇時來抵京邑，自言

「上言：大周國主武曌，好樂真道長生神仙，謹詣中岳嵩高山門，投金簡一通，乞三官九府除武曌罪名！太歲庚子七月甲申朔七日甲寅，小使臣胡超稽首再拜，謹奏。」[106]

道教所謂三官即是天官、地官和水官，又稱三官帝君或三官大帝，是最早奉祀的神靈，後來三官復發展成各有三府、合共九府的神譜，主理校定罪福。自漢末以來，天師道為人禳解治病的方式之一，就是置病人於靜室之中，令他思過，然後纔為之請禱；《魏略》介紹其法云：「請禱之法，書病人姓名，說服罪之意，作三通：其一上之天，著之山；其一埋之地；其一沉之水，謂之『三官手書』。」[107] 是則此通金簡可能是胡超曾引導女皇於靜室中思想，使女皇自覺服罪，而為之請禱除罪的三官手書，且是上之天、著之山的第一通，應可無疑。此次為她拜禱的人是「洞真先生」胡超，時間在久視元年七月七日乞巧節，可見女皇與道教的關係已甚密切。女皇曾有〈賜胡洞真天師書〉，先推崇「先生道位高尚，早出塵俗，如軒曆之廣成，漢朝之河上」，而末了則懇求「儻蒙九轉之餘，希遺一丸之藥」。[108] 是則女皇先向胡超求九轉丹，故胡超遂為她合煉此長生藥，並引導她自承有病而服罪，然後纔為她撰寫三官手書，拜禱三官「除武曌罪名」。

曾會陶弘景，能延生煉化、超三元九紀之道，天皇賜號「洞真天師」，最後死於長安三年。胡超僧或僧胡超應即此人。羅元貞點校《武則天集》亦以此人為是（一三〇—一三一）。

106. 此簡一九八二年撿得，筆者於二〇〇〇年夏遊嵩山時得見之（可能是仿造品）。簡文有武周造新字，今轉錄自何磊〈武則天的宗教政策〉（頁六〇），但標點則自標。

107. 《三國志·張魯傳》注引《魏略》，八：二六四。

108. 見《全唐文》，九七：一二五二。

值得注意的是，有病的女皇靜思之後，究竟自覺所犯何罪？

有人研究女皇的確有負罪意識。此意識的主源來自她甘冒政教莫大之罪名而實行篡奪。為此，她遠離京城而遷至神都纔敢篡位，不斷更換年號與改名始能緩和內心壓力，晚年交還政權給李氏、回視京師長安以及赦免當年的情敵與政敵，始能求得內心上的安寧。[109]筆者以為此說甚有啟發性，且大體可成立，但失之粗略，因為重立前廢帝為太子是此前之事，而且既然思及情敵政敵，則其懺悔絕不止於因篡奪所犯的罪過；應從思想她當年與太子李治發生關係起，以至此後種種的不妥不當。事實上，避靜、冥思、懺悔、告解等種種方式，皆是宗教能夠撫慰人心之術。女皇此為，除了相信道教有為人除罪的法術外，另外實有內心深切反省的意義，對她個人以及政治，都有極大的影響。七十五、六歲應是她人生中另一個明顯的轉捩點！

然則女皇此時為何要捨棄金輪王的尊號，而希望久視？

有人認為她一生對道教的態度有三變：天皇生前跟著崇道，獨治之後崇佛貶道，七十以後調和佛道；一生始終沒有限道和禁道，且態度之改變皆與政治因素有關。[110]此說可以成立。但是，女皇其實是一個富有宗教感的女性，除了信佛之外，舉凡儒家的內學，道教的法術，術士的方術，她都相當的相信，也可以說迷信；只是站在正統的立場上排禁她不認可的民間信仰，視之為淫祠。現在要問，她沒有限道和禁道，反而與道、隱之士有來往，那麼她需求於道、隱的究竟是什麼？

除了對不仕者保持適當的禮遇外，上表十三人幾乎都有一個共同點，就是要他們做官，用他

109. 參馬良懷〈傳統文化與武則天的負罪意識〉，收入鄭學檬等編《唐文化研究》，二七三—二八二。

110. 詳王永平〈論武周朝政治與道教的繼續發展〉，收入趙文潤等編《武則天研究論文集》，二四七—二五九。

們的方術。女皇相信他們的方術，包括煉丹，故要拉在身邊為我所用。他們還算不上是女皇比較親信的道隱。女皇當皇后時親信道士郭行真，為他掀起了宰相上官儀和廢太子忠之案；後來親信術士明崇儼，也為他而誣廢了太子賢。他們都是以方術受知於武后的，或許武后內心此時已有不安寧的跡象。及至七十歲時，年紀已老，竟然逕用嵩山山人武什方為相。什方自稱生於三國時期，為女皇求長生藥，可見她已急切慕長生，所以纔會在七十五歲時透過《昇仙太子碑》敘述嚮往長壽神仙之意，並在此時又請道士胡超為她合長生藥。此後老病的她，除了胡超煉丹之外，連小情夫張易之、張昌宗兄弟也為她合煉了。她追求什麼？三官手書金簡寫得明白：「大周國主武曌，好樂真道長生神仙。」

事情擺得很明白，隨著老病的增長，女皇想得到道隱的協助，除滌先前的種種罪孽，服食靈丹以求「真道長生神仙」。她未必信道義，但道術有助她的終極追求；反之，她相信佛理，然佛法終究不讓女身成佛——儘管她曾自稱彌勒，現在仍稱輪王，佞佛之舉應有自知之明。[111] 因此，女皇寧願放棄「天冊金輪聖神」之妄，而追求長生「久視」之實！這仍是功利的想法，卻與她現實主義的性格相符。

女皇此時人生觀已大有改變，因此將控鶴監改為奉宸府，與張易之兄弟等經常飲宴享樂，武三思更奏張昌宗是王子晉的後身，女皇大悅，遂命昌宗穿羽衣，吹笙，乘木鶴於庭中，大家共享神仙之樂！並且另敕張氏兄弟與珠英學士們在府裏修《三教珠英》，以示調和三教之意。[112]

---

111. 佛經常謂女人有五種障礙，即無法成為梵天王、帝釋、魔王、轉輪王與佛陀；女人若欲成佛或入淨土，則必須轉變為男身。

女皇提倡二教「同源齊重」和「同歸一宗」，又有尋道之意，且實踐與道教改善關係，此改變當然為道教所樂見；然而尚有未完全解決的問題，此即敘位的問題，因為釋教雖已不在道法之上，但緇服仍處黃冠之前。幾年之後女皇被推翻，素有佛光王之稱的復辟皇帝李顯也是一個崇佛者，因此問題仍在，要至睿宗皇帝李旦二度登基，纔再下制申明理均跡異、教別功齊的道理，並令「自今每緣法事集會，僧尼道士女冠等，宜齊行並進」。[113] 這是使二教「道並行而不相悖」的措施，可以解決最後的問題，然而尋即進入開元時期，明皇帝重新恢復道教的地位，二教的衝突纔真正告一個段落。

女皇之所以不能迅速而徹底的平息二教之爭，與她持續利用佛教來塑造自己為「皇帝佛」的事業有關。基於此緣故，女皇確實是過分偏護了佛教。她興佛的重要措施前文多已說過，這裏僅約論其大端，以與她對道教的態度作一比較：

（一）酬庸與壯大僧侶：女皇以官爵酬庸用《大雲經》來吹捧她的僧人，封拜薛師為國公和三品職事官，開創僧官新途之外，復於革命翌月敕令度僧千人，僧尼人數是後日增，至延載元年（六九四）敕令「天下僧尼隸祠部」後，全國統計有僧七萬五千五百二十四人、尼五萬五百七十人，合計共有十二萬六千九十四人。[114] 此下官度或私度的僧侶仍陸續增加，狄仁傑就曾在久視元年（七〇〇）指出「無名之僧，凡有幾萬」；從女皇晚年向僧侶每日抽一錢以建大像，而很快地

---

112. 在奉宸府享樂，《通鑑》繫於此年之六月（二〇六：六五四六），本書第十五章第二節有詳述。
113. 此制頒於景雲二年，見《唐大詔令集・僧道齊行並進制》，一一三：五八七。
114. 數據見《唐會要・僧籍》（四九：八六三），此條未繫時間，因其敕令造僧籍上祠部，故應在延載元年或以後。

稅得一十七萬餘貫的情況看，當時僧侶總數應已呈數倍增，故稍後宰相李嶠〈上中宗書〉說，「今道人私度者幾至數十萬」，應是可信之言。這些僧侶可能有部分真的是出於信仰，與女皇提倡佛教有關；但有相當大的比例卻是李嶠所說的「比緣征戍，巧詐百情。破役隱身，規脫租賦」而導致社會失序的人口。

（二）廣建寺塔佛像：據載貞觀二十二年（六四八）玄奘曾建議文皇度僧以樹功德，當時海內共有寺三千七百一十六所，[115]翌年天皇即位後，女皇曾建議在昭陵建寺，後又將母宅施捨為寺，實有引領風氣之效，遂使佛寺日增。革命翌月又敕令兩京及諸州各置大雲寺一區，此後仍繼續廣建和修繕，著名的有崇福寺、佛授記寺、長壽寺、福先寺等，如原為女皇母宅的太原寺，革命翌年改為福先寺，據姚崇〈十事要說〉所言，女皇單造福先寺就花費了鉅百萬云，[116]故降至延載間天下有五千三百五十八寺。約五十年間，天下佛寺增加了一千六百四十二所，可見其甚。至於建塔造像，為數也多，如命薛師督作大像麻土，又日役萬人、所費以萬億計，起天堂以貯之；晚年稅僧尼以建白馬阪大像等，皆只是著名之例罷了。在女皇率先倡導之下，民間的佛教會所也大為增加，難怪久視元年狄仁傑批評「里陌動有經坊，闤闠亦立精舍」了。

（三）弘揚法義：迎請高僧大德駐錫名剎——甚至進入宮庭內道場——講經譯經的風氣由來已久，文皇、天皇父子也皆如此。所不同的是：大唐以道教為尊，又因老子化胡之說，故他們父子以禮敬玄奘等少數名高學富的唐僧為主；而篤信佛教的女皇則遍禮梵華諸大德，如前述的菩提

115. 慧立《大唐大慈恩寺三藏法師傳》，七：一五六。
116. 諸寺請參《唐會要》卷四八所載，〈十事要說〉見《全唐文》，二〇六：二六三七。

流志、法藏、地婆訶羅、實叉難陀，以至於唐僧義淨、神秀等。女皇迎請他們講譯和刊定佛教經典，有時也躬臨參與，共襄盛舉，這是文皇、天皇父子所不能及的，茲舉一例以窺其概。如國家譯經，先前以文皇資助玄奘為大，稍後以女皇支持義淨為盛，世皆周知，而曾參與此兩次譯場、甚至參加譯《寶雨經》者則以法藏為著。法藏是西域康居國人，貞觀時來長安，屬玄奘譯經，遂參預其間，後因方法見解與玄奘不同而去，女皇時又曾參預義淨的譯場，在佛授記寺與地婆訶羅、實叉難陀等僧翻譯《華嚴經》。資助譯經以外，女皇甚至還躬臨筆削，至聖曆二年（六九九）十月十八日遂完成此經。完成前女皇一面制令法藏於該寺宣講，並曾親臨聽講；一面為新經作序，此即〈大周新譯大方廣佛華嚴經序〉。女皇也曾迎請法藏入宮講經，有時女皇對一些奧義茫然未決，法藏乃指鎮殿金獅子為喻，因撰簡捷易懂的義解，號為《金師子章》，使她開悟，故甚為女皇所重，而將經中賢首菩薩之名賜之，法藏因以「賢首國師」而知名，為華嚴宗之三祖，[117] 其實是華嚴宗的創始人。

由於女皇重視、禮遇、資助和參與高僧大德的事業，所以能護持法教，使宗風大暢。甚至婉拒女皇迎請來都的慧能也備受禮敬，留在嶺南弘法，終成禪宗六祖，所講《壇經》對中國影響無可量計，是唐僧著述裏惟一被後世尊稱為佛「經」者，可見一時風雲際會、波濤壯闊！

---

117. 佛授記寺在洛陽，原是太子李弘為父母所立的敬愛寺，太后垂拱年間（六八五—六八八）白馬寺主薛懷義奉敕重修，天授二年（六九一）改為佛授記寺。東來中土的法師多在此從事譯經，如《寶雨經》等，為當時最負盛名的寺宇之一（《唐會要．寺．敬愛寺》，四八：八四八）。法藏等所譯《華嚴經》，已收入《大正藏》第十冊，其傳見《宋高僧傳》三：四三—四三。

女皇晚年對律宗（義淨）、華嚴宗（法藏）和禪宗（神秀）最為禮重，但卻是從當皇后以來，即對佛教之壯大、唐化與普及化——包括對東亞的傳播——貢獻良多，不必細表。[118] 然而當佛教唐化與普及化之同時，唐人的社會禮俗以及思想文化承受其影響亦日益加盛加深，而國力與尚武風氣也就相對衰退，起碼已有時人如是我言，前面數章亦已概略論及。

（四）鼓舞佛教熱情：佛教之能風靡大眾，與它有莊嚴道場、肅穆儀式有密切關係。佛教以佛、法、僧為三寶，迎請供養時極為講究，當年玄奘歸國，文皇延之於弘福寺；義淨返唐，女皇親迎至授記寺，皆是道俗雲集，萬人空巷，幢幡競列，歌樂齊揚，以助莊嚴禮敬的。這種盛大莊嚴的儀式陣仗，確實可起萬民虔敬肅穆之心，以收吸引安寧之效。既然宗教有此效果，皇帝順而用之就是治國安民之道；若從中鼓動操作，後果不是大好就是大壞，能不慎耶？就以未曾出過國門，親受禪宗五祖之法而僧譽鵲起的神秀為例吧。

神秀駐錫荊州玉泉寺，長壽間（六九二—六九三）已過九十歲，年近七十的女皇迎請他入都，洛下諸僧以其傳東山妙法，開室巖居，形彩日茂，宏益愈深，非常景仰，上表請法事迎之。表略謂：「某聞住持真教，先憑帝力；導誘將來，遠屬能者。……陛下載宏佛事，夢寐斯人（神秀）；語程指期，朝夕詣闕。……謂宜緇徒野宿，法事郊迎，……梵香以遵法王，散花而入道場。……謹詣闕奉表，請與都城徒眾，將法事往龍門，迎道秀以聞。」[119] 及至入宮，女皇親加跪拜，張說〈唐玉泉寺大通禪師（神秀）碑銘〉也說他「趺坐覲君，肩輿上殿，屈萬乘而稽首，洒九重而宴居。

---

118. 有關武后與佛教關係的史料、論文，以及論著，為數頗多，所以這裏不便細表。

119. 參《全唐文・（宋之問）為洛下諸僧請法事迎秀禪師表》，二四〇：三〇七六。

傳聖道者不北面，有盛德者無臣禮，遂推為兩京法主，三帝國師」云云。當時王公已下及京都士庶聞風爭來謁見，望塵拜伏，日以數萬。[120]一時朝野和諧，共證真如聖道！

女皇護持法教如彼，虔禮高僧如此，所以相當重視與支持像浴佛節、盂蘭節等佛教節慶，且不時舉辦布施僧俗的無遮大會。前章說她在天堂與大像落成後，每作無遮會都用錢萬緡，甚至散錢十車讓人爭拾，發生士女互相蹈踐以致於死的悲劇。「人為財死」是自古名言，若「人為教瘋」，則是值得注意的宗教和社會現象，法門寺迎佛骨應就是其例。

法門寺在岐州（今陝西扶風縣北），北魏時建，原名阿育王寺。據云天竺國護法名王——阿育王——將佛祖舍利分葬世界各地，阿育王寺即是其中之一，所藏的是指骨。阿育王寺後改名法門寺，先朝雖然也曾開塔出骨以供瞻拜，但卻從無天子迎養之例，其寺也未躋於海內名剎之林。貞觀五年（六三一）二月岐州刺史張德亮奏准以望雲殿建材重新修塔，並開剖舊塔基迎出舍利以示人，當地數千人同時觀禮。據說有盲人瞑目為之開明，遂一時驚動京邑，奔騰而至，日有數千；至者或有全不見佛形象者，乃「燒頭煉指，刺指洒地」以示痛懺，遂得見之云云。後來新塔蓋好，佛骨旋埋，傳有「三十年一開則歲穀稔而兵戈息」的說法。

顯慶四年（六五九）九月，僧人智琮等向天皇謂「今期已滿，請更出之」，請求天皇弘護。天皇也感到能得舍利深是善因，遂提供資財令智琮等前往作法，行道七晝夜，指示祈請有瑞乃可

---

120. 神秀生於隋末，與女皇同年死，年壽百餘歲，生平及入都盛況，參《舊唐書·方伎·神秀傳》（一九一：五一〇九—五一一一）、張說撰碑（《全唐文》，二三一：二九五三—二九五四）與《宋高僧傳》（八：一七六—一七八）。

開發。智琮等不久即上奏感瑞，於是翌年二月，天皇下敕迎護舍利往東都入內供養，又遣京師僧七人往東都入內行道。這是天子史無前例迎護佛骨入內供養的首次。去年長孫無忌等人已被誅鋤，此年西域、百濟新平，天皇從東都陪伴武后回并州家鄉，還都後乃供禮佛骨，至年底，也就是武后奉詔參決朝政的開始，真是「歲穀稔而兵戈息」的大好形勢，[121]武后真是得到佛之福佑！

佛骨被迎至時的盛大轟動和種種所謂靈異也就不用說了，既入大內，武后將價值一千匹絹的所寢衣帳施捨，為佛骨造九重寶函——即雕鏤窮奇的九重金棺銀槨——以為安置；另外又施捨「繡裙一腰」以為供奉，[122]不知後來武后穿著七破間裙而被天皇稱讚節儉，是否與此有關？如是者直至龍朔二年（六六二）二月——駕還京城前一個月，纔敕令僧眾及官員數千人送還本塔，安藏石室。

佛骨舍利既有三十年一開之說，此後第三十年正逢女皇革命之年，假佛教以革命的女皇竟未開塔迎骨，事有蹊蹺！筆者認為這裏藏有一個佛教的「公開祕密」，那就是此時佞佛的女皇，和那些大膽偽稱女皇是彌勒下生的「大德」，內心裏可能有一個很大而不能自圓其說的疙瘩——按

---

121. 法門寺地宮所藏佛骨及珍寶於一九八七年重見於世，吸引學界和教界重視，法門寺為此曾辦多次學術活動，著述頗豐，號稱「法門學」云，筆者也曾兩度赴其地參觀，並參與學術討論會。由於相關論文不少，這裡僅酌參韓金科著《從佛指舍利到法門寺文化》（陝西扶風：法門寺博物館，一九九三）及其主編之《法門寺文化研究——文史資料匯編卷》（出版同上），二聖首次迎骨，詳見韓金科所著書，頁三一—三五。至於「今期已滿，請更出之」的理由，則見該書所引道宣《集神州三寶感通錄》。

122. 九重寶函即九重金棺銀槨（詳韓金科前著書，頁三五—三六）；後來唐懿宗所供的是八層，與武后繡裙一腰，俱見〈監送真身使隨真身供養道具及恩賜金銀器衣物帳〉（韓金科前編書，頁一五—一六）。按：武后繡裙一腰未言何時供奉，但她第二次迎佛骨時正值被推翻，未及送佛骨還寺，故應是在第一次時供奉。

照佛書的記載和授記：彌勒菩薩是釋迦佛大弟子之一，在釋迦寂滅之後，將繼起於閻浮提世界成佛。在信徒心目中佛骨即是真身，天皇將佛骨出示行道僧時，就曾叮囑：「此佛真身，僧等可頂戴供養！」[123]是則焉能將釋迦迎來，使兩佛共聚一堂？若是，不是授記是假，則是女皇為彌勒降生是假，總之兩者必有一假！這時需要戳破此神話嗎？當年和尚們與天皇都以上距貞觀開塔期滿為由而再次開塔迎骨的，信佛的女皇起碼也應開塔讓僧俗供養纔是；當然，若是女皇與她的「大德」們既信佛而又佞佛，那就不必或不敢了！只是這麼一來，就打破了此傳說與慣例。[124]

降至女皇自去「慈氏越古」尊號的第九年——長安四年（七〇四）夏天，高齡八十的她正向僧尼抽稅，要在白馬阪建造大像，一時使僧尼怨聲載道；至於女皇過寵二張小情夫等，此刻也是政潮洶湧。冬杪，女皇生病，時為大崇福寺寺主的法藏於道場與她談話，提到岐州舍利有靈跡，女皇遂特命宰相崔玄暐與法藏及其他十大德俱至塔所，行道七晝夜，於是開啟石室，歲除日迎至西京崇福寺。是日也，留守•會稽王武攸望率官屬僧俗投身道左，竟施異供香花、鼓樂之妙。新年（神龍元年）十一日，一行入神都，敕令王公已降、洛城近事之眾，精事幡華幢蓋，太常寺具樂奏迎。於是萬乘焚香、千官拜慶，送至明堂。上元觀燈之日，女皇身心護淨，頭面淨虔，請法藏奉持，普為善禱。[125]

---

123. 詳道宣《集神州三寶感通錄》，韓金科前著書，頁三三五。

124. 高宗迎過之後，仍有五次天子迎奉，但皆不依「三十年一開」的間隔來開迎，學者多從政局解釋其理由，今從女皇託言彌勒之事作解釋，姑備一說。

125. 詳韓金科前著書所引〈唐大薦福寺故寺主翻經大德法藏和尚傳〉及〈大唐聖朝無憂王寺大聖真身寶塔碑銘〉，

新年是國人最盛大的節日，由此歡樂至上元燃燈，更是士女的嘉年華會，是日也，金吾弛禁，舉國狂歡。女皇的宰相、名文人蘇味道曾有詩贊歎云：「火樹銀花合，星橋鐵鎖開。暗塵隨馬去，明月逐人來。游妓皆穠李，行歌盡落梅。金吾不禁夜，玉漏莫相催！」[126]何況佛骨真身隨著新年來到，對朝野僧俗之熱情鼓舞，可想而知！在神都解禁狂歡之時，女皇因生病沒有參與，又不接見百官，此時僅與法藏獨禮佛骨。她祈求什麼？國泰、民安、健康？佛會福佑她嗎？神都官民道俗或許尚未從禮拜狂歡的氣氛中清醒過來，焉知七日之後，神龍兵變，女皇黯然下台，隨著法輪轉為階下囚！迎佛骨的特使崔玄暐正是士謀者之一。

這裏不禁令人想起了革命時女皇和她的大德們的那個疙瘩：彌勒應是繼釋迦而起，決不是兩佛並見。現在曾稱「彌勒」的女皇迎請釋迦降臨，兩佛並在，天上天下，唯誰獨尊？顯然，這次迎佛骨並沒有像上次一樣，迎來佛的福佑；反而這次「如來真身」之來，卻是壓倒了「彌勒菩薩」。如來慈悲之心除了不讓「彌勒」命喪當場及顏面盡失之外，並不福佑她繼續為閻浮提主！還記得辛替否諫阻睿宗皇帝為二公主造觀時所上的疏嗎？疏中特別痛批乃兄中宗孝和皇帝，是這樣說的：「寺舍不能保其身，僧尼不能護妻子，取譏萬代，見笑四夷！」據說當年如來創降迦維，彌勒初昇兜率之時，龍神供養，大眾圍繞。如今「彌勒」為了降迎如來，過年時且又為之改元「神龍」，然而卻是天龍八部再也不能保護她了，嗚呼哀哉！

頁三七－三八。

126. 唐人從過年以至元宵的歡慶，詳王永平《唐代游藝》，頁一二四－一二九。

第十五章　情夫、親子與侄子：女皇晚年的感情與危機

女皇的第一個情夫

臨朝稱制後，太后已經擁有大唐世界的最高統治權力，這時在她未來的「閻浮提」裏，她眼中的妖魔正在被她轉動金輪所降伏摧毀。一個擁有絕對權力，而又慢慢變成「聖母神皇」，甚至即將是半神半人的「皇帝佛」，子女臣民都匍匐在她的腳下，身邊沒有可以訴說私衷的人，感情缺乏依托，是道地的「余一人」或者「寡人」。在「高處不勝寒」的日子裏，一個陌生男人——馮小寶——闖進了老太后的芳心。這年老太后六十一歲，已經孀居兩年。

身材魁偉、孔武有力的馮小寶是京兆鄠縣（今陝西戶縣）人，在洛陽市賣臺貨，得幸於大唐高祖皇帝之女千金長公主的侍兒。這時太后正對宗室不利，巧媚的公主為了討好太后，乃入宮向老太后推薦說：「小寶有非常材用，可以近侍！」於是蒙太后召見，遂被恩遇。[1] 公主也因此類巧媚得全，後來並自請為太后之女，改姓武氏，為太后所愛，更號為延安大長公主。

馮小寶既得幸於太后，為了遮掩形跡，並讓他能出入宮禁，太后乃度他為僧，給他取名為懷義，並命他督修舊白馬寺。太后又因小寶地實寒微，令他與太平公主的駙馬薛紹合族，命薛紹以季父事

---

1. 薛懷義《舊唐書》附於卷一八三武承嗣之傳，其事概據之；《通鑑》繫公主薦進於垂拱元年。

之，故又改姓為薛氏。舊白馬寺建於漢朝，位於神都的東郊，是印度形式的寺廟，此時乃將它改建為具有中國風味的建築，仍以薛懷義為寺主，從此以後他就與洛陽大德法明、處一、惠儼、棱行、感德、感知、靜軌、宣政等在皇家內道場念誦，以「家僧」的身分掩護他與女皇的私關係。

懷義以「有非常材用」為太后所幸，其實最初可能僅是她的性伴侶；不過太后對他「恩遇日深」，於是遂成為她的「私夫」——亦即情夫，而絕不是太后的「嬪妾」。太后在制度上是沒有嬪妾的，因此纔要度他為僧以掩人耳目。不過僧人不能長期在皇家內道場誦經，故太后託言懷義有巧思，而使他進入禁中營造。這種事情終究紙包不住火，儘管正被幽禁的太后子孫對她養情夫之事無可奈何，然而仍有別人對此頗有反應。例如諫官王求禮就曾為此上表說：「太宗時有羅黑黑善彈琵琶，太宗閹為給使，使教宮人。陛下若以懷義有巧性，欲宮中驅使者，臣請閹之，庶不亂宮闈。」太后寢其表而不予批示。又如宰相蘇良嗣曾遇懷義於朝堂，懷義傲不為禮，遂被良嗣命左右掌其頰數十下。懷義向太后投訴，太后教他說：「阿師當於北門出入，南衙是宰相所往來，勿犯也！」[2]然而此僅為朝臣在初期的反應。

由於懷義有這種私關係，故恃寵作威，每次出入皆乘御馬，左右有十幾個宦者侍從，路上士民皆為之奔避，如有靠近的都被打得頭破血流，然後委之而去，任其生死而不顧。如果見到道士，也被極意毆打，然後剃其頭髮而去；甚至連弘道觀的名道士三洞法師也不能免於威逼，曾被他逼令為僧數年之久，要等到他被殺後纔能恢復為道士。[3]朝廷貴人知道他與太后的私關係，皆對他

2. 俱見《通鑑》則天垂拱二年六月條，二〇三：六四四一。
3. 法師在永昌年間被逼為僧，登封年間始准恢復為道士，參《唐代墓誌彙編·大唐大弘道觀主故三洞法師侯尊誌文》，開元〇七六條，一二〇七。

匍匐禮謁，雖武承嗣、武三思等人也都執僮僕之禮以事之，為他執轡，呼他為「薛師」，而薛師則視之若無人。他又多聚無賴少年，將他們度為僧，縱橫犯法，人不敢言。右臺御史馮思勗屢以法劾之，某次與薛師相遇於路，薛師竟令從者毆打他幾乎至死。可見這個出身賣藥的寒素人修養不好，恃寵生驕，甚至恃勢不法，這是他後來被情婦皇帝武氏所厭惡和殺死的原因。

然而，他對太后也有重大貢獻：在硬體建設方面，他在垂拱年間奉命於建春門內改建敬愛寺為著名的佛授記寺，東來中土的法師，多在此寺從事譯經，太后也常躬臨此寺筆削，施供食饌，令此寺成為當時東都最負盛名的寺宇。佛的預言稱為授記，這是他為太后以彌勒降生為閻浮提主的預言，所作的開張準備。垂拱四年又為太后督工建造明堂，並以此功使太后不惜破例拜他為正三品的左威衛大將軍，封梁國公。至此，他不僅只是一個和尚，而且也是朝廷大臣。至於在軟體建設方面則貢獻更大，他在天授元年與法明等僧共上《大雲經》，為太后革命提供了佛教的意識形態基礎，使她能順利成功。

由於官拜十二衛大將軍——唐朝府兵分隸十二衛——之一，所以太后也常命他為征伐軍的統帥，如永昌元年（六八九）五月，太后命他為新平道行軍大總管往擊突厥，至單于臺刻石紀功而還。天授元年（六九〇）臘月遷為輔國大將軍．行右衛大將軍，改封鄂國公、柱國。輔國大將軍是位階正二品的武散官，左、右二衛大將軍則是十二衛的首席。長壽三年（六九四）又出任朔方道行軍大總管，以宰相李昭德、蘇味道為幕僚，統十八將軍往討突厥。昭德是當時最被信任的宰相，但也曾因為與薛師議事而失其意，被薛師所撻，令他惶懼請罪，[4] 可見薛師威勢之盛！這時，

---

4. 見《通鑑》此年三月條，一一〇五：六四九四。

已為女皇的太后對他寵幸委任已甚深，只差沒有拜他為相，委他掌政而已。

大約在此時前後，薛師開始頗厭入宮，多居於白馬寺，而他所度為僧的力士且滿千人。天冊萬歲元年（六九五）正月，侍御史周矩懷疑他們有奸謀，堅請按問其事。女皇說：「卿姑退，朕即令往。」矩至御史臺，薛師跟著也來到，居然乘馬就階而下，坦腹於床。周矩召吏要按問他，薛師突然躍馬而去，留下一堂錯愕。周矩具狀上奏，女皇說：「此道人發瘋，不可苦問，所度僧則任卿處分。」周矩遂將薛師所度僧悉流放至遠州，女皇則昇遷周矩為天官員外郎。不過周矩後來竟為薛師所構，下獄免官。女皇為何讓周矩這樣做？原因似乎與薛師不常入宮，七十一歲的女皇頗已移情別戀，另有新寵——御醫沈南璆——有關。

薛師起碼認為他的恩遇漸衰與此御醫有關，恨怒之下，乃在證聖元年（六九五）正月十六日放了一把妒火，將天堂和明堂給燒了，一點都不留面子給剛稱「慈氏越古金輪聖神皇帝」的女皇。這把火使女皇感到慚愧，但仍忍隱不發，而薛師卻對此毫無體會。他看女皇沒有怪他，反而下制重建明堂，並又由他主持工程，於是益發驕恣，終於引爆了女皇的忿怒。至此，薛師終於察覺到了，內心不安，言多不遜，更讓女皇對此魁偉孔武的情夫感到害怕，乃密選百餘個有力的宮人以作防備。兩人的關係終於惡化，而且發展得很快。二月四日，薛師被執於瑤光殿前樹下，女皇使建昌王武攸寧率壯士將他毆殺，[5]送屍回白馬寺火化後造塔，侍從僧徒都被流竄到遠惡的地方。

薛師當女皇的情夫大約是從垂拱元年（六八五）至證聖元年（六九五），前後凡十一年，時

5.《舊唐書・薛懷義傳》謂其死是被太平公主的乳母令壯士所殺，《通鑑》不信此說，有考異（見則天后該年二月條，二〇五：六五〇二），今從之。

直女皇六十一至七十一歲。至於御醫沈南璆則此後無下文，或許他因盡心醫護女皇，故女皇也對他很好，他的「得幸」未必是指性關係之事；即使有此關係，也應僅是一時的性伴侶而非情夫，只是薛師多心善妒，故使自己賈禍喪生罷了。

薛師死後兩年，女皇又有張易之、張昌宗兩兄弟。

張氏兄弟與控鶴奉宸

張氏兄弟系出中山張氏，世居定州義豐縣（今河北安國縣）。此系源出漢丞相張倉之後，然而他這一支的先世卻仕宦不顯，至叔祖張行成——就是當年夾輔天皇即位，並因晉州地震而提出預防「女謁用事」警告的人——纔遽遷為宰相。行成的下一代也僅做到中級官而已，就此而言，張氏兄弟的家族頂多只能屬於山東小姓罷了。[6]

萬歲通天二年（即神功元年，六九七），正是契丹入侵吃緊之時，貼心的太平公主向七十三歲的母親推薦張昌宗，召他入侍宮中。既而昌宗向女皇推薦乃兄張易之，理由竟謂「臣兄易之器用過臣，兼工合煉」云云。張易之這時纔二十餘歲，年少美姿容，又善音律，已因門蔭累遷至尚乘奉御。女皇即令召見，甚悅，由是兄弟倆皆入侍禁中，傅粉施朱，衣錦繡服，具承女皇辟陽之寵。顯然的，這兩個年紀小於女皇半個世紀的新歡，也都是因有「器用」或「器用過臣」，而又「粗

---

6. 張氏兄弟附見兩《唐書·張行成傳》，其世系見《新唐書·宰相世系表》，七二下：二七一八—二七二〇。

閑於道術」，[7]故成了她的新情夫。為此，女皇即日拜昌宗為雲麾將軍．行左千牛中郎將——即貼身侍衛將領，又遽遷易之為司衛少卿，並賜給他們甲第、帛段、奴婢、駱駝和牛馬；不數日又進拜昌宗為銀青光祿大夫，配給侍從，同京官一般朔望朝參。後來又進昌宗為從三品左散騎常侍，成為清貴的兩省供奉官。

如是者過了兩年——即聖曆二年（六九九）正月，女皇特置控鶴監此一機關，以時任司衛卿的張易之為控鶴監，銀青光祿大夫張昌宗、左臺中丞吉頊、殿中監田歸道、夏官侍郎李迥秀、鳳閣舍人薛稷、正諫大夫員半千等人皆充控鶴監內供奉。這個新創機關的名稱頗有道教味，似與閑於道術的張氏兄弟有關，官員多是嬖寵之人，也頗用才能文學之士參雜其中，員半千以為古無此官，且所聚多輕薄之士，上疏請罷之，由是忤旨，左降為水部郎中。不知是否人逢喜事的緣故，同月，七十五歲的女皇生出重眉，成八字形，百官皆為之道賀。

雖然張易之器用過弟而兼工合煉，但是仍然不能阻止女皇的老病，所以同年稍後，女皇禮謁昇仙太子廟，為文說出仰慕神仙、追求長生的心願。聖曆三年（七〇〇）五月，洞真天師胡超化合長生藥三年有成，女皇服食頗有效，疾病稍好，乃於端午節下制大赦天下，改元「久視」，並削去「天冊金輪聖神」之號，恢復「皇帝」此一簡單的人間至尊稱號；且請胡超為她寫三官手書，向三官九府請求「除武曌罪名」。她如此這般的作為，不知是否受到張氏兄弟的道術影響，但是起碼已經自覺到自己並非真的是「皇帝佛」，不如放棄虛幻，享受餘生。這是女皇晚年思想的重

7. 李嶠〈為張令（易之）讓麟臺監封國公表〉謂「陛下錄臣謏才，收臣薄藝，以某纓組舊業，頗聞於義方；山林遠情，粗閑於道術。訪其隱仙之訣，求其詩禮之對」云云，可見張易之是道術中人。見《全唐文》，二四四：三一二一—三一二二。

大轉變，對她以後的生活態度，乃至政策政局都有重大影響。

前文提到女皇從皇后、太后，以至當上皇帝的前期，雖然喜歡宴聚熱鬧，但是大體上都能過著頗為節儉樸素的生活，然則她此時如何改變，她要如何享受餘生？

同年六月，女皇將控鶴監改為奉宸府，以張易之為奉宸令，班在御史大夫之下，地位甚高；[8]同時又引著名文人閻朝隱、薛稷、員半千等為奉宸供奉。「宸」是指皇帝的居處，也泛指皇帝的一般事物；因此顧名思義，「奉宸」就是指侍奉皇帝燕居生活，有眾星環侍宸極之意。這個機關以侍奉皇帝燕居生活為主，可見一向勤政的女皇，確實已有改變生活之思。史書說武三思以女皇厭居深宮，又想與張氏兄弟等扈從馳騁，乃請創造三陽宮和興泰宮，以供女皇臨幸享樂，[9]可見她的轉變連臣下也已知道，因而殷勤奉承。

根據史書的記載，女皇每次集宴，都要與宴者嘲笑公卿以為笑樂；如果是內殿曲宴，則引易之、昌宗和諸武子侄侍坐，飲博嘲謔，賞賜無算。諛佞者如梁王武三思等人，甚至奏謂張昌宗是昇仙太子的後身，令女皇大悅，命昌宗穿羽衣，吹笙，乘木鶴，奏樂於庭中，仿如昇仙太子騎鶴乘空之狀；辭人文士皆競相賦詩以作讚美，用以獻媚於女皇。例如崔融〈和梁王眾傳張光祿是王子晉後身〉詩云：

> 「聞有沖天客，披雲下帝畿。三年上賓去，千載忽來歸。昔偶浮丘伯，今同丁令威。中郎才貌是，柱史姓名非。祇召趨龍闕，承恩拜虎闈。丹成金鼎獻，酒至玉杯揮。天仗分旄節，朝容間

---

8. 見《舊唐書．則天紀》聖曆二年二月條，六：一二八。
9. 見《舊唐書．武三思傳》，一八三：四七三五。

羽衣。舊壇何處所，新廟坐光輝。漢主存仙要，淮南愛道機。朝朝緱氏鶴，長向洛陽飛。」[10]

另外更有甚者，女皇又下令增選美少年為左右奉宸供奉，使到有些人自薦貌美，甚至大膽到自薦謂「陽道壯偉」云云。為人正直、後來為女皇提拔為宰相、時任右補闕諫官的朱敬則耳聞目睹此情此狀，忍無可忍，乃進諫說：「臣聞志不可滿，樂不可極。嗜慾之情，愚智皆同，賢者能節之不使過度，則前聖格言也。陛下內寵已有張易之、昌宗，固應足矣。近聞尚舍奉御柳模自言子（柳）良賓潔白美鬚眉，右監門衛長史侯祥云陽道壯偉過於薛懷義，專欲自進奉宸內供奉。無禮無義，溢於朝聽。臣愚，職在諫諍，不敢不奏！」頗能納諫的女皇慰勞他說：「非卿直言，朕不知此！」[11]遂賜綵百段。

縱然此時代是性開放的時代，但是生活改變後的女皇恣意情色、縱情享樂一至於斯，也未免太過放縱了一點，難怪《新唐書・張行成傳》說他們「淫蠱顯行，無復休畏」！值得注意的是，女皇母親楊氏生前也有與「年少色美」的外孫賀蘭敏之和姦之說，表示母女倆皆有此共同點。女皇此嗜好是得自母親的遺傳，或是來自母親的身教，抑或受染於時代風氣？可惜資料不足徵，足則吾能徵之矣。

或許有人認為對女皇如此批評是性別歧視，說男性皇帝擁有六宮妃嬪，而女皇僅僅擁有幾個「男妾」，又有何不可？

其實六宮妃嬪是一種法定制度，不僅男性皇帝受此規範，連各級官員也各依官品，依法擁有

---

10. 見《全唐詩》，六八：七六七。
11. 諫語據《舊唐書・張行成傳》，七三：二七〇六－二七〇七。張氏兄弟皆附於兩《唐書・張行成傳》。

一定的媵妾，不能僭越。勇於自我作古、敢於創制改革的女皇，大可不必偷偷摸摸地養情夫，而可以公開立法，設定自己的「男妾」員額，給予正式的名分地位；畢竟多數的男性皇帝也不會偷偷摸摸地養情婦，若如此為之也會招致臣民的批評。可惜女皇不此之為，卻以偷跑遮掩的方式養情夫——她的情夫是僧人，是朝廷命官，決不是女皇法定的「嬪妾」，所以才招致他人的竊議和批評，這與性別歧視理應無關。無論如何說，中國皇帝如此公開而直接地以「性」的理由找情人，甚至容許臣下自薦，在歷史上也實屬罕見。

勇於創新和突破的女皇，似乎仍受制於男性中心社會的規範和中國傳統的兩性思維，所以纔有如此遮掩的表現：她先要度薛師為僧以便他入宮私會，又為了掩飾張氏兄弟的形跡，乃命他們與文學之士於內殿修《三教珠英》，想多納情夫縱情色慾卻又不敢太恣意。擺不脫傳統意識規範的她，終究還是對養情夫和縱慾之事感到心虛，怕別人的批評和說話，可見她尚無真正的女權或兩性平權思想。充其量只是一個利用合法掩護非法，暫圖縱慾享樂的大膽開放女性。《舊唐書．張行成傳》說女皇「以昌宗醜聲聞於外，欲以美事掩其跡」，《新唐書．張行成傳》亦謂女皇「知醜聲甚，思有以掩覆之」，就是指這種心理意識而言。

張氏兄弟皆粗能屬文，但是應詔和詩則是由宋之問、閻朝隱所代作。他們的文學藝術修養沒有超過女皇，只是以年輕俊美和有器用迷住了這個老年的女人。老女皇從這兩個美青年中呼吸到青春的氣息，顯然感到極為滿足，於是愛屋及烏，賜贈其父張希臧為襄州刺史，兩位母親韋氏和臧氏為太夫人，使尚宮至宅向她們問訊，甚至敕令鳳閣侍郎李迥秀為臧氏的「私夫」。[12] 武承嗣、

---

12. 兩《唐書．張行成傳》均謂私侍臧氏，《通鑑》則作私夫，見則天后神功元年正月條，二〇六：六五一四。

武三思、武懿宗、宗楚客、宗晉卿等貴戚朝臣皆候二人門庭，爭執鞭轡，呼易之為五郎，昌宗為六郎。據說當時有人稱讚張昌宗之美，說「六郎面似蓮花」，而有「兩腳野狐」之稱的宰相楊再思卻謂不然，說「乃蓮花似六郎耳」！[13]可見其俊美與王公大臣的諂媚。

當然，也有朝臣對他們深感厭惡，例如左臺中丞宋璟就不假以辭色，但稱易之為張卿。有人問他：「中丞奈何呼五郎為卿？」宋璟答說：「以官職言之正當為卿，若以親故而言則當為張五，足下非易之家奴，何郎之有？」[14]又如宰相韋安石，對他們恃寵用權深感厭惡，故多次折辱他們。有一次在內殿賜宴，張易之引蜀商宋霸子等數人於前博戲，安石向女皇跪奏說：「蜀商等是賤類，不合預登此筵！」然後令左右逐他們出去，舉座為之失色。女皇以安石辭直，也不怪他，反而予以慰勉。[15]然而，像這些人畢竟是少數。

二張因為女皇寵幸之故而官爵屢昇，當《三教珠英》完成後，昌宗已加為司僕卿，封鄴國公，易之則為麟臺監，封恆國公，各賜實封三百戶。既富且貴，兄弟倆仍不知足，競相貪贓，並以豪侈相勝。據說張易之初造一大堂，甚為壯麗，紅粉泥壁，文柏帖柱，以琉璃沉香為飾，花費了數百萬之多。連他們的兄弟們如洛陽令張昌儀也甚為貪婪驕橫，請屬無敢不從。據說某日早朝，有姓薛的選人以五十兩金並狀，邀昌儀之馬而行賄賂。昌儀受金後，至朝堂以狀給天官侍郎張錫。幾天後張錫失其狀，乃問昌儀。昌儀罵道：「不了事人！我亦不記得，但姓薛者即予之。」張錫懼，

---

13. 楊再思是討好張氏諸兄弟的人，兩唐書有傳，其言其事《通鑑》繫於則天后長安四年七月條，二〇七：六五七二。
14. 參《舊唐書·宋璟傳》，九六：三〇三〇–三〇三一。
15. 參《舊唐書·韋安石傳》，九二：二九五六。

退還後乃索取銓選名單，凡是姓薛的共有六十餘人，全部都留注為官。[16] 他們的貪贓不法，顯然較薛師當年只有過之而無不及。

根據記載，張昌宗之封鄴國公，時在長安二年（七〇二）八月，與他們兄弟貴盛，勢傾朝野有關，因此太子、相王和太平公主上表請封昌宗為王。女皇下制不許；又請，乃賜爵為鄴國公。[17] 張氏兄弟只是「小白臉」型的男性，所以從未授以重要的官職。儘管如此，他們的權勢已經使到女皇的貴戚武承嗣等人爭為之下，為何如今又能使到女皇的子女也爭為之請封王？以此時的官職而論，他們不過僅是從三品的常務機關首長，一個掌管交通庶務，一個掌管文化工作，何來這麼大的權勢？他們顯赫的權勢究竟對政局帶來了什麼影響？

這要從女皇年老、寵幸、信任，以及她的親情關係說起。

親情的糾纏：一家兩系的繼承問題與情夫的介入

前面說過六十六歲的聖母神皇，在載初元年（六九〇）重陽節那天實行「革命」，而將她行年已經二十八歲的第四子——即被革了命的大唐皇帝李旦降為「皇嗣」，賜姓武氏，復名為輪。對大周來說，武輪無異是亡國之君，在他當皇帝之時，即已被母后所挾持，是傀儡兒皇帝，只因

16. 詳《通鑑》則天后久視元年六月條，二〇六：六五四七。
17. 見《通鑑》該年月條，二〇七：六五五九。

是女皇之子纔未步上死亡的噩運；不過從革命後的武家天下來說，他這個「皇嗣」終究不是真姓武，不是武氏宗族的真血脈，所以成了武氏子弟的眼中釘。雖然皇嗣「具儀一比皇太子」，[18] 但是終究不是皇帝法定繼承人——皇太子——的官稱，所以「皇嗣」這個名銜無異僅表示他是女皇的子嗣罷了，暗示女皇將來未必扶正他為「皇太子」，於是引起了以嗣魏王武承嗣為首的武氏子弟的陰謀，意圖奪嫡。

武承嗣曾教唆女皇盡殺李氏宗室，是首席宰相，女皇之父的襲爵人，為此之故，乃於革命後組織一次百姓請願，請女皇立他為皇太子。擁立新太子的理由，誠如帶頭人王慶之所問，依照宗法，「神不歆非類，民不祀非族，今是誰有天下，而以李氏為嗣乎」？在講究宗族門第的時代，這是非常有力的理由。

過程之中，由於宰相武（岑）長倩、格輔元等人對此請願反對，得罪了諸武子弟，而在武承嗣左右之下爆發了革命後第一次政治大獄，但是終究仍然達到了促使女皇不採納請願的效果。武承嗣借此案立威，皇嗣岌岌可危，不過仍因宰相李昭德的保護，遂使危機得以暫緩。昭德能夠保護皇嗣的原因，就是用親情和傳子的慣例與利害來打動女皇，說「豈有侄為天子而為姑立廟乎？以親親言之，則天皇是陛下夫也，皇嗣是陛下子也，陛下正合傳之子孫，為萬代計。況陛下承天皇顧託而有天下，若立承嗣，臣恐天皇不血食矣」！女皇曾用親情——長女之死——來打擊王皇后，又用親情——嫡長子已生——來排擠庶子女們，使夫皇與他們疏離隔絕，最終得以將他們迫害；相對的，武氏兄弟也曾在父親死後，聯合起來欺負女皇母女。親情在權力與鬥爭中有工具價

---

18. 參《舊唐書・睿宗紀》，七：一五二一。

值，富此經驗的女皇一點就通，固知若讓武承嗣繼位的話，不僅「天皇不血食」，恐怕連她也不見得有血食，女皇能不覺悟嗎？於是廢立皇嗣之事纔暫時停止，但仍未正式立他為皇太子。

從革命以來，武承嗣就一直為文昌左相・同三品，掌控尚書省最高行政權，並利用此身分權勢來營求為皇太子，繼承武家天下。李昭德為了反制武承嗣的奪嫡意圖，乃用近乎挑撥的手段，密奏「魏王權太重」，又以「侄之於姑，其親何如子之於父；子猶有篡弒其父者，何況侄乎」為詞，使女皇瞿然而罷了武承嗣和武攸寧之相；以後對他們也是旋拜旋罷，終不讓諸武子弟久任相職，長掌重權。可以說李昭德成功地離間了女皇的姑侄感情，緩和了皇位繼承問題的立即危機。

不過，由於此時女皇正加緊防範復辟的可能，故利用酷吏屢起大獄，皇嗣和舊王室成員的現狀改善不多，仍然面臨劫難。先是在長壽二年（六九三）的元日，女皇依例享萬象神宮，這次卻是命魏王武承嗣為亞獻，梁王武三思為終獻，完全將皇嗣排出典禮之外，無異公開宣示他不再有奉天承宗之權。翌日，女皇又因事殺害了皇嗣的劉氏和竇氏二妃。兩個多月後復腰斬了私謁皇嗣的兩名官員，從此以後皇嗣被幽閉得更嚴，公卿以下皆不得謁見，要降至聖曆二年（六九九）讓還君位繼承權給嫡三哥前廢帝廬陵王，而另受封為相王之後，纔獲准出居外邸。也就是表示他從二十二歲當大唐皇帝以來，一家人和侄子——嫡二哥故廢太子李賢之子——被幽禁於深宮，被殺的殺、被打的打，備受母皇的家庭暴力和政治迫害，直至三十六歲纔能重享自由，前後長達十五年之久！嫡三哥廬陵王這時仍叫李哲，一家幽禁在房州，日常恐懼之情狀更甚於皇嗣，只差還沒到有精神心理症狀的地步，略好於庶長兄故廢太子李忠被幽廢之時。

在這段時間裏，君位繼承人選未定，是大周最敏感的政治問題。除了武承嗣仍然努力不懈地爭取繼承權外，蒙難的舊王室誰也不敢表示意見，群臣也不敢輕易進言。或許，與女皇有親密關係的情夫，在此情況下可以說得上話。武承嗣等武氏子弟對她的情夫們服侍執禮如僮僕，也許事出有因；但是薛懷義和張氏兄弟雖得他們諂媚，卻始終未見為此事給他們說一句話。

女皇葫蘆裏賣什麼膏藥？誰也不知道。直至神功元年（六九七）六月二十四日，武承嗣和武三思再度拜相，但不旋踵就在同年七月三日並罷，只破紀錄地做了幾天宰相。四個月後，曾被罷相的幽州都督狄仁傑則再度拜相，繼承問題纔有了一些轉機。女皇這年已高齡七十三歲。

根據《通鑑》及一些筆記的記載，事情是這樣的：19

先前越王李貞起兵失敗後，緣坐者有六、七百人，籍沒者也有五千人之多，當時司刑使逼促行刑，狄仁傑新為豫州刺史，於是緩其獄而為之密奏申理，蒙特敕原之，減刑為配流。此舉無異得罪了建議大殺宗室的武承嗣，是兩人意見相左的開始。及至天授二年仁傑首次拜相，不旋踵就給來俊臣誣構下獄而幾死，後因其子以告變方式申理而獲改免死，出為縣令，武承嗣仍屢次奏請誅之。狄仁傑是太原人，可以說是女皇的小同鄉。此次復相後，老成謀國的他慢慢地取得了女皇的尊敬，被呼為「國老」而不名。這時武承嗣和武三思正加緊營求為太子，多次使人遊說女皇，謂「自古天子未有以異姓為嗣者」云云，女皇猶豫不決，曾多次商議於宰相。關於這些君相商議，由於提議修《時政記》的宰相姚璹已經罷相，故官方各有不同的記載，民間也有不同的傳言。

總之此事敏感，自李昭德保護皇儲以來，群臣誰也不敢再提；唯狄仁傑老成，每次與女皇談起，總是從容地以母子恩情為言，析陳姑侄之親不如母子之親。其實也是採用李昭德的故智，使女皇日

19.《通鑑》對廬陵王之回都及重為太子有詳細的考異（參則天后聖曆元年二月條並注，二〇六：六五二一六—六五三〇），筆者對其敍述頗有不同看法，故兼採其所引諸筆記而綜述之。

漸省悟。其間，仁傑曾勸女皇召還被幽禁於房州的廬陵王，同僚宰相王方慶、王及善也如此勸她。

此時民間亦傳說紛紛，據說某日女皇召仁傑入宮，告訴他說：「朕昨夜夢與人雙陸（一種博弈遊戲），頻不見勝，何也？」

「雙陸不勝，蓋宮中無子。」仁傑一語相關，並繼續回答：「此是上天之意，假此以示陛下，安可久虛儲位哉？」

女皇以此「是朕家事，斷在胸中，卿豈合預焉」為詞，不要他干預；但是狄相公則以四海之事都是陛下家事，臣為宰相，豈不能干預為詞，表示理當過問。這是宰相從過問女皇家事，進而主動過問儲位的開始。

民間又傳說女皇曾夢一羽毛豐麗但兩翅俱折的鸚鵡，以問宰相。

「鵡者，陛下之姓也；兩翅折者，陛下二子也。」狄相公回答，並又建議說：「陛下起此二子，則兩翅全也。」

當此之時，契丹反周，領袖孫萬榮於神功元年（六九七）三月殲滅王孝傑兵團，遂進兵圍攻幽州；乃以舊廢帝為詞，移檄朝廷質問說：「何不歸我廬陵王！」

顯示國內外形勢對武氏子弟的繼承一片不利，對李氏則一片大好，促使女皇選擇了不立諸武子弟。延至聖曆元年（六九八）三月，女皇終於託言廬陵王有病，祕密遣使召他一家入都醫療，經二十日後還至神都。

召還廬陵王一家是在極機密之下進行，朝廷百官一無所知。據說女皇還安排了一個戲劇性的會見場面。情況是這樣的：

某日，女皇御一小殿，匿廬陵王於帳中，又召見仁傑，命他坐於階下，和他談起廬陵王之事。

仁傑慷慨敷奏，言發流涕，女皇也感到欷歔。突然，女皇說：「今還卿故天子！」又撫著仁傑的手背說：「卿非朕之臣，是唐社稷之臣！」遂命左右掀帳讓廬陵王出來相見，並命他拜謝國老。仁傑頓首祝賀，復說：「故君還都，人無知之者，輿論將會紛紛然不知真假。」女皇稱是，令廬陵王出居龍門，命百官具法駕，列隊往迎，於是人情大悅。

狄仁傑等以親子之情打動女皇，建議迎還廬陵王，最初的出發點似是因為女皇已老，儲君未確，身為「唐朝老臣」，如今又備位宰相，故有阻止武氏子弟而確保李氏子弟之意；但是女皇態度不明，李氏二子都是故君，所以也就沒有進一步明確地建議女皇應立誰人為皇太子。事實上，女皇此時也仍未有重立李氏兒或要立李氏哪一兒為儲君之意。不料廬陵王還都後五個月後——即聖曆元年八月，時任太子少保的魏王武承嗣眼看情勢不妙，恨不得為太子，而突然怏怏病死。

武承嗣之死表面上與東突厥可汗默啜入侵之事直接有關，其實內裏與女皇的小情夫和皇儲的適時表態有關。於此先考察前者。

原來當契丹反周之時，孫萬榮欲與東突厥連兵攻周，故東突厥可汗默啜以此要脅大周，請求和親。聖曆元年六月，女皇派承嗣之子淮陽王武延秀入突厥迎納默啜之女為妃。延秀等來至可汗庭，默啜竟謂來人說：「我欲以女嫁李氏，安用武氏兒耶！此豈天子之子乎？我突厥世受李氏恩，聞李氏盡滅，唯兩兒在，我今將兵輔立之！」乃拘留延秀，於八月初將兵攻周。突厥入寇河北，連陷城池，屠略慘厲，同時移書責備朝廷，其中有一條竟公然說：「我可汗女當嫁天子兒，武氏小姓，門戶不敵，罔冒為婚！」[20] 女皇急命司屬卿．高平郡王武重規等先後率史無前例的四十五

---

20. 見《通鑑》則天后聖曆元年八月戊子條，二〇六：六五三〇—六五三一；並詳第十三章第三節。

萬兵前往迎戰。於此之時，武承嗣怏怏病死，應即與廬陵王已還及默啜此檄這兩種不利的內外情勢有關。雖然承嗣死後幾天，女皇重拜春官尚書武三思為相，[21]翌月七日亦復拜夏官尚書武攸寧同三品，但是畢竟他們的位望身分不比承嗣，故武氏子弟遂一時與君位繼承權無緣。

就在九月十五日，[22]女皇冊立廬陵王為皇太子。

在此轉變之前，女皇的小情夫早已經發揮了扶正李氏子弟為儲君的「臨門一腳」。此事又與左臺中丞吉頊有密切的關係。

原來張易之兄弟雖因女皇親幸而寵盛，然而他們也想到女皇已老，因此頗思自全之策，曾問計於好友吉頊。「公兄弟承恩既深，非有大功於天下則不全矣！」吉頊獻計說：「今天下士庶咸思李家，廬陵既在房州，皇嗣又在幽閉，主上春秋既高，須有付託，武氏諸王，殊非屬意。明公若能從容請建立廬陵王及皇嗣，以副生人之望，豈止轉禍為福，必長享茅土之重矣！」張氏兄弟採納他的意見，遂承間向女皇奏請。

女皇知道此主意出自吉頊，召他詢問。頊說：「廬陵王及皇嗣皆陛下之子，先帝顧託於陛下，當有主意，唯陛下裁之。」女皇之意乃定，[23]遂迎還廬陵王。可見迎還廬陵王，及建議女皇立李

---

21. 武三思在八月十三日庚子以本官檢校內史，兩《唐書．則天紀》及《通鑑》均同；但《新唐書》不記承嗣之死，《舊唐書》謂在二日己丑，《通鑑》則謂十一日戊戌。

22. 《舊唐書．則天紀》作十九日丙子，《新唐書．則天紀》與《通鑑》皆作十五日壬申，《通鑑》曾參《實錄》，故從之。

23. 事據《舊唐書．吉頊傳》（一八六上：四八五〇），唯「皇嗣」作「相王」，應是追記之詞。《新唐書．吉頊傳》與此略同；但《通鑑》繫之於契丹圍幽州移檄謂「何不歸我廬陵王」句之後，又謂吉頊只勸他請立廬陵王云云

氏二兒中的一人為儲君，應是張氏兄弟給女皇的意見，而最初則是出於吉頊的建議。

此事也進行得極為機密，要等到多年後皇嗣（即睿宗）二度登基，經左右發明其事，真相纔大白。睿宗遂下制推崇他「首陳返政之議，克副祈天之基。永懷遺烈，寧忘厥功」！追贈為御史大夫。其子吉渾的墓誌，也明載「武后稱制，皇綱不維。先相國（吉頊）扶護二宗（中宗和睿宗），協規大象」云云。[24]

因此，吉頊是鑑於國內外民心情勢，揣測女皇無意立武氏子弟，遂向張氏兄弟建議請女皇解放李氏二兒，而從中擇一為儲君，實居首謀之地。張氏兄弟為己身的安危利害計，以情夫身分向情婦提出此主張而被接納，則居首要之功。狄仁傑等相雖不知此委曲情事，卻一再向女皇動之以母子之情，提議召還廬陵王，盡善大臣謀國的職責，亦有推波助瀾之勞。然而即使廬陵王已還都半年，儲君人選仍未明朗，僅是武承嗣料知大勢已去，故含恨而死。這時遂以皇嗣的動態最為變化的關鍵。皇嗣在此期間數稱疾不朝，固請讓位於廬陵王，[25]於是母皇主意乃定，冊立廬陵王李哲為皇太子，復名為顯，並在翌年臘月拜吉頊為相，賜太子李顯姓武氏；稍後降封皇嗣為相王，領太子右衛率，始出閤居住。[26]

（見則天后聖曆元年二月及注引《考異》，二〇六：六五二六–六五二八）。按：吉頊請立廬陵王只是司馬光推測之詞，《考異》已見之；其實張、吉是以廬陵王和皇嗣為言，詳正文下文。至於《唐會要・識量上》所記亦與兩《唐書》本傳同，卻繫於聖曆三年（七〇〇）臘月（五一：八八九–八九〇），殆誤。

24. 制詞見《舊唐書・吉頊傳》，墓誌見《全唐文補遺・大唐故朝請大夫尚書司勳郎中吉公墓誌銘》第一輯，一一八–一一九。

25. 見《舊唐書・睿宗紀》，七：一五二。

大周君位繼承權雖因國內外諸般因素發展出這樣的結果，但究其最具決定性的因素，厥仍在女皇與子女、侄子、情夫之間交纏的感情與利害判斷，這裏不妨略加說明。

首先，對善於權術的女皇來說，她知道侄子們幫助她革命建國，掌握政權，除了圖榮華富貴之外，尚要圖大周王朝的繼承權。然而他們父親叔伯與女皇母女之間的宿怨，女皇豈能忘懷而不加提防？所以縱讓武氏子弟拜相，然亦旋拜旋罷，不讓他們久握事權。這就是李昭德、狄仁傑等人能說動她內心的原因之一。

另外，縱使她有令兒子從母姓，大力提高母權，改善一些婦女地位等措施，但是卻決非女性主義或女權主義者。因為她只是要為她個人爭取和享受權力，此外即使連親生女兒太平公主也不能輕易分享，也無意培養她為繼承人。女皇雖然嚴懲兒子，甚至支配他們的人身自由和生命，但是她畢竟仍深受男性中心的宗法意識觀念所影響，認同母子之情是天倫，兒子是繼承香火者，是使她死後有血食的人，非姑侄關係所能比。她的內心深處，正被李昭德、狄仁傑、吉頊等人所洞悉掌握，因此他們纔能說動她解放和重立兒子。只是這種話由被她敬重或信任的朝臣提出，效果卻遠不及由被她寵愛的情夫提出。此無他，蓋凡人往往逃不過情慾二字，敬信總比不上寵愛之來得親密。

這道理對武氏子弟，尤其也搶人妻妾的武承嗣來說，[27]當能深知。因此他們對女皇前後情夫

---

26. 皇嗣降封時間諸書所記不同，《唐會要》作聖曆元年（一：五），《新唐書．則天紀》作二年正月，《舊唐書．則天紀》及《通鑑》作二年二月，姑從後二書。又皇嗣降封後始出閣，見《唐會要．諸王》，五：五一。

27. 例如武承嗣曾搶著名文士喬知之的美妾而殺知之，又樂納吉頊兩妹而枉法開釋其父，並且提拔吉頊。

執禮伺候如僮僕，顯然就是對他們有所深求。但是女皇的前後情夫們對武氏子弟——尤其不能久握事權的武氏襲爵者武承嗣——的殷勤巴結不值一哂，當是作為一個情夫，他們對女皇的內心應有所悉。至於對李氏二子，他們為君日淺，又遭幽禁，故與張氏兄弟素無恩怨可言，也無機會讓他們降禮有求；可是經常陪伴女皇，他們大概也知道女皇仍有母子之情，不會進一步廢殺此二子。張氏兄弟之有今日，實始於他們的妹妹太平公主所薦引，而他們亦與公主的關係向來良好，曾陪女皇至公主的南莊詩酒宴會。在這種情況下，對張氏兄弟來說，與其幫一個今日待他們如主子、他日登基後不知待他們如何的謀權甚急之人，毋寧幫一個今日幽閉待救、他日可能報恩之人，所以吉頊一點就明。

說來難以令人置信，大唐復辟、大周覆敗，竟與這種傳統結構、家庭糾葛和男女感情有莫大的關係！

武顯在聖曆元年九月重為皇太子，尋奉敕改從母姓，使武氏大家庭增多了一號人物。然而對真正的武氏子弟而言，雖然與君位繼承權擦肩而過，但是政治勢力還在，他們與太子兄弟表面上是一家，其實卻分屬兩系，甚至可能對姑母有「以異姓為嗣」之怨。如何化解王室一家兩系的矛盾，避免未來兩系子弟的衝突？女皇思慮良久，決定以調和方式化解之，乃於二年七月召集太子、相王、太平公主與梁王武三思、定王武攸寧等，在明堂立誓文昭告天地，銘之於鐵券，藏於史館。[28]經此刻意佈局之後，遂於同年十月讓太子和相王諸子恢復出閣。此後，女皇仍想透過婚姻以維繫兩系的關係，根據史書的記載，除了先前太平公主已改嫁給武攸暨不算，女皇一共有十九

28.《新唐書・則天紀》不記此事，《通鑑》作二年二月，今從《舊唐書・則天紀》。

個孫女，即太子武顯有八個女兒，相王武旦有十一個女兒。太子既然是君位繼承人，故女皇主要是要安排太子之女嫁給武氏孫輩子弟，其中新都郡主嫁武延暉，永泰郡主嫁武延基，安樂郡主先嫁武崇訓、後改嫁武延秀。[29]

這「武、武聯婚」真是親上加親！可以從中獲得一些訊息：在女皇的意識或潛意識裏，她雖已令二子改從母姓，卻終究不將他們真的視為武家人，否則如何會安排此「武、武聯婚」？所以在她的心目中，兒子這一家終究仍是李家，故此「武、武聯婚」終究仍是「武、李聯婚」；另外，她安排武家外孫娶李家孫女，並沒有安排武家外孫女嫁給李家孫子，是則仍不脫武家以外戚尚主的格局。女皇自己如此，因此也就難怪國內外仍視太子與相王為李氏天子兒了。

女皇心知兩系不真的是一家，所以纔想透過改姓、通婚、誓盟等等方式安排，讓兩系融合團結，以消除他們的矛盾與衝突。她能收到預期的效果嗎？恐怕不盡然。有些人認為「李氏兒」已重新得勢而靠攏，有些人以為武氏子弟從此失勢了，遂不免加以輕視，兩系之差別與矛盾顯然正被他人所利用。以前女皇威權獨任、酷吏嚴峻，誰也不敢亂結朋黨；如今擁李、擁武或中間派卻已隱然形成，稍後另因二張干預朝政而又出現了附張派，益使情況複雜，埋下了更大的政治危機，吉頊的表現顯然可以作為代表，並能充分說明此隱憂。

吉頊當年因為父親易州刺史吉哲受賕當死，故將兩個妹妹送與武承嗣，請他救父，遂與武氏子弟搭上了關係。兩《唐書》本傳說他身材魁偉，有儀質口才，個性陰毒敢言，後與武懿宗興起

---

29. 太子諸女嫁時均為郡主，安樂在武崇訓死後改嫁武延秀，已是復辟後之事，參《唐會要．公主》（六：六四），及《新唐書．諸帝公主傳》（八三：三六五二—三六五七）。

大獄，株連甚眾，累官至左臺中丞，故皆列入酷吏之列。[30]他先後與張氏兄弟、女皇的談話發揮了「扶護二宗，協規大象」之功，事屬機密，外間無人知悉。當東突厥入侵河北時，他奉制檢校相州刺史，募兵以斷其南下之路。吉頊初至任所，無人前來應募。及至新太子受命為河北道行軍元帥，吉頊為監軍使，來應募者踴躍雲集，未幾即盈五萬人之多。突厥退兵之後，吉頊還朝奏上此情此事，女皇甚悅，命令說：「人心若是耶？卿可為群臣道之！」吉頊乃誦語於朝，使諸武對他甚為厭惡。顯然的，他已經洞悉女皇親子之情，故藉機向李氏兒這邊靠攏，所以當聖曆二年初女皇特置控鶴監以安置張氏兄弟之時，他也入選為控鶴內供奉，於是與女皇、張氏兄弟的關係更形密切，並尋即遷為天官侍郎．同平章事。

吉頊仗著這種關係和情況，不免又凌辱武氏子弟。史載他曾與武懿宗爭功於殿中，對身材短小佝僂的懿宗下視嚴語，無所容假，令女皇也看不過去，為之怒說：「在朕面前猶卑我諸武，他日安可倚靠！」此事顯示吉頊會錯了女皇之意。她雖顧念親子之情，但對武氏子弟也無厭惡之意，不容他人輕視糟蹋；所以在事後某日，女皇就以用鞭、擊、殺三手段來調馴師子驄之例，嚴重地警告吉頊。

女皇已因此事對吉頊動怒，武氏子弟也怨恨他靠附太子，於是共同揭發他的弟弟冒官，使他連坐，在聖曆三年（即久視元年，七〇〇）正月貶出為縣尉。臨行陛辭，吉頊涕泣向女皇說：「臣今遠離闕庭，永無再見之期，願陳一言以進！」

女皇賜坐，他說：「合水土為泥，有爭乎？」吉頊提出問題。

30.《舊唐書》本傳不記他獻妹救父之事，《新唐書》本傳則有之，見一一七：四二五七。

「無。」女皇答。

「分一半為佛，一半為天尊，有爭乎？」再問。

「有爭矣。」女皇復答。

「臣亦以為有，」吉頊頓首解釋說：「宗室、外戚各當其分則天下安；今太子已立而外戚猶為王，此陛下驅之使他日必爭，兩不得安也。」

「朕亦知之，然業已如此，不可如何！」[31]這時恐怕連女皇自己也弄不清楚究竟誰是宗室、誰是外戚了，要不然就是認同了朝野的共識——武氏天下的大周而武氏仍不能是宗室，故無奈地作了此表示。顯示她對上述的處理及預期沒有自信，對調和一家兩系日後可能的衝突也感到無力，因此群臣也得以依違其間謀取利益。

有人以為經女皇刻意安排，李、武兩家自後就成為一個牢固集團，甚至形成一個「李、武政權」；[32]然而觀此對話，可見這僅是一種幻覺。就如同女皇曾妄想是轉輪王和彌勒佛一樣，自己的幻想自己戳破，清醒之後則是一種痛苦！

糾纏的家庭問題困擾著女皇，不過一家兩系的危機在她生前沒有爆發，立即爆發的重大危機卻是與情夫有關。

---

31. 兩《唐書》本傳和《通鑑》對此諸事所載詳略頗不同，有相當的差異，今參酌而述之。

32. 李、武透過婚姻而成為牢固的集團，此為陳寅恪先生在其〈李武韋楊婚姻集團〉所提出的著名解釋；黃永年順此理路引伸，遂在其〈歷史上的畸形政權——李武政權〉（《文史知識》一九九三年三期，頁一八—二五）一文中，提出「李武政權」之說，然實證分析不足，筆者對此保留；後來唐華全撰〈試論唐中宗時期的諸武勢力〉（《中國史研究》一九九六年三期，九九—一〇九）一文，遂對此二說進行了批判。

情夫與家屬危機以及政治危機

晚年的女皇雖然縱慾享樂，但是最寵幸的仍是張易之和張昌宗兄弟。他們於萬歲通天二年（即神功元年，六九七）入侍宮中，兩年（聖曆二年，六九九）之後女皇特置控鶴監來安置他們，復在同年六月將控鶴監改為奉宸府，班在御史大夫之下。顯然地，女皇與他們的感情發展神速，迷戀甚深，甚至為之改變生活，所以纔會縱容他們一家仗勢弄權，貪贓枉法，以至接納他們迎還盧陵王的建議。

儘管聖曆三年（七〇〇）洞真天師胡超化合長生藥有成，讓七十六歲的女皇服食有效，疾病稍好，並為之改元「久視」，削去「天冊金輪聖神」之號，放棄「皇帝佛」的虛幻，以盡情享受餘生；不過，女皇畢竟春秋已高，健康大不如前，所以更仰賴張氏兄弟青春氣息的貫注，也需要「兼工合煉」的張易之為她「合煉」。[33]女皇對此兄弟倆寵之速、幸之深，應與此有關。這種情況與發展，漸漸給她帶來了危機。

首先，女皇年事漸老且漸多病，加上遊幸享樂，當然勤政就大不如前。向來大小事務一把抓的女皇，如今誰能為她分勞？根據史書的說法，宮中有兩個女人此時扮演了相當重要的角色，她們是太平公主和上官婉兒。

史傳說「二十餘年天下獨有太平公主，父為帝，母為后，夫為親王，子為郡王，貴盛無比」。其實論身分，她是歷史上唯一一個父母兩兄均為皇帝的公主，決非從夫從子而貴；論權勢，因為

33. 張易之既是兼工合煉的道術中人，道教講究一種陰陽採補、男女合煉之術，未知他是否也兼工此術。

她的母皇喜歡她與欣賞她的權略，使她有機會參預謀議，所謂「公主豐碩，方額廣頤，多權略，則天以為類己，每預謀議」是也。只是母教甚嚴，懂得分寸的她知道「宮禁嚴峻，事不令洩」，故「亦畏懼自檢，但崇飾邸第」，常與母皇及朝臣文士在邸莊詩酒宴會而已。[34]依照唐朝封建的舊制，親王實封八百戶，最多不超過一千戶，公主則不過三百戶；然而太平公主在革命前已獨封三百五十戶，革命後增至一千二百戶，到了聖曆年間更增至三千戶，可見能讓母皇情夫與己夫合族，甚至推薦情夫給母皇的她，如何得到母皇之寵愛與貴盛。女皇讓貼心乖巧的她來參預謀議，顯然事出有因。

上官婉兒的祖父即是奉命起草廢后詔而被天皇出賣，因而被殺，甚至波連故廢太子李忠也喪命的宰相上官儀。她在襁褓時就被沒入宮中，長大後邊工作邊學習，由於個性聰慧，因此以文詞見稱，也明習吏事。十四歲時獲天后召見，見她作文有若素構，大為欣賞。革命後，從萬歲通天（六九六）年間以來，七十二歲的女皇就要年約三十三歲的她內掌制命。她一度忤旨當誅，女皇愛惜其才而不殺她，但鯨其面而已。自從聖曆（六九八—七〇〇）以後，女皇也令她參決百司奏事。[35]

太平公主是否在革命後即自始至終地參預謀議，史未明言，不過依照女皇早年的掌權習慣和公主的畏懼自檢與增封情況看，她應是在聖曆以後纔參預謀議的可能性比較高，因為上官婉兒也是在此時參預謀議的。這時，正是女皇老病和思想改變之時，因此她們——事實上也僅此兩人——的參預謀議，決不能擴大解釋為女皇「給婦女提供參政的機會」，以及「提高婦女的社會

34. 事見《舊唐書》本傳，一八二：四七三八；《新唐書》本傳（八三：三六五〇）略同。
35. 婉兒兩《唐書》均列入后妃之傳，見《舊唐書》，五一：二一七五，及《新唐書》，七六：三四八八。

地位」。[36]亦約在此時，女皇更多委時政於並非親屬、也非宰相的二張兄弟，於是遂引起物議。

女皇若因年老而不能勤政如前，其實就應該退位或讓太子監國，但是女皇沒有這樣做。例如聖曆三年（七〇〇）四月女皇幸三陽宮避暑之時，她實際已病倒，故在五月服食胡超合成的長生藥而使病情轉好後，為之改元「久視」，並取消了「天冊金輪聖神」之號。根據史書的記載，內史狄仁傑曾建議她讓太子監國，然因另一宰相魏元忠的反對而止。[37]女皇寧委政於情夫而不讓太子監國，顯然大大與天皇生前常令太子監國的慣例不同，也大違常情，所以在大足元年（即長安元年，七〇一）八月，一個叫蘇安恒的平民，自稱受父母的鼓勵，詣闕投匭上疏，冒死發難請女皇退位。

他的奏疏劈頭就說明握有歷數、擁有天命的人君，歷來政權轉移只有「或揖讓而昇，或干戈以定」。陛下道比女媧，漢朝的呂后不能相比。如今「陛下欽先聖之顧託，受嗣子之推讓。……造明堂，則祖文宗武之業也；封中岳，則萬代一時之事也；受寶圖，即河圖洛書之瑞也。功既大矣，業既成矣，即當捐其犬馬，減其服御；觀四大其如遺，視萬乘其若脫」，效法虞舜之禪讓於族親大禹，周公之復辟於侄子成王。「且族親何如子之愛，叔父何如母之恩？今太子孝敬是崇，春秋既壯，若使統臨宸極，何異陛下之身」！陛下已經厭倦萬機，何不退位以怡養天年？接著他又指出：「陛下輟『金輪聖神』等號，即是厭倦萬機之象，此謂天意也。太子以奸臣枉搆，久以自新；相王推位青宮，退居朱邸，天下聞之，莫不謳吟聖代，此謂人事也。故知天意人事，鍾我聖朝。大臣重祿不言，近臣畏罪不諫，使吾君有堯舜之位，不行堯舜之道」，有失為臣之道。因

---

36. 劉向陽〈武則天的婦女政策淺評〉，收入趙文潤等編《武則天與偃師》，一六二—一六六。
37. 事見兩《唐書．魏元忠傳》，據《新唐書．宰相世系表》，仁傑在此年正月為內史，九月死。

此認為退位是符合天意人事之舉。

同疏特又針對一家兩系封建安全的問題，提出建議說：「自古明王之以孝理天下也，不見二姓而俱王也。當今梁、定、河內、建昌諸王等，承陛下之蔭覆，並得封王，臣恐千秋萬歲之後，於事非便。臣請黜為公侯，任以閑薄曹務。臣又聞陛下有二十餘孫，今無尺土之侯，此非長久計也。臣請四面都督及要衝州郡，分土而王之。……陛下若能告倦萬幾，推位太子，分州列郡，以王子孫。自然四夷聞之，繫頸面縛；百姓聞之，鼓腹擊壤。」

民間既有此議論，故女皇有必要加以安撫，於是召見安恒，賜食，慰諭一番，然後將他遣還。[38]幾個月之後蘇安恒再上第二疏，聲言忠臣不取寵、烈士不偷生，諫諍得更加劇烈，直指女皇乘時貪位，微弱李氏，鵲巢鳩占。他說：

> 「昔者先皇晏駕，留其顧託，將以萬務殷廣，令陛下兼知政事。雖唐堯虞舜居其位，而共公伯鯀在其朝，間陛下骨肉之恩，阻陛下母子之愛。愚臣謂聖情以運祚將衰，極斯大節，天下之人，謂陛下微弱李氏，貪天之功！何以年在耄倦，而不能復子明辟？使忠言莫進，奸邪乘時，夷狄紛擾，屠害黎庶。……臣聞天下者，神堯（唐高祖）、文皇之天下也！……陛下雖居正統，實因唐氏舊基，故詩曰：『惟鵲有巢，惟鳩居之。』此言雖小，可以喻大。……東宮昔在諒陰，相王又非長子，陛下恐宗祀中絕，所以應其謳歌。當今太子追回，年德俱盛，陛下貪其寶位，而忘母子深恩。臣聞京邑翼翼，四方取則。陛下蔽太子之元良，枉太子之神

38. 參《全唐文．請復位皇太子疏》，二三七：三〇二九－三〇三〇。《通鑑》繫之於長安元年八月，投匭則見《新唐書．蘇安恒傳》，一一二：四一六七。

器，何以教天下母慈子孝焉？何以使天下移風易俗焉？惟陛下思之，將何聖顏以見唐家宗廟，將何誥命以謁大帝墳陵？陛下何故日夜積憂，不知鐘鳴漏盡？臣愚以為天意人事，還歸李家；陛下雖安天位，殊不知物極則反，器滿則傾。故語曰：當斷不斷，反受其亂。此之謂也。陛下不如高揖樞務，自怡聖躬！」[39]

疏奏，女皇仍不責他以罪。[40]從女皇對蘇安恒一再上疏痛陳她貪戀寶位、不肯還政李氏而無動於衷的態度看，顯示她一點兒也不以此為意。女皇顯然寵幸二張兄弟過了頭，使她失去了政治的警覺性，遂形成危機之所由起。

更有甚者，由於偏寵二張兄弟，乃在大足元年九月四日發生了女皇殺孫——當今太子之嫡子、女兒和女婿——的不幸事件。事情大約是這樣的：

當今太子的嫡長子李重潤——即是當年天皇所立的皇太孫李重照，在聖曆三年（即久視元年，七〇〇）臘月與其兄弟重被冊封為王，其中行年十七歲的他被封為邵王，十六歲的七妹李仙蕙則封為永泰郡主。郡主尋下嫁給武承嗣之嫡子嗣魏王武延基。[41]翌年（大足元年，十月改元長安，七〇一），邵王與永泰郡主夫婦私下議論說張易之兄弟何得恣入宮中專政。[42]後因忿爭不協而洩

---

39. 參《全唐文．請復位皇太子第二疏》，二三七：三〇二〇—三〇二一。
40. 《通鑑》繫此事於長安二年五月，二〇七：六五五九。
41. 《新唐書》謂永泰是中宗第八女，今據〈大唐永泰公主志石文〉（見《唐代墓誌彙編》神龍〇二七條，一〇五八—一〇五九；也收入《全唐文補遺》第一輯，八三—八四）作第七女，其出嫁在冊封之後。
42. 《唐會要．追謚太子雜錄》謂竊議二張「何得恣入宮中」（四：四八—四九），《新唐書．張行成傳》僅謂「竊

之，易之向女皇投訴。[43] 女皇將他們交付太子，令他自行審問和處置，太子遂將他們一併自縊殺死；也有說法是女皇所殺的。[44] 此事關係重大，與政治危機有關，因此有必要追究他們之死。

在這裏，且先回顧一下不久以前發生的一、兩件大案。

女皇五十六歲當天后時，為了要廢掉太子李賢，就以他的私生活不檢為由，將它變成交付宰相會審的大案，咬定他犯了「逆謀」罪，而堅持要「大義滅親」。此案牽累了一些宮臣，最慘莫過於凌煙閣功臣故宰相高士廉之孫太子典膳丞高岐，因其家功勳門第甚高，故被勒令押解回家交由家長自我懲誡；甫一入門，父親左衛將軍高真行即刻抽佩刀以刺其喉，伯父戶部侍郎審行又刺其腹，最後由堂兄斷其首，棄屍於衢道之中，真是一個人間慘劇！連天皇聞知後也鄙視真行兄弟的行為，而把他們貶至遠州。作為一個連姻王室、功臣宰相的家族，他們為何害怕至此？大概是

議」，《通鑑》（長安元年九月條，二〇七：六五五六—六五五七）謂「竊議其事（指委以政事）」，《舊唐書．張行成傳》則直謂「竊言二張專政」。按：二張是女皇情夫，常入宮中，重潤等不應不知；只是如今政事多委之，故他們應是批評其恣入宮中專政。

43. 《唐會要．追謚太子雜錄》謂「為人所構」，《新唐書．張行成傳》僅謂因竊議得罪，《舊唐書．張行成傳》及《通鑑》則直言張易之。然《舊唐書．武承嗣傳》則謂他與邵王兄妹二人「話及張易之兄弟出入宮中，恐有不利，後忿爭不協，洩之，則天聞而大怒，咸令自殺」（《新唐書．武承嗣傳》同）。按：既是三人私議，當無他人知之，故「後忿爭不協，洩之」之說可信。又此洩應是直接或間接為易之所悉，故向女皇投訴，因為女皇不可能直接聽聞，他人亦不易逕向女皇投訴，而且能夠讒構重潤等而置之死地者，當是捨易之兄弟外，則應無人能有此影響力。

44. 《唐會要．追謚太子雜錄》謂「則天命杖殺之」，《新唐書．張行成傳》僅謂「皆得罪縊死」，《通鑑》據《實錄》則謂「太后皆逼令自殺」，今據《舊唐書．張行成傳》，其理由詳正文。

因為：一者子弟牽連今太子「逆謀」案；二者他家是長孫無忌的舅族，過去曾經因無忌案而坐累，所以纔會害怕到手刃子弟罷！

其次，當女皇六十歲為太后廢帝之時，李敬業起兵討她。其父李勣是功臣宰相，且有大恩於武后，但也對她報復殘殺的手段感到恐懼，害怕自家哪天受害，故死前遺囑其弟李弼說：「我見房玄齡、杜如晦、高季輔辛苦作得門戶，亦望垂裕後昆，並遭癡兒破家蕩盡。我有如許豚犬，將以付汝，汝可防察，有操行不倫，交遊非類，急即打殺，然後奏知！……違我言者，同於戮屍！」[45]其後果因敬業之案，子孫坐誅，墳塋毀廢，要待當今太子武顯復辟成功，追念元勳，纔詔令為他重新起墳，追復官爵。

當年女皇所廢的皇帝正是當今的太子武顯。他因一時的氣言而被廢、軟禁以及恐懼的經驗，早已成為其真實生活的一部分，觀察他復辟後的思想行為，此真實生活的部分甚至已經影響到他的人格轉變。

現在，邵王李重潤是女皇的嫡皇孫，嗣魏王武延基是嫡外孫也是孫女婿，封爵皆為親王，且都是一家兩系的嫡系。因此，即使他們因為不滿而「竊議」女皇的情夫何得恣入宮中專政，有犯罪的嫌疑，但未經審判而罪該至死嗎？以三人的家庭身分而論，作為祖母而管教子孫甚嚴的女皇，為此要打他們是有可能的，故廢太子李賢之子不也是常挨打，以至天氣變化即舊傷疼痛的嗎？若是，則《唐會要》所言，女皇只是為了他們對情夫的「竊議」，而直接統統「命杖殺之」的可能性就不大。其次，若以他們的官方地位而言，他們是金枝玉葉，貴為親王郡主，也不可能被逕以「杖殺」的方

---

45. 語見《舊唐書・李勣傳》，六七：二四八九。

式處死。近今出土的〈大唐永泰公主志石文〉，是史官徐彥伯在大唐復辟之年奉敕所撰，提到她的死說：「自蛟喪雄鍔，鸞愁孤影；槐火未移，柏舟空泛。珠胎毀月，怨十里之無香；瓊萼凋春，忿雙童之秘藥。女娥篪曲，乘碧煙而忽去；弄玉簫聲，入彩雲而不返。」無異表示她死於夫婿之後，珠胎未待月圓而先毀，花萼未等春至而早凋，在大唐中興來臨之前即隨同夫婿而亡，事情哀怨而不可挽救！[46] 如果筆者對徐彥伯之文理解適當，則《舊唐書．張行成傳》所述：「付太子（武顯）自鞫問處置，太子並自縊殺之」的說法就值得嚴加注意。這事要怎樣纔能進一步解釋清楚？

司馬光相信《實錄》，故《通鑑》據《實錄》而謂「太后皆逼令自殺」。即使如此，因一點小事而逼殺孫子女和孫女婿，誠是慘絕人寰之事，何況他們批評的也不是犯了什麼十惡罪，因此是誰「逼令」？如何「逼令」？「逼令」誰？這就是疑問的關鍵所在。

大概重潤他們竊議祖母女皇的情夫何得恣入宮中專政，為張易之所投訴，故被威權甚重、管教甚嚴的祖母女皇找來痛打一頓。嗣魏王武延基因父親已故，似乎遂被此武氏大家長命人即時或失手所打死；至於邵王和永泰郡主則被責交太子，令他親自鞫問處置——就如同當年高岐被交還其家長處理之例一樣。曾經被廢禁過、深知母皇可以狠心「大義滅親」，而有危機意識如高真行兄弟與李勣一般的太子武顯，對母皇的用意揣測不明，對她的威權又心懷恐懼，因此也就真像高真行兄弟殺高岐、李勣遺命對行為不良子弟要「急即打殺，然後奏知」一樣，將他們一起「縊死」，以作了斷，以免後禍。

---

46. 此石文自一九六〇年出土後，據以解釋公主死因之說頗有異，甚至謂她難產而死，其實徐彥伯用典不宜太見文思義或擴充解釋，不贅辯。

重潤等三人被殺，在當時是一件眾人皆知的事；至於為何被殺，如何被殺，則未必眾人皆知，因為官方對他們之死沒有任何公佈。重潤兄妹要到父親復辟之年（神龍元年，七〇五）纔追贈為懿德太子，仍聘一個官員的亡女裴氏與他冥婚，合葬於乾陵，制文則僅說他「地居長嫡，允膺崇樹。天不愸留，奄隨運往」而已。[47] 仙蕙亦在同年追封為永泰公主，與駙馬武延基陪葬於乾陵。她的〈志石文〉也僅說「皇帝在昔監國，情鍾築館。悲蒼昊之不仁，嘆皇罃之無祿。寶圖伊始，天命惟新。顧復興念，追崇峻典」。顯示纔甫復辟，武顯即極痛惜和懷念此苦命之女；並在銘文最後竟慟呼「泉閨夜臺相窅篠，千秋萬歲何時曉」！似乎表示她不該死，希望亡女能明白他的愁悵與苦衷，甚至為了補償，後來崇峻到稱呼其墓為陵；只因寫〈志石文〉時女皇尚未過世，故文詞皆寫得隱約罷了。

直至復辟後的第二年，由左散騎常侍武三思、中書令魏元忠、禮部尚書祝欽明、史官太常少卿徐彥伯、祕書少監柳沖、國子司業崔融、中書舍人岑羲、徐堅等人修撰《則天實錄》，這時女皇已死，他們對當今皇上受母所逼而殺子女和女婿顯然有所顧忌，而予以隱諱，遂全部歸罪於已故的女皇。到了開元四年以後，史官劉知幾、吳兢等重修《則天實錄》和修撰《中宗實錄》時，隱諱的壓力雖已不那麼大，但是因為當事人都已死去，故對此只有女皇母子纔知真相的慘案，可能仍然維持了初修本的原狀，所謂「太后皆逼令自殺」是也。

無論如何，威權嚴厲的女皇確曾為了情夫之故，而「杖殺」了武氏正嫡傳人武延基；也曾使太子感受到「逼令」的壓力，而「親自鞫問處置」了李氏的下一代正嫡傳人。此一家兩系正嫡傳

---

47. 制文見《全唐文》（一六：二二六），懿德太子墓所出土的玉冊則殘破不可悉。

人之死，的確與女皇有關，而起因則與二張兄弟有關。二張兄弟涉及君位繼承和重潤三人之死的問題，或許內裏細節不為人知，但是他們涉入甚深則應是滿朝皆知，只是怵於他們與女皇的關係，且又兄弟貴盛，勢傾朝野，所以誰也不敢竊議其事罷了。

古語說「人心維微，道心維危」，二張兄弟已因君位繼承問題得罪了武氏子弟，這時又因嗣魏王武延基之死而再次得罪他們。對於女皇一家兩系的另一系——舊唐李氏王室來說，心理肯定也有變化。他們對母皇養小情夫原無、也不敢有意見，如今則因嫡皇孫兄妹之死而有了微妙的變化——對母皇益感不測，而對二張感到恐懼。現在母皇不僅無意應輿論要求而還政李家，退位給太子；反而委政於情夫，並為情夫而害死嫡皇孫——法定的第二君位繼承人。她未來會傳位還給皇唐李氏嗎？二張會有進一步的危害行為嗎？這種疑懼就連引薦張昌宗給母皇而又「每預謀議」的太平公主似也不能免，故在嫡皇孫等死後一年——長安二年（七〇二）八月，遂與兩個哥哥共同上表請封昌宗為王。女皇雖下制不許，但他們再請，乃賜昌宗為鄴國公。

倖存的子女一而再地公開請求母皇進封她的情夫為王，雖說是因於二張兄弟的「貴盛，勢傾朝野」，但卻也不免是一件罕見與奇特之事！這時女皇已經回到西京——是她革命以來首次、也是唯一一次駕還大唐舊京，改元「長安」，搬回大明宮去住。從大周神都回到大唐舊京，在中央政治環境已經轉變之下，子女們有此罕見奇特之舉，僅是為了這個表面理由而已嗎？還是為了紓解他們內心的疑懼而求安？抑或是另有目的，例如要引起臣民的注目、反對等反應？先前蘇安恒不是指出有人「間陛下骨肉之恩，阻陛下母子之愛」，而又批評過女皇「微弱李氏」、「忘母子深恩」嗎？就算兩個兒子都窩囊，女皇卻忽視了素「多權略」而又「類己」的女兒也參加連署——

她後來即以「預誅張易之謀有功，進號鎮國太平公主」。[48] 公主而號「鎮國」，可見她的權略不是玩假的，可惜高齡七十七歲的母皇情之所迷，對此似乎缺乏了警覺和反省！

是的，如果女皇的子女有此疑懼，這也正是一部分朝臣的疑懼所在。歷史不幸地證實了一個事實：就是在長安三年十月女皇由西京還神都以後，朝臣們終於對張氏兄弟展開了攻擊，並且逐漸波及女皇本人與及她的大周王朝。

48. 參《舊唐書·太平公主傳》，一八三：四七三八。

第十六章　神龍政變與大周覆亡

危機爆發：情夫惹禍與女皇引火

二張兄弟雖然涉及聖曆元年（六九八）擁護李氏二兒的事件，但也牽涉久視二年（即長安元年，七〇一）一家兩系正嫡傳人之死，引起舊唐王室的疑懼；然而此二事畢竟是極敏感的政治事件，滿朝文武誰也不敢輕易提起，即使太子三兄妹也僅在一年之後纔請母皇封張昌宗為王，以作試探。前面說過舊唐王室的疑懼止是一部分朝臣的疑懼，他們當初僅是對張氏兄弟的恃寵無禮感到厭惡，例如當此之時，贊成迎回廬陵王的宰相王及善，因針對張氏兄弟的無禮而去職。事情是這樣的：

史謂王及善為官清正，臨事難奪，在神功元年（六九七）拜內史（中書令），厭惡張氏兄弟恃寵生驕，每次內宴皆無人臣之禮，故數奏抑他們。女皇不悅，對他說：「卿既高年，不宜更侍遊讌，但檢校閣中可也。」亦即只要他回鳳閣（中書省）處理文書，不須再入內見駕侍從。稍後及善因病請假月餘，女皇都不過問，故歎道：「豈有中書令而天子一日不見乎？事可知矣！」於是請退休。奏章三上，女皇乃於聖曆二年（六九九）八月十九日轉遷他為文昌左相（左僕射）・同三品。[1] 這時政事堂已移至鳳閣，故掌握出旨權的內史於諸相中權力最大，習慣上宰相從鳳閣

---

1. 參《舊唐書・王及善傳》（九〇：二九一〇－二九一一）及《新唐書・宰相表》。

遷文昌是表示明昇暗降，況且他死於翌月二十九日。他的遭遇，顯然比不上同樣是批評二張恃寵無禮的韋安石那樣幸運。

此後，宰相群臣漸對他們的仗勢凌人、貪贓枉法感到痛恨，因此遂針對他們展開攻擊，但最初不是從政治問題著手，而是從法制問題入手。

根據《通鑑》記載。事情在長安三年（七〇三）九月發生，與宰相魏元忠有關。起先，曾被酷吏誣構過幾次的魏元忠在聖曆二年（六九九）以鳳閣侍郎拜相，翌年（五月改元久視，七〇〇）三月兼洛州長史，政號清嚴。洛州所屬洛陽令張昌儀憑恃兄弟之勢，每次衙參時皆直上長史聽事，而不依儀制立於庭下。元忠到任後，乃將他斥下，又曾杖殺張易之在都市凌暴百姓的家奴。某日，女皇欲用岐州刺史張昌期為雍州長史，為此先問宰相。元忠推薦薛季昶，女皇告以另有任用，遂以昌期直接見問。「陛下得人矣，」諸相皆答；獨元忠認為不堪任用。女皇問其故，元忠回答說：「昌期少年，不閑吏事，向在岐州，戶口逃亡且盡。雍州是帝京所在，事任繁劇，昌期不如季昶強幹習事。」使女皇默然而止。魏元忠在長安三年（七〇三）五月又以宰相檢校太子左庶子，曾因傾朝附二張兄弟，而向女皇表示身為宰相，而使小人在側，是臣之罪也云云，令女皇不悅，為二張所深怨。

張氏兄弟知道有些朝臣對他們側目，尤對態度鮮明的魏元忠又恨又怕。既已被女皇委以政事，自將元忠視為最大的眼中釘，必拔之而後快。就在長安三年九月——女皇駕幸西京已經整整兩年——二張兄弟展開對魏元忠的反擊。事情的起因據正史本傳謂是魏元忠嘗奏張氏兄弟之罪，故易之等恨怒，乃誣奏元忠，如此僅是二張排除威脅或反擊元忠的行為。然而另有兩種不同的說法：第一種說法是「張易之、昌宗欲作亂，將圖皇太子，遂譖御史大夫知政事魏元忠」；[2]第二種是「會太后不豫，張昌宗恐太后一日晏駕，為元忠所誅，乃譖元忠」。[3]這已經涉及嚴重的政治問題。

無論如何，他們最初針對的只是魏元忠，綜合諸書的記載，[4]發生的經過與結果是這樣的：

該月，張昌宗安排好後，突然向女皇構造飛語，謂元忠曾與太平公主所愛的司禮丞高戩私語說：「主上老矣，吾屬當挾皇太子，可謂耐久！」

「汝何以知之？」女皇問。

「鳳閣舍人張說可以為證。」原來昌宗早已賂張說以高官，逼迫他作證，在被逼之下張說也已偽許之。女皇年事已高，惡聞其語，大怒，令將元忠、高戩逮下制獄。

明日，女皇引太子、相王及宰相等於殿庭，讓他們與昌宗廷辯。往返不決。昌宗建議：「張說聞元忠言，請召對之。」

張說承宣將入，同僚鳳閣舍人宋璟恐怕他阿意，乃對他說：「名義至重，鬼神難欺，不可黨邪陷正以求苟免！若獲罪流竄，其榮多矣。若事有不測，吾當叩閤力爭，與子同死。努力為之，萬代瞻仰，在此舉也！」殿中侍御史張廷珪也勉勵他說：「朝聞道，夕死可矣！」左史劉知幾則勉勵中帶警告：「無污青史，為子孫累！」

及入，女皇命令張說：「具述其事。」

張說還未說話，魏元忠懼，對張說道：「張說欲與昌宗共羅織元忠耶！」

---

2. 見《唐會要．史館雜錄下》長安三年條，六四：一一〇五。
3. 見《通鑑》則天后長安三年九月條，二〇七：六五六四。
4. 主要據《唐會要．史館雜錄下》長安三年條及《通鑑》，兼參兩《唐書》有關人物諸傳，若無疑處則不另考證。

「元忠為宰相，何乃效委巷小人之言！」張說反叱他，而昌宗在旁催他快點作證。張說遂向女皇道：「陛下視之，在陛下前猶逼臣如是，況在外乎！臣今日面對廣朝，不敢不以實對。」接著又厲聲道：「臣實不聞元忠有是言，但昌宗逼臣使誣證之耳！」

「張說與魏元忠同反！」二張同時呼喊。女皇訝問其狀，二張又說：「張說曾謂元忠是伊尹、周公。伊尹放太甲，周公攝王位，非欲反而何？」意圖挑起女皇對權力敏感的神經。

「易之兄弟小人，徒聞伊、周之語，安知伊、周之道！」張說繼續說明：「當日元忠初為紫衣大臣（宰相著紫衣）時，臣以郎官往賀，聽元忠對其客說：『無功受寵，不勝慚懼！』臣當時實話說：『明公居伊、周之任，何愧三品！』彼伊尹、周公皆為臣至忠，古今慕仰，陛下用宰相，不使學伊、周，當使學誰耶？且臣豈不知今日附昌宗立取台衡，附元忠立致族滅！但臣畏元忠冤魂，不敢誣之耳！」

女皇聞言，對宰相說：「張說傾巧，翻覆小人，且總收禁，待更勘問。」異日又召，依前對答。女皇怒，命宰相與河內郡王武懿宗共同鞫問，張說所執如初。

這時，一些臣民感到同仇敵愾。例如宰相諫議大夫·同平章事朱敬則為此密表申奏說：「魏元忠素稱忠正，張說又所坐無名，俱令抵罪，恐失天下之望，願加詳察！」又如去年詣闕上表的平民蘇安恒也為此事上疏，自謂未曾干謁王侯將相，不認識魏元忠和張易之，但是要反映朝野私下的看法態度，並預測此案若處理不當則必有嚴重後果，因此提出切諫。

安恒首先指出一般人對女皇政風改變的看法，說「陛下往日革命之初際，即能勤於庶政，親總萬幾，博採謀猷，旁求俊彥，故四海之內以陛下為納諫之主。陛下期年以來，怠於政事，讒邪結黨，水火成災，百姓不親，五品不遜，故四海之內以陛下為受佞之主。當今邪正莫辨，獄訟蒙冤，豈陛下昔是而今非，蓋居安忘危之失也」。接著認為魏元忠以御史大夫・檢校太子左庶子・同鳳閣鸞臺平章事為宰相，廉直有聞，為邪佞所疾。至於麟臺監張易之兄弟則無德無功，「不逾數年，遂極隆貴」；不思報答恩造，反而豺狼其心，指鹿以獻，「斯將亂代之法，污我明君之朝」。並且反映朝野的輿論態度說：「自元忠下獄以來，臣見長安城內街談巷議，皆以陛下委任奸佞，斥逐賢良。以元忠必無不順之言，以易之必有交亂之意，相逢偶語，人心不安；雖有忠臣烈士，空撫髀於私室而鉗口不敢言者，皆懼易之等威權，恐無辜而受戮，亦徒虛死耳！」最後表示，若此次刑罰不中，則恐會造成遐邇生變，外則四夷因之入侵；內則「百姓因之，即聚結義兵，以除君側之惡」。甚至「復恐逐鹿之黨叩關而至，亂階之徒從中相應，爭鋒於朱雀門內，問鼎於大明殿前，陛下將何事以謝之，復何方以御之」？因此建議平反元忠，「縱不能斬佞臣頭以塞人望，臣請奪其榮寵，翦其羽翼，無使權柄在手，驕橫日滋」。5

張易之等見疏大怒，欲殺安恒，幸賴朱敬則與鳳閣舍人桓彥範、著作郎魏知古保救而得免。女皇雖知元忠等無辜如此，而朝野的反應又如彼，但格於二張兄弟之故，仍將元忠貶為高要尉，張說和高戩也流配嶺南。

魏元忠雖是東宮宮臣，但卻身居相位，是政府領袖，二張要打擊魏元忠也就算了，然而連給他送行的官員亦被打擊，是則隱然有不甘罷休或擴大事端之意。事情是這樣的：

元忠離京，宮僚太子僕崔貞慎、東宮率獨孤禕之等人在郊外給他餞行。張易之聞知忿怒，使人以「柴明」——應喻現在纔明之意——的名義作告密狀，告他們與元忠謀反。女皇使監察御史

5.《全唐文・理魏元忠疏》，二三七：三〇三一－三〇三二。

馬懷素負責鞫審。中旨督促，諷令構成其事，懷素執正不受命。女皇大怒，親召懷素詰問。「元忠犯罪配流，貞慎等以親故相送，誠為可責；若以為謀反，臣豈誣罔神明？」懷素認為元忠所犯既非謀反死罪，又豈能加餞送者之罪，所以繼續奏對說：「陛下當生殺之柄，欲加之罪，取決聖衷可矣。若付臣推鞫，臣敢不守陛下之法？」女皇意解，貞慎等人由是得免。

此案雖然如此結束，卻有一些問題極值留意，其中最重要的就是案情的變質。

原來二張兄弟以飛語為詞、以政治問題為由而實行誣告，主要是針對魏元忠，意圖利用此案重重打擊他；不料卻扯入了太平公主所愛的高戩，又因元忠是宰相宮臣而詞連太子。女皇要太子和相王參聽廷辯，可能就是為此緣故。益有出人意外的是，廷辯時原先承諾作證的張說翻案作了反證，故二張在氣急敗壞之下，遂當眾直誣他們同反，使此案變成了極嚴重的謀反十惡罪。因此儘管缺乏罪證，女皇基於維護二張兄弟之故，仍然重懲了元忠等人。此案既然間接連及太子和太平公主，所以遂易使人引起更大的疑竇，懷疑二張是否項莊舞劍，志在沛公。根據史書記載，時人有如下的議論：

「（張）昌宗等包藏禍心，遂與（張）說計議，欲謀害大臣。宋璟等知說巧詐，恐損良善，遂與之言，令其內省。向使說元（原）來不許昌宗虛證元忠，必無今日之事。乃是自招其咎，賴識通變，轉禍為福；不然，皇嗣殆將危矣。」6

即是當時人認為張昌宗的確有謀害大臣的陰謀，利用張說遂行誣告，而且幾乎危及太子；雖

6. 見《唐會要．史館雜錄下》長安三年條，六四：一一〇六。

然因為張說的反省通變而使事情發生急轉，但是昌宗「包藏禍心」的意圖已經可見。因此，蘇安恒向女皇所報告的「自元忠下獄以來，臣見長安城內街談巷議，皆以陛下委任奸佞，斥逐賢良。以元忠必無不順之言，以易之必有交亂之意，相逢偶語，人心不安」，顯然真實地反映了當時輿論的看法。難怪魏元忠陛辭時言於女皇說：「臣老矣，今向嶺南，十死一生，陛下他日必有思臣之時。」女皇問其緣故，元忠指著侍側的二張說：「此二小兒，終為亂階！」二張為此下殿撫胸喊冤，故女皇猶不省悟，但說：「元忠去矣！」

二張兄弟入侍宮禁，參決政事，又能如此掀起政治大案，直指宰相，並間接牽連太子與太平公主；而女皇不但不怪罪他們，反而嚴懲無罪證者及其親故，所以朝野認為其中必有問題也就不足為奇。有什麼問題？時人都以為二張「包藏禍心」。「禍心」指的是什麼事？長安城內街談巷議指的是「易之必有交亂之意」，而魏元忠則研判「此二小兒終為亂階」。西京街巷既然議論紛紛，此地不宜久留，不如歸去，於是乃在魏元忠案後一個月——長安三年十月，女皇留下左武衛大將軍武攸宜充西京留守，然後擺駕還神都。

情況發展至此，真是始料未及！試想李氏兒女以及忠於舊唐王室的朝野人士，在此情況下，會完全不猜疑威權獨任、行事不測的女皇將來傳位給誰嗎？不猜忌傾附甚眾的二張走女皇當年獲寵、參政、掌權以及革命的老路嗎？情夫惹火，情勢變質，女皇缺乏省悟，沒有及時安撫處理，無異親自埋下了火藥線。

火藥的引燃發生在明年——長安四年（七〇四），引火者是八十歲高齡的老女皇。導火線原來不算短，從朝臣法律控訴張氏兄弟貪贓為引端，繼而發展至政治性的飛書告變是燃至中線，及至女皇要二張入宮居中用事，即是把已燃的導火線導向自己，無異引火自焚。在此其間，女皇若處理得當，是隨時可以熄火的，下面就是全程概略的發展。

女皇還都後不久，就計劃了兩項建設：一是因武三思的建議，而在長安四年正月於萬安山建造興泰宮，以取萬安興泰的好意頭；二是同年四月恢復向天下僧尼抽稅，令春官尚書·建安王武攸寧督工，於白司馬阪建造有「皇帝佛」象徵意義的大像。

這兩項工程都讓貪官們有利可圖。例如奉敕當二張母親臧氏私夫的夏官侍郎·同三品李迥秀，就是憑恃二張之勢而貪贓的現任宰相，終於在此年二月因被馬懷素彈劾而貶為廬州刺史。又據張廷珪表疏所言，大像其實是因張易之、昌宗、昌儀兄弟等人欲售私木以規官利，故與僧萬壽等設計營建的。他們也步上李迥秀的後塵，在七月被憲臺彈劾貪贓狼藉。

根據《通鑑》的記載，首先是二張之兄司禮少卿張同休、汴州刺史張昌期、尚方少監張昌儀在七月十二日坐贓下獄，女皇命左、右兩臺宗晉卿、李承嘉、桓彥範、袁恕己等共同推鞫。第二天有敕：張易之、張昌宗作威作福，亦命同鞫。到了十八日，司刑正賈敬言上奏，認為張昌宗強賣人田，依律可以贖罪，得科易銅二十斤。女皇下制批示「可」。可是到了二十二日，御史大夫李承嘉、御史中丞桓彥範卻上奏：「張同休兄弟贓共四千餘貫，張昌宗應免官。」當時一個「開元通寶」錢就是一文，一千文就是一貫，四千餘貫即是四百餘萬文。宰相李嶠曾進諫，請將向僧尼抽稅所得一十七萬餘貫散施濟貧，每人給一千文，自然濟得一十七萬餘戶。是則張氏兄弟出售私木和工程貪贓的綜合所得，應是相當驚人的，難怪臺長領銜要免昌宗之官。

「臣有功於國，所犯不致免官。」昌宗自我辯護。

「昌宗有功乎？」女皇廷問宰相。

「昌宗以往合煉神丹，聖躬服之有效，此實莫大之功！」楊再思答。女皇大悅，遂免昌宗之罪而官復原職。依法諫官可預聞君相討論，故巧佞諂媚的楊再思就因此答，而被左補闕戴令言聽到，遂作〈兩腳野狐賦〉以譏諷他。[7]至於同休、昌儀兄弟，則於同月三十日俱貶為縣丞。

事情還未完了。當時宰相韋安石也舉奏張易之等罪，有敕付安石和另一宰相唐休璟同鞫。鞫訊尚未結束，中途就產生了變化，即在八月一日女皇命韋安石兼檢校揚州大都督府長史，又在七日以契丹入寇為由，將唐休璟罷為夏官尚書兼幽、營都督．安東都護，無異用外放方式將他們調離神都，不要他們再過問張易之的案情。唐休璟原為太子右庶子．同三品，故辭行時提醒太子說：「張易之兄弟幸蒙寵遇，數侍宴禁中，縱情失禮，非人臣之道，惟加防察！」此言讓太子藏於心裏，影響甚深，在復辟兵變前曾一度想召他計事。[8]

張氏兄弟貪贓有據，國法斯在，而由憲臺提出彈劾，由兩臺共審在案，竟在女皇保護之下予以輕判或赦免，甚至在過程中將同審的宰相調離外放，縱容袒護一至於斯；對照不久前的魏元忠案，豈不令朝臣憂心氣結，使他們加強提防二張？所以說是二張惹火，而女皇則引導了火端燃向自己。

同年年底，女皇生病頗重，寢疾於長生院。宰相累月不得進見，君相政事討論也不能如常進行。在此之時，女皇最好是令太子監國；不過她沒有如此構想，反而只要二張入宮侍側。十二月某天病稍好一點，新兼太子右庶子的宰相崔玄暐入奏，建議說：「皇太子、相王仁明孝友，足侍湯藥。宮禁事重，伏願不令異姓出入。」女皇則僅說「深領卿厚意」，而沒有接納。[9]女皇明顯地不採納

7.《通鑑》作〈兩腳狐賦〉，兩《唐書》再思傳作〈兩腳野狐賦〉，今從後者。

8. 詳《舊唐書．唐休璟傳》，九三：二九七九—二九八〇。

9. 見《唐會要．識量上》長安四年八月條，五一：八九〇。

此宮臣宰相的意見，對朝臣來講，無異是一個傳位不明的警訊。崔玄暐就是稍後兵變的五主角之一。相對的，二張也感到朝臣有敵對之意，見女皇病重，恐禍及己，於是引用黨援，陰為之備。

在此凝重的氣氛中，此時屢有人作飛書，又將它牓於通衢路上，說是「易之兄弟謀反」，女皇也不處理。這些飛書也就是匿名信，是誰寫的或誰指使的？迄今已無資料可徵，史書記載也相當混亂。不過根據史書所記，隱然是指張昌宗曾占相，而術士說他有天子氣之事。這在當時是極嚴重的問題，若事發則會犯十惡之罪，可處以死刑，所以昌宗先已向女皇奏聞報備。因此當飛書出現時，左臺中丞宋璟請求法辦，而女皇不予理會。[10]

根據《通鑑》的記述，到了十二月十九日，終於有許州人叫楊元嗣者出面來告，說「張昌宗曾召術士李弘泰占相，弘泰言昌宗有天子相，勸於定州造佛寺，則天下歸心」。[11]由於這次不是飛書，所言事關謀逆，故女皇乃命宰相韋承慶、司刑卿崔神慶與左臺中丞宋璟共同鞫訊。

其實早在八月八日宰相姚元之（姚崇）兼知春官（禮部）尚書後，張易之就曾請移京城大德僧十人配至定州私置寺，諸僧苦訴，元之乃判決停止其事。易之屢以為言，元之始終不接納，因此被易之所譖，遂在同月二十七日被換為司僕卿而仍知政事，並於翌月出充靈武道行軍大總管。不論真正的內情為何，是易之出的主意抑或是昌宗出的主意，昌宗都似乎已經向女皇報備過，所以女皇應該知道有此一事。故韋承慶訊後上奏說：「昌宗款稱『弘泰之語，尋已奏聞』，準法自首者原其罪；弘泰妖言，請收行法。」

10.《唐會要．彈劾》繫此事於大足元年（即長安元年，七〇一），六一：一〇六九。

11. 見《通鑑》該年月條，二〇七：六五七五。

「昌宗寵榮如是，復召術士占相，志欲何求？弘泰聲稱筮得純乾，是天子之卦。昌宗儻以弘泰為妖妄，何不執送有司？雖云先已奏聞，終是包藏禍心，法當處斬破家。請收付獄，窮理其罪。」宋璟和大理丞封全禎與韋承慶意見不同，也提出上奏。見女皇久無反應，宋璟又奏說：「儻不收繫，恐其搖動眾心。」

「卿且停推，俟更詳檢文狀。」女皇裁示。

宋璟退下後，諫官李邕進諫說：「向觀宋璟所奏，志安社稷，非為身謀，願陛下可其奏。」女皇不聽。尋而欲用故智，敕宋璟推按和安撫他州，如是者三次，宋璟都以於法制不合為由，不奉敕，不肯行。當此之際，司刑少卿桓彥範——日後兵變五主角之一——亦上疏力爭，明顯地站在宋璟這一邊，要求將此案交付鳳閣（中書省）、鸞臺（門下省）與尚書省刑部所組成的三司庭審判，他說：

「昌宗無功荷寵，而包藏禍心，自招其疚，此乃皇天降怒；陛下不能加誅，則違天不祥！且昌宗既云奏訖，則不當更與弘泰往還，使之求福禳災，是則初無悔心；所以奏者，擬事發則云先已奏陳，不發則俟時為逆。此乃奸臣詭計，若云可捨，誰為可刑？況事已再發，陛下皆釋不問，使昌宗益自負得計，天下亦以為人命不死，此乃陛下養成其亂也。茍逆臣不誅，社稷亡矣！請付鸞臺三司考竟其罪！」

宮臣宰相崔玄暐亦屢以為言。女皇不得已，令法司議其罪。玄暐之弟當時也任司刑少卿，認為應處以大辟死刑；而宋璟則復奏，請收昌宗下獄。「昌宗已自奏聞，」女皇作出提示說。

「昌宗為飛書所逼，窮而自陳，勢非得已。且謀反大逆，無容自首而免，若昌宗不伏大刑，安用國法！」宋璟堅持，更又厲聲說：「昌宗分外承恩，臣知言出禍從，然義激於心，雖死不恨！」

這時宰相楊再思在旁，恐怕宋璟忤旨，急忙宣敕，令宋璟出去。「聖主在此，不煩宰相擅宣敕命！」宋璟不接受。女皇無奈，乃可其奏，遣張昌宗往御史臺候訊。

宋璟在臺按問昌宗未畢，中使突至，宣敕特赦昌宗。宋璟歎息說：「不先擊小子腦裂，負此恨矣！」事後女皇令昌宗往謝宋璟，璟拒絕接見，說「公事當公言之，若私見，則法無私也」。[12]

大周雖已革命，但所用的仍是唐朝法律。依《唐律》，張昌宗所犯的是涉嫌十惡罪的第二款「謀大逆」罪，所以崔玄暐、桓彥範和宋璟等宰相、法官、憲司都想辦他，而且有把握判他死刑。依審判程序，如昌宗被判死刑，得援用「八議」條款令都座集議，議定奏聞，取決宸衷。[13]然而女皇急不及待地以敕令中斷司法程序，特赦昌宗，無異將事件攬至身上，這就使導火線進一步燃過中段，燒近己身。

二張兄弟從犯法律案到政治案，都為病重的女皇所刻意庇護，仍讓張易之以麟臺監、張昌宗以春官（禮部）侍郎居中用事，而此二官依制度是無權參預大政的，然則政事到底由誰來決定？萬一不測會由誰來繼位？時人既然早已有二張「包藏禍心」、「必有交亂之意」的看法，而宰相也曾有「此二小兒終為亂階」的研判，故請太子「惟加防察」。以女皇的統治風格，當此之際，這種不明朗的情勢能不令宮臣宰相崔玄暐與潛伏的忠唐分子如宰相張柬之等人，以及女皇的三個子女焦慮和緊張嗎？怪就怪在女皇政治態度不明，對感情與權力始終沒有處理妥善，使猜疑似乎

---

12. 兩《唐書》宋璟、崔玄暐諸傳略同，言語則參酌各舊傳。
13. 參《唐書．名例律．八議》，一：二三及二：二五。

始終在她身上與其親屬、幹部之間共存。潁川郡王武載德之子武甄（平一），後來向復辟皇帝李顯指出當時政局的要害在「親權猜閒，心腹疾也」，而痛陳「自頃權貴猜防，外和內難，怨結姻婭，疑生骨肉。……猜嫌構，親愛乖，黨羽生，積霜成冰，禍不可既」。[14]此言雖是針對復辟後的政局而言，事實上也適用於女皇之時。她顯然沒有記取當代隋、唐兩朝每次兵變或政變，都起因於父子君臣之間的權力緊張，並透過君位繼承鬥爭的形式而進行之教訓。因此，女皇越庇護二張，越讓二張居中用事，則越會使子女、朝野疑懼，真是愛之悉足以害之。對日益疑懼的子女和朝臣而言，要除掉有危險性的二張兄弟，顯然只能採用非常的手段；若採用非常的手段，則顯然必須連帶的要對付女皇。所以他們密謀策劃，導火線終究要燃及女皇。

是誰反女皇

有人將此時的政局分為擁張和擁李兩派，認為擁李派是害怕二張得勢後遭到排斥，為了獲得更多的富貴功名，故鋌而走險發動政變，並且對士謀者語多貶詞。也有人認為僅是擁張、反張兩派對立的衝突。[15]其實二張兄弟早已得勢，且其權勢與其官職身分極不相符，古人稱這種人為權

---

14. 參《全唐文・處親權猜閒對》，二六八：三四四四。
15. 前說參趙文潤等《武則天評傳》，三三六―三四二；後說參胡戟《武則天本傳》（西安：三秦出版社，一九八七・十二，二刷），一四一―一四四。黃永年、唐華全兩前引文亦同後說。

寵或權倖，只是二張辦事她放心，雖名不正而言不順，但朝臣亦無可奈何，對他們厭惡側目應是自然之事。至於這次事變——未界定其性質前姑稱之為事變——的要角們，或已貴為位極人臣的宰相，或為親王大臣，甚至更有太子、公主參加，所以是否如論者所言，在這裏有說明的必要。

儘管張氏兄弟勢傾朝野，但是他們的身分既非皇帝，也非宰相，所以從性質上看，用非常手段來誅除他們，僅能屬於「清君側」之類的兵變；然而稍後倒周復唐，實行復辟政治，則是由兵變發展成了政變。為何有這種發展，說來因素交錯複雜，與參與者的思想行為有關。

原先太子三兄妹參與此事的目的，似乎只是想消除威脅他們君位繼承權的二張兄弟，即是他們當初只是想實行「清君側的兵變」；但是實際策劃與主導行動的主角，想法則顯然不盡與他們兄妹相同，例如首腦張柬之早就立志「匡復」，結果遂使「兵變」發展成「政變」。嚴格來說，參與此計畫的人全都可以列為「事變集團」，然而其中以誅除張氏兄弟、保護舊王室李氏子女、保衛君位繼承權為主要目標的人，可以視為「兵變派」；至於不僅要完成此目標，尚且要達成復辟變天的最終目標之人，則可以視為「政變派」。兩派因前提一致而結合，[16]也因最終目標不同而引致日後的政潮。

「政變派」主角有五人，這五人兵變前夕的官職是：

秋官（刑部）侍郎·同平章事張柬之

鸞臺（門下）侍郎·同平章事·兼檢校太子右庶子崔玄暐

---

16. 前引黃永年〈歷史上的畸形政權——李武政權〉及唐華全〈試論唐中宗時期的諸武勢力〉，俱謂此次政變只是針對張氏兄弟，但皆未對參與者的人格思想以至派系予以分析，故不取。

左羽林將軍敬暉
左羽林將軍桓彥範
司刑少卿兼知相王府司馬事袁恕己

今據各人的史傳，先將他們的出身、經歷、人格特質以及思想行為作一概略的介述。[17]

張柬之是襄州進士出身，就是那個在三十年前，為許王李素節秘密向天皇封奏〈忠孝論〉，反而給天后逮住機會，誣素節以贓罪，使他降封和禁錮終身的倉曹參軍。此後他歷任監察御史、鳳閣舍人、刺史、荊府長史，而在接替弘農高門楊元琰為荊府長史時，二人同泛舟於中流，語及女皇「革命」之事，皆慨然有「匡復」之志。可見他們都是當年忠於李唐王室，潛伏待機的「反革命」分子。狄仁傑生前，女皇曾要他推薦一可用的佳士，仁傑遂一再推薦柬之，稱讚「其人雖老，宰相才也」！女皇未立即拜他為相，反被仁傑所怪。柬之後來至長安年間纔被調還中央，歷任司刑少卿、秋官侍郎。長安四年九月宰相姚元之（姚崇）出充靈武道安撫大使，行前女皇要他舉一宰相，元之亦舉柬之，稱譽他：「張柬之沉厚有謀，能斷大事，且其人年老，惟陛下急用之！」遂以年逾八十而拜相。[18]為宰相後，他即引楊元琰為右羽林軍將軍，並提醒他說：「君頗記江中之言乎？今日非輕授也！」稍後又用桓彥範、敬暉及李義府之子右散騎常侍李湛皆為左、右羽林將軍，[19]委以禁兵。可見他一拜相即著手策劃「匡復」，預作政變的部署。

---

17. 以下引號內所引言語蓋據《舊唐書》各該人之傳。
18. 參第十二章第一節。
19. 諸人出任羽林將領時間不詳，而且是左是右諸書記載極混亂，不易確。筆者初步認為楊元琰是右將可以確定，而敬、桓二人則應是左，李湛為右。

崔玄暐系出博陵崔氏高門大姓，明經出身，歷任尚書省庫部員外郎、天官郎中、鳳閣舍人等清要官，長安元年超拜天官（吏部）侍郎、文昌（尚書省）左丞。他母教甚佳，清介自守，都絕請謁，女皇曾因他轉任左丞後吏部就大罪過，小吏們又設齋自慶，認為他們想做貪惡之事，所以一個月後又調他回任天官侍郎舊職，可見他的為人和為官的風格。由於他的作風與當時高層的貪污、應酬風氣不同，故頗為執政者所忌，但卻為女皇所器重。到了長安四年六月，女皇遂拜他為相，十一月兼檢校太子右庶子，以輔助太子。他建議女皇讓太子和相王入侍湯藥，而斥出二張兄弟；又支持宋璟對張昌宗的劾奏，而時任司刑少卿之弟也奏請處昌宗以死刑，其實兄弟倆都犯女皇的忌諱，批她的逆鱗。如果他們兄弟倆想要保住相位富貴，就算不學「兩腳野狐」楊再思，似乎也不必如此的做冒險殺頭之事。

敬暉是出身絳州的明經，也曾是狄仁傑推薦的人選之一，屢任刺史。當突厥入侵之時，以保護衛州有功，入為夏官（兵部）侍郎，後來又累至洛州長史，女皇駕幸西京之時為神都副留守。他為官以清幹著聞，甚至得到璽書慰勞、賜物百段的榮譽。長安三年遷拜中臺（尚書省）右丞，兵變前被張柬之轉遷為左羽林將軍。

桓彥範是潤州人，以門蔭調補三衛之一的右翊衛，也曾為狄仁傑所器重，許為「才識如是，必能自至遠大」。歷任監察御史、司刑少卿，當宋璟奏請將張昌宗收付制獄而女皇不許時，上疏痛陳昌宗逆亂，批評女皇「縱成其亂」，請交付三司審判。他又曾奏請女皇將太后臨朝以來的得罪人特赦，表疏前後十奏，辭旨激切，無懼女皇的詰責，並向所親說過：「今既躬為大理，人命所懸，必不能順旨詭辭，以求苟免！」最後竟蒙允納。當張柬之將發動兵變時，乃與桓彥範、敬暉定策，調他與敬暉為左羽林將軍，共圖起事。

袁恕己則是滄州人，長安中歷任司刑少卿兼知相王府司馬事，其他資料欠缺。

根據上面的事實敘述，可知他們有一些特點：

第一，五人皆非關隴人士，除了崔玄暐外，其餘四人都門第不高，甚至還是寒素。其中可知的有三人由科舉出身，一人由門蔭出身；而科舉出身者裏有兩人是明經出身，一人為進士出身。

第二，五人皆曾任官於政府的政風紀律部門，即是尚書都省左右丞、吏部或刑部，御史臺中丞或御史，大理寺少卿。其中有一人是太子的宰相宮臣，一人是相王的幕僚長。

第三，除了袁恕己欠詳以外，其餘四人大都性格鮮明，人格特質為清介能幹、敢說敢為。尤其年長的張柬之，更是「沉厚有謀，能斷大事」。

根據上面分析，這五主角極可能最初是因人格特質而厭惡仗勢凌人的張氏兄弟；尋又因所任官職的關係，為了維護官箴和法律，對貪贓枉法的張氏兄弟展開懲究。這些因素遂使他們結合起來，以共同對付被視為有異圖的張氏兄弟。

事實上，五人之中，張柬之很早就有「匡復」之志，起碼從任荊府長史時，就已動手祕密地聯絡同志。他任荊府長史的時間約在聖曆、久視年間（？—七〇〇），[20]亦即是在兵變前五、六年就已著手，是有預謀有計畫的行動。這時候正是女皇特設控鶴監、奉宸監，而又召還廬陵王重為皇太子，太子、相王諸子恢復出閣之時。及至柬之拜相後，乃逐步部署以兵變的方式來遂行其事，故先策動靺鞨族的右羽林衛大將軍李多祚。他問道：「將軍在此間幾年？」答說：「三十年

20. 參郁賢皓《唐刺史考》荊州條，二三四〇—二三四一。

矣。」柬之隨即激勵他說：「將軍擊鐘鼎食，腰懸金紫綬，貴寵當代，位極武臣，豈非大帝之恩？將軍既感大帝殊澤，能有報乎？大帝之子見在宮中，逆豎張易之兄弟擅權，朝夕危逼，宗社之重，在於將軍；誠能報恩，正屬今日！」多祚說：「苟緣王室，惟相公所使，終不顧妻子性命！」因即引天地神祇為要誓，辭氣感激，義行於色。[21]約略同時，張柬之又說服桓彥範、敬暉及李湛，俟機將他們分別調遷為左、右羽林將軍，委以禁兵，情勢漸漸進入狀況。

此外，已調任左羽林將軍的敬暉，知道冬官（工部）侍郎朱敬則——就是當年上疏痛批女皇淫亂到讓人自薦陽道壯偉、又密表申奏以保護魏元忠和張說之人——素惡張氏兄弟權寵日幸，又恐他們有異圖，故曾向他問計。敬則教他說：「公若假皇太子之令，舉北軍誅易之兄弟，兩飛騎之力耳！」[22]敬暉等人遂確定採用此策。北軍就是駐屯於正北玄武門的左、右羽林軍等禁軍的統稱，要兵變成功則非要掌握北軍不可。女皇當年以左、右羽林軍廢帝，如今張柬之等人也決定以其人之道還治其人之身，故先暗中作好上述的部署。

除此之外，「政變派」還有若干重要人士，雖然史料過少，但其動機也應於此略加介述。例如與女皇有親戚關係而是參預者之一，即前面提過復辟後封為成王的李千里，這時鑑於「孽豎弄權，陰興篡奪之心，將肆虔劉之虐」，遂「協謀宰輔」，「傅會（陳）平、（周）勃，竟興明命」。

---

21. 見《唐會要．京城諸軍》七二：一二九二。

22. 《通鑑考異》引《中宗實錄》疑此朱敬則非冬官侍郎朱敬則，而是參與兵變的庫部員外郎同名同姓的朱敬則，然無確證（見中宗神龍元年正月庚戌條，二〇七：六五八二）。按：《中宗實錄》為冬官侍郎朱敬則的摯友劉知幾所撰，他在兵變成功後被敬暉抹殺其功，外放為刺史，故應是知幾為摯友補述其功。且以此朱敬則的態度與聲望，始應是被左羽林將軍敬暉請教的對象。

再如女皇之孫女婿、太子的女婿相州人王同皎，時任典膳郎，也因「逆豎反道，顯肆不軌」而參預行動，表現得比岳父還要積極勇敢。又如隋司徒．觀王楊雄之曾孫、女皇的表甥楊執一，好讀《左傳》、《班史》，個性方直，能犯顏讜言。「當天后朝，以獻書諷諫，解褐，特授左玉鈐衛兵曹參軍。……常以攀檻抗詞，削草論奏，遂為賊臣張易之所忌，黜授洛州伊川府左果毅都尉。……次當禁衛，復以封事上聞。天后深納懇誠，亟蒙召見，……遷右衛郎將，俄除左清道率，轉右衛中郎將押千騎使。既而長樂（指女皇）弛政，辟陽僭權，……左袒之誠先發」，遂「協心五王（指柬之等五人），戡勦二豎。奮飛北落，推戴中宗，嗣唐配天」。[23]另一個觀王楊雄的玄孫楊慎交，以門蔭調補州參軍，選尚太子的女兒長寧郡主，累遷右衛郎將，也預聞兵變之事。[24]

此外，長安年間兩度以宰相身分掌知兵部、又擔任相王府長史的陝州人姚元之（姚崇），自被張易之譖出充使靈武後，約在神龍元年正月初就已回都。他是資深宰相，又是兵部老長官，故他的回朝使張柬之和桓彥範大喜，相與講說：「事濟矣！」遂將計畫告訴他，共同參預密謀大計。於是當朝楊再思、韋承慶、房融、韋安石、張柬之、崔玄暐和姚元之七相中，前三相親附二張兄弟，後三相擁護李氏二兒，較中立的韋安石也素惡張氏兄弟，使宰相團派別勢力大約均衡而稍不利於二張，故計畫——例如調動北軍將領等——較易進行。

又天皇朝故相清河崔知溫的兒子崔泰之，累官至職方郎中兼知右史事，也鑑於「於時外戚干

---

23. 參《全唐文補遺．大唐故金紫光祿大夫行鄜州刺史贈戶部尚書上柱國河東忠公楊府君墓誌銘》第一輯（一一四—一一六），及《全唐文．（張說）贈戶部尚書河東公楊君神道碑》，二二九：二九二三—二九二四。

24. 參《全唐文．（張九齡）故特進贈兗州都督駙馬都尉觀國公楊公墓誌銘》，二九二：二七五〇—二七五一。

政，內變握權。將假中闈（指女皇），圖危冢嗣」，自「以家承漢相，深東郡之憂；謀協陸生，贊北軍之舉。乃與羽林將軍桓彥範等共圖匡復，中興之際，公有力焉」。[25]至於先前被魏元忠力薦為洛州長史的絳州人薛季昶，也曾任御史中丞、文昌左丞，以嚴肅為政而甚有威名，大概也因性格和官守之故而痛惡張氏兄弟，因此亦參預此事。北軍是指駐屯玄武門的禁軍系統，由左、右「羽林軍」及被它監領的「千騎」，與及軍號為「飛騎」而被諸衛將軍監領的左、右屯營所組成。[26]除了楊執一以右衛中郎將押千騎使之外，參預者左威衛將軍薛思行似乎也是押領千騎的將領之一。[27]此外，史書提及的參預者尚有羽林軍將領趙承恩、庫部員外郎朱敬則、司刑評事冀仲甫、檢校司農少卿兼知總監翟世言等人。[28]

總之，這些參預者有李氏舊王室子弟，有女皇的孫女婿，有女皇母氏親戚；有出身高門大姓者，也有寒門小姓者，而關隴、山東人士皆有，且以泛關東人為多。[29]除了張柬之和楊元琰早已有明確的「匡復之志」外，餘人無論如何都有一個共同指標，均是指向張氏兄弟的亂政和有異圖，認為再下去社稷就會發生重大危機，故不能再等和再忍下去；雖然因此會連帶波及庇護他們的女

25. 參《全唐文補遺·大唐故銀青光祿大夫守工部尚書贈荊州大都督清河郡開國公上柱國崔公墓誌銘》第一輯，一〇六—一〇八。
26. 參《新唐書·兵志》，五〇：一三三〇—一三三一。
27. 兵變時有千騎參加，應與此二人有關，詳正文下節。
28. 見《新唐書·則天紀》長安五年正月，四：一〇五。
29. 唐山東多指太行山以東——河北道之地，關東多指潼關以東——河南道之地，也泛指潼關以東各地。參張榮芳〈試論隋唐的山東與關東〉，收入《唐代研究論集》第三輯，台北：新文豐出版社，一九九二。

皇，可能要付出失敗的極大代價，也在所不惜了。

上述「政變派」中，以姚元之的立場態度較不明朗，似乎介於兵變與政變之間，不知他參預到何等地步？太子兄妹顯然是屬於「兵變派」的，但是武氏子弟自從嗣魏王武延基夫婦因批評二張入宮專政而死於非命後，在此危機變局中立場態度似乎也不明朗，卻在成功後得到論功行賞——武攸暨、武三思也以立功者的資格，在神龍元年五月被賜以恕十死的鐵券。[30]他們的情況也值得注意和分析。

安定郡王武攸暨是太平公主後夫，一向離權力核心較遠，時任特進的高級散官。公主有參預兵變是史書所肯定的，故因此而進號「鎮國太平公主」，與其嫡四哥「安國相王」並食實封五千戶。當時宮中似有一批宮人暗中支持這次兵變，[31]所以使女皇對兵變的消息一點兒都不靈通，以致覆敗。事實上，宰相既已累月不能進見女皇，而且連太子、相王也不能輕易入宮侍奉母皇湯藥，是則究竟是誰能在宮中運作這些宮人，且有能力如此運作？此時能入宮參預謀議的太平公主，不是值得優先考慮的人選嗎？從武攸暨在兵變之後進拜司徒、復封定王、實封一千戶，以及公主為前夫薛紹所生的二男二女、為後夫所生的二男一女也並食實封一事看，[32]可能後夫和子女們都被她動員參加了此次兵變。兵變是連坐的十惡死罪，公主既已參預，故動員全家參加也就並不稀奇，故武攸暨乃得成為立功之人。

---

30. 參《通鑑》唐中宗神龍元年五月條，二〇八：六五九〇。
31. 部分宮人可能支持事變，參耿慧玲〈從神龍宮女墓誌看其在政變中之作用〉，《唐研究》第三卷，一九九七。
32. 參《舊唐書．太平公主傳》（一八三：四七三八）及《新唐書．太平公主傳》（八三：三六五〇）。岑仲勉對公主諸子有考證，詳其《唐史餘瀋》，六〇—六二。

武三思自從武承嗣死後，已經成為武氏家族裏資望最高的代表人，但是也如同其他家族成員一般，史傳都不記載他們有參與兵變立功之事。不過，史傳說武三思個性傾巧便僻，有過一句政壇上的明言：「我不知何等名作好人，唯有向我好者是好人耳！」因此這種人也會輕易向比他貴盛的人示好。他曾向女皇的前後情夫諂媚討好，而忌害對他不好的人，正足以說明他這種人格特質。如今二張視他為僮僕，武延基又因批評他們而死於非命，根據他的人生觀，二張就不是好人；只因二張得寵勢盛，故仍得向他們諂媚討好罷了。三思當宰相之時，其子崇訓尚娶太子最寵之女安樂郡主，為了展示他的寵耀，所以婚禮舉行得極為隆重。[33]假如他確實有參預兵變並立下功勞，則應是表示太子或太子妃韋氏與此親家曾有所接觸，或者他對其他武氏子弟在此次兵變中的態度曾有影響，所以幾個月後，政變派上疏要求降封武氏諸王，而中宗卻答敕說：「以賞罰之典、經國大綱，攸暨、三思皆悉預告凶豎；雖不親冒白刃，而亦早獻丹誠。今若卻除舊封，更慮有功難勸。」[34]他們曾經預告些什麼？史無記載；然而他們以此立功受賞，則已被記載下來。總之他們不曾親冒白刃，參與兵變的軍事行動部分，是可以確定的，至於其他諸武親戚在此兵變中的態度，則有待進一步分析。

武氏子弟中，武承嗣、攸寧、三思與他們的表親宗秦客、宗楚客均曾多次拜相，但是自從廬陵王被召還重為太子後，他們都陸續退出了決策階層的宰相團；[35]不過這不表示武氏子弟從此就消失了影響力，事實上他們在軍中始終具有不可忽視的勢力。大抵上武三思、武重規、武攸宜和

33. 參《新唐書・武三思傳》，二〇六：五八四〇。
34. 參《全唐文・答敬暉請削武氏王爵表敕》，一七：二三五。
35. 武承嗣恨不能為太子而死，據《新唐書・宰相表》，三思與攸寧均在長安元年以前罷相，宗楚客在長安四年三月最後一次拜相，亦在同年七月被貶。

武懿宗都曾多次統兵出征，三思、攸寧和宗楚客也曾擔任過兵部尚書，而且在常制建制中武氏子弟曾經擔任南、北軍將領的人也相當多，南軍系統可知的就有高平郡王武重規曾任皇帝貼身帶刀侍衛部隊的司令——右千牛衛大將軍，河內郡王武懿宗曾先後任首都警備部隊的司令——右金吾衛大將軍和左金吾衛大將軍，建安郡王武攸宜曾為右武威衛大將軍；[36]至於北軍系統方面，武攸寧曾在天授二年從宰相罷為左羽林衛大將軍，[37]而武攸宜先以司賓卿兼羽林大將軍出征契丹，凱旋後則正除右羽林衛大將軍兼檢校司賓卿。[38]

其中尤其值得注意的是兩項軍事權力的部署：

第一項是聖曆元年九月廬陵王重為太子之後，翌月女皇下制：「都下屯兵，命河內王武懿宗、九江王武攸歸領之。」[39]即是將神都十六衛番上的南軍部隊統率指揮權統統分由兩個武氏子弟掌握。復在二年四月武家兩系子弟盟於明堂後，乃於七月命建安王武攸宜留守西京，接替會稽王武攸望，[40]亦即將西京留守全權交由另一個有統兵和作戰經驗的武氏子弟來掌控。由是兩京均置於

---

36. 武重規見《全唐文．（李嶠）授武重規司屬卿制》，（二四二：三〇九六），武懿宗見《全唐文．（李嶠）授武懿宗武重規左右金吾衛大將軍制》（二四二：三〇九八），武攸宜見《通鑑》則天后萬歲元年九月條（二〇五：六五〇七）。按：攸宜此時恐以右羽林大將軍出征，詳正文下文。
37. 見《新唐書．宰相表》該年八月條，六一：一六五五。
38. 見《全唐文．（陳子昂）為河內王等論軍功表》（二〇九：二六七八）及《全唐文．（張說）為建安王讓羽林衛大將軍兼檢校司賓卿表》（二二三：二八四五）。按：前表未載是左或右，疑是右。
39. 參《通鑑》則天后該年十月條，二〇六：六五三五。
40. 參《通鑑》則天后該年七月條，二〇六：六五四〇。

武氏子弟控制之下。

第二項是當張柬之引用桓彥範等人分為左、右羽林將軍的時候，張易之等人似曾有所警惕。《通鑑》謂「易之等疑懼，乃更以其黨武攸宜為右羽林衛大將軍，易之等乃安」。[41] 建安郡王武攸宜是史書比較忽略的一個人，其實他雖未拜過相，但是角色卻相當重要，早在革命後第二年即奉命留守西京，[42] 中間一度被武攸望所代，然後統兵出征。明堂盟誓之後是第二度留守西京。長安三年九月張昌宗誣陷宰相魏元忠案發生後，他尋以左武衛大將軍第三度奉制充西京留守，然後纔在十月還神都回任右羽林軍統帥。[43] 是則此時是改李多祚為左羽林衛大將軍，而調二張之黨的他還神都回任右羽林衛大將軍，使二張放心而不備，依照《通鑑》的文意，此舉應是出於張柬之等人的主意。然而武攸宜既是二張之黨，為何在兵變中毫無反應，似是按兵不動，是武三思或武攸暨從中運動他的結果嗎，還是別有原因？

儘管史料不足，但是不妨從太子和相王方面再略作側面的分析。

自從女皇重立廬陵王為皇太子、一家二系誓盟明堂以後，女皇即將君位繼承權交還給兒子，而讓武氏子弟先後脫離決策核心，此後主要是委以政權所寄的軍權，讓二系子弟共享統治的權力。不過女皇也不是要太子兄弟倆完全脫離軍事。在太子重立後兩天，女皇就任命他為河北道行

---

41. 按：武攸宜兩《唐書》不載其回任羽林軍統帥，今據《通鑑》（則天后神龍元年正月，二〇七：六五七九）；然而《通鑑》謂李多祚時為右羽林軍大將軍，與兩《唐書》多祚之傳同，故可能此前多祚已由右軍調左軍，《新唐書．則天紀》長安五年正月即作左羽林軍大將軍（四：一〇五）。
42. 見《通鑑》則天后天授二年四月條，二〇四：二六七三。
43. 詳《通鑑》則天后此年之九和十月，二〇七：六五六七。

軍元帥，讓他以突厥討伐軍統帥的名義來募兵，使人民踴躍來應募；稍後雖不要他真的統兵出征，而由宰相狄仁傑以副元帥知元帥事的名義代行，要之總是因此而重新奠定了太子在全軍以至全國的聲望。此後太子安心扮演他儲君的角色，擔綱統兵出征或統領禁軍的事務，遂常由相王來負責。

相王重新接觸軍旅是領太子右衛率——東宮十個侍衛將領之一，稍後兼安北大都護。[44] 長安元年八月，突厥可汗默啜寇邊，女皇遂命他以安北大都護為天兵道行軍元帥，統諸軍擊之，未行而突厥退。[45] 到了九月，一家二系正嫡傳人死於非命後二十四天，女皇乃命相王知左、右羽林衛大將軍事，翌月遂西幸舊京長安。[46] 相王此次臨時掌知左、右羽林軍，是首次統領禁軍，可能與事變——二系正嫡傳人之死——後警戒或準備西行警備事宜有關。翌年五月突厥復入寇，女皇乃任相王為并州牧，更命他充當安北道行軍元帥、魏元忠為副出征；至九月又另命他充并州道行軍元帥，並特意安排武三思與武攸宜、魏元忠為副，姚元崇（即姚元之、姚崇）為長史。[47] 同年十一月，女皇可能以相王久充軍職，資望已高，故進拜他為司徒．右羽林衛大將軍。雖然大周援用唐朝的政府組織法，但是從革命以來女皇就從未拜人為三公之官，加上相王曾為皇帝，此時若

---

44. 兩《唐書．睿宗紀》及《通鑑》均作右衛率，二年頒的〈相王并州牧制〉及三年頒的〈相王雍州牧制〉（見《唐大詔令集》，三五：一五〇）則均作太子左千牛衛率．兼安北大都護，恐必有一誤，或中間曾有改官。
45. 見《通鑑》則天后該年月條，二〇七：六五五六。
46. 參《通鑑》則天后該年九與十月條，二〇七：六五五七。
47. 見《通鑑》則天后該年五與九月條（二〇七：六五五九—六五六〇）及《唐大詔令集．相王并州牧制》（三五：一五〇）。

為三公又正式統領禁軍，顯然事屬敏感，所以他堅決推辭，而於三年四月獲准。48 截至兵變前，相王的官職是并州牧．左衛大將軍．太子左千牛衛率．兼安北大都護。49 左衛大將軍是府兵十二衛的首席統帥，太子左千牛衛率是太子貼身帶刀侍衛部隊統帥，因此相王對南軍——首都衛軍，以及太子的行動都有相當大的影響力，兵變行動不得不知會他和要他參預。瞭解相王在軍事系統的權位，就更知道何以長安四年六月宰相姚元崇（即姚元之）改為相王府長史而兼知夏官（兵部）事仍同三品後的不安，因此纔會在兩個月後上言：「臣事相王，不宜典兵馬。臣不敢愛死，恐不益於王。」女皇深然其言，也以為不妥，遂改他為春官（禮部）尚書，餘官如故。50

由此可知，這次事變實是「政變派」和「兵變派」合作下的結果。兩派都有人掌握了部分的北軍和南軍。「政變派」是整個行動的主謀者，尤以張柬之為其首腦；「兵變派」則是配合者，若非他們的配合當不致於能如此順利成功，其間武氏子弟——或者其中某些子弟——隱然也扮演了一定程度的角色。51

---

48. 《通鑑》未載他任右羽林衛，據《舊唐書．睿宗紀》：「長安中拜司徒．右羽林衛大將軍」，《新唐書．睿宗紀》：「累遷右羽林衛大將軍」，均未言時間。兩《唐書．則天紀》皆謂二年十一月為司徒，三年四月表讓司徒，許之；《新唐書．宰相表》同。是則相王應在二年十一月為司徒時兼為右羽林衛大將軍，而又同時辭去。
49. 見《唐大詔令集．加相王封制》，三八：一六九。
50. 參《通鑑》則天后該年六月與八月條（二〇七：六五七三），兩《唐書》本傳所載之語意思相同。
51. 黃永年前引文在其「李武政權」的假設下，肯定武氏子弟——包括太平公主——參與的態度積極；唐華全則否定其說，認為他們對政變所知甚少，因而態度中立云。兩者對諸武俱未作分析比較，並假定他們團結，行動一致，可能與史實不盡相符。

假如說二張勢傾朝野，親附者都是「擁張派」；而「政變派」和「兵變派」皆以誅除他們為前提目標，故都是「反張派」。此說若從權力鬥爭的角度看，事實上也無不可。不過，從「兵變派」的角度看，太子和相王是李氏二兒，所以他們的參預不是要「擁李」——擁護自己，而是要排除危機的威脅，鞏固自家的君位繼承權，是一種權力鬥爭，擁護他們的人似乎也以此為共識。至於其中武氏子弟若有參預的話，他們則似乎參雜有一些別的意圖動機，例如要保住既得的榮華富貴，或對二張不滿與報復等。若從「政變派」的角度看，他們不僅是要反張擁李，事實上他們另有更重大的目的——推翻武周、復辟大唐，是一場政治理想和路線的鬥爭，所以將他們視為「擁李派」其實就是把他們的內涵狹窄化了。無論如何，歷史事件的發生、發展和影響通常是複雜的，檢視時不宜過分地簡化與窄化，否則不易得到歷史的真相。

我們既知這次事變有上述人事、派系、動機、目的和理想的複雜性，所以理解它的發展、結果與影響纔能比較容易，纔能近乎得真。

神龍擺尾：女皇的末路

長安四年（七〇四）從九月開始，神都地區日夜陰晦，大雨雪，都中有人饑凍而死，這是變天的氣象。女皇一面下令官方開倉賑給，但是另一面還要繼續在白司馬阪營造大像。

這時，張柬之正祕密策動左羽林衛大將軍李多祚，著手安排桓彥範、敬暉及楊元琰、李湛分為左、右羽林將軍；雖然稍後武攸宜從西京留守回任右羽林衛大將軍，但是「政變派」已經在左、右羽林軍掌握優勢，則是不爭的事實。當時女皇在宮中養病，太子依例，日常從東宮逕走北門的玄武門入宮請安。左、右羽林軍是北門禁軍，部署已妥，桓彥範、敬暉遂因便謁見太子，密陳大計，並得到他的同意。[52]

翌年元日，女皇迎請佛骨的隊伍已經進至長安，乃下制令自文明元年——太后攝政之年——以後得罪者，除了徐敬業及宗王聯反的所謂揚、豫、博三州及諸逆魁首之外，其餘皆予以赦免，並改元為「神龍」；同月九日，又下制禁屠，[53]大有更生祈福之意。神龍元年（七〇五）正月十一日，特使崔玄暐迎佛骨入神都而還，朝野一片禮敬熱鬧，這時「變天」的情勢已形成，他們決定在正月二十二日那天行動。

這天，他們兵分三路而採取兩個軍事行動。

第一路由宰相張柬之和崔玄暐，與右羽林將軍楊元琰、左威衛將軍薛思行等，率左、右羽林兵及千騎五百餘人直至玄武門，是宮城主攻部隊。[54]

第二路由左羽林大將軍李多祚與李湛、王同晈赴東宮迎太子，然後至玄武門與第一路會師。

第三路由司刑少卿兼知相王府司馬事袁恕己隨「從相王統率南衙兵仗，以備非常」，[55]即在中央機關所在地的皇城統領南軍作警戒，監控神都，是預備部隊。

事到臨頭，太子疑懼不出。箭在弦上，身為女婿的王同晈力勸：「先帝以神器付殿下，橫遭

---

52. 參兩《唐書・桓彥範傳》及《通鑑》則天后神龍元年正月條（二〇七：六五七九）。
53. 參兩《唐書・則天紀》及《通鑑》則天后神龍元年正月條（二〇七：六五七八）。
54. 《通鑑》不言有千騎參加，今從兩《唐書・桓彥範傳》，左威衛將軍薛思行應即是押領千騎的將領。
55. 見《通鑑》及《舊唐書・袁恕己傳》（九一：二九四二）。

幽廢，人神同憤，二十三年矣！[56]今天誘其衷，北門、南衙同心協力，誅凶豎，復李氏社稷，願殿下速至玄武門以副眾望！」

「凶豎誠當夷滅，然主上聖體不安，得無驚怛！」太子卻以驚嚇母皇為由，反而要求道：「諸公更為後圖！」

「諸將不顧家族以徇社稷，殿下奈何納之鼎鑊乎！」李湛在旁堅持力爭，又反要求說：「請殿下自出止之！」太子乃出。

王同皎扶抱太子上馬，至玄武門會師，然後桓彥範等奉太子斬關而入，直趨女皇所在的迎仙宮。張柬之等斬二張兄弟於集仙殿廡下，[57]遂進至女皇所寢的長生殿，將它包圍警衛起來。女皇聞變驚起，問：「亂者誰耶？」

「張易之、昌宗謀反，臣等奉太子令誅之，恐有漏洩，故不敢以聞。稱兵宮禁，罪當萬死！」桓彥範回答說。

女皇見太子進來，遂說：「乃汝耶？小子既誅，可還東宮。」猶不知事態嚴重。

「太子安得更歸！」桓彥範揚聲道：「昔天皇以太子託陛下，今年齒已長，久居東宮，天意人心，久思李氏。群臣不忘太宗、天皇之德，故奉太子誅賊臣，願陛下傳位太子，以順天人之望！」

---

56. 《通鑑》謂二十三年，應是從他首次接受神器時計算，胡注說二十二年則是從被廢起算，今從《通鑑》，參則天后神龍元年正月條並注，二〇七：六五八〇。

57. 斬二張於集仙殿廡下見兩《唐書．桓彥範傳》。按：洛陽宮內之西有仙居殿、集仙殿等，集仙殿為女皇所造，其門名迎仙門，故亦謂之迎仙宮，詳《增訂唐兩京城坊考》，二四五。

至此，兵變已經開始變質為政變。

女皇仍死心不息，可能以為只是極少數人參預的事，及至見到李湛，乃訝異地質責：「汝亦為誅易之將軍耶？我於汝父子不薄，乃有今日！」李湛慚不能對。又見宰相崔玄暐，復質問：「他人皆因人以進，惟卿朕所自擢，亦在此耶?!」玄暐答道：「此乃所以報陛下之大德！」至此，她已經知道眾叛親離，大勢已去，纔死心而臥，不再說話。[58]

當日，兵變集團派兵就邸斬二張之兄汴州刺史昌期、司禮少卿同休和洛陽令昌儀，皆梟其首於天津橋南。據說士庶見者莫不歡叫相賀，或臠割其肉，一夕而盡。[59] 另外，他們將二張的黨羽宰相韋承慶、房融及司禮卿崔神慶等也收捕下獄。

第二天——正月二十三日，女皇下制令太子監國。制書自謂「朕以虛寡，宿承先顧；社稷宗廟，寄在朕躬」。近因執政倦勤，且染風疾，張氏兄弟因「解調煉」，所以錫以殊恩；不料竟然趁機謀反，幸得太子與北軍知情，「奔衛宸極……勦撲兇渠」。「豈惟朕躬之幸，抑亦兆庶之福」！由於「機務既繁，有妨攝理」，故令太子監國云云。[60] 是日，太子分遣十使至各州宣慰，以穩定全國臣民之心；又遣使往西京祭告廟陵。

---

58. 《新唐書．桓彥範傳》記至彥範請她傳位太子，即謂「后乃臥，不復言」（一二〇：四三一〇），《通鑑》不載。按：女皇既曾質責李湛和玄暐，即不能說她「臥不復言」；應是質責之後，知眾叛親離，大勢已去，始「臥不復言」。

59. 《通鑑》謂收斬昌期等三兄弟，不言臠割之事。《舊唐書．張行成傳》僅謂收斬昌期，也不言臠割；而在同書〈桓彥範傳〉則謂收斬昌期和同休，並被臠割。《新唐書．張行成傳》謂收斬昌期、同休和堂弟景雄，也謂被臠割。按：兵變目標是要誅除張氏兄弟，故連其群從兄弟可能也遭殃；民眾恨其仗勢凌人，恐有臠割之事。

60. 詳《唐大詔令集．則天太后命皇太子監國制》，三〇：一一一－一一二。

第三天——二十四日，女皇下制傳位給太子。翌日——正月二十五日，太子武顯即皇帝之位。[61]此時國號未改，顯然是大周女皇內禪於監國太子，使他繼為大周新皇帝。

形式上是大周新皇帝的復辟天子武顯，此後又如何對待他的母皇——遜帝武曌？

復辟皇帝登基的第二天——即政變的第五天——正月二十六日，他將遜帝遷徙至上陽宮。上陽宮位於神都禁苑的東區，南臨洛水，西距谷水，當年天皇喜歡這裏有登高臨深之美，乃建此宮並移住聽政。此宮正殿名觀風殿，其北有仙居殿等，其間亭臺樓閣列佈，確也是一個休養的好地方；只是此宮位在皇城麗景門之西南，[62]女皇重用酷吏時此門被稱為「例竟」門，似乎有點意兆不佳，是美中不足！移宮之時，復辟皇帝率百官就閤問安，王公以下皆欣躍稱慶，獨姚元之嗚咽流涕。桓彥範和張柬之對他說：「今日豈是啼泣時？恐公禍從此始！」元之回答說：「事舊主歲久，乍此辭違，情發於衷，悲不能忍。且日前從公誅兇逆者，是臣子之常道，豈敢言功；今辭違舊主悲泣者，亦臣子之終節，緣此獲罪，實所甘心！」[63]女皇從此軟禁上陽，雖宰相也不易相見，故姚元之乃有此悲。

移宮的第二天——正月二十七日，復辟皇帝率領群臣來到，給遜帝上了一個新的尊號——則天大聖皇帝。大周一時並有二帝，誰說「天無二日，民無二王」？然而「大周則天大聖皇帝」對

61.《舊唐書．則天紀》謂甲辰（二十三日）太子監國，是日傳位。今據《通鑑》。

62. 詳《增訂唐兩京城坊考》（二五三—二五五）及所附東都諸圖。

63.《新唐書．姚崇傳》記姚崇稱女皇為「天后」，《舊唐書．姚崇傳》與《通鑑》（唐中宗神龍元年二月乙卯條，二〇八：六五八四）皆稱女皇為「則天」，及謂「昨」或「前日」與公誅兇逆云。按：女皇此時猶無「則天」之號，兵變也非「昨」或「前日」之事，今酌其言而改之。

遜帝而言不過只是一個虛銜，就算從二月二日復辟皇帝率領群臣又來請安以後，自是每十日一來請安，那又能算什麼？她現在被軟禁，猶如當年她給兒子一個虛銜而軟禁他們一樣罷了。假如真有天道，則天道好像果然循環，報應不爽！

到了二月四日，[64]復辟皇帝就更連「大周」的國號也不要了，下制恢復「大唐」的國號。他的制文首先仍給遜帝保留面子，說：

「高宗天皇大帝……僊駕不返，逆臣開釁，敬業挺災於淮甸，務挺潛應於沙場，天柱將搖，地維方撓，非撥亂之神功，不能定人之安危矣。則天大聖皇帝亶聰成德，濬哲應期，用初九之英謨，開太一之宏略，振玉鈐而殪封豕，授金鉞而斬長鯨；受河洛之圖書，當昊羲之曆數，惠育黎獻，並登仁壽。既而凝懷問道，屬想無為，以大寶為勞生，復禾於明辟；且有後命，俾承先緒，光啟大唐之國，用崇興復之基。」

這時距離政變纔十幾天，官方公開的此種說法極值注意。它無異為當年遜帝的「革命」和他自己的「復辟」作了一次權威的解釋，給這兩次政變予以定調。

觀察制文之意，遜帝的革命是應期受命，原因是天皇死時徐敬業和程務挺危害社稷，而她有平定的撥亂神功，故能應期受命。至於他的復辟，則是因遜帝年老倦勤，想休息無為，所以才復子明辟的；甚至紹述大唐遺緒，也是出於遜帝的後命。這就為女皇的篡位，奠定了「革命從權說」的基礎。復辟皇帝如是說，後來其弟睿宗皇帝也如是認為，皇唐舊臣尚安能有異議，遂使她不致

---

64. 兩《唐書．則天紀》及《通鑑》均作二月甲寅，應是四日；《唐會要．帝號上．中宗》作二月五日，殆誤。

於被人視為奸亂之人。大周遜帝既然命他承續大唐的統緒，所以他必須維新更始，恢復國號制度等事物。因此制文跟著又說：

> 「交際在辰，情深感慰，奉高祖之宗廟，遵太宗之社稷，不失舊物，寔在于茲。業既維新，事宜更始，可改大周為唐，社稷、宗廟、陵寢、郊祀、禮樂、行運、旗幟、服色、天地等字、臺閣官名，一事已上，並依永淳已前故事。其神都依舊為東都，北都依舊為并州大都督府，……周朝宗廟、陵寢及官，宜令所司商量處分。朕之遠系，出自老君，……宜依舊上尊號為玄元皇帝。」65

史謂當兵變誅殺張氏兄弟之後，復辟皇帝猶監國告武氏廟之時，上天仍久陰不霽。侍御史崔渾奏：「陛下復國，當正唐家位號，稱天下心。奈何尚告武氏廟？請毀之，復唐宗廟。」意見被復辟皇帝所嘉納。是日詔書下，天氣澄明，咸以為天人之應云云。66

王朝已恢復了「唐」的國號，復辟皇帝當然就是大唐天子，不過具有天命象徵的年號猶未改，尚沿用遜帝的「神龍」年號。然則遜帝的身分是什麼？仍是「大周則天大聖皇帝」呢，抑或夫死從子而改為「大唐則天大聖皇帝」？由於史書沒有交代，故可能仍以「則天大聖皇帝」之銜而為模糊的處理。所以從此日起，臣民還是有兩個活著的皇帝，一個是實際統治的大唐皇帝，一個是喪失了領土、人民與權力的空頭「則天大聖皇帝」。大唐皇帝定期來向則天大聖皇帝請安，乃至

65. 詳《唐大詔令集．中宗即位赦》，二：六。
66. 見《新唐書．張柬之傳》，一二〇：四三二四。

於問政都是毫無意義的，因為一切國家安危，以及生民休戚，再也與她無直接的關係。不過，外面世界由於大唐皇帝既承認大周革命，而同時又肯定大唐復辟，故使到臣民思想分歧、莫衷一是，已經日漸掀起政潮，進入政局混亂的「後則天時期」。

八十一歲年老苦疾的她，雖然革命建國與成佛成仙的夢想終於幻滅，但是生命力似乎仍然相當頑強，一直拖延到年底——神龍元年十一月二十六日[67]——纔死於仙居殿。[68]她曾駕《大雲》，降《寶雨》，以彌勒下生而革命開國；最終卻也是身敗於「王子晉」，[69]國覆於迎仙宮，羽化於仙居殿。成功於佛教，消失於仙境。是開國皇帝，也同時是亡國皇帝，歷史上大概只有王莽差相似！

她的遺制：「祔廟、歸陵，去帝號，稱則天大聖皇后。其王、蕭二族及褚遂良、韓瑗、柳奭子孫親屬當時緣累者，咸令復業。」[70]表示她最終還是自我承認是一個李家媳婦，可以並接受永遠做李家媳婦，故對當年的情敵和協助情敵反對她的人及其親屬，也就一笑泯恩仇！

大唐復辟皇帝——這時已尊稱為「應天皇帝」，命宰相魏元忠攝冢宰，而為母后「大唐則天大聖皇后」諒陰三日。他顯然採用了宰相張柬之力爭的喪禮主張：三年之喪合二十五個月。故在

---

67. 《唐會要．天后武氏》作十二月二十六日，《舊唐書．則天紀》作十二月壬寅，《新唐書．則天紀》及《通鑑》則作十一月壬寅。按：崔融〈則天大聖皇后哀冊文〉（見《全唐文》，二二〇：二八一四—二八一五）作十一月二十六日壬寅死，與後二書合。
68. 崔融〈則天大聖皇后哀冊文〉謂「崩於洛陽宮之觀象殿，旋殯於集仙殿」，與諸書所記異。按：則天已移居上陽宮，或彌留前移往洛陽宮耶?待考。
69. 王子晉即是昇仙太子，這裏所指的「王子晉」則是張昌宗。
70. 原制已失，今據《舊唐書．則天紀》，六：一三二。

母喪二十五日——十二月丁卯——之後，始御便殿見群臣，商量母后合葬乾陵的後事。[71] 夫婦合葬是當時的風習，不料給事中嚴善思援引風水之說和男尊女卑、夫高妻低的概念，對此願意接受或者不得已接受重回李家為媳婦的過氣女皇，上疏力表反對，他說：

「尊者先葬，卑者不合於後開入。……則天皇后卑於天皇大帝，欲開陵合葬，即是以卑動尊，事既不經，恐非安穩。臣又聞乾陵玄宮，其門以石閉塞，其石縫鑄鐵，以固其中，今若開陵，其門必須鐫鑿；然以神明之道，體尚幽元，今乃動眾加工，誠恐多所驚黷。又若別開門道，以入玄宮，即往者葬時，神位先定，今更改作，為害益深。又以修乾陵之後，國頻有難，遂至則天皇后總萬幾二十餘年，其難始定，今乃更加營做，伏恐還有難生。但合葬非古，著在古昔，在《禮經》緣情為用，無足依準；況今事有不安，豈可復循斯制？伏見漢時諸陵，皇后多不合葬。魏晉已降，始有合者。……伏望依漢朝之故事，改魏晉之頹綱，於乾陵之旁，更擇吉地，取生墓之法，別起一陵，既得從葬之儀，又成固本之業。……伏望……割私情之愛欲，使社稷長享，天下永安！」

應天皇帝敕令百官詳議，尋令：「准遺詔以葬之。」[72] 皇帝最終還是承認她是母后，群臣也可能有相當大的比例承認她是大唐的皇后，而不是已經義絕改嫁的「出后」，或曾經獨立存在而

71. 柬之主張見《舊唐書》本傳（九一：二九三六─二九三九），見群臣日據《通鑑》神龍元年該月日條（二〇八：六五九七）。

72. 詳《唐會要．陵議》，二〇：三九六─三九七。

如今亡國的「大周皇帝」。

翌年——神龍二年（七〇六）正月，應天皇帝敕以今月十九日幸長安，東都僧人要宋之問代筆上表請留駕，理由之一是經濟因素，認為此行會興役妨農，而且回到西京後公私將不能濟，故宜留駕，等待關輔稔歲時纔歸鑾。理由之二是宗教因素，即「先后神寢，夏首方成。……則天皇后久成佛果，俯應輪王。冀發無邊之巨願，光有為之妙福」，今白司馬阪大像將成，請留駕臨禮。「禮如來之大身，畢先聖之遺旨，然後載詣京輔，馳謁山陵」。[73]然而，應天皇帝最後仍決定在正月二十一日護則天大聖皇后靈駕還京。[74]

五月二十八日——祔葬則天大聖皇后於乾陵，長隨夫皇於冥宮。〈則天大聖皇后哀冊文〉由國子司業崔融執筆。該文除了扼述「聖后」的政治成就之外，其中心主旨仍是為她的革命與覆亡作辯護。冊文開始即盛稱武氏發祥於姬周，至「聖后其昌」。然後又盛稱她如何「和睦遐邇，清夷家道，以正王化之基」；並內輔外謀，承受顧命，而「辭不獲已，從宜稱制，……神器權臨，大運匪革」，不是篡奪；因此日後纔會「乃復明辟，深惟至公；歸閑於大庭之館，受養於長樂之宮」。最後向她歌頌：「軼帝皇之高風兮，欽文母之餘懿；時來存乎立極，數往歸乎配地。何通變之有恒兮，而始終之無愧。惟聖慈之可法，播徽音於後嗣。嗚呼哀哉！」

此外一時文人作挽歌哀歎者甚眾，如崔融又作〈則天皇后挽歌〉云：「前殿臨朝罷，長陵合葬歸。山川不可望，文物盡成非！陰月霾中道，軒星落太微。空餘天子孝，松上景雲飛！」又如

---

73. 詳《全唐文・為東都僧等請留駕表》，二四〇：三〇七五—三〇七六。
74. 見《舊唐書・中宗紀》，七：一四一。

宋之問〈則天皇后挽歌〉也云：「象物行周禮，衣冠集漢都。誰憐事虞舜，下里泣蒼梧！」[75]他們都是當年常陪女皇詩酒作樂而親附二張的人，故感慨特深。

中國帝后陵寢向無立碑之例，所以開元二年（七一四）唐明皇想為生母昭成皇后——即當年被女皇所殺的皇嗣竇德妃——在洛陽的靖陵立碑時，中書侍郎蘇頲為此極言說：「帝王及后，禮無神道碑。近則天皇后崇尚家代，猶不敢稱碑，刻為述聖記。……若靖陵獨建，即陛下祖宗之陵，皆須追建。」明皇遂從其言而止。[76]所謂「近則天皇后崇尚家代，猶不敢稱碑，刻為述聖記」者，疑指李嶠奉女皇敕令所撰的〈攀龍臺碑〉和武三思奉制所撰的〈大周無上孝明高皇后碑銘〉而言，不過女皇的父母生前並非真正的帝后，所以猶不能完全算作破例。事實上，天皇死後，乾陵朱雀門外司馬道西側破例地豎有一高大的石碑，碑文開頭即稱「述聖紀」，應是帝陵空前絕後之作，為武太后所制，嗣皇帝李顯所書。[77]如今則天大聖皇后既死，在她祔葬之後，乃於此碑的司馬道東側對面也豎立了一高大石碑，其上卻無一字，人稱無字碑，無異再創新例。

其碑為何無字，而令後人議論紛紛？今人多謂如此立碑，是表示女皇一生功過，任憑他人論說刻劃罷了！其實在中國人的觀念裏，立碑是要留金石不朽之功德。帝王之所以不立碑，蓋因他們是天子，事業廣大、功德昭見，「浩浩蕩蕩，民莫能名」，臣子安敢立碑而議。由此而言，乾

---

75. 前歌見《全唐詩》，六八：七六六；後歌見五三：六五九。
76. 《唐會要．諸陵雜錄》，二一：四一八–四一九。
77. 此碑文據考應作於文明元年李顯被廢之前，今已字多磨泐，文意不繼，參樊英峰〈武則天與乾陵《述聖紀碑》〉，收入趙文潤等編《武則天研究論文集》，一八七–一九五。

陵所以破例為天皇刻〈述聖紀〉而不稱碑，武太后母子應是覺得天皇功德浩蕩而可述，必須要對他大力頌揚。同理，復辟皇帝或他的臣子，為史無前例的又是皇帝又是母后的武太后立無字碑，顯然也想對她有所表述。只是身為臣子，經歷被她所廢而最後又推翻她，且她一生功過可議，一時難以定位，所以不易述也不易議，還是留待別人來議論罷！

就在則天皇后祔葬的翌月，政變五主角全部被貶，可見立無字碑當時的政情洶湧與朝廷對新逝女皇心態的複雜。稍後武、韋（后）集團當道，政情之動蕩就更不必說了。當此之際，誰敢對她評議和輕議，且又能如何議？

復辟天子稍後被尊稱為應天神龍皇帝，在景龍四年（七一〇）六月被武、韋集團所弒。武、韋集團擁立少帝，改元「唐隆」，卻不旋踵即被鎮國太平公主與臨淄郡王李隆基（唐明皇）等聯手所滅，由安國相王李旦繼位，新皇帝是為睿宗。在七月改元「景雲」之前，新皇帝就將「則天大聖皇后」復稱為「天后」，又將嫡二哥李賢追諡為「章懷太子」，可能就是懲於韋后效法母后——則天大聖皇后——再引起大禍之故，所以取消母后「大聖」之號。要到景雲元年（即景龍四年，唐隆元年，七一〇）十月十八日，政局稍穩，新皇帝纔再改「天后」為「大聖天后」，可能與鎮國太平公主有關。此後又因鎮國太平公主勢力極大，為了避免衝突，新皇帝乃在延和元年（七一二）八月傳位給太子李隆基，而自為太上皇。在傳位之前一個半月，新皇帝曾給「大聖天后」上了一個新尊號——「天后聖帝」，[78]顯然是為了安撫反對他傳位的太平公主集團。因為此時公

78.《唐會要．天后武氏》及兩《唐書．睿宗紀》均作睿宗延和元年（七一二）六月十七日乙卯改為「天后聖帝」，《通鑑》無載。

主頗有母后當年為女主的架勢，而集團裏有不少人原是二張和武、韋的親附者。

明皇在八月三日即位，遂在五日改稱「天后聖帝」為「聖后」。[79]他可能覺得祖母死前已遺命去帝號，還為李家媳婦，所以無必要再尊她為「天后聖帝」，也不必買與她競爭敵對的姑姑——鎮國太平公主——之帳，以免對她攬權有鼓勵的作用。及至翌年（開元元年，七一三）明皇誅除了太平公主集團，「聖后」之號遂被尊奉至開元四年（七一六），待太上皇死後，纔於這年的十二月再改回「天后」之名。[80]此月，主管禮儀的太常卿姜皎等上表說：「臣伏見太廟中，則天皇后配高宗天皇大帝，題云『天皇（后？）聖帝武氏』。伏尋昔居寵秩，親承顧託，因攝大政，事乃從權，神龍之初，已去帝號。岑羲（當年宰相）等不閑政體，復題帝名，若使帝號長存，恐非聖朝通典。……皇后祔廟，……無宜稱帝。……因除『聖帝』之字，直題云『則天皇后武氏』。」明皇從之。[81]降至天寶八載（七四九）六月十五日，明皇追尊她為「則天順聖皇后」，遂為定稱。

從女皇被推翻後，這段時期歷經中宗、睿宗、玄宗三帝，派系分合、集團衝突、政變頻繁，政局極不穩定。對於女皇昔日的功過地位，就是子孫女兒之間也常有不同的認知，遑論其他臣民。所以她在這段「後則天時期」裏，由帝到后，尊號凡七、八改，最後纔確定為「則天順聖皇后」。由「大聖」到「順聖」，其實有不同的含意。自明皇以來，追尊前期的皇后——廢后除外——皆

79.《唐會要．天后武氏》及《新唐書．睿宗紀》均作「聖后」，《舊唐書．睿宗紀》無載，《通鑑》作「聖帝天后」（見玄宗先天元年八月壬寅條，二一〇：六六七四），今從前二書。

80. 兩《唐書．玄宗紀》與《通鑑》皆無載，今據《唐會要．天后武氏》（三：二四）。上皇死於六月。

81. 見《唐會要．廟議上》（一五：三三五）。按：《全唐文》卷二八一謂是陳貞節之表，太廟題銜作「天后聖帝武氏」。既謂姜皎等上表，則陳貞節有可能是其中一人。

為「順」聖，表示她們是先帝的媳婦。這也是表示說，自明皇以後，皇家正式確認武曌僅是李家媳婦，不是什麼「大聖」、「聖帝」的，以至於大周開國與亡國之君。

「後則天時期」政潮洶湧，所有人——包括先後政變即位的兩位嗣皇帝——對昔日女皇都不敢輕易評價，也議論不定，乾陵無字碑就是在這種背景下豎立。從明皇以後則已有了定論：武曌只是一個承受先帝顧命，從權稱制，暫據神器，最後復子明辟的李家老媳婦！當然，此論已定之後，史臣們遂不得不在大唐正史裏為她特立本紀，而不敢給她置於什麼奸臣、賊臣、叛臣的列傳裏；甚至也不敢學班固，將王莽——同樣靠婚姻關係、假神道迷信篡位開國，而同樣及身亡國的君主——置於《漢書》最後的章節裏，貶她為「餘分閏位」。這表示在當時，她必須回歸到男性父權社會纔能被認知，纔能被評論，纔能被論定；一個獨立自主的女性，功過難議的女主，太難被認知、評論與論定了。就連獨立自主如女皇本人，不也是不敢娶「男妻」、納「男妾」嗎？不也是不敢傳位給「外家」的侄子或親生女兒來繼承嗎？不也是臨終去帝號而恢復皇后的身分嗎？她如同北朝以來的社會風俗中，是大家庭裏喪夫的女家長，可以掌控財產，支配子孫，指揮家臣，然而家長權最終要、而且必須要交還給嫡子，纔能安心瞑目，纔能在夫家有一定的地位，可以血食了。

中國紀年	西元	歲數	大事紀	世界大事紀要
唐高祖武德八年	六二五	一	是年底，武則天生於京師長安武邸，原名宜為「約」，自名「明空」；「明空」亦宜是其字，依當時習慣以字行，最後自名「曌」；「曌」，「明+空」之合也。 父武信，字士彠，并州文水人，大唐「太原元謀勳效功臣」，此年四十九歲，任工部尚書、應國公，八月以後權檢校揚州大都督府長史，接李靖遺缺，唐高祖與之「期以半年」。期滿，父老詣闕上書，乞更留一年。 母楊氏，弘農楊氏觀王房，隋納言楊達之女，是年四十七歲，去年四月前後唐高祖作媒主婚，與士彠結婚，去年底或是年初生長女，後嫁賀蘭安石，封韓國夫人。明空是其次女，么女未生。士彠亡妻相里氏生元慶、元爽，為明空異母兄。	
九年	六二六	二	六月四日，秦王世民政變，七日高祖立世民為皇太子，令監國；八月九日，皇太子即位東宮，是為唐太宗，高祖為太上皇，尋立秦王妃長孫氏為皇后；東突厥於二十八日侵進至渭水便橋，太宗與頡利可汗斬白馬盟於橋上，兵乃退。 十月立嫡長子中山王承乾為皇太子，年八歲。 其間，士彠奉召還京，尋改豫州都督。明空自後應隨父赴任。	

唐太宗貞觀元年	六二七	三	值隋末喪亂之後，人不樂仕進，官員不充，命宰相房玄齡精簡，留文武總六百四十餘員。是時，關中米貴，每斗直絹一匹，百姓東、西就食。 十二月，利州都督李孝常謀反伏誅，遷士彠都督利州。	
二年	六二八	四	正月，有密表言右僕射長孫無忌權寵過盛，無忌亦自懼，固求解職，改為最高散官開府儀同三司。 六月十五日，皇九子李治（唐高宗）生。	
三年	六二九	五	二月，房玄齡、杜如晦分為左、右僕射，世稱賢相。 十一月，宰相李靖為定襄道行軍大總管往擊東突厥。	
四年	六三〇	六	三月，擒頡利，亡其國。四月，西、北君長上「天可汗」號。是歲國危解，治安良，米價賤，戶口集，為「貞觀之治」之始。	穆罕默德和門徒打回麥加，统一阿拉伯半島。
五年	六三一	七	正月，詔僧尼、道士致拜於父母。 二月，皇子李治封為晉王，時年四歲。是歲，開黨項羌之地為十六州，建立死刑覆奏制。 十二月，利州都督武士彠以朝集使入京，上表請封禪，太宗不許。士彠尋改遷荊州都督。	
六年	六三二	八	是歲，百官請封禪泰山，以國家安全及素有氣疾、不宜登山等理由寢之。	
七年	六三三	九	去歲，太宗縱死囚三百餘人，今皆如期而還，赦之。	

八年	六三四	十	十二月，宰相李靖為西海道行軍大總管往擊吐谷渾。
九年	六三五	十一	太上皇自去秋得風疾，五月六日崩，年七十。太宗守喪，詔太子於東宮平決庶政；自後每出行，常令太子監國。是月，李靖平吐谷渾，立慕容順為可汗，封西平郡王。 十月，葬太上皇於獻陵，諡太武皇帝，廟號高祖；亡妻竇氏為太穆皇后，祔葬。 其間，荊督武士彠聞國喪，嘔血而死，年五十九，追贈禮部尚書，諡為「定」；官造靈轝歸葬文水，并州都督李世勣監護喪事。楊氏時年五十七歲，自後武氏子弟遇其母女不禮。
十年	六三六	十二	六月二十一日，皇后長孫氏崩，年三十六歲，諡「文德」。晉王李治時年九歲。 十一月四日，葬文德皇后於昭陵。
十一年	六三七	十三	三月，太宗幸洛陽，改為洛陽宮。 是歲，以朝廷重內官而輕外任，遂自選刺史，詔京官舉縣令。
十二年	六三八	十四	正月，宰相高士廉等刪定《氏族志》，不敘武氏本望。 閏二月，車駕西還至京師。 八月，吐蕃始攻吐谷渾，進至松州西境；宰相侯君集統兵五萬反擊，吐蕃敗退，謝罪請婚。 是歲，太宗聞明空有才貌，召入宮中為才人，賜號「武媚」。時，晉王李治十一歲，常在宮中。

十三年	六三九	十五	七月，冊李思摩為可汗，命統東突厥舊部還漠南復國，另命薛延陀與之劃磧分治，互不侵犯。 十二月，命宰相侯君集為交河道行軍大總管，往擊高昌；以宗女弘化公主嫁吐谷渾王。 是歲，天下有州府三百五十八，縣一千百五十一。西突厥內亂分裂，高麗、新羅、吐火羅、康國、安國、波斯、疏勒、于闐、焉耆、高昌、林邑、昆明等國相繼遣使朝貢。	穆斯林攻入耶路撒冷。
十四年	六四〇	十六	八月滅高昌，置安西都護府，留兵鎮守。至此，唐地東極於海，西至焉耆，南盡林邑，北抵大漠，東西凡九千五百一十里，南北一萬六千九百八十一里。 閏十月，吐蕃求婚，許以文成公主。	穆斯林攻入埃及。
十五年	六四一	十七	正月，命江夏王李道宗送文成公主入藏。 十一月，薛延陀二十萬兵團入至白道川，分命兵部尚書李世勣等迎戰；翌月，世勣殲之於諸真水。	穆斯林攻入薩珊波斯。
十六年	六四二	十八	十月，以新興公主許薛延陀，翌年停婚。 十一月，高麗泉蓋蘇文弒其王，立高藏，獨攬國政。	
十七年	六四三	十九	正月，魏徵卒，太宗圖功臣二十四人之像於凌煙閣，武士彠不預其中。 三月，李世勣平皇子齊州都督、齊王李祐之反。太子承乾與魏王李泰各樹黨羽，四月，太子以謀反被幽廢，尋徙黔州，魏王亦貶為郡王，尋徙均州，株連將相群臣甚眾；七日，立晉王李治為太子，以長孫無忌、房玄齡、蕭瑀分為太子師傅，以李勣為詹事，並同中書門下三品。新太子十六歲，仍常入侍宮闈。	

十八年	六四四	二十	十月，太宗幸洛陽，親征高麗。安西都護郭孝恪平焉耆。	
十九年	六四五	二十一	二月，詔太子留定州監國，太宗進軍遼東。是月，僧玄奘自天竺歸國。 九月，以遼東早寒，班師。	
二十年	六四六	二十二	三月還至京師，以疾未癒，詔軍國機務並委皇太子處決。太子隔日聽政於東宮，罷朝後入侍藥膳，太宗另置別院於寢殿側，令太子居住，旬日一還東宮。 六月，命將擊薛延陀。 八月，立太子庶長子李忠為陳王，太宗幸靈州督師。 九月，薛延陀平，漠北諸部共戴天可汗，請置漢官。 十月，還京師，仍令太子處分常務。	日本孝德天皇推行大化革新。
二十一年	六四七	二十三	三月，太宗得風疾，苦京師盛暑；四月，營翠微宮於終南山，置燕然都護府以統漠北諸部。 五月，幸翠微宮，令皇太子決事；七月，以翠微宮險隘，更營玉華宮於宜春縣。	
二十二年	六四八	二十四	正月，太宗作《帝範》十二篇以賜太子，命司徒長孫無忌檢校中書令，知尚書、門下二省事，總攝三省。 二月，幸玉華宮。 五月，王玄策平中天竺，令西域方士造延年藥。 十月，太宗還京師。 十一月，契丹、奚內附，以契丹為松漠都督府，奚為饒樂都督府。	

			十二月，崑山道行軍大總管阿史那社爾平龜茲，西域爭相入朝；二十四日，太子為文德皇后作大慈恩寺成，以居玄奘。
二十三年	六四九	二十五	三月，太宗疾，敕太子於金液門聽政；四月幸翠微宮。 五月十五日，貶李世勣為疊州都督；二十四，太宗病重；二十六日，召長孫無忌、褚遂良受遺輔政，旋崩，年五十二歲。無忌祕不發喪，二十七日，遣飛騎勁兵護太子先還京，二十八日太子入京，二十九日發喪於太極殿，宣遺詔，太子於柩前即位。 六月一日，殯太宗於太極宮之太極殿，太子受冊正式即位，是為唐高宗，時年二十二歲。十日，以長孫無忌為太尉・同三品；二十日，以李勣為開府儀同三司・同三品。 八月二十八日，葬大行皇帝於昭陵，諡曰「文」，廟號太宗。 九月十三日，以李勣為左僕射・同三品，僕射帶「同中書門下三品」自此始。 是歲，武才人依例出宮，入感業寺為尼。蕭良娣時獲太子之寵，是年生次女，即後之宣城公主。
唐高宗永徽元年	六五〇	二十六	正月一日改元，六日立太子妃王氏為皇后，以陳王李忠為雍州牧，尋立良娣蕭氏為淑妃。二十一日，召朝集使求諫，問百姓疾苦；無忌、遂良同心輔政，史言「永徽之政，有貞觀遺風」。 二月，立三子為王，蕭淑妃因得寵，所生李素節封為雍王。 五月，遣使獻於昭陵；吐蕃松贊干布卒，其孫嗣，

			政事決於祿東贊。六月，高侃俘突厥車鼻可汗，突厥盡為封內之臣，分置單于、瀚海二都護府。十月，李勣固請解職，乃罷左僕射，為開府儀同三司・同三品；監察御史韋仁約彈劾中書令褚遂良贓罪，遂良左遷刺史，仁約亦被貶。十二月，瑤池都督阿史那賀魯叛唐，自稱沙缽羅可汗，漸有西域之地。約在此年五月太宗忌日，高宗會女尼武氏於感業寺。事為王皇后知悉，潛令武氏長髮，欲引以向蕭淑妃爭寵。	
二年	六五一	二十七	四月，詔有司毋進肉食，訖於五月。閏九月，怪有司不觀顏面，多不盡公；無忌答以小小收取人情，恐陛下尚不能免。約在此年下半年，皇后召女尼武氏入宮。武氏下辭降禮事后，未幾大幸，十月以後懷了李弘，並約在此時被立為昭儀。	伊斯蘭軍隊攻入波斯，波斯薩珊王朝亡。
三年	六五二	二十八	正月，褚遂良復入為吏部尚書・同三品。七月二日，立陳王忠為皇太子；此月以後至年底，武氏長子——皇五子——李弘出生。十二日，戶部奏：有戶三百八十萬。十一月，房遺愛案發。李弘既生，武昭儀尋又懷一女。昭儀一旦寵幸在蕭淑妃之右，乃漸與皇后不協；皇后、淑妃遂協心謀之，遞相譖毀。	
四年	六五三	二十九	二月，房遺愛案結，株連甚廣。九月，褚遂良遷右僕射・同三品，知選事。	

			十月，睦州女子陳碩貞起事，自稱「文佳皇帝」，旋即敗亡。 是年底或明年初，武昭儀所生長女暴卒，昭儀奏為皇后所殺，皇后不能自明，此後高宗遂愈信愛昭儀。
五年	六五四	三十	三月十五日，高宗為昭儀故，加贈武德功臣屈突通、武士彠等十三人官，士彠贈并州都督。 后舅中書令柳奭以皇后寵衰，內不自安，請解政事，六月十九日罷為吏部尚書。 九月，高宗怪五品以上官不如先帝時踴躍進言。 十二月十七日，高宗發京師，謁昭陵，武昭儀從行，二十二日，在路生皇六子李賢。 是歲，天下豐收，洛州粟斗兩錢半，粳米斗一錢。
六年	六五五	三十一	正月一日，親謁昭陵；三日，至自昭陵，於陵側建佛寺；二十日，立皇子李弘為代王，李賢為潞王。 三月，武昭儀著〈內訓〉一篇，形同皇后。 六月，王皇后與其母魏國夫人柳氏為「厭勝」，敕柳氏不得入宮。 七月十日，后舅吏部尚書柳奭貶出為遂州刺史，復貶榮州刺史。高宗尋特置「宸妃」，欲以武昭儀為之，宰相韓瑗、來濟固爭，遂止。中書舍人李義府上表，請立武昭儀為皇后，尋超拜中書侍郎，武昭儀遂潛布心腹于朝。 九月一日，高宗與宰相議皇后廢立，長孫無忌、韓瑗、褚遂良、來濟反對，于志寧中立，李勣支持，貶遂良為潭州都督。 十月十二日，詔廢王皇后、蕭淑妃為庶人，其母及兄弟除名流嶺南。十八日，百官請立中宮，詔立武昭儀為皇后。

			十一月一日，司空李勣冊新皇后武氏，文武百官及蕃夷君長朝皇后於肅義門。三日，許敬宗請易太子。七日，追贈后父武士彠為司空；二十七日，后母應國夫人楊氏改封為代國夫人。 是冬，武后殺廢后王氏、廢妃蕭氏；又改廢后姓「蟒」，廢妃姓「梟」。
顯慶元年	六五六	三十二	正月六日，降皇太子忠為梁王・梁州刺史，立武后子代王弘為皇太子。七日，大赦，改元。二十三日，詔於慈恩寺辦無遮大會，為新太子設五千僧齋。 二月十七日，贈武士彠為司徒，賜爵周國公。 三月十七日，武后祀先蠶於北郊。 四月十四日，高宗與武后御安福門樓觀玄奘迎儀，御制〈大慈恩寺碑〉，導從法儀極壯觀，自魏晉以來佛事無有如此之盛者。 五月，太尉長孫無忌進梁、陳、周、齊、隋《五代史志》。 六月，以潞王賢為雍州牧。 九月十二日，武后制〈外戚誡〉獻於朝。 十一月五日，武后生皇七子李顯（中宗），賜京官及朝集使勳一轉，尋賜號「佛光王」；滿月，玄奘為之剃髮，披服袈裟，列入僧籍。 是歲，宰相韓瑗上疏為褚遂良訟冤，不納；瑗乞退休，不許。
二年	六五七	三十三	閏正月，高宗幸洛陽。命蘇定方討西突厥。 二月至洛陽，立李顯為周王，改雍王素節為郇王。 三月十六日，改潭州都督褚遂良為桂州都督。 二十五日，以中書侍郎李義府兼中書令。

			五月，高宗以天下無虞，始隔日臨朝視事。 八月，貶韓瑗為振州刺史，來濟為臺州刺史，再貶褚遂良為愛州刺史。遂良上表乞憐，不省。以禮部尚書許敬宗為侍中兼度支尚書。 十二月，蘇定方平西突厥，俘沙缽羅可汗，分其地置濛池，昆陵二都護府，並隸安西都護府。十三日，以洛陽宮為東都。 是歲，詔僧尼不得受父母及尊者禮拜。
三年	六五八	三十四	正月，太尉長孫無忌上所修《新禮》。 二月，車駕還至京師。 五月，徙安西都護府於龜茲。 十一月，李義府貶普州刺史，以許敬宗為中書令。 是歲，愛州刺史褚遂良卒。
四年	六五九	三十五	二月二十八日，高宗親試舉人，參試者九百人。 四月，韋季方朋黨案發，詔削長孫無忌官爵及封邑，安置黔州，准一品供給；追削褚遂良官爵，除柳奭、韓瑗之名，太子太師・同三品于志寧免官還第。 六月二十二日，詔改《氏族志》為《姓氏錄》，昇皇后之族為第一等，士卒以軍功致五品者咸預士流，時人謂之《勳格》。 七月，殺長孫無忌、柳奭，發韓瑗屍，籍沒三家，近親皆流嶺南為奴婢。 八月，李義府兼吏部尚書・同三品。 九月，詔於西域諸國置州縣府一百二十七個。 閏十月五日，高宗、武后幸洛陽，留太子弘監國；太子思慕不已，召赴行在。二十五日，至東都。

五年	六六〇	三十六	正月二十二日，離洛陽，幸并州。 二月十日，至并州，大會從官、諸親及并州官屬、父老等，極歡而罷。 三月五日，武后宴親戚故舊鄰里於朝堂，宴婦人於內殿。 四月八日，離并州，二十三日至東都。 七月，梁王忠內不自安，被告發，廢為庶人，徙於黔州承乾故宅。 八月，蘇定方平百濟。 十月，改封后母代國夫人楊氏為榮國夫人，品第一，位在王公母妻之上。是月，高宗初患風眩病，使皇后參決奏事，處事皆合旨意，由是始委以政事。 十二月，遣將分道進攻高麗，劉仁軌督運覆船，以白衣自效。	唐朝連新羅滅百濟。
顯慶五年 龍朔元年	六六一	三十七	正月，募河南、河北、淮南六十七州兵四萬餘人赴平壤。 二月，以益、綿等州言龍見，始以符瑞見而改元龍朔。 四月，高宗欲親征高麗，二十九日，武后抗表諫止，從之。 五月，武后請禁天下婦人為俳優之戲，從之。 六月，於吐火羅、波斯等十六國置都督府八，州七十六，縣一百一十，軍府一百二十九。 七月十日，蘇定方等破高麗於浿江，進圍平壤。 九月二十日，徙雍州牧・幽州都督・潞王賢為沛王，改授揚州都督・左武候大將軍，牧如故，令中書門下五品以上諸司長官及尚書省侍郎並諸親三等以上，並至沛王宅設宴禮。	穆罕默德女婿阿里遇刺而死，伊斯蘭教分裂為遜尼派和什葉派。

二年	六六二	三十八	正月，初置國子監於東都，並加學生等員額，教授同於京師。 二月四日，改百官名稱：以門下省為東臺，中書省為西臺，尚書為中臺；侍中為左相，中書令為右相，僕射為匡政，尚書為太常伯；餘司並以義訓更名，然職任如故。是月，蘇定方圍平壤久不下，遇大雪，班師。 三月，自東都還京師。 四月一日，至京師。高宗染風痹，厭太極宮湫溼，修大明宮，更名為蓬萊宮。 六月一日，武后生皇八子旭輪（睿宗）於蓬萊宮之含涼殿，於殿內作佛事。七日，初令僧、尼、道士、女冠致拜父母。 七月一日，以皇子旭輪滿月，大赦，賜酺三日。 十月十一日，幸驪山溫湯，令皇太子監國。二十四日，以西臺侍郎上官儀同三品。 十一月，封皇子旭輪為殷王。 十二月，以沛王賢為揚州大都督，周王顯為并州大都督，殷王旭輪遙領冀州大都督。 是歲，蘇海政伐龜茲，殺興昔亡可汗阿史那彌射，西突厥別部引吐蕃來戰，海政以軍資賄和而還，由是吐蕃始入西域。
三年	六六三	三十九	正月，鄭仁泰討平漠北鐵勒之叛。 二月，減百官一月俸，賦隴、雍等十五州百姓作蓬萊宮含元殿。徙燕然都護府於回紇，改名瀚海都護府，徙故瀚海都護府於雲中古城，改名雲中都護府。太子弘上《瑤山玉彩》五百卷。

			四月，李義府下獄，除名流巂州。二十三日，高宗始入居含元殿，稱太極宮為西內。 九月，孫仁師等破百濟餘眾及倭兵於白江，詔劉仁軌鎮百濟。 十月一日，詔太子每五日於光順門內視諸司奏事，小事皆委太子決行。十六日，絳州奏麟見；二十六日，含元殿前麟趾見。 十二月，改明年為麟德。 是歲，大食崛起，擁兵四十萬。
麟德元年	六六四	四十	正月，改雲中都護府為單于大都護府，加授殷王旭輪為大都護以遙領之。 五月一日，皇次子遂州刺史許王李孝薨。是月，置姚州都督府於昆明弄棟川。 十月，檢校熊津都督劉仁軌上書報告百濟軍情。 十二月，高宗欲廢后，命宰相上官儀草詔。事發，十三日，殺上官儀等，賜庶人李忠死。自是，高宗每視朝，武后則垂簾於後，與聞政事，中外謂之「二聖」。
二年	六六五	四十一	二月十日，車駕幸東都，往封禪。 三月二十九日，東都造乾元殿成。 五月二十日，李淳風造《麟德曆》成，行之。 八月，扶餘隆與金法敏盟於熊津，劉仁軌還唐。 十月十五日，武后請率命婦封禪，奠獻皇地祇，從之。二十八日，發東都，赴泰山，從駕文武酋長儀仗數百里不絕。是時歲稔，米斗五錢，麥、豆不列於市。

乾封元年	六六六	四十二	正月初一，高宗祀昊天上帝於泰山之南。二日，封於泰山之巔。三日，禪於社首，祭皇地祇，武后為亞獻，越國太妃為終獻。五日禮畢，高宗御朝覲壇受朝賀，赦天下，改元乾封；官員賜爵加階，為泛階之始，比及末年，服緋者滿朝。二十四日，幸曲阜，贈孔子為太師。是月，李義府卒。 二月二十二日，至亳州，謁老君廟，尊之為太上玄元皇帝。 三月十一日，至東都；翌月八日，還至京師。 五月二十五日，令鑄乾封泉寶。高麗莫離支蓋蘇文卒，內亂。 七月一日，徙封旭輪為豫王。 八月，以毒死魏國夫人賀蘭氏為由，誅始州刺史武惟良、淄州刺史武懷運，改其姓為「蝮」氏；懷運嫂善氏沒入掖庭，榮國夫人令武后鞭殺之。 十二月，以司空李勣為遼東道行軍大總管，討高麗。	
二年	六六七	四十三	正月，詔罷乾封泉寶錢，復用開元通寶。 三月，高宗屢責侍臣不進賢，司列少常伯李安期對以公卿畏被指為朋黨。 四月，西臺侍郎楊（弘）武因榮國夫人稱薦而同三品。 九月三日，高宗以久疾，令皇太子監國。	
乾封三年 總章元年	六六八	四十四	正月，以劉仁軌為遼東道副大總管兼安撫大使。 三月六日，朝議明堂制度略定，赦天下，改元總章，分長安、萬安縣置乾封、明堂二縣，以示其志。 九月十二日，李勣拔平壤，高麗悉平。 十二月七日，置安東都護府於平壤，以薛仁貴總兵二萬檢校安東都護。 約是年或去年，太平公主生。	新羅滅高句麗，统一朝鮮。

二年	六六九	四十五	三月十五日，武后祀先蠶。 六月，括州大風雨，冀州大水，各漂百姓宅舍數千家，傷亡損失嚴重。 七月，劍南十九州旱，三十六萬餘戶乏食。冀州復大水，壞屋一萬四千餘戶。 八月，改瀚海都護府為安北都護府。 十一月十二日，徙旭輪為冀王，更名輪。詔發九州人夫轉運太原倉粟入京。 十二月三日，李勣薨，孫李敬業襲爵。 是歲，司列少常伯裴行儉始設長名姓歷榜。
總章三年 咸亨元年	六七〇	四十六	三月一日，以旱，赦天下，改元咸亨。四日，改蓬萊宮為含元宮。十九日，許敬宗退休。 四月，吐蕃陷西域十八州，又與于闐陷龜茲，詔罷安西四鎮。遣薛仁貴等率兵十萬討吐蕃，並送吐谷渾還故地。 七月，薛仁貴敗於大非川，死傷略盡，吐谷渾全國盡沒。 八月，關中旱饑，穀貴；高宗以旱避正殿，減膳。 九月，二日，后母榮國夫人楊氏卒於九成宮之山第，享年九十二歲，贈魯國夫人，謚忠烈。詔以明年正月幸東都。 閏九月三日，以關中旱，武后請避位，不許。十二日，加贈后父司徒・周忠孝公為太尉・太原郡王，母為王妃。二十一日葬太原王妃楊氏於雍州咸陽之洪瀆原。二十二日，武后請為其母度女太平公主為女冠。 十月二十一日，詔諸司及官名復舊。 是歲，天下四十餘州旱及霜蟲，百姓饑乏，關中尤甚，詔令任往諸州逐食，仍轉江南租米以賑給之。

二年	六七一	四十七	正月七日，二聖幸東都，留皇太子監國，令戴至德等輔之；時太子多病，庶政由至德等決斷。太子知兩姊——義陽與宣城公主——幽於掖庭，奏請嫁之，忤武后意，宣城時年二十三歲。二十六日，至東都。 六月，武后上表訴左散騎常侍・兼太子賓客・嗣周國公武敏之前後罪，十二日降敕流敏之於雷州，復其賀蘭本姓，詔武承嗣襲其祖爵。未婚太子妃楊氏亦以被敏之逼淫為由停婚。 八月六日，賀蘭敏之死於韶州之官第，得年二十九歲。 九月二日，立太原寺為太原王妃楊氏追福。
三年	六七二	四十八	八月，許敬宗卒。 九月，徙沛王賢為雍王。召太子赴東都。 十月二日，詔太子於東都監國。五日，二聖西還，十一月十七日至京師。
四年	六七三	四十九	二月二十六日，以左金吾將軍裴居道女為皇太子弘妃；詔太子西還，時年二十二歲。 三月，因許敬宗所記多不實，詔劉仁軌等改修國史。 四月二十一日，二聖幸九成宮。 七月，九成宮太子新宮成，召宴極歡。 八月，高宗以瘧疾，令太子于延福殿受諸司啟事。 十月，在九成宮為皇太子納妃，禮畢賜酺，然後還京。
咸亨五年 上元元年	六七四	五十	正月，遣宰相劉仁軌討新羅。 三月十七日，武后親祀先蠶。

四月，尚輦奉御，周國公武承嗣為宗正卿。

八月十五，高宗追尊其祖先，以高祖為神堯皇帝，太宗為文武皇帝，而高宗自稱天皇，武后稱天后；大赦，改元上元。更易百官服色。

九月七日，詔復長孫無忌官爵，聽陪葬昭陵，以其曾孫長翼襲爵趙國公。八日，百官俱著新服，大酺，天皇御翔鸞閣觀看，分音樂為東、西朋，使雍王賢、周王顯角勝為樂。

十一月一日，發京師，二十三日至東都。

十二月，箕州刺史．蔣王惲被屬下誣告，恐懼自殺。二十七日，天后上意見十二條：一、勸農桑，薄賦徭；二、息兵，以道德化天下；三、給復三輔地；四、南北中尚禁浮巧；五、省功費力役；六、廣言路；七、杜讒口；八、王公以降皆習《老子》；九、父在為母服齊衰三年；十、上元前勳官已給告身者無追核；十一、京官八品以上益稟入；十二、百官任事久，材高位下者得進階申滯。天皇詔書褒美，皆行之。

二年

六七五

五十一

二月，劉仁軌大破新羅，新羅遣使入貢謝罪，召仁軌還唐。

三月十三日，天后祀先蠶。時天皇苦風眩甚，欲使天后攝政，宰相郝處俊諫止之。天后引「北門學士」於禁中著書，參決表疏。

四月七日，周王顯妃趙氏以母常樂公主為天皇所厚故，犯天后忌，幽死於內侍省。二十五日，太子弘薨於合璧宮之綺雲殿，年二十四歲。五月五日，追諡太子弘為孝敬皇帝，追諡子孫為皇帝自此始。

			六月五日，立雍王賢為太子，年二十二歲。 七月，皇三子慈州刺史・杞王上金為天后所惡，於澧州安置。 八月十九日，葬孝敬皇帝於緱氏縣之恭陵。二十六日，詔婦人為宮官者每年一見其親。
上元三年 儀鳳元年	六七六	五十二	正月二十三日，徙封冀王輪為相王。 二月六日，徙安東都護府於遼東故城。 閏三月，吐蕃攻鄯、廓、河、芳四州，分遣周王、相王為行軍元帥往禦，二王竟不行。二十二日西還長安，四月十一日，至京師。 八月，自今每四年遣官往嶺南選補官吏，謂之「南選」。 十月，郇王府倉曹張束之潛上皇三子申州刺史、郇王李素節所著〈忠孝論〉，天后誣王有罪，降封郡王，袁州安置。 十一月，以陳州言鳳凰見，改元儀鳳，大赦。 十二月三日，太子賢上所注《後漢書》。
二年	六七七	五十三	二月，移安東都護府於遼東新城。 八月，徙周王顯為英王，更名哲。命宰相劉仁軌為洮河軍鎮守使。 十二月，敕關內、河東募猛士以討吐蕃，令在京文武職事官三品以上每年各舉文武才能堪任將帥牧守者一人。詔五禮並依《周禮》行事。
三年	六七八	五十四	正月四日，百官及各族君長朝天后於光順門。十九日，以宰相李敬玄代劉仁軌為洮河道大總管；於河南、北募猛士以擊吐蕃。

			五月，以相王輪為洛州牧，年十七歲，約是時納劉氏女為孺人，尋為妃。 九月，李敬玄十八萬眾敗於青海。
儀鳳四年 調露元年	六七九	五十五	正月二十八日，至東都，幸新造上陽宮。 五月三日，盜殺正諫大夫術士明崇儼。七日，令太子監國。 七月，裴行儉假送波斯王歸國為名，擒西突厥十姓可汗阿史那都支而還，留副使王方翼築碎葉城。 八月，設安南都護府於交州。 十月，單于大都護府阿史德溫傅等部反，東突厥復國運動開始，立阿史那泥熟匐為可汗。 十一月，裴行儉為定襄道行軍大總管，率三十萬眾往討突厥。
調露二年 永隆元年	六八〇	五十六	二月，二聖與太子遊少室山，幸嵩山處士田游岩宅，拜道士潘師正。 三月，裴行儉大破東突厥於黑山，其餘眾退保狼山，班師。 七月，吐蕃東進，地接松、涼等州，諸胡中最為強盛。 八月二十二日，廢太子賢為庶人，送京師幽禁，時年二十七歲。二十三日，立英王哲為太子，時年二十五歲；改元永隆，赦天下。 十月二十七日，車駕自東都還至京師。是月，文成公主薨於吐蕃。
永隆二年 開耀元年	六八一	五十七	正月十日，以太子初立，宴百官及命婦於內殿。是月，天皇以天后常著七破間裙為節儉；又以阿史那伏念自立為可汗，復命裴行儉往討之。

二月，天后表請赦杞王上金、鄱陽郡王素節之罪，乃以上金為沔州刺史，素節為岳州刺史，仍不許朝集。
五月，黑齒常之敗吐蕃於良非川。太子納韋氏為妃。
七月二十二日，太平公主下嫁薛紹；紹母為太宗女城陽公主，表兄妹婚禮隆重。二十七日，劉仁軌罷左僕射，以太子少傅同三品。
閏七月十一日，以裴炎為侍中，崔知溫、薛元超為中書令。二十四日，天皇病，令太子監國。
十月，裴行儉平東突厥還，改元開耀，斬阿史那伏念等於都市。
十一月八日，徙廢太子李賢於巴州。
是歲，詔自今明經加試帖，進士加試雜文，遂為常式。

開耀二年
永淳元年

六八二

五十八

正月初一，以年飢罷朝會；令關內府兵於鄧、綏等州就食。
二月十九日，以太子妃韋氏所生嫡皇孫重照滿月，大赦，改元永淳，賜酺三日，尋立為皇太孫。
四月，關中旱饑，米斗三百；三日，匆促幸東都，留皇太子監國，扈從有餓死於道者，二十二日至東都。
是月，安西都護王方翼捷於伊麗水，又捷於熱海，遂平西突厥；黃門侍郎郭待舉等為中書門下同承受進止平章事，外司四品以下知政事者始以平章為名。
是夏，東都霖雨，水溢；關中澇雨及蝗害，復繼以疫癘，米斗四百，兩京間死者相枕，寇盜縱橫。
七月，作奉天宮於嵩山之南，又造萬全宮於藍田；零陵郡王李明被逼自殺。
九月，吐蕃論欽陵侵擾柘、松、翼等州，詔李孝逸等分道禦之。是秋，山東大水，民饑。

			十二月，突厥阿那骨篤祿據黑沙城反，寇并州與單于府北境。吐蕃入寇河源，婁師德禦之。 是歲，嚴禁私鑄貨幣，私鑄者抵死，鄰保村里皆從坐。東突厥再起，奉阿史那骨篤祿為可汗，自是屢入寇。
永淳二年 弘道元年	六八三	五十九	四月，綏州部落稽白鐵餘自稱「光明聖皇帝」起事；遣將軍程務挺、王方翼討平之。 七月，封皇孫重福為唐昌郡王。詔以十月封禪嵩山，尋因不豫，改以明年正月。十九日，徙相王李輪為豫王，更名旦。 八月，以將封禪，召太子赴東都，留唐昌郡王為京師留守，太子少傅・同三品劉仁軌副之。 九月，以太平公主生長男薛崇胤，赦東都。 十月，幸奉天宮。 十一月三日，天皇疾加重，詔罷來年封禪；御醫用針療，病情稍緩，天后賜以綵繒。命右武衛將軍程務挺為單于道安撫人使往討東突厥。詔太子監國，命宰相裴炎、劉景先、郭正一同東宮平章事。天皇疾甚，二十四日還東都。 十二月四日，下詔改元弘道，大赦天下；又令「比來天后事條，深有益於為政，言近而意遠，事少而功多。務令崇用，式遵無怠」。是夜，天皇召侍中裴炎入，受遺輔政，遂崩，年五十六歲，謚「天皇大帝」，廟號高宗；遺詔太子柩前即位，「軍國大事有不決者，兼取天后進止」。七日，裴炎以太子未正式即位為由，奏請宣「天后令」於中書門下施行。十一日，太子受冊即位，是為中宗，年二十八歲；尊天后為皇太后，政事咸決之。二十一日，復

			劉仁軌為左僕射，京師留守，仍同三品；以侍中裴炎為中書令，遷政事堂於中書省。二十五日，以黃門侍郎・同平章事劉景先守侍中，岑長倩為兵部尚書、郭待舉為左散騎常侍、魏玄同為黃門侍郎，並同三品。
中宗嗣聖元年 睿宗文明元年 太后光宅元年	六八四	六十	正月一日，改元嗣聖，赦天下，立韋氏為皇后。十日，以左散騎常侍韋弘敏為太府卿・同三品。 二月六日，太后與裴炎等廢皇帝為廬陵王，幽於別所。七日，立雍州牧・豫王旦為皇帝，居別殿，政事仍由太后處決，皇帝不得有所預；尋以豫王妃劉氏為皇后，皇長子永平郡王李成器為皇太子，改元文明。是日，飛騎告發案發生，告密之風自此興。八日，廢皇太孫重照為庶人。九日，令左金吾將軍丘神勣往巴州檢校廢太子李賢之宅；二十七日，李賢死于巴州公館，年三十一歲，太后歸罪於神勣，卻僅貶為疊州刺史。 三月五日，徙封上金為畢王，素節為葛王。 四月十日，改封上金為澤王，拜蘇州刺史；素節為許王，拜絳州刺史。是月，遷廬陵王於均州，尋遷房州。 五月十五日，歸高宗靈柩於京師，太后留東都。 閏五月十三日，禮部尚書武承嗣為太常卿・同三品，武氏子弟始拜相。 八月十一日，葬高宗於乾陵。二十七日，罷武承嗣為禮部尚書。 九月六日，下〈改元光宅詔〉，大改旗幟、服色、官名，又改東都為神都，宮名太初，增置右肅政臺，追尊老子母為先天太后等。命程務挺為單于

			道大使，以備突厥。二十一日，太后追王五代祖，立五代祠堂於文水。二十九日，李敬業起兵揚州，以「匡復」為辭，駱賓王作〈討武氏檄〉。 十月六日，遣李孝逸為揚州道大總管率兵三十萬討李敬業。裴炎請太后返政，被誣有異圖，下獄，十八日斬於都亭。十九日，復敬業姓徐氏。 十一月四日，復以黑齒常之為江南道大總管以討敬業。十八日，徐敬業被殺，追捕餘黨。 十二月，遣御史分道觀察風俗，遣使就軍殺單于道安撫大使程務挺。太后尋以徐敬業、裴炎、程務挺為例，召群臣怒罵：「此三人者，人望也，不利於朕，朕能戮之！卿等有過此三者，當即為之；不然，須革心事朕，無為天下笑！」
太后垂拱元年	六八五	六十一	正月一日，以徐敬業平，大赦，改元垂拱。西京留守宰相劉仁軌修書以呂后之禍奉勸，二十二日仁軌卒。二十六日敕：御史糾獲罪狀，未經聞奏，不得隨便處分。 二月七日，制令朝堂所置肺石及登聞鼓不須防守，有擊鼓者，御史受狀以聞。 三月十一日，遷廬陵王於房州。是月，刪改律、令、格、式成，頒於天下。 四月，詔九品以上及百姓，咸令自舉。 五月十七日，置左、右羽林軍。 六月，漠北同羅、僕固諸部叛，僑置安北都護府於同城。 八月五日，皇三子李隆基（唐玄宗）生於東宮別殿。 十一月一日，命韋待價為燕然道行軍大總管以討西突厥。太后度私夫馮小寶為僧，名懷義，又令與太

			平公主夫婿薛紹合族，修故白馬寺，以懷義為寺主。 是歲，撰《臣軌》二卷，普賜臣僚，教以為臣之道。
二年	六八六	六十二	正月，太后下詔復政於皇帝，睿宗固讓，皇太后繼續臨朝稱制。 三月八日，太后令有司鑄銅為匭，始建匭檢制度，用酷吏。 四月七日，太后頒所撰《百僚新誡》及《兆人本業記》於朝集使。 九月，令西突厥繼往絕可汗之子斛瑟羅襲可汗位，押五弩失畢部。 十月，新豐有山踴出，四方畢賀，改新豐縣為慶山縣。 是歲，太后已潛謀「革命」，著手諷令群臣上表勸進，先從遊說或脅從大臣之家開始。劉仁軌之子濬，即因拒絕勸進，於是年為酷吏所陷，被殺。
三年	六八七	六十三	閏正月二日，封諸皇子為王。 五月七日，宰相劉禕之有太后應還政之言，賜死於家。 九月，虢州人楊初成詐稱郎將，矯制於都市募人迎廬陵王於房州，事發伏誅。 十月，爨寶璧為骨篤祿所敗，改骨篤祿為「不卒祿」。 是歲，天下大饑，山東、關內尤甚。
四年	六八八	六十四	二月，詔毀乾元殿以作明堂，命僧懷義為督作使，凡役數萬人。詔王及善、歐陽通、狄仁傑巡撫，賑給饑乏。

			四月，武承嗣偽造瑞石，謂「聖母臨人，永昌帝業」，置於洛水，使唐同泰取出獻上，太后命名為「寶圖」。 五月十一日，太后將拜洛受圖，令諸州都督、刺史及宗室、外戚在拜洛前十日，齊集神都。十八日，太后加尊號，稱「聖母神皇」。 六月十六日，作神皇三璽。狄仁傑巡撫江南，奏毀淫祠一千七百餘所。 七月一日，太后更命「寶圖」為「天授寶圖」，名洛水為永昌洛水，「寶圖」所出為「聖圖泉」，置永昌縣於泉側。封洛水神為顯聖侯，嵩山為神嶽天中王。又以先於汜水得瑞石，改汜水為廣武。 八月十七日，博州刺史、琅邪王李沖起兵「反正」，令丘神勣討平之。二十五日，豫州刺史、越王李貞起兵於豫州。 九月一日，以將軍曲崇裕為中軍大總管、宰相岑長倩為後軍大總管討越王貞，更削貞等屬籍，改姓「虺」氏。十一日，越王貞自殺，豫州平。事後，遂大誅宗室諸王。 十一月六日，太平公主駙馬薛紹下獄，餓死。 十二月二十五日，太后拜洛受圖。二十七日，明堂成，號「萬象神宮」，又於其北起天堂以貯大像，懷義以功拜左威衛大將軍，封梁國公。
永昌元年	六八九	六十五	正月一日，太后服袞冕，大享於萬象神宮，大赦，改元永昌，大酺七日，自後常有大酺。三日，御明堂，受朝賀。四日，布政於明堂，頒九條以訓百官。五日，御明堂，享群臣。諸國君長亦以明堂成，各遣來貢。

二月十四日，太后追尊父為周忠孝太皇，母忠孝太后。

五月，宰相韋待價大敗於寅識迦河。命薛懷義為新平道行軍大總管擊東突厥，不遇而還。

九月，復命薛懷義為新平道行軍大總管將兵二十萬討東突厥。

十月陳子昂上疏論刑濫。二十八日，改羽林軍百騎為千騎。

十一月一日，太后大享萬象神宮，改元載初，始用周正，以十一月為正月，十二月為臘，正月為一月。

載初元年
周天授元年

六九〇

六十六

正月（原十一月）一日，用周正，所頒〈改元載初敕〉謂：「朕宜以『明空』為名！……特創一十二字」。鳳閣侍郎宗秦客獻所造新字，八日，詔行新字，改以「曌」為名，改詔書為制書。十六日，司刑少卿周興奏除唐親屬籍。

二月十四日，太后親策貢士於洛城殿，貢士殿試自此始。

七月，時酷吏橫行，置制獄於麗景門，專理大獄，人呼為「例竟門」。七日，東魏國寺僧法明等上《大雲經疏》，言太后為彌勒佛下生，當代唐為閻浮提主。制頒於天下。是月，澤王上金、許王素節被誣謀反，素節被縊死，上金自殺；太后殺堂姪右衛中郎將武攸暨妻，令尚太平公主。

九月三日，侍御史傅遊藝率關中百姓九百餘人上表，請改國號為周，賜皇帝姓武氏；不許，但拔遊藝為給事中。於是勸進規模不斷擴大，最後竟至百官群臣、宗室親戚、遠近百姓、四夷酋長以及沙門道士凡六萬餘人，俱上表如遊藝所請，睿宗亦上表

			請賜姓武氏。五日，群臣又言祥瑞。七日，太后准皇帝及群臣之請。九日，御則天樓，以唐為周，改元「天授」。十二日，群臣上尊號曰「聖神皇帝」，降皇帝為皇嗣，賜姓武氏，復名輪，皇太子降為皇孫。十三日，立武氏七廟於神都，復追祖先，又遍封諸姪皆為親王、郡王，諸姑姊皆為長公主。遣官巡撫十道。是月，史務滋、宗秦客、傅遊藝並拜相；宰相傅遊藝、岑長倩，大將軍張虔勗、丘神勣，侍御史來子珣等，並賜姓武氏。 十月，改文水縣為武興縣，降唐太廟為享德廟，以武氏七廟為太廟。二十九日，敕兩京及諸州各置大雲寺一區，藏《大雲經》，使僧高座講解。是月，制天下武氏咸蠲課役；宰相宗秦客兄弟並坐贓貶嶺南。 是歲，濛池都護、西突厥繼往絕可汗斛瑟羅率部入居內地。
二年	六九一	六十七	正月一日，聖神皇帝始受尊號於萬象神宮，旗幟尚赤。二日，改置社稷於神都。十六日，以武承嗣為文昌左相。是月，御史中丞李嗣真上疏論酷吏縱橫，破壞正常司法制度，女皇不聽；饒陽尉姚貞亮等數百人表請上尊號曰「上聖大神皇帝」，不許。一月二十三日，殺左金吾大將軍武神勣。二十八日，酷吏來俊臣奉制鞫宰相史務滋，務滋恐懼自殺；又奉制鞫酷吏文昌右丞周興。 二月，貶周興嶺南，在道為仇家所殺；又殺酷吏索元禮，以慰人望。二十一日，改左右羽林軍為左右羽林衛，以武攸寧為大將軍。

四月二日，制以佛教開革命之階，昇於道教之上；命建安王武攸宜留守長安。
七月，徙關內數十萬戶以實洛陽。
八月，殺玉鈐衛大將軍武虔勗。故廢太子李賢之子女賜姓武氏，與皇嗣子女皆幽閉於宮中。
九月二十五日，宰相武遊藝下獄，自殺。二十六日，左羽林衛大將軍武攸寧復為納言，洛州司馬狄仁傑為地官侍郎．同平章事。
十月，制令官人者咸令自舉。先是，鳳閣舍人張嘉福使洛揚人王慶之率數百人上表，請立武承嗣為皇太子，宰相武長倩、格輔元反對，大忤諸武意，遂下制獄；至是，又牽引宰相歐陽通等數十人，並坐誅。是月稍後，王慶之屢請，女皇怒，鳳閣侍郎李昭德杖殺之，並勸女皇立子為嗣。
是歲，發十道使存撫天下。

天授三年
如意元年
長壽元年

六九二

六十八

正月一日，女皇大享萬象神宮。自後每以繡袍賜新除都督、刺史，其袍皆繡回文銘：「德政惟明，職令思平，情慎忠勤，榮進躬親。」
一月一日，引見存撫使所舉人，悉加擢用，試官自此始，人謂「眯目聖神皇」。二日，以外家夏官尚書楊執柔同平章事。時來俊臣、武承嗣等誣陷宰相任知古、狄仁傑、裴行本等，固請殺之；不許，遂均貶流，狄仁傑貶為彭澤令。是月，補闕薛謙光上疏論選人奔競覓舉，且有文選惟令試策、武選止驗彎弧之失。
四月一日，赦天下，改元如意。
五月，禁天下屠宰及捕魚蝦。

			六月，萬年主簿徐堅上疏，請恢復死刑覆奏制，及慎用法官。八月，夏官侍郎李昭德密言魏王武承嗣權太重，以是承嗣、攸寧及楊執柔並罷相；昭德等六人則先後同平章事，女皇曾謂「自我任昭德，每獲高臥」云。是時告密者不可勝數，女皇厭其煩，制監察御史嚴善思按問，引虛伏罪者八百餘人，羅織之黨為之不振；右補闕朱敬則、侍御史周矩各上疏請寬刑，頗採之，制獄稍衰。 九月，女皇素善塗澤，雖左右不覺其衰，以齒落更生，九日，御則天門赦天下，改元長壽。制以并州為北都。二十二日，宰相李游道、袁智弘、王璿、崔神基、李元素等並為酷吏王弘義所陷，流於嶺南。是月，酷吏武子珣流嶺南，尋卒。 十月二十五日，武威軍總管王孝傑大破吐蕃，收復四鎮，置安西都護府於龜茲，發兵戍之。
二年	六九三	六十九	正月一日，女皇享於萬象神宮。二日，殺皇嗣妃劉氏與德妃竇氏。十七日，初令宰相撰《時政記》。 臘月，降封皇嗣諸子俱為郡王。 一月十日，夏官侍郎婁師德同平章事。二十四日，前尚方監裴匪躬、內常侍范雲仙因私謁皇嗣，腰斬於市。又有人誣皇嗣有異謀，來俊臣鞫其左右，太常工人剖心以明皇嗣不反，由是得免。自後，公卿以下皆不得見皇嗣。是月，罷舉人習《老子》，更習所造《臣軌》。 二月，禁民間錦，李昭德以酷吏侯思止私畜錦而杖殺之。遣六道使屠殺流人。 九月，魏王承嗣等五千人表請加尊號曰「金輪聖神皇帝」；九日，女皇御萬象神宮受尊號，赦天下，

			賜酺七日，作金輪等七寶，每朝會陳之於殿庭。 十四日，追尊祖先，太祖孝明高皇帝為無上孝明高皇帝。	
長壽三年 延載元年	六九四	七十	正月一日，享萬象神宮。是月，東突厥骨篤祿死，弟默啜繼為可汗，尋入寇。 二月，王孝傑破吐蕃及西突厥各三萬餘人。十六日，命薛懷義為伐逆道行軍大總管。 三月，更以懷義為朔方道行軍大總管，以宰相李昭德為長史、蘇味道為司馬，未行，因默啜退兵而止。 四月九日，夏官尚書、武威道大總管王孝傑同三品。 五月，魏王承嗣等二萬餘人表請加尊號曰「越古金輪聖神皇帝」；十一日，女皇御則天樓受尊號，赦天下，改元延載，大酺七日。 六月，姚州永昌蠻二十餘萬戶內附。是月，賜嵩山術士韋什方姓武氏。 七月，以武什方為正諫大夫、同平章事。 八月，武什方乞還山，制罷遣之。梁王三思勸率四夷君長捐錢鑄天樞於端門外，以紀功業，黜唐頌周。 九月，酷吏殿中丞來俊臣坐贓貶同州參軍；王弘義流瓊州，中途被杖殺。二十一日，李昭德貶欽州南賓尉。	
延載二年 證聖元年 天冊萬歲元年	六九五	七十一	正月一日，女皇加尊號為「慈氏越古金輪聖神皇帝」，合彌勒佛與金輪王於一身，赦天下，改元證聖，大酺七日。八日，宰相豆盧欽望、韋巨源、杜景佺、蘇味道、陸元方坐附會李昭德左授州刺史。十五日，作無遮大會於明堂。十六日夜，懷義密燒天堂，延及明堂。尋以明堂災告廟，令文武各上封	摩尼教由波斯人佛多誕傳入中國，時稱明教。

年號	西元	年齡	大事
			事，極言正諫；又令懷義更造明堂、天堂，鑄九州鼎及十二神。獲嘉主簿表陳赦令頻、階勳濫、取士廣與遷代速四事。 二月四日，殺薛懷義。十六日，去「慈氏越古」之號。 四月，「大周萬國頌德天樞」成。 九月九日，則天合祭天地於南郊，加號「天冊金輪聖神皇帝」，赦天下，始大酺九日，改元天冊萬歲。 十月二十二日，敕停糊名考試及令學士考判。是月，東突厥默啜可汗請降，冊授左衛大將軍，封歸國公。 是歲，義淨自天竺還。
天冊萬歲二年 萬歲登封元年 萬歲通天元年	六九六	七十二	臘月一日，女皇發神都，登封神嶽嵩山。十一日，封神嶽，改元萬歲登封，大酺九日，改嵩陽縣為登封縣，陽城縣為告成縣，免天下百姓今年租稅。 三月，王孝傑、婁師德為論欽陵大敗於素羅汗山，免官。新明堂成，號「通天宮」。 四月，親享明堂，赦天下，改元萬歲通天，大酺七日。 五月，松漠都督契丹李盡忠反，陷營州；遣曹仁師、李多祚等二十八將討之。 七月，令武三思為榆關道安撫大使，防備契丹。李盡忠自號「無上可汗」，改李盡忠為李「盡滅」，孫萬榮為孫「萬斬」；契丹兵至數萬，南入河北諸州。二十三日，制令不得以析戶避租庸。 八月，曹仁師等被殲於西硤石谷，張玄遇、麻仁節等將被俘。 九月，制令發繫囚及家奴驍勇者擊契丹；山東近邊諸州置武騎團兵。命武攸宜充清邊道大總管以擊契丹。十八日，東突厥犯涼州，執都督許欽明。是月，

			吐蕃遣使請和親，求四鎮，遣郭元振往察其宜；朝議，宰相狄仁傑請棄四鎮，元振請以交換吐谷渾故地及延遲和親之議以緩之。東突厥默啜請為子、和親及歸河西降戶等，願率部討契丹；遣閻知微往冊其為左衛大將軍、遷善可汗。 十月，李盡忠死，孫萬榮代領其眾，默啜乘間襲破松漠，制授默啜為頡跌利施大單于、立功報國可汗。萬榮軍復振，攻陷冀州，河北震動。
萬歲通天二年 神功元年	六九七	七十三	正月一日，則天享通天宮。二十四日，綦連耀案發，酷吏推鞫，殺宰相李元素、孫元亨等三十六家海內名士。是月，默啜寇靈州、勝州。太平公主薦張昌宗於女皇，昌宗薦其兄易之，兄弟均遇寵，稍後置控鶴監以處之，尋改為奉宸府。 三月，王孝傑十七萬兵團被孫萬榮殲於東硤石谷，孝傑殉陣。武攸宜聞敗，不敢進，契丹乘勝犯幽州，移檄「何不歸我盧陵王」！遣閻知微使突厥，冊默啜為可汗，給六州降戶、穀種、繒帛、農器、鐵各若干，默啜由是益強。 四月三日，九州鼎鑄成，令宰相、諸王率南北衙兵十餘萬人移置明堂，女皇自作〈曳鼎歌〉，命和唱。是月，命武懿宗充神兵道大總管往擊契丹。 五月，命宰相婁師德充清邊道副大總管，共將兵二十萬以討孫萬榮。 六月三日，來俊臣誣監察御史李昭德謀反，下獄，尋又欲羅告女皇子女及武氏諸王，女皇乃同日殺昭德與俊臣。契丹屠趙州，三十日，孫萬榮敗死；令武懿宗、婁師德、狄仁傑分道安撫河北。 九月九日，則天大享通天宮，大赦，改元神功。女

			皇歸罪宰相「陷朕為淫刑之主」。 閏十月二十一日，狄仁傑二度拜相。 是歲，河南十九州水災。女皇有齒脫落，髮變白，漸見衰老。
聖曆元年	六九八	七十四	正月一日，冬至，享通天宮，改元，大赦天下，賜酺九日。是月下〈條流佛道二教制〉。 三月，武承嗣數求為太子，狄仁傑每勸女皇以姪親不如子親，吉頊亦教二張兄弟勸立廬陵王。九日，女皇召還廬陵王，二十八日至神都。 五月，東突厥默啜請以女和親。 六月六日，命閻知微為使，領淮陽郡王武延秀往納默啜女為妃。 八月一日，默啜以武延秀非天子兒，拘之於黑沙南庭，以輔立李氏兒為由，舉兵攻周。十一日，魏王武承嗣薨。是月，分命武重規等統天兵諸道行軍，兵力凡四十五萬以擊突厥。 九月七日，詔改默啜為「斬啜」。時，皇嗣固請讓位於廬陵王，十五日，女皇遂立廬陵王為皇太子。十七日，令太子為河北道元帥，募兵以討突厥。二十一日，以狄仁傑為河北道副元帥，知元帥事，女皇親自送行。默啜屠趙、定等州而退，自是擁兵四十萬，據地萬里，有輕中國之心。 十月十七日，以狄仁傑為河北道安撫大使。 是歲，蜀州刺史張柬之請廢姚州，罷瀘南諸鎮，不納。

二年	六九九	七十五	正月一日，則天告朔於通天宮。六日，降封皇嗣武輪為相王，仍名旦。 臘月，賜太子姓武氏，仍名顯。女皇生重眉，成八字，百官皆賀。造三陽宮於嵩山。敕河南、河北置武騎團以備突厥。 二月，幸嵩山，過緱氏，謁昇仙太子廟，親撰碑以述慕道長生之意。 四月，吐蕃內亂，論欽陵死，其弟贊婆等來降；分命宰相魏元忠為天兵軍大總管以備突厥，婁師德為隴右諸軍大使以撫吐蕃。十八日，女皇慮身後太子與諸武不相容，令太子、相王、太平公主與武攸暨等作誓文，告天地於明堂，銘之鐵券，藏於史館。 七月，命建安王武攸宜代會稽王攸望留守西京。 八月，遣侍御史解琬往撫烏質勒及西突厥十姓部落。 內史王及善以屢奏張氏兄弟侍宴無禮，十九日遷文昌左相、同三品，翌月薨。是月，婁師德薨於軍。 十月，太子及相王諸子復出閣。時，學校廢已二十年，鳳閣舍人韋嗣立上疏請興學，不能從。 是歲，改昊陵署為攀龍臺，順陵署為望鳳臺。
久視元年	七〇〇	七十六	正月，宰相武三思罷為太子少保。以吉頊欺負諸武，警告以當年為唐太宗馴驄之事，罷之為固安尉；頊陛辭，與女皇論佛與天尊是否有爭。以西突厥竭忠事主可汗斛瑟羅為平西大總管，鎮碎葉。 臘月一日，立太子之子重潤為邵王，重茂為北海王。十日，宰相陸元方以「人間細事，不足煩聖聽」忤女皇意，罷為司禮卿。 一月，作三陽宮於告成縣之石淙。

			三月六日，敕東至高麗國，南至真臘國，西至波斯、吐蕃及堅昆都督府，北至契丹、靺鞨，併為入蕃，以外為絕域，其使應給料各依式。 四月二十九日，女皇幸三陽宮避暑，與群臣賦詩唱和。 五月一日，服洞真天師胡超所合長生藥，病稍癒；五日，赦天下，改元「久視」，並去「天冊金輪神聖」之號，復稱「皇帝」。 六月，改控鶴監為奉宸府，張易之為奉宸令，集文學之士攥修《三教珠英》，以掩女皇之享樂。 七月七日，敕胡超為三官手書：「大周國主武曌，好樂真道長生神仙，……乞三官九府除武曌罪名！」閏七月二日，女皇還神都。 八月五日，以魏元忠為隴右諸軍州大總管。十五日，令天下僧尼日出一錢以作大佛像；以狄仁傑諫，暫罷其役。 九月二十六日，內史狄仁傑薨。 十月十日，制復用唐之夏正，以正月為十一月，一月為正月。 十二月十四日，以鳳閣舍人崔融奏，復開屠禁。 約是年以後，太平公主與上官婉兒俱得在內預聞謀議。
大足元年 長安元年	七〇一	七十七	正月三日，以成州言佛跡見，改元大足。 三月，宰相張錫坐漏泄禁中語及贓滿數萬，蘇味道亦坐事，俱下司刑獄三品院。二十三日，張錫免死流循州；味道以畏慎，尋復位。 五月三日，幸三陽宮；七月三日還至東都。八月，武邑平民蘇安恆上疏請女皇還政。時，女皇以春秋

			高，政事多委於張氏兄弟。 九月三日，邵王重潤、永泰郡主仙蕙兄妹及郡主婿魏王武延基，以批評二張入宮專政，皆被殺。 十月，女皇西入關，專政後首次還京師，大赦，改元長安。 十一月十日，改含元殿為大明宮。以郭元振為涼州都督，充隴右諸軍大使。 十二月，立〈大周無上孝明高皇帝碑〉於武興（文水）。
二年	七〇二	七十八	正月十七日，始設武舉。東突厥入寇。 三月，令雍州長史薛季昶充山東防禦軍大使。 四月，以幽州刺史張仁愿專知幽、平等四州防禦，仍與季昶相知以拒突厥。 五月六日，蘇安恆二度上疏請還政。二十九日，以相王為并州牧，充安北道行軍元帥，以宰相魏元忠為副。 六月，立〈大周無上孝明高皇后碑〉於順陵。 八月二十三日，太子、相王、太平公主上表請封張昌宗為王，不許。二十七日，又請，乃賜爵鄴國公。敕：自今有告言揚州及豫、博餘黨，一無所問，內外官司不得受理。 九月，吐蕃遣使來求和。 十月十四日，吐蕃贊普率萬餘人侵擾茂州，都督陳大慈破之。 十一月一日，以相王為司徒。命監察御史蘇頲按覆酷吏舊獄，雪免甚眾。二十五日，則天親祀昊天上帝於南郊，赦天下。 十二月十六日，置北庭都護府於庭州。

三年	七〇三	七十九	正月一日，敕令武三思、李嶠、朱敬則等修《唐史》。 四月九日，吐蕃遣使求婚。相王表讓司徒，許之。 六月一日，突厥默啜遣使請以女妻太子之子。 七月，時烏質勒興起，徙牙帳於碎葉，盡併西突厥可汗斛瑟羅之地，斛瑟羅入朝不敢還；唐休璟熟知邊情而善撫之，二十一日，遷休璟為夏官尚書、同三品，女皇謂「恨用卿晚」。 九月，張昌宗誣告宰相魏元忠朋黨案發，九日，貶元忠為高要尉。十九日，以左武衛大將軍武攸宜充西京留守。 十月八日，女皇發西京，二十七日至神都。 十一月，突厥遣使謝許婚，女皇設宴於宿羽臺。 十二月二十九日，令天下置關三十。 是歲，令天下諸州教人武藝，準明經、進士例申奏。分遣使者以六條察州縣。吐蕃贊普南征屬國之叛，卒於軍中，諸子爭立內亂。
四年	七〇四	八十	正月十日，冊斛瑟羅之子右武衛將軍阿那懷道為西突厥十姓可汗。二十一日，從武三思之說，毀三陽宮，以其材作興泰宮於萬安山。二十六日，以天官侍郎韋嗣立為鳳閣侍郎．同平章事。 二月八日，宰相李迥秀以受賄被劾，貶出為刺史。十七日，宰相朱敬則退休。 三月，女皇與宰相議及重內官而輕外任，刺史、縣令多是貶累之人，遂擇宰相韋嗣立等二十人各以本官檢校刺史，嗣立檢校汴州刺史。十四日，以夏官侍郎宗楚客同平章事；蘇味道被劾侵漁鄉民，貶為坊州刺史。

四月，韋安石知納言，李嶠知內史事。女皇幸興泰宮。復稅天下僧尼錢以作大佛像於白馬阪，李嶠、監察御史張廷珪先後上疏諫。

六月，宰相姚元崇行相王府長史，尋兼知夏官．同平章事；天官侍郎崔玄暐同平章事。

七月三日，以前神都副留守楊再思守內史。十一日，宗楚客有罪，貶為原州都督。是月，張氏兄弟五人或坐贓、或侵漁，先後下獄，宰相韋安石、唐休璟等奉敕鞫之。

八月，韋安石、唐休璟各外放為刺史、都督；休璟臨行，警惕太子防察二張兄弟。默啜既和親，乃遣武延秀還。

九月，以姚元之（元崇）出充靈武道安撫大使，行前薦張柬之為相。

十月二十二日，以判秋官侍郎張柬之同平章事。二十三日，韋嗣立檢校魏州刺史。三十日，以懷州刺史房融為正諫大夫，同平章事。

十一月五日，以天官侍郎韋承慶行鳳閣侍郎、同平章事。二十一日，李嶠罷相。

十二月三日，敕大足以來新置官並停。五日，韋嗣立罷相。命宰相崔玄暐與法藏至岐州法門寺迎佛骨；除夕，佛骨迎入西京。

是年九月以後，日夜陰晦，大雨雪，都中有人饑凍而死。年底，女皇寢疾於長生院，宰相累月不得進見，僅二張入宮侍側。宰相崔玄暐建議：「皇太子、相王仁明孝友，足侍湯藥。宮禁事重，伏願不令異姓出入。」不納。是時，二張一度因贓漁下獄，女皇不待審理，尋即予以特赦；又屢有人飛書牓於通衢，謂「易之兄弟謀反」，女皇仍不理。

周神龍元年 唐神龍元年	七〇五	八十一	正月一日，赦天下，改元神龍。自文明以來得罪者非揚、豫、博三州及諸反逆魁首，皆赦免。十一日，佛骨迎入神都，敕王公已降送至明堂。上元觀燈之日，女皇身心護淨，頭面淨虔，請法藏奉持善禱。二十二日，張柬之、崔玄暐等以羽林軍迎太子，進兵入宮，殺二張，逼女皇讓位。二十三日，制太子監國。二十四日，女皇傳位太子。二十五日，太子即位。二十六日，徙女皇居上陽宮，留兵宿衛。二十七日，中宗率百官謁上陽宮，上尊號為「則天大聖皇帝」。 二月一日，中宗率百官詣上陽宮問則天大聖皇帝起居，此後每十日一往。四日，復國號曰唐，郊廟、社稷、陵寢、百官、旗幟、服色、文字皆從永淳以前故事，復以神都為東都，北都為并州。 十一月二十六日，則天大聖皇帝崩於上陽宮仙居殿，遺制去帝號，稱「則天大聖皇后」，歸陵祔廟。
二年	七〇六		五月十八日，葬則天大聖皇后於乾陵。至天寶八年（七四九）六月十五日，定謚為「則天順聖皇后」。

歷史，

中國史

武則天傳

作者	雷家驥
發行人	王春申
編輯指導	林明昌
營業部兼任 編輯部經理	高　珊
責任編輯	徐　平
封面設計	吳郁婷
封面題字	侯吉諒
校對	趙蓓芬
印務	陳基榮
出版發行	臺灣商務印書館股份有限公司
地址	23150 新北市新店區復興路43號8樓
電話	(02) 8667-3712　傳真：(02) 8667-3709
讀者服務專線	0800056196
郵撥	0000165-1
E-mail	ecptw@cptw.com.tw
網路書店網址	www.cptw.com.tw
網路書店臉書	facebook.com.tw/ecptwdoing
臉書	facebook.com.tw/ecptw
部落格	blog.yam.com/ecptw

局版北市業字第 993 號
臺灣一版一刷：2015 年 9 月
定價：新台幣 700 元

ISBN 978-957-05-3010-0

武則天傳 ／ 雷家驥 著. --臺灣一版. --新北市：臺灣商務, 2015. 09

面 ； 公分. --（歷史 中國史）

ISBN 978-957-05-3010-0（精裝）

1.(唐) 武則天 2.傳記

624.3 104012749

廣 告 回 信
板 橋 郵 局 登 記 證
板橋廣字第1011號

免 貼 郵 票

23150
新北市新店區復興路43號8樓
臺灣商務印書館股份有限公司 收

請對摺寄回，謝謝！

傳統現代　並翼而翔

Flying with the wings of tradtion and modernity.

讀者回函卡

感謝您對本館的支持，為加強對您的服務，請填妥此卡，免付郵資寄回，可隨時收到本館最新出版訊息，及享受各種優惠。

■ 姓名：________________ 性別：□ 男 □ 女

■ 出生日期：________年________月________日

■ 職業：□學生 □公務(含軍警) □家管 □服務 □金融 □製造 □資訊 □大眾傳播 □自由業 □農漁牧 □退休 □其他

■ 學歷：□高中以下（含高中）□大專 □研究所（含以上）

■ 地址：________________________________

____

■ 電話：(H) ________________ (O) ________________

■ E-mail：________________________________

■ 購買書名：________________________________

■ 您從何處得知本書？

□網路 □DM廣告 □報紙廣告 □報紙專欄 □傳單

□書店 □親友介紹 □電視廣播 □雜誌廣告 □其他

■ 您喜歡閱讀哪一類別的書籍？

□哲學．宗教 □藝術．心靈 □人文．科普 □商業．投資

□社會．文化 □親子．學習 □生活．休閒 □醫學．養生

□文學．小說 □歷史．傳記

■ 您對本書的意見？（A/滿意 B/尚可 C/須改進）

內容 ________編輯________校對________翻譯________

封面設計________價格________其他________________

■ 您的建議：________________________________

____

※ 歡迎您隨時至本館網路書店發表書評及留下任何意見

臺灣商務印書館 The Commercial Press, Ltd.

23150新北市新店區復興路43號8樓 電話：(02)8667-3712

讀者服務專線：0800-056196 傳真：(02)8667-3709

郵撥：0000165-1號 E-mail：ecptw@cptw.com.tw

網路書店網址：www.cptw.com.tw 網路書店臉書：facebook.com.tw/ecptwdoing

臉書：facebook.com.tw/ecptw 部落格：blog.yam.com/ecptw

神都（洛陽城）平面示意圖（唐代時期）

唐睿宗光宅元年（六八四）九月六日，臨朝稱制的武則天將東都（洛陽）更名「神都」；垂拱四年（六八八），她在洛陽加尊號「聖母神皇」；載初元年（六九〇），改唐為周，以神都洛陽為首都，一時「神都」之名傳遍天下。洛陽城平面接近長方形，周長約二十八公里。設八個城門，東、南各三門，北面二門，西面無門。宮城位於郭城西北角，東宮在宮城之東。宮城北部有曜儀、圓壁二城。皇城之東又有東城，東城之北有儲存糧食的含嘉倉城。郭城內由垂直交叉的道路劃分成若干方形或長方形里坊。

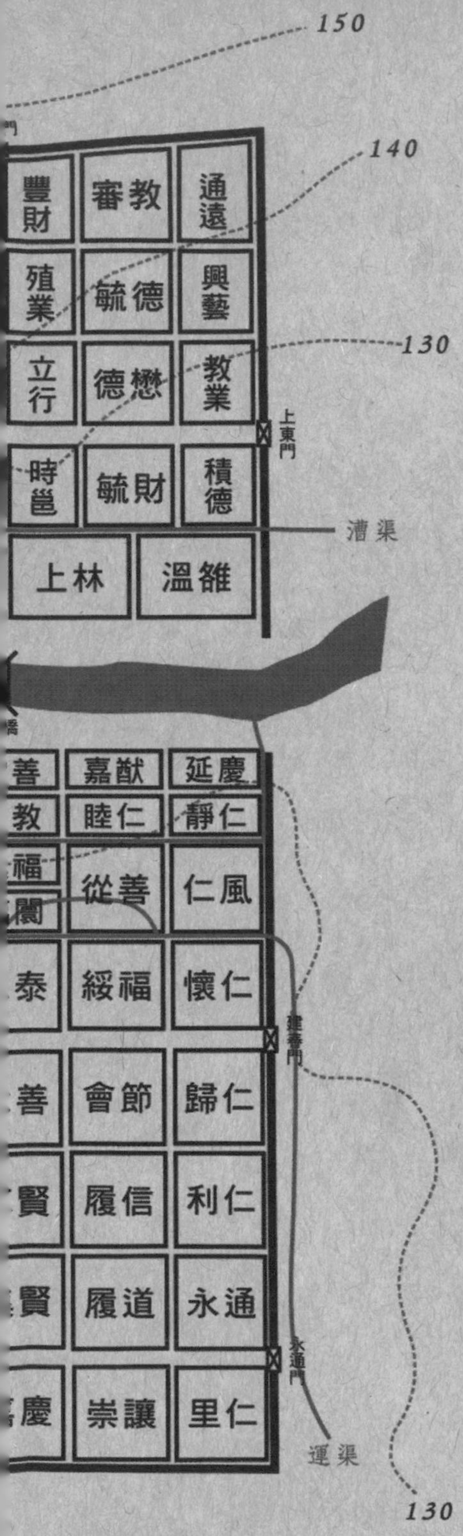